A.W. Hetzenegger
Rechtsanwalt

Keßler (Hrsg.) · Handbuch des GmbH-Konzerns

Gesellschaftsrechtliche Unternehmenspraxis

Handbuch des GmbH-Konzerns

– Gesellschaftsrecht
– Steuerrecht
– Bilanzrecht
– Insolvenzrecht

Herausgegeben von
Prof. Dr. Jürgen Keßler

unter Mitarbeit von
Prof. Dr. Jutta Hosfeld-Guber,
Prof. Dr. Manfred Kühnberger und
Rolf Rattunde, Rechtsanwalt, Notar, Fachanwalt für Steuerrecht,
Fachanwalt für Insolvenzrecht

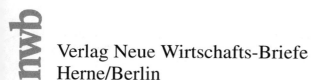

Verlag Neue Wirtschafts-Briefe
Herne/Berlin

ISBN 3-482-**53411**-X

© Verlag Neue Wirtschafts-Briefe GmbH & Co. KG, Herne/Berlin 2004

http://www.nwb.de

Alle Rechte vorbehalten.

Dieses Buch und alle in ihm enthaltenen Beiträge und Abbildungen sind urheberrechtlich geschützt. Mit Ausnahme der gesetzlich zugelassenen Fälle ist eine Verwertung ohne Einwilligung des Verlages unzulässig.

Druck: Griebsch & Rochol Druck GmbH, Hamm

Vorwort

Die GmbH ist nachgerade die paradigmatische Erscheinungsform konzernverbundener Unternehmen. Nach zuverlässigen Schätzungen entsprechen mehr als 50% der fast 980 000 Gesellschaften mbH nicht dem Leitbild des weitgehend autonomen Rechtsträgers, sondern sind im Wege des Anteilsbesitzes in einen mehr oder weniger ausgeprägten Konzernverbund integriert. Dies betrifft keineswegs ausschließlich Tochtergesellschaften von Großunternehmen; vielmehr finden sich Unternehmensverbindungen in beachtlicher Zahl auch im Mittelstand. Dies gilt nicht nur für Gewerbetreibende, sondern erfasst gleichermaßen freiberufliche Verbundstrukturen, beispielsweise bei Steuer- und Rechtsberatungsgesellschaften sowie die verbreitete Verflechtung zwischen kommunalen Gebietskörperschaften und ihren Beteiligungsunternehmen.

Welche rechtlichen, steuerlichen und bilanziellen Konsequenzen aus dem Unternehmensverbund folgen, ist für die beteiligten Gesellschafter, Geschäftsführer und Unternehmensgläubiger immer schwerer zu überblicken. So waren die Voraussetzungen und Rechtsfolgen der (körperschaft-) steuerlichen Organschaft im Rahmen der Diskussion des Steuersenkungs- sowie des Unternehmenssteuerfortentwicklungsgesetzes bis in die allerjüngste Zeit von erheblicher Unsicherheit geprägt. Gleichzeitig hat der Gesellschaftsrechtssenat des BGH im Rahmen seiner „Bremer-Vulkan-Rechtsprechung" die als gesichert geltenden Konturen des „qualifizierten faktischen GmbH-Konzerns" verabschiedet und die Haftung des herrschenden Gesellschafters gegenüber der abhängigen GmbH auf eine neue dogmatische Grundlage gestellt und im Ergebnis deutlich verschärft.

Ziel des vorliegenden Handbuchs ist es, die dispersen Vorgaben des Gesellschafts-, Steuer-, Bilanz- und Insolvenzrechts in einem einheitlichen Konzept zusammenzufassen und dem informationssuchenden Praktiker einen raschen Überblick zu verschaffen. Dabei ermöglicht die Darstellungsweise einen weitgehend voraussetzungslosen Einstieg. Trotz der nicht zu leugnenden Komplexität der Materie, waren die Autoren bestrebt, den mit Konzernfragen befassten Unternehmensverantwortlichen und den ratsuchenden Gesellschaftsgläubigern einen eigenständigen Zugang hinsichtlich der zentralen Aspekte der Konzernhaftung, der Konzernbesteuerung, der Konzernrechnungslegung und des Konzerninsolvenzrechts zu ermöglichen. Gleichzeitig galt es, den mit der Problematik von Unternehmensverbindungen im Bereich der GmbH befassten Rechts- und Steuerberatern einen möglichst umfassenden und breiten Überblick hinsichtlich der in der Beratungspraxis auftretenden zentralen Fragestellungen zu gewähren. Die in jüngster Zeit zum Teil grundlegenden Änderungen in der rechtlichen Beurteilung von Konzernverhältnissen seitens der Rechtsprechung und des Gesetzgebers machten während der Manuskripterstellung wiederholt eine Neufassung ganzer Kapitel erforderlich. Mein Dank gebührt daher vor allem meinen Mitautoren für die Bereitschaft, trotz aller gesetzgeberischen „Querschüsse" ihre Ausführungen immer wieder an die veränderte Rechtslage anzupassen.

Für Anregungen und Hinweise sind die Autoren und der Verlag jederzeit dankbar.

Berlin/Bristol, im Februar 2004   Prof. Dr. Jürgen Keßler

Inhaltsverzeichnis

	Rdn.	Seite
Vorwort		V
Literaturverzeichnis		XXI
Abkürzungsverzeichnis		XXXI

Teil A: Konzerngesellschaftsrecht

		Rdn.	Seite
1.	**Wirtschaftliche und rechtliche Grundlagen**	A 1	1
1.1	Begriff und Funktion des Konzernrechts	A 1	1
1.1.1	Divergierende Konzerntatbestände	A 1	1
1.1.2	Der gesellschaftsrechtliche Konzerntatbestand	A 5	3
1.2	Zur Bedeutung der GmbH als (abhängiges) Konzernunternehmen	A 11	6
1.3	Wirtschaftliche und rechtliche Motive der Konzernbildung	A 13	8
1.4	Rechtliche und tatsächliche Erscheinungsformen der Konzernierung	A 21	11
1.5	Gesetzliche und richterrechtliche Vorgaben des Konzernrechts	A 27	13
2.	**Grundbegriffe des Konzernrechts**	A 32	18
2.1	Zur Bedeutung der konzernrechtlichen Terminologie	A 32	19
2.2	Verbundene Unternehmen	A 33	20
2.3	Der konzernrechtliche Unternehmensbegriff	A 38	21
2.4	Das Abhängigkeitsverhältnis	A 45	24
2.5.	Die einheitliche Leitung	A 50	26
3.	**Präventive Konzernkontrolle auf Seiten der abhängigen Gesellschaft**	A 51	27
3.1	Zur praktischen Bedeutung der Konzerneingangskontrolle	A 51	27
3.2	Konzerneingangskontrolle durch Satzungsgestaltung	A 55	28
3.3	Normative Schranken der Konzernierung	A 59	30
3.3.1	Das immanente Wettbewerbsverbot	A 59	30
3.3.2	Die Beschlusskontrolle	A 66	33

	Rdn.	Seite
4. Präventive Konzernkontrolle auf Seiten der Muttergesellschaft	A 70	37
4.1 Zur Bedeutung der Konzernkontrolle für die Gesellschafter	A 70	37
4.2 Die Ausgestaltung der Konzerneingangskontrolle	A 71	38
5. Der GmbH-Vertragskonzern	A 77	43
5.1 Normative und rechtstatsächliche Grundlagen	A 77	43
5.2 Der Beherrschungsvertrag	A 86	49
5.2.1 Parteien und Inhalt des Beherrschungsvertrags	A 86	49
5.2.2 Der Abschluss des Beherrschungsvertrags	A 94	53
5.2.3 Das Weisungsrecht des herrschenden Unternehmens und die Folgepflicht der Geschäftsführung der abhängigen GmbH	A 110	60
5.2.4 Die Auswirkungen des Weisungsrechts auf die Kompetenz des Aufsichtsrats der abhängigen Gesellschaft	A 116	66
5.2.5 Der Gläubigerschutz bei Bestehen eines Beherrschungsvertrags	A 118	67
5.2.6 Der Gläubigerschutz bei Beendigung des Beherrschungsvertrags	A 125	71
5.2.7 Der Schutz der Gesellschafterminderheit in der abhängigen GmbH	A 132	75
5.2.8 Die Haftung der Organwalter des herrschenden Unternehmens	A 136	77
5.2.9 Die Änderung und Beendigung des Beherrschungsvertrags	A 146	81
5.3 Der Gewinnabführungsvertrag	A 163	91
5.4 Fehlerhafte Organisationsverträge	A 172	95
5.5 Sonstige Unternehmensverträge	A 177	98
5.6 Die Patronatserklärung	A 182	100
6. Faktische GmbH-Konzerne	A 186	102
6.1 Praktische Bedeutung und normative Regelungsstruktur	A 186	103
6.2 Das Schädigungsverbot des Mehrheitsgesellschafters in der (abhängigen) GmbH	A 190	106
6.3 Der Gläubigerschutz in der abhängigen GmbH	A 212	117
6.3.1 Rechtsdogmatische Grundlagen	A 212	117
6.3.2 Der qualifizierte faktische GmbH-Konzern	A 225	123

Inhaltsverzeichnis IX

		Rdn.	Seite
6.3.3	Das Konzept des „existenzvernichtenden" Eingriffs – Grundlagen	A 229	126
6.3.4	Zur dogmatischen Struktur des Haftungsdurchgriffs	A 236	130
6.3.5	Einzelne Haftungskonstellationen	A 244	134
6.3.6	Zur Darlegungs- und Beweislast	A 245	139
6.3.7	Die Rechtsfolgen des Eingriffs	A 247	141

7. **Die Konzernleitungspflicht** .... A 254   145
   7.1 Zur Bedeutung der Konzernleitungspflicht .... A 254   145
   7.2 Die konzernspezifischen Pflichten des Geschäftsführers der herrschenden GmbH .... A 255   147

Teil B: Konzernsteuerrecht

1. **Einleitung** .... B 1   149

2. **Konzernbesteuerung im Nichtorganschaftsfall** .... B 8   151
   2.1 Grundzüge des Körperschaftsteuersystems und der Anteilseignerbesteuerung .... B 8   151
       2.1.1 Besteuerung der Gesellschaft .... B 8   152
       2.1.2 Ausschüttungen .... B 9   152
           2.1.2.1 Dividendenfreistellung und Halbeinkünfteverfahren .... B 9   152
           2.1.2.2 Zeitpunkt der Dividendenvereinnahmung .... B 12   153
           2.1.2.3 Betriebsausgaben und Werbungskosten im Zusammenhang mit den Beteiligungserträgen .... B 16   155
               2.1.2.3.1 Abzugsbeschränkung bis VZ 2003 .... B 16   155
               2.1.2.3.2 Abzugsbeschränkung ab VZ 2004 .... B 21   158
           2.1.2.4 Kapitalertragsteuer .... B 22   159
           2.1.2.5 Körperschaftsteuer-Guthaben und Nachsteuer .... B 23   159
   2.1.3 Dividendenfreistellung und Verlustverwertung im Konzern .... B 27   162

	Rdn.	Seite
2.1.4 Veräußerung von Anteilen an Kapitalgesellschaften	B 29	164
2.1.5 Das steuerliche Einlagenkonto	B 33	167
2.2 Grundzüge der Gewerbesteuer	B 36	168
2.2.1 Vorbemerkung	B 36	168
2.2.2 Steuergegenstand und Steuersubjekt	B 37	169
2.2.3 Schema der Gewerbesteuerermittlung	B 44	171
2.2.4 Ermittlung des Steuermessbetrages	B 45	171
2.2.4.1 Gewinn aus Gewerbebetrieb	B 45	171
2.2.4.2 Hinzurechnungen und Kürzungen gem. §§ 8, 9 GewStG im Überblick	B 46	172
2.2.4.3 Hinzurechnung oder Kürzung von Beteiligungserträgen	B 49	174
2.2.4.4 Veräußerungsgewinne	B 52	177
2.2.4.5 Niedrige Gewerbesteuerbelastung	B 54	179
2.2.4.6 Gewerbeverlust	B 55	179
2.2.4.7 Steuermesszahl, Steuermessbetrag	B 57	180
2.2.5 Hebesatz	B 58	181
2.2.6 Zerlegung	B 60	182
2.2.7 Gewerbesteueranrechnung gem. § 35 EStG	B 62	182
3. Die ertragsteuerliche Organschaft	B 63	183
3.1 Einführung	B 63	183
3.1.1 Begriff und Rechtsfolgen der Organschaft	B 63	184
3.1.2 Rechtsgrundlagen	B 69	186
3.2 Organschaft und Konzernabschluss	B 70	187
3.3 Voraussetzungen der ertragsteuerlichen Organschaft	B 74	190
3.3.1 Der Organträger	B 74	191
3.3.1.1 Überblick	B 74	191
3.3.1.2 Die Voraussetzungen im Einzelnen	B 75	192
3.3.1.2.1 Einziges Unternehmen	B 75	192
3.3.1.2.2 Gewerbliches Unternehmen	B 76	192
3.3.1.2.3 Natürliche Personen als Organträger	B 78	193
3.3.1.2.4 Körperschaften i. S. des § 1 KStG als Organträger	B 80	194

				Rdn.	Seite
		3.3.1.2.5	Personengesellschaften als Organträger	B 86	196
		3.3.1.2.6	Ausländische Organträger	B 91	198
	3.3.1.3	Mehrmütterorganschaft		B 92	199
3.3.2	Die Organgesellschaft			B 97	201
	3.3.2.1	Rechtsform		B 97	201
	3.3.2.2	Doppelter Inlandsbezug		B 98	201
	3.3.2.3	Tätigkeit, Unternehmensgegenstand		B 99	202
3.3.3	Finanzielle Eingliederung			B 101	202
	3.3.3.1	Stimmrechtsmehrheit		B 101	202
	3.3.3.2	Unmittelbare und mittelbare Beteiligung		B 103	203
	3.3.3.3	Zeitliche Eingliederungsvoraussetzungen		B 110	206
3.3.4	Der Ergebnisabführungsvertrag			B 112	207
	3.3.4.1	Zivilrechtliche Wirksamkeit		B 112	207
	3.3.4.2	Zeitliche Voraussetzungen		B 119	210
		3.3.4.2.1	Beginn der Organschaft	B 119	210
		3.3.4.2.2	Mindestdauer	B 122	211
	3.3.4.3	Durchführung des GAV		B 126	212
	3.3.4.4	Der Umfang der Ergebnisabführung		B 127	213
	3.3.4.5	Nichtdurchführung des GAV		B 136	218
3.4	Rechtsfolgen und Wirkungen der körperschaftsteuerlichen Organschaft			B 138	219
3.4.1	Grundlagen			B 138	220
3.4.2	Das zuzurechnende Einkommen der Organ-GmbH			B 142	222
	3.4.2.1	Schema der Einkommensermittlung		B 142	222
	3.4.2.2	Jahresüberschuss / Steuerlicher Gewinn		B 144	223
	3.4.2.3	Nichtabziehbare Aufwendungen, steuerfreie Vermögensmehrungen		B 145	223
	3.4.2.4	Verdeckte Gewinnausschüttung		B 147	224
	3.4.2.5	Verdeckte Einlagen		B 152	226
	3.4.2.6	Gewinnabführung/Verlustausgleich		B 154	226
	3.4.2.7	Ausgleichszahlungen an außenstehende Gesellschafter		B 155	227

			Rdn.	Seite
3.4.3	Besonderheiten bei der Einkommensermittlung der Organgesellschaft		B 164	232
	3.4.3.1	Verlustvortrag, Verlustabzug i. S. des § 10d EStG	B 164	232
	3.4.3.2	Bruttozurechnung des Einkommens gem. § 15 Nr. 2 KStG	B 165	233
	3.4.3.3	Mehr- oder Minderabführungen	B 169	236
		3.4.3.3.1 Begriff und sachlicher Geltungsbereich	B 169	236
		3.4.3.3.2 Steuerliches Einlagenkonto und organschaftliche Minder- und Mehrabführung	B 172	238
		3.4.3.3.3 Vororganschaftlich verursachte Mehrabführungen	B 176	239
	3.4.3.4	Konzernsteuerumlagen	B 178	240
3.4.4	Die steuerliche Haftung der Organgesellschaft		B 179	240
3.4.5	Einkommensermittlung beim Organträger		B 182	241
	3.4.5.1	Allgemeines	B 182	241
	3.4.5.2	Besonderheiten	B 188	243
		3.4.5.2.1 Kapitalerträge und Beteiligungsveräußerung	B 188	243
		3.4.5.2.2 Aktiver und passiver Ausgleichsposten	B 194	245
		3.4.5.2.3 Keine zweifache Verlustnutzung bei doppelt ansässigen Kapitalgesellschaften	B 202	250
		3.4.5.2.4 Verlustabzug nach § 10d EStG	B 204	251
		3.4.5.2.5 Beispiel zur Einkommensermittlung beim Organträger	B 205	252
3.4.6	Vorteile der körperschaftsteuerlichen Organschaft		B 206	253
	3.4.6.1	Verlustnutzung durch den Organträger	B 206	253
	3.4.6.2	Vermeidung von Mehrfachbelastungen	B 209	254
	3.4.6.3	Vermeidung der Ausgabenabzugsbeschränkung nach § 3c EStG	B 212	256

Inhaltsverzeichnis XIII

			Rdn.	Seite
3.5	Rechtsfolgen und Wirkungen der gewerbesteuerlichen Organschaft		B 213	257
	3.5.1	Allgemeines	B 213	258
	3.5.2	Ermittlung des Gewerbeertrags	B 215	259
		3.5.2.1 Anwendung der Bruttomethode des § 15 Nr. 2 KStG	B 215	259
		3.5.2.2 Hinzurechnungen und Kürzungen	B 217	260
		3.5.2.3 Erträge aus Beteiligungen an anderen Kapitalgesellschaften	B 219	261
		3.5.2.3.1 Beteiligungen des Organträgers	B 219	261
		3.5.2.3.2 Beteiligungen der Organgesellschaft	B 220	262
		3.5.2.4 Erträge aus der Veräußerung von Beteiligungen an anderen Kapitalgesellschaften	B 221	263
		3.5.2.4.1 Veräußerungen durch den Organträger	B 221	263
		3.5.2.4.2 Veräußerungen durch die Organgesellschaft	B 223	263
		3.5.2.5 Teilwertabschreibungen auf die Organbeteiligung	B 224	264
	3.5.3	Gewerbeverluste gem. § 10a GewStG	B 226	265
	3.5.4	Gewerbesteuerumlagen und Haftung der Organgesellschaft für GewSt	B 230	267
	3.5.5	Gewerbesteueranrechnung bei Organschaften	B 234	268
	3.5.6	Wichtige Vor- und Nachteile der gewerbesteuerlichen Organschaft	B 235	269
		3.5.6.1 Verlustverrechnung	B 235	269
		3.5.6.2 Freibetrag, Staffelung	B 237	269
		3.5.6.3 Dauerschulden zwischen Organträger und Organgesellschaft	B 238	270
	3.5.7	Zerlegung	B 239	271
4.	**Umsatzsteuerliche Organschaft**		B 241	273
	4.1	Grundlagen	B 241	273
	4.2	Persönliche Voraussetzungen	B 246	275
		4.2.1 Organträger	B 246	275

				Rdn.	Seite
	4.2.1.1	Rechtsform, Ansässigkeit		B 246	275
	4.2.1.2	Unternehmereigenschaft		B 247	276
		4.2.1.2.1	Gewerbliche Tätigkeit	B 247	276
		4.2.1.2.2	Holding-Gesellschaft	B 249	277
		4.2.1.2.3	Betriebsaufspaltung	B 252	278
	4.2.2	Organgesellschaft		B 253	279
4.3	Sachliche Voraussetzungen			B 254	279
	4.3.1	Allgemeines		B 254	279
	4.3.2	Finanzielle Eingliederung		B 256	279
	4.3.3	Wirtschaftliche Eingliederung		B 259	281
	4.3.4	Organisatorische Eingliederung		B 263	282
4.4	Rechtsfolgen der Organschaft			B 264	283
4.5	Beschränkung der Organschaft auf das Inland			B 266	284
	4.5.1	Grundsatz		B 266	284
	4.5.2	Unternehmensteile im Inland		B 268	285
	4.5.3	Organträger im Inland		B 270	286
	4.5.4	Organträger im Ausland		B 271	287
4.6	Beginn und Ende der umsatzsteuerlichen Organschaft			B 272	288
4.7	Vorteile der Organschaft			B 276	289

Teil C: Konzernbilanzrecht

1.	**Grundlagen der Konzernrechnungslegung**		C 1	293
	1.1	Die Notwendigkeit von Konzernabschlüssen	C 1	293
	1.2	Einheits- und Interessentheorie	C 5	295
	1.3	Ökonomisches und juristisches Konzept	C 10	298
2.	**Aufgaben des Konzernabschlusses**		C 15	301
	2.1	Organisatorische Grundlagen und rechtlicher Rahmen	C 15	301
	2.2	Zwecke des Konzernabschlusses	C 22	306
		2.2.1 Vorbemerkung	C 22	306
		2.2.2 Dokumentationsfunktion	C 23	306
		2.2.3 Zahlungsbemessungsfunktion	C 24	307
		2.2.4 Die Informationsaufgabe des Konzernabschlusses	C 32	310

Inhaltsverzeichnis

	Rdn.	Seite
3. Die Pflicht zur Erstellung von Konzernabschlüssen	C 40	318
3.1 Grundfall: Mutter-Tochter-Verhältnisse mit Kapitalgesellschaften als Mutter	C 40	318
3.1.1 Konzept der einheitlichen Leitung (§ 290 Abs. 1 HGB)	C 40	318
3.1.2 Control-Konzept (§ 290 Abs. 2 HGB)	C 42	319
3.2 Erweiterungen und Einschränkungen der Konzernrechnungslegungspflicht	C 47	321
3.2.1 Ausweitung der Pflicht zur Erstellung eines Konzernabschlusses	C 47	321
3.2.2 Befreiungstatbestände	C 53	324
3.2.2.1 Befreiende Wirkung übergeordneter Konzernabschlüsse	C 53	324
3.2.2.2 Sonstige Befreiungstatbestände	C 61	328
4. Die Abgrenzung des Konsolidierungskreises	C 74	332
4.1 Grundlagen: Die Stufenkonzeption des HGB	C 74	332
4.2 Der Konsolidierungskreis im engeren Sinne (Vollkonsolidierungskreis)	C 78	334
4.3 Erweiterungen des Konsolidierungskreises um Gemeinschaftsunternehmen und assoziierte Unternehmen	C 91	340
5. Grundsätze ordnungsmäßiger Konsolidierung	C 96	341
5.1 Vorüberlegungen: Verfahrensablauf, Einheitstheorie und Grundsätze ordnungsmäßiger Konsolidierung	C 96	341
5.2 Stetigkeit/Vergleichbarkeit	C 102	345
5.3 Die Einheitsgrundsätze	C 109	348
5.3.1 Der Ausweis in der Konzernbilanz und Konzern-, Gewinn- und Verlustrechnung	C 109	348
5.3.2 Einheitlichkeit des Bilanzansatzes	C 112	349
5.3.3 Einheitlichkeit der Bewertung	C 114	350
5.3.4 Einheitliche Abschlussstichtage	C 123	353
5.3.5 Fremdwährungsumrechnung	C 128	355
6. Die Vollkonsolidierung	C 140	363
6.1 Kapitalkonsolidierung	C 140	363
6.1.1 Grundidee, Methodenvielfalt	C 140	363
6.1.2 Kapitalkonsolidierung nach der Erwerbsmethode	C 146	365

			Rdn.	Seite
	6.1.2.1	Konsolidierungspflichtige Posten	C 146	365
	6.1.2.2	Vollkonsolidierung von 100%igen Konzerntöchtern	C 151	369
		6.1.2.2.1 Erstkonsolidierung	C 151	369
		6.1.2.2.2 Folgekonsolidierung	C 167	380
	6.1.2.3	Vollkonsolidierung bei Vorhandensein von Minderheitsgesellschaftern	C 182	390
		6.1.2.3.1 Erstkonsolidierung	C 182	390
		6.1.2.3.2 Folgekonsolidierung	C 188	396
	6.1.2.4	Kapitalkonsolidierung im mehrstufigen Konzern	C 195	400
	6.1.2.5	Änderung der zu Konsolidierenden Posten in Folgeperioden	C 200	403
	6.1.2.6	Entkonsolidierung	C 209	409
	6.1.2.7	Weiterentwicklungen	C 213	411
	6.1.3	Die Interessenzusammenführungsmethode	C 214	413
6.2	Die Zwischenerfolgseliminierung		C 226	418
	6.2.1	Grundlagen	C 226	418
	6.2.2	Definition der Zwischenerfolge	C 229	420
	6.2.3	Zur Technik der Zwischenerfolgseliminierung	C 240	426
	6.2.4	Besonderheiten beim Vorratsvermögen	C 245	429
	6.2.5	Besonderheiten beim abnutzbaren Anlagevermögen	C 249	430
	6.2.6	Zwischenerfolgseliminierung bei Erstkonsolidierung und Entkonsolidierung	C 253	433
	6.2.7	Erfassung von Minderheitsanteilen	C 256	434
	6.2.8	Die Wahlrechte zum Verzicht auf die Zwischenerfolgseliminierung	C 257	435
6.3	Die Schuldenkonsolidierung		C 259	435
	6.3.1	Grundlagen	C 259	435
	6.3.2	Zu konsolidierende Posten	C 261	436
	6.3.3	Technik der Schuldenkonsolidierung	C 265	439
	6.3.4	Erstmalige Schuldenkonsolidierung und Entkonsolidierung	C 274	442
6.4	GuV-Konsolidierung		C 276	443
	6.4.1	Grundlagen	C 276	443
	6.4.2	Konsolidierungsvorgänge	C 279	444

Inhaltsverzeichnis   XVII

	Rdn.	Seite
7. Quotenkonsolidierung	C 287	448
7.1 Konzeptionelle Grundlagen, Anwendungsvoraussetzungen	C 287	448
7.2 Technik der Quotenkonsolidierung	C 290	450
8. Equity-Methode	C 297	455
8.1 Grundlagen und Anwendungsbereich	C 297	455
8.2 Verfahren der Equity-Bilanzierung	C 304	459
8.2.1 Grundlagen	C 304	459
8.2.2 Die Buchwertmethode/Kapitalanteilsmethode	C 308	461
8.2.3 Sonderprobleme	C 317	464
8.3 Kritische Würdigung der Equity-Methode, Vergleich mit der Voll-/Quotenkonsolidierung, Weiterentwicklungen	C 323	467
9. Statusänderungen	C 326	469
10. Latente Steuern	C 337	472
10.1 Grundkonzeption, Rechtsgrundlagen	C 337	472
10.2 Latente Steuern im Konzernabschluss	C 342	476
10.2.1 Vorüberlegungen	C 342	476
10.2.2 Latente Steuern gemäß § 306 HGB	C 344	477
10.2.3 Sonderfragen, neuere Entwicklungen	C 352	480
10.2.3.1 Latente Steuern bei Verlusten	C 352	480
10.2.3.2 Zur Wahl des Steuersatzes	C 354	481
10.2.3.3 Latente Steuern gemäß DRS 10	C 355	481
11. Sonstige Berichtsinstrumente	C 356	483
11.1 Konzernanhang	C 356	483
11.1.1 Allgemeine Grundsätze	C 356	483
11.1.2 Ausgewählte Probleme	C 362	485
11.1.2.1 Konzernkapitalflussrechnung	C 362	485
11.1.2.2 Segmentberichterstattung	C 370	492
11.1.2.3 Eigenkapitalausweis und Ergebnisdarstellung im Konzern	C 377	496
11.1.2.3.1 Grundlagen	C 377	496
11.1.2.3.2 Ermittlung des Konzernerfolgs und der Verwendungsrechnung	C 379	497

			Rdn.	Seite
		11.1.2.3.3 Der Minderheitenanteil am Konzerneigenkapital	C 381	500
		11.1.2.3.4 Der Eigenkapitalspiegel nach DRS 7	C 382	501
	11.1.2.4	Anlagespiegel	C 385	504
	11.1.3	Checkliste zum Anhang	C 387	508
11.2	Konzernlagebericht		C 389	512
	11.2.1	Grundlagen	C 389	512
	11.2.2	Berichtsgrundsätze	C 394	515
	11.2.3	Berichtsinhalte und -grenzen	C 397	516
11.3	Prüfung und Offenlegung, Sonstiges		C 403	519

Teil D: Konzerninsolvenzrecht

			Rdn.	Seite
1.	**Problem**		D 1	523
2.	**Die Insolvenz der Tochtergesellschaft**		D 4	524
	2.1	Die Unternehmensverträge	D 4	524
	2.2	Die Verlustausgleichspflicht nach § 302 AktG	D 8	526
3.	**Die Insolvenz der Muttergesellschaft**		D 11	528
	3.1	Die Unternehmensverträge	D 11	528
	3.2	Die Verlustausgleichspflicht nach § 302 AktG	D 12	528
4.	**Die Insolvenz des (faktischen) GmbH-Konzerns**		D 13	528
	4.1	GmbH-Konzernrecht	D 13	528
	4.2	Faktische Konzernierung	D 14	529
		4.2.1 Einfacher und qualifizierter faktischer Konzern . .	D 14	529
		4.2.2 Insolvenz des faktischen Konzerns	D 15	529
		4.2.3 Haftung im faktischen Konzern	D 16	530
5.	**Reformbemühungen und ihre rechtlichen Grenzen**		D 17	531
	5.1	Die Vorschläge der Kommission für Insolvenzrecht im Reformgesetz von 1985	D 17	531
	5.2	Reformvorschläge aus jüngerer Zeit	D 18	532
		5.2.1 Bildung einer Gesamtvermögensmasse innerhalb eines Konzerns	D 18	532
		5.2.2 Bündelung konzerninterner Verfahren an einem Insolvenzgericht	D 19	533

Inhaltsverzeichnis XIX

	Rdn.	Seite
5.2.3 Bestellung eines Insolvenzverwalters für alle Konzerngesellschaften	D 21	534
6. Konzernübergreifende Sanierung durch Insolvenzpläne in Verbindung mit der Eigenverwaltung	D 22	535
7. Gerichtszuständigkeiten nach Europäischem Recht	D 27	536
8. Ergebnis	D 29	538
Stichwortverzeichnis		539

Literaturverzeichnis

Adler, H./Düring, W./Schmaltz, K., Rechnungslegung und Prüfung der Unternehmen, 6. Aufl. in mehreren Teilbänden, bearbeitet von Forster, Goerdeler, Lanfermann, H.-P. Müller, Siepe u. Stolberg, Teilbd. 1 bis 6, Stuttgart 1995–2001 (zit.: ADS)

Altmeppen, Zum richtigen Verständnis der neuen §§ 293a–293g AktG zu Bericht und Prüfung beim Unternehmensvertrag, ZIP 1998, S. 1853 ff.

ders., Grundlegend Neues zum „qualifizierten faktischen" Konzern und zum Gläubigerschutz in der Einmann-GmbH, ZIP 2001, S. 1837 ff.

ders., Zur Entwicklung eines neuen Gläubigerschutzkonzepts in der GmbH – zugleich Besprechung von BGH-Urt. v. 24. 6. 2002, ZIP 2002, S. 1553 ff.

Assmann, Der faktische GmbH-Konzern, FS 100 Jahre GmbHG, Köln, 1992

Baetge, J./Kirsch, H./Thiele, S., Konzernbilanzen, 6. Aufl., Düsseldorf 2002

Baetge, J./Krumnow, J./Noelle, J., Das „Deutsche Rechnungslegungs-Standards Committee" DRSC, DB 2002, S. 769–774

Bauer, P., Zur Abhängigkeit einer AG von einem Konsortium, NZG 2001, S. 742 ff.

Baumbach/Hueck, GmbH-Gesetz, 17. Aufl., München 2000

Baumgartl, Die konzernbeherrschte Personengesellschaft, Köln, 1986

Bayer, Der an der Tochter beteiligte Mehrheitsgesellschafter der Mutter: herrschendes Unternehmen?, ZGR 2002, S. 933 ff.

Beck'scher Bilanzkommentar, Der Jahresabschluss nach Handels- und Steuerrecht, bearb. v. Elrott, Förschle u. Hense, 5. Aufl., München 2003

Beinert, Die Konzernhaftung für die satzungsgemäß abhängig gegründete GmbH, Köln 1995

Beisse, H., Normqualität und Normstruktur von Bilanzvorschriften und Standards, BB 1999, S. 2180–2186

Beuthien, Konzernbildung und Konzernleitung kraft Satzung, ZIP 1993, S. 1589 ff.

Binnewies, B., Die Konzerneingangskontrolle in der abhängigen Gesellschaft, Köln 1996

Bitter, Der Anfang vom Ende des qualifiziert faktischen GmbH-Konzerns – Ansätze einer allgemeinen Missbrauchshaftung in der Rechtsprechung des BGH, WM 2001, S. 213 ff.

Brackert, G., Grundsatzfragen der Konzernrechnungslegung von Finanzkonglomeraten, Düsseldorf 1995, FS für Dr. Dr. h. c. H. Havermann, S. 67–82

Braun, E., Der neue Sport in Europa: Forumshopping in Insolvenzverfahren oder: die moderne Form von „Britannia rules the waves", NZI aktuell, 1/2004, Editorial, S. V, VII

Bruns, Existenz- und Gläubigerschutz in der GmbH – das Vulkan-Konzept, WM 2003, S. 815 ff.

Böcking, H./Benecke, B., Der Entwurf des DRSC zur Segmentberichterstattung „E – DRS 3" – Eine Orientierung an dem Standard SFAS 131 des FASB und/ oder an dem Standard IAS 14 Revised des IASC?, WPg 1999, S. 839–845

Bundesministerium der Justiz, Erster Bericht der Kommission für Insolvenzrecht 1985, RWS-Verlag, Köln 1985

Bundesverband Deutscher Leasing-Unternehmen, III A 2 – 3505/11 – 32 1647/ 2001 – Entwurf eines Gesetzes zur weiteren Reform des Aktien- und Bilanzrechts, zu Transparenz und Publizität (Transparenz- und Publizitätsgesetz), Stellungnahme an Prof. Dr. U. Seibert durch den Bundesverband Deutscher Leasing-Unternehmen, Berlin 2002

Busch/Groß, Vorerwerbsrechte der Aktionäre beim Verkauf von Tochtergesellschaften über die Börse, AG 2000, S. 503 ff.

Busse von Colbe, W./ Ordelheide, D., Konzernabschlüsse: Rechnungslegung für Konzerne nach betriebswirtschaftlichen Grundsätzen und gesetzlichen Vorschriften, 6. Aufl., Wiesbaden 1993

Cahn, Die Holding als abhängiges Unternehmen?, AG 2002, S. 30 ff.

Claussen, C., Konzernabschluss versus Einzelabschluss der Muttergesellschaft, ZGR 2000, S. 604–619

Coenenberg, A. G., Jahresabschluss und Jahresabschlussanalyse, 19. Aufl., Stuttgart 2003

Daumke/Keßler, Der GmbH-Geschäftsführer, 2. Aufl., Herne/Berlin 2003

dies., Gesellschaftsrecht, 3. Aufl., München/Wien 2000

Deilmann, Die Entstehung des qualifizierten faktischen Konzerns, Diss., Mannheim 1990

Dellmann, K./ Amen, M., Kapitalfluss- und Finanzierungsrechnung, HdJ Abtl. IV/ 6 2000

Diem, Besicherung von Gesellschafterverbindlichkeiten als existenzvernichtender Eingriff des Gesellschafters?, ZIP 2003, S. 1283 ff.

Drygala, Abschied vom qualifizierten faktischen Konzern – oder Konzernrecht für alle?, GmbHR 2003, S. 729 ff.

Ebeling, M./Baumann, K., Konsolidierung mehrstufiger Konzerne nach der Methode der Integrierten Konsolidierungstechnik, BB 2000, S. 1667–1673

Ebeling; R., Die Einheitsfiktion als Grundlage der Konzernrechnungslegung: Aussagegehalt und Ansätze zur Weiterentwicklung des Konzernabschlusses nach deutschem HGB unter Berücksichtigung konsolidierungstechnischer Fragen, Stuttgart 1995

ders., Die zweckgemäße Abbildung der Anteile fremder Gesellschafter im Konzernabschluss nach deutschem HGB, DBW 1995, S. 323–346

Eberl-Borges, Die Konzernhaftung im Kapitalgesellschaftskonzernrecht, JURA 2002, S. 761 ff.

Ehricke, Die Zusammenfassung von Insolvenzverfahren mehrerer Unternehmen desselben Konzerns in: DZWiR 1999, 353, 358

Literaturverzeichnis

Ehricke/Ulricht, Die Zusammenfassung von Insolvenzverfahren mehrerer Unternehmen desselben Konzerns, DZWiR 1999, S. 353, 358
Emmerich, Konzernbildungskontrolle, AG 1991, S. 303 ff.
ders., Der heutige Stand der Lehre vom GmbH-Konzern, AG 1987, S. 1 ff.
Emmerich/ Habersack, Aktien- und GmbH-Konzernrecht, 3. Aufl., München 2003
Emmerich/Sonnenschein/Habersack, Konzernrecht, 7. Aufl., München 2001
Ernst, C., EU-Verordnungsentwurf zur Anwendung von IAS: Europäisches Bilanzrecht vor weitreichenden Änderungen, BB 2001, S. 823–829
Flume, Der Gewinn- und Verlustübernahmevertrag im GmbH-Recht, DB 1989, S. 665 ff.
Freitag, §§ 30, 31 GmbHG, „Bremer Vulkan-Urteil" und „Limitation Language" – (Ab-)Wege in der GmbH-Konzernfinanzierung, WM 2003, S. 805 ff.
Fülbier, R., Entwurf eines DRS 4 zur Bilanzierung von Unternehmenserwerben im Konzernabschluss, DB 2000, S. 1341–1346
Giese, A./ Rabenhorst, D./Schindler, J., Erleichterungen bei der Rechnungslegung, Prüfung und Offenlegung von Konzerngesellschaften, BB 2001, S. 511–518
GmbH-Handbuch, Gesellschaftsrecht, Rechnungswesen, Steuerrecht, Arbeits- und Sozialversicherungsrecht, Verträge und Formulare/ hrsg. von der Centrale für GmbH Dr. Otto Schmidt, bearb. von K. Eder, H. Kallmeyer, P. J. Heuser, B. Tillmann, D. Gaul, W. M. Moll, J. Brand, L. J. Fuhrmann, 15. Aufl., Köln 2001
Göth, P., Das Eigenkapital im Konzernabschluss, Stuttgart 1997
Götz, Die Sicherung des Rechts der Aktionäre der Konzernobergesellschaft bei Konzernbildung und Konzernleitung, AG 1984, S. 85 ff.
ders., Leitungssorgfalt und Leitungskontrolle der Aktiengesellschaft hinsichtlich abhängiger Unternehmen, ZGR 1998, S. 524 ff.
Gruber, T./Kühnberger, M., Umstellung der Rechnungslegung von HGB auf US-GAAP: ...Bilanzrechtliche und bilanzpolitische Aspekte eines Systemwechsels, DB 2001, S. 1733–1740
Haarmann, Gesellschafts- und Zivilrecht bei Holdingstrukturen, WPg 2003, S. 75 ff.
Hachenburg, M., GmbH-Gesetz, 8. Aufl., Berlin 1992 ff.
Hayn, B., Aktuelle Probleme der Kapitalkonsolidierung, in: Das Rechnungswesen auf dem Prüfstand, Hg.: Kütting/Weber, Frankfurt a. Main 1997, S. 39–63
Hennrichs, J., Ausbau der Konzernrechnungslegung im Lichte internationaler Entwicklungen, ZGR 2000, S. 627–650
Henssler, M., Minderheitenschutz im faktischen GmbH-Konzern, FS für Zöllner, 1998, S. 203–233
Heurung, R./Kurz, M., Latente Steuern nach dem Temporary-Differences-Konzept: Ausgewählte Problembereiche, BB 2000, S. 1775 ff.
Hillebrand, K.-P./Keßler, J., Berliner Kommentar zum Genossenschaftsgesetz, 1. Aufl., Hamburg 2001

Hoffmann, J., Das GmbH-Konzernrecht nach dem „Bremer-Vulkan"-Urteil, NZG 2002, S. 68 ff

Hoffmann-Becking, M., Münchner Handbuch des Gesellschaftsrechts, Band 4 Aktiengesellschaft, 2. Aufl., München 1999

Hommelhoff u. a. (Hrsg.), Entwicklungen im GmbHR-Konzernrecht, ZGR-Sonderheft 6, 1986

Hommelhoff, Die Konzernleitungspflicht, Köln/Berlin/Bonn/München/1982

Hüffer, Aktiengesetz – Kommentar, 5. Aufl., München 2002

IDW, Entwurf eines Gesetzes zur weiteren Reform des Aktien- und Bilanzrechts, zu Transparenz und Publizität (Transparenz- und Publizitätsgesetz), in: IDW-Fachnachrichten, Nr. 1, Düsseldorf 2002, S. 68–80

IDW, HFA: Entwurf einer Stellungnahme: Zur Währungsumrechnung im Handelsabschluss, WPg 1998, S. 549–555

IDW, Pflichten des Abschlussprüfers des Tochterunternehmens und des Konzernabschlussprüfers im Zusammenhang mit § 264 Abs. 3 HGB, WPg 2000, S. 283–285

IDW, Stellungnahme des IDW zum Vorschlag der EU-Kommission für eine Verordnung des Europäischen Parlaments und des Rates über die Anwendung internationaler Rechnungslegungsgrundsätze, in: IDW-Fachnachrichten, Nr. 6, Düsseldorf 2001

IDW, E- DRS 12 „ Latente Steuern im Konzernabschluss", in: IDW-Fachnachrichten, Nr. 10, Düsseldorf 2001, S. 489–497

Jansen, Konzernbildungskontrolle im faktischen GmbH-Konzern, Münster/1993

Junkurth, Konzernleitung bei der GmbH: Die Pflichten des Geschäftsführers, Berlin 2000

Kajüter, P., Prüfung der Risikoberichterstattung im Lagebericht, BB 2002, S. 243–249

Karehnke, Zum Stand der Erörterung über den Unternehmensbegriff im Recht der verbundenen Unternehmen, AG 1972, S. 161 ff.

Kaserer, C./Ahlers, M., Kursreaktionen anlässlich der Börseneinführung von Tochterunternehmen Signaling oder verbesserte Unternehmenskontrolle in Konzernen?, ZfB 2000, S. 537–569

Keßler, J., Die Konzernhaftung kommunaler Gebietskörperschaften, GmbHR 2001, S. 320 ff.

ders., Kapitalerhaltung und normativer Gläubigerschutz in der Einpersonen-GmbH – zum „beiläufigen" Ende des „qualifiziert faktischen" GmbH-Konzerns – Besprechung der Entscheidung v. 17. 9. 2001 – II ZR 178/99, GmbHR 2001, 1036 – „Bremer Vulkan", GmbHR 2001, 1095

ders., Die Durchgriffshaftung der GmbH-Gesellschafter wegen existenzvernichtender Eingriffe – Zur dogmatischen Konzeption des Gläubigerschutzes in der GmbH – Besprechung der „KBV"- Entscheidung, GmbHR 2002, S. 945 ff.

ders., Die deliktische Eigenhaftung des GmbH-Geschäftsführers, GmbHR 1994, S. 429 ff.

Kessler, H., Die Leitungsmacht des Vorstandes einer AG, AG 1995, S. 61 ff.

Kirchhof/Lwowski/Stürner (Hrsg.), Münchener Kommentar zur Insolvenzordnung, Band 2, §§ 103–269, München 2002

Kirsch, H., Besonderheiten des Eigenkapitalausweises und der Eigenkapitalveränderungsrechnung nach IAS, BuW 2002, S. 309–315

Klar, M., Aufwandsrückstellungen im Konzernabschluss, WPg 1993, S. 278–284

Kleindiek, Steuerumlagen im gewerbesteuerlichen Organkreis – Anmerkungen aus aktienrechtlicher Perspektive, DStR 2000, S. 559 ff.

Klosterkemper, Abhängigkeit von einer Innengesellschaft, Diss., Bayreuth, 2003

Königsmaier, H., Zwischenergebniseliminierung und Endkonsolidierung, BB 2000, S. 191–196

Kropff, Das Konzernrecht des AktG 1965, BB 1965, S. 1281 ff.

Krawitz, N./Albrecht, C./Büttgen, D., Internationalisierung der deutschen Konzernrechnungslegung aus Sicht deutscher Mutterunternehmen – Ergebnisse einer empirischen Studie zur Anwendung und zur Folgeregelung von § 292a HGB, WPg 2000, S. 541–556

Krawitz, N., Quotenkonsolidierung für Gemeinschaftsunternehmen nach E-DRS 9, BB 2001, S. 668–672

ders., Die Abgrenzung des Konsolidierungskreises, WPg 1996, S. 342 ff.

Kropff/Semmler, Münchener Kommentar zum Aktienrecht, Band 8, §§ 278–328 AktG, München 2000

Kühnberger, M., Zur Bedeutung internationaler Rechnungslegungsstandards für deutsche Unternehmen, RIW 1996, S. 566–577

Kühnberger/Schmidt, T., Erfolgsausweis deutscher Aktienkonzerne: theoretische Grundlagen und empirische Analyse, Wiesbaden 1998

dies., Der Konzernabschluss als Ausschüttungsbemessungsgrundlage, ZfB 1999, H. 11, S. 1263–1291

dies., Einflussfaktoren auf die Übernahme steuerlicher Wertansätze in den Konzernabschluss, BB 2000, S. 401–405

dies., Auswirkungen der Umkehrmaßgeblichkeit – eine theoretische und empirische Bestandsaufnahme, BB 1999, S. 2602–2608

Küting, K., Die Darstellung der Erfolgsverwendung im Konzernabschluss (Teil 1) – Eine Bestandsaufnahme in Theorie und Praxis unter besonderer Berücksichtigung der IAS- und US-GAAP-Bilanzierung in Deutschland, in: BB 1998, S. 887–893

ders., Die Darstellung der Erfolgsverwendung im Konzernabschluss (Teil 2) – Eine Bestandsaufnahme in Theorie und Praxis unter besonderer Berücksichtigung der IAS- und US-GAAP-Bilanzierung in Deutschland, in: BB 1998, S. 938–945

Küting, K./ Wirth, J.,Internationale Konzernrechnungslegung: Anschaffungskosten von Beteiligungen an voll zu konsolidierenden Unternehmen, BB 2001, S. 1190–1197

Küting, K./Weber, C., Handbuch der Konzernrechnungslegung – Kommentar zur Bilanzierung und Prüfung , 7. Aufl., Stuttgart 2001

dies., Der Konzernabschluss – Lehrbuch und Fallstudie zur Praxis der Konzernrechnungslegung, Stuttgart 2000

dies., Das Rechnungswesen auf dem Prüfstand – Antworten auf die Konzernierung der deutschen Wirtschaft im Spannungsfeld der Globalisierung, Frankfurt a. Main 1997

Kuhn/Uhlenbruck, Konkursordnung, Kommentar, 11. Aufl., München 1994

Kuhn/Uhlenbruck (Hrsg.), Konkursordnung, Kommentar, 11. Aufl., München 1994

Küting, K./Lorson, P., Notwendigkeit und Vorzüge einer eigenständigen Konzernkostenrechnung für interne und externe Zwecke, BBK Nr. 16, 1997, S. 6067–6084

Liebscher, Konzernbildungskontrolle, Berlin 1995

Littkemann, J./Nicnerski, N., Equity – Bewertung in Konzernabschlüssen – Ergebnisse einer empirischen Untersuchung, BB 1999, S. 1804–1811

Loitz, R./ Rössel, C., Die Diskontierung von latenten Steuern, DB 2002, S. 645–651

Luchterhand, Der Begriff „Unternehmen" im AktG 1965, ZHR 132 (1969), S. 149 ff.

Lutter (Hrsg.), Holding-Handbuch, 3. Aufl., Köln, 1998

Lutter, Das System des deutschen GmbH-Konzernrechts, ZGR-Sonderheft 6, 1986

ders., Organzuständigkeiten im Konzern, in: FS f. Stimpel, 1985, S. 855 ff.

Lutter/Banerjea, Die Haftung wegen Existenzvernichtung, ZGR 2003, S. 402 ff.

dies., Die Haftung des Geschäftsführers für existenzvernichtende Eingriffe, ZIP 2003, S. 2177 ff.

Lutter/Hommelhoff, GmbH-Gesetz, 15. Aufl., Köln 2000

Lutter/Timm, Konzernrechtlicher Präventivschutz in der GmbH, NJW 1982, S. 409 ff.

Luttermann, C., Zum Rechtsgebiet der internationalen Konzernrechnungslegung, Festschrift für Bruno Kropf, Düsseldorf 1997, S. 485 ff.

Michalski, Kommentar zum GmbH-Gesetz, 1. Aufl., München 2002

Mellewigt, T./ Matiaske, W., Strategische Konzernführung: Stand der empirischen betriebswirtschaftlichen Forschung, ZfB 2000, S. 611–630

Mellwig, W., Die Konsolidierung von Leasingobjektgesellschaften im Konzernabschluss, in: Supplement Leasing – Berater, S. 25 –

Möhlmann, T./Diethard, K., Zur Operationalisierung der „untergeordneten Bedeutung" in der Konzernrechnungslegung, BB 1996, S. 205–211

Mühlberger, M., Die zweckadäquate Bilanzierung von Minderheitsanteilen im ein- und mehrstufigen Konzern nach HGB, IAS und US-GAAP, WPg 2001, S. 1312–1325

Mülbert, Unternehmensbegriff und Konzernorganisationsrecht, ZHR 1999, S. 1 ff.
Müller, H. P./Riecker, Der Unternehmensbegriff des AktG, WPg 1967, 197 ff.
Müller, W., Bilanzierungsfragen bei der Beendigung von Unternehmensverträgen, Düsseldorf 1997, FS für B. Kropff, S. 519–531
Mujkanovic, R., Die Zukunft der Kapitalkonsolidierung – Das Ende der Pooling-of-Interests Method?, WPg 1999, S. 533–540
Niehus, J., Zur Internationalisierung der deutschen Konzernrechnungslegung, DB 2002, S. 53–58
ders., „Auch für Einzelabschlüsse gelten grundsätzlich die IAS?" – Ein Beitrag zu den (möglichen) Grenzen einer „Internationalisierung" der Rechnungslegung im Einzelabschluss, WPg 2001, S. 737–752
ders., Die Equity-Bewertung, HdJ Abtl. V/3 2002
Nowotny, C., Wirtschaftliche Betrachtung und Konsolidierungskreis, Düsseldorf 1997, FS für B. Kropff, S. 557–568
Ossadnik, W./ Dorenkamp, A., Sperrminorität: Auswirkungen auf das Volumen von Unternehmensübernahme, BB 2000, S. 1615 ff.
Peemöller, V./ Weichert, S., Zwischenergebniseliminierung nach US-GAAP, DB 2000, S. 1973–1981
Peffekoven, F., Geht die Reform der Kapitalkonsolidierung in eine falsche Richtung, WPg 2001, S. 187–204
Pellens, B./Fülbier, U., Differenzierung der Rechnungsregulierung nach Börsenzulassung, ZGR 2000, S. 572–593
Pellens, B./Sellhorn, T., Kapitalkonsolidierung nach der Fresh-Start-Methode, BB 1999, S. 2125–2132B,
Preußner/Fett, Hypothekenbanken als abhängige Konzernunternehmen, AG 2001, S. 337 ff.
Priester, H.-J./Mayer, D., Münchener Handbuch des Gesellschaftsrechts, Band 3, Gesellschaft mit beschränkter Haftung, 2. Aufl., München 2003
Raiser, Recht der Kapitalgesellschaften, 3. Aufl., München 2001
ders., Wettbewerbsverbote als Mittel des konzernrechtlichen Präventivschutzes, in: FS für Stimpel, 1985, S. 855 ff.
ders., Konzernhaftung und Unterkapitalisierung – Besprechung der Entscheidung BGH AG 1994, S. 179 (EDV-Peripherie), ZGR 1995, S. 159 ff.
Rammert, S., Pooling of interests – die Entdeckung eines Auslaufmodells durch deutsche Konzerne?, DBW 1999, S. 620–632
Rattunde, Sanierung von Großunternehmen durch Insolvenzpläne – Der Fall Herlitz, ZIP 2003, S. 596 ff.
E. Rehbinder, Zum konzernrechtlichen Schutz der Aktionäre einer Obergesellschaft, ZGR 1983, S. 92 ff.
Reuter, Die Konzerndimension der KonTraG und ihre Umsetzung in Konzernobergesellschaft, DB 1999, S. 2250 ff.
Rittner, Die Beteiligung als Grund der Abhängigkeit, DB 1976, S. 1465 ff.

Röhricht, V., Die GmbH im Spannungsfeld zwischen wirtschaftlicher Dispositionsfreiheit ihrer Gesellschafter und Gläubigerschutz, in: Geiß/Nehm/ Brandner/Hagen, FS aus Anlass des fünfzigjährigen Bestehens von Bundesgerichtshof, Bundesanwaltschaft und Rechtsanwaltschaft beim Bundesgerichtshof, Köln/Berlin/Bonn/München 2000

ders., Die aktuelle Rechsprechung im Gesellschaftsrecht, in: Burgard/Kleindiek/Röhricht/Schmiel/Schüppen/Vetter (Hrsg.), Gesellschaftsrecht in der Diskussion 2002, Köln 2003, S. 3 ff.

Römermann/Schröder, Aufgabe des qualifizierten faktischen GmbH-Konzerns Das „Bremer Vulkan"- Urteil des BGH vom 17. 9. 2001, GmbHR 2001, S. 1015 ff.

Roth/Altmeppen, GmbHG – Kommentar, 4. Aufl., München 2003

Rowedder, GmbHG, 4. Aufl., München 2002

Ruhnke, K. /Schmidt, M./Seidel, T., Einbeziehungswahlrechte und -verbote im IAS-Konzernabschluss, DB 2001, S. 657–663

Scheffler, E., Der Deutsche Standardisierungsrat – Struktur, Aufgaben und Kompetenzen, BFuP 1999, S. 407–417

ders., Kapitalflussrechnung – Stiefkind in der deutschen Rechnungslegung, BB 2002, S. 295–300

Schildbach, T., Der Konzernabschluss nach HGB, IAS und US-GAAP, Oldenburg 2001

Schmidt, K., Gesellschaftsrecht, 4. Aufl., Köln/Berlin/Bonn/München 2002

ders., Gesellschafterhaftung und „Konzernhaftung" bei der GmbH, NJW 2001, S. 3577 ff.

ders., Abhängigkeit und faktischer Konzern als Aufgaben der Rechtspolitik, JZ 1992, S. 856 ff.

ders., „Unternehmen" und „Abhängigkeit", ZGR 1988, S. 277

ders., Die wundersame Karriere des Unternehmensbegriffs im Reich der Unternehmenshaftung, Die AG 1994, S. 189 ff.

ders., Natürliche Person als herrschendes Unternehmen im qualifizierten faktischen Konzern, NJW 1994, S. 447 ff.

ders., Wege zum Insolvenzrecht der Unternehmen, Köln 1990

Schneider, U. H., Zur Wahrnehmung von Mitgliedschaftsrechten an Tochtergesellschaften einer Personengesellschaft, in: FS für Bärmann, 1975, S. 873 ff.

ders., Konzernleitung als Rechtsproblem, BB 1981, S. 249 ff.

ders., Die Gründung von faktischen GmbH-Konzernen, in: Hommelhoff u. a. (Hrsg.), Entwicklungen im GmbH-Konzernrecht, ZGR-Sonderheft 6, 1986, S. 121 ff.

Schmidt/Müller/Stöcker, Die Organschaft, 6. Aufl., Herne/Berlin 2003

Scholz, Kommentar zum GmbH-Gesetz, 9. Aufl., Köln 2002

Schröer, Sicherheitsleistung für Ansprüche aus Dauerschuldverhältnissen bei Unternehmensumwandlungen, DB 1999, S. 317 ff.

Literaturverzeichnis

Schruff, W., Bilanzierung latenter Steuern nach IAS 12 innerhalb des deutschen Körperschaftssteuer-Systems, Münster 1999, S. 97–123
Schwab, M., Der Deutsche Rechnungslegungs-Standard Nr. 7 im Widerspruch zum geltenden deutschen Bilanzrecht, DB 2001, S. 880–882
Semler, J., Leitung und Überwachung der AG, 2. Aufl., Köln/Berlin/Bonn/München 1996
Seydel, Konzernbildungskontrolle bei der AG, Baden-Baden 1995
Sonntag, B., Konzernbildungs- und Konzernleitungskontrolle bei der GmbH, Frankfurt a. M. 1990
Sura, Fremdeinfluss und Abhängigkeit im Aktienrecht, Köln 1980
Selchert, F./Erhardt, M./Fuhr, A./Greinert, M., Prüfung des Lageberichts – einschließlich Konzernlagebericht nach deutschem und internationalem Recht, Bielefeld 2000
Smid, S., Vier Entscheidungen englischer und deutscher Gerichte zur europäischen internationalen Zuständigkeit zur Eröffnung von Hauptinsolvenzverfahren, DZWiR 2003, S. 397, 404
Telkamp, H./Bruns, C., Pooling-of-Interest-Methode versus Fresh-Start-Methode – ein Vergleich, WPg 2000, S. 744–749
Timm, Die AG als Konzernspitze, Köln/Berlin/Bonn/München 1980
Theile, C., Kapitalmarktorientierte Rechnungslegung auch für die GmbH zwingend? – Zu den Auswirkungen des DRSC-Gesetzentwurfs „ Zur Internationalisierung der Rechnungslegung" vom 6. 7. 2001 und dem EU-Verordnungsvorschlag vom 13. 2. 2001 auf die Rechnungslegung der GmbH (& Co. KG), GmbHR 2001, S. 892–898
ders., Neuerungen bei der GmbH durch das Transparenz- und Publizitätsgesetz – TransPuG – Zu den Konsequenzen für den Konzernabschluss und die Abschlussprüfung, GmbHR 2002, S. 231–235
Theisen, M., Der Konzern: betriebswirtschaftliche und rechtliche Grundlagen der Konzernunternehmung, Stuttgart 2000
Thume, A., Die Darstellung konzerninterner Verschmelzungen im Konzernabschluss, Frankfurt 2000
Uhlenbruck (Hrsg.), Insolvenzordnung, Kommentar, 12. Aufl., München 2003
Ullrich, T., Endkonsolidierung: Erfolgswirkungen des Ausscheidens von Unternehmen aus dem Konzernverbund und konsolidierungstechnische Abbildung im Konzernabschluss, Frankfurt a. Main 2002
Ulmer (Hrsg.), Probleme des Konzernrechts, ZHR-Beiheft 62, 1989
Ulmer, P., Begriffsvielfalt im Recht der verbundenen Unternehmen als Folge des Bilanzrichtlinien-Gesetzes – Eine systematische Analyse, FS für Goerdeler, 1987, S. 623–648
Vater, H., M&A Accounting: Abschaffung des Pooling of Interests?, DB 2001, S. 1841–1848
Veil, Aktuelle Probleme im Ausgliederungsrecht, ZIP 1998, S. 361 ff.

Vetter, J./Stadler, Ch., Haftungsrisiken beim konzernweiten Cash Pooling, Köln 2003
Verhoeven, GmbH-Konzern-Innenrecht, Bonn 1978
Wahlers, H., Konzerbildungskontrolle durch die Hauptversammlung der Obergesellschaft, Köln 1995
Werner, H., Der aktienrechtliche Abhängigkeitstatbestand, München 1979
ders., Die Grundbegriffe der Unternehmensverbindungen im Konzerngesellschaftsrecht, JuS 1977, S. 141 ff.
Westermann, H.-P., Organzuständigkeit bei Bildung, Erweiterung und Umorganisation des Konzerns, ZGR 1984, S. 352 ff.
ders., GmbH-Konzernrecht kraft richterlicher Fortbildung?, GmbHR 1976, S. 77 ff.
ders., Haftungsrisiken eines „beherrschenden" GmbH-Gesellschafters, NZG 2002, S. 1129 ff
Wiedemann, Die Unternehmensgruppe im Privatrecht, Tübingen 1988
ders., Das Abfindungsrecht – ein gesellschaftlicher Interessenausgleich, ZGR 1978, S. 477 ff.
ders., Die Bedeutung der ITT-Entscheidung, JZ 1976, S. 392 ff.
ders., Reflexionen zur Durchgriffshaftung – Zugleich eine Besprechung des Urteils des BGH, WM 2002, 1804 (KBV), ZGR 2003, S. 283 ff.
Wiedemann/Hirte, Die Konkretisierung der Pflichten des herrschenden Unternehmens, ZGR 1986, S. 163 ff.
Wilhelm, J., Zurück zur Durchgriffshaftung – das „KBV"-Urteil des II. Zivilsenats des BGH vom 24. 6. 2002, NJW 2002, S. 175 ff.
Winter, Eigeninteresse und Treuepflicht bei der Einmann-GmbH, ZGR 1994, S. 570 ff.
Wohlgemuth, Die Schuldenkonsolidierung, HdJ Abtl. V/4 1993
Wohlgemuth, M., Die Zwischenergebniseliminierung; HdJ Abtl. V/5 1991
Wohlgemuth, M./Ruhnke, K., Die Kapitalkonsolidierung, HdJ Abtl. V/2 1998
Wolz, M., Zum Stand der Umsetzung von Risikomanagmentsystemen aus der Ansicht börsennotierter Aktiengesellschaften und ihrer Prüfer – Eine empirische Studie, WPg 2001, S. 789–801
WPH 2000, Wirtschaftsprüfer-Handbuch 2000, Handbuch für Rechnungslegung, Prüfung und Beratung, Band 1, herausgegeben vom Institut für Wirtschaftsprüfer in Deutschland e. V., 12. Aufl., Düsseldorf 2000
Wysocki, K./Wohlgemuth, M., Konzernrechnungslegung, Düsseldorf 1996
Zeidler, Die Hauptversammlung der Konzernmutter – ungeschriebene Zuständigkeiten und Information der Aktionäre, NZG 1998, S. 91 ff.
ders., Ausgewählte Probleme des GmbH-Vetragskonzernrechts, NZG 1999, S. 692 ff.
Zöllner, Treuepflichtgesteuertes Aktienkonzernrecht, ZHR 162 (1998), S. 235 ff.
Zündorf, H., Der Anlagespiegel im Konzernabschluss, Stuttgart 1990

Abkürzungsverzeichnis

a. A.	anderer Auffassung
a. a. O.	am angegebenen Ort
ABS	Asset braked securities
Abs.	Absatz
Abschn.	Abschnitt
ADS	Adler/Düring/Schmalz, Kommentar
a. E.	am Ende
a. F.	alte Fassung
AfA	Absetzung für Abnutzung
AFG	Arbeitsförderungsgesetz
AG	Aktiengesellschaft, auch Die Aktiengesellschaft (Zs.)
AK	Anschaffungskosten
AktG	Aktiengesetz
Anh.	Anhang
Anm.	Anmerkung
ANK	Anschaffungsnebenkosten
AO	Abgabenordnung
A-Preis	Anschaffungspreis
A-Preisminderung	Anschaffungspreisminderung
Art.	Artikel
AU	Assoziiertes Unternehmen
Aufl.	Auflage
AV	Anlagevermögen
AZ	Ausgleichszahlung
BA	Betriebsaufspaltung
BAnz	Bundesanzeiger
BayObLG	Bayerisches Oberstes Landesgericht
BB	Betriebs-Berater (Zs.)
BeBiko	Beck'scher Bilanzkommentar
BFH	Bundesfinanzhof
BFH/NV	Sammlung amtlich nicht veröffentlichter Entscheidungen des Bundesfinanzhofs
BFuP	Betriebswirtschaftliche Zeitschrift für Forschung und Praxis
BGB	Bürgerliches Gesetzbuch
BGBl.	Bundesgesetzblatt
BGH	Bundesgerichtshof
BGHZ	Sammlung der Entscheidungen des Bundesgerichtshofs in Zivilsachen
BiRiLiG	Bilanzrichtlinien-Gesetz

BMJ	Bundesministerium für Justiz
BMF	Bundesminister(ium) der Finanzen
BMG	Bemessungsgrundlage
BR-Drucks.	Bundesrats-Drucksachen
BSG	Bundessozialgericht
BStBl	Bundessteuerblatt
BT-Drucks.	Bundestags-Drucksache
Buchst.	Buchstabe
BVerfG	Bundesverfassungsgericht
BWM	Buchwertmethode
bzw.	beziehungsweise
c. p.	ceteris paribus
DB	Der Betrieb (Zs.)
DBA	Doppelbesteuerungsabkommen
DCF-Methode	Discounting Cash-Flow Methode
d. h.	das heißt
DMBilG	DM-Bilanzgesetz
DRS	Deutscher Rechnungslegungsstandard
DRSC	Deutsches Rechnungslegungs-Standards Committee
DSR	Deutscher Standardisierungsrat
DStR	Deutsches Steuerrecht (Zs.)
EA	Einzelabschluss
EAV	Ergebnisabführungsvertrag
E-DRS	Entwurf Deutscher Rechnungslegungsstandard
eG	eingetragene Genossenschaft
EG	Europäische Gemeinschaft (Vorgängerin der EU)
EGV	Vertrag zur Gründung der Europäischen Gemeinschaft
EK	Eigenkapital
EStG	Einkommensteuergesetz
EStH	Einkommensteuerhinweise
EStR	Einkommensteuerrichtlinien
EU	Europäische Union/Einzelunternehmen/-unternehmer
EuGH	Europäischer Gerichtshof
EWR	Europäischer Wirtschaftsrecht
EWS	Europäisches Wirtschafts- und Steuerrecht (Zs.)
e. V.	eingetragener Verein
EZ	Erhebungszeitraum

Abkürzungsverzeichnis XXXIII

f., ff.	folgend(e)
F&E	Forschung und Entwicklung
FAS	Financial Accounting Standard
FASB	Financial Accounting Standards Board
Fifo	First in First out
FK	Firmenkosten
FN-IDW	Fachnachrichten des IDW
FR	Finanz-Rundschau (Zs.)
FS	Festschrift
FW	Firmenwert
GAV	Gewinnabführungsvertrag
GbR	Gesellschaft bürgerlichen Rechts
gem.	gemäß
GewSt	Gewerbesteuer
GewStDV	Gewerbesteuer-Durchführungsverordnung
GewStG	Gewerbesteuergesetz
GewStR	Gewerbesteuer-Richtlinien
Gez. Kap	Gezeichnetes Kapital
Gf	Geschäftsführer
GG	Grundgesetz
ggf.	gegebenenfalls
GJ	Geschäftsjahr
GmbH	Gesellschaft mit beschränkter Haftung
GmbHG	GmbH-Gesetz
GmbHR	GmbH-Rundschau (Zs.)
GoB	Grundsätze ordnungsgemäßer Buchführung
GoK	Grundsätze ordnungsgemäßer Konsolidierung
grds.	grundsätzlich
GWB	Gesetz gegen Wettbewerbsbeschränkungen
GU	Gemeinschaftsunternehmen
GuV	Gewinn- und Verlust-Rechnung
H	Hinweis
h. M.	herrschende Meinung
HB II / HB III	Handelsbilanz II / Handelsbilanz III
HdJ	Handbuch des Jahresabschlusses
HdK	Handbuch der Konzernrechnungslegung
HFA	Haupt-Fachausschuss des Instituts der Wirtschaftsprüfer
HGB	Handelsgesetzbuch
HK	Herstellungskosten

Hrsg.	Herausgeber
HS	Halbsatz
i. E.	im Einzelnen
IAS	International Accounting Standards
IASB	International Accounting Standard Board
IASC	International Accounting Standards Committee
IDW	Institut der Wirtschaftsprüfer
IDW PH	Prüfungshandbuch des Instituts der Wirtschaftsprüfer
IDW RS	Rechnungslegungsstandard des Instituts der Wirtschaftsprüfer
i. d. F.	in der Fassung
i. d. R.	in der Regel
i. H. v.	in Höhe von
InsO	Insolvenzordnung
i. S.	im Sinne
i. V. m.	in Verbindung mit
IWB	Internationale Wirtschafts-Briefe (Zs.)
IZF	Interessenzusammenführungsmethode
JA	Jahresabschluss
JF	Jahresfehlbetrag
JÜ	Jahresüberschuss
JuS	Juristische Schulung
JURA	Juristische Ausbildung
JZ	Juristenzeitschrift
KA	Konzernabschluss
K-AK	Konzern-Anschaffungskosten
KapGes	Kapitalgesellschaft
KapAEG	Kapitalaufnahmerleichterungsgesetz
KapCoRiLiG	Kapital- und Kommandit-Richtliniengesetz
Kapkons	Kapitalkonsolidierung
KESt	Kapitalertragsteuer
KG	Kommanditgesellschaft/Kammergericht
KGaA	Kommanditgesellschaft auf Aktien
K-HK	Konzern-Herstellungskosten
Kifo	Konzern in first out
Kj	Kalenderjahr
Kilo	Konzern in last out
KM	Konzernmutter
KonBefrV	Konzernabschluss-Befreiungsverordnung

Abkürzungsverzeichnis

KonTraG	Gesetz zur Kontrolle und Transparenz im Unternehmensbereich
KSt	Körperschaftsteuer
KStG	Körperschaftsteuergesetz
KStG-E	Körperschaftsteuergesetz-Entwurf
KStR	Körperschaftsteuer-Richtlinien
KT	Konzerntochter
KU	Konzernunternehmen
LG	Landgericht
Lifo	Last in first out (Bewertungsverfahren)
LuL	Lieferung und Leistung
LW	Landeswährung
m. w. N.	mit weiteren Nachweisen
MU	Mutterunternehmen
NBM	Neubewertungsmethode
ND	Nutzungsdauer
NJW	Neue Juristische Wochenschrift (Zs.)
NJW-RR	Neue Juristische Wochenschrift Rechtsprechungsreport
n. F.	neue Fassung
NWB	Neue Wirtschafts-Briefe (Zs.)
NZG	Neue Zeitschrift für Gesellschaftsrecht
o. g.	oben genannt
OHG	Offene Handelsgesellschaft
OFD	Oberfinanzdirektion
OLG	Oberlandesgericht
OT	Organträger
p. a.	per anno (pro Jahr)
PersGes	Personengesellschaft
PublG	Publizitätsgesetz
R	Richtlinie
RAP	Rechnungsabgrenzungsposten
RefE	Referentenentwurf
RL	Rücklage
RN	Randnummer

S.	Seite
Schuko	Schuldenkonsolidierung
SFG	Solidarpaktfortführungsgesetz
Slg.	Sammlung der Entscheidungen des EuGH
sog.	so genannte
SolZ	Solidaritätszuschlag
SolZG	Solidaritätszuschlagsgesetz
StBereinG	Gesetz zur Bereinigung von steuerlichen Vorschriften (Steuerbereinigungsgesetz)
StGB	Strafgesetzbuch
stl.	steuerlich
StSenkG	Gesetz zur Senkung der Steuersätze und zur Reform der Unternehmensbesteuerung (Steuersenkungsgesetz)
StuW	Steuer und Wirtschaft (Zs.)
StVergAbG	Gesetz zum Abbau von Steuervergünstigungen und Ausnahmeregelungen (Steuervergünstigungsabbaugesetz)
StVGB	Steuerverkürzungsbekämpfungsgesetz
TransPuG	Transparenz- und Publizitätsgesetz
TU	Tochterunternehmen
u. a.	unter anderem
UB	Unterschiedsbetrag
u. E.	unseres Erachtens
UE	Umsatzerlöse
UmwG	Umwandlungsgesetz
UntStFG	Gesetz zur Fortentwicklung des Unternehmenssteuerrechts (Unternehmenssteuerfortentwicklungsgesetz)
US-GAAP	United States-Generally Accepted Accounting Principles
USt	Umsatzsteuer
UStDV	Umsatzsteuer-Durchführungsverordnung
UStG	Umsatzsteuergesetz
UStR	Umsatzsteuer-Richtlinien
UV	Umlaufvermögen
Vfg.	Verfügung
VG	Vermögensgegenstand
vGA	verdeckte Gewinnausschüttung
vgl.	vergleiche
Vj	Vorjahr
VO	Verordnung
VZ	Veranlagungszeitraum

Abkürzungsverzeichnis XXXVII

Wj	Wirtschaftsjahr
WM	Wertpapiermitteilung (Zs.)
WPg	Die Wirtschaftsprüfung (Zs.)
WPH	Wirtschafts-Prüferhandbuch
WpHG	Wertpapierhandelsgesetz
ZE	Zwischenerfolge
ZEE	Zwischenerfolgseliminierung
ZG/ZV	Zwischengewinne, Zwischenverluste
ZGR	Zeitschrift für Unternehmens- und Gesellschaftsrecht
ZHR	Zeitschrift für das gesamte Handels- und Wirtschaftsrecht
ZIP	Zeitschrift für Wirtschaftsrecht
ZPO	Zivilprozessordnung
z. T.	zum Teil
Zs.	Zeitschrift
zzgl.	zuzüglich

Teil A:
Konzerngesellschaftsrecht

1. Wirtschaftliche und rechtliche Grundlagen

Literatur: *Daumke/Keßler*, Gesellschaftsrecht, 3. Aufl., München/Wien 2000, S. 178 ff., 248 ff.; *dies.*, Der GmbH-Geschäftsführer, 2. Aufl., Herne/Berlin 2003, S. 178 ff., 248 ff.; *Emmerich/Habersack*, Aktien- und GmbH-Konzernrechts, 3. Aufl., München 2003, Einleitung; *Emmerich/Sonnenschein/Habersack*, Konzernrecht, 7. Aufl., München 2001; *Michalski/Zeidler*, GmbHG Syst. Darst. 4 A; *Raiser*, Recht der Kapitalgesellschaften, 3. Aufl., München 2001, S. 804 ff.; *K. Schmidt*, Gesellschaftsrecht, 4. Aufl., Köln 2002, S. 486 ff.; *Theisen*, Der Konzern, 2. Aufl., Stuttgart 2000.

1.1 Begriff und Funktion des Konzernrechts

1.1.1 Divergierende Konzerntatbestände

Wie hinsichtlich vieler Begrifflichkeiten im Bereich von Unternehmen und Unternehmenswirklichkeit, so divergiert auch das Verständnis dessen, was sich hinter der Bezeichnung des Konzerns verbirgt, je nach der konkreten Fragestellung des Betrachters. Es handelt sich folglich um eine funktionale Begriffsbildung, deren spezifischer Gehalt im Wesentlichen durch das Erkenntnisinteresse des Fragestellers bestimmt wird. So weicht die betriebswirtschaftliche Konkretisierung des Konzerntatbestandes notwendig von dessen Legaldefinition im Rahmen des normativ verfassten Konzernrechts ab. Geht es innerhalb der betriebswirtschaftlichen Analyse zunächst – wenn auch nicht ausschließlich – um die Frage zweckmäßiger, d. h. vor allem effizienter Organisation des Unternehmensverbundes und dessen marktbezogener Koordination, so stellt sich aus Sicht der Rechtsordnung vor allem die Frage nach den Voraussetzungen und Zulässigkeitsgrenzen der Unternehmensverflechtung im Lichte bestimmter individueller Schutzinteressen. Dies jedenfalls, sofern es das *Konzern-Gesellschaftsrecht* betrifft, das im Mittelpunkt des Teils A dieses Handbuchs steht. A 1

Allerdings ist selbst die Sichtweise der Rechtsordnung keineswegs monistisch ausgerichtet. So orientiert sich die Zielsetzung des *Konzernbilanzrechts* vor allem an den Interessen der Informationsadressaten des Konzernabschlusses hinsichtlich eines den tatsächlichen Verhältnissen entsprechenden Bildes der Vermögens-, Finanz- und Ertragslage des Kon- A 2 zerns. Es überrascht nicht, dass sich die unterschiedliche Zweckrichtung konzern- und konzernbilanzrechtlicher Vorgaben zumindest partiell in einer abweichenden Definition des Konzernbegriffs widerspiegeln. Dies gilt umso mehr, als die gegenwärtige Ausgestaltung des Konzernbilanzrechts – weit mehr als das Konzern-Gesellschaftsrecht – durch Vorgaben des europäischen Gemeinschaftsrechts (und demnächst der internationalen Rechtsordnung) geprägt ist.

A 3 Demgegenüber zielt das *Konzernsteuerrecht* – jedenfalls seinem ursprünglichen Ansatz nach – im Rahmen der ihm zugrunde liegenden Einheitsbetrachtung der steuerlichen Organschaft auf eine spezifische „wirtschaftliche" Betrachtungsweise, die deutlich von der Sicht des Gesellschaftsrechts abweicht. So knüpfen die Voraussetzungen der steuerlichen Organschaft zwar in ihren Grundlagen am Konzerntatbestand der Zivilrechtsordnung an, weisen jedoch darüber hinaus Besonderheiten auf, denen umso größere Bedeutung zukommt, je mehr der Gesetzgeber – wie vor allem in jüngster Zeit – das Steuerrecht zugunsten übergeordneter wirtschafts- und sozialpolitischer Zwecksetzung instrumentalisiert.

A 4 Wie dem auch sei, die unterschiedlichen Zwecksetzungen der Konzerntatbestände bestimmen nicht nur deren teilweise divergierenden Inhalt, sondern bedingen notwendig auch partiell abweichende Anwendungsvoraussetzungen. Fragt man dessen ungeachtet nach dem Verbindenden, dem gemeinsamen tatbestandlichen Kern des Konzernverständnisses, so ist es im Wesentlichen um solche – rechtlichen – Probleme zu tun, die ihren tragenden Grund in der durch den Anteilsbesitz vermittelten gesellschaftsrechtlichen Verflechtung unterschiedlicher Rechtsträger finden, also durch den Umstand bedingt sind, dass in ihrer wirtschaftlichen Zielsetzung verbundene unternehmerische Aktivitäten unterschiedlichen Rechtsträgern zugeordnet werden. Hier liegt es an den materiellen Vorgaben konzernrechtlicher Regelungen im Einzelfall zu bestimmen, ob und in welchem Umfang die Rechtsordnung die Aufgliederung des Handelns auf unterschiedliche Rechtsträger akzeptiert oder ob sie diese aufgrund ihres wirtschaftlichen Zusammenhangs einer Einheitsbetrachtung unterwirft. Mag der Grad der seitens des Rechts gewährten Gestaltungsfreiheit zwischen den einzelnen Rechtsbereichen auch divergieren, *die anteilsmäßige Verbindung unterschiedlicher selbständiger Rechtssubjekte, die ihre wirtschaftlichen Aktivitäten in gewissem Umfang koordinieren,* gerinnt zum konzernrechtlichen Anknüpfungstatbestand der Rechtskontrolle. Dies bedarf zunächst

Keßler

1. Wirtschaftliche und rechtliche Grundlagen

für den Bereich des Konzerngesellschaftsrechts der näheren Konkretisierung.

1.1.2 Der gesellschaftsrechtliche Konzerntatbestand

Gemäß § 18 AktG liegt ein Konzern i. S. des Gesellschaftsrechts vor, wenn *„ein herrschendes und ein oder mehrere abhängige Unternehmen unter der einheitlichen Leitung des herrschenden Unternehmens zusammengefasst sind"*. Insofern gründet das normative Verständnismodell des (Unterordnungs-)Konzerns notwendig auf dem Vorliegen eines Abhängigkeitsverhältnisses zwischen den verbundenen Unternehmen. Entsprechend § 17 Abs. 1 AktG sind *„abhängige Unternehmen rechtlich selbständige Unternehmen, auf die ein anderes Unternehmen (herrschendes Unternehmen) unmittelbar oder mittelbar einen beherrschenden Einfluss ausüben kann"*. Dies entspricht weitgehend dem wirtschaftlichen Verständnis des Konzerntatbestandes. Aus Sicht der betriebswirtschaftlichen Organisationslehre ist ein Konzern gegeben, wenn rechtlich selbständige Unternehmen nach Maßgabe des herrschenden Unternehmens ihr Verhalten am Markt koordinieren. Das Vorliegen eines Konzerns i. S. der gesetzlichen Vorgaben bedingt somit zweierlei: das Bestehen eines Abhängigkeitsverhältnisses zwischen herrschendem und den oder dem abhängigen Unternehmen sowie die Verhaltenskoordination der beteiligten Rechtsträger. Der Konzern ist somit beides: Einheit und Vielfalt. Von der rechtlichen Selbständigkeit der beteiligten Unternehmensträger unterscheidet sich das – mehr oder weniger – seitens des herrschenden Unternehmens koordinierte wirtschaftliche Agieren am Markt. Dabei gilt es zu berücksichtigen, dass der idealtypischen Definition eine durchweg vielschichtige Phänomenologie realer Konzernverhältnisse entspricht. Gerade der Umfang und die Ausgestaltung der Einwirkungen des herrschenden Unternehmens und die daraus folgende Verhaltenskoordination divergieren in nicht unerheblichem Maße. Enggeführten Konzernen, die nach außen mitunter den Eindruck eines auch rechtlich vereinheitlichten Unternehmens erwecken, stehen solche „lockeren" Unternehmensverbindungen gegenüber, die für Außenstehende kaum noch als solche zu erkennen sind.

A 5

Die Gründe für die abweichenden rechtstatsächlichen Erscheinungsformen des Verbundes liegen in der höchst unterschiedlichen ökonomischen Zwecksetzung. Dies weist darauf hin, dass es sich hinsichtlich des Konzerns primär um ein wirtschaftliches und nicht originär rechtliches Gebil-

A 6

de handelt, mit anderen Worten: Das ökonomische Phänomen des Konzerns ist weitaus älter als dessen normative Regulierung und Gestaltung mit den Mitteln des Konzernrechts. Die mittlerweile weit fortgeschrittene Ausdifferenzierung eines teils kodifizierten, teils richterrechtlich normierten Konzernrechts war und ist somit keinesfalls unabdingbares Instrumentarium zur Begründung und Ausgestaltung einer funktionalen Konzernorganisation. Deren Möglichkeit ergibt sich vielmehr bereits im Rahmen der allgemeinen Vereinigungs- und Gestaltungsfreiheit des Gesellschafts- und Vertragsrechts, d. h. der Verflechtung selbständiger Rechtsträger im Wege des Anteilsbesitzes. Auch soweit das Konzernrecht eine unmittelbar die Konzernorganisation betreffende Ausgestaltung aufweist, gewährleistet es nicht deren Voraussetzungen, sondern erweist sich in seinem Kern weit eher als Beschränkung vorhandener gesellschaftsrechtlicher Gestaltungsmöglichkeiten. *Entscheidend für das Verständnis des Konzernrechts ist somit dessen Zweck – oder besser: Schutzzweckorientierung.* Geht es doch dem Gesetzgeber und in dessen Folge der Rechtsprechung im Wesentlichen darum, gewissen, durch die Konzernbildung bedingten Gefährdungen einzelner Interessen oder Interessengruppen einen adäquaten Schutz der Rechtsordnung zuteil werden zu lassen. Die funktionale Anwendung und Ausdifferenzierung des konzernrechtlichen Regelungsinstrumentariums seitens der Rechtsprechung und Gestaltungspraxis postuliert daher zuerst die genaue Ermittlung der diesem zugrunde liegenden Schutzzwecke.

A 7 Dabei ergibt sich die Schutzrichtung des konzernrechtlichen Regelungsbestandes – jedenfalls soweit dies die gesellschaftsrechtlich motivierten Bestimmungen betrifft – unmittelbar aus dem in der Konzernverflechtung gründenden Interessenkonflikt, wie er zwangsläufig aus den Einwirkungsmöglichkeiten des herrschenden Gesellschafters auf die Willensbildung des abhängigen Unternehmens resultiert. Allerdings genügt der dem Allein- oder Mehrheitsgesellschafter aufgrund des Anteilsbesitzes zukommende Einfluss nach dem normativen Konzept des (Aktien-)Konzernrechts grundsätzlich nicht, den normativen Schutz des spezifisch konzernrechtlichen Regelungsbestandes zur Anwendung kommen zu lassen. Soweit es um den Einwirkungsmissbrauch des Gesellschafters auf seine Gesellschaft und die hiermit verbundenen Fragen des Minderheiten- oder Gläubigerschutzes zu tun ist, gründen die Antworten in erster Linie in der rechtsformspezifischen Ausgestaltung der Willensbildungs- und Kapitalerhaltungsregeln des Gesellschaftsrechts sowie in den allgemeinen Grund-

Keßler

1. Wirtschaftliche und rechtliche Grundlagen

sätzen der Rechtsmissbrauchslehre. Die Anwendung spezifisch konzernrechtlicher Regelungen setzt demgegenüber einen Gefährdungstatbestand voraus, der seine Verankerung in dem Umstand findet, dass Gesellschafter und Beteiligungsunternehmen jeweils selbständige unternehmerische Zielsetzungen verfolgen. Dies ist nur dort der Fall, wo dem Gesellschafter selbst Unternehmenseigenschaft zukommt. Sei es, dass dieser – in welcher Rechts- und Gestaltungsform auch immer – außerhalb des Beteiligungsunternehmens eigene unternehmerische Aktivitäten entfaltet, sei es, dass er seine wirtschaftlichen Interessen im Rahmen weiterer Unternehmensbeteiligungen verfolgt. *Gerade die Verknüpfung möglicherweise divergierender wirtschaftlicher Interessen im Rahmen der Unternehmensverbindung begründet die Gefahr, das herrschende Unternehmen werde in einer Weise auf die abhängige Gesellschaft einwirken, welche dessen berechtigte Eigenbelange sowie diejenigen der seitens des Konzerntatbestandes geschützten Interessengruppen außer Acht lasse.*

Die Gefahr einer die Interessen der abhängigen Gesellschaft beeinträchtigende Einwirkung ist typischerweise dort latent, wo der (Mehrheits-)Gesellschafter über seinen Beteiligungsbesitz hinaus weiteren unternehmerischen Aktivitäten nachgeht, die mit denjenigen der Beteiligungsgesellschaft in Widerspruch geraten können. Ob es tatsächlich zu einer Beeinträchtigung des abhängigen Unternehmens kommt, ist insofern gleichgültig, da sich der Konzerntatbestand ausschließlich an der durch den Beteiligungsbesitz vermittelten institutionellen Gefährdungslage orientiert. Hier gilt es folglich im Vorfeld des Eingriffstatbestandes die Schutzfunktion konzernrechtlicher Bestimmungen zur Entfaltung gelangen zu lassen. A 8

Legt man die generelle Ausrichtung der materiellen Konzerntatbestände an dem potenziellen Interessenkonflikt zwischen herrschendem (Unternehmens-)Gesellschafter und abhängiger Gesellschaft und der daraus folgenden Gefährdung des abhängigen Unternehmens zugrunde, so lassen sich bei systematischer Betrachtungsweise drei unterschiedliche Schutzdestinatäre des Konzernrechts differenzieren. Dies betrifft zunächst die Fälle, in denen neben dem herrschenden (Mehrheits-)Gesellschafter weitere Minderheitsgesellschafter den Kreis der Anteilseigner bestimmen. Hier zeichnet sich die – nicht von der Hand zu weisende – Gefahr ab, der Mehrheitsgesellschafter werde seinen Einfluss in einem Umfang und/oder in einer Weise geltend machen, die keine Rücksicht auf berechtigte und schutzwürdige Belange der Gesellschafterminderheit nehme. Insofern orientiert sich die Schutzrichtung des Konzernrechts im „forum internum" A 9

Keßler

der abhängigen Gesellschaft vor allem an den Belangen eines *funktionalen Minderheitenschutzes,* wobei die konzernrechtlichen Regelungen ergänzend neben die minderheitsschützenden Bestimmungen des gesellschaftsrechtlichen Binnenverhältnisses treten.

A 10 Allerdings erschöpft sich damit nicht die Schutzfunktion des Konzernrechts. Dass dieses als weitere Dimension eine schutzrechtliche Außenorientierung aufweist, folgt vielmehr aus dem Umstand, dass die Einwirkung des herrschenden Unternehmens auf den Vermögensbestand der abhängigen Gesellschaft durchweg geeignet ist, die Belange der Gläubiger des abhängigen Unternehmens maßgeblich zu beeinträchtigen. Dies wird besonders deutlich, soweit es sich bei der abhängigen Gesellschaft um eine Kapitalgesellschaft, beispielsweise eine GmbH, handelt. Gemäß § 13 Abs. 2 GmbHG haftet den Gläubigern der Gesellschaft nur das Gesellschaftsvermögen. Kommt es durch die Einwirkung des herrschenden Unternehmens auf die abhängige GmbH zu einer Minderung des Gesellschaftsvermögens, so beeinträchtigt dies notwendigerweise die Chancen ihrer Gläubiger auf Befriedigung der diesen zustehenden Forderungen. Demgemäß obliegt den Bestimmungen des Konzernrechts – soweit es dessen Außenwirkung betrifft – *der Schutz der Gläubiger der abhängigen Gesellschaft* vor der Beeinträchtigung der ihnen zur Verfügung stehenden Haftungsmasse durch Einwirkungen seitens des herrschenden Unternehmens. Letztlich mag man auch das *Eigeninteresse der abhängigen Gesellschaft* selbst und damit deren *Bestandsschutz* dem Regelungsauftrag des konzernrechtlichen Normenbestandes zuordnen.

1.2 Zur Bedeutung der GmbH als (abhängiges) Konzernunternehmen

A 11 Mit ca. 980 000 Gesellschaften ist die GmbH nicht nur zahlenmäßig, sondern auch aufgrund ihrer wirtschaftlichen Bedeutung die bedeutendste Rechtsform für unternehmenstragende Gesellschaften deutscher Provenienz. Auch wenn eingehende rechtstatsächliche Untersuchungen jüngeren Datums nicht ersichtlich sind, sprechen deutliche Anzeichen dafür, dass es sich bei ca. 50 % der erfassten Gesellschaften nicht um autonome Wirtschaftseinheiten handelt; vielmehr dürfte die Hälfte des GmbH-Bestandes im Rahmen gesellschaftsrechtlicher und personeller Verflechtungen mit anderen Unternehmen verbunden sein. Berücksichtigt man den Umstand, dass die personalistische Realstruktur der GmbH die Betei-

1. Wirtschaftliche und rechtliche Grundlagen

ligungsverhältnisse regelmäßig auf wenige mitunternehmerisch verbundene Gesellschafter beschränkt (vgl. Daumke/Keßler, Geschäftsführer, S. 22 ff.), so deutet bereits ihre tatsächliche Erscheinungsform darauf hin, dass die Unternehmenspolitik der GmbH nicht ausschließlich durch das Eigeninteresse der Gesellschaft, sondern – je nach Ausgestaltung des Unternehmensverbundes – mehr oder weniger durch die hiervon abweichende Interessenlage des (Mehrheits-)Gesellschafters oder doch die Gesamtbelange des Unternehmensverbundes, d. h. des Konzerns, bestimmt wird. Dabei begünstigt die Rechtsordnung die heteronome Steuerung und Konzernoffenheit der GmbH in entscheidendem Maße. Wie § 37 Abs. 1 GmbHG zu entnehmen ist, sind die Geschäftsführer – mangels einer entgegenstehenden Regelung des Gesellschaftsvertrags – durchgängig an die Beschlüsse der Gesellschafterversammlung bzw. die Weisung des Alleingesellschafters gebunden. Anders als im Rahmen der normativen Vorgaben des AktG, wonach der Vorstand die Gesellschaft „unter eigener Verantwortung" leitet (§ 76 Abs. 1 AktG), fehlt es bezüglich der GmbH an einer autonomen Entscheidungsbefugnis der Geschäftsführer. Nach dem gesetzgeberischen Leitbild der GmbH ist die Statuierung und Konkretisierung der Unternehmenspolitik vielmehr den Anteilseignern zugewiesen. Die Gesellschafter – nicht die Geschäftsführer – sind das eigentliche Geschäftsführungsorgan (Daumke/Keßler, Geschäftsführer, S. 155 ff.).

So verwundert es nicht, dass Geschäftspolitik und Marktverhalten einer Vielzahl von GmbHs in nicht unerheblichem Umfange durch heteronome Vorgaben einzelner (Unternehmens-)Gesellschafter beeinflusst werden, auch wenn diese mitunter dem objektiven Interesse der Gesellschaft, ihrer Gläubiger oder eventuell vorhandener Minderheitsgesellschafter entgegenstehen. Dies gilt umso mehr, als mit der nicht selten anzutreffenden Aufspaltung unternehmerischer Aktivitäten auf unterschiedliche Rechtsträger im Bereich der GmbH häufig übergeordnete Gesichtspunkte haftungsrechtlicher, arbeitsrechtlicher, steuerlicher oder bilanzieller Natur korrespondieren, die sich im Interesse des Gesamtverbunds als vorteilhaft erweisen, auch wenn aus Sicht der betroffenen Gesellschaft und ihrer „Stakeholder" wirtschaftliche und tatsächliche Beeinträchtigungen nicht von der Hand zu weisen sind. Grundsätzlich widerspricht eine asymmetrische Risikozuordnung innerhalb eines Verbunds rechtlich selbständiger Unternehmensträger nicht der Konzeption des GmbHG. *Anders als die AG ist die GmbH gerade nicht eingriffsresistent.* Zudem ist die Kapitalbindung im Verhältnis zur AG eher zurückhaltend ausgestaltet. Ist bezüglich

A 12

der Ersteren das Gesellschaftsvermögen – mit Ausnahme des Bilanzgewinns – der Dispositionsbefugnis der Anteilseigner stringent entzogen (§ 57 Abs. 3 AktG), so umfasst die normative Kapitalerhaltung im Recht der GmbH lediglich das gesellschaftsvertragliche Stammkapital (§ 30 Abs. 1 GmbHG). Auch was die Ausübung von Mehrheitsherrschaft im Rahmen der innergesellschaftlichen Willensbildung betrifft, bewegt sich die Durchsetzung des Mehrheitswillens im Rahmen der – allerdings dispositiven (§ 45 Abs. 2 GmbHG) – Vorgaben des Gesetzes. Soweit der Gesellschaftsvertrag keine abweichende Bestimmung trifft, bestimmt sich die Beschlussfassung nach der Mehrheit der den Gesellschaftern zustehenden Kapitalanteile. Legt man dies alles zugrunde, so erweist sich die GmbH als nahezu ideales Instrumentarium unternehmerischer Konzernierung.

1.3 Wirtschaftliche und rechtliche Motive der Konzernbildung

A 13 Fragt man nach den Ursachen hinsichtlich des Entstehens von Unternehmensverbindungen und damit der Konzernierung, so zeichnet sich zunächst eine Vielzahl rechtlicher und wirtschaftlicher Motive ab. Aus rechtlicher Sicht überwiegt zunächst die Möglichkeit der *Segmentierung von Haftungsrisiken*. Werden einzelne Risikobereiche innerhalb des Unternehmensverbunds jeweils selbständigen Rechtsträgern – beispielsweise in der Form der GmbH – zugeordnet, so kann hierfür das Haftungsprivileg der juristischen Person in Anspruch genommen werden. Entsprechend § 13 Abs. 2 GmbHG haftet den Gläubigern der Gesellschaft für deren Verbindlichkeiten nur das Gesellschaftsvermögen. Eine Haftung der Anteilseigner bzw. der Unternehmensorgane kommt grundsätzlich nicht in Betracht. Die Aufspaltung einzelner haftungsrelevanter Unternehmensbereiche auf selbständige Gesellschaften erweist sich insofern als essentielle Gestaltungsform unternehmerischer Risikovorsorge. Hier gilt es zu verhindern, dass die Verwirklichung von Haftungsrisiken und Einstandspflichten in einzelnen Teilbereichen den Gesamtverbund der verflochtenen Unternehmen infiziert und damit in seinem Bestand bedroht.

A 14 Im Übrigen erweist sich die *Finanzierung* verbundener Unternehmen mitunter als weitaus kostengünstiger, als der Aufbau einer Einheitsgesellschaft. Berücksichtigt man, dass zur Ausübung der Mehrheitsherrschaft hinsichtlich einer Beteiligungsgesellschaft regelmäßig ein knapp über

Keßler

1. Wirtschaftliche und rechtliche Grundlagen

50 % liegender Anteil der Stimmrechte genügt, so ist der finanzielle Aufwand deutlich geringer als beim Erwerb der Position eines Alleingesellschafters. Dieser Kostenvorteil verstärkt sich noch im Rahmen des sog. Pyramideneffekts. Hält das Mutterunternehmen mehr als die Hälfte der Anteile der Tochtergesellschaft, die wiederum mit der gleichen Mehrheit an einem weiteren (Enkel-)Unternehmen beteiligt ist, so beschränkt sich der Kapitalaufwand der Mutter bezüglich der Enkelgesellschaft auf wenig mehr als ein Viertel.

Die vorstehend verzeichneten Haftungs- und Kostenvorteile lassen sich in gewissem Umfang im Rahmen der – zumeist steuerlich motivierten – *„Betriebsaufspaltung"* miteinander kombinieren. Stellt die Muttergesellschaft die von der Tochter benötigten Betriebseinrichtungen (Grundstücke, Gebäude, Maschinen etc.) dieser im Rahmen von Nutzungsverträgen zur Verfügung, so verringert sich hierdurch nicht nur der Aufwand für die Kapitalausstattung der Tochter, vielmehr fallen die überlassenen Wirtschaftsgüter im Falle der Insolvenz oder der Einzelzwangsvollstreckung auch nicht in die Haftungsmasse der Tochtergesellschaft, da sie dinglich nach wie vor im Eigentum der Mutter oder Dritter stehen. **A 15**

In der Praxis sind es nicht zuletzt *organisatorische Vorteile dezentralisierter Unternehmensstrukturen,* die häufig zum entscheidenden Motiv beim Aufbau eines Unternehmensverbunds gerinnen. Insbesondere die jeweilige Erfolgsverantwortung und Erfolgszurechnung hinsichtlich der Leitungsorgane selbständiger Tochtergesellschaften ermöglicht die Gewinnung eines qualifizierten und motivierten Managements. Dies gilt umso mehr, soweit die Konzernorganisation in ihrer gesellschaftsvertraglichen und tatsächlichen Ausgestaltung die Möglichkeit zur Begründung abgestufter Autonomie- und Entscheidungsbereiche zugunsten der Organwalter der Tochterunternehmen eröffnet. Die hierdurch begründete Leitungsverantwortung der Organe der Tochtergesellschaften lässt zwar die Gesamtverantwortung des Managements der Muttergesellschaft im Kern unberührt, doch ist die Ausdifferenzierung hinsichtlich unterschiedlicher Organebenen zumindest geeignet, die Einstandspflicht der Konzernleitung zu mildern sowie auf Überwachungs- und Kontrollpflichten zu reduzieren. **A 16**

Die sich hier abzeichnenden Gestaltungsmöglichkeiten in der – je nach Zuordnung organbezogener Autonomiespielräume – Eng- oder Weitführung der Konzernstruktur gewinnen vor allem im Rahmen der *Unternehmensakquisition* an Bedeutung. So ist es im Einzelfall möglich, durch die **A 17**

Keßler

Beschränkung zentraler Konzernvorgaben und die Zuordnung weitgehender Autonomiebereiche zugunsten der Organe von Tochtergesellschaften divergierende Unternehmenskulturen – zumindest für eine Übergangszeit – miteinander zu harmonisieren. Dies ermöglicht nicht zuletzt die häufig gewünschte personelle und damit fachliche Kontinuität auf der Leitungsebene. Dem kommt besondere Bedeutung vor allem bezüglich des Erwerbs von Auslandsbeteiligungen zu. Dies gilt insbesondere hinsichtlich der zur Vermeidung rechtlicher Schwierigkeiten häufig gebotenen Verwendung der in der Rechtsordnung des jeweiligen (Aufnahme-)Staates vorhandenen Rechtsformen.

A 18 Im Übrigen bietet sich die *Ausgliederung* einzelner Unternehmensbereiche in Form rechtlich selbständiger Tochtergesellschaften immer dort an, wo auf mittlere oder längere Frist eine Veräußerung des jeweiligen Teilbereichs oder die Beteiligung Dritter angestrebt wird. So erweist sich die technische Gestaltung bei der Veräußerung der Anteilsrechte (share deal) häufig als vorzugswürdig gegenüber der Übertragung der Unternehmenssubstanz (asset deal); zumal auf diese Weise die Kontinuität des Unternehmensträgers gewährleistet ist. Demgegenüber ermöglicht die Beteiligung Dritter an der (ausgegliederten) Tochter im Rahmen eines „joint ventures" die häufig erwünschte Kapitalaufstockung sowie die Verwirklichung von Verbundvorteilen ohne die Gewährung weitreichender Einblicke in die Verfassung der Muttergesellschaft oder gar der Mitwirkung an deren Willensbildung.

A 19 Was die Entstehung von Konzernstrukturen betrifft, so deuten sich aufgrund des vorstehend Ausgeführten zwei unterschiedliche Wege an. Dies betrifft einerseits den Erwerb eines bereits vorhandenen Unternehmens oder einer Beteiligung. Soweit die Ausweitung der Unternehmenstätigkeit und die Erschließung neuer Märkte in Frage steht, wird sich die Übernahme eines bereits im Markt tätigen Unternehmens oder die Beteiligung an einem solchen häufig als vorzugswürdig erweisen; eröffnet dies doch die Möglichkeit, an einer bereits begründeten Marktstellung und den hiermit verbundenen Immaterialgüterrechten, insbesondere Markenrechten, zu partizipieren und im Wege der personellen Kontinuität bereits vorhandenes Know-how zu nutzen. Je nach Tätigkeitsbereich der Beteiligungsgesellschaft besteht zudem die Möglichkeit der Risikodiversifikation im Rahmen des Unternehmensverbundes oder der Erzielung von Größenvorteilen (economies of scale) sowie von Synergieeffekten.

Keßler

1. Wirtschaftliche und rechtliche Grundlagen

Demgegenüber wird die Begründung von Konzernstrukturen nicht selten auf der Ausgliederung, d. h. der rechtlichen Verselbständigung einzelner Unternehmensbereiche oder -aktivitäten beruhen. Hier zumeist mit dem Ziel der Risikosegmentierung oder der Verstärkung organisatorischer Effizienz. Allerdings finden die Konzernstrukturen ihre Ursache – wie in anderen Bereichen der gesellschaftsrechtlichen Kautelarpraxis auch – nicht selten in den normativen *Vorgaben des Steuer- oder Bilanzrechts*. So ist in vielen Bereichen die Erzielung bilanzieller (window dressing) sowie steuerlicher Vorteile zum entscheidenden Motiv konzernrechtlicher Gestaltungspraxis geronnen, ohne dass die hiermit verbundenen gesellschaftsrechtlichen Konsequenzen in ausreichendem Umfang bedacht werden. Dies erscheint umso problematischer, als vor allem das Steuerrecht sich zunehmend zu einem Instrument des wirtschaftspolitischen Gestaltungswillens des Gesetzgebers entwickelt hat, dem es in zentralen Bereichen an Konsistenz und Kontinuität mangelt.

A 20

1.4 Rechtliche und tatsächliche Erscheinungsformen der Konzernierung

Entsprechend der unterschiedlichen Genese der Konzernbildung und den divergierenden Zwecksetzungen der Gestaltungspraxis, weicht die tatsächliche Ausgestaltung der Unternehmensverbindungen in erheblichem Umfang voneinander ab. Das Aktiengesetz unterscheidet im Rahmen der Definitionsnorm des § 18 AktG zwischen *Gleich- und Unterordnungskonzernen*. Die in der Praxis weit überwiegende Form des Unterordnungskonzerns liegt dabei stets dann vor, wenn der Unternehmensverbund hierarchisch strukturiert ist, d. h., die wirtschaftlichen Aktivitäten der verbundenen Unternehmen nach Maßgabe der Vorgaben des herrschenden Unternehmens koordiniert werden. Dies entspricht dem Regelfall der GmbH-Konzerne. Ein Gleichordnungskonzern i. S. des Gesetzes liegt demgegenüber vor, soweit rechtlich selbständige Unternehmen ohne Bestehen eines Abhängigkeitsverhältnisses unter einheitlicher Leitung – beispielsweise im Rahmen vertraglicher Absprachen und/oder einer personellen Verflechtung der Leitungsorgane – zusammengefasst sind.

A 21

Von entscheidender Bedeutung in der rechtlichen Bewertung von Konzernverhältnissen ist die Unterscheidung zwischen *Vertragskonzernen und faktischen Konzernen*. Ein Vertragskonzern i. S. der normativen Vorgaben des Aktiengesetzes liegt vor, soweit das herrschende Unternehmen seinen

A 22

Keßler

Einfluss auf die abhängige Gesellschaft nicht ausschließlich auf seinen Beteiligungsbesitz stützt, sondern seine Beherrschungsmacht zusätzlich durch den Abschluss eines *Beherrschungsvertrages* legitimiert und verstärkt. In der Unternehmenspraxis finden sich Beherrschungsverträge regelmäßig im Zusammenhang mit einem *Gewinnabführungsvertrag,* um so den Vorteilen einer (körperschafts-)steuerlichen Organschaft teilhaftig zu werden.

A 23 Fehlt es an der rechtlichen Absicherung der Beherrschungsmacht im Wege des Beherrschungsvertrags, so spricht man üblicherweise von *faktischer Konzernierung;* soweit der (Unternehmens-)Gesellschafter seine Einwirkung auf die abhängige Gesellschaft lediglich auf die durch ihn gehaltenen Anteilsrechte und die hierdurch begründete Stimmrechtsmacht stützt. In der Unternehmenswirklichkeit dominiert die Zahl der faktischen Konzerne deutlich diejenigen der Vertragskonzerne. Dies betrifft vor allem die abhängige GmbH, da die Konzernoffenheit des GmbH-Rechts, wie sie vor allem in der Weisungsbindung des GmbH-Geschäftsführers zu Tage tritt, zumindest aus gesellschaftsrechtlichen Gründen den Abschluss eines Beherrschungsvertrags kaum als vorzugswürdig erscheinen lässt. GmbH-Vertragskonzerne sind denn auch durchweg steuerlich motiviert.

A 24 Über die in den Bestimmungen des Aktienrecht angelegte Unterscheidung zwischen Vertrags- und faktischen Konzernen hinaus, hatte die Rechtsprechung mit dem Begriff des *qualifiziert faktischen (GmbH-)Konzerns* eine weitere Fallgruppe entwickelt, die im Gesetz selbst keinen Niederschlag gefunden hat. Ausgangspunkt war die Erkenntnis, dass es vor allem im Bereich der abhängigen GmbH nicht selten zu einer so weitgehenden Fremdsteuerung der Gesellschaft seitens des herrschenden Unternehmens kommt, dass die vom Gesetzgeber im Rahmen der Bestimmungen des faktischen Konzerns vorgesehenen Schutzmechanismen sich als völlig unzureichend erweisen. Das vom BGH entwickelte Lösungsmodell versuchte folglich, die festgestellte Schutzlücke im Wege der Analogie zum Vertragskonzern zu schließen. Allerdings hat sich das hier abzeichnende Lösungskonzept im Ergebnis als nur beschränkt tragfähig erwiesen und zwar nicht zuletzt, weil die vom BGH ins Auge gefassten Gefährdungslagen kaum auf den Bereich konzernrechtlicher Verflechtungen beschränkt sind. Unter dem Einfluss zunehmender Kritik seitens der Literatur hat die Rechtsprechung den zunächst entwickelten dogmatischen Ansatz daher weitgehend aufgegeben und durch ein eigenständiges, in den dogmatischen Vorgaben des GmbH-Rechts selbst gründendes Lösungsmodell er-

Keßler

1. Wirtschaftliche und rechtliche Grundlagen

setzt. Jedenfalls für den Bereich der GmbH hat der Begriff des ‚qualifiziert faktischen GmbH-Konzerns' damit seine erkenntnisleitende Bedeutung verloren. Ob und inwiefern im Rahmen des Aktienkonzernrechts dem Begriff der faktischen' Konzernierung nach wie vor Bedeutung zukommt (wofür einiges spricht), bedarf hier keiner näheren Erörterung.

Als letztes Unterscheidungskriterium im vorliegenden Kontext bleibt die Differenzierung zwischen *Aktien- und GmbH-Konzern*. Entscheidend ist die jeweilige *Rechtsform der abhängigen Gesellschaft*. So erfassen die Regelungen des Aktienkonzernrechts, wie sie in den materiellen Bestimmungen der §§ 291 ff. AktG ihren Ausdruck gefunden haben, unmittelbar nur solche Unternehmen, die in der Rechtsform der AG oder der KGaA verfasst sind. Entsprechend liegt ein GmbH-Konzern dort vor, wo es sich bei dem abhängigen Unternehmen um eine GmbH oder GmbH & Co. KG handelt. Demgegenüber ist die Rechtsform des herrschenden Unternehmens ohne Belang. Entscheidend ist lediglich, dass ihm im Rahmen der funktionalen Ausrichtung des Konzernrechts Unternehmenseigenschaft zukommt. A 25

Selbstverständlich kann auch das herrschende Unternehmen die Rechtsform der GmbH annehmen, doch ergeben sich insoweit keine Besonderheiten, da die Einstands- und Haftungspflichten des herrschenden Unternehmens grundsätzlich keine rechtsformspezifische Ausgestaltung aufweisen. Allerdings ergeben sich insofern Rückwirkungen hinsichtlich der herrschenden GmbH, als die Begründung oder die Änderung von Unternehmensverträgen ggf. erweiterte Mitwirkungsrechte der Gesellschafter begründet. Dies ergibt sich notwendig aus dem Umstand, dass die Begründung eines GmbH-Konzerns umfangreiche Einstandspflichten seitens des herrschenden Unternehmens begründet. A 26

1.5 Gesetzliche und richterrechtliche Vorgaben des Konzernrechts

Der normative Bestand des gegenwärtigen Konzernrechts wird sowohl durch *gesetzliche* als auch durch *richterrechtliche Vorgaben* bestimmt. Was zunächst die gesetzliche Ausgestaltung konzernrechtlicher Regelungen betrifft, so finden sich diese bisher nur im Bereich des Aktienkonzernrechts; also für diejenigen Fallgestaltungen, in denen das abhängige Unternehmen die Rechtsform der AG oder der KGaA annimmt. Hier hat der Gesetzgeber im Rahmen des AktG von 1965 mit den Bestimmungen der A 27

Keßler

§§ 15 ff. und §§ 291 ff. AktG eine – zumindest auf den ersten Blick – umfassende Bewältigung der im Rahmen von Unternehmensverbindungen auftretenden Interessenkonflikte in Angriff genommen. Demgegenüber fehlt es für den hier maßgeblichen Fall der abhängigen GmbH an einem kodifizierten Konzernrecht. Die Versuche des Gesetzgebers, den Regelungsbestand GmbH-rechtlicher Bestimmungen durch konzernrechtliche Regelungen zu ergänzen, waren Ende der siebziger Jahre des letzten Jahrhunderts gescheitert und sind seitdem nicht wieder aufgenommen worden. Gegenwärtig spricht alles dafür, dass die Legislative das anspruchsvolle Vorhaben einer gesetzlichen Ausgestaltung des GmbH-Konzernrechts endgültig – oder zumindest auf absehbare Zeit – ad acta gelegt hat. So überrascht es nicht, dass sich die normative Verfassung des GmbH-Konzerns mehr und mehr zur Domäne richterlichen Gestaltungswillens, wie er vor allem in der Rechtsprechung des II. (gesellschaftsrechtlichen) Zivilsenats des BGH seinen Niederschlag gefunden hat, entwickelte.

A 28   Der methodische Ansatz bei der dogmatischen Ausgestaltung des GmbH-Konzernrechts variierte im Laufe der Entwicklung in nicht unerheblichem Maße und zeitigt teilweise konzeptuelle Brüche, die sich nicht ohne weiteres in ein lineares Entwicklungsmodell einordnen lassen. Fragt man nach den Ursachen hinsichtlich der zu verzeichnenden Konsistenzlücken, so finden diese ihren tragenden Grund vor allem in der Bedeutung, genauer: der Leitbildfunktion, die der BGH dem kodifizierten Bestand des Aktienkonzernrechts für den Bereich der (abhängigen) GmbH zubilligt. Was zunächst die innerhalb der abhängigen Gesellschaft drohende Gefährdung der Interessen der Minderheitsgesellschafter durch einseitige Einflussnahmen seitens des herrschenden Unternehmens betrifft, so hat der BGH durch die Betonung gesellschafts- und gesellschafterorientierter *Treuepflichten* ein – im Regelungsmodell der GmbH verhaftetes – eigenständiges Lösungskonzept entwickelt, welches nach wie vor Bestand hat. Findet dieses Schutzkonzept seine Verankerung unmittelbar in der personalen Binnenstruktur der GmbH, so besteht für einen Rückgriff auf die normativen Vorgaben des Aktienrechts keine Notwendigkeit. Anders verhält es sich, soweit es um die an den Belangen der Gesellschaftsgläubiger ausgerichtete Schutzfunktion der konzernrechtlichen Bestimmungen im Außenverhältnis zu tun ist. Orientierungsmuster der Rechtsprechung war hier zunächst eine vorsichtige Analogie zu den korrespondierenden Regelungstatbeständen des Aktienkonzernrechts. Dies erscheint unproblematisch, soweit es die normative Ausgestaltung von GmbH-Vertragskonzer-

Keßler

1. Wirtschaftliche und rechtliche Grundlagen

nen betrifft, also solchen Unternehmensverbindungen, bei denen das herrschende Unternehmen seine Leitungsmacht gegenüber der abhängigen GmbH nicht alleine auf den Beteiligungsbesitz stützt, sondern zusätzlich durch den Abschluss eines Beherrschungsvertrages legitimiert; zumal die Erfordernisse der (körperschaftssteuerlichen) Organschaft auch im Bereich der GmbH die Begründung von Vertragskonzernen mitunter als vorteilhaft erscheinen lassen. Hier gilt es allenfalls zu fragen, ob und inwiefern die *personalistische Binnenstruktur der GmbH* Modifikationen gegenüber den aktienrechtlichen Vorgaben gebietet. So weist denn das Recht der GmbH-Vertragskonzerne durchgängige Parallelen zu den gesetzlichen Vorgaben des Aktienkonzernrechts auf und trägt nur vereinzelt der divergierenden Kompetenzordnung der GmbH Rechnung.

Demgegenüber stellt sich die Situation im Bereich faktischer Konzernierung, d. h. bei Fehlen eines Beherrschungsvertrags, abweichend dar. Dies betrifft zunächst den Umstand, dass es zur externen Fremdsteuerung der GmbH seitens des Mehrheitsgesellschafters angesichts der Weisungsabhängigkeit des GmbH-Geschäftsführers kaum eines Beherrschungsvertrags bedarf. Fehlt es doch an einem gegenüber den Gesellschaftern abgegrenzten Autonomiespielraum der Organwalter. Dies erleichtert nicht nur die Einflussnahme, sondern eröffnet darüber hinaus die Möglichkeit, der Ausübung von Leitungsmacht durch das herrschende Unternehmen eine besondere Intensität zu verleihen, die der faktischen Leugnung der rechtlichen Selbständigkeit der abhängigen Gesellschaft bisweilen recht nahe kommt. Für solche Konstellationen der Engführung der abhängigen Gesellschaft durch das herrschende Unternehmen hatte der BGH – beginnend mit seiner „Autokran"-Entscheidung (BGH v. 16. 9. 1985, BGHZ 95, S. 330 ff. = NJW 1986, S. 188 ff. = GmbHR 1986, S. 78 ff.) – die besondere Fallgruppe des *qualifiziert-faktischen GmbH-Konzerns* begründet, eine dogmatische Entwicklung, die in der „Video"-Entscheidung (BGH v. 23. 9. 1991, BGHZ 115, S. 187 ff. = NJW 1991, S. 3142 ff. = GmbHR 1991, S. 520 ff.) des II. Zivilsenats ihren Höhepunkt fand. Die Besonderheit des dieser Rechtsprechung zugrunde liegenden dogmatischen Ansatzes ergab sich dabei aus dem Umstand, dass der BGH sein Konzept nicht an den Vorgaben des faktischen Aktienkonzerns orientierte, sondern den Schutz der Gläubiger der abhängigen Gesellschaft in der entsprechenden Anwendung der Rechtsfolgenanordnungen des aktienrechtlichen Vertragskonzerns verankerte. Die immer weiter gehende dogmatische Ausdifferenzierung dieses Regelungsmodells stieß mit der Zeit vor allem aufgrund ih-

A 29

rer tatbestandlichen Voraussetzungen an funktionale Grenzen ihrer Leistungsfähigkeit; nicht zuletzt eine Folge des Umstandes, dass sich die seitens des BGH konstatierte Gefährdung von Gläubigerinteressen durch Eingriffe des (Mehrheits-)Gesellschafters keineswegs auf Konzernsachverhalte beschränkt. Aus Sicht der Gläubiger macht es in der Tat keinen Unterschied, ob die Insolvenz der Gesellschaft und damit der Forderungsausfall auf Handlungen eines Unternehmensgesellschafters oder eines Anteilseigners beruht, der außerhalb der Gesellschaft keine marktbezogenen Aktivitäten verfolgt.

A 30 Deutete sich schon in der „TBB"-Entscheidung eine vorsichtige Distanzierung vom Modell des qualifiziert-faktischen GmbH-Konzerns an, so hat sich der II. Zivilsenat mit der „Bremer-Vulkan" (BGH v. 17. 9. 2001, BGHZ 149, S. 10 ff. = NJW 2001, S. 3622 ff. = GmbHR 2001, S. 1036 ff.; hierzu Keßler, GmbHR 2001, S. 1095 ff.) und der „KBV"-Entscheidung (BGH v. 24. 6. 2002, NJW 2002, S. 3029 ff. = ZIP 2002, S. 1578 ff. = GmbHR 2002, S. 902 ff., mit Anm. Schröder; hierzu Keßler, GmbHR 2002, S. 945 ff.), endgültig für eine neue dogmatische Konzeption entschieden, die ihrerseits nicht mehr in einer Analogie zu den Bestimmungen des Aktienkonzernrechts gründet, sondern – wie die Bewältigung von Interessenkonflikten im Innenverhältnis der Gesellschaft – einem eigenständigen, im normativen Konzept der GmbH selbst ruhenden Ansatz folgt. Zwar erweist sich dieser nicht mehr als von originär konzernrechtlicher Natur, doch erfüllt er bei funktionaler Betrachtung – zumindest in erheblichem Umfang – den gleichen Schutzzweck, der im Rahmen der Bestimmungen im Aktienrecht den konzernrechtlichen Regelungen zukommt.

A 31 Fragt man vor dem Hintergrund der jüngeren Entwicklung nach der Bedeutung, die dem normativen Bestand des Aktienkonzernrechts für die abhängige GmbH zukommt, so bleibt zweierlei zu konstatieren:

- Soweit es die Begründung, Ausgestaltung und Beendigung von Vertragskonzernen betrifft, orientiert sich das GmbH-Konzernrecht nach wie vor am Regelungsmodell des Aktiengesetzes, insbesondere den §§ 291 ff. AktG. Dies folgt notwendigerweise bereits aus dem Umstand, dass die tatbestandlichen Voraussetzungen der (körperschaftsteuerlichen) Organschaft in erheblichem Maße an den Bestimmungen des Aktienkonzernrechts anknüpfen. Zudem bedarf nach verbreiteter Auffassung die Begründung umfassender Leitungsmacht im Verhältnis zur

Keßler

1. Wirtschaftliche und rechtliche Grundlagen

GmbH – jedenfalls ab einer gewissen Intensität der heteronomen Fremdsteuerung – der Legitimation durch den Abschluss eines Beherrschungsvertrages und der sich hieraus ergebenden Einstandspflichten des herrschenden Unternehmens. Darüber hinaus behalten die Bestimmungen des formellen Konzernrechts, d. h. die Vorschriften der §§ 15 ff. AktG, auch im Recht der GmbH ihre Bedeutung; handelt es sich doch vor allem bei den §§ 15–19 AktG um *Definitionsnormen,* deren Geltungsbereich – entsprechend ihrem Wortlaut und ihrer gesetzgeberischen Zweckrichtung – *rechtsformunabhängig* ausgerichtet ist. Hier bedarf es nicht einmal des methodischen Instrumentariums der Analogiebildung. Vielmehr finden die Begriffsbestimmungen der §§ 15 ff. AktG ohne weiteres auf Unternehmensträger jeglicher Rechtsform Anwendung.

- Anders verhält es sich in den Fällen der faktischen Konzernierung, also dort, wo das herrschende Unternehmen davon Abstand nimmt, seine Leitungsmacht gegenüber der abhängigen GmbH durch den Abschluss eines Beherrschungs- und/oder Gewinnabführungsvertrags zu legitimieren. Soweit es um den Schutz der Minderheitsgesellschafter gegenüber nachteiligen Einflussnahmen seitens des Mehrheitsgesellschafters zu tun ist, hatte die Rechtsprechung hier von Anfang an einen eigenständigen Lösungsweg verfolgt, der sich in seiner methodischen Ausrichtung vor allem an der „Treuebindung" der Anteilseigner gegenüber der Gesellschaft aber auch gegenüber den Mitgesellschaftern orientiert. Mit der Verabschiedung des Konzepts des qualifiziert faktischen GmbH-Konzerns hat der BGH auch die Lösung derjenigen Probleme, die sich aus der tatsächlichen Beherrschung einer GmbH durch einen oder mehrere (Unternehmens-)Gesellschafter ergeben, aus der dogmatischen Anbindung an die Vorgaben des Aktienkonzernrechts befreit. Zwar hatte das mit der „Autokran-Entscheidung" (BGH v. 16. 9. 1985, BGHZ 95, S. 330 ff. = NJW 1986, S. 188 ff. = GmbHR 1986, S. 78 ff.) begründete Regelungskonzept die wesentlichen Fälle des Einflussmissbrauchs zum Schaden der Gesellschaftsgläubiger erfasst, doch griff es dort zu kurz, wo es an der Unternehmenseigenschaft des Mehrheitsgesellschafters fehlte. Angesichts der geringen Eingriffsresistenz der GmbH gegenüber Weisungen und sonstigen Einflussnahmen der Gesellschafter bedarf es vielmehr eines Schutzkonzepts, das den Belangen des Rechtsverkehrs und der Vertragspartner der GmbH auch dort Rechnung trägt, wo es an einem Konzernsachverhalt im eigentlichen Sinne mangelt. Zu

Recht rekurriert das mit der „Bremer-Vulkan"-Entscheidung (BGH v. 17. 9. 2001, BGHZ 149, S. 10 ff. = NJW 2001, S. 3622 = GmbHR 2001, S. 1036 ff.) entwickelte Konzept des *„existenzvernichtenden Eingriffs"* daher auf die Art und Weise gesellschaftsschädigender Einwirkungen ohne deshalb maßgeblich auf die weiter reichende Interessenbindung des Mehrheitsgesellschafters abzustellen. Damit kommt den Vorgaben des Aktienkonzernrechts in den Fällen der faktischen Konzernierung einer abhängigen GmbH keine entscheidende Bedeutung mehr zu.

2. Grundbegriffe des Konzernrechts

Literatur: *Assmann*, Der faktische GmbH-Konzern, FS 100 Jahre GmbHG, 1992, S. 657 ff.; *Bayer*, Der an der Tochter beteiligte Mehrheitsgesellschafter der Mutter: herrschendes Unternehmen?, ZGR 2002, S. 933 ff.; *P. Bauer*, Zur Abhängigkeit einer AG von einem Konsortium, NZG 2001, S. 742 ff.; *Beuthien*, Konzernbildung und Konzernleitung kraft Satzung, ZIP 1993, S. 1589 ff.; *Cahn*, Die Holding als abhängiges Unternehmen?, AG 2002, S. 30 ff.; *Emmerich*, Konzernbildungskontrolle, AG 1991, S. 303 ff.; *Emmerich/Sonnenschein/Habersack*, Konzernrecht, 7. Aufl., München 2001; *Emmerich/Habersack*, Aktien- und GmbH-Konzernrecht, 3. Aufl., München 2003; *Hommelhoff* u. a. (Hrsg.), Entwicklungen im GmbHR-Konzernrecht, ZGR-Sonderheft 6; *Hüffer*, Aktiengesetz – Kommentar, 5. Aufl., München 2002; *Karehnke*, Zum Stand der Erörterung über den Unternehmensbegriff im Recht der verbundenen Unternehmen, AG 1972, S. 161 ff.; *Keßler*, Die Konzernhaftung kommunaler Gebietskörperschaften, GmbHR 2001, S. 320 ff; *ders.*, Kapitalerhaltung und normativer Gläubigerschutz in der Einpersonen-GmbH – zum „beiläufigen" Ende des „qualifizierten faktischen" GmbH-Konzerns, GmbHR 2001, S. 1095 ff.; *Klosterkemper*, Abhängigkeit von einer Innengesellschaft, Diss., Bayreuth, 2003; *Kropff*, Das Konzernrecht des AktG 1965, BB 1965, S. 1281 ff.; *Luchterhand*, Der Begriff „Unternehmen" im AktG 1965, ZHR 132 (1969), S. 149 ff.; *M. Lutter* (Hrsg.), Holding-Handbuch, 3. Aufl., Köln 1998; *Mülbert*, Unternehmensbegriff und Konzernorganisationsrecht, ZHR 1999, S. 1 ff.; *H.P. Müller/Riecker*, Der Unternehmensbegriff des AktG, WPg 1967, 197 ff.; *Preußner/Fett*, Hypothekenbanken als abhängige Konzernunternehmen, AG 2001, S. 337 ff.; *Rittner*, Die Beteiligung als Grund der Abhängigkeit, DB 1976, S. 1465 ff.; *Roth/Altmeppen*, GmbH-Kommentar, 4. Aufl., München 2003; *K. Schmidt*, Abhängigkeit und faktischer Konzern als Aufgaben der Rechtspolitik, JZ 1992, S. 856 ff.; *ders.*, „Unternehmen" und „Abhängigkeit", ZGR 1988, S. 277; *ders.*, Die wundersame Karriere des Unternehmensbegriffs im Reich der Unternehmenshaftung, Die AG 1994, S. 189 ff.; *Sura*, Fremdeinfluss und Abhängigkeit im Aktienrecht, Köln 1980; *Ulmer* (Hrsg.), Probleme des Konzernrechts, ZHR-Beiheft 62, 1989; *H. Werner*, Der aktienrechtliche Abhängigkeitstatbestand, Göttingen 1979; *ders.*, Die Grundbegriffe der Unternehmensverbindungen im Konzerngesellschaftsrecht, JuS 1977, S. 141 ff.

2.1 Zur Bedeutung der konzernrechtlichen Terminologie

Wie jedes Rechtsgebiet so zeichnet sich auch das Konzernrecht durch eine spezifische, eigenständige Begriffsbildung aus. So bedingt der Konzerntatbestand, wie er in der Bestimmung des § 18 AktG seinen Niederschlag gefunden hat, dass *„ein herrschendes und ein oder mehrere abhängige Unternehmen unter der einheitlichen Leitung des herrschenden Unternehmens zusammengefasst (sind)"*. Entsprechend sind es die Tatbestandsmerkmale:

A 32

- der verbundenen Unternehmen,
- des konzernrechtlichen Unternehmensbegriffs,
- der Abhängigkeit und
- der einheitlichen Leitung,

welche die Diskussion über das Vorliegen eines Konzernrechtsverhältnisses prägen. Dabei gilt es allerdings zu beachten, dass sich – soweit es die gesellschaftsrechtliche Seite des Konzernsachverhalts betrifft – die Bedeutung der gesetzlichen Definitionsmerkmale weitgehend auf Vertragskonzerne beschränkt. Mit der Aufgabe des Konzepts des qualifiziert faktischen GmbH-Konzerns haben die konzernrechtlichen Begrifflichkeiten für die Fälle der „faktischen" Konzernierung durchgängig ihre heuristische Bedeutung verloren. Nichtsdestotrotz weisen die Tatbestandsmerkmale des Konzernbegriffs nach wie vor auf ausgeprägte Gefährdungslagen hin, denen auch unter der methodischen Ägide des existenzvernichtenden Eingriffs eine gewisse Indizfunktion zukommt. Dies betrifft vor allem die Vorgaben des formellen Konzernrechts und damit die Tatbestände der §§ 15–18 AktG. Demgegenüber sind den Vorgaben des materiellen Konzernrechts, d.h. den Bestimmungen der §§ 291 ff. AktG, außerhalb des GmbH-Vertragskonzerns keine Lösungshinweise zu entnehmen. Im Übrigen gilt es erneut zu betonen, dass der Konzerntatbestand seinem Ursprung nach wirtschaftlicher Natur ist. Insofern liegt der Auslegung und Anwendung einzelner Begriffsmerkmale notwendig eine wirtschaftliche Betrachtungsweise zugrunde. Dabei orientiert sich die Interpretation vor allem an den *Schutzfunktionen des Konzernrechts* und damit an der Sicherung und normativen Gewährleistung der *Interessen der Gläubiger* sowie möglicher *Minderheitsgesellschafter.*

Keßler

2.2 Verbundene Unternehmen

A 33 Der Begriff der verbundenen Unternehmen folgt – auch soweit es Unternehmensverbindungen betrifft, an denen Gesellschaften in der Rechtsform der GmbH beteiligt sind – aus der Definitionsnorm des § 15 AktG: *„Verbundene Unternehmen sind rechtlich selbständige Unternehmen, die im Verhältnis zueinander im Mehrheitsbesitz stehende Unternehmen und mit Mehrheit beteiligte Unternehmen (§ 16), abhängige und herrschende Unternehmen (§ 17), Konzernunternehmen ... oder Vertragsteile eines Unternehmensvertrags (§§ 291, 292) sind".*

A 34 Im Kern geht es folglich um die im Anteilsbesitz gründende gesellschaftsrechtliche Verflechtung der Rechtsträger. Der gesellschaftsrechtlichen Verflechtung stehen Verbindungen aufgrund eines Unternehmensvertrags gleich. Allerdings stellt der Abschluss von Unternehmensverträgen, soweit zwischen den beteiligten Unternehmen keine anteilsmäßige Verflechtung besteht, eine seltene Ausnahme dar.

A 35 Die maßgebliche Bedeutung der in § 15 AktG enthaltenen Begriffsbestimmungen liegt in den daran anknüpfenden – gestuften – *Vermutungswirkungen* begründet. So wird gem. § 17 Abs. 2 AktG von einem in Mehrheitsbesitz stehenden Unternehmen vermutet, dass es von dem an ihm mit Mehrheit beteiligten Unternehmen abhängig ist. Von einem abhängigen Unternehmen wird vermutet, dass es mit dem herrschenden Unternehmen einen Konzern bildet (§ 18 Abs. 1 Satz 3 AktG).

A 36 Soweit es den Mehrheitsbesitz betrifft, stellt § 16 Abs. 1 AktG die Mehrheit der Stimmrechte in der Gesellschafterversammlung der Mehrheit der Anteile gleich. Entsprechend § 16 Abs. 4 AktG gelten als Anteile, die einem Unternehmen gehören, *„auch die Anteile, die einem von ihm abhängigen Unternehmen oder einem anderen für Rechnung des Unternehmens oder eines von diesem abhängigen Unternehmen gehören und, wenn der Inhaber des Unternehmens ein Einzelkaufmann ist, auch die Anteile, die sonstiges Vermögen des Inhabers sind".* Dies ermöglicht die Zurechnung des durch mittelbare Beteiligung und Treuhandverhältnisse vermittelten Einflusses zu Lasten des herrschenden Unternehmens.

A 37 Im Übrigen lassen – wie § 15 AktG verdeutlicht – die gesellschaftsrechtliche Verflechtung sowie die unternehmensvertragliche Verdichtung des beherrschenden Einflusses die *rechtliche Selbständigkeit* der so beteiligten Unternehmen unberührt. Auch dort, wo die verbundenen Unternehmen –

Keßler

2. Grundbegriffe des Konzernrechts

wie innerhalb eng geführter Konzerne – am Markt als wirtschaftliche Einheit in Erscheinung treten, lässt dies die haftungsrechtliche Eigenständigkeit der Rechtsträger unberührt. Der Konzern selbst kommt als eigenständiges Zurechnungssubjekt von Rechten und Pflichten demgegenüber nicht in Betracht. Eine Einstandspflicht des herrschenden Unternehmens für die Verbindlichkeiten der abhängigen Gesellschaft kann sich folglich nur aufgrund eines ausdrücklichen Zurechnungstatbestands ergeben.

2.3 Der konzernrechtliche Unternehmensbegriff

Gemäß § 18 AktG muss den an einem Konzern beteiligten Rechtsträgern notwendig Unternehmenseigenschaft zukommen. Soweit es wie im GmbH-Konzernrecht im Wesentlichen – wenn auch keineswegs ausschließlich – um den Schutz der abhängigen GmbH zu tun ist, stellt sich vor allem die Frage nach der Rechtsnatur des herrschenden Unternehmens. Auszugehen ist dabei von der Schutzrichtung des Konzerntatbestandes und damit der Frage, ob und inwiefern die Beteiligung des (Mehrheits-)Gesellschafters eine konzernrelevante Gefährdung der Interessen der Gesellschaftsgläubiger und/oder der Minderheitsgesellschafter indiziert. Insofern liegt dem konzernrechtlichen Unternehmensbegriff durchgängig eine funktionale Sichtweise zugrunde. A 38

Unternehmen i. S. des Konzernrechts sind damit zunächst alle Rechtsträger, die *eigene unternehmerische Aktivitäten entfalten.* Auf die Rechtsform kommt es dabei nicht an. In Betracht kommen sowohl juristische Personen des privaten (e. V., Stiftung, AG, GmbH, eG) und öffentlichen Rechts als auch Personengesellschaften (OHG, KG, GbR) sowie Einzelkaufleute und ausländische Rechtsträger. Unmaßgeblich ist auch die Art und Weise, d. h. der Gegenstand der Unternehmenstätigkeit. Entsprechend erfüllen auch *Freiberufler* den konzernrechtlichen Unternehmensbegriff (BGH v. 19. 9. 1994, NJW 1994, S. 3288 ff. = GmbHR 1994, S. 881 ff.). Gleiches gilt selbstverständlich auch dort, wo dem Rechtsträger steuerrechtlich der Status der Gemeinnützigkeit zukommt. A 39

Demgegenüber begründet die Stellung eines *(Mehrheits-)Gesellschafters* für sich betrachtet noch keine Unternehmenseigenschaft. Allerdings unterliegt der Gesellschafter im Rahmen faktischer Unternehmensverbindungen hinsichtlich seiner Einwirkungen auf die GmbH, zwangsläufig den Restriktionen, wie sie sich aus der Rechtsprechung zum *existenzvernichtenden Eingriff* ergeben. Insofern kommt es auf die Unternehmenseigen- A 40 schaft des Anteilseigners gerade nicht an (BGH v. 17. 9. 2001, BGHZ 149, S. 10 ff. = NJW 2001, S. 3622 = GmbHR 2001, S. 1036 ff.; v. 24. 6. 2002, BGHZ 151, S. 181 ff. = NJW 2002, S. 3024 ff. = GmbHR 2002, S. 902 ff.).

A 41 Im Übrigen wird aufgrund der gebotenen funktionalen Betrachtungsweise der Mehrheitsgesellschafter notwendig dort zum herrschenden Unternehmen i. S. von § 18 AktG, wo dieser an mindestens einem weiteren Unternehmensträger maßgeblich unmittelbar oder mittelbar – beispielsweise über Strohmänner – beteiligt ist (BGH v. 2. 10. 2000, NJW 2001, S. 370 ff. = GmbHR 2000, S. 1263 ff.; v. 29. 3. 1993, BGHZ 122, S. 123 ff. = NJW 1993, S. 1200 ff. = GmbHR 1993, S. 283 ff.; v. 13. 10. 1977, BGHZ 69, S. 334 ff., 337 = NJW 1978, S. 104 ff.). Dies ist jedenfalls dann der Fall, wenn der Gesellschafter in der Lage ist, auch auf das andere Unternehmen einen beherrschenden Einfluss (§ 17 Abs. 1 AktG) auszuüben. Ob er von dieser Beherrschungsmöglichkeit tatsächlich Gebrauch macht, ist unerheblich (BGH v. 17. 3. 1997, BGHZ 135, S. 107 ff., 113 = NJW 1997, 1855 ff. – „VW"). Hält er eine Mehrheitsbeteiligung, so wird die Abhängigkeit der (weiteren) Gesellschaft entsprechend § 17 Abs. 2 AktG vermutet.

A 42 Diese Weiterungen des konzernrechtlichen Unternehmensbegriffs erfassen zunächst sämtliche natürlichen und juristischen Personen. So wird der Privatgesellschafter im Falle einer *qualifizierten Mehrfachbeteiligung* zum Unternehmensgesellschafter und unterliegt den Vorgaben des Konzernrechts. Gleiches gilt auch für Holding-Gesellschaften, auch wenn diese keine eigenen unternehmerischen Aktivitäten entfalten. Insofern genügt es, dass die Holding in der Lage ist, auf ihre Beteiligungsgesellschaften einen beherrschenden Einfluss auszuüben. Auf die Rechtsform der Holding kommt es insofern nicht an. Es macht somit keinen Unterschied, ob die Gesellschaftsbeteiligungen einer Kapitalgesellschaft (AG, GmbH), einem e. V. oder einer Stiftung zugeordnet werden. Die aus der Unternehmenseigenschaft fließende Pflichtenbindung kann auch nicht dadurch umgangen werden, dass sich die Beteiligung der Holding auf lediglich eine einzige Tochtergesellschaft beschränkt, die ihrerseits Anteile an unternehmerischen Enkelgesellschaften hält. Steuert die Holding durch Einflussnahme auf die Tochtergesellschaft letztlich auch die Enkelunternehmen, so genügt dies, um ihre Unternehmenseigenschaft zu begründen. Eine entsprechende Einflussnahme ist gem. § 18 Abs. 1 Satz 3 AktG zu vermuten (Emmerich/Habersack, § 15, RN 16; Roth/Altmeppen, Anh. § 13, RN 9).

Keßler

2. Grundbegriffe des Konzernrechts

Im Gleichklang hierzu beurteilt sich auch die Unternehmenseigenschaft eines Gesellschafters, soweit dieser seine Unternehmensbeteiligungen in eine Holding-Gesellschaft einbringt und selbst lediglich die Anteile an der Holding hält. Zwar ist er unmittelbar nur an einer Gesellschaft – nämlich der Holding – beteiligt, doch übt er insofern mittelbar einen beherrschenden Einfluss auch hinsichtlich der Enkelgesellschaften aus (§ 17 Abs. 1 AktG). Aufgrund der hier gebotenen *funktionalen Betrachtungsweise* kann die Anwendung der materiellen Vorgaben des konzernrechtlichen Regelungsbestandes nicht entscheidend von der formalen Ausgestaltung des Beteiligungsverhältnisses abhängen. Maßgeblich ist vielmehr eine inhaltlich orientierte Anwendungspraxis, die sich an den Regelungszielen des Konzernrechts ausrichtet. Der Gesellschafter kann sich der konzernrechtlichen Pflichtenbindung folglich nicht durch die Zwischenschaltung einer Holding-Gesellschaft entziehen (Roth/Altmeppen, Anh. § 13, RN 10; Hüffer, AktG, § 15, RN 10). **A 43**

Als herrschende Unternehmen i. S. von § 18 AktG kommen auch *juristische Personen des öffentlichen Rechts in Betracht*. Dies betrifft nicht nur öffentlich-rechtliche Sondervermögen sowie Anstalten und Körperschaften des öffentlichen Rechts, sondern erfasst auch die Gebietskörperschaften, wie den Bund, die Länder und die Gemeinden (BGH v. 13. 10. 1977, BGHZ 69, S. 334 ff. = NJW 1978, S. 104 ff.; v. 19. 9. 1988, BGHZ 105, S. 168 ff., 177 = NJW 1988, S. 3143 ff.; v. 17. 3. 1997, BGHZ 135, S. 107 ff., 113 ff. = NJW 1997, S. 1855 ff. – „VW"). Anders als hinsichtlich der Beteiligung privater Rechtsträger genügt es insofern, dass die Gebietskörperschaft nur an einem Unternehmen maßgeblich beteiligt ist; und zwar auch dann, wenn sie selbst keine unternehmerischen Aktivitäten entfaltet. Dies folgt vor allem aus dem Umstand, dass im Rahmen von Unternehmensbeteiligungen von Gebietskörperschaften regelmäßig damit gerechnet werden muss, diese würden ihren durch den Beteiligungsbesitz vermittelten Einfluss dazu benutzen, aus sozial- und wirtschaftspolitischen Gründen auf die abhängige Gesellschaft einzuwirken, ohne den berechtigten Belangen eventuell vorhandener Minderheitsgesellschafter oder der Gesellschaftsgläubiger angemessen Rechnung zu tragen (vgl. umfassend Keßler, GmbHR 2001, S. 320 ff). **A 44**

Keßler

2.4 Das Abhängigkeitsverhältnis

A 45 Entsprechend § 17 Abs. 1 AktG ist ein Unternehmen (abhängiges Unternehmen) von einem anderen Unternehmen (herrschendes Unternehmen) abhängig, soweit dieses unmittelbar oder mittelbar einen beherrschenden Einfluss auf das abhängige Unternehmen ausüben kann. Soweit es das Abhängigkeitsverhältnis betrifft, setzt § 17 Abs. 1 AktG als – ungeschriebenes – Tatbestandsmerkmal notwendig voraus, dass die Abhängigkeit gerade in der *gesellschaftsrechtlichen Beteiligung des herrschenden Unternehmens* – sei diese unmittelbarer oder mittelbarer Natur – gründet. Nicht ausreichend ist folglich das Bestehen lediglich faktischer, d. h. im Kern, wirtschaftlicher Abhängigkeitsverhältnisse, wie sich diese beispielsweise im Rahmen von Liefer- oder Kreditbeziehungen ergeben (BGH v. 26. 3. 1984, BGHZ 90, S. 381 ff., 395 ff. = NJW 1984, S. 1893 ff.). Das schließt jedoch im Rahmen einer bestehenden gesellschaftsrechtlichen Verflechtung nicht aus, das Hinzutreten faktischer Abhängigkeiten als *Verstärkungselement* zu gewichten (BGH, a. a. O., S. 397). Allerdings dürfte hierfür stets ein qualifizierter Beteiligungsbesitz erforderlich sein, der bereits für sich betrachtet einen spürbaren Einfluss des Gesellschafters begründet. Nach Auffassung des BGH genügt diesbezüglich ein unter 25 % liegender Anteilsbesitz – zumindest im Aktienkonzernrecht – nicht (BGH, a. a. O.). Dem dürfte auch für die GmbH Folge zu leisten sein. Darüber hinaus gilt es zu beachten, dass entsprechend § 18 Abs. 1 Satz 2 AktG im Falle des Bestehens eines *Beherrschungsvertrags* aufgrund des hierdurch vermittelten Einflusses auf die Geschäftsführung der abhängigen Gesellschaft (vgl. § 308 AktG) unwiderleglich das Bestehen eines Konzernverhältnisses zu vermuten und daher stets auch der Tatbestand der Abhängigkeit erfüllt ist. Dies gilt auch in den – seltenen – Fällen, in denen über den Beherrschungsvertrag hinaus keine gesellschaftsrechtliche Verflechtung im Wege des Anteilsbesitzes besteht (Emmerich/Habersack, § 17, RN 22).

A 46 Im Regelfall wird das Abhängigkeitsverhältnis seine Grundlage in der Stimmenmehrheit des Gesellschafters finden. Entsprechend begründet § 17 Abs. 2 AktG für den Fall der Mehrheitsbeteiligung eine entsprechende Vermutung. *Entscheidend ist insofern, dass der Gesellschafter in der Lage ist, seinen Willen in der Gesellschafterversammlung der GmbH durchzusetzen.* Eine Mehrheitsbeteiligung ist hierfür allerdings nicht zwingend erforderlich. Zwar gewährleistet diese regelmäßig die Mehrheit

2. Grundbegriffe des Konzernrechts

der Stimmrechte, doch genügt es, dass sich der Gesellschafter seinen dominanten Einfluss in der Gesellschafterversammlung in anderer Weise, beispielsweise durch die Begründung von Mehrstimmrechten oder im Rahmen von Stimmbindungsverträgen oder durch die Begründung eines Stimmrechtskonsortiums, sichert. Erforderlich ist insofern, dass die Vereinbarung einen *beständigen und längerfristigen Einfluss* auf das Stimmrechtsverhalten der übrigen Gesellschafter gewährleistet. Demgegenüber genügen Ad-hoc-Abreden im Vorfeld der Abstimmung nicht zur Begründung eines Abhängigkeitsverhältnisses.

Im Übrigen kann dem (Minderheits-)Gesellschafter einer GmbH – von der Zuordnung von Mehrstimmrechten einmal abgesehen – auch dort eine beherrschende Stellung zukommen, wo die Regelungen des Gesellschaftsvertrags diesem einen unmittelbaren und maßgeblichen Einfluss auf die Geschäftsführung verleihen. Dies gilt vor allem für *Sonderrechte* hinsichtlich der Bestellung und Abberufung des Geschäftsführers oder zur Besetzung des Aufsichtsrats, soweit dieser seinerseits den Geschäftsführer bestellt (vgl. Daumke/Keßler, Geschäftsführer, S. 100). Gleiches gilt erst recht dort, wo die *Satzung* einem Gesellschafter das Recht zubilligt, im Konfliktfall Entscheidungen auch gegen die Gesellschaftermehrheit zu treffen. A 47

Ein Abhängigkeitsverhältnis i. S. von § 17 AktG kann auch zu mehreren Unternehmen bestehen *(Mehrfachabhängigkeit)*. Dies betrifft zunächst die Fälle der „mittelbaren" („gestuften") Abhängigkeit. Hält eine Muttergesellschaft eine Mehrheitsbeteiligung an ihrer Tochter und ist diese wiederum mit Mehrheit an einer Enkelgesellschaft beteiligt, so ist die Letztere sowohl unmittelbar von der Tochter wie mittelbar von der Muttergesellschaft abhängig. Darüber hinaus erfasst der Tatbestand der Mehrfachabhängigkeit auch Gemeinschaftsunternehmen (joint venture), soweit die Muttergesellschaften gemeinsam einen beherrschenden Einfluss auf die Tochtergesellschaft ausüben. Das setzt voraus, dass sie ihr Verhalten gegenüber der Tochter in einer Weise koordinieren, welche auf Dauer die gemeinsame Steuerung der Geschäftspolitik der abhängigen Gesellschaft gewährleistet (Emmerich/Habersack, § 17, RN 30). Dies kann sowohl durch Stimmbindungsverträge als auch durch eine entsprechende Konsortialabrede erfolgen. Nach Auffassung des BGH genügt es zudem, wenn die tatsächlichen Verhältnisse, insbesondere die hierdurch bedingte Interessenlage der Muttergesellschafter, für eine langfristige Verhaltenskoordination hinsichtlich der auf die Tochtergesellschaft gerichteten Ge- A 48 schäftsaktivitäten sprechen. Dies betrifft insbesondere die gemeinschaftliche Einflussnahme gleichberechtigt beteiligter Familienstämme in einem Familienunternehmen (BGH v. 4. 3. 1974, BGHZ 62, S. 193 ff., 199 ff. = NJW 1974, S. 855 ff. – „Seitz"; v. 8. 5. 1979, BGHZ 74, S. 359 ff., 363 ff. = NJW 1979, S. 2401 ff. – „WAZ").

A 49 Demgegenüber reicht der bei paritätischen (50/50) Gemeinschaftsunternehmen bestehende faktische Einigungszwang nach vorherrschender Auffassung zur Begründung einer Mehrfachabhängigkeit nicht aus (OLG Hamm v. 26. 5 1997, AG 1998, S. 588 = NZG 1998, S. 681; Emmerich/Habersack, § 17, RN 31). Dies erscheint unter Berücksichtigung der wirtschaftlichen Gegebenheiten zumindest zweifelhaft. Ist es den Gesellschaftern daran gelegen, eine wechselseitige Blockade in der Gesellschafterversammlung zu verhindern und Entscheidungsprozesse zeitnah umzusetzen, so bleibt ihnen kaum etwas anderes übrig, als sich hinsichtlich der Tochtergesellschaft auch langfristig abzustimmen. Es kann folglich kaum angenommen werden, die Beteiligten würden die strategische Ausrichtung des Gemeinschaftsunternehmens von Zufallsmehrheiten abhängig machen. Insofern dürfte der Tatbestand der gemeinsamen Beherrschung des joint venture i. d. R. erfüllt sein.

2.5. Die einheitliche Leitung

A 50 Im Übrigen beruht der Konzerntatbestand auf der einheitlichen Leitung der verbundenen Gesellschaften durch das herrschende Unternehmen. Dabei hat der Gesetzgeber bewusst darauf verzichtet, die Anforderungen an den Tatbestand der einheitlichen Leitung gesetzlich festzuschreiben. Aufgrund der Vielfalt und der mitunter signifikanten Abweichung bei der wirtschaftlichen Ausgestaltung von Konzernbeziehungen wäre der Versuch einer Normierung mit kaum überwindbaren Schwierigkeiten befrachtet. Folgerichtig ist von einem *weiten Begriff* einheitlicher Leitung auszugehen. Eine besondere Dichte der Einflussnahme ist dabei nicht erforderlich. Das Gesetz erfasst somit bereits die *Möglichkeit der Verhaltenskoordination* im Rahmen des Unternehmensverbunds. Ob, in welcher Art und Weise und in welchem Umfang das herrschende Unternehmen von seinem durch den Anteilsbesitz eröffneten Einfluss Gebrauch macht, hat bei der Beurteilung, ob der Konzerntatbestand erfüllt ist, außer Betracht zu bleiben. So stützt denn die Rechtsanwendungspraxis die Bejahung des Konzerntatbestandes durchgängig auf die Vermutung des § 18 Abs. 1

Satz 3 AktG, der seinerseits in der Vermutung des § 17 Abs. 2 AktG gründet. Der Schluss weist folglich von der Mehrheitsbeteiligung auf den Abhängigkeitstatbestand und von diesem wiederum auf die Vermutung eines Konzernverhältnisses.

3. Präventive Konzernkontrolle auf Seiten der abhängigen Gesellschaft

Literatur: *Baumgartl*, Die konzernbeherrschte Personengesellschaft, Köln 1986; *Beinert*, Die Konzernhaftung für die satzungsgemäß abhängig gegründete GmbH, Köln 1995; *Binnewies*, Die Konzerneingangskontrolle in der abhängigen Gesellschaft, Köln 1996; *Deilmann*, Die Entstehung des qualifizierten faktischen Konzerns, Diss., Mannheim 1990; *Emmerich/Habersack*, Aktien- und GmbH-Konzernrecht, 3. Aufl., München 2003; *Jansen*, Konzernbildungskontrolle im faktischen GmbH-Konzern, Münster 1993; *Lutter/Hommelhoff*, GmbH-Gesetz, 15. Aufl., Köln 2000; *Lutter/Timm*, Konzernrechtlicher Präventivschutz in der GmbH, NJW 1982, S. 409 ff.; *Raiser*, Wettbewerbsverbote als Mittel des konzernrechtlichen Präventivschutzes, in: FS für Stimpel, 1985, S. 855 ff.; *Roth/Altmeppen*, GmbHG – Kommentar, 4. Aufl., München 2003; *Rowedder*, GmbHG, 4. Aufl., München 2002; *B. Sonntag*, Konzernbildungs- und Konzernleitungskontrolle bei der GmbH, 1990; *Wiedemann*, Die Unternehmensgruppe im Privatrecht, Tübingen 1988, S. 64 ff.; *ders.*, Das Abfindungsrecht – ein gesellschaftlicher Interessenausgleich, ZGR 978, S. 477 ff.; *Zöllner*, Treuepflichtgesteuertes Aktienkonzernrecht, ZHR 162 (1998), S. 235 ff.

3.1 Zur praktischen Bedeutung der Konzerneingangskontrolle

Üblicherweise richtet sich das Augenmerk auf die tatbestandlichen Voraussetzungen sowie die Rechtsfolgen, welche mit einer vertraglichen oder faktischen Konzernierung verbunden sind. Zumindest aus Sicht der Gesellschaftsgläubiger sowie ihres Erfüllungsinteresses stellt dies denn auch die entscheidende Sichtweise dar. Dies ändert sich aus der Perspektive vorhandener Minderheitsgesellschafter in entscheidender Weise; geht es doch vorrangig um die Frage, ob und ggf. welche gesetzlichen und satzungsrechtlichen Schranken der Begründung eines Konzernverhältnisses und der hierdurch bedingten Abhängigkeit von Seiten eines Mehrheitsgesellschafters entgegenstehen. A 51

Dabei erweist sich die *originäre Begründung eines Abhängigkeitsverhältnisses* zunächst als unproblematisch. Dies betrifft vor allem solche Kon- A 52 stellationen, bei denen im Rahmen der Gründung einer Mehrpersonen-GmbH einem Gesellschafter von Anfang an eine beherrschende Stellung eingeräumt wird. Da der Abschluss des Gesellschaftsvertrags der Zustimmung aller Beteiligten bedarf, liegt es in den Händen der Gründungsgesellschafter, hinsichtlich der mit der Begründung eines Abhängigkeitsverhältnisses verbundenen Gefahren satzungsrechtliche oder sonstige Vorkehrungen zu treffen. Hier bleibt es folglich bei dem allgemeinen Grundsatz „volenti non fit iniuaria".

A 53 Vergleichbar stellt sich die Rechtslage dort dar, wo es um die (nachträgliche) Begründung eines Vertragskonzerns durch Abschluss eines Beherrschungs- und/oder Gewinnabführungsvertrags zu tun ist. Dies gilt jedenfalls dann, wenn man – wie hier – für den wirksamen Abschluss von Organschaftsverträgen wegen der damit verbundenen Änderung des Gesellschaftszwecks (§ 33 Abs. 1 Satz 2 BGB) die ausdrückliche Zustimmung sämtlicher Gesellschafter verlangt (vgl. unten RN A 94 ff., A 100).

A 54 Im Mittelpunkt der Betrachtung steht folglich die *nachträgliche Begründung eines faktischen Konzernverhältnisses* durch Erwerb einer Mehrheitsbeteiligung seitens eines Gesellschafters, sei es im Wege der Anteilsübertragung, sei es im Rahmen einer Kapitalerhöhung oder aber vermittels Gesamtrechtsnachfolge (Universalsukzession), beispielsweise durch Verschmelzungsvorgänge auf Seiten der Gesellschafter. Hier besteht die kaum zu leugnende Gefahr, dass die in dem Kapitalstimmrecht (§ 47 Abs. 2 GmbHG) und dem Mehrheitsgrundsatz (§ 47 Abs. 1 GmbHG) fußende Begründung einer beherrschenden Stellung auf Seiten eines Gesellschafters geeignet ist, die berechtigten Belange der verbleibenden Minderheitsgesellschafter zu beeinträchtigen.

3.2 Konzerneingangskontrolle durch Satzungsgestaltung

A 55 Allerdings gilt es zu beachten, dass die Binnenordnung der GmbH grundsätzlich dispositiver Natur ist (§ 45 Abs. 2 GmbHG) und insofern in weitem Umfang der Gestaltung seitens des Gesellschaftsvertrags unterliegt. Hier bietet es sich folglich an, im Wege entsprechender Vertragsgestaltung satzungsrechtliche Vorkehrungen gegen eine künftige Konzernierung der Gesellschaft zu treffen. Insofern kommt es in erster Linie in Betracht, von der gem. § 15 Abs. 5 GmbHG eröffneten Möglichkeit einer Vinkulierung der Geschäftsanteile Gebrauch zu machen, d. h. deren Abtretung an die

Keßler

3. Präventive Konzernkontrolle auf Seiten der abhängigen Gesellschaft

Zustimmung der Gesellschafter zu knüpfen. Allerdings gilt es dabei zu beachten, dass gem. § 47 Abs. 1 GmbHG der erforderliche Zustimmungsbeschluss mit einfacher Mehrheit erfolgt, und der veräußernde Gesellschafter nach Auffassung des BGH (BGH v. 29.5.1967, BHGZ 48, S. 163 ff., 167 = NJW 1967, S. 1963) nicht gem. § 47 Abs. 4 GmbHG wegen Interessenkollision vom Stimmrecht ausgeschlossen ist. Im Interesse einer wirksamen Konzerneingangskontrolle ist es daher erforderlich, entweder dem übertragungswilligen Gesellschafter durch die Satzung das Stimmrecht zu versagen oder die Anteilsübertragung vom *positiven Votum sämtlicher Gesellschafter* abhängig zu machen.

Im Übrigen erscheint die Auffassung des BGH im Lichte einer funktionalen Betrachtungsweise zumindest problematisch. Zwar ist durchweg anerkannt, dass die Stimmrechtsbeschränkung des § 47 Abs. 4 GmbHG insofern einer teleologischen Restriktion unterliegt, als diese auf gesellschaftsrechtliche Organisationsakte keine Anwendung findet (Daumke/Keßler, Geschäftsführer, S. 172 f.). So ist beispielsweise kein Gesellschafter daran gehindert, sich mit Hilfe des ihm zukommenden Stimmrechts selbst zum Geschäftsführer zu wählen oder bei der Festlegung der Konditionen seines Anstellungsvertrags mitzustimmen (Daumke/Keßler, Geschäftsführer, S. 92 f., 178 f.). Insoweit gilt es, dem berechtigten Interesse des Anteilseigners an der Widerspiegelung seines finanziellen Engagements in der Organisationsstruktur der Gesellschaft Rechnung zu tragen. Allerdings stellt sich die Interessenlage bei der Begründung eines Abhängigkeitsverhältnisses deutlich abweichend dar. Hier ist es gerade nicht um die Mitwirkungssicherung im Binnengefüge der Gesellschaft zu tun, vielmehr gilt es, Gefahren abzuwehren, die nachgerade in einem fremden, außergesellschaftlichen unternehmerischen Interesse des (künftigen) Mehrheitsgesellschafters gründen (siehe überzeugend Roth/Altmeppen, Anh. § 13, RN 135 ff.). Der richtige Weg zur Erfassung dieses Interessenkonflikts liegt somit in der uneingeschränkten Anwendung des § 47 Abs. 4 GmbHG.

A 56

Darüber hinaus besteht die Möglichkeit, durch die satzungsrechtliche Begründung von *Andienungspflichten* des veräußerungswilligen Gesellschafters oder von *Vorkaufsrechten* zugunsten der verbleibenden Gesellschafter, die Beteiligten innerhalb gewisser Grenzen vor einem künftig beherrschenden Fremdeinfluss zu schützen. Letztlich können auch *statuarische Wettbewerbsverbote* zulasten von (Mehrheits-)Gesellschaftern potenziellen Erwerbern insofern vom Anteilserwerb abhalten, als hierdurch ihr ei-

A 57

gener Gestaltungsspielraum in erheblichem Umfang beschränkt wird. Zudem verhindern entsprechende Vorgaben des Gesellschaftsvertrages zumindest tendenziell die eigennützige Verwertung von Insiderinformationen zulasten der Gesellschaft und der Minderheitsgesellschafter.

A 58 Allerdings gilt es zu beachten, dass aufgrund der normativen Vorgaben des Wettbewerbsrechts (§ 1 GWB, Art. 81 EGV) enge Schranken für die Vereinbarung statuarischer Wettbewerbsverbote bestehen. So geht es nicht an, durch restriktive Wettbewerbsbindungen im Gesellschaftsvertrag die Gesellschaft im Ergebnis als Kartellsubstitut auszugestalten. Eine entsprechende Beschränkung wettbewerblicher Aktivitäten der Gesellschafter kommt folglich nur dort in Betracht, wo dies aufgrund des Bestandschutzinteresses der Gesellschaft oder im überwiegenden Interesse der (Minderheits-)Gesellschafter unabdingbar erscheint. Dies ist vor allem dort der Fall, wo das Wettbewerbsverbot Mehrheitsgesellschafter erfasst und im Wesentlichen dazu dient, einen in der beherrschenden Stellung gründenden Einflussmissbrauch zu verhindern. Genau hier existiert jedoch bereits ein immanentes Wettbewerbsverbot, welches keiner vertraglichen Regelung bedarf (siehe RN A 59 ff.). Letztlich liegt die praktische Bedeutung statuarischer Wettbewerbsverbote damit vor allem in der Klarstellung hinsichtlich des Umfangs und der Reichweite des den beherrschenden Mehrheitsgesellschafter treffenden Konkurrenzverbotes.

3.3 Normative Schranken der Konzernierung

3.3.1 Das immanente Wettbewerbsverbot

A 59 Soweit es die Vorfeldwirkung von Wettbewerbsverboten im Rahmen der Konzerneingangskontrolle betrifft, ergeben sich – über eventuelle Vorgaben der Satzung hinaus (oben RN A 57 f.) – selbständige normative Schranken, denen es bei der nachträglichen Begründung eines beherrschenden Einflusses Rechnung zu tragen gilt. Zwar trifft die Gesellschafter der GmbH – anders als den Geschäftsführer – dies folgt bereits aus den gesetzlichen Wertungen des Rechts der Wettbewerbsbeschränkungen (§ 1 GWB, Art. 81 EGV) – grundsätzlich kein Konkurrenzverbot im Tätigkeitsfeld der Gesellschaft, doch stellt sich die Rechtslage zulasten des *beherrschenden Mehrheitsgesellschafters* abweichend dar. Angesichts der durch die Mehrheitsbeteiligung begründeten Möglichkeit der eigennützigen Einflussnahme und damit der an den eigenen Belangen orientierten

Keßler

3. Präventive Konzernkontrolle auf Seiten der abhängigen Gesellschaft

Fremdsteuerung der Gesellschaft, bedarf es im Interesse der verbleibenden Anteilseigner sowie zur Gewährleistung einer autonomen Willensbildung im Rahmen der Gesellschafterversammlung notwendig einer normativen Begrenzung solcher marktbezogener Aktivitäten des Mehrheitsgesellschafters, die im Wettbewerb zur GmbH stehen. Insofern gründet das ungeschriebene Wettbewerbsverbot zulasten des Mehrheitsgesellschafters in den wirtschaftlichen Funktionsbedingungen der Gesellschaft selbst und ist dieser in rechtlicher Sicht *immanent*. Dies hat der BGH für die GmbH & Co KG ausdrücklich anerkannt (BGH v. 5. 12. 1983, BGHZ 89, S. 162, 165 ff. = NJW 1984, S. 1351 ff.), doch gilt für die GmbH nichts Abweichendes. Dabei ist es gleichgültig, ob der Mehrheitsgesellschafter zulasten der Gesellschaft eigene wettbewerbliche Tätigkeiten entfaltet oder durch eine weitere Mehrheitsbeteiligung an einem Konkurrenzunternehmen in mittelbarer Weise zu der GmbH in Wettbewerb tritt (BGH, a. a. O.).

Im Übrigen hängen – entgegen einer gelegentlich geäußerten Auffassung – Bestand und Umfang des immanenten Wettbewerbsverbots nicht davon ab, ob es sich um eine personalistisch oder kapitalistisch strukturierte Gesellschaft handelt. Dies folgt bereits aus der dogmatischen Verortung des Konkurrenzverbots in der *gesellschaftsrechtlichen Treuepflicht*. Zwar verdankt diese ihre Entwicklung im Wesentlichen der Ausdifferenzierung des Personengesellschaftsrechts (vgl. § 112 HGB) sowie der durchweg personalistisch geprägten Rechtsformen der GmbH und der Genossenschaft, doch hat der BGH das Bestehen mitgliedschaftlicher Treuebindungen zwischenzeitlich auch für die Gesellschafter einer AG anerkannt – und zwar sowohl im Verhältnis zur Gesellschaft als auch zwischen den Aktionären (BGH v. 1. 2. 1988, BGHZ 103, S. 184 ff. = NJW 1988, S. 1579 ff.; v. 20. 3. 1995, BGHZ 129, S. 136 ff., 162 = NJW 195, S. 1739 = GmbHR 1995, S. 665 ff.). Insofern hat sich die Ausbildung gesellschafts- und gesellschafterbezogener Treuebindungen nachgerade zur zentralen Einbruchstelle eines *körperschaftlichen Minderheitenschutzes* entwickelt. A 60

Wie sich bereits aus der insofern in Bezug genommenen Vorbildnorm des § 112 HGB ergibt, kann zugunsten des Mehrheitsgesellschafters von den Restriktionen des immanenten Wettbewerbsverbots *Befreiung* erteilt werden. Möglich ist dies zunächst in Form einer Satzungsregelung. Sei es, dass diese den Mehrheitsgesellschafter unmittelbar vom Wettbewerbsverbot suspendiert, sei es, dass die Satzungsregelung für die Gesellschafterversammlung die Möglichkeit eröffnet, durch Beschluss im Einzelfall A 61

Dispens zu erteilen. Eine entsprechende Satzungsregel kann auch im Wege einer nachträglichen Satzungsänderung eingeführt werden, doch unterliegt insofern der betroffene Mehrheitsgesellschafter selbst notwendig dem *Stimmverbot* des § 47 Abs. 4 GmbHG. Zwar hat dies der BGH ausdrücklich nur für den Fall ausgesprochen, dass ein statuarisches Wettbewerbsverbot die Befreiung durch Gesellschafterbeschluss vorsieht (BGH v. 16. 2. 1981, BGHZ 80, S. 69 ff. = NJW 1981, S. 1512 ff., 1513), doch gilt dies erst recht für den Fall der generellen Befreiung vom immanenten Wettbewerbsverbot (siehe ausdrücklich Emmerich/Habersack, Anh. § 318, RN 18)

A 62 Im Übrigen gilt das Wettbewerbsverbot in entsprechender Anwendung von § 112 Abs. 2 HGB auch dort als – konkludent – abbedungen, wo der Mehrheitsgesellschafter bei Gründung der Gesellschaft oder bei Erwerb der Mehrheitsbeteiligung mit Wissen der verbleibenden Anteilseigner eine konkurrierende Tätigkeit ausübt und diese nicht ausdrücklich auf deren Aufgabe hinwirken. So liegt denn auch die maßgebliche Funktion satzungsrechtlicher Wettbewerbsverbote in der *Klarstellung und Grenzziehung,* welche konkurrierenden Aktivitäten des herrschenden Gesellschafters aus Sicht der Gesellschafterminderheit hinnehmbar erscheinen (vgl. oben RN A 58).

A 63 Allerdings erfasst das *immanente Wettbewerbsverbot* aufgrund seiner teleologischen Ausrichtung am Schutz tendenziell beeinträchtigter Minderheitsgesellschafter grundsätzlich nur die Fälle der *mehrgliedrigen GmbH.* Demgegenüber obliegt dem Wettbewerbsverbot nicht der Bestandsschutz der GmbH selbst. Damit ist für die Anwendung des in der Treuepflicht der Gesellschafter gründenden Konkurrenzverbots im Rahmen von Einpersonen-Gesellschaften kein Raum (vgl. BGH v. 10. 5. 1993, BGHZ 122, S. 333 ff., 336 = NJW 1993, S. 1922 ff.). Insofern besteht aus gesellschaftsrechtlicher Sicht gerade kein Wettbewerbsverbot des Alleingesellschafters gegenüber seiner Gesellschaft. Soweit es um das Bestandsschutzinteresse der GmbH zu tun ist, verbleibt es vielmehr bei den allgemeinen Bestimmungen des *Deliktrechts* sowie den seitens des BGH entwickelten Grundsätzen hinsichtlich *existenzgefährdender Eingriffe* (vgl. RN A 229 ff.).

A 64 Im Übrigen erfasst das Wettbewerbsverbot seiner Ausrichtung nach nur konkurrierende Tätigkeiten im Geschäftsfeld der GmbH. Zwar umgreift das Verbot nicht nur das aktuelle Geschäftsfeld, sondern erstreckt sich

Keßler

auch auf solche Tätigkeitsbereiche, die nach vernünftigen kaufmännischen Erwägungen auf der Entwicklungslinie der Gesellschaft liegen und somit in deren Geschäftspolitik angelegt sind, doch lässt sich hieraus kein allgemeines Verbot eines außerhalb der Gesellschaft liegenden unternehmerischen Engagements eines (Mehrheits-)Gesellschafters herleiten. Eine solche Restriktion wäre mit den Grundsätzen einer wettbewerblich orientierten Rechtsordnung auch kaum zu vereinbaren.

Soweit ein Gesellschafter im Zeitpunkt der Erlangung einer beherrschenden Stellung im Verhältnis zur Gesellschaft mittelbar oder unmittelbar konkurrierende Marktaktivitäten ausübt und ihm deren Fortführung nicht ausdrücklich oder konkludent gestattet wird, muss er diese unverzüglich beenden oder seinen Anteilsbesitz soweit reduzieren, dass die Beherrschungsmöglichkeit entfällt. Der Anspruch auf Unterlassung der Konkurrenztätigkeit kann sowohl von der *GmbH* als auch von den *Minderheitsgesellschaftern* im Wege der „actio pro socio" (vgl. unten RN A 206 ff.) geltend gemacht werden. Zudem kann die Gesellschaft entsprechend § 113 HGB nach ihrer Wahl *Schadensersatz* fordern oder in das Konkurrenzgeschäft eintreten, d. h. die Abtretung der daraus resultierenden Erträge verlangen. Die Ausübung des Wahlrechts erfolgt durch Mehrheitsbeschluss der Gesellschafterversammlung. Dem Mehrheitsgesellschafter bleibt hierbei entsprechend § 47 Abs. 4 GmbHG das Stimmrecht versagt. A 65

3.3.2 Die Beschlusskontrolle

Sieht man von der a limine wirkenden Schranke des immanenten Wettbewerbsverbots ab, so stellt sich ergänzend die Frage, ob und in welchem Umfang Gesellschafterbeschlüsse, die in ihrem Ergebnis die Abhängigkeit der Gesellschaft herbeiführen oder verstärken, einer *normativen Beschlusskontrolle im Wege der Anfechtungsklage* durch (Minderheits-)Gesellschafter unterliegen. Dies betrifft beispielsweise Beschlüsse, mit denen die Gesellschafter einer Übertragung vinkulierter Anteile zustimmen oder einem Gesellschafter im Rahmen einer Kapitalerhöhung durch Ausschluss oder Beschränkung des Bezugsrechts der übrigen Gesellschafter die Erlangung einer Mehrheitsbeteiligung ermöglichen. Die h. M. bejaht in weitem Umfange die gerichtliche Überprüfung des Beschlussinhalts anhand materieller Entscheidungskriterien (Emmerich/Habersack, Anh. § 318, RN 12 f.; Lutter/Timm, NJW 1982, S. 409 ff.; Lutter/Hommelhoff, Anh. § 13, RN 15). Zum Teil wird darüber hinaus sogar eine Satzungsänderung A 66 oder die Zustimmung der außenstehenden (Minderheits-)Gesellschafter für erforderlich gehalten, soweit es um den Fall einer qualifizierten faktischen Konzernierung zu tun ist (Wiedemann, Die Unternehmensgruppe im Privatrecht, S. 64 f.; Koppensteiner in: Rowedder, GmbHG, Anh KonzernR, RN 41). Die Frage nach der Mitwirkungsbefugnis der Minderheitsgesellschafter ist nicht letztlich deshalb von maßgeblicher Bedeutung, als der BGH – wenn auch wenig überzeugend – bei der Zustimmung zur Anteilsübertragung regelmäßig keinen Platz für die Anwendung des Stimmverbots gem. § 47 Abs. 4 GmbHG sieht (BGH v. 29. 5. 1967, BGHZ 48, S. 163 ff., 167 = NJW 1967, S. 1963; siehe hierzu RN 55 ff.). Im Übrigen ist nach überwiegender Auffassung für eine Beschlusskontrolle selbst dort noch Raum, wo der am Erwerb der Mehrheitsstellung interessierte Gesellschafter – beispielsweise durch eine dahin gehende Satzungsregelung – vom Beschlussrecht ausgeschlossen ist (BGH v. 16. 2. 1981, BGHZ 80, S. 69 ff., 75 = NJW 1981, S. 1512 ff.) und die Entscheidung ausschließlich in den Händen der übrigen Gesellschafter liegt. Dies erscheint zumindest fragwürdig, zumal die an der Beschlussfassung beteiligten Gesellschafter aufgrund ihrer persönlichen und sachlichen Nähe zum Beschlussgegenstand regelmäßig eher zu einer sachadäquaten Entscheidung berufen sind, als das – notwendig ferner stehende – Gericht (Roth/Altmeppen, a. a. O., RN 120).

A 67 Soweit es um den dogmatischen Bezugspunkt der Beschlusskontrolle geht, gründet diese – wie auch das Wettbewerbsverbot – in der zwischen den Gesellschaftern bestehenden Treuepflicht. Diese gebietet es nach h. M. (potenziellen) Mehrheitsgesellschaftern, die durch die Erlangung der Mehrheitsstellung gefährdeten Interessen der Gesellschafterminderheit bei ihrem Handeln angemessen in Rechnung zu stellen (vgl. BGH v. 5. 6. 1975, BGHZ 65, S. 15 ff. = NJW 1976, S. 191 ff. – „ITT"). Soweit ein Beschluss die beherrschende Stellung eines Gesellschafters begründe, sei er somit grundsätzlich rechtswidrig und im Wege der Anfechtungsklage vernichtbar (BGH v. 16. 2. 1981, BGHZ 80, S. 69 ff., 74 = NJW 1981, S. 1512). Etwas anderes gelte nur dort, wo überwiegende sachliche Gründe im Interesse der Gesellschaft die Mehrheitsherrschaft legitimierten. Dies sei beispielsweise dort der Fall, wo gerade der beherrschende Einfluss eines Gesellschafters die Marktstellung und damit den Bestand der Gesellschaft stabilisierten (Emmerich/Habersack, Anh. § 318, RN 13).

A 68 So schlüssig sich dieser Begründungsansatz prima vista auch in das Gesamtgefüge der präventiven Konzernkontrolle einfügt, so durchgreifend

Keßler

3. Präventive Konzernkontrolle auf Seiten der abhängigen Gesellschaft

erscheinen in dogmatisch-methodischer Sicht die hiergegen bestehenden Bedenken. So erscheint der Gedanke der Treuepflicht – anders als bezüglich des durch zahlreiche Entscheidungen konkretisierten Tatbestandes des Wettbewerbsverbots – zu diffus und orientierungslos, um in Durchbrechung des Grundsatzes privatautonomer Willensbildung der Gesellschafter eine heteronome Kontrolle von Gesellschafterbeschlüssen zu legitimieren. Im Rahmen der Konzerneingangskontrolle ist es gerade nicht darum zu tun, Gesellschafter vor ihren selbstverantworteten Entscheidungen in Schutz zu nehmen; im Kern geht es vielmehr darum, der *einseitigen Einflussnahme* seitens des Mehrheitsgesellschafters strukturelle Grenzen zu setzen. Zudem ist der Rechtsordnung gerade *kein generelles Konzernierungsverbot* zulasten der (Mehrheits-)Gesellschafter zu entnehmen. Normative (Gestaltungs-)Schranken bestehen gem. des immanenten Wettbewerbsverbots nur unter der Voraussetzung und insoweit, wie die wettbewerblichen Interessen der Gesellschaft berührt sind (vgl. oben RN A 59 ff.). Im Übrigen steht es den Gesellschaftern grundsätzlich frei, außerhalb der Gesellschaft weiter gehende unternehmerische Ziele zu verfolgen, soweit hierfür Geschäftschancen und Ressourcen der GmbH nicht in Anspruch genommen werden. Selbst die statuarische Begründung und Absicherung eines weiter reichenden und umfassenderen Wettbewerbsverbots stieße alsbald an die Schranken der normativ verfassten Wettbewerbsordnung (§ 1 GWB; Art. 81 EGV). Zumindest wäre es Sache der Gesellschafter darzulegen und zu beweisen, ob und durch welche überwiegenden Interessen der Gesellschaft oder ihrer Anteilseigner die Wettbewerbsbeschränkung – ausnahmsweise – zu legitimieren ist. Insofern sind wettbewerbsbeschränkende Abreden in Gesellschaftsverträgen keineswegs durchgängig von den Schranken des Kartellverbots befreit.

Im Übrigen erweist sich der Versuch, in die normativen Vorgaben des GmbH-Rechts einen – ungeschriebenen – Konzernvorbehalt hineinzulesen, im Ergebnis als eine Fortsetzung des mit der Aufgabe des qualifizierten faktischen Konzerns seitens der Rechtsprechung verabschiedeten Ansatzes einer im Kern „strukturell" fundierten Konzernkontrolle, wenn auch mit Blick auf das gesellschaftliche Binnenverhältnis zwischen den Anteilseignern. Aus Sicht der betroffenen Schutzdestinatäre, der Minderheitsgesellschafter, der Gesellschaftsgläubiger und nicht zuletzt wegen des Bestandsschutzinteresses der Gesellschaft selbst, erweist es sich demgegenüber als vorzugswürdig, außerhalb der Tatbestände des Vertragskonzerns nicht auf diffuse Vorgaben hinsichtlich der Dichte der Konzernie-

A 69

rung abzustellen, sondern hinsichtlich der Einwirkungen des herrschenden (Mehrheits-)Gesellschafters auf die Vermögenssubstanz und die Marktstellung der abhängigen GmbH konkrete Verhaltenspflichten auszudifferenzieren und deren Verletzung in wirksamer Weise zu sanktionieren. Der richtige Weg liegt insofern zunächst in der *funktionalen Ausgestaltung des Stimmverbots gem. § 47 Abs. 4 GmbHG* und nicht in der Übertragung von gesellschaftsbezogenen Entscheidungen an die Gerichte. Darüber hinaus bedarf es im Verhältnis der Gesellschafter untereinander der Gewährleistung einer umfassenden Beteiligungstransparenz, die deutlich über die Informationsordnung der §§ 51a/b GmbHG hinausweist. Insofern ist ein Mehrheitsgesellschafter im Rahmen der ihn gegenüber seinen Mitgesellschaftern und der Gesellschaft treffenden Treuebindung verpflichtet, den Erwerb einer beherrschenden Unternehmensbeteiligung außerhalb der Gesellschaft oder den Aufbau eines eigenen Geschäftsbereichs offen zu legen (OLG Stuttgart, AG 2000, S. 229 ff.; vgl. unten RN A 71).

Konzerneingangskontrolle bei der abhängigen GmbH

Praktische Bedeutung	• In der Regel nur für die Fallgestaltungen der faktischen Konzernierung, da der Abschluss eines Beherrschungsvertrages die Zustimmung sämtlicher Gesellschafter erfordert
Konzerneingangskontrolle durch Satzungsgestaltung	• Vinkulierungsklauseln, Vorkaufsrechte, Andienungspflichten
Statuarisches Wettbewerbsverbot	• Dient im Wesentlichen der Klarstellung, enge Gestaltungsgrenzen entsprechend § 1 GWB, Art. 81 EGV
Immanentes Wettbewerbsverbot	• Gilt als Ausfluss der Treuepflicht für den beherrschenden (Mehrheits-)Gesellschafter, Befreiung durch Satzungsregelung und/oder Gesellschafterbeschluss möglich

4. Präventive Konzernkontrolle auf Seiten der Muttergesellschaft

Literatur: *Busch/Groß*, Vorerwerbsrechte der Aktionäre beim Verkauf von Tochtergesellschaften über die Börse, AG 2000, S. 503 ff.; *Daumke/Keßler*, Der GmbH-Geschäftsführer, 3. Aufl., Berlin 2003; *Emmerich*, Konzernbildungskontrolle, AG 1991, S. 303 ff.; *ders.*, Der heutige Stand der Lehre vom GmbH-Konzern, AG 1987, S. 1 ff.; *Emmerich/Habersack*, Aktien- und GmbH-Konzernrecht, 3. Aufl., München 2003; *Emmerich/Sonnenschein/Habersack*, Konzernrecht, 7. Aufl., München 2001; *Götz*, Die Sicherung der Recht der Aktionäre der Konzernobergesellschaft bei Konzernbildung und Konzernleitung, AG 1984, S. 85 ff.; *Hommelhoff*, Konzernleitungspflicht, Köln/Berlin/Bonn/München 1982; *Jansen*, Konzernbildungskontrolle im GmbH-Konzern, Münster 1993; *Junkurth*, Konzernleitung bei der GmbH: Die Pflichten des Geschäftsführers, Berlin 2000; *H. Kessler*, Die Leitungsmacht des Vorstandes einer AG, AG 1995, S. 61 ff.; *Liebscher*, Konzernbildungskontrolle, Diss., Mannheim 1995; *Lutter*, Organzuständigkeiten im Konzern, in: FS für Stimpel, 1985, S. 855 ff.; *Lutter/Hommelhoff*, GmbHG, 15. Aufl., Köln 2000; *E. Rehbinder*, Zum konzernrechtlichen Schutz der Aktionäre einer Obergesellschaft, ZGR 1983, S. 92 ff.; *Roth/Altmeppen*, GmbHG, 4. Aufl., München 2003; *U.H. Schneider*, Zur Wahrnehmung von Mitgliedschaftsrechten an Tochtergesellschaften einer Personengesellschaft, in: FS für Bärmann, 1975, S. 873 ff.; *ders.*, Konzernleitung als Rechtsproblem, BB 1981, S. 249 ff.; *ders.*, Die Gründung von faktischen GmbH-Konzernen, in: Hommelhoff u. a. (Hrsg.), Entwicklungen im GmbH-Konzernrecht, ZGR-Sonderheft 6, 1986, S. 121 ff.; *Scholz*, GmbHG, Bd. 2, 9. Aufl., Köln 2002; *J. Semler*, Leitung und Überwachung der AG, 2. Aufl., Köln 1996; *Seydel*, Konzernbildungskontrolle bei der AG, Baden-Baden 1995; *B. Sonntag*, Konzernbildungs- und Konzernleitungskontrolle bei der GmbH, Münster 1990; *Timm*, Die AG als Konzernspitze, 1980; *Veil*, Aktuelle Probleme im Ausgliederungsrecht, ZIP 1998, S. 361 ff.; *Verhoeven*, GmbH-Konzern-Innenrecht, 1978; *H. Wahlers*, Konzerbildungskontrolle durch die Hauptversammlung der Obergesellschaft, Köln 1995; *Westermann*, Organzuständigkeit bei Bildung, Erweiterung und Umorganisation des Konzerns, ZGR 1984, S. 352 ff.; *H. Wiedemann/Hirte*, Die Konkretisierung der Pflichten des herrschenden Unternehmens, ZGR 1986, S. 163 ff.; *Zeidler*, Die Hauptversammlung der Konzernmutter – ungeschriebene Zuständigkeiten und Information der Aktionäre, NZG 1998, S. 91 ff.

4.1 Zur Bedeutung der Konzernkontrolle für die Gesellschafter

Die GmbH tritt nicht nur als abhängige Tochtergesellschaft in Erscheinung; ihr kommt vielmehr nicht selten auch die Rolle des herrschenden Mutterunternehmens zu. Angesichts der mit der Konzernierung verbunde- A 70 nen *Diligenzpflichten und Haftungsrisiken* seitens des herrschenden Unternehmens stellt sich notwendig die Frage, ob und in welchem Umfang die Gesellschafter der Muttergesellschaft an der Ausbildung und Änderung von Konzernstrukturen zu beteiligen sind. Darüber hinaus ist mit der Verlagerung einzelner Geschäftsfelder auf Tochtergesellschaften eine spezifische Gefährdung der *Mitwirkungsinteressen der Gesellschafter* verbunden, der nicht selten die gebotene Beachtung versagt bleibt. So liegt die Formulierung und Ausgestaltung der Geschäftpolitik im Rahmen der – dispositiven – Organisationsordnung der GmbH grundsätzlich in der Kompetenz der Gesellschafterversammlung (Daumke/Keßler, Geschäftsführer, S. 155 ff.). Diese und nicht der Geschäftsführer ist das eigentliche Geschäftsführungsorgan. Soweit einzelne Tätigkeitsbereiche in Tochtergesellschaften überführt werden oder deren Aufbau von Anfang an im Rahmen von Beteiligungsunternehmen erfolgt, wird folglich die Geschäftsführungsbefugnis der Gesellschafter des Mutterunternehmens notwendig verkürzt. Die Gesellschafterrechte bezüglich der Tochter nimmt deren Gesellschafterin und damit folglich die Mutter wahr, die hierbei durch ihren Geschäftsführer organschaftlich vertreten wird. Im Extremfall „degeneriert" die Muttergesellschaft zur reinen Verwaltungsholding ohne eigenständigen Geschäftsbetrieb. Folgerichtig erfüllt die präventive Konzerneingangskontrolle bezüglich des herrschenden Unternehmens notwendig die Aufgabe einer *Mitwirkungssicherung auf Seiten der Anteileigner.*

4.2 Die Ausgestaltung der Konzerneingangskontrolle

A 71 Eine funktionale Konzerneingangskontrolle auf Seiten des herrschenden Unternehmens setzt im Interesse der beteiligten (Minderheits-)Gesellschafter primär eine *ausreichende Transparenz der Beteiligungsverhältnisse* voraus. Gemäß § 51a GmbHG können die Gesellschafter – unabhängig von der Höhe ihrer Beteiligung – jederzeit von dem Geschäftsführer Auskunft über die Angelegenheiten der Gesellschaft und Einsicht in deren Bücher und Schriften verlangen. Das Auskunftsrecht erfasst dabei grundsätzlich auch die Beziehungen der GmbH zu verbundenen Unternehmen (Scholz/K. Schmidt, § 51a RN 20; Roth/Altmeppen, § 51a RN 8). Dies betrifft auch Auskünfte hinsichtlich der *internen Verhältnisse abhängiger Unternehmen,* soweit diese für das Bestands-, Vermögens-, Gewinn- und Absatzinteresse der herrschenden GmbH von Bedeutung sein können (OLG Hamburg, NJW-RR 1994, S. 618 f.; BayObLG, NJW-RR 1999,

4. Präventive Konzernkontrolle auf Seiten der Muttergesellschaft

S. 1487). Allerdings richtet sich das Auskunftsrecht nur gegen die eigene Gesellschaft und deren Geschäftsführer. Es ist somit Sache des Geschäftsführers, sich die zur Erfüllung des Auskunftsanspruchs erforderlichen Informationen zu beschaffen. Soweit kein Informationsverweigerungsgrund i. S. von § 51a Abs. 2 GmbHG vorliegt (vgl. Daumke/Keßler, Geschäftsführer, S. 193 f.), kann sich die GmbH folglich nicht darauf berufen, sie sei zur Erteilung der Auskunft nicht in der Lage (Scholz/K. Schmidt, a. a. O.). Ein Auskunftsrecht gegenüber den Vertretungsorganen der abhängigen Gesellschaft besteht demgegenüber grundsätzlich nicht. Darüber hinaus sind *Angelegenheiten des Mehrheitsgesellschafters* nur ausnahmsweise Angelegenheiten der Gesellschaft, so dass diesbezüglich § 51a GmbHG grundsätzlich keine Anwendung findet. Allerdings können sich *Auskunftspflichten der Gesellschafter untereinander* aufgrund der zwischen diesen bestehenden *Treuepflicht* ergeben.

Was die materielle Ausgestaltung der Konzerneingangskontrolle auf Seiten des herrschenden Unternehmens betrifft, so kommt es zunächst auf die Art und Weise des Erwerbs der Beteiligungsstellung an, sei es im Wege der Anteilsübertragung, sei es durch Ausgliederung im Wege der Singularsukzession. Demgegenüber weist die umwandlungsrechtliche Ausgliederung nach Maßgabe der Regelung über die Spaltung von Rechtsträgern (§§ 123 ff. UmwG) insofern keine größeren Probleme auf, als der Gesetzgeber die Mitwirkung der Gesellschafter hier einer abschließenden und zwingenden Sonderregelung unterzogen hat. — A 72

Im Übrigen ist zunächst darauf abzustellen, ob die Ausgliederung oder der Erwerb einer Beteiligung durch den seitens der Satzung festgesetzten *Unternehmensgegenstand* (§ 3 Abs. 1 Nr. 2 GmbHG) gedeckt ist. Allerdings genügt es, wenn und soweit der Gesellschaftsvertrag eine vermögensverwaltende Tätigkeit der Gesellschaft legitimiert. Eine ausdrückliche Konzernierungsklausel, die auf den Erwerb von Beteiligungsrechten oder die Gründung von Tochtergesellschaften abstellt, ist aus Gründen der Rechtsklarheit vorzuwürdigen, jedoch rechtlich nicht zwingend geboten. Ist der Erwerb einer Unternehmensbeteiligung durch die Satzung nicht mehr erfasst, so bedarf es notwendig eines Gesellschafterbeschlusses mit satzungsändernder Mehrheit. Ob darüber hinaus auch die formalen Anforderungen einer Satzungsänderung zwingend einzuhalten sind (so Michalski/Zeidler, Syst. Darst. 4, RN 213), erscheint fragwürdig, soweit es in erster Linie um die (Mitwirkungs-)Interessen der Gesellschafter zu tun ist. Viel- — A 73

Keßler

mehr finden insofern die Grundsätze der Satzungsdurchbrechung entsprechende Anwendung.

A 74 Soweit die Satzung den Erwerb einer Beteiligung oder die Ausgliederung einzelner Geschäftsfelder legitimiert, gilt es zu unterscheiden: In erster Linie handelt es sich hinsichtlich des Beteiligungserwerbs um eine Geschäftsführungsmaßnahme, die – soweit die Satzung keinen Zustimmungsvorbehalt der Gesellschafter vorsieht – durch die Befugnis der Geschäftsführer gedeckt ist. Allerdings gilt es zu beachten, dass die Festlegung und Konkretisierung der Geschäftspolitik bei der GmbH grundsätzlich den Gesellschaftern zugewiesen ist. Handelt es sich bei dem Beteiligungserwerb um ein Rechtsgeschäft, welches über den gewöhnlichen Geschäftsbetrieb der GmbH hinausgeht, so bedarf es folglich einer *Beschlussfassung der Gesellschafterversammlung,* die – mangels einer abweichenden Bestimmung des Gesellschaftsvertrags – hierüber mit der einfachen Mehrheit der abgegebenen Stimmen entscheidet. Dies ist unter Berücksichtigung der konzernrechtlichen Haftungsrisiken beispielsweise bei dem Erwerb einer *beherrschenden Gesellschafterstellung* hinsichtlich des Beteiligungsunternehmens der Fall. Gleiches gilt auch dort, wo eine zunächst bestehende Minderheitsbeteiligung später in entsprechendem Umfange *aufgestockt* wird. Der Zustimmung der Gesellschafterversammlung bedarf darüber hinaus auch der Erwerb *spekulativer oder branchenfremder Beteiligungsrechte* (siehe hierzu Roth/Altmeppen, § 37, RN 27). Im Übrigen werden Umstrukturierungen durch Verlagerung einzelner Betriebe oder Betriebsteile auf bestehende oder zu gründende Tochtergesellschaften – soweit es sich nicht um marginale Eingriffe handelt – regelmäßig ebenfalls eines (Mehrheits-)Votums der Gesellschafter bedürfen (so im Ergebnis wohl Roth/Altmeppen, § 37, RN 22; § 53, RN 6). Dies ergibt sich bereits aus dem Umstand, dass – abweichend von der Rechtslage bei der AG (vgl. § 76 Abs. 1 AktG) – dem Geschäftsführer der GmbH keine normativ gewährleistete Geschäftsführungsautonomie zukommt. Dieser ist folglich verpflichtet, Strukturveränderungen, welche die künftige Mitwirkungskompetenz der Gesellschafterversammlung tangieren, der Gesellschafterversammlung zur Entscheidung vorzulegen. Allerdings steht es den Gesellschaftern frei, durch die gesellschaftsvertragliche Erweiterung des Handlungsspielraums des Geschäftsführers (vgl. § 37 Abs. 1 GmbHG), diesem (einfache) Umstrukturierungsmaßnahmen zur alleinigen Entscheidung zuzuweisen.

Keßler

4. Präventive Konzernkontrolle auf Seiten der Muttergesellschaft 41

Unabhängig hiervon gilt es den Anforderungen der *Holzmüller Rechtspre-* A 75
chung des BGH (BGH v. 25. 2. 1982, BGHZ 83, S. 122 ff. = NJW 1982,
S. 1703 ff.) in angemessenem Umfang Rechnung zu tragen. Werden im
Lichte des Unternehmensgegenstandes und/oder des tatsächlichen Tätig-
keitsbereichs der GmbH *wesentliche Geschäftsfelder, Betriebe oder Betriebsteile* aus der Gesellschaft ausgegliedert und auf Tochtergesellschaften oder Gemeinschaftsunternehmen übertragen bzw. veräußert, so bedürfen solche Maßnahmen eines qualifizierten Mehrheitsbeschlusses mit satzungsändernder (Dreiviertel-)Mehrheit. Anders als im Rahmen einfacher
Umstrukturierungen (vgl. oben RN A 74) genügt folglich kein Mehrheitsbeschluss (zutreffend Roth/Altmeppen, § 53, RN 6 f.; a. A. Michalski/
Zeidler, Syst. Darst. 4, RN 215 f.). Dabei kommt es hinsichtlich der Beurteilung der Wesentlichkeit nicht alleine auf den Anteil des ausgegliederten
Tätigkeitsfelds am Gesamtumsatz der Gesellschaft an. Entscheidend ist,
ob im Rahmen einer typisierenden Betrachtungsweise die von der Umstrukturierung erfassten geschäftlichen Aktivitäten der GmbH ihr Gepräge
verleihen. Dies betrifft beispielsweise solche Geschäftsfelder, die in entscheidendem Umfang zum Gesamtgewinn der Gesellschaft beitragen oder
die – nach vernünftigen kaufmännischen Erwägungen – für die künftige
Entwicklung der GmbH von voraussichtlich entscheidender Bedeutung
sein werden. Die hier bestehende – ungeschriebene – Kompetenzzuwei-
sung zugunsten der Gesellschafterversammlung ist zwingender Natur und
kann im Gesellschaftsvertrag weder abbedungen noch bezüglich des
Mehrheitserfordernisses abgemindert werden. Darüber hinaus erstrecken
sich die Mitwirkungsbefugnisse der Gesellschafter auch auf solche Maßnahmen, die nach erfolgter Konzernbildung die Strukturen des Unternehmensverbundes und die Verfassung der Tochtergesellschaften entscheidend verändern. Dies betrifft insbesondere nachträgliche Satzungsänderungen bei abhängigen Unternehmen, die den Einfluss der Muttergesellschaft auf deren Geschäftspolitik entscheidend mindern, wie beispielsweise die weitgehende Freistellung des Geschäftsführers der Tochtergesellschaft von Weisungen der Konzernmutter.

Werden Umstrukturierungsmaßnahmen im Rahmen der Konzernbildung A 76
unter Verletzung der Mitwirkungsbefugnisse der Gesellschafter vorgenommen, so sind diese zwar rechtswidrig aber nicht zwangsläufig nichtig. Insofern kommt Verstößen gegen die gesellschaftsinterne Binnenordnung grundsätzlich keine Außenwirkung zu. Etwas anderes kann sich allenfalls unter dem Gesichtspunkt des Missbrauchs der Vertretungsmacht

Keßler

ergeben (siehe hierzu BGH v. 5. 2. 1982, BGHZ 83, S. 122 ff., 132 = NJW 1982, S. 1703 ff.). (Minderheits-)Gesellschafter können sich gegen die drohende Verletzung ihrer Mitwirkungsbefugnisse im Wege der *vorbeugenden Unterlassungsklage zur Wehr setzen* (BGH, a. a. O., S. 134). Soweit die Umstrukturierung bereits abgeschlossen ist, kann auf *Beseitigung der Maßnahme* geklagt werden. Darüber hinaus machen sich Mitglieder der Geschäftsführung sowie eines Aufsichtsrats der Gesellschaft gegenüber schadensersatzpflichtig, wenn diese an der Vorbereitung, Durchführung und Aufrechterhaltung rechtswidriger Umstrukturierungsmaßnahmen mitwirken. Dabei trifft die Organwalter in entsprechender Anwendung von § 93 Abs. 2 Satz 2 AktG die Beweislast dafür, dass die Verletzung von Mitwirkungsbefugnissen der Gesellschafterversammlung für sie nicht erkennbar war oder dass der Schaden auch bei rechtmäßigem Handeln eingetreten wäre (BGH v. 4. 11. 2002, BGHZ 152, S. 280 ff., 284 ff.). Zudem rechtfertigt der Verstoß gegen die gesellschaftsinterne Kompetenzordnung die sofortige Abberufung des Geschäftsführers auch dort, wo die Satzung diese entsprechend § 38 Abs. 2 GmbHG an das Vorliegen eines wichtigen Grundes bindet (Daumke/Keßler, Geschäftsführer, S. 104 f.). Gleichzeitig besteht ein wichtiger Grund i. S. von § 626 Abs. 1 BGB zur fristlosen Kündigung des Anstellungsvertrags. Dabei kommt dem betroffenen (Gesellschafter-)Geschäftsführer selbst in beiden Fällen kein Stimmrecht zu (§ 47 Abs. 4 GmbHG). Letztlich kommt auch eine *Schadensersatzpflicht des* die Umstrukturierung betreibenden *(Mehrheits-)Gesellschafters* wegen Verletzung der zwischen den Gesellschaftern bestehenden *Treuepflicht* in Betracht (BGH v. 1. 2. 1988, BGHZ 103, S. 184 ff., 193 f. = NJW 1988, S. 1579 ff.). Gleiches gilt für solche Minderheitsgesellschafter, die an einer für sie erkennbaren rechtswidrigen Umstrukturierungsmaßnahme mitwirken (BGH v. 20. 3. 1995, BGHZ 129, S. 136 ff. = NJW 1995, S. 1739 ff.).

Konzerneingangskontrolle auf Seiten der herrschenden GmbH

Bedeutung	• Aufgrund der konzernspezifischen Haftungsrisiken, sowohl in den Fällen der faktischen Konzernierung als auch bei der Begründung eines Vertragskonzerns

Keßler

Beteiligungserwerb oder Ausgliederung müssen durch Unternehmensgegenstand (§ 3 Abs. 1 Nr. 2 GmbHG) gedeckt sein	• Gegebenenfalls satzungsändernder Mehrheitsbeschluss
Ausgliederung und Beteiligungserwerb gehen regelmäßig über den gewöhnlichen Geschäftsbetrieb hinaus und sind somit nicht durch die Geschäftsführungskompetenz des Organwalters erfasst	• Mehrheitsbeschluss der Gesellschafter
Besonderheiten bei wesentlichen Strukturänderungen nach der „Holzmüller-Doktrien" des BGH (BGHZ 83, S. 122 ff.)	• Qualifizierter Mehrheitsbeschluss der Gesellschafter mit satzungsändernder Mehrheit

5. Der GmbH-Vertragskonzern

Literatur: *Altmeppen*, Zum richtigen Verständnis der neuen §§ 293a–293g AktG zu Bericht und Prüfung beim Unternehmensvertrag, ZIP 1998, S. 1853 ff.; *Emmerich/Habersack*, Aktien- und GmbH-Konzernrecht, 3. Aufl., München 2003; *Emmerich/Sonnenschein/Habersack*, 7. Aufl., München 2001; *Flume*, Der Gewinn- und Verlustübernahmevertrag im GmbH-Recht, DB 1989, S. 665 ff.; *Hillebrand/Keßler*, Berliner Kommentar zum Genossenschaftsgesetz, Hamburg 2001; *Hüffer*, Aktiengesetz, 5. Aufl., München 2002; *Lutter/Hommelhoff*, GmbHG, 15. Aufl., Köln 2000; *Roth/Altmeppen*, GmbHG, 4. Aufl., München 2003; *Raiser*, Recht der Kapitalgesellschaften, 3. Aufl., München 2001; *Michalski/Zeidler*, GmbHG, Syst. Darst. 4, RN 47 ff; *Rowedder*, GmbHG, 4. Aufl., München 2002; *Schröer*, Sicherheitsleistung für Ansprüche aus Dauerschuldverhältnissen bei Unternehmensumwandlungen, DB 1999, S. 317 ff.; *Zeidler*, Ausgewählte Probleme des GmbH-Vetragskonzernrechts, NZG 1999, S. 692 ff.

5.1 Normative und rechtstatsächliche Grundlagen

Ein Vertragskonzern liegt grundsätzlich dort vor, wo das herrschende Unternehmen seinen Einfluss hinsichtlich der abhängigen Gesellschaft nicht ausschließlich auf die durch den Anteilsbesitz eröffneten Einwirkungsmöglichkeiten stützt, sondern diesen – ergänzend – durch den Abschluss eines Unternehmensvertrags (§ 291 AktG) legitimiert (siehe bereits oben RN A 22). Dabei stehen gem. ihrer rechtstatsächlichen Bedeutung vor al-

A 77

lem der *Beherrschungsvertrag* sowie der *Gewinnabführungsvertrag* im Mittelpunkt der rechtlichen Diskussion. Entsprechend §§ 291 Abs. 1, 308 Abs. 1 Satz 1 AktG besteht ein Beherrschungsvertrag, soweit eine abhängige Aktiengesellschaft oder KGaA ihre Leitung den Weisungen des herrschenden Unternehmens unterstellt. Gemäß § 308 Abs. 1 Satz 2 AktG ist – mangels einer abweichenden vertraglichen Regelung – das herrschende Unternehmen dabei auch zu solchen Weisungen berechtigt, die sich für die abhängige Gesellschaft nachteilig auswirken. Ein Gewinnabführungsvertrag liegt demgegenüber vor, wenn sich die Gesellschaft verpflichtet, ihren gesamten Gewinn an das herrschende Unternehmen abzuführen (§ 291 Abs. 1 AktG).

A 78 Nach Auffassung der Rechtsprechung finden die Bestimmungen des Aktienrechts bezüglich des Vertragskonzerns, wie sie in den Bestimmungen der §§ 291–310 AktG ihren Niederschlag gefunden haben, hinsichtlich der – abhängigen – GmbH grundsätzlich entsprechende Anwendung (BGH v. 24.10.1988, BGHZ 105, S. 324 ff. = NJW 1989, S. 295 ff. = GmbHR 1989, S. 25 ff.). Dabei geht es nicht um eine schematische Übertragung der aktienrechtlichen Vorgaben auf die GmbH; vielmehr ist den strukturellen Besonderheiten der Letzteren durchgängig Rechnung zu tragen. Dennoch – anders als im Recht der faktischen Unternehmensverbindungen – *orientiert sich das Vertragskonzernrecht der GmbH nach wie vor am Leitbild der aktienrechtlichen Vorgaben.*

A 79 Allerdings gilt es zu beachten, dass die rechtstatsächliche Bedeutung des Vertragskonzerns im Bereich der GmbH grundsätzlich von derjenigen im Bereich der AG abweicht. Was zunächst den Abschluss eines Beherrschungsvertrags zwischen der GmbH und dem herrschenden Unternehmen betrifft, so ist die vertragliche Legitimation der Weisungsbefugnis der Muttergesellschaft gegenüber ihrer (abhängigen) Tochter ökonomisch und rechtlich von eher nachrangiger Bedeutung. Dies folgt unmittelbar aus der gegenüber der AG divergierenden Leitungsverfassung (Corporate Governance) der GmbH. So erweist sich § 308 Abs. 1 AktG im Kontext des Aktienrechts im Wesentlichen als Durchbrechung des Grundsatzes vorstandsbezogener Leitungsautonomie, wie dieser in § 76 Abs. 1 AktG seinen manifesten Niederschlag gefunden hat. Danach hat der Vorstand die Aktiengesellschaft unter eigener Verantwortung zu leiten, ohne dabei an Weisungen des Aufsichtsrats (§ 111 Abs. 4 Satz 1 AktG) oder der Hauptversammlung (§ 119 Abs. 2 AktG) gebunden zu sein. Im Vergleich hierzu erweist sich die GmbH gem. der normativen Vorgaben des Gesetz-

5. Der GmbH-Vertragskonzern

gebers als verhältnismäßig *wenig eingriffsresistent*. So sind die Geschäftsführer – wie § 37 Abs. 1 GmbHG deutlich zum Ausdruck bringt – durchgängig an Beschlüsse der Gesellschafterversammlung bzw. Weisungen des Alleingesellschafters gebunden. Dies gilt auch, wenn und soweit sich die entsprechenden Gesellschaftervorgaben zum Nachteil der GmbH auswirken (OLG Frankfurt/Main v. 7. 2. 1997, ZIP 1997, S. 450 ff., 451 f.). Zudem eröffnet die gesellschaftsvertragliche Gestaltungsfreiheit als maßgebliche Maxime des GmbH-Rechts (§ 45 GmbHG) – anders als der in § 23 Abs. 5 AktG niedergelegte Grundsatz der formellen Satzungsstrenge – die Möglichkeit, die Gesellschaft von Anfang an im Wege der Satzungsgestaltung an den Interessen des herrschenden Unternehmens und/oder des Konzernverbunds auszurichten. Die gesetzlichen Schranken nachteiliger Weisungen seitens der Gesellschafter ergeben sich primär aus den Bestimmungen der §§ 30 und 31 GmbHG, d. h. aus dem Gebot der Erhaltung des normativen Haftungsfonds. Dabei gilt es zu beachten, dass auch die Ausgestaltung der Kapitalbindung deutlich hinter den weiter reichenden Vorgaben des Aktienrechts zurückbleibt. Gemäß § 57 Abs. 3 AktG darf während des Bestehens der AG nur der Bilanzgewinn im Rahmen eines ordnungsmäßigen Gewinnverwendungsbeschlusses der Hauptversammlung an die Gesellschafter ausgeschüttet werden. Demgegenüber bezweckt § 30 GmbHG die Erhaltung des Gesellschaftsvermögens nur insofern, wie dieses zur Deckung des satzungsmäßigen Stammkapitals benötigt wird. Der überschießende Betrag steht folglich grundsätzlich zur Disposition der Gesellschafter.

Zumindest bei der *Einpersonen-GmbH* vermag somit der Abschluss eines Beherrschungsvertrages keine Weiterung der Einwirkungsmöglichkeiten des (Allein-)Gesellschafters zu zeitigen. Er ist letztlich überflüssig und befreit das herrschende Unternehmen allenfalls von der Verpflichtung, seine Weisungen gem. § 48 Abs. 3 GmbHG unmittelbar nach der Beschlussbildung schriftlich niederzulegen und hierdurch zu dokumentieren. Dieser Vorteil ist bereits deswegen von allenfalls marginaler Bedeutung, als nach Auffassung des Gesetzgebers die Protokollierung keine Wirksamkeitsvoraussetzung hinsichtlich der Weisung darstellt (vgl. BT-Drucks. 8/3908, S. 75; siehe hierzu auch Keßler, GmbHR 2000, S. 71 ff.). **A 80**

Allerdings wird in der gesellschaftsrechtlichen Literatur mitunter die Auffassung vertreten, der Abschluss eines Beherrschungsvertrags stelle auch bei der Einmann-GmbH die unabdingbare Voraussetzung für eine umfassende Ausrichtung der abhängigen Gesellschaft am Konzerninteresse dar **A 81**

(Emmerich/Habersack, § 291, RN 43; insoweit wenig aussagekräftig: BGH v. 30.1.1992, NJW 1992, S. 1452 ff. – „Siemens"). Aus Gründen der Praktikabilität und der Rechtsklarheit biete es sich insofern nicht an, zwischen ein- und mehrgliedrigen Gesellschaften zu differenzieren (Emmerich/Habersack, a.a.O.). Dies gelte zumindest in den Fällen, in denen die Ausübung der Leitungsmacht seitens des herrschenden Unternehmens den Tatbestand einer qualifizierten faktischen Konzernierung erfülle. Ein Beherrschungsvertrag erweise sich allenfalls insofern als entbehrlich, wie die abhängige GmbH bereits nach Maßgabe ihres Gesellschaftsvertrages eindeutig auf die Belange des herrschenden Unternehmens oder des Unternehmensverbunds ausgerichtet sei (vgl. hierzu Baumbach/Hueck/Zöllner, Anh. KonzernR, RN 50).

A 82 So verständlich sich diese Bemühungen um eine strukturelle Gewährleistung des Bestandsschutzes abhängiger Gesellschaften auch auf den ersten Blick darstellen, so durchgreifend erweisen sich die hiergegen sprechenden dogmatischen Bedenken. Anders als im Rahmen mehrgliedriger Gesellschaften (vgl. RN A 84, 100 ff.), wo es den berechtigten Interessen der Gesellschafterminderheit Rechnung zu tragen gilt, *ist der normativen Ordnung der GmbH ein eigenständiger Interessen- und Bestandsschutz der Gesellschaft im Verhältnis zu ihrem Alleingesellschafter fremd.* Wie bereits die Wertung der §§ 30 und 31 GmbHG zeigt, sichert der Gesetzgeber die Gesellschaft *nur insoweit* gegenüber Beeinträchtigungen der Vermögenssubstanz seitens der Anteilseigner, *wie hierdurch die Erhaltung des normativen Haftungsfonds und damit das Erfüllungsinteresse der aktuellen und potenziellen Gesellschaftsgläubiger tangiert wird.* Die gleichen Wertungen lassen sich der gesetzlichen Regelung des Liquidationsverfahrens entnehmen (vgl. §§ 65 ff. GmbHG), ist es doch dem Gesetzgeber im Wesentlichen daran gelegen, die vorrangige Verwendung des Gesellschaftsvermögens zur Befriedigung der Gläubiger zu gewährleisten. Es geht somit nicht um den Schutz der abhängigen GmbH als solcher; maßgeblich ist vielmehr die *funktionale Ausrichtung der Eingriffbeschränkungen am Gläubigerschutz.* Etwas anderes folgt auch nicht aufgrund der gesellschaftsrechtlichen Treuepflicht. Schädigende Einwirkungen des Alleingesellschafters auf die GmbH stellen bereits deshalb keine Verletzung – ungeschriebener – Treuebindungen dar, als in der eingliedrigen Gesellschaft das Interesse des Gesellschafters notwendig mit den Interessen der Gesellschaft im Einklang steht. Soweit darüber hinaus ein Eigeninteresse der Gesellschaft postuliert wird, kann dieses seine rationale

Keßler

5. Der GmbH-Vertragskonzern

Fundierung nur unter Berücksichtigung der Gläubigerbelange finden (siehe ausführlich Keßler, GmbHR 2001, S. 1095 ff., 1097 f.). Die Einmann-GmbH selbst ist aufgrund des gesetzgeberischen Konzepts folglich nur insofern gegen Einwirkungen ihres Alleingesellschafters geschützt, wie diese die berechtigten Verhaltenserwartungen ihrer Marktpartner berühren. Solange Eingriffe des Gesellschafters keine Gefährdung der Gläubigerinteressen zeitigen, sind diese weder rechtswidrig noch können sie zur Grundlage von Haftungsansprüchen gerinnen.

Zwar lässt sich mit Fug und Recht fragen, ob der durch §§ 30 und 31 GmbHG sowie die Liquidationsvorschriften im Gläubigerinteresse gewährte Bestandsschutz den Anforderungen genügt oder der Absicherung seitens ergänzender Schutzgewährleistungen bedarf. Dennoch gilt es bei der Ausdifferenzierung bestandsschützender Normen, den teleologischen Vorgaben des Gesetzgebers Rechnung zu tragen, d. h. mit anderen Worten, zu vermeiden, dass sich das Schutzkonzept vom Bezugspunkt des Gläubigerschutzes löst und die GmbH als Unternehmen an sich (Rathenau) verselbständigt. Der BGH hat insofern mit dem Konzept des *existenzvernichtenden Eingriffs* den richtigen Weg gewiesen. Das Erfordernis, schädigende Eingriffe des Alleingesellschafters gegenüber der GmbH ausschließlich im Rahmen eines Beherrschungsvertrages anzuerkennen, würde die dogmatische Grundlage dieses Regelungsmodells konterkarieren. A 83

Geringfügige organisatorische Vorteile bietet der Beherrschungsvertrag allenfalls im Rahmen der *Mehrpersonen-GmbH* und zwar insofern, als es für die Ausübung des Weisungsrechts nicht des Umwegs über die Gesellschafterversammlung bedarf. Entsprechend § 308 Abs. 1 Satz 1 AktG ist das herrschende Unternehmen vielmehr befugt, dem Geschäftsführer der GmbH unmittelbar Weisung zu erteilen und zwar auch dann, wenn sich diese zum Nachteil der Gesellschaft auswirken. Anders als bei Einpersonen-Gesellschaften wird man daher bei der mehrgliedrigen GmbH den Abschluss eines Beherrschungsvertrags als rechtliche Zulässigkeitsvoraussetzung nachteiliger Einwirkungen des herrschenden (Mehrheits-)Gesellschafters auf die abhängige Gesellschaft ansehen müssen (so Emmerich/Habersack, § 291, RN 42). Etwas anderes gilt lediglich dort, wo die Gesellschaft im Rahmen statuarischer Vorgaben von Anfang an auf die Interessen des herrschenden Unternehmens ausgerichtet ist. An der Zulässigkeit entsprechender gesellschaftsvertraglicher Regelungen ergeben sich gem. § 45 GmbHG kaum Zweifel. Wird eine solche Konzernierungsklausel im Wege einer nachträglichen Satzungsänderung eingeführt, so gelten A 84

Keßler

hierfür allerdings die formalen und materiellen Anforderungen, wie sie auf den Abschluss eines Beherrschungsvertrags Anwendung finden (Emmerich/Habersack, a. a. O.). Dennoch bleibt die rechtstatsächliche Bedeutung insgesamt gering, da Beherrschungsverträge im Bereich der GmbH sich im Regelfall auf 100%ige Tochtergesellschaften beschränken und somit dem herrschenden Unternehmen durchgängig die Stellung des Alleingesellschafters zukommt.

A 85 So ist denn die Einbindung der abhängigen GmbH in das Gefüge eines Vertragskonzerns – soweit es den vorherrschenden Typus der Einmann-GmbH betrifft – durchgängig *steuerlich motiviert*. Entsprechend finden sich Beherrschungsverträge fast ausschließlich im Zusammenhang mit einem Gewinnabführungsvertrag zur Erzielung der Vorteile einer (körperschaft-)steuerlichen Organschaft. Üblicherweise wird die Zusammenfassung beider Verträge – der Terminologie des Steuerrechts folgend – als *Organschaftsvertrag* bezeichnet. Es geht somit im Kern darum, die Verrechnung von Gewinnen und Verlusten im Organkreis zwischen Organträger und Organgesellschaften sicherzustellen. Nach Maßgabe der §§ 14 und 17 KStG a. F. verlangte die Begründung eines Organschaftsverhältnisses notwendig die finanzielle, wirtschaftliche und organisatorische Eingliederung der (abhängigen) Organgesellschaft in das Unternehmen des (herrschenden) Organträgers. Waren Organträger und Organgesellschaft durch einen Beherrschungsvertrag verbunden, so begründete dies eine – unwiderlegbare – Vermutung hinsichtlich der organisatorischen Eingliederung (§ 14 Abs. 2 KStG a. F.). Dies zielte vor allem auf die AG, da gem. der Vorgaben von § 76 Abs. 1 AktG der Vorstand die Gesellschaft unter eigener Verantwortung leitet und insofern an Weisungen der Gesellschafter nicht gebunden ist. Insofern war bereits aufgrund der bisherigen Rechtslage mehr als zweifelhaft, ob es zur Gewährleistung der organisatorischen Eingliederung der Organgesellschaft in den Organträger hinsichtlich der Einmann-GmbH des Abschlusses eines Beherrschungsvertrags bedurfte. Nach zutreffender Auffassung ist dies zu verneinen. Entsprechend § 37 Abs. 1 GmbHG ist der Geschäftsführer – mangels einer abweichenden Regelung des Gesellschaftsvertrags – an die Beschlüsse der Gesellschafterversammlung oder die Weisungen des Alleingesellschafters gebunden. Folglich entspricht der Wille des Alleingesellschafters notwendig dem Willen der abhängigen Gesellschaft. Demgemäß finden sich im Bereich der GmbH nicht selten *isolierte Gewinnabführungsverträge*, die nicht mit einem Beherrschungsvertrag einhergehen. *Ab dem Veranla-*

Keßler

gungszeitraum 2001 genügt zur Begründung einer körperschaftssteuerlichen Organschaft, der Abschluss eines Gewinnabführungsvertrages sowie die finanzielle Eingliederung der Organgesellschaft in das Unternehmen des Organträgers. Diese ist gewährleistet, wenn der Organträger an der Organgesellschaft vom Beginn des Wirtschaftsjahres an ununterbrochen in einem solchen Maße beteiligt ist, dass ihm die Mehrheit der Stimmrechte aus den Anteilen an der Organgesellschaft zusteht. Eine wirtschaftliche und organisatorische Eingliederung ist zur Begründung einer körperschaftsteuerlichen Organschaft demgegenüber nicht mehr von Nöten (vgl. ausführlich die Darstellung zum Konzernsteuerrecht RN B 101 ff.).

5.2 Der Beherrschungsvertrag

5.2.1 Parteien und Inhalt des Beherrschungsvertrags

Soweit es um den GmbH-Konzern zu tun ist, kommen als abhängige Unternehmen lediglich Gesellschaften in der Rechtsform der GmbH in Betracht. Dagegen ist die Rechtsform des herrschenden Unternehmens gleichgültig; entscheidend ist, dass diesem Unternehmenseigenschaft i. S. der funktionalen Ausrichtung des Konzernrechts zukommt (vgl. RN A 38 ff.). Als herrschendes Unternehmen eines Vertragkonzerns kommen daher auch natürliche Personen (vgl. RN A 39, A 42) sowie juristische Personen des öffentlichen Rechts, insbesondere Gebietskörperschaften (RN A 44, siehe hierzu Keßler, GmbHR 2001, S. 320 ff.) sowie Unternehmen mit Sitz im Ausland in Betracht. Dabei gilt es allerdings zu beachten, dass kommunalen Gebietskörperschaften aufgrund der Vorgaben der Gemeindeordnungen der Länder der Abschluss von Beherrschungsverträgen mit kommunalen Beteiligungsunternehmen, wegen der damit verbundenen Verlustausgleichspflicht (§§ 302, 303 AktG), regelmäßig verwehrt ist. Die zivilrechtliche Wirksamkeit dennoch geschlossener Beherrschungsverträge bleibt hiervon unberührt. A 86

Zwar erkennt das deutsche Steuerrecht Organschaftsverträge zwischen ausländischen Muttergesellschaften als Organträger und deutschen Tochtergesellschaften als – abhängigen – Organgesellschaften (noch) nicht an (siehe hierzu die steuerliche Darstellung RN B 81 f.), doch lassen sich hieraus keine Bedenken gegen die *zivilrechtliche Wirksamkeit grenzüberschreitender Beherrschungsverträge* herleiten. Entsprechende Vertragsabreden sind folglich uneingeschränkt zulässig. Voraussetzung ist ledig- A 87 lich die Rechtsfähigkeit des ausländischen Rechtsträgers. Dabei bestimmen sich die Nationalität und damit das *Personalstatut* einer Gesellschaft aufgrund der Überseering-Entscheidung des EuGH (EuGH v. 5.11.2002, NJW 2002, S. 3614 ff.) und der in ihrer Folge modifizierten Rechtsprechung des BGH (v. 13.3.2003, NJW 2003, S. 1461 ff. = GmbHR 2003, S. 527 ff.) nach der nunmehr auch im deutschen Gesellschaftsrecht anerkannten *Gründungstheorie*. Entscheidend ist somit diejenige Rechtsordnung, welche der Gründung der (Mutter-)Gesellschaft zugrunde liegt (so jetzt ausdrücklich EuGH v. 30.9.2003, ZIP 2003, S. 1885 ff., 1888 ff. = NJW 2003, S. 3331 ff.).

A 88 Von der Frage nach dem Personalstatut einer – ausländischen – Gesellschaft gilt es die Feststellung der für den Beherrschungsvertrag maßgeblichen Rechtsordnung zu unterscheiden. Handelt es sich hinsichtlich des abhängigen Unternehmens um eine deutsche GmbH, so finden die für den Vertragskonzern maßgeblichen Schutzbestimmungen, insbesondere soweit es die entsprechende Anwendung der §§ 302, 303 AktG betrifft, uneingeschränkt Anwendung. Die hieraus folgenden Verpflichtungen des herrschenden Unternehmens können folglich im Vertrag mit der ausländischen Muttergesellschaft weder ausgeschlossen noch eingeschränkt werden. Der Vertrag unterliegt somit in seiner Gesamtheit deutschem Recht (hierzu: Altmeppen, NJW 2004, S. 94 ff., 103). Demgegenüber bestimmen sich die Rechtsverhältnisse des herrschenden Unternehmens, insbesondere soweit dies die Mitwirkungsbefugnisse der Gesellschafter beim Abschluss des Beherrschungsvertrags betrifft, nach dem Recht des Gründungsstaates.

A 89 Allerdings stößt die Durchsetzung der aus dem Beherrschungsvertrag fließenden Ansprüche der abhängigen GmbH und ihrer Gesellschafter gegen das herrschende Unternehmen aufgrund der für die Muttergesellschaften geltenden rechtlichen Vorgaben mitunter auf erhebliche Schwierigkeiten. Dennoch geht es nicht an, hieraus die Unwirksamkeit des Beherrschungsvertrages herzuleiten. Zumindest bei (herrschenden) Unternehmen mit Sitz in den Mitgliedstaaten der EU würde dies einen Verstoß gegen das Diskriminierungsverbot des Art. 12 EGV darstellen (zutreffend Emmerich/Habersack, § 291, RN 37; uneindeutig Roth/Altmeppen, Anh. § 13, RN 199 f.). Soweit die Erfüllung der Verlustausgleichspflicht seitens der ausländischen Mutter nicht gewährleistet ist, besteht allerdings *keine Weisungsbindung der Geschäftsführung* der abhängigen Gesellschaft entsprechend § 308 AktG. Vielmehr darf der Geschäftsführer in diesem Falle nachteilige Weisungen des herrschenden Unternehmens dann und inso-

Keßler

5. Der GmbH-Vertragskonzern

weit nicht ausführen, wie hierdurch das zur Deckung des Stammkapitals erforderliche Vermögen beeinträchtigt wird (so im Ergebnis wohl Roth/Altmeppen, a. a. O., RN 199; vgl. umfassend RN A 115 a).

Was den Inhalt des Beherrschungsvertrags betrifft, so bedarf es neben der *Bestimmung der Vertragsparteien* vor allem der *Bindung der Geschäftsführung der abhängigen GmbH an die Weisungen des herrschenden Unternehmens* sowie – im Regelfalle des befristeten Vertragsverhältnisses – der Festlegung der Laufzeit. Die ausdrückliche Bezeichnung der Abrede als Beherrschungsvertrag ist demgegenüber nicht erforderlich; vielmehr genügt es, wenn sich die Weisungsbindung aufgrund der Auslegung des Vertrags ergibt (KG Berlin v. 30. 6. 2000, AG 2001, S. 186 ff., 187). Dies gilt selbst dann, wenn die Vertragsparteien eine Unterstellung des Vertragsverhältnisses unter die Bestimmungen des Vertragskonzernrechts nach ihrer eigenen Willensbekundung vermeiden wollten. Liegt bei einer Gesamtwürdigung der Vertragsgestaltung eine Bindung der Geschäftsführer der abhängigen Gesellschaft an die Vorgaben des herrschenden Unternehmens in zentralen Geschäftsbereichen vor, so liegt ein Beherrschungsvertrag vor, mag die Absprache auch in formaler Hinsicht in ein anderes Vertragsverhältnis – beispielsweise eine atypische stille Beteiligung oder einen Geschäftsführungsvertrag – eingebettet sein (vgl. Emmerich/Habersack, § 291, RN 17; § 17, RN 23). Dies gilt gem. der – unwiderleglichen – Vermutung des § 18 Abs. 1 Satz 2 AktG selbst in den seltenen Fällen, in denen eine gesellschaftsrechtliche Verflechtung im Wege des Beteiligungsbesitzes nicht vorliegt (vgl. oben RN A 45). Allerdings wird es insofern meist an der Erfüllung der Formerfordernisse fehlen, so dass sich notwendig die Frage nach der Behandlung *fehlerhafter Beherrschungsverträge* stellt (vgl. RN A 172 ff.).

A 90

Einer – ausdrücklichen – Regelung bezüglich der *Verlustausgleichspflicht* des herrschenden Gesellschafters bedarf es demgegenüber nicht; diese ergibt sich vielmehr in entsprechender Anwendung der §§ 302, 303 AktG als objektive Rechtsfolge aus dem Gesetz. Im Übrigen besteht nach zutreffender Auffassung des BGH (BGH v. 15. 6. 1992, BGHZ 119, S. 1 ff., 5 ff. = NJW 1992, S. 2760 ff. – „ASEA/BBC"; BGH v. 5. 4. 1993, BGHZ 122, S. 211 ff., 217 ff. = NJW 1993, S. 1976 f. – „SSI") weitgehende Gestaltungsfreiheit; der Vertrag kann folglich beliebig weitere Regelungen treffen und beispielsweise den Vertragsparteien das Recht zur ordentlichen Kündigung einräumen (Emmerich/Habersack, § 297, RN 4 ff; siehe hierzu RN A 146 ff.). Dies gilt allerdings nur soweit, wie nicht zwingende

A 91

Keßler

gesetzliche Regelungen entgegenstehen (vgl. Emmerich/Habersack, § 291, RN 18). Demzufolge kann das Recht zur außerordentlichen Kündigung entsprechend § 297 AktG weder ausgeschlossen noch beschränkt werden. Darüber hinaus kommt es nicht in Betracht, die normativen Vorgaben hinsichtlich des Gläubigerschutzes abweichend auszugestalten. Demgegenüber erfolgt der Schutz der – außenstehenden – Minderheitsgesellschafter im GmbH-Vertragskonzern nach eigenen Regelungsprinzipien; die Bestimmungen der §§ 304, 305 AktG finden somit lediglich in Ausnahmefällen eine – subsidiäre – Anwendung (vgl. RN A 132 ff.).

A 92 Im Übrigen besteht in der juristischen Literatur heftiger Streit, ob und unter welchen Voraussetzungen der *rückwirkende Abschluss eines Beherrschungsvertrags in Betracht kommt*. Zwar wird die rückwirkende Vereinbarung eines Gewinnabführungsvertrags – zumindest soweit es das laufende Geschäftsjahr betrifft – durchweg bejaht (BGH v. 5. 4. 1993, BGHZ 122, S. 211 ff., 223 ff. = NJW 1993, S. 1976 ff.), doch lehnt die h. M. die Möglichkeit einer Rückwirkung, soweit es den Beherrschungsvertrag betrifft, durchgängig mit der Begründung ab, dies eröffne die Möglichkeit, durch den nachträglichen Abschluss eines Beherrschungsvertrages bereits entstandene Schadensersatz- und Ausgleichsansprüche wegen nachteiliger Einwirkungen auf die Gesellschaft gleichfalls rückwirkend zu beseitigen (BayObLG v. 23. 10. 2002, ZIP 2002, S. 2257 ff.; OLG Hamburg v. 13. 7. 1990, NJW 1990, S. 3024 ff.; OLG Karlsruhe v. 12. 10. 1993, AG 1994, S. 283 f.; OLG München v. 14. 6. 1991, AG 1991, S. 358 ff.; Emmerich/Habersack, § 291, RN 15). Der BGH hat zu der Frage noch nicht abschließend Stellung genommen (BGH v. 5. 4. 1993, BGHZ 122, S. 211 ff., 223 f. = NJW 1993, S. 1976 ff. – „SSI").

A 93 Geht man wie hier davon aus, dass der Abschluss des Beherrschungsvertrags hinsichtlich seiner Wirksamkeit notwendig die Zustimmung sämtlicher Gesellschafter der GmbH bedingt (siehe unten RN A 98 ff.), so stehen der rückwirkenden Vereinbarung eines Beherrschungsvertrages zumindest im Lichte des Schutzes der Minderheitsgesellschafter keine durchgreifenden Bedenken entgegen. Vielmehr hat es die Gesellschafterminderheit in der Hand, ihre Zustimmung von entsprechenden Ausgleichs- und sonstigen Gegenleistungen abhängig zu machen. Soweit es den Schutz der Gläubiger der abhängigen Gesellschaft betrifft, so stehen sich diese nach der rückwirkenden Inkraftsetzung des Beherrschungsvertrags aufgrund der Verlustausgleichspflicht des herrschenden Unternehmens entsprechend §§ 302, 303 AktG besser als zuvor. Auch hier sprechen folglich die

Keßler

5.2.2 Der Abschluss des Beherrschungsvertrags

Der Beherrschungsvertrag ist seiner Rechtsnatur nach „*Organisationsvertrag*"; hierdurch unterscheidet er sich wesentlich von rein schuldvertraglichen Abreden. Zwar regelt er auch die Rechte und Pflichten der Vertragsparteien, d. h. des herrschenden Unternehmens sowie der abhängigen Gesellschaft, doch weist er in seiner Wirkung weit darüber hinaus. Indem der Beherrschungsvertrag die Leitung der abhängigen Gesellschaft den Weisungen des herrschenden Unternehmens unterstellt, greift er unmittelbar in die durch die Satzung vorgegebene Struktur der abhängigen GmbH ein. Die Geschicke der Gesellschaft unterliegen nicht mehr der Disposition der gesellschaftsinternen Willensbildungsorgane, insbesondere der Gesellschafterversammlung, sondern sind nunmehr durchgängig den heteronomen Vorgaben des herrschenden (Mehrheits-)Gesellschafters untergeordnet. Dies ist für die Einmann-Gesellschaft weitgehend bedeutungslos; umso stärker schlägt die Entmachtung der Minderheitsgesellschafter in der mehrgliedrigen GmbH zu Buche. Letztlich stellt sich der Abschluss eines Beherrschungsvertrags insofern als *Zweckänderung* hinsichtlich der statuarischen Ausrichtung der Gesellschaft dar. An die Stelle der in ihrer Willensbildung autonomen Gesellschaftsorgane tritt die Fremdbestimmung seitens des herrschenden Unternehmens. Damit reichen die Wirkungen des Beherrschungsvertrags regelmäßig noch über die durch eine Satzungsänderung bedingten strukturellen Orientierungsvorgaben hinaus.

A 94

Entsprechende strukturelle Auswirkungen betreffen im Übrigen nicht lediglich die abhängige Gesellschaft. Angesicht der mit dem Beherrschungsvertrag verbundenen Folgewirkungen für das herrschende Unternehmen, wie diese exemplarisch in der – unabdingbaren – Verpflichtung zur Verlustübernahme entsprechend § 302 Abs. 1 AktG zu Tage treten, weisen auch dort die Konsequenzen deutlich über die Wirkung schuldvertraglicher Abreden hinaus.

A 95

Folgerichtig wendet die Rechtsprechung *die gesetzlichen Bestimmungen für Satzungsänderungen* (§§ 53, 54 GmbHG) auf den Abschluss von Beherrschungsverträgen entsprechend an (BGH v. 24. 10. 1988, BGHZ 105, S. 324 ff. = NJW 1989, S. 295 ff. – „Supermarkt"). Dies gilt auch dann,

A 96

wenn es sich um eine 100%ige Tochtergesellschaft handelt oder wenn der Gesellschafter des herrschenden Unternehmens mit demjenigen der Tochtergesellschaft identisch ist.

A 97 Grundsätzlich fällt der Abschluss des Beherrschungsvertrags als Maßnahmen der organschaftlichen Vertretung in den Zuständigkeitsbereich des Geschäftsführers. Es ist somit dessen Angelegenheit, die erforderlichen rechtsgeschäftlichen Erklärungen im Namen der GmbH abzugeben (§ 35 Abs. 1 GmbHG). Allerdings ist der Abschluss von Organisationsverträgen angesichts der hiervon ausgehenden strukturverändernden Wirkungen – abweichend von § 37 Abs. 2 GmbHG – *nicht mehr von der Vertretungsmacht des Organwalters erfasst*. Dies zeigt bereits die Parallelwertung des § 293 AktG. Es bedarf somit notwendig eines *ermächtigenden Beschlusses der Gesellschafterversammlung*. Dies betrifft sowohl die abhängige Gesellschaft als auch – soweit dieses gesellschaftsrechtlich verfasst ist – das herrschende Unternehmen (BGH v. 24.10.1988, BGHZ 105, S. 324 ff., 332 ff. = NJW 1989, S. 295 – „Supermarkt"; BGH v. 30.1.1992, NJW 1992, S. 1452 ff.).

A 98 Fraglich ist hierbei, welcher Mehrheit der Zustimmungsbeschluss der Gesellschafterversammlung bedarf. Dabei ist notwendig zwischen den Erfordernissen auf Seiten der abhängigen Gesellschaft und denjenigen auf Seiten des herrschenden Unternehmens zu unterscheiden. Soweit es die abhängige Gesellschaft betrifft, wird überwiegend angenommen, dass der Abschluss des Beherrschungsvertrags *der – ausdrücklichen – Zustimmung sämtlicher Gesellschafter bedarf* (Roth/Altmeppen, Anh. § 13, RN 40; Emmerich/Habersack, § 293, RN 43 a. F. m. w. N.). Dies ergebe sich aus § 33 Abs. 1 Satz 2 BGB, da die Begründung eines vertraglichen Abhängigkeitsverhältnisses insofern eine Zweckänderung darstelle, als sie die Gesellschaft künftig nicht mehr an den Vorgaben ihrer Willensbildungsorgane, sondern an den Belangen des Konzernverbunds ausrichte.

A 99 Nach anderer Auffassung (Lutter/Hommelhoff, Anh. § 13, RN 64; Koppensteiner in: Rowedder/Schmidt-Leithoff, Anh. § 52, RN 55) genügt die für Satzungsänderungen im Allgemeinen *ausreichende Dreiviertel-Mehrheit* (§ 53 Abs. 2 GmbHG). Dabei stellt sich notwendig die Frage, ob und unter welchen Voraussetzungen hierbei der herrschende Gesellschafter entsprechend § 47 Abs. 4 GmbHG vom Stimmrecht ausgeschlossen ist. Soweit eine qualifizierte Mehrheit als ausreichend angesehen wird, bejahen die Protagonisten dieser Auffassung durchweg das Stimmrecht des

Keßler

5. Der GmbH-Vertragskonzern

Mehrheitsgesellschafters. Die strukturelle Ausrichtung der Gesellschaft, sei – vergleichbar einer Satzungsänderung – Sache sämtlicher Anteilseigner, so dass eine Beschränkung ihres Stimmrechts nicht in Betracht komme (Lutter/Hommelhoff, a. a. O., RN 54). Der BGH selbst hat die Frage offen gelassen, da es sich in den bisher entschiedenen Fällen hinsichtlich der abhängigen Gesellschaft stets um Einmann-Gesellschaften handelte.

Nach zutreffender Auffassung erweist sich der Abschluss eines Beherrschungsvertrags in seiner Konsequenz *als Änderung des Gesellschaftszwecks* (siehe RN A 84, 98), *welcher der ausdrücklichen und unabdingbaren Zustimmung sämtlicher Gesellschafter bedarf.* Es genügt folglich nicht, wenn lediglich die in der maßgeblichen Gesellschafterversammlung vertretenen Anteilseigner dem Beherrschungsvertrag zustimmen. Nur diese Betrachtungsweise trägt den Folgewirkungen – insbesondere für die Gesellschafterminderheit – in ausreichendem Umfang Rechnung. Soweit hierdurch die Blockade notwendiger Umstrukturierungen seitens querulatorischer Gesellschafter befürchtet wird, vermag dieses Argument nicht zu überzeugen. Es genügt insofern, auf den allgemeinen Grundsatz zu verweisen, dass in Ausnahmefällen Gesellschafter aufgrund ihrer Treuepflicht gehalten sein können, einer Satzungsänderung – und damit im Ergebnis auch dem Abschluss eines Beherrschungsvertrags – zuzustimmen (BGH v. 25. 8. 1986, BGHZ 98, S. 276 ff. = NJW 1987, S. 189 ff.; v. 20. 3. 1995, BGHZ 129, S. 136 ff. = NJW 1995, S. 1739 ff.; Roth/Altmeppen, Anh. § 13, RN 40). A 100

Nach überwiegender Auffassung genügt allerdings ein mit qualifizierter, d. h. satzungsändernder Mehrheit gefasster Gesellschafterbeschluss, wenn und soweit die bei der Beschlussfassung abwesenden oder dissentierenden Gesellschafter dem Beherrschungsvertrag nachträglich (formlos) zustimmen (siehe hierzu Emmerich/Habersack, § 293, RN 43 unter a). Dies erscheint insoweit von praktischer Bedeutung, als die Zulässigkeit der nachträglichen Zustimmung es ermöglicht, mit eventuell dissentierenden Gesellschaftern im Nachgang des Beschlussaktes eine Ausgleichsregelung herbeizuführen, ohne das aufwändige Verfahren einer Gesellschafterversammlung wiederholen zu müssen. Allerdings dürften aus registerrechtlichen Gründen dieser Vorgehensweise enge Grenzen gesetzt sein. So ist dem Registerrichter der Zustimmungsbeschluss der Gesellschafter mit dem Eintragungsantrag hinsichtlich des Beherrschungsvertrags vorzulegen. Eine Eintragung scheidet somit im Regelfall aus, solange noch nicht feststeht, ob der Beherrschungsvertrag – wegen der noch ausstehenden A 101

Keßler

Zustimmung einzelner Gesellschafter – in rechtlich wirksamer Weise zustande gekommen ist. Jede andere Verfahrensweise würde die Publizität des Handelsregisters mit erheblicher Unsicherheit befrachten (Emmerich/ Habersack, a. a. O.; Roth/Altmeppen, a. a. O., RN 37).

A 102 Im Übrigen erweist sich das Zustimmungserfordernis als satzungsfest. Es kann somit durch den Gesellschaftsvertrag weder ausgeschlossen noch in seinen Anforderungen herabgesetzt werden. Zwar kann entsprechend § 40 BGB das Erfordernis der Zustimmung sämtlicher Gesellschafter (§ 33 Abs. 1 Satz 2 BGB) durch die Satzung abbedungen und durch ein geringeres Quorum ersetzt werden, doch bedarf ein entsprechender – satzungsändernder – Beschluss seinerseits der ausdrücklichen Zustimmung aller Gesellschafter (Emmerich/Habersack, § 293, RN 44). Im Übrigen ist auch in diesem Falle für den konkreten Zustimmungsbeschluss hinsichtlich des Beherrschungsvertrags am Mindesterfordernis einer satzungsändernden Mehrheit festzuhalten (§ 53 Abs. 2 Satz 2 GmbHG).

A 103 Allerdings wird zum Teil erwogen, durch die Aufnahme einer *„Konzern- oder Ermächtigungsklausel"* dem Geschäftsführer der abhängigen Gesellschaft die Befugnis zuzuweisen, eigenständig Organisationsverträge abzuschließen (Emmerich/Habersack, § 293, RN 44). Zumindest bei der *mehrgliedrigen GmbH* scheidet eine solche Vorwegnahme des Zustimmungsbeschlusses der Gesellschafter aus. Der notwendige Schutz der Gesellschafterminderheit steht nicht zur Disposition der Satzung. Eine wirksame Zustimmung der Anteilseigner kommt folglich nur unter genauer Kenntnis der rechtlichen Ausgestaltung sowie der wirtschaftlichen Rahmenbedingungen des Beherrschungsverhältnisses in Betracht (Roth/Altmeppen, Anh. § 13, RN 41). Denkbar wäre allenfalls, den Geschäftsführer in der Satzung oder im Wege einer nachträglichen Satzungsänderung zum Abschluss eines in seinen wesentlichen Vertragsbestandteilen konkretisierten Beherrschungsvertrags zu ermächtigen, wenn dessen Abschluss in einem überschaubaren zeitlichen Zusammenhang mit der Satzungsregelung erfolgt. Die Ermächtigung bedarf dann ihrerseits der Zustimmung sämtlicher Gesellschafter. Demgegenüber erscheint bei der Einmann-GmbH eine partielle Antizipation des Zustimmungsaktes zumindest erwägenswert, wenn und soweit der Gesellschaftsvertrag die erforderlichen essentialia negotii zumindest in allgemeiner Weise bestimmt. Die praktische Bedeutung entsprechender Regelungen dürfte jedoch eher gering sein. Im Übrigen kommt eine generelle Ermächtigung des Geschäftsführers zum Abschluss von Unternehmensverträgen auch hier nicht in Betracht. Dies

Keßler

5. Der GmbH-Vertragskonzern

liefe im Ergebnis auf die Befugnis zur eigenmächtigen Änderung des Gesellschaftsvertrages hinaus. Eine solche wäre mit der zwingenden Regelung des § 53 Abs. 2 Satz 2 GmbHG unvereinbar und damit gem. § 134 BGB unwirksam (Emmerich/Habersack, § 293, RN 44; Roth/Altmeppen, a. a. O., RN 41).

Gemäß § 293 Abs. 2 AktG bedarf der Beherrschungsvertrag – soweit das herrschende Unternehmen die Rechtsform der AG oder KGaA hat – auch der *Zustimmung der Hauptversammlung des herrschenden Vertragspartners* und zwar mit einer qualifizierten Mehrheit von mindestens dreiviertel des bei der Beschlussfassung vertretenen Grundkapitals. Dies gilt auch, soweit das herrschende Unternehmen die Rechtsform einer eG hat. Hier bedarf es eines *qualifizierten Beschlusses der General- oder Vertreterversammlung (BerlKomm/Keßler, § 1, RN 46)*. Handelt es sich hinsichtlich des herrschenden Unternehmens um eine GmbH, so bedarf es auch hier der *Zustimmung ihrer Gesellschafterversammlung*. Entsprechend § 293 AktG ist hierfür eine Mehrheit von mindestens dreiviertel der bei der Beschlussfassung vertretenen Gesellschafter erforderlich (BGH v. 24.10.1988, BGHZ 105, S. 324 ff., 333 = NJW 1989, S. 295 ff. – „Supermarkt"; BGH v. 30.1.1992, NJW 1992, S. 1452 ff.; OLG Zweibrücken v. 2.12.1998, AG 1999, S. 328 ff.; Emmerich/Habersack, § 293, RN 46). Allerdings wird in der Literatur zum Teil die Analogiefähigkeit des § 293 Abs. 2 AktG zugunsten der GmbH bestritten (Flume, DB 1989, S. 665 ff., 667; Roth/Altmeppen, Anh. § 13, RN 43). Das Zustimmungserfordernis des Aktiengesetzes gründe seiner Zweckrichtung nach der gem. § 305 AktG vorgesehenen Abfindung in Form von Aktien des herrschenden Unternehmens. Eine solche Abfindung komme bei der GmbH ohnedies nicht in Betracht, so dass sich eine Zustimmung der Gesellschafterversammlung der herrschenden GmbH erübrige. Diese Begründung greift entschieden zu kurz. Vielmehr geht es in erster Linie darum, die aus Sicht der Gesellschafter des herrschenden Unternehmens mit dem Abschluss des Beherrschungsvertrags verbundenen *Haftungsrisiken* (§§ 302, 303 AktG) diesem nicht ohne Legitimation seitens der Gesellschafterversammlung zuzuordnen.

A 104

Im Übrigen erweist sich auch bezüglich der herrschenden GmbH das Mehrheitserfordernis hinsichtlich des Zustimmungsbeschlusses als satzungsfest. Es kann weder abbedungen, noch was die erforderliche Mehrheit betrifft herabgesetzt werden. Auch hier scheidet eine generelle Ermächtigung des Geschäftsführers zum Abschluss eines Beherrschungsver-

A 105

trages aus. Konzernklauseln sind somit nur innerhalb der gleichen engen Grenzen zulässig, wie diese für die abhängige Gesellschaft gelten (Emmerich/Habersack, § 293, RN 46).

A 106 Darüber hinaus bedarf der Zustimmungsbeschluss auf Seiten der abhängigen GmbH zwingend der *notariellen Beurkundung* (BGH v. 24. 10. 1988, BGHZ 105, S. 324 ff. = NJW 1989, S. 295 ff. – „Supermarkt"; BGH v. 30. 1. 1992, NJW 1992, S. 1452 ff. – „Siemens"; a. A. Flume, DB 1989, S. 665 ff.) sowie der *Eintragung im Handelsregister der abhängigen Gesellschaft* (BGH, a. a. O.). Die Eintragung ist entsprechend § 54 Abs. 3 GmbHG konstitutives Wirksamkeitserfordernis des Beherrschungsvertrages. Dies gilt auch für die Einmann-GmbH (BGH v. 24. 10. 1988, BGHZ 105, S. 324 ff., 341 = NJW 1989, S. 295 ff. – „Supermarkt"; v. 11. 11. 1991, BGHZ 116, S. 37 ff., 39 = NJW 1992, S. 505 – „Stromlieferung"). Die Anmeldung zum Handelsregister hat durch die Geschäftsführer der abhängigen Gesellschaft zu erfolgen. Eine Anmeldung durch sämtliche Geschäftsführer wie im Falle der §§ 7 Abs. 1, 57 Abs. 1, 57i Abs. 1 und 58 Abs. 1 Nr. 3 GmbHG ist allerdings nicht erforderlich (vgl. § 78 GmbHG). Der Anmeldung sind die Niederschriften der Zustimmungsbeschlüsse der Gesellschafterversammlungen des abhängigen sowie ggf. des herrschenden Unternehmens und der Unternehmensvertrag beizufügen. Letzterer bedarf entsprechend § 293 Abs. 3 AktG zwingend der Schriftform (§ 126 BGB). Erforderlich ist folglich die Unterschrift der jeweiligen (organschaftlichen) Vertreter der Vertragsbeteiligten. Demgegenüber ist eine notarielle Beurkundung des Beherrschungsvertrags selbst nicht erforderlich, soweit nicht – wie etwa im Rahmen einer Abfindungsregelung – eine Übertragung von Geschäftsanteilen vorgesehen ist (§ 15 Abs. 4 GmbHG). Einzutragen sind der Abschluss und die Art des Unternehmensvertrags, der Zustimmungsbeschluss der abhängigen Gesellschaft, der Name des herrschenden Unternehmens sowie das Datum des Vertragsschlusses und der Zeitpunkt des Zustimmungsbeschlusses.

A 107 Anders als bezüglich der abhängigen Gesellschaft besteht hinsichtlich des Zustimmungsbeschlusses der herrschenden GmbH kein Beurkundungserfordernis (BGH v. 24. 10. 1988, a. a. O.). Insofern genügt im Rahmen des Eintragungsverfahrens das schriftliche Protokoll des Zustimmungsbeschlusses. Eine Eintragung im Handelsregister des herrschenden Unternehmens ist weder erforderlich, noch handelt es sich bezüglich des Beherrschungsvertrages um eine eintragungsfähige Tatsache (AG Duisburg v. 18. 11. 1993, GmbHR 1994, S. 811; AG Erfurt v. 2. 10. 1996, GmbHR

Keßler

1997, S. 75; Emmerich/Habersack, § 293, RN 46; a. A. LG Bonn v. 27. 4. 1993, GmbHR 1993, S. 443).

Gemäß § 293a AktG hat der Vorstand jeder an einem Unternehmensvertrag beteiligten AG oder KGaA im Vorfeld des Zustimmungsbeschlusses einen schriftlichen Bericht zu erstatten, „*in dem der Abschluss des Unternehmensvertrags, der Vertrag im Einzelnen und insbesondere Art und Höhe des Ausgleichs nach § 304 und der Abfindung nach § 305 rechtlich und wirtschaftlich erläutert und begründet werden*". Entsprechend den §§ 293b ff. AktG ist der Unternehmensvertrag durch sachverständige Prüfer (Vertragsprüfer) zu prüfen. Dabei ist umstritten, ob und inwiefern die Berichts- und Prüfungspflichten im Bereich der GmbH entsprechende Anwendung finden. Nach überwiegender und zutreffender Auffassung ist eine Übertragung der aktienrechtlichen Vorgaben auf die abhängige GmbH abzulehnen (Emmerich/Habersack, § 293a, RN 11; Hüffer, AktG, § 293a, RN 5, Roth/Altmeppen, Anh. § 13, RN 47). Geht man – wie hier – von der Zustimmung sämtlicher Gesellschafter der abhängigen GmbH als Wirksamkeitsvoraussetzung hinsichtlich des Beherrschungsvertrages aus, so bedarf es keiner ergänzenden Sicherung der (Minderheits-)Gesellschafter durch die ergänzende Anwendung der §§ 293a ff. AktG. Vielmehr haben es die Beteiligten in der Hand, ihre erforderliche Zustimmung von der Vorlage solcher Unterlagen und Berichte abhängig zu machen, die sie im konkreten Falle für notwendig erachten. Die Gegenauffassung wird denn auch überwiegend von solchen Autoren vertreten, die ihrerseits für den Zustimmungsbeschluss eine qualifizierte, satzungsändernde Mehrheit als ausreichend erachten.

A 108

Anders stellt sich die Rechtslage aus Sicht der Gesellschafter der herrschenden GmbH dar. Dies folgt vor allem aus dem Umstand, dass die Zustimmung der Gesellschafterversammlung insofern lediglich einer satzungsändernden Mehrheit gem. § 53 Abs. 2 Satz 1 GmbH bedarf und den Gesellschaftern somit nicht das gleiche Einflusspotenzial zur Verfügung steht, dass den Gesellschaftern der abhängigen GmbH zukommt. Soweit die abhängige Gesellschaft die Rechtsform der AG oder KGaA innehat, steht deren Gesellschafter bereits unmittelbar gem. §§ 293a ff. AktG ein geprüfter Bericht hinsichtlich des Unternehmensvertrags zu. Dies legt es nahe, die Berichtspflicht auch zugunsten der Gesellschafter der herrschenden GmbH auszudehnen (Emmerich/Habersack, a. a. O., RN 13; a. A.: Roth/Altmeppen, a. a. O., RN 49; Altmeppen, ZIP 1998, S. 1853 ff., 1858 ff.). Handelt es sich bei der abhängigen Gesellschaft gleichfalls um

A 109

Keßler

eine GmbH, so erscheint es vorzugswürdig, zum Zwecke der ausreichenden Information der Gesellschafter zumindest die Berichtspflicht entsprechend § 293a AktG zugunsten der herrschenden GmbH zur Anwendung gelangen zu lassen (Emmerich/Habersack, a. a. O.; Hüffer, a. a. O.; dezidiert abweichend Altmeppen, a. a. O.).

Formerfordernisse bei Abschluss des Beherrschungsvertrags

Abhängige Gesellschaft	GmbH als herrschendes Unternehmen
• Ausdrückliche Zustimmung sämtlicher Gesellschafter (vgl. § 33 Abs. 1 Satz 2 BGB)	• Qualifizierter Zustimmungsbeschluss der Gesellschafterversammlung mit Dreiviertel Mehrheit (§ 293 AktG, BGHZ 105, S. 324 ff., 333)
• Notarielle Beurkundung des Zustimmungsbeschlusses (BGHZ 105, S. 324 ff.)	• Keine notarielle Beurkundung erforderlich, allerdings wegen Registeranmeldung schriftliches Protokoll des Zustimmungsbeschlusses
• Eintragung im Handelsregister der abhängigen GmbH ist konstitutives Wirksamkeitserfordernis (BGHZ 105, S. 324 ff., 341)	• Eintragung im Handelsregister der herrschenden GmbH weder erforderlich noch zulässig
• Vertrag bedarf der Schriftform	• Vertrag bedarf der Schriftform

5.2.3 Das Weisungsrecht des herrschenden Unternehmens und die Folgepflicht der Geschäftsführung der abhängigen GmbH

A 110   Mit Wirksamwerden des Beherrschungsvertrags kommt dem herrschenden Unternehmen in entsprechender Anwendung von § 308 Abs. 1 AktG das *Weisungsrecht gegenüber der abhängigen Gesellschaft* zu. Dem korrespondiert die *Folgepflicht der Geschäftsführung* der abhängigen Gesellschaft (§ 308 Abs. 2 Satz 1 AktG). Eine Weisungspflicht besteht im Verhältnis des herrschenden Unternehmens zur abhängigen GmbH demgegenüber nicht. Dem herrschenden Unternehmen steht es insofern frei, ob und in welchem Umfang es von seiner Weisungsbefugnis Gebrauch

Keßler

macht. Adressat der Weisungen sind die Geschäftsführer der abhängigen Gesellschaft. Demgegenüber besteht keine unmittelbare Weisungsbefugnis, soweit es die Arbeitnehmer der abhängigen GmbH betrifft. Allerdings ist es grundsätzlich zulässig, dass der Geschäftsführer im Rahmen einer Dienstanweisung die Beschäftigten anweist, den Anordnungen des herrschenden Unternehmens Folge zu leisten.

Soweit das herrschende Unternehmen von seiner Weisungsbefugnis Gebrauch macht, verdrängt diese die Geschäftsführungskompetenz der Gesellschafterversammlung der abhängigen GmbH. Im Konfliktfalle kommt folglich den Weisungen gem. § 308 AktG gegenüber abweichenden Beschlüssen der Gesellschafter der Vorrang zu (Emmerich/Habersack, § 308, RN 10). Etwas anderes gilt allerdings dort, wo einzelne Grundlagenentscheidungen der Gesellschafterversammlung nach dem Gesetz zwingend und unentziehbar zugeordnet sind. Dies betrifft insbesondere Satzungsänderungen, Maßnahmen der Kapitalerhöhung und -herabsetzung sowie die Zustimmung zu (weiteren) Unternehmensverträgen oder deren Änderung.

Folgerichtig ist das herrschende Unternehmen im Rahmen seiner Weisungsbefugnis notwendig den Grenzen des Gesellschaftsvertrags unterworfen (Emmerich/Habersack, § 308, RN 56 f. für die abhängige AG). Dieser bestimmt die Schranken heteronomer Einflussnahme, soweit es die kompetenzrechtliche Abgrenzung der Gesellschafter untereinander betrifft. Demgegenüber kommt den Vorgaben der Satzung aufgrund des normativen Gläubigerschutzes nur insofern Bedeutung zu, wie diese die Sicherung des Haftungsfonds und die Vertretungsordnung betreffen. Der Gesellschaftsvertrag begrenzt das Weisungsrecht des herrschenden Unternehmens folglich nur insoweit, wie die abhängige Gesellschaft noch über weitere (Minderheit-)Gesellschafter verfügt, d.h. in der mehrgliedrigen GmbH. Ist dies der Fall, so sind Weisungen, die gegen die Satzung verstoßen, nichtig und begründen keine Folgepflicht des Geschäftsführers. Der Geschäftsführer macht sich folglich gegenüber der Gesellschaft schadensersatzpflichtig, wenn er trotz Erkennbarkeit der Nichtigkeit der Weisung Folge leistet (§ 43 GmbHG; § 310 AktG). Die Unwirksamkeit der Weisung kann im Wege der Nichtigkeitsklage in entsprechender Anwendung von § 249 AktG sowohl durch die Minderheitsgesellschafter als auch seitens des Geschäftsführers geltend gemacht werden (vgl. Daumke/Keßler, Geschäftsführer, S. 179 ff.). Eine abweichende Beurteilung ergibt sich auch nicht unter dem Gesichtspunkt der „Satzungsdurchbrechung". Auch

A 111

soweit man diese im Einzelfall für zulässig erachtet (BGH v. 7.6.1993, BGHZ 123, S. 15 ff. = NJW 1993, S. 2246 ff.), bedarf sie in jedem Falle der Zustimmung sämtlicher Gesellschafter.

A 112 Im Übrigen macht § 308 Abs. 1 Satz 2 AktG nachteilige Weisungen des herrschenden Unternehmens gegenüber der abhängigen Gesellschaft davon abhängig, dass diese den Belangen des herrschenden Unternehmens oder des Konzernverbundes dienen. Folgt man dem, so können Weisungen, die lediglich den Interessen des Mehrheitsgesellschafters des herrschenden Unternehmens Rechnung tragen, soweit diesem nicht selbst Unternehmenseigenschaft zukommt, durch § 308 Abs. 1 Satz 2 AktG nicht legitimiert werden. Allerdings kommt dieser Einschränkung im Recht der GmbH nur eine begrenzte Bedeutung zu, da hier ein generelles Verbot schädigender Einwirkungen der Gesellschafter gerade nicht besteht. Es wäre somit wenig folgerichtig, bei Bestehen eines Beherrschungsvertrages die Grenzen enger zu ziehen als bei dessen Fehlen (so zutreffend Roth/Altmeppen, Anh. § 13, RN 70 f.). Auf die Interessen des herrschenden Unternehmens oder des Konzernverbundes kommt es folglich nur dort an, wo die Ausübung des Weisungsrechts zu einer Beeinträchtigung des zur Deckung des satzungsmäßigen Stammkapitals erforderlichen Vermögens führt.

A 113 Darüber hinaus wird zum Teil angenommen, dass auch sonstige Weisungen, welche die Struktur der abhängigen Gesellschaft wesentlich verändern, gem. der „Holzmüller-Doktrin" des BGH (BGH v. 25.2.1982, BGHZ 83, S. 122 ff. = NJW 1982, S. 1703 ff.) auch nach Abschluss des Beherrschungsvertrages der Zustimmung der Gesellschafterversammlung der abhängigen GmbH bedürfen (OLG Stuttgart v. 29.10.1997, AG 1998, S. 585 ff.). Dies folge notwendig aus dem Umstand, dass § 308 Abs. 1 AktG im Wesentlichen eine Durchbrechung von § 76 Abs. 1 AktG bezwecke und damit die Kompetenz des – autonomen – Aktienvorstandes durch die Leitungszuständigkeit des herrschenden Unternehmens substituiere. Die Weisungsbefugnis des herrschenden Unternehmens könne daher nicht weiter reichen, als diejenige des Vorstandes einer Aktiengesellschaft. Dieser sei jedoch gehalten, im Rahmen von strukturändernden Beschlüssen die Gesellschafter zu beteiligen.

A 114 Dem ist nicht Folge zu leisten: Bedarf der Abschluss des Beherrschungsvertrages nach der hier vertretenen Auffassung der Zustimmung sämtlicher Gesellschafter der abhängigen GmbH, so haben diese es in der Hand,

Keßler

ihre Zustimmung von der *Einräumung entsprechender Mitwirkungsbefugnisse* abhängig zu machen. Machen sie hiervon keinen Gebrauch, so verhalten sie sich rechtsmissbräuchlich (§ 242 BGB), wenn und soweit sie nachträglich den durch den Beherrschungsvertrag bedingten Rechtsverzicht – zumindest partiell – nicht gegen sich gelten lassen wollen (vgl. Michalski/Zeidler, Syst. Darst. 4, RN 104; Roth/Altmeppen, Anh. 13, RN 52). Die entscheidende Strukturveränderung liegt somit bereits im Abschluss des Beherrschungsvertrags und der hierin liegenden Amputation der Gesellschafterversammlung. Insofern bedarf es keiner doppelten Legitimation strukturändernder Eingriffe auf Seiten des herrschenden Unternehmens.

Im Übrigen umfasst die Befugnis des herrschenden Unternehmens – mangels einer entgegenstehenden Bestimmung des Beherrschungsvertrags – entsprechend § 308 Abs. 1 Satz 2 AktG auch solche Weisungen, die für die abhängige GmbH nachteilig sind. Hiervon sollen allerdings Weisungen ausgenommen sein, welche die Existenz der abhängigen Gesellschaft gefährden (OLG Düsseldorf v. 7. 6. 1990, AG 1990, S. 490 ff., 492; Michalski/Zeidler, a. a. O., RN 94 ff.; Emmerich/Habersack, § 308, RN 60 ff.). Die hier zu Tage tretende Rechtsauffassung spiegelt insofern die normativen Vorgaben des Gesetzgebers wider, als dem Ausgleichssystem der §§ 302, 303 AktG eine grundsätzliche Verantwortung des herrschenden Unternehmens für den Bestand der abhängigen Gesellschaft zu entnehmen ist. Dies sagt allerdings noch wenig über die tatsächlichen Grenzen des Weisungsrechts:

A 115

a) So scheidet eine Existenzgefährdung für die Dauer des Beherrschungsvertrags aufgrund der *Verlustausgleichspflicht des herrschenden Unternehmens* regelmäßig aus, *solange und soweit dieses finanziell in der Lage ist, seiner Verpflichtung gegenüber der abhängigen Gesellschaft nachzukommen.* Etwas anderes gilt notwendig dort, wo die Solvenz des herrschenden Unternehmens gefährdet ist. Dabei gilt es zu bedenken, dass die Verlustausgleichspflicht gem. § 302 AktG die notwendige und unabdingbare Voraussetzung des Weisungsrechts des herrschenden Unternehmens und der damit korrespondierenden Folgepflicht des Geschäftsführers der abhängigen GmbH darstellt. Die Folgepflicht entfällt, wenn aus Sicht des Geschäftsführers der abhängigen Gesellschaft begründete Zweifel an der Erfüllung des Ausgleichsanspruchs seitens des herrschenden Unternehmens bestehen (Emmerich/Habersack, § 308, RN 64 ff.; Roth/Altmeppen, Anh. § 13, RN 62). In diesem Fall ist der Geschäftsführer notwendig gehalten, die Befolgung der Weisung von der vorherigen Leistung oder Sicherstellung eines ausreichenden Nachteilsausgleichs abhängig zu machen. Insofern trifft den Geschäftsführer eine *fortlaufende Prüfungspflicht,* deren Verletzung ggf. Schadensersatzansprüche nach sich zieht (§ 43 GmbHG; § 310 AktG). Ist streitig, ob der Organwalter die ihm obliegende Prüfungspflicht ordnungsgemäß erfüllt hat, so trifft ihn die Beweislast (§ 310 Abs. 1 Satz 2 AktG). Darüber hinaus haften auch die Organe des herrschenden Unternehmens, soweit diese durch nachteilige Weisungen auf die abhängige Gesellschaft einwirken, obwohl die Gefährdung des Verlustausgleichs sich aus ihrer Sicht erkennbar abzeichnet (§ 309 AktG; hierzu Roth/Altmeppen, Anh. § 13, RN 62).

b) Allerdings ist nicht auszuschließen, dass im Einzelfalle der Verlustausgleich zu spät erfolgt, und damit die Insolvenz der abhängigen Gesellschaft nicht zu verhindern vermag. Dies betrifft vor allem die Fälle, in denen konzernumfassende „Cashmanagement-Systeme" der GmbH in erheblichem Umfang Liquidität entziehen (vgl. hierzu Zeidler, a. a. O., RN 98, 117). Da der Verlustausgleich entsprechend § 302 AktG erst mit dem Bilanzstichtag fällig wird (vgl. RN A 123), ist er nicht geeignet, eine ggf. bereits im Laufe des Geschäftjahres eintretende Zahlungsunfähigkeit der abhängigen Gesellschaft abzuwenden. Dennoch bedarf es zu Abwehr der Bestandsgefährdung der abhängigen Gesellschaft nicht des Verbots „existenzgefährdender" Weisungen. Vielmehr ist mit der überwiegenden Auffassung im Schrifttum davon auszugehen, dass bei unmittelbar bevorstehender Zahlungsunfähigkeit der GmbH gegenüber dem herrschenden Unternehmen ein unabdingbarer Anspruch auf Beseitigung des Insolvenzgrundes im Wege von Abschlagszahlungen zukommt (Emmerich/Habersack, § 302, RN 41; Roth/Altmeppen, Anh. § 13, RN 61). Dies folgt bereits aus dem Umstand, dass der Entzug der erforderlichen Liquidität dem herrschenden Unternehmen zuzurechnen ist. Insofern scheidet im Rahmen einer funktionsgerechten Weiterung der Ausgleichsverpflichtung eine Bestandsgefährdung der abhängigen Gesellschaft für die Dauer des Bestehens des Beherrschungsvertrages regelmäßig aus.

c) Dies gilt im Übrigen auch insofern, als der Bestandsschutz der abhängigen Gesellschaft nach der Beendigung des Beherrschungsvertrags in Frage steht. Wie sich aus der normativen Wertung des § 303 AktG ergibt, spricht aus Sicht des Gesetzgebers eine – seitens des herrschen-

Keßler

den Unternehmens kaum zu widerlegende – Vermutung dafür, dass die in die Unabhängigkeit entlassene – ehedem beherrschte – Gesellschaft für sich alleine betrachtet nicht mehr überlebensfähig ist (Emmerich/Habersack, § 302, RN 39). Entsprechend erweist sich die Insolvenz der abhängigen GmbH als regelmäßige und zu erwartende Folge der Beendigung des Beherrschungsvertrags. Dennoch erscheint es aufgrund der damit verbundenen Bewertungsunsicherheit hinsichtlich des tatsächlichen Sachverhalts als wenig ertragreich, den aus Sicht der eventuell noch verbliebenen Minderheitsgesellschafter sowie der Beschäftigten gebotenen Bestandsschutz der abhängigen Gesellschaft durch den Ausschluss existenzvernichtender Weisungen zu gewährleisten. Dies würde die Beteiligten mit einem Prozessrisiko befrachten, welches in der Praxis alsbald zur entscheidenden Durchsetzungsschranke gerinnt. Als vorzugwürdig erweist es sich vielmehr, mit einer im konzernrechtlichen Schrifttum zunehmend vertretenen Auffassung von einer Berechnung des letzten Verlustausgleichsanspruchs auf der Grundlage von Liquidationswerten auszugehen (Emmerich/Habersack, a. a. O., RN 39; Roth/Altmeppen, Anh. § 13, RN 64; MünchKommAktG/Altmeppen, § 302, RN 27 ff.; Raiser, Kapitalgesellschaften, § 54, RN 55). Soweit es dem herrschenden Unternehmen nicht gelingt, die im Zeitpunkt der Vertragsbeendigung bestehende Vermutung der Existenzgefährdung der abhängigen Gesellschaft im Wege einer plausiblen Fortführungsprognose zu widerlegen, ist dem Verlustausgleich des herrschenden Unternehmens ein in entsprechender Anwendung von § 19 Abs. 2 InsO erstellter Vermögensstatus unter Ansatz von „Zerschlagungswerten" (§ 252 Abs. 1 Nr. 2 HGB) zugrunde zu legen. Maßgeblich für die Berechnung der Ausgleichspflicht sind somit die bei der Eröffnung des Insolvenzverfahrens anzuwendenden Bewertungsgrundsätze. Wie § 303 AktG zeigt, ist es dem herrschenden Mehrheitsgesellschafter insofern durchgängig versagt, durch Beendigung des Beherrschungsvertrags das Insolvenzrisiko bezüglich der abhängigen Gesellschaft auf die übrigen Vertragsbetroffenen zu verlagern. Vielmehr gilt es sicherzustellen, dass die abhängige Gesellschaft am Stichtag der Beendigung des Beherrschungsvertrags mindestens über dasjenige Vermögen verfügt, welches ihr bei Begründung des Vertragsverhältnisses zustand.

5.2.4 Die Auswirkungen des Weisungsrechts auf die Kompetenz des Aufsichtsrats der abhängigen Gesellschaft

A 116 Soweit es den Konflikt zwischen dem Weisungsrecht des herrschenden Unternehmens und der Kompetenz des Aufsichtsrats der abhängigen Gesellschaft betrifft, ist es notwendig, zwischen der Zuständigkeit eines *fakultativen Aufsichtsrats* gem. *§ 52 GmbHG* und der durch die unterschiedlichen Mitbestimmungsregelungen bedingten Bildung eines *obligatorischen Aufsichtsrats* zu unterscheiden. So leitet der fakultative Aufsichtsrat seine ihm durch den Gesellschaftsvertrag zugeordneten Kompetenzen von den Gesellschaftern ab. Seine Befugnisse können im Verhältnis zum Weisungsrecht des herrschenden Unternehmens folglich nicht weiter reichen, als diejenigen der Gesellschafterversammlung. Kommt deren Beschlüssen gegenüber abweichenden Weisungen des herrschenden Unternehmens keine Bedeutung zu, so gilt Gleiches auch hinsichtlich der Beschlussfassung eines fakultativen Aufsichtsrats (Roth/Altmeppen, Anh. § 13, RN 54).

A 117 Auch im Rahmen des aus Mitbestimmungsgründen obligatorischen Aufsichtsrats verbleibt es grundsätzlich beim Weisungsrecht des herrschenden Unternehmens. Hier kann nichts anderes gelten als hinsichtlich der Geschäftsführungsbefugnis der Gesellschafterversammlung im Falle der mitbestimmten, jedoch nicht in einen Vertragskonzern eingebundenen GmbH. Wird deren Direktionsrecht durch die Kompetenz des Aufsichtsrats nicht berührt, so gilt Gleiches auch dort, wo der Beherrschungsvertrag die Leitungsbefugnis dem herrschenden Unternehmen zuordnet. Umstritten ist lediglich die Frage, ob der Aufsichtsrat berechtigt und verpflichtet ist, gegen den Willen des herrschenden Unternehmens entsprechend § 111 Abs. 4 Satz 2 AktG, einzelne Geschäftsführungsmaßnahmen von seiner vorherigen Zustimmung zu machen. Nach dem Gesetz ist dies der Fall, § 25 Abs. 1 Nr. 2 MitbestG und § 77 Abs. 1 Satz 2 BetrVG 1952 verweisen insofern auf die Regelungen des AktG. Zum Teil wird die Auffassung vertreten, die Einführung eines Zustimmungsvorbehalts „passe nicht" auf die GmbH; eine rechtmäßige Gesellschafterweisung sei folglich für den Geschäftsführer stets bindend (so ausdrücklich Roth/Altmeppen, Anh. § 13, RN 56, siehe auch Baumback/Hueck/Zöllner, § 52, RN 155). Ob diese Rechtsauffassung aufgrund der ursprünglichen gesetzlichen Vorgaben zutreffend war, kann letztlich dahingestellt bleiben; jedenfalls kann hiervon nach dem Inkrafttreten des Transparenz- und Publizitätsgesetzes (TransPuG) und der hiermit seitens des Gesetzgebers bezweckten stärkeren Ein-

Keßler

bindung des Aufsichtsrats in den unternehmerischen Entscheidungsprozess nicht mehr die Rede sein. Folgerichtig findet auf die abhängige GmbH § 308 Abs. 3 AktG entsprechende Anwendung. Erteilt der Aufsichtsrat die notwendige Zustimmung hinsichtlich der seitens des herrschenden Unternehmens angeordneten Geschäftsführungsmaßnahme nicht in angemessener Frist, so hat der Geschäftsführer dies dem herrschenden Unternehmen mitzuteilen. Wiederholt dieses daraufhin die Weisung, so ist die Zustimmung des Aufsichtsrats nicht mehr erforderlich. Hat auch das herrschende Unternehmen einen Aufsichtsrat, so darf die Weisung nur mit dessen Zustimmung wiederholt werden.

5.2.5 Der Gläubigerschutz bei Bestehen eines Beherrschungsvertrags

Nach der Rechtsprechung des BGH finden hinsichtlich des Schutzes der Gläubiger der abhängigen Gesellschaft die Bestimmungen der §§ 302, 303 AktG entsprechende Anwendung (BGH v. 16.9.1995, BGHZ 95, S. 330 ff., 355 f. = NJW 1986, S. 188 ff.- „Autokran"; v. 24.10.1988, BGHZ 105, S. 324 ff., 336 = NJW 1989, S. 295 ff. – „Supermarkt"; v. 11.11.1991, BGHZ 116, S. 37 ff., 39 = NJW 1992, S. 505 ff. – „Stromlieferung"). Besteht ein Beherrschungs- oder Gewinnabführungsvertrag, so ist das herrschende Unternehmen verpflichtet, *„jeden während der Vertragsdauer sonst entstehenden Jahresfehlbetrag auszugleichen, soweit dieser nicht dadurch ausgeglichen wird, dass den anderen Gewinnrücklagen Beträge entnommen werden, die während der Vertragsdauer in sie eingestellt worden sind"*. A 118

Die Verlustausgleichspflicht des herrschenden Unternehmens beginnt dabei mit der konstitutiven Wirksamkeit des Beherrschungsvertrags durch dessen Eintragung im Handelsregister der abhängigen Gesellschaft. Sie endet mit der Beendigung des Beherrschungsvertrags. Endet der Beherrschungsvertrag – beispielsweise infolge seiner fristlosen Kündigung gem. § 297 Abs. 1 AktG oder, nach umstrittener Auffassung, infolge der Insolvenz eines der Vertragspartner – während des Laufes eines Geschäftsjahres, so erfasst die Ausgleichsverpflichtung des herrschenden Unternehmens auch die bis dahin angefallenen Verluste (BGH v. 14.12.1987, BGHZ 103, S. 1 ff., 9 f. = NJW 1988, S. 1326 ff. – „Familienheim"; v. 19.9.1988, BGHZ 105, S. 168 ff., 182 = NJW 1988, S. 3143 ff. – „HSW"; A 119

Keßler

NJW 2002, S. 822 ff.). Diese sind folglich im Wege einer Zwischenbilanz zu ermitteln.

A 120 Der Jahresfehlbetrag i. S. von § 302 Abs. 1 AktG entspricht dabei dem Betrag, welcher in der Gewinn- und Verlustrechnung gem. § 275 Abs. 2 Nr. 20 bzw. Abs. 3 Nr. 19 HGB auszuweisen wäre, wenn die Verlustausgleichspflicht nicht bestünde (Emmerich/Habersack, § 302, RN 28). Die Höhe bestimmt sich nach der Bilanz der abhängigen Gesellschaft. Dabei kommt es nicht auf die Ursache des Fehlbetrags an; insofern ist dem herrschenden Unternehmen zwingend und unabdingbar *das unternehmerische Risiko der abhängigen Gesellschaft zugeordnet*. Nach dem Wortlaut erfasst die Ausgleichsverpflichtung dabei den gesamten Jahresfehlbetrag. Allerdings gilt es zu beachten, dass § 302 Abs. 1 AktG insofern in dem Gebot umfassender Kapitalerhaltung gründet, wie dieses § 57 Abs. 3 AktG zugrunde legt. Danach darf an die Gesellschafter der AG grundsätzlich nur der Bilanzgewinn im Rahmen eines ordnungsmäßigen Gewinnverwendungsbeschlusses ausgeschüttet werden. Demgegenüber beschränkt sich – wie die Regelung der §§ 30, 31 GmbHG zeigt – die Kapitalerhaltung bei der GmbH auf das zur Deckung des satzungsgemäßen Stammkapitals erforderliche Vermögen. Entsprechend ist die abhängige GmbH – anders als die abhängige AG – nicht verpflichtet, eine gesetzliche Rücklage entsprechend § 300 AktG zu bilden (Emmerich/Habersack, § 300, RN 7; Roth/Altmeppen Anh. § 13, RN 86). Folgerichtig erweist sich die Vermögensordnung der GmbH gegenüber solchen Eingriffen seitens ihrer Gesellschafter, die das satzungsgemäße Stammkapital nicht tangieren, insofern als nicht resistent, wie die entsprechenden Einwirkungen auf dem Konsens sämtlicher Anteilseigner beruhen. Es kann somit nicht angenommen werden, dass die Kapitalbindung dort weiter reicht, wo ein Beherrschungsvertrag besteht. So wird denn überwiegend angenommen, dass bezüglich der Einmann-GmbH, die Verlustausgleichspflicht durch die bilanzielle Deckung des satzungsmäßigen Stammkapitals der Höhe nach begrenzt wird (Baumbach/Hueck/Zöllner, Anh. KonzernR, RN 78, 102; Roth/Altmeppen, Anh. § 13, RN 76). Dies erscheint zutreffend, da bei Deckung des Stammkapitals eine Gläubigergefährdung zwangsläufig ausgeschlossen ist. Insofern unterliegt § 302 Abs. 1 AktG hinsichtlich der Einmann-GmbH einer teleologischen Restriktion. Demgegenüber verbleibt es bezüglich der mehrgliedrigen Gesellschaft grundsätzlich beim unbegrenzten Verlustausgleich. Was den Umfang des letzten Verlustausgleichs anlässlich der Beendigung des Beherrschungsvertrages betrifft,

Keßler

5. Der GmbH-Vertragskonzern

bleibt es wegen des hierdurch begründeten Insolvenzrisikos der abhängigen Gesellschaft bei dem vorstehend erörterten Grundsatz (siehe ausführlich RN A 115 unter c), wonach die Berechnung des Ausgleichsanspruchs unter Zugrundelegung von Liquidationswerten zu erfolgen hat.

Im Übrigen unterliegt die Geltendmachung des Ausgleichsanspruchs dem Geschäftsführer der abhängigen GmbH. Diese ist insbesondere zum Handeln und ggf. zur Geltendmachung vorläufiger Abschlagszahlungen (vgl. RN A 115 unter b) verpflichtet, wenn das herrschende Unternehmen die Bilanzfeststellung unangemessen verzögert. Verletzt der Geschäftsführer diese Verpflichtung, so macht es sich gem. § 43 Abs. 2 GmbHG gegenüber der Gesellschaft schadensersatzpflichtig. Entsprechend sind Weisungen des herrschenden Unternehmens, welche ihn von der Durchsetzung der Ausgleichsansprüche abhalten sollen oder auf eine Rückzahlung zutreffend erhaltener Ausgleichsleistungen hinwirken, wegen Verstoßes gegen die zwingende Bestimmung des § 302 Abs. 1 AktG unwirksam. Wird die abhängige Gesellschaft insolvent, so fällt die Geltendmachung des Ausgleichsanspruchs als Bestandteil der Insolvenzmasse gem. § 35 InsO in die Zuständigkeit des Insolvenzverwalters (BGH v. 23.9.1991, BGHZ 115, S. 187 ff., 200 = NJW 1991, S. 3142 – „Video"). A 121

Darüber hinaus wird man in entsprechender Anwendung von §§ 317 Abs. 4, 309 Abs. 4 AktG auch eventuell verbliebene *Minderheitsgesellschafter* als berechtigt ansehen müssen, den Anspruch auf Leistung an die Gesellschaft geltend zu machen, soweit der Geschäftsführer seiner Verpflichtung nicht nachkommt (so für die AG Emmerich/Habersack, § 302, RN 44). Demgegenüber kommt eine entsprechende Befugnis der Gläubiger der abhängigen AG nicht in Betracht. Diese können jedoch den Anspruch der abhängigen Gesellschaft auf den Verlustausgleich pfänden und diesen nach der Überweisung im eigenen Namen geltend machen (Hüffer, AktG, § 302 RN 17; Emmerich/Habersack, a.a.O.). Eine rechtsgeschäftliche Abtretung des Ausgleichsanspruchs kommt aufgrund der Sicherungsfunktion zugunsten der Gesellschaftsgläubiger jedoch nur insofern in Betracht, wie die Gesellschaft eine vollwertige Gegenleistung erhält. Gleiches gilt hinsichtlich einer Sicherungszession. Entscheidend ist folglich, ob und inwieweit sich der gewährte Kredit an den marktüblichen Konditionen orientiert (Emmerich/Habersack, a.a.O.; Hüffer, a.a.O., RN 17). A 122

Was die Entstehung sowie die Fälligkeit des Verlustausgleichsanspruchs der abhängigen Gesellschaft betrifft, so bestimmen sich diese einheitlich A 123

Keßler

nach dem *Bilanzstichtag am Ende des Geschäftsjahres* (BGH v. 11. 10. 1999, BGHZ 142, S. 382 ff., 385 f. = NJW 2000, S. 210 ff.). Der Zeitpunkt der Bilanzfeststellung ist insofern gleichgültig. Dies erscheint insofern nicht unproblematisch, als der Anspruch vor der Feststellung der Bilanz nicht beziffert werden kann. Dennoch erscheint es gem. der Schutzfunktion des § 302 Abs. 1 AktG vorzugswürdig, der Auffassung des BGH Folge zu leisten. Dies verwehrt es dem herrschenden Unternehmen, durch Verzögerung der Bilanzfeststellung, die Fälligkeit des Verlustausgleichs hinauszuschieben. Gegebenenfalls ist der Anspruch vorläufig zu berechnen und durch Abschlagszahlungen auszugleichen. Eventuell dabei erfolgte Überzahlungen sind nach der Bilanzfeststellung seitens der abhängigen Gesellschaft auszugleichen.

A 124 Entsprechend §§ 195, 199 BGB i. d. F. des Schuldrechtsmodernisierungsgesetzes verjährt der Anspruch aus § 302 Abs. 1 AktG mit Ablauf von drei Jahren, gerechnet vom Ende des Jahres an, in welchem er entstanden ist und die abhängige Gesellschaft hiervon Kenntnis erlangt hat. Dies ist eine deutliche Verkürzung gegenüber der Rechtslage vor dem Inkrafttreten der Schuldrechtsreform, wonach grundsätzlich eine Verjährungsfrist von 30 Jahren (§ 195 BGB a. F.) zugrunde gelegt wurde. Zudem kollidiert die Verjährung nunmehr mit der Sperrfrist des § 302 Abs. 3 AktG, wonach die abhängige Gesellschaft auf den Ausgleichsanspruch frühestens drei Jahre nach dem Tage, an dem die Eintragung der Beendigung des Beherrschungsvertrags gem. § 10 HGB als bekannt gemacht gilt, verzichten oder sich über diesen vergleichen kann. Offensichtlich liegt insofern ein Regelungsversehen des Gesetzgebers vor, da nicht angenommen werden kann, dass ein Verzicht auf den Anspruch erst in Betracht kommt, wenn dieser bereits verjährt ist. Altmeppen (Roth/Altmeppen, Anh. § 13, RN 78) hat daher vorgeschlagen, die Verjährung entsprechend § 199 Abs. 4 BGB erst nach 10 Jahren eintreten zu lassen. Ob und inwiefern die Rechtsprechung oder im Rahmen einer Reparaturnovelle der Gesetzgeber dem Rechnung tragen werden, bleibt abzuwarten.

Gläubigerschutz im Rahmen des Beherrschungsvertrags

Entsprechend § 302 AktG	Verpflichtung zum Ausgleich des Jahresfehlbetrags (BGHZ 105, S. 324 ff., 336). Beginnt mit Wirksamwerden des Beherrschungsvertrages mit Eintrag ins Handelsregister. Begrenzung der

5. Der GmbH-Vertragskonzern

	Verlustausgleichspflicht auf die bilanzielle Deckung des Stammkapitals
Geltendmachen des Anspruchs	Durch Geschäftsführer, gem. § 317 Abs. 4, 309 Abs. 4 AktG auch durch Minderheitsgesellschafter. Keine Geltendmachung durch Gläubiger, aber ggf. Pfändung des Anspruchs

5.2.6 Der Gläubigerschutz bei Beendigung des Beherrschungsvertrags

Die wohl entscheidende Bedeutung kommt dem Aspekt des normativen Gläubigerschutzes vor allem bei der Beendigung des Beherrschungsvertrags zu. Während aus Sicht der Minderheitsgesellschafter der Schwerpunkt konzernspezifischer Schutzregelungen vor allem im „Konzerneingangsschutz" liegt, gewinnt aus Sicht der Gläubiger der abhängigen Gesellschaft der *Konzernausgangsschutz* eine überragende Wichtigkeit. Dies gründet vor allem in dem Umstand, dass die abhängige GmbH nach Beendigung des Beherrschungsverhältnisses für sich betrachtet kaum noch wirtschaftlich existenzfähig ist. Im Regelfall schließt sich ihre alsbaldige Insolvenz an die Beendigung des Beherrschungsvertrags an. Diesem Umstand ist zunächst dadurch Rechnung zu tragen, dass der sich auf das letzte Geschäfts- oder Rumpfgeschäftsjahr beziehende Verlustausgleich des herrschenden Unternehmens gem. § 302 Abs. 1 AktG nicht unter Zugrundelegung von Buchwerten, sondern unter Ansatz von Liquidationswerten zu berechnen ist (vgl. RN A 115 unter c). Darüber hinaus findet die Regelung des § 303 AktG auf die abhängige GmbH uneingeschränkt entsprechende Anwendung (BGH v. 16. 9. 1985, BGHZ 95, S. 330 ff., 346 = NJW 1986, S. 188 ff. – „Autokran"; v. 23. 9. 1991, BGHZ 115, S. 187 ff., 198 = NJW 1991, S. 3142 ff. – „Video"; KG Berlin v. 1. 8. 2000, AG 2001, S. 529 ff.; Emmerich/Habersack, § 303, RN 3). Danach steht den Gläubigern der abhängigen GmbH bei der Beendigung eines Beherrschungs- oder Gewinnabführungsvertrags ein *Anspruch auf Sicherheitsleistung* gem. §§ 232 ff. BGB gegen das herrschende Unternehmen zu. Dabei kommt es nicht auf den Grund, sondern lediglich auf die Rechtswirksamkeit der Vertragsbeendigung an. § 303 AktG erfasst folglich auch die Eröffnung des Insolvenzverfahrens über das Vermögen einer der Vertrags-

A 125

parteien, soweit man mit der vorherrschenden Auffassung hieran die Rechtsfolge der Vertragsbeendigung knüpft (siehe aber unten RN A 159 f.). Gleichgültig ist auch, ob und in welchem Umfang das herrschende Unternehmen vor der Vertragsbeendigung seiner Verpflichtung zum Verlustausgleich gem. § 302 Abs. 1 AktG nachgekommen ist. Der Anspruch auf Sicherheitsleistung besteht unabhängig hiervon und trägt insofern der gefährdeten Überlebensfähigkeit der abhängigen Gesellschaft Rechnung (BGH v. 23. 9. 1991, a. a. O.).

A 126 Der Anspruch auf Sicherheitsleistung erfasst gem. § 303 Abs. 1 Satz 1 AktG solche Forderungen von Gläubigern der abhängigen Gesellschaft, die begründet wurden, bevor die Eintragung der Beendigung des Beherrschungsvertrages in das Handelsregister der abhängigen Gesellschaft gem. § 10 Abs. 2 HGB als bekannt gemacht gilt. Dies gilt auch für Nebenforderungen, wie Zinsen und Kosten der Rechtsverfolgung, soweit diese vor dem maßgeblichen Zeitpunkt entstanden sind (BGH v. 23. 9. 1991, BGHZ 115, S. 187 ff., 202 = NJW 1991, S. 3142 ff. – „Video"). Für die Begründung reicht es dabei aus, wenn der Entstehungsgrund vor Ablauf des Stichtages gelegt ist. Dagegen kommt es nicht darauf an, dass die Forderung zu diesem Zeitpunkt bereits ihrer Höhe nach konkretisiert oder gar fällig ist (BGH v. 11. 11. 1991, BGHZ 116, S. 37 ff., 46 f. = NJW 1992, S. 505 ff. – „Stromlieferung"; BAG v. 30. 7. 1996, ZIP 1997, S. 289 ff.; Schröer, DB 1999, S. 317 ff.). Die Sicherheitsleistung erfasst folglich auch aufschiebend bzw. auflösend bedingte Forderungen sowie befristete Ansprüche (BAG, a. a. O.). Dies betrifft beispielsweise auch Rentenansprüche aus noch verfallbaren Versorgungsanwartschaften (Emmerich/Habersack, § 303, RN 10a).

A 127 Bezieht sich die Forderung des Gläubigers auf ein *Dauerschuldverhältnis*, wie insbesondere bei Ruhegeldzusagen zugunsten von Arbeitnehmern, so begründet dies notwendig die Gefahr einer nicht absehbaren Forthaftung des herrschenden Unternehmens, soweit die Zusage im Zeitpunkt der Beendigung des Beherrschungsvertrags bereits wirksam bestand. Gleiches gilt beispielsweise für langfristige Miet- oder Pachtverträge. Für den Bereich der Personengesellschaften des Handelsrechts hat der Gesetzgeber die gleichgelagerte Problematik der Haftung ausgeschiedener Gesellschafter im Rahmen von § 160 HGB mit dem „Nachhaftungsbegrenzungsgesetz" von 1994 (BGBl. I 1994, S. 560) insofern einer Lösung zugeführt, als er die Nachhaftung des Ausgeschiedenen gegenüber Gesellschaftsgläubigern auf solche Teilansprüche aus dem Dauerschuldverhältnis be-

Keßler

5. Der GmbH-Vertragskonzern

schränkt, die innerhalb eines Zeitraums von fünf Jahren nach der Bekanntmachung des Ausscheidens im Handelsregister fällig und geltend gemacht werden. Zwar erstreckt sich die Regelung ihrem Wortlaut nach gerade nicht auf den Anspruch gem. § 303 Abs. 1 AktG, doch ist Emmerich Folge zu leisten, wenn er sich für eine entsprechende Anwendung der Befristungsregelung auch auf den Umfang der Sicherheitsleistung des herrschenden Unternehmens ausspricht (Emmerich/Habersack, § 303, RN 11a). Im Rahmen von *Dauerschuldverhältnissen* erfasst die Verpflichtung zu Sicherheitsleistungen somit lediglich Ansprüche, die innerhalb eines Zeitraums von fünf Jahren, gerechnet von dem nach § 303 Abs. 1 Satz 1 AktG maßgeblichen Stichtag an, fällig und gerichtlich geltend gemacht werden.

Im Übrigen bedingt § 303 Abs. 1 Satz 1 AktG, dass sich die Gläubiger der abhängigen Gesellschaft innerhalb eines Zeitraums von sechs Monaten nach dem Stichtag bei dem herrschenden Unternehmen mit dem Verlangen nach Sicherheitsleistung melden. Die Frist ist eine Ausschlussfrist; es kommt somit nicht darauf an, ob ein Gläubiger ohne eigenes Verschulden keine Kenntnis vom drohenden Ablauf der Frist hatte. Entscheidend ist, dass die Erklärung dem herrschenden Unternehmen noch innerhalb der Frist zugeht (§ 130 BGB). Die Beweislast trägt nach allgemeinen Grundsätzen insofern der Gläubiger. **A 128**

Welche Art der Sicherheitsleistung seitens des herrschenden Unternehmens geschuldet ist, bestimmt sich nach Maßgabe der §§ 232 ff. BGB. Gemäß § 303 Abs. 3 AktG kann sich das herrschende Unternehmen nach seiner Wahl, statt Sicherheit zu leisten, auch selbst für die Forderung gegenüber dem Gläubiger der abhängigen Gesellschaft verbürgen. Auch wenn die Bürgschaft auf Seiten des herrschenden Unternehmens ein Handelsgeschäft ist (§ 343 HGB), findet gem. § 303 Abs. 3 Satz 2 AktG § 349 HGB hierauf keine Anwendung. Dem Bürgen kommt somit die Einrede der Vorausklage zu. Demgegenüber bedarf die Bürgschaft gem. § 350 HGB nicht der Schriftform gem. § 766 BGB. Kommt das herrschende Unternehmen seiner Verpflichtung zur Sicherheitsleistung nicht nach, so steht den Gläubigern der abhängigen Gesellschaft die Möglichkeit der Leistungsklage offen. **A 129**

Allerdings erweist sich der Anspruch des Gläubigers auf Sicherheitsleistung dort als wirtschaftlich und rechtlich obsolet, wo endgültig feststeht, dass die abhängige Gesellschaft ihrer Zahlungsverpflichtung nicht mehr **A 130**

Keßler

nachkommt. Dies gilt insbesondere dort, wo die *Eröffnung des Insolvenzverfahrens hinsichtlich der abhängigen GmbH* mangels einer die Kosten des Verfahrens deckenden Masse abgelehnt wurde (§ 26 Abs. 1 InsO). Gleiches gilt, soweit – wie im Regelfalle – nach Beendigung des Insolvenzverfahrens noch unbefriedigte Ansprüche einzelner Gläubiger bestehen. Hier tritt an die Stelle der – funktionslosen – Sicherheitsleistung die *unmittelbare Ausfallhaftung des herrschenden Unternehmens* gegenüber dem Gläubiger (BGH v. 16. 9. 1985, BGHZ 95, S. 330 ff., 347 = NJW 1996, S. 188 ff. – „Autokran"; v. 19. 9. 1988, BGHZ 105, S. 168 ff., 183 = NJW 1988, S. 3143 ff. – „HSW"; v. 23. 9. 1991, BGHZ 115, S. 187 ff., 200 = NJW 1991, S. 3142 ff. – „Video"; v. 11. 11. 1991, BGHZ 116, S. 37 ff., 42 = NJW 1992, S. 505 ff. – „Stromlieferung"; weiter gehend Roth/Altmeppen, Anh. § 13, RN 74; Emmerich/Habersack, § 303, RN 25 Ausfallhaftung bereits mit der Eröffnung des Insolvenzverfahrens). Diese kann im Wege der Zahlungsklage geltend gemacht werden.

A 131 Gemäß § 303 Abs. 2 AktG kommt das Recht, Sicherheitsleistungen zu verlangen, solchen Gläubigern der abhängigen Gesellschaft nicht zu, *„die im Fall des Insolvenzverfahrens ein Recht auf vorzugsweise Befriedigung aus einer Deckungsmasse haben, die nach gesetzlicher Vorschrift zu ihrem Schutz errichtet und staatlich überwacht ist"*. Dies gilt nach zutreffender Auffassung in entsprechender Anwendung auch für unverfallbare Ruhegeldanwartschaften sowie für Betriebsrenten, die gem. § 7 f. BetrAVG dem Insolvenzschutz seitens des Pensionssicherungsvereins unterfallen (BAG 30. 7. 1996, ZIP 1997, S. 289 ff.). Auch der Pensionssicherungsverein selbst ist nicht berechtigt, seitens des herrschenden Unternehmens Sicherheitsleitungen zu verlangen. Gleiches gilt hinsichtlich solche Gläubiger, die bezüglich ihrer Haupt- und Nebenforderung bereits in ausreichender Weise dinglich gesichert sind (Emmerich/Habersack, § 303, RN 27).

Gläubigerschutz bei Vertragsbeendigung

Entsprechend § 303 Abs. 1 Satz 1 AktG	Anspruch auf Sicherheitsleistung
Bei masseloser Insolvenz sowie nach Beendigung des Insolvenzverfahrens	Ausfallhaftung des herrschenden Unternehmens

Keßler

5.2.7 Der Schutz der Gesellschafterminderheit in der abhängigen GmbH

Die Bedeutung des Schutzes der Gesellschafterminderheit der abhängigen GmbH im Rahmen eines Vertragskonzerns erscheint aus praktischer Sicht von eher nachrangiger Natur. Dies folgt zunächst aus dem Umstand, dass es sich bei der weit überwiegenden Zahl betroffener Gesellschaften um Fälle der *Einpersonen-GmbH* handelt und es somit an Minderheitsgesellschaftern generell fehlt. Aber auch dort, wo diese vorhanden sind, kommt der Ausgestaltung des Interessenschutzes aufgrund des hier vertretenen Konzepts einer *Konzerneingangskontrolle* allenfalls zweitrangige Bedeutung zu. Bedarf der Abschluss eines Beherrschungsvertrages der ausdrücklichen Zustimmung sämtlicher Gesellschafter, so hat es die Gesellschafterminderheit in der Hand, ihre Zustimmung von entsprechenden Ausgleichsleistungen des herrschenden Unternehmens abhängig zu machen. Anders stellt sich die Beurteilung der mit dem Minderheitenschutz verbundenen Rechtsfragen notwendig dort dar, wo man für den Zustimmungsbeschluss der Gesellschafter eine qualifizierte, satzungsändernde Mehrheit (§ 53 Abs. 2 GmbHG) als ausreichend erachtet. Dies gilt vor allem insoweit, als man ein Stimmverbot des herrschenden Gesellschafters gem. § 47 Abs. 4 GmbHG verneint.

A 132

Hält man an dem Einstimmigkeitserfordernis fest, so bleiben lediglich zwei – theoretisch denkbare, jedoch praktisch eher seltene – Konstellationen, welche die ergänzende Ausbildung minderheitschützender Regeln gebieten:

A 133

- Dies betrifft zunächst die Fälle, in denen die Satzung der abhängigen GmbH den Abschluss eines Beherrschungsvertrags im Wege eines qualifizierten Mehrheitsbeschlusses ausdrücklich für zulässig erklärt.

- Gleiches gilt dort, wo die gesellschaftsrechtliche Treuebindung der Anteilseigner im überwiegenden Interesse der Gesellschaft ausnahmsweise eine Zustimmung zum Vertragsschluss gebietet.

Hier verlangen die Interessen der Gesellschafterminderheit die entsprechende Anwendung der §§ 304, 305 AktG (Emmerich/Habersack, § 304, RN 12; Roth/Altmeppen, Anh. § 13, RN 87; Lutter/Hommelhoff, Anh. § 13, RN 64 ff.; Michalski/Zeidler, Syst. Darst. 4, RN 77 ff.). Daraus folgt zunächst die Verpflichtung des herrschenden Unternehmens, den Minderheitsgesellschaftern im Beherrschungsvertrag entsprechend § 305 Abs. 2

Keßler

Nr. 3 AktG ein Angebot zum Erwerb ihrer Geschäftsanteile gegen eine angemessene Barabfindung zu unterbreiten (Emmerich/Habersack, a. a. O., RN 12; Roth/Altmeppen, a. a. O., RN 88; ungenau Michalski/Zeidler, a. a. O., RN 77). Dies gilt unabhängig von dem Umstand, dass der Abschluss des Beherrschungsvertrages schon aus allgemeinen gesellschaftsrechtlichen Erwägungen einen wichtigen Grund darstellt, welcher den Minderheitsgesellschafter berechtigt, aus der GmbH auszutreten (siehe hierzu BGH v. 1. 4. 1953, BGHZ 9, S. 157 ff. = NJW 1953, S. 780 ff.; v. 20. 9. 1999, NJW 1999, S. 3779 f.). Demgegenüber kommt – auch sofern es sich bei dem herrschenden Unternehmen um eine nicht abhängige AG handelt – eine Abfindung durch Aktien der herrschenden Gesellschaft nicht in Betracht, da die Gesellschafterstellung und die mit ihr verbundenen Rechte sich in der GmbH und der AG signifikant unterscheiden. Darüber hinaus ist das herrschende Unternehmen, soweit von der Abfindungsregelung seitens des Minderheitengesellschafters kein Gebrauch gemacht wird, in entsprechender Anwendung von § 304 AktG auch zur Zahlung einer Garantiedividende (Ausgleichszahlung) an diese verpflichtet (so im Ergebnis wohl Emmerich/Habersack, a. a. O.; Roth/Altmeppen, a. a. O.; Lutter/Hommelhoff, Anh. § 13, RN 66; a. A. Hachenburg/Ulmer, Anh. § 77, RN 213).

A 134   Darüber hinaus gilt es zu beachten, dass in der mehrgliedrigen GmbH die aus § 302 Abs. 1 AktG folgende Verpflichtung des herrschenden Gesellschafters, einen eventuellen Jahresfehlbetrag auszugleichen, deutlich über die für Einmann-Gesellschaften geltenden Grenzen hinausweist. Beschränkt sich bei Letzteren der Verlustausgleich auf das zur Deckung des Stammkapitals erforderliche Vermögen, so sind beim Vorhandensein von Minderheitsgesellschaftern ausnahmslos und unabdingbar sämtliche Verluste auszugleichen – und zwar unabhängig von der Verpflichtung zur Ausgleichsleistung gegenüber den Gesellschaftern entsprechend § 304 Abs. 1 AktG (so im Ergebnis zutreffend Roth/Altmeppen, a. a. O., RN 87).

A 135   Fehlt es im Beherrschungsvertrag an jeglicher Abfindungs- und Ausgleichsregelung, so ist die Vereinbarung entsprechend § 304 Abs. 3 Satz 1 nichtig (Emmerich/Habersack, a. a. O., RN 13; a. A. Roth/Altmeppen, a. a. O., RN 88; Lutter/Hommelhoff, Anh. § 13, RN 75; Hachenburg/Ulmer, Anh. § 77, RN 213, die lediglich von einer Anfechtbarkeit des Zustimmungsbeschlusses ausgehen). Soweit es demgegenüber um die Frage der Angemessenheit der Abfindung geht, kommt nach überwiegender Auffassung nur die Anfechtung seitens der benachteiligten Gesellschafter

5. Der GmbH-Vertragskonzern

in Betracht (Emmerich/Habersack, a. a. O.; Roth/Altmeppen, a. a. O.; Michalski/Zeidler, a. a. O., RN 77). Darüber hinaus hat sich der BGH – entgegen der bisher überwiegenden Auffassung – jetzt auch in recht allgemeiner Weise für die Analogiefähigkeit des Spruchstellenverfahrens gem. § 306 AktG ausgesprochen (BGH v. 25. 11. 2002, NJW 2003, S. 1032 ff. – „Macrotron"; siehe auch BayObLG v. 17. 9. 1998, AG 1999, S. 185 ff.). Ob dies auch die Ausgleichsleistungen des herrschenden Unternehmens zugunsten der Gesellschafter der abhängigen GmbH erfasst – was zum Teil für möglich erachtet wird – (Emmerich/Habersack, § 304, RN 13, FNJ 19), bleibt abzuwarten. Dies würde den Anwendungsbereich des Spruchverfahrensgesetzes v. 12. 7. 2003 (BGBl. I 2003 S. 838) in erheblichem Umfang erweitern.

5.2.8 Die Haftung der Organwalter des herrschenden Unternehmens

Entsprechend § 309 Abs. 1 AktG haben die gesetzlichen Vertreter des herrschenden Unternehmens sowie – wenn es sich um ein einzelkaufmännisches Unternehmen handelt – dessen Inhaber bei der Erteilung von Weisungen gegenüber der abhängigen Gesellschaft die Sorgfalt eines ordentlichen und gewissenhaften Geschäftsleiters anzuwenden. Verletzen sie ihre Pflichten, so haften sie der Gesellschaft gegenüber als Gesamtschuldner für den entstandenen Schaden. Der Anspruch konkurriert ggf. mit einer deliktischen Schadensersatzhaftung gem. § 823 Abs. 2 BGB i. V. m. § 266 StGB sowie § 826 BGB. Ist streitig, ob die Organwalter die geschuldete Sorgfalt eingehalten haben, so trifft sie die Beweislast (§ 309 Abs. 2 AktG). Die Vorschrift findet auf den Schutz der abhängigen GmbH entsprechende Anwendung (Emmerich/Habersack, § 309, RN 7; Roth/Altmeppen, Anh. § 13, RN 79; Hachenburg/Ulmer, Anh. § 77, RN 220; Michalski/Zeidler, Syst. Darst. 4, RN 107).

A 136

Die Haftung betrifft zunächst die für die Ausübung des Weisungsrechts zuständigen Organwalter des herrschenden Unternehmens, d. h. die Mitglieder des Vorstands (AG, eG, e. V., Stiftung) oder der Geschäftsführung (GmbH) einer juristischen Person sowie die vertretungsberechtigten Gesellschafter einer Personenhandelsgesellschaft (OHG, KG) oder GbR. Dies gilt auch, soweit diese das Weisungsrecht an Unternehmensmitarbeiter oder sonstige Dritte delegieren. Nach überwiegender Auffassung erfasst § 309 AktG dagegen nicht die Mitglieder eines durch das herrschen-

A 137

de Unternehmen gebildeten *Aufsichtsrats,* da dessen Überwachungs- und Kontrollpflicht lediglich das Innenverhältnis der Obergesellschaft betreffe und keine schutzrechtlichen Auswirkungen bezüglich der abhängigen Gesellschaft zeitige. Dies gelte auch dort, wo bestimmte Weisungen des herrschenden Unternehmens der Zustimmung des Aufsichtsrats bedürften (§ 111 Abs. 4 Satz 2 AktG) oder dieser entsprechend § 308 Abs. 3 Satz 2 AktG an der Wiederholung der Weisung zu beteiligen sei (Emmerich/Habersack, § 309, RN 17; Hüffer, AktG, § 309, RN 4). Nachdem das TransPuG nunmehr die Konzernorientierung der Kontrollpflicht des Aufsichtsrats ausdrücklich betont (vgl. § 90 AktG), erscheint diese Ansicht nicht mehr zweifelsfrei. Der gestärkten Mitwirkungsbefugnis des Aufsichtsrats an der Konzerngeschäftsführung entspricht notwendig auch eine *gesteigerte haftungsrechtliche Verantwortung im Verhältnis zu der abhängigen Gesellschaft.*

A 138 Handelt es sich bei dem herrschenden Unternehmen um eine juristische Person des öffentlichen Rechts, insbesondere eine Gebietskörperschaft, so findet § 309 AktG entgegen der herrschenden Meinung *uneingeschränkte Anwendung* (a. A. Hüffer, AktG, § 309, RN 6, noch unentschieden Emmerich/Habersack, § 309, RN 18). Nachdem sich der BGH durchgängig für die Anwendung konzernrechtlicher Schutzbestimmungen auf die „Öffentliche Hand" ausgesprochen hat (BGH v. 13. 10. 1977, BGHZ 69, S. 334 ff., 338 ff. = NJW 1978, S. 104 ff. – „VEBA/Gelsenberg"; v. 17. 3. 1997, BGHZ 135, S. 107 ff., 113 = NJW 1997, S. 1855 ff. – „VW"), besteht keine Veranlassung, die mit der Ausübung des Weisungsrechts gegenüber der abhängigen GmbH betrauten Verwaltungsmitarbeiter zu privilegieren und insofern auf die Regelungen bezüglich der Amtshaftung Rückgriff zu nehmen (§ 839 BGB i. V. m. Art. 34 GG). Allerdings dürfte die praktische Bedeutung der Haftungserstreckung eher gering sein, da zumindest das Kommunalverfassungsrecht der Länder aus haftungsrechtlichen Gründen dem Abschluss von Beherrschungsverträgen ablehnend gegenüber steht. An der zivilrechtlichen Wirksamkeit dennoch getroffener Beherrschungsvereinbarungen ändert dies allerdings nichts.

A 139 Obwohl das Gesetz dies nicht besonders ausspricht, besteht durchweg Einigkeit, dass die haftungsrechtliche Verantwortung für die Ausübung des Weisungsrechts notwendig und unabdingbar *auch das herrschende Unternehmen selbst trifft.* Dies folgt zwingend aus § 31 BGB, wonach die Obergesellschaft ohne Entlastungsmöglichkeit für Handlungen ihrer Organe einzustehen hat. Die Muttergesellschaft und ihre gesetzlichen Vertreter

5. Der GmbH-Vertragskonzern

haften entsprechend § 309 Abs. 2 AktG insofern als Gesamtschuldner (§§ 421 ff. BGB). Handelt es sich dabei um eine Personengesellschaft des Handelsrechts oder eine GbR, so haften zudem die persönlich haftenden Gesellschafter und Kommanditisten nach Maßgabe der für sie geltenden Bestimmungen (§§ 128, 171 HGB); dies gilt auch soweit die Begründung der Ersatzpflicht vor ihrem Beitritt erfolgte (§§ 130, 173 HGB). Die Haftung ausgeschiedener Gesellschafter bestimmt sich demgegenüber nach § 160 HGB.

Der Haftungstatbestand erfasst zunächst alle rechtswidrigen Weisungen, welche die durch § 308 AktG gezogenen Grenzen überschreiten. Dies betrifft beispielsweise satzungswidrige Weisungen gegenüber der mehrgliedrigen abhängigen GmbH bzw. Weisungen, welche das satzungsmäßige Stammkapital beeinträchtigen ohne durch berechtigte Belange des herrschenden Unternehmens oder des Konzernverbunds legitimiert zu sein. Darüberhinaus lösen vor allem solche nachteilige Weisungen die persönliche Haftung der Organwalter des herrschenden Unternehmens aus, die zu einem Zeitpunkt erteilt werden, indem für die gesetzlichen Vertreter erkennbar das herrschende Unternehmen nicht mehr in der Lage ist, seiner Verpflichtung zur Verlustübernahme und zu sonstigen Ausgleichsleistungen nachzukommen. A 140

Im Übrigen beschränkt sich die Anwendbarkeit der Bestimmung – entgegen dem Wortlaut von § 309 Abs. 1 AktG – nicht auf die Beeinträchtigung der Belange der abhängigen Gesellschaft durch nachteilige und sorgfaltspflichtwidrige Weisungen des herrschenden Unternehmens, sondern erfasst nach zutreffender Auffassung (Emmerich/Habersack, § 309, RN 30) sämtliche Nachteile, welche auf einer Verletzung der im Beherrschungsvertrag gründenden Pflichten beruhen. Dies gilt vor allem auch für solche Schäden, welche im Unterlassen oder der Unvollständigkeit von Ausgleichszahlungen entsprechend § 302 Abs. 1 AktG gründen. Dabei liegt die besondere Bedeutung der Organhaftung gerade dort, wo wegen der Insolvenz des herrschenden Unternehmens Ausgleichsansprüche gegenüber diesem nicht mehr oder nicht mehr vollständig durchsetzbar sind (vgl. Roth/Altmeppen, Anh. § 13, RN 81). A 141

Allerdings wirft die Schadensberechnung im Rahmen des § 309 Abs. 2 AktG nicht unerhebliche Schwierigkeiten auf. Zwar bestimmt sich die Schadenshöhe in ihrem Ausgangspunkt nach der Differenzhypothese (§ 249 BGB), doch ist fraglich, ob und inwiefern die Verlustausgleichs- A 142

Keßler

pflicht der Muttergesellschaft entsprechend § 302 Abs. 1 AktG in die Berechnung des Schadens einzubeziehen ist. Die Problematik verschärft sich, bedenkt man, dass wegen der steuerrechtlichen Vorgaben Beherrschungsverträge üblicherweise mit einem Gewinnabführungsvertrag im Rahmen eines Organschaftsverhältnisses verbunden werden und daher kaum in isolierter Form vorkommen. Hier stellt sich notwendig die Frage, wie sich die Schadensersatzhaftung der Mutter gegenüber der Tochter entsprechend §§ 291 Abs. 1 Satz 1, 301 AktG auf die Gewinnabführungsverpflichtung der Tochtergesellschaft gegenüber der Mutter auswirkt. Lässt man die uneingeschränkte Saldierung der wechselseitigen Verpflichtungen zu (so MünchHdb., AG/Krieger, § 70, RN 143), so verliert die Regelung des § 309 Abs. 2 AktG weitgehend ihre praktische Relevanz. Die seitens des Gesetzgebers ins Auge gefasste Präventionsfunktion der Organhaftung zur Sicherung ordnungsmäßiger Konzerngeschäftsführung liefe weitgehend leer. Es erweist sich damit als vorzugswürdig, aufgrund einer im Vordringen befindlichen Auffassung der Berücksichtigung des Verlustausgleichs sowie der Gewinnabführungsverpflichtung bei der Berechnung des Schadensumfangs, die Anerkennung zu versagen (vgl. Emmerich/Habersack, § 309, RN 40 f.; Hüffer, AktG, § 309, RN 18; Roth/Altmeppen, Anh. § 13, RN 80).

A 143 Im Übrigen enthält § 309 Abs. 2 Satz 2 AktG eine materielle Beweislastumkehr zu Lasten des herrschenden Unternehmens und seiner Organwalter. Danach sind sowohl die Verletzung der Sorgfaltspflicht als auch das Verschulden des gesetzlichen Vertreters bei Erteilung der Weisung zu vermuten. Zwar betrifft, die Verlagerung der Beweislast nicht den Kausalzusammenhang zwischen der nachteiligen Weisung und dem eingetretenen Schaden bzw. der Schadenshöhe, doch gilt es insofern auf die seitens des BGH in seiner „TBB"-Entscheidung entwickelten Zuordnungskriterien zu rekurrieren (BGH v. 29. 2. 1993, BGHZ 122, S. 123 ff., = NJW 1993, S. 1200 ff.). Soweit der Kläger darlegt und beweist, dass der eingetretene Schaden seiner Natur nach *typischerweise* auf der Einflussnahme seitens des herrschenden Unternehmens beruht, liegt es an diesem, Tatsachen darzulegen, die in plausibler Weise einen abweichenden Kausalzusammenhang als möglich und wahrscheinlich erscheinen lassen.

A 144 Der Anspruch gem. § 309 AktG verjährt gem. Abs. 5 in fünf Jahren gerechnet vom Ende des Jahres seines Entstehens an. Entsprechend § 309 Abs. 3 AktG kann sich die Gesellschaft zudem erst drei Jahre nach der Entstehung des Anspruchs über diesen vergleichen oder auf ihn verzich-

Keßler

ten. Abweichend von § 309 Abs. 3 AktG bedürfen der Verzicht oder der Vergleich zudem der *ausdrücklichen Zustimmung sämtlicher Gesellschafter der abhängigen GmbH*. Insofern gilt es, den strukturellen Abweichungen der GmbH gegenüber der AG Rechnung zu tragen. Die zeitliche Beschränkung gilt entsprechend § 309 Abs. 3 Satz 2 AktG nicht, sofern das herrschende Unternehmen zahlungsunfähig ist und sich zur Abwendung eines Insolvenzverfahrens mit seinen Gläubigern vergleicht oder wenn die Ersatzpflicht in einem Insolvenzplan geregelt wird.

Der Schadensersatzanspruch steht ausschließlich der abhängigen Gesellschaft zu. Es ist somit Sache ihres Geschäftsführers, den Anspruch pflichtgemäß gegenüber dem herrschenden Unternehmen und seinen Organwaltern geltend zu machen. Kommt er dem nicht nach, so macht er sich seinerseits gegenüber der Gesellschaft ersatzpflichtig (§ 43 GmbHG). Gemäß § 309 Abs. 4 Satz 1 AktG kann der Anspruch darüber hinaus von jedem (Minderheits-)Gesellschafter, jedoch nur auf Leistung an die Gesellschaft geltend gemacht werden. Zudem sind gem. § 309 Abs. 4 Satz 3 AktG die Gläubiger der Gesellschaft zur Geltendmachung des Anspruchs befugt, wenn und soweit sie von dieser keine Befriedigung erlangen können. Diese können jedoch Leistung zu eigenen Händen verlangen. Befindet sich die GmbH in der Insolvenz, so liegt die Geltendmachung des Anspruchs alleine in den Händen des Insolvenzverwalters (§ 309 Abs. 4 Satz 5 AktG). Die Klagebefugnis der Gesellschaftsgläubiger und der Aktionäre erlischt. — A 145

5.2.9 Die Änderung und Beendigung des Beherrschungsvertrags

Soweit es um die Änderung eines Beherrschungsvertrags zu tun ist, finden nach zutreffender Auffassung die für den Abschluss des Beherrschungsvertrags geltenden Bestimmungen *entsprechende Anwendung*. Die Vertragsänderung bedarf somit unabdingbar der *Schriftform* sowie der *ausdrücklichen Zustimmung sämtlicher Gesellschafter* der abhängigen GmbH (Emmerich/Habersack, § 295, RN 4a; Michalski/Zeidler, Syst. Darst. 4, RN 122 f.). Dies folgt auch hier aus der entsprechenden Anwendung von § 33 Abs. 1 Satz 2 BGB. Etwas anderes gilt lediglich dort, wo die Satzung der abhängigen Gesellschaft die Gesellschafterversammlung zum Vertragsschluss oder zur Vertragsänderung im Wege qualifizierter satzungsändernder Mehrheit ermächtigt (§ 53 GmbHG). Demgegenüber spricht sich ein Teil der Literatur dafür aus, hinsichtlich der Vertragsänderung § 295 AktG entsprechend anzuwenden. Danach bedarf der Zustimmungs- — A 146 beschluss der Gesellschafterversammlung zur Änderungsabrede neben einem qualifizierten Mehrheitsbeschluss (§§ 295 Abs. 1, 293 Abs. 1 Satz 2 AktG) entsprechend § 295 Abs. 2 AktG eines Sondervotums der Minderheitsgesellschafter mit einer Mehrheit von mindestens dreiviertel der abgegebenen Stimmen, soweit die Vertragsänderung zu deren Lasten nachteilige Wirkungen zeitigt (so wohl Roth/Altmeppen, Anh. § 13, RN 101). Dieser Auffassung ist nicht Folge zu leisten. Es besteht kein rechtfertigender Grund, den Schutz der Minderheitsgesellschafter bei einer Vertragsänderung gegenüber der Gewährleistung beim Vertragsschluss zu verkürzen. Im Übrigen bedarf der Zustimmungsbeschluss in entsprechender Anwendung von § 53 Abs. 2 Satz 1 GmbHG zu seiner Wirksamkeit der notariellen Beurkundung sowie der – konstitutiven (§ 294 Abs. 2 AktG) – Eintragung ins Handelsregister der abhängigen Gesellschafter. Anders verhält es sich lediglich soweit es um eine Verkürzung der Laufzeit zu tun ist. Diese entspricht in ihrer Wirkung durchgängig derjenigen einer Vertragsaufhebung, so dass es geboten erscheint, § 296 AktG entsprechend zur Anwendung gelangen zu lassen. Eine Verkürzung kommt folglich nur zum Ende des Geschäftsjahrs oder dem sonst vertraglich bestimmten Abrechnungszeitraum in Betracht. Zwar bedarf es auch insoweit wegen der strukturellen Besonderheiten der GmbH der Zustimmung sämtlicher Gesellschafter der abhängigen Gesellschaft, doch ist die Eintragung im Handelsregister lediglich von deklaratorischer Natur. Gleiches gilt notwendig dort, wo die ursprünglich unbegrenzte Laufzeit des Vertrags nachträglich befristet wird. Demgegenüber entspricht eine Vertragsverlängerung im Ergebnis dem Neuabschluss eines Beherrschungsvertrags, so dass die hierfür geltenden Regelungen uneingeschränkte Anwendung finden.

A 147 Darüber hinaus bedingt eine Vertragsänderung auch die Zustimmung der Gesellschafterversammlung des herrschenden Unternehmens. Dies ist unproblematisch, soweit es sich hierbei um eine AG oder KGaA handelt (§ 295 Abs. 1 Satz 2, § 293 Abs. 2 AktG); gilt jedoch auch für den Fall, dass das herrschende Unternehmen seinerseits die Rechtsform der GmbH hat. Die durch § 295 Abs. 1 Satz 2, § 293 Abs. 2 AktG erfassten Schutzinteressen der Gesellschafter lassen eine abweichende Bewertung nicht zu (vgl. Emmerich/Habersack, § 295, RN 5).

A 148 Die Beendigung des Beherrschungsvertrages kann sich aus mehreren Aspekten ergeben. Als Beendigungsgründe kommen insofern in Betracht:

Keßler

5. Der GmbH-Vertragskonzern

- Fristablauf,
- Anfechtung,
- Vertragsaufhebung,
- Ordentliche und außerordentliche Kündigung,
- Insolvenz eines Vertragsbeteiligten
- sowie Umwandlungsvorgänge.

Was zunächst die *Befristung* betrifft, so weist diese gegenüber dem allgemeinen Vertragsrecht keine Besonderheiten auf. Mit Ablauf des vertraglichen Geltungszeitraums endet der Beherrschungsvertrag, ohne dass es einer weiteren Erklärung der Vertragsparteien bedarf.

Wie hinsichtlich anderer Verträge kommt auch bezüglich des Beherrschungsvertrags eine Anfechtung wegen eines Mangels bei der Willensbildung und -äußerung gem. §§ 119, 120, 123 BGB in Betracht. Allerdings scheidet nach der Eintragung des Vertrags im Handelsregister eine Anfechtung wegen der damit gem. § 142 BGB verbundenen Rückwirkung aus. Zwar wird gelegentlich vorgeschlagen, insofern auf die Grundsätze über fehlerhafte Unternehmensverträge zurückzugreifen (Emmerich/Habersack, § 297, RN 30), soweit sich im Einzelfall „unlösbare Abwicklungsprobleme" ergeben, doch befrachtet dies insbesondere die Minderheitsgesellschafter der abhängigen Gesellschaft sowie die Gesellschaftsgläubiger mit erheblichen Unwägbarkeiten. Die besseren Gründe sprechen daher dafür, zumindest eine Rückwirkung der Anfechtung abzulehnen und insbesondere für die Fälle einer arglistigen Täuschung auf das *Recht der fristlosen Kündigung* entsprechend § 297 AktG zu verweisen.

A 149

Entsprechend § 296 AktG können Unternehmensverträge zum Ende des Geschäftsjahrs oder des sonst vertraglich bestimmten Abrechnungszeitraums im Wege einer schriftlichen Vereinbarung der Vertragsparteien einvernehmlich *aufgehoben* werden. Allerdings scheidet eine rückwirkende Aufhebung aus (§ 296 Abs. 1 Satz 2 AktG). Dies gilt auch hinsichtlich des Beherrschungsvertrags mit einer Einmann-GmbH (BGH v. 5.11.2001, NJW 2002, S. 822 ff. = ZIP 2002, S. 35 ff.). Nach verbreiteter Auffassung findet die Bestimmung des § 296 AktG hinsichtlich der abhängigen GmbH entsprechende Anwendung (OLG Karlsruhe v. 3.6.1994, GmbHR 1994, S. 807 ff.; OLG Frankfurt v. 11.11.1993, AG 1994, S. 85 f.; Roth/Altmeppen, Anh. § 13, RN 97; Michalski/Zeidler, Syst. Darst. 4, RN 132). Danach handelt es sich hinsichtlich der Vertragsaufhebung um eine Maß-

A 150

nahme der Geschäftsführung, die der alleinigen Kompetenz des Geschäftsführers unterfällt. Ein Sonderbeschluss der Minderheitsgesellschafter ist somit nur unter den einschränkenden Voraussetzungen des § 296 Abs. 2 Satz 1 AktG erforderlich. Dies erscheint schon unter allgemeinen Erwägungen als fragwürdig, da angesichts der Bedeutung der Vertragsaufhebung für den Bestand der Gesellschaft, die Entscheidung im Rahmen der Kompetenzordnung der GmbH i. d. R. der Gesellschafterversammlung zukommt (vgl. Lutter/Hommelhoff, Anh. § 13, RN 83).

A 151 Die überwiegende Rechtsauffassung verkennt zudem die ökonomischen Folgewirkungen einer Vertragsaufhebung, die in ihrer Konsequenz dem Abschluss eines Beherrschungsvertrags kaum nachstehen. So erweist sich die abhängige Gesellschaft nach Wegfall der Verlustausgleichspflicht des herrschenden Unternehmens regelmäßig als kaum überlebensfähig. Soweit – in seltenen Fällen – im Zeitpunkt der Vertragsaufhebung noch Minderheitsgesellschafter vorhanden sind, bedarf es folglich ebenso wie hinsichtlich des Vertragsschlusses und der Vertragsänderung der *ausdrücklichen Zustimmung sämtlicher Gesellschafter.* In entsprechender Anwendung von § 53 Abs. 2 Satz 1 GmbHG bedarf der Zustimmungsbeschluss darüber hinaus der *notariellen Beurkundung* (OLG Oldenburg v. 23. 3. 2000, NZG 2000, S. 1138 f.). Demgegenüber erscheint hinsichtlich der – abhängigen – Einmann-GmbH ein Gesellschafterbeschluss als unnötige Förmelei. Dies gilt umso mehr, als hiermit keine Verstärkung des Bestandsschutzes der abhängigen Gesellschaft verbunden ist. Handelt es sich bei den herrschenden Unternehmen seinerseits um eine GmbH, so ergibt sich die Zustimmungspflicht der Gesellschafterversammlung – mangels abweichender Vorgaben des Gesellschaftsvertrags – aus dem Umstand, dass die Vertragsbeendigung i. d. R. ein „außergewöhnliches Rechtsgeschäft" darstellt, welches der Legitimation durch einen Mehrheitsbeschluss der Gesellschafter bedarf (so im Ergebnis auch Emmerich/Habersack, § 296, RN 7b). Allerdings scheint es entgegen Emmerich (a. a. O., RN 7a) nicht geboten, die Beendigung des Vertragsverhältnisses entsprechend § 54 GmbHG von deren Eintragung im Handelsregister der abhängigen Gesellschaft abhängig zu machen. Insofern verbleibt es folglich bei der lediglich deklaratorischen Bedeutung der Eintragung.

A 152 Das Aktiengesetz sieht in § 297 lediglich die außerordentliche, d. h. im Regelfall *fristlose Kündigung von Unternehmensverträgen* vor. Dies schließt die Befugnis der Vertragsparteien zur *ordentlichen Kündigung* des Beherrschungsvertrags allerdings nicht aus. Eine ordentliche Kündigung

Keßler

5. Der GmbH-Vertragskonzern

kommt nach zutreffender Auffassung jedoch nur dann und insoweit in Betracht, wie dies der Vertrag ausdrücklich vorsieht (Emmerich/Habersack, § 297, RN 5). Sie bedarf in jedem Falle der Schriftform. Demgegenüber kommt die Begründung eines ordentlichen Kündigungsrechts im Wege einer ergänzenden Vertragsauslegung nicht in Betracht (so aber MünchKommAktG/Altmeppen, § 297, RN 52 ff.). Vielmehr gilt es zu gewährleisten, dass im Zeitpunkt des Zustimmungsbeschlusses zum Unternehmensvertrag die hiermit verbundenen Rechte und Pflichten der Vertragsparteien einschließlich der aus dem Vertrag folgenden Gestaltungsrechte für die Beteiligten mit der gebotenen Deutlichkeit erkennbar sind. Dies gilt auch im Verhältnis zur abhängigen GmbH.

Dabei gelten für die ordentliche Kündigung grundsätzlich die gleichen rechtlichen Zulassungsvoraussetzungen wie für Aufhebungsverträge. Dies folgt aus dem Umstand, dass es jederzeit möglich ist, die einvernehmliche Vertragsaufhebung durch die ordentliche Kündigung zu substituieren. Erfolgt die Kündigung seitens der abhängigen Gesellschaft, so bedarf es folglich – im Falle des Vorhandenseins von Minderheitsgesellschaftern – der *Zustimmung sämtlicher Anteilseigner.* § 297 Abs. 2 Satz 1 AktG findet wegen der bestehenden strukturellen Unterschiede zur AG auf die abhängige GmbH keine Anwendung. Der Beschluss bedarf zudem der notariellen Beurkundung. Demgegenüber ist bezüglich der abhängigen Einmann-GmbH – wie schon hinsichtlich des Aufhebungsvertrags – ein Zustimmungsbeschluss der Gesellschafter verzichtbar. A 153

Allerdings entfällt die Schutzwirkung des Zustimmungserfordernisses zugunsten der Minderheitsgesellschafter im Falle der ordentlichen Kündigung des Beherrschungsvertrags seitens des herrschenden Unternehmens. Zwar wird – soweit das herrschende Unternehmen seinerseits die Rechtsform der GmbH hat – es insofern eines (Mehrheits-)Beschlusses der Gesellschafterversammlung bedürfen, als die Vertragsbeendigung angesichts der mit ihr verbundenen Rechtsfolgen, wie der Verpflichtung zur Sicherheitsleistung gem. § 303 Abs. 1 AktG, ein „außergewöhnliches Rechtsgeschäft" darstellt, welches nicht mehr ohne weiteres durch die Geschäftsführungsbefugnis des Geschäftsführers gedeckt ist, doch besteht eben keine Mitwirkungsbefugnis der Organe der abhängigen Gesellschaft. Dies folgt notwendig aus der Natur der Kündigung als einseitiges Rechtsgeschäft. Die Sicherung der Minderheitsgesellschafter der abhängigen GmbH obliegt insoweit dem „Einstimmigkeitserfordernis" bei Abschluss des Beherrschungsvertrags. Gerade dies spricht gegen eine Begründung A 154

Keßler

des ordentlichen Kündigungsrechts im Wege einer ergänzenden Vertragsauslegung.

A 155 Anders als hinsichtlich des Aufhebungsvertrags kommt eine ordentliche Kündigung nicht nur zum Ende eines Geschäftsjahres in Betracht. § 296 Abs. 1 Satz 1 AktG findet folglich keine entsprechende Anwendung. Dies erscheint wenig konsequent, doch hat der Gesetzgeber die hier zutage tretende Wertungsdifferenz bewusst in Kauf genommen (BGH v. 5. 4. 1993, BGHZ 122, S. 211 ff., 228 ff. = NJW 1993, S. 1976 ff; Emmerich/Habersack, § 297, RN 12). Demgegenüber scheidet eine rückwirkende Kündigung aus (Emmerich/Habersack, a. a. O.). Im Übrigen gilt es zu beachten, dass dort, wo der Beherrschungsvertrag aus steuerlichen Gründen mit einem Gewinnabführungsvertrag zu einem Organschaftsvertrag verbunden ist, eine – *isolierte* – *Teilkündigung* lediglich eines Vertragsverhältnisses ausscheidet. Es bedarf folglich stets der *Kündigung des Organschaftsverhältnisses in seiner Gesamtheit* (OLG Karlsruhe v. 12. 4. 2001, AG 2001, S. 536 f.).

A 156 Im Übrigen kann der Beherrschungsvertrag in entsprechender Anwendung von § 297 Abs. 1 AktG durch jede Vertragspartei in schriftlicher Form (§ 297 Abs. 3 AktG) *fristlos gekündigt* werden, soweit ein wichtiger Grund gegeben ist. Die Bestimmung findet auf die abhängige GmbH entsprechende Anwendung (Roth/Altmeppen, Anh. § 13, RN 99; Emmerich/Habersack, § 297, RN 3; Michalski/Zeidler, Syst. Darst. 4, RN 134 ff.). Die Regelung ist zwingender Natur und kann im Beherrschungsvertrag weder ausgeschlossen noch beschränkt werden. Allerdings ist es möglich, das Erfordernis des wichtigen Grundes durch vertragliche Regelbeispiele zu präzisieren (BGH v. 5. 4. 1993, BGHZ 122, S. 211 ff., 228 = NJW 1993, S. 1976 – „SSI"; OLG München v. 14. 6. 1991, AG 1991, S. 358 f.; Michalski/Zeidler, a. a. O., RN 141). Was die rechtlichen Zulässigkeitsvoraussetzungen der Kündigung entsprechend § 297 Abs. 1 AktG betrifft, so finden nach überwiegender und zutreffender Auffassung (Roth/Altmeppen, Anh. § 13, RN 100; Michalski/Zeidler, a. a. O., RN 148; Emmerich/Habersack, § 297, RN 9, 15), die normativen Vorgaben für Aufhebungsverträge keine Anwendung. Es bedarf somit auf Seiten der abhängigen GmbH keiner Zustimmung der (Minderheits-)Gesellschafter. Demgegenüber wird man – soweit das herrschende Unternehmen die Rechtsform der GmbH hat – die Beteiligung der Gesellschafterversammlung aus den gleichen Gründen für erforderlich erachten müssen, wie bezüglich der ordentlichen Kündigung. Dabei kann sich ggf. aus der Treuebindung der Gesellschafter die Verpflichtung ergeben, der Kündigung zuzustimmen, um drohende Schäden von der Gesellschaft abzuwenden.

Besteht zwischen den Parteien ein Organschaftsverhältnis in Form eines Beherrschungs- und Gewinnabführungsvertrags, so scheidet ebenso wie hinsichtlich der ordentlichen Kündigung eine Teilkündigung lediglich eines Vertragsverhältnisses aus. Die Kündigungserklärung wird in dem Zeitpunkt wirksam, in welchem sie der anderen Vertragspartei zugeht (§ 130 BGB). Die Beweislast trägt insofern der Kündigende. Einer Begründung bedarf es dabei nicht, so dass es möglich ist, im Prozess über die Rechtmäßigkeit der Kündigung weitere Gründe nachzuschieben. Im Regelfall beendet die Kündigung das Vertragsverhältnis fristlos, doch ist der Kündigende ohne weiteres befugt, die Erklärung mit einer Auslauffrist zu verbinden (Emmerich/Habersack, § 297, RN 26). Im Übrigen findet auf die Kündigung § 314 Abs. 3 BGB uneingeschränkt Anwendung, da der Beherrschungs- ebenso wie der Gewinnabführungsvertrag notwendig ein Dauerschuldverhältnis zwischen den Vertragparteien begründet. Die Kündigungserklärung hat folglich innerhalb einer angemessenen Frist zu erfolgen, nachdem der Kündigungsberechtigte Kenntnis vom Kündigungsgrund erlangt hat. **A 157**

Was den eine außerordentliche Kündigung rechtfertigenden „wichtigen Grund" betrifft, so kommt aus Sicht der abhängigen Gesellschaft eine Kündigung vor allem dort in Betracht, wo infolge von Zahlungsschwierigkeiten des herrschenden Unternehmens eine Erfüllung der Verlustübernahmeverpflichtung sowie der sonstigen Ausgleichsleistungen konkret gefährdet erscheint. Auch das herrschende Unternehmen wird man hier als zur Kündigung berechtigt ansehen müssen (Emmerich/Habersack, § 297, RN 21a). Eine Kündigung seitens der abhängigen Gesellschaft erscheint zudem dort begründet, wo das herrschende Unternehmen wiederholt die Grenzen seines Weisungsrechts überschreitet. Demgegenüber erscheint es fraglich, ob das herrschende Unternehmen dort zur Kündigung des Unternehmensvertrages berechtigt ist, wo es seine Beteiligung an der abhängigen Gesellschaft auf Dritte überträgt. Nach überwiegender Auffassung kommt eine außerordentliche Kündigung in diesen Fällen grundsätzlich nicht in Betracht, da der aus der Veräußerung der Geschäftsanteile folgende Konflikt und die damit verbundene Kumulation von Haftungsrisiken letztlich auf eine eigene Handlung des herrschenden Unternehmens zurückzuführen ist. Dieses verhielte sich folglich rechtsmissbräuchlich, wenn und soweit es dem Verlust der Beteiligungsrechte als wichtigen **A 158**

Keßler

Grund zur Kündigung des Beherrschungsvertrags heranziehen würde (OLG Düsseldorf v. 19. 8. 1994, GmbHR 1994, S. 805; OLG Oldenburg v. 23. 3. 2000, NZG 2000, S. 1138 ff.; LG Dortmund v. 6. 8. 1993, DB 1993, S. 1916 f.; Emmerich/Habersack, § 297, RN 24; Michalski/Zeidler, Syst. Darst. 4, RN 140). Die Lösung des Konflikts muss folglich im Wege eines einvernehmlichen Aufhebungsvertrages oder – soweit im Beherrschungsvertrag vorgesehen – vermittels der ordentlichen Kündigung erfolgen.

A 159 Umstritten ist der Fortbestand des Beherrschungsvertrags dort, wo eines der beteiligten Unternehmen in die *Insolvenz gerät*. Nach der unter der Geltung der früheren Konkursordnung vertretenen Auffassung führte die Eröffnung des Konkursverfahrens über das Vermögen eines der Vertragspartner zwingend zur Beendigung des Unternehmensvertrags. Weder sei der Konkursverwalter des herrschenden Unternehmens dazu berufen, einen Konzern zu leiten, noch komme es in Betracht, den Verwalter der abhängigen Gesellschaft an die Weisungen des herrschenden Unternehmens zu binden (BGH v. 14. 12. 1987, BGHZ 103, S. 1 ff., 6 = NJW 1988, S. 1326 ff. – „Familienheim"). Hiervon abweichend wurde für den Fall des Vergleichverfahrens regelmäßig der Fortbestand des Beherrschungsvertrags unterstellt (BGH, a. a. O., S. 8). Seit dem Inkrafttreten der Insolvenzordnung wird im Lichte der partiellen Neuausrichtung des Insolvenzverfahrens an der *Sanierung des Schuldners* gelegentlich angenommen, die Verfahrenseröffnung führe nicht zu einer Beendigung sondern lediglich zur Suspendierung des Beherrschungsvertrages (Zeidler, NZG 1999, S. 692 ff.; Michalski/Zeidler, Syst. Darst. 4, RN 155 ff.). Gegebenenfalls komme eine außerordentliche Kündigungsbefugnis der Tochtergesellschaft entsprechend § 297 AktG in Betracht, wenn das herrschende Unternehmen insolvent sei (Michalski/Zeidler, a. a. O., RN 156). Die wohl überwiegende Auffassung hält demgegenüber daran fest, dass der Beherrschungsvertrag mit der Eröffnung des Insolvenzverfahrens von selbst erlischt (Emmerich/Habersack, § 297, RN 52c; Hüffer, AktG § 297, RN 22; Roth/Altmeppen, Anh. § 13, RN 93). Dem ist keine Folge zu leisten (vgl. ausführlich die Ausführungen zur Konzerninsolvenz, RN D 7 ff.). Ausgangspunkt ist insofern die Erwägung, dass die Regelungen der Insolvenzordnung sich nicht ausschließlich am Ziel der Gläubigerbefriedigung im Wege der Verwertung des Schuldnervermögens, sondern entsprechend § 1 Satz 1 Alt. 1 InsO darüber hinaus am Ziel einer *möglichen Unternehmenssanierung* orientieren. Gerade diese erscheint jedoch vehement gefährdet, soweit man die steuerlichen Folgen einer automatischen Vertragsbeendi-

Keßler

gung in Rechnung stellt. Zudem bedarf es aufgrund der beteiligten Interessen nicht der weitreichenden Folgen einer Vertragsbeendigung. Wird das herrschende Unternehmen insolvent, so kann dieses seiner Verpflichtung zum Verlustausgleich gem. § 302 AktG nicht mehr nachkommen. Damit *entfällt zunächst das Weisungsrecht gem. § 308 Abs. 1 AktG und damit die Folgepflicht des Geschäftsführers der abhängigen GmbH.* Die Verletzung der Verpflichtung zum Verlustausgleich berechtigt zudem die abhängige Gesellschaft ebenso wie den Insolvenzverwalter des herrschenden Unternehmens, das Vertragsverhältnis entsprechend § 297 AktG aus wichtigem Grund ohne Einhaltung einer Kündigungsfrist zu beenden. Zwar fehlt bisher eine einschlägige Entscheidungspraxis, doch sprechen nach Auffassung der Rechtsprechung zumindest in den Fällen der Eigenverwaltung gute Gründe dafür, lediglich eine Suspendierung des Beherrschungsvertrags anzunehmen (vgl. auch AG Duisburg v. 1. 9. 2002, ZIP 2002, S. 1636 ff., 1640).

Eine Insolvenz der abhängigen GmbH scheidet jedenfalls dann aus, wenn A 160 man über den Verlustausgleich hinaus, das herrschende Unternehmen als verpflichtet ansieht, auch vor dem für den Verlustausgleich maßgeblichen Bilanzstichtag die Zahlungsfähigkeit der Gesellschaft zu gewährleisten (vgl. RN A 115 unter b). Von praktischer Relevanz sind somit vor allem die Fallgestaltungen der *doppelten Insolvenz von Mutter- und Tochtergesellschaft.* Hier sprechen gute Gründe dafür, die Fortgeltung des Beherrschungsvertrags vorzusehen und die Beendigung des Vertragskonzerns gem. § 297 AktG von einer *Kündigungserklärung der jeweils zuständigen Insolvenzverwalter abhängig zu machen, um auf diese Weise steuerliche Vorteile zu Sanierungszwecken zu nutzen.* Im Übrigen geht mit der Insolvenzeröffnung über das Vermögen der abhängigen Gesellschaft deren Leitung auf den Insolvenzverwalter über. Damit entfällt das Weisungsrecht des herrschenden Unternehmens, soweit sich der Insolvenzverwalter nicht zur Fortsetzung des Vertragsverhältnisses entschließt. Der Verlustausgleichsanspruch der abhängigen Gesellschaft gem. § 302 Abs. 1 AktG ist – unter Zugrundelegung von Liquidationswerten – durch den Insolvenzverwalter geltend zu machen.

Soweit es die Auswirkungen von Umwandlungsvorgängen auf den Beherr- A 161 schungsvertrag betrifft, gilt es hinsichtlich der Art und Weise der Strukturveränderung zu differenzieren. Was zunächst den nunmehr identitätswahrenden Formwechsel betrifft, so berührt dieser – gleichgültig ob er das herrschende Unternehmen oder die abhängige GmbH betrifft – den Beherrschungsvertrag nicht. Dies gilt jedenfalls insofern, wie man mit der nunmehr überwiegenden Auffassung anerkennt, dass Beherrschungsverträge mit abhängigen Unternehmen beliebiger Rechtsform möglich sind. Auf die Rechtsform des herrschenden Unternehmens kommt es entsprechend § 18 AktG ohnedies nicht an, soweit lediglich dessen Unternehmenseigenschaft feststeht. Werden die abhängige Gesellschaft und das herrschende Unternehmen miteinander verschmolzen, so erlischt der Beherrschungsvertrag zwangsläufig infolge Konfusion (Emmerich/Habersack, § 297, RN 39). Wird das herrschende Unternehmen auf einen anderen Rechtsträger verschmolzen, so geht der Beherrschungsvertrag im Wege der Universalsukzession auf diesen über (OLG Karlsruhe v. 7.12.1990, AG 1991, S. 144 ff., 146; LG Bonn v. 30.1.1996, GmbHR 1996, S. 774 f.). Einer Zustimmung der Gesellschafter der abhängigen GmbH bedarf es insofern nicht. Der neue Rechtsträger ist ggf. berechtigt, den Vertrag gem. § 297 Abs. 1 AktG aus wichtigem Grund zu kündigen (Emmerich/Habersack, § 297, RN 43). Im Falle einer Abspaltung oder Ausgliederung im Rahmen des herrschenden Unternehmens besteht der Beherrschungsvertrag grundsätzlich unverändert fort, sofern er nicht im Spaltungsplan einem neuen Rechtsträger zugewiesen wird. Handelt es sich um eine Aufspaltung, so entscheidet ebenfalls die Zuweisung des Spaltungsplans.

A 162 Wird das abhängige Unternehmen auf einen dritten Rechtsträger verschmolzen, so entfällt der Beherrschungsvertrag zwangläufig mit dem Untergang der abhängigen Gesellschaft. Ist die abhängige GmbH ihrerseits der übernehmende Rechtsträger, so lässt dies nach zutreffender Auffassung den Beherrschungsvertrag unberührt (Emmerich/Habersack, § 297, RN 42 m.w.N.). Wird das abhängige Unternehmen aufgespalten, so führt dies im Regelfall zur Beendigung des Beherrschungsvertrags. Etwas anderes gilt lediglich im Falle der Aufspaltung durch Neugründung der Rechtsträger. Demgegenüber führt eine Abspaltung oder Ausgliederung nicht zum Ende des Beherrschungsvertrags. Vielmehr erstreckt sich dieser im Falle der Neugründung auch auf die neu gegründeten Rechtsträger. Bei der Abspaltung oder Ausgliederung zur Aufnahme scheidet eine Bindung des aufnehmenden Rechtsträgers dagegen aus (Emmerich/Habersack, § 297, RN 47).

Keßler

5.3 Der Gewinnabführungsvertrag

Üblicherweise werden Gewinnabführungsverträge mit einem Beherrschungsvertrag zur Begründung einer steuerlichen Organschaft verbunden. Allerdings war bereits unter der Geltung der §§ 14, 17 KStG a. F. – soweit es sich bezüglich des abhängigen Unternehmens um eine Einmann-GmbH handelte – der Abschluss eines Beherrschungsvertrags keine zwingende Voraussetzung zur Begründung einer körperschaftsteuerlichen Organschaft. Insofern gewährleistet bereits die Stellung des Organträgers als Alleingesellschafter der Organgesellschaft die Voraussetzung der organisatorischen Eingliederung (vgl. RN A 85). So ist es nicht erstaunlich, dass hinsichtlich der abhängigen GmbH gerade dem *„isolierten" Gewinnabführungsvertrag* eine erhebliche Bedeutung zukommt. A 163

Wie hinsichtlich des Beherrschungsvertrags, so handelt es sich auch bei dem Gewinnabführungsvertrag – seiner Rechtsnatur entsprechend – nicht lediglich um eine schuldvertragliche Abrede zwischen den Vertragsparteien, sondern um einen *Organisationsvertrag,* der tief in die Struktur der Gesellschaft eingreift und die Befugnisse ihrer Gesellschafter sowie die Interessen der Gesellschaftsgläubiger unmittelbar und einschneidend tangiert. Mit dem Abschluss verpflichtet sich die abhängige GmbH, ihren gesamten Gewinn an das herrschende Unternehmen abzuführen (§ 291 Abs. 1 Satz 1 AktG). Zwar findet sich eine gesetzliche Regelung nur für die abhängige AG oder KGaA, doch finden die Bestimmungen hinsichtlich der abhängigen GmbH entsprechende Anwendung (Emmerich/Habersack, § 291, RN 66; Roth/Altmeppen, Anh. § 13, RN 105). Entsprechend ist das herrschende Unternehmen verpflichtet, während der Laufzeit des Vertrags alle Verluste der abhängigen Gesellschaft zu übernehmen (§ 302 AktG) und nach Vertragsbeendigung deren Gläubigern Sicherheit zu leisten. A 164

Soweit es die Verpflichtung der abhängigen GmbH zur Gewinnabführung betrifft, erfasst diese lediglich den Bilanzgewinn und damit höchstens den Jahresüberschuss entsprechend § 275 Abs. 2 Nr. 20, Abs. 3 Nr. 19 HGB vermindert um einen eventuellen Verlustvortrag aus dem Vorjahr (§ 301 AktG). Die Vorschrift des § 301 AktG erfasst somit grundsätzlich auch Gewinnabführungsverträge mit einer abhängigen GmbH. Insofern gilt das Gebot der Erhaltung des Stammkapitals, wie es in § 30 GmbHG seinen Niederschlag findet, auch bei Bestehen eines Gewinnabführungsvertrags. Zudem ist die entsprechende Bindung an § 301 AktG zwingendes Erfor- A 165 dernis, soweit es um die Anerkennung einer steuerlichen Organschaft geht (§ 17 Satz 2 Nr. 1 KStG; vgl. bereits § 17 Nr. 2 KStG a. F.; siehe hierzu die Ausführungen zum Steuerrecht, RN B 112 ff., B 127). Demgegenüber kommt eine Verminderung um den Betrag, der gem. § 300 Nr. 1 AktG in die gesetzliche Rücklage einzustellen ist, hinsichtlich der abhängigen GmbH nicht in Betracht, weil es im Recht der GmbH keine entsprechende Rücklage gibt. Der Gewinnabführung unterliegen entsprechend § 301 Satz 2 AktG zudem solche Beträge, die während der Dauer des Gewinnabführungsvertrags in andere Gewinnrücklagen eingestellt worden sind (vgl. §§ 272, 273 HGB). Die gilt entsprechend für mögliche Gewinnvorträge (Emmerich/Habersack, § 301, RN 16). Über die Auflösung der Rücklagen und die Verwendung des Gewinnvortrags entscheiden bei der GmbH die Gesellschafter und damit – letztlich – das herrschende Unternehmen.

A 166 § 301 Satz 2 AktG erfasst nach seinem ausdrücklichen Wortlaut nicht solche Rücklagen, die vor Abschluss des Beherrschungsvertrags gebildet wurden. Zumindest in den – seltenen – Fällen einer mehrgliedrigen GmbH kommt daher ihre Abführung an das herrschende Unternehmen aufgrund des Gewinnabführungsvertrags nicht in Betracht. Möglich bleibt demgegenüber ihre Auflösung und die Ausschüttung nach den Regelungen hinsichtlich der Ergebnisverwendung an alle Gesellschafter (Emmerich/Habersack, § 301, RN 15). Demgegenüber ist die Gewinnabführungssperre des § 301 Satz 2 AktG bezüglich der abhängigen Einmann-GmbH aus gesellschaftsrechtlicher Sicht letztlich ohne praktische Bedeutung, da der erforderliche Gläubigerschutz bereits durch die entsprechende Anwendung der §§ 302, 303 AktG gewährleistet ist (Roth/Altmeppen, Anh. § 13, Rn 110). Ihre Einhaltung ist somit durchgängig steuerrechtlich motiviert und sichert insofern die Voraussetzungen der körperschaftsteuerlichen Organschaft.

A 167 Der Jahresüberschuss ist vom Geschäftsführer der abhängigen GmbH zunächst durch Aufstellung einer Vorbilanz nach Maßgabe der §§ 238 ff., 264 ff. HGB und unter Berücksichtigung der allgemeinen Bilanzierungsgrundsätze zu ermitteln. Soweit es um die Ausübung von Bilanzierungswahlrechten geht, kommt diese Befugnis allerdings durchgängig der Gesellschafterversammlung und damit im Ergebnis dem herrschenden Unternehmen zu (§ 46 Nr. 1 GmbHG). Auf eine Vereinbarung i. S. von § 301 AktG über die Berechnung des abzuführenden Gewinns kommt es somit bezüglich der abhängigen GmbH – anders als hinsichtlich der AG – nicht

Keßler

5. Der GmbH-Vertragskonzern

entscheidend an. Demgegenüber erscheint der abzuführende Betrag in der Bilanz des endgültigen Jahresabschlusses nicht mehr als Gewinn, sondern als zu passivierende Verbindlichkeit gegenüber dem herrschenden Unternehmen entsprechend § 266 Abs. 3 Nr. C 6 HGB.

Im Übrigen gewährleistet der Gewinnabführungsvertrag für sich alleine betrachtet *kein Weisungsrecht* des herrschenden Unternehmens gegenüber der abhängigen Gesellschaft. Er schließt somit die Befugnisse des Beherrschungsvertrags nicht ein und begründet weder eine Abhängigkeitsvermutung noch gar eine solche bezüglich des Konzerntatbestands. Allerdings ist dies gem. der normativen Leitungsverfassung der GmbH dort entbehrlich, wo der andere Vertragspartner – wie in fast allen Fällen – sämtliche Anteile an der GmbH oder zumindest eine Mehrheitsbeteiligung hält, da der Geschäftsführer ohnedies an die Beschlüsse der Gesellschafterversammlung bzw. die Weisungen des Alleingesellschafters gebunden ist. Hier gelten zudem die Vermutungstatbestände der §§ 17 Abs. 2, 18 Abs. 1 Satz 3 AktG.

A 168

Soweit es die Voraussetzungen des Vertragschlusses betrifft, gilt das hinsichtlich des Beherrschungsvertrags Ausgeführte in gleicher Weise. Auch der Abschluss eines – isolierten – Gewinnabführungsvertrags ist folglich nicht mehr von der Vertretungsmacht des Geschäftsführers der abhängigen GmbH erfasst. Es bedarf somit notwendig eines *ausdrücklichen Zustimmungsbeschlusses sämtlicher Gesellschafter.* Dieser ist notariell zu beurkunden. Handelt es sich bezüglich des herrschenden Unternehmens gleichfalls um eine GmbH, so bedarf auch dort der Abschluss des Gewinnabführungsvertrags eines zustimmenden Beschlusses der Gesellschafterversammlung mit einer qualifizierten Mehrheit von dreiviertel des bei der Beschlussfassung vertretenen Stammkapitals. Im Übrigen kann, was die Form der Beschlussfassung betrifft sowie hinsichtlich des Schutzes der Minderheitsgesellschafter und der Gesellschaftsgläubiger der abhängigen GmbH, auf die Ausführungen zum Beherrschungsvertrag verwiesen werden. Gleiches gilt hinsichtlich der Beendigung des Gewinnabführungsvertrags.

A 169

Eine Besonderheit ergibt sich insofern lediglich aus dem Umstand, dass hinsichtlich des Gewinnabführungsvertrags auch nach herrschender Auffassung eine Rückwirkung auf das laufende Geschäftsjahr in Betracht kommt (BGH v. 5.4.1993, BGHZ 122, S. 211 ff., 223 f. = NJW 1993, S. 1976 – „SSI"; OLG Hamburg, v. 3.7.1990, NJW 1990, S. 3024 f.). Um-

A 170

Keßler

stritten ist allerdings, ob dies auch in Bezug auf weiter zurückliegende Geschäftsjahre uneingeschränkt gilt. Nach der früheren Regelung des § 14 Nr. 3 Satz 1 KStG kam aus steuerlicher Sicht eine Rückwirkung in Betracht, soweit der Gewinnabführungsvertrag noch vor dem Ende des auf seinen Abschluss folgenden Geschäftsjahres im Handelsregister der abhängigen Gesellschaft eingetragen wurde. Dem folgend wurde zum Teil angenommen, dass die Wertung des Steuerrechts auch im Rahmen der gesellschaftsrechtlichen Beurteilung Gültigkeit beanspruche. Dies sollte jedenfalls so lange gelten, wie der maßgebliche Jahresabschluss noch nicht festgestellt ist (MünchHdb.AG/Krieger, § 71, RN 9). Teilweise wird eine über das aktuelle Wirtschaftsjahr hinausreichende Rückwirkung allerdings mit der Begründung abgelehnt, dies stelle einen Eingriff in das gesetzliche Gewinnbezugsrecht der Gesellschafter dar, für den es an einer gesetzlichen Ermächtigung fehle (so ausdrücklich Emmerich/Habersack, § 291, RN 55).

A 171 Dem ist nicht Folge zu leisten. Allerdings ergibt sich die gesellschaftsrechtliche Behandlung rückwirkender Gewinnabführungsverträge nach zutreffender Auffassung nicht aufgrund einer Parallelwertung zu den Bestimmungen des Steuerrechts, sondern folgt eigenständigen Erwägungen, die unmittelbar in der funktionalen Ausgestaltung der konzernrechtlichen Schutzprinzipien gründen. Bindet man wie hier den Abschluss eines – isolierten – Gewinnabführungsvertrags zwingend und unabdingbar an die ausdrückliche Zustimmung aller Gesellschafter der abhängigen GmbH, so liegt es in deren Händen, durch die Verweigerung ihrer Zustimmung einen angemessenen Ausgleich von Seiten des herrschenden Unternehmens zu erzwingen (so im Ergebnis zutreffend Roth/Altmeppen, Anh. § 13, RN 107). Wo der hierdurch gewährleistete Schutz zu kurz greift, weil der Gesellschaftsvertrag – ausnahmsweise – eine qualifizierte, satzungsändernde Mehrheit (§ 53 Abs. 2 GmbHG) für den Abschluss des Beherrschungsvertrags genügen lässt, kommt es entscheidend darauf an, ob man entsprechend § 47 Abs. 4 GmbHG den herrschenden Gesellschafter bei der Entscheidung hinsichtlich des Vertragschlusses einem Stimmverbot unterwirft. Entgegen der Auffassung des BGH (BGH v. 24.10.1988, BGHZ 105, S. 324 ff., 332 = NJW 1989, S. 295 ff.) ist dies zu bejahen. Lehnt man dies ab, so bleibt der überstimmten Gesellschafterminderheit noch immer die Möglichkeit, den Zustimmungsbeschluss wegen des hierin liegenden Eingriffs in ihr Gewinnbezugsrecht anzufechten. Im Übrigen bleibt es bei der entsprechenden Anwendung der §§ 304, 305 AktG. Was

Keßler

den Schutz der abhängigen Gesellschaft und ihrer Gläubiger betrifft, so ergibt sich dieser bereits aus der entsprechenden Anwendung von §§ 302, 303 AktG und wird durch die rückwirkende Inkraftsetzung des Beherrschungsvertrags allenfalls begünstigt (vgl. bereits RN A 93).

5.4 Fehlerhafte Organisationsverträge

Angesicht der erheblichen und umfangreichen Anforderungen formaler Art, wie sie an den Abschluss von Beherrschungs- und Gewinnabführungsverträgen gestellt werden, ist es kaum erstaunlich, dass deren Abschluss auf Seiten der beteiligten Unternehmen und Gesellschafter mit einem erheblichen Fehlerrisiko behaftet ist. Dies gilt vor allem für den Bereich der (abhängigen) GmbH. Da die Bestimmungen des materiellen Konzernrechts unmittelbar nur auf solche (abhängigen) Gesellschaften Anwendung finden, die in der Rechtsform der AG oder KGaA betrieben werden, bedurfte es zunächst der Klärung zahlreicher Zweifelsfragen seitens der Rechtsprechung, bevor mit hinreichender Sicherheit bestimmt werden konnte, ob und in welchem Umfang bzw. mit welchen Modifikationen die Vorgaben des AktG auch im Bereich der GmbH Anwendung finden. Dabei warten noch immer bestimmte Einzelfragen auf eine abschließende Antwort. Zu fragen ist folglich, wie sich die rechtliche Beurteilung solcher Verträge darstellt, denen zwar aus formalen Gründen die zivilrechtliche Wirksamkeit zu versagen ist, die jedoch seitens der Vertragsbeteiligten in der Vergangenheit praktiziert wurden. Die Rechtsprechung neigt dazu, *fehlerhafte Organisationsverträge entsprechend den Regeln bezüglich der fehlerhaften Gesellschaft für die Vergangenheit als wirksam anzusehen und die Geltendmachung der Nichtigkeit lediglich mit Wirkung für die Zukunft zuzulassen* (BGH v. 14. 12. 1987, BGHZ 103, S. 1 ff., 5 = NJW 1988, S. 1326 ff. – „Familienheim"; v. 19. 9. 1988, BGHZ 105, S. 168 ff., 182 = NJW 1988, S. 3143 ff. – „HSW"; v. 11. 11. 1991, BGHZ 116, S. 37 ff., 39 ff. = NJW 1992, S. 505 ff. – „Stromlieferung"; BGH, NJW 2002, S. 822 ff.).

A 172

Soweit es die Übertragung der Grundsätze hinsichtlich „fehlerhafter Gesellschaftsverträge" betrifft, geht es dabei nicht um eine spezifische Ausprägung der „Rechtsscheinhaftung". Es kommt somit nicht darauf an, ob der Mangel des Beherrschungs- oder Gewinnabführungsvertrags für die Vertragsbeteiligten und ihre Gesellschafter oder gar für außenstehende Dritte, insbesondere die Gläubiger der abhängigen Gesellschaft, erkennbar

A 173

war. Vielmehr handelt es sich aus dogmatischer Sicht um eine – von den subjektiven Vorstellungen der Betroffenen unabhängige – Beschränkung der Nichtigkeitsfolgen, wie diese etwa der Nichtigkeitsklage des § 75 GmbHG zugrunde liegt. Bis zur Geltendmachung des Nichtigkeitsgrunds ist der Vertrag folglich als wirksam anzusehen. Dies betrifft sowohl das Innenverhältnis zwischen den Vertragsparteien als auch das Außenverhältnis gegenüber Dritten. Entscheidend ist einzig, dass die Parteien die Ausübung von Herrschaftsmacht durch das herrschende Unternehmen bzw. die Verpflichtung zur Gewinnabführung auf eine – wenn auch unwirksame – vertragliche Grundlage gestellt haben und das Vertragsverhältnis in der Vergangenheit auch tatsächlich vollzogen wurde. Hierfür genügt es, wenn das herrschende Unternehmen gegenüber der mehrgliedrigen GmbH von seinem Weisungsrecht unter Umgehung der Gesellschafterversammlung Gebrauch gemacht hat oder wenn der Verlustausgleich oder die Gewinnabführung im zurückliegenden Zeitraum einmalig praktiziert wurde. Die hier zutage tretende normative Kraft des Faktischen gründet in ihrem Kern vor allem in dem Schutz der durch das Vertragsverhältnis berührten Interessen der Minderheitsgesellschafter sowie vor allem den Belangen der Gläubiger der abhängigen Gesellschaft. Es erwiese sich aufgrund der Schutzfunktionen des Konzernrechts letztlich als dysfunktional, dessen Schutzdestinatären die gesetzlichen Gewährleistungen zu versagen, soweit das herrschende Unternehmen gerade die in ihrem Interesse errichteten Wirksamkeitsschranken des Unternehmensvertrags negiert (zurückhaltend Emmerich/Habersack, § 291, RN 29 ff.).

A 174 So ist der Beherrschungsvertrag mit einer GmbH auch dann wirksam, wenn die erforderliche Eintragung in das Handelsregister der abhängigen Gesellschaft unterblieben ist (BGH v. 11.11.1991, BGHZ 116, S. 37 ff., 39 = NJW 1992, S. 505 ff. – „Stromlieferung"). Gleiches gilt auch dort, wo dem erforderlichen Zustimmungsbeschluss der Gesellschafter der abhängigen GmbH wegen fehlender Einstimmigkeit die Wirksamkeit versagt ist (MünchKommAktG/Altmeppen, § 291, RN 207 ff.; MünchHdb. AG/Krieger, § 70, RN 47, a. A. Emmerich/Habersack, a. a. O., RN 30a, 45a). Folgerichtig finden zum Schutze der Gläubiger und der abhängigen GmbH die Bestimmungen der §§ 302, 303 AktG entsprechende Anwendung. Das herrschende Unternehmen ist folglich verpflichtet, alle Verluste der abhängigen Gesellschaft auszugleichen und bei der Beendigung des Vertragsverhältnisses den Gläubigern Sicherheit zu leisten.

Keßler

5. Der GmbH-Vertragskonzern

Im Übrigen kann das Vertragsverhältnis mit Wirkung für die Zukunft jederzeit beendet werden. Nach zutreffender Auffassung bedarf es hierzu *lediglich einer Beendigungserklärung*, eine außerordentliche Kündigung entsprechend § 297 AktG ist folglich nicht erforderlich (zutreffend Emmerich/Habersack, § 291, RN 32). Nur dies trägt dem Umstand Rechnung, dass die in Frage stehenden materiellen Schutzinteressen es zwar gebieten, dem Vertrag für den zurückliegenden Zeitraum die Wirksamkeit nicht zu versagen, dass der Mangel des Vertragsschlusses jedoch einen Bestandsschutz für die Zukunft ausschließt. Wollen die Parteien dies vermeiden, so liegt es an ihnen, den Mangel zu heilen. Auch wenn man – hiervon abweichend – mit der Rechtsprechung eine Kündigungserklärung verlangt (BGH v. 14.12.1987, BGHZ 103, S. 1 ff., 5 = NJW 1988, S. 1326 ff. – „Familienheim"; v. 19.9.1988, BGHZ 105, S. 168 ff., 182 = NJW 1988, S. 3143 ff. – „HSW"; v. 11.11.1991, BGHZ 116, S. 37 ff., 39 ff. = NJW 1992, S. 505 ff. – „Stromlieferung"; BGH, NJW 2002, S. 822 ff.), erweist sich der in der Vergangenheit liegende (Abschluss-)Mangel *per se als „wichtiger Grund"* i. S. von § 297 AktG, der geeignet ist, eine sofortige Beendigung des Vertragsverhältnisse zu legitimieren.

A 175

Die Beendigung des Vertragsverhältnisses – sei es im Wege der Beendigungserklärung oder der außerordentlichen Kündigung – fällt grundsätzlich in die Kompetenz des Geschäftsführers der abhängigen GmbH. Dieser ist hierzu jedenfalls soweit verpflichtet, wie Minderheitsgesellschafter dies verlangen und eine Heilung des Vertragsmangels nicht in Betracht kommt (so im Ergebnis Emmerich/Habersack, § 291, RN 45a; Lutter/Hommelhoff, Anh. § 13, RN 78). Kommt der Geschäftsführer dem nicht nach, so macht er sich gegenüber der Gesellschaft nach § 43 GmbH, § 310 AktG schadensersatzpflichtig. Gleiches gilt für die Organe des herrschenden Unternehmens und dieses selbst (§ 31 BGB), wenn diese auf den Geschäftsführer einwirken, das fehlerhafte Vertragsverhältnis fortzusetzen. Darüber hinaus wird man die Minderheitsgesellschafter als berechtigt ansehen müssen, den Anspruch auf Vertragsbeendigung im Wege der actio pro socio (vgl. RN A 208 f.) als Schadensersatzanspruch gegenüber dem herrschenden Unternehmen geltend zu machen (Emmerich/Habersack, a. a. O., RN 46).

A 176

5.5 Sonstige Unternehmensverträge

A 177 Im Übrigen finden auch die aktienrechtlichen Regelungen hinsichtlich der sonstigen Unternehmensverträge des § 292 AktG im Recht der GmbH entsprechende Anwendung (Emmerich/Habersack, § 292, Rn 21 f., 37 f., 53 f.; ablehnend Roth/Altmeppen, Anh. § 13, RN 113). Dies betrifft die *Gewinngemeinschaft,* den *Teilgewinnabführungsvertrag* sowie den *Betriebspacht-* und den *Betriebsüberlassungsvertrag.* Anders als bezüglich des Beherrschungs- sowie des Gewinnabführungsvertrags, handelt es sich bei den Gestaltungsformen des § 292 AktG allerdings nicht um Organisationsverträge, sondern um schuldrechtliche Austauschverträge mit deutlich ausgeprägten organisationsrechtlichen Elementen. Dies gilt es bei der Frage nach der Mitwirkungskompetenz der Gesellschafter der abhängigen GmbH angemessen zu berücksichtigen

A 178 Eine Gewinngemeinschaft i. S. von von § 292 Abs. 1 Satz 1 AktG liegt vor, soweit sich eine AG oder KGaA verpflichtet, *„ihren Gewinn oder den Gewinn einzelner ihrer Betriebe ganz oder zum Teil mit dem Gewinn anderer Unternehmen oder einzelner Betriebe anderer Unternehmen zur Aufstellung eines gemeinschaftlichen Gewinns zusammenzulegen".* Schon nach ihrem Wortlaut erfasst die Bestimmung solche Gewinngemeinschaften, in der neben einer AG oder KGaA auch Unternehmen in der Rechtsform der GmbH beteiligt sind. Nach zutreffender Auffassung finden die Bestimmungen des Aktiengesetzes jedoch auch dort entsprechende Anwendung, wo die Gewinngemeinschaft ausschließlich aus Unternehmen in der Rechtsform der GmbH oder sonstiger Gesellschaften besteht. Die Gewinngemeinschaft begründet zwischen den beteiligten Unternehmen eine GbR, deren gemeinsamer Zweck in der Poolung und Verteilung des Gewinns besteht. In entsprechender Anwendung von § 293 Abs. 3 AktG bedarf die Vereinbarung – abweichend von §§ 705 ff. BGB – der Schriftform (§ 126 BGB). Darüber hinaus bedarf es wegen des damit verbundenen Eingriffs in das Gewinnbezugsrecht der Gesellschafter einer Zustimmung der Gesellschafterversammlung mit qualifizierter, satzungsändernder Mehrheit. Der Beschluss bedarf zu seiner Wirksamkeit der notariellen Beurkundung (§ 53 Abs. 2 Satz 1 GmbHG) sowie der Eintragung ins Handelsregister (§ 54 GmbHG) (Emmerich/Habersack, § 292, RN 21; Hachenburg/Ulmer, Anh. § 77, RN 193, 203a; Michalski/Zeidler, Syst. Darst. 4, RN 185). Sind einzelne an der Gewinngemeinschaft beteiligte Unternehmen in der Rechtsform der GmbH von anderen beteiligten Unternehmen

Keßler

abhängig, so bedarf es zur Sicherstellung eines ausgewogenen Interessenausgleichs darüber hinaus in entsprechender Anwendung von § 33 Abs. 1 Satz 2 BGB der Zustimmung sämtlicher Gesellschafter der abhängigen GmbH (Emmerich/Habersack, § 292, RN 22; Zeidler, a. a. O.).

Ein Teilgewinnabführungsvertrag gem. § 292 Abs. 1 Nr. 2 AktG liegt vor, soweit sich eine GmbH verpflichtet, *„einen Teil ihres Gewinns oder den Gewinn einzelner ihrer Betriebe ganz oder zum Teil an einen anderen abzuführen"*. Legt man dies zugrunde, so erfüllt grundsätzlich auch der Abschluss eines *stillen Gesellschaftsvertrags* mit einer GmbH die hier gegebenen Voraussetzungen (so jetzt ausdrücklich BGH v. 21. 7. 2003, NJW 2003, S. 3412 ff.). Gleichgültig ist dabei, ob es sich um eine typische oder atypische Beteiligung handelt; da in jedem Falle der Stille gem. § 231 Abs. 2 HGB am Gewinn der GmbH teilnimmt. Hieraus folgt zunächst, dass stille Gesellschaftsverträge mit einer GmbH in entsprechender Anwendung von § 293 Abs. 3 AktG der Schriftform bedürfen (Emmerich/Habersack, § 292, RN 29a für die AG; vgl. auch: OLG Celle 22. 11. 1999, AG 2000, S. 280 ff.; a. A.: Roth/Altmeppen, Anh. § 13, RN 113 f.). Dies gilt auch für sämtliche Nebenabreden. Fehlt es hieran, so ist der Vertrag insgesamt formnichtig (§ 125 BGB). Zudem bedarf es nach herrschender Auffassung *der Zustimmung der Gesellschafterversammlung mit qualifizierter, satzungsändernder Mehrheit* (BGH a. a. O.). Der Zustimmungsbeschluss ist notariell zu beurkunden und bedarf zu seiner Wirksamkeit der Eintragung ins Handelsregister (§§ 53 Abs. 2 Satz 1, 54 GmbHG; siehe hierzu Emmerich/Habersack, § 292, RN 37; Rowedder/Schmidt-Leithoff, § 52, RN 69; a. A. Roth/Altmeppen, Anh. § 13, RN 112 ff.). Ist die GmbH von dem anderen Vertragsteil abhängig, so bedarf es darüber hinaus entsprechend § 33 Abs. 1 Satz 2 BGB der Zustimmung sämtlicher Gesellschafter (Emmerich/Habersack, a. a. O., RN 37a; Zeidler, a. a. O., RN 185).

A 179

Ein Betriebspacht- oder Betriebsüberlassungsvertrag entsprechend § 292 Abs. 1 Satz 3 AktG liegt vor, soweit die GmbH *„den Betrieb ihres Unternehmens einem anderen verpachtet oder sonst überlässt"*. Erfasst werden damit solche Vertragsverhältnisse, in denen die GmbH ihr gesamtes betriebsnotwendiges Anlagevermögen einem anderen gegen Entgelt überlässt, der den Betrieb im eigenen Namen und auf eigene Rechnung weiter betreibt. Entsprechend § 293 Abs. 3 AktG bedarf der Vertrag einschließlich sämtlicher Nebenabreden zwingend der Schriftform. Darüber hinaus gilt es zu beachten, dass die Verpachtung des gesamten Betriebsver-

A 180

mögens nicht mehr von der Geschäftsführungsbefugnis des Geschäftsführers gedeckt ist. Es bedarf somit – wie bei den anderen Verträgen i. S. von § 292 AktG – der *Zustimmung der Gesellschafter mit satzungsändernder Mehrheit* (vgl. OLG Hamburg v. 29.10.1999, AG 2001, S. 91 ff.; Emmerich/Habersack, § 292, RN 54). Ist die Überlassung des Anlagevermögens nicht mehr vom Gesellschaftszweck der GmbH gedeckt, so bedarf es darüber hinaus entsprechend § 33 Abs. 1 Satz 2 BGB der Zustimmung sämtlicher Gesellschafter (Emmerich/Habersack, a. a. O.).

A 181 Im Übrigen finden die Regelungen hinsichtlich des Betriebspacht- oder Betriebsüberlassungsvertrags nach zutreffender Auffassung auf den Abschluss eines *Betriebsführungsvertrages (Managementvertrages)* entsprechende Anwendung. Ein solcher liegt vor, wenn die GmbH ein anderes Unternehmen durch Vertrag verpflichtet, das Unternehmen der GmbH im Namen und für Rechnung der Gesellschaft zu führen. In entsprechender Anwendung von § 293 Abs. 3 AktG bedarf die Abrede der Schriftform, sowie gem. §§ 53, 54 GmbHG eines qualifizierten und notariell beurkundeten Zustimmungsbeschlusses der Gesellschafterversammlung und der konstitutiven Eintragung im Handelsregister der GmbH.

5.6 Die Patronatserklärung

A 182 Mittelbare Einstandspflichten des herrschenden Unternehmens gegenüber den Gläubigern der abhängigen Gesellschaft können sich zudem unabhängig von den Voraussetzungen des Vertragskonzerns aus dem Vorliegen einer Patronatserklärung ergeben. Als solche bezeichnet man Erklärungen der Muttergesellschaft gegenüber den Gläubigern der abhängigen GmbH, in denen diese sich verpflichtet, für die Erfüllung der Verbindlichkeiten seitens der Tochtergesellschaft Sorge zu tragen. Im Mittelpunkt steht dabei die Versicherung des herrschenden Unternehmens für eine ausreichende Liquidität der Tochtergesellschaft im Zeitpunkt der Fälligkeit der Forderung einzustehen.

A 183 Üblicherweise unterscheidet man hierbei zwischen *harten und weichen Patronatserklärungen.* Inhalt der „harten" Patronatserklärungen ist dabei die rechtlich bindende (Garantie-)Verpflichtung des herrschenden Unternehmens gegenüber den Gesellschaftsgläubigern, die abhängige Gesellschaft so mit finanziellen Mitteln auszustatten, dass diese in der Lage ist, ihren fälligen Verbindlichkeiten gegenüber den Gläubigern nachzukommen. Auf den Vertrag findet § 151 BGB Anwendung, so dass es keiner

Keßler

5. Der GmbH-Vertragskonzern

ausdrücklichen Annahmeerklärung seitens der Gläubiger bedarf. Dabei kann sich die Erklärung sowohl an einzelne Gläubiger, als auch an die Gläubigergesamtheit richten und sowohl gegenwärtige als auch künftige Forderungen einschließen. Über den jeweiligen Erklärungsinhalt entscheidet eine Auslegung nach Maßgabe des objektivierten Empfängerhorizonts gem. §§ 133, 157 BGB. Kommt das herrschende Unternehmen seiner aus der Patronatserklärung folgenden Ausstattungsverpflichtung nicht nach, so macht es sich gegenüber den Erklärungsempfängern schadensersatzpflichtig (§ 280 Abs. 1 BGB; vgl. BGH v. 30. 1. 1992, BGHZ 117, S. 127 ff., 132 ff. = NJW 1992, S. 2093 ff.; OLG Düsseldorf, GmbHR 2003, S. 179 ff.).

Demgegenüber beinhaltet die weiche Patronatserklärung gerade keine rechtlich bindende Verpflichtung zur ausreichenden Liquiditätsvorsorge bezüglich der Tochtergesellschaft, sondern stellt lediglich eine unverbindliche Absichtserklärung dar. Schadensersatzansprüche wegen vertraglicher Pflichtverletzung (§ 280 Abs. 1 BGB) scheiden folglich aus. Allerdings kommen ggf. Ersatzansprüche unter dem Gesichtspunkt des Verschuldens bei Vertragsschluss in Betracht. Zeichnet sich folglich im Zeitpunkt der Erklärung ab, dass die abhängige GmbH voraussichtlich ihren Verbindlichkeiten nicht nachkommen kann, so haftet der herrschende Gesellschafter für den Vertrauensschaden des Gläubigers (§§ 241 Abs. 2, 280, 311 Abs. 3 BGB; vgl. OLG Düsseldorf, GmbHR 2003, S. 179 f.). Ob eine harte oder weiche Patronatserklärung vorliegt, ist wiederum im Wege der Auslegung zu ermitteln. **A 184**

Von der Patronatserklärung gegenüber den Gesellschaftsgläubigern gilt es die *Liquiditätszusage gegenüber der Tochtergesellschaft* zu unterscheiden. Führt die Erstere – im Falle der harten Patronatserklärung – zu einer rechtsgeschäftlichen Bindung im Außenverhältnis, so betrifft die Letztere lediglich das Innenverhältnis zwischen dem herrschenden Unternehmen und seiner abhängigen Tochter. Hier treten ggf. insofern Abgrenzungsschwierigkeiten auf, als Patronatserklärungen auch in der Form eines Vertrags zugunsten Dritter (§§ 328 ff. BGB) in Betracht kommen. Insofern kommt es entscheidend darauf an, ob es dem Erklärenden zur Stärkung der Kreditfähigkeit der GmbH, um die Begründung eigener Ansprüche der Gesellschaftsgläubiger geht. Im Zweifel wird von einer Liquiditätszusage auszugehen sein. Gegenstand ist die rechtsgeschäftliche Verpflichtung gegenüber der Tochtergesellschaft für ihre ausreichende Liquidität hinsichtlich der Erfüllung sämtlicher Gläubigeransprüche Sorge zu tragen. **A 185**

Keßler

Zwar bestehen keine Ansprüche der Gläubiger aus eigenem Recht, doch steht diesen die Möglichkeit offen, im Wege der Forderungspfändung auf die Liquiditätszusage zuzugreifen (§§ 829, 835 ZPO).

6. Faktische GmbH-Konzerne

Literatur: *Altmeppen*, Grundlegend Neues zum „qualifizierten faktischen" Konzern und zum Gläubigerschutz in der Einmann-GmbH, ZIP 2001, S. 1837 ff.; *ders.*, Gesellschafterhaftung und „Konzernhaftung" bei der GmbH, NJW 2002, S. 321 ff.; *ders.*, Zur Entwicklung eines neuen Gläubigerschutzkonzepts in der GmbH – Zugleich Besprechung von BGH Urt. v. 24. 6. 2002, ZIP 2002, S. 1553 ff.; *Bitter*, Der Anfang vom Ende des qualifiziert faktischen GmbH-Konzerns – Ansätze einer allgemeinen Missbrauchshaftung in der Rechtsprechung des BGH, WM 2001, S. 213 ff.; *Bruns*, Existenz- und Gläubigerschutz in der GmbH – das Vulkan-Konzept, WM 2003, S. 815 ff.; *Daumke/Keßler*, Gesellschaftsrecht, 3. Aufl., Oldenburg 2000; *dies.*, Der GmbH-Geschäftsführer, 2. Aufl., Herne/Berlin 2003; *A. Diem*, Besicherung von Gesellschafterverbindlichkeiten als existenzvernichtender Eingriff des Gesellschafters ?, ZIP 2003, S. 1283 ff.; *Drygala*, Abschied vom qualifizierten faktischen Konzern – oder Konzernrecht für alle?, GmbHR 2003, S. 729 ff.; *Ebel-Borges*, Die Gesellschafterhaftung im Kapitalgesellschaftskonzernrecht, JURA 2002, S. 761 ff.; *Freitag*, §§ 30, 31 GmbHG, „Bremer Vulkan-Urteil" und „Limitation Language" – (Ab-) Wege in der GmbH-Konzernfinanzierung ?, WM 2003, S. 805 ff; *Hoffmann*, Das GmbH-Konzernrecht nach dem „Bremer Vulkan"-Urteil, NZG 2002, S. 68 ff.; *Keßler*, Kapitalerhaltung und Gläubigerschutz in der Einpersonen-GmbH – zum beiläufigen Ende des „qualifizierten faktischen GmbH-Konzerns, GmbHR 2001, S. 1095 ff.; *ders.*, Die Durchgriffshaftung der GmbH-Gesellschafter wegen existenzvernichtender Eingriffe – Zur dogmatischen Konzeption des Gläubigerschutzes in der GmbH – Besprechung der „KBV"-Entscheidung, GmbHR 2002, S. 945 ff.; *Kleindiek*, Steuerumlagen im gewerbesteuerlichen Organkreis – Anmerkungen aus aktienrechtlicher Perspektive, DStR 2000, S. 559 ff.; *Lutter/Banerjea*, Die Haftung wegen Existenzvernichtung, ZGR 2003, S. 402 ff.; *Michalski/Zeidler*, GmbHG 2002, Syst. Darst. 4 RN 234 ff., 259 ff.; *K. Schmidt*, Die wundersame Karriere des Unternehmensbegriffs im Reich der Konzernhaftung – Überlegungen über Rechtsfortbildung und Begriffsjurisprudenz, AG 1994, S. 189 ff.; *ders.*, Natürliche Person als herrschendes Unternehmen im qualifizierten faktischen Konzern, NJW 1994, S. 447 ff.; *Raiser*, Konzernhaftung und Unterkapitalisierung – Besprechung der Entscheidung BGH, AG 1994, 179 (EDV-Peripherie), ZGR 1995, S. 159 ff.; *V. Röhricht*, Die GmbH im Spannungsfeld zwischen wirtschaftlicher Dispositionsfreiheit ihrer Gesellschafter und Gläubigerschutz, in: Geiß/Nehm/Brandner/Hagen, FS 50 Jahre BGH, 2000, S. 83 ff; *ders.*, Die aktuelle höchstrichterliche Rechtsprechung zum Gesellschaftsrecht, in: *Burgard/Kleindiek/Röhricht/Schmiel/Schüppen/Vetter*, Gesellschaftsrecht in der Diskussion, 2002, 2003, S. 3 ff.; *Römermann/Schröder*, Aufgabe des qualifizierten faktischen GmbH-

Keßler

6. Faktische GmbH-Konzerne

Konzerns; Das „Bremer Vulkan"-Urteil des BGH vom 17. 9. 2001, GmbHR 2001, S. 1015 ff.; *Roth/Altmeppen*, GmbHG, 4. Aufl., München 2003, Anh. § 13 RN 144 ff., 160 ff.; *K. Schmidt*, Gesellschafterhaftung und „Konzernhaftung" bei der GmbH, NJW 2001, S. 3577 ff.; *Vetter/Stadler,* Haftungsrisiken beim konzernweiten Cash Pooling, 2003; *H.-P. Westermann,* Haftungsrisiken eines „beherrschenden" GmbH-Gesellschafters, NZG 2002, S. 1129 ff.; *ders.*, GmbH-Konzernrecht kraft richterlicher Fortbildung?; GmbHR 1976, S. 77 ff.; *Wiedemann,* Die Bedeutung der ITT-Entscheidung, JZ 1976, S. 392 ff.; *ders.*, Reflexionen zur Durchgriffshaftung – Zugleich eine Besprechung des Urteils des BGH, WM 2002, 1804 (KBV), ZGR 2003, S. 283 ff.; *J. Wilhelm,* Zurück zur Durchgriffshaftung – das „KBV"-Urteil des II. Zivilsenats des BGH vom 24. 6. 2002, NJW 2003, S. 175 ff.

6.1 Praktische Bedeutung und normative Regelungsstruktur

Soweit es dem herrschenden Unternehmen nicht um die Vorteile der steuerlichen Organschaft geht, erweist sich aus gesellschaftsrechtlicher Sicht die Begründung eines Vertragskonzerns weder als geboten, noch als vorteilhaft. In der Praxis überwiegen daher eindeutig Gestaltungsformen der faktischen Konzernierung, bei denen das herrschende Unternehmen seinen Einfluss auf die abhängige Gesellschaft *ausschließlich auf seinen Anteilsbesitz* gründet. Was das aus § 308 AktG folgende Weisungsrecht des herrschenden Unternehmens gegenüber der abhängigen GmbH betrifft, so folgt der Einfluss des Mehrheitsgesellschafters im Recht der GmbH regelmäßig bereits aus dessen Anteilsbesitz. Dies gilt ohne Einschränkungen hinsichtlich der Einpersonen-GmbH, erstreckt sich jedoch cum grano salis auch auf die mehrgliedrige Gesellschaft mit einem beherrschenden Mehrheitsgesellschafter. Wie § 37 Abs. 1 GmbHG verdeutlicht, kommt den Geschäftsführern keine § 76 Abs. 1 AktG vergleichbare Leitungsautonomie zu. Diese sind vielmehr – mangels einer abweichenden Regelung des Gesellschaftsvertrags – an die Beschlüsse der Gesellschafterversammlung bzw. die Weisungen des Alleingesellschafters gebunden. Dies erfasst grundsätzlich auch solche Weisungen, die sich zum Nachteil der GmbH auswirken, also beispielsweise Eingriffe in die Vermögenssubstanz der Gesellschaft. Dabei gilt es zu beachten, dass der Grundsatz der Kapitalerhaltung im Recht der GmbH deutlich restriktiver ausgeprägt ist, denn im Aktienrecht. Gemäß § 57 Abs. 3 AktG darf an die Gesellschafter der AG vor deren Auflösung nur der Bilanzgewinn im Rahmen eines ordnungsmäßigen Gewinnverwendungsbeschlusses ausgeschüttet werden. Dem-

A 186

gegenüber unterliegt das Vermögen der GmbH nur insofern einer Ausschüttungssperre, wie dieses zu *Deckung des satzungsgemäßen Stammkapitals erforderlich ist* (§§ 30, 31 GmbHG). Bis zu dieser Grenze erweist sich zumindest die Einmann-GmbH gegenüber ihrem Alleingesellschafter als nicht eingriffsresistent.

A 187 Allerdings gilt es hinsichtlich der Einwirkungsbefugnis der Gesellschafter deutlich zwischen ein- und mehrgliedrigen Gesellschaften zu differenzieren. Soweit es einzig den Aspekt des Gläubigerschutzes betrifft, folgt die Eingriffsgrenze aus der normativen Gewährleistung des Haftungsfonds. Wo das Vermögen der Gesellschaft den zur Deckung des Stammkapitals erforderlichen Betrag überschreitet, ist der überschießende Betrag zugunsten des Alleingesellschafters disponibel. Gleiches gilt notwendig dort, wo der Eingriff in einem einstimmigen Beschluss oder zumindest im Konsens sämtlicher Anteilseigner gründet. Demgegenüber ist die Mehrheit in aller Regel nicht befugt, ohne die Zustimmung der übrigen Gesellschafter zum Nachteil der GmbH auf diese einzuwirken. Insofern unterliegen der Wert ihres Geschäftsanteils sowie das Gewinnbezugsrecht der Minderheitsgesellschafter nicht der Dispositionsbefugnis der Gesellschaftermehrheit. Dies ist weniger eine Frage des Konzerninnenrechts, als eine solche nach den *Grenzen der Mehrheitsherrschaft in der GmbH*. Ob und inwiefern der Mehrheitsgesellschafter berechtigt ist, zum Nachteil der Gesellschaft und der Gesellschafterminderheit auf die GmbH einzuwirken, kann in nuce nicht davon abhängen, ob es sich bei Ersterem um ein Unternehmensgesellschafter i. S. des Konzernrechts handelt, auch wenn die Gefahr einer Schädigung der abhängigen Gesellschaft in Konzernrechtslagen von besonderer Virulenz ist. Folgerichtig orientieren sich Ausrichtung und Umfang des Schädigungsverbots in der (abhängigen) GmbH – soweit es den Schutz der Minderheitsgesellschafter betrifft – nicht an den Vorgaben des Aktienrechts, insbesondere den §§ 311 ff. AktG, sondern folgen eigenen, in der personalistischen Struktur der GmbH gründenden Regelungsprinzipien. Zudem erweist sich die Ausgestaltung des konzernspezifischen Interessenschutzes seitens der Regelungen des „faktischen" Aktienkonzerns aus Sicht der abhängigen GmbH insofern als wenig probat, als dieser vorwiegend im Instrumentarium des Abhängigkeitsberichts (§§ 312 ff. AktG) gründet, das sich aus methodischen und strukturellen Gründen kaum auf die GmbH übertragen lässt. Zwar schließt dies nicht aus, einzelne Regelungsvorgaben und Wertungen des Aktienrechts auf ihre Analogiefähigkeit zum Schutz der abhängigen GmbH zu überprüfen, wie dies vor allem

Keßler

6. Faktische GmbH-Konzerne

bezüglich der Haftung der Organmitglieder des herrschenden Unternehmens erwogen wird (vgl. § 317 AktG), doch kommt eine durchgängige Ausrichtung der Binnenordnung der abhängigen GmbH am Modell der §§ 311 ff. AktG nicht in Betracht.

Dies gilt aufgrund der divergierenden Eingriffsresistenz und der abweichenden Leitungsstruktur (Corporate Governance) der GmbH erst recht, soweit es den Schutz der Gläubiger der abhängigen Gesellschafter betrifft. Zwar hatte die Rechtsprechung lange Zeit die Lösung der hier aufgeworfenen Fragen unter dem plakativen Rubrum des *qualifizierten faktischen GmbH-Konzern* in einer Analogie zu den Regelungen des Vertragskonzerns, insbesondere den §§ 302, 303 des Aktienrechts, gesucht, doch hatten sich die hieraus abgeleiteten Orientierungsvorgaben zum Teil als zu restriktiv, mehrheitlich jedoch als völlig unzureichend erwiesen. Soweit es den Schutz der Gesellschaftsgläubiger betrifft, ergeben sich die Grenzen der Eingriffsbefugnis des Mehrheitsgesellschafters primär aus den Vorgaben der §§ 30, 31 GmbH zur Erhaltung des Stammkapitals. Werden diese nicht tangiert, so bedarf es im Regelfalle keiner ergänzenden Schutzgewährleistung. Etwas anderes gilt allerdings dort, wo (Mehrheits-)Gesellschafter in einer solchen Weise auf die GmbH einwirken, dass sie dieser die *Existenzgrundlage* entziehen. Hierbei erweist es sich aus Sicht der geschädigten Gläubiger als durchweg gleichgültig, ob die schädigende Einflussnahme einem Gesellschafter zuzurechnen ist, der außerhalb der GmbH weitere unternehmerische Interessen verfolgt und daher als herrschendes Unternehmen i. S. der funktionalen Sichtweise des Konzernrechts anzusehen ist. Nach zutreffender Auffassung kommt es noch nicht einmal darauf an, dass die Schädigung in Maßnahmen oder Weisungen eines Mehrheitsgesellschafters gründet. Es genügt vielmehr, dass die Gesellschafter – gemeinsam oder mehrheitlich – die GmbH in die – i. d. R. masselose – Insolvenz treiben und *damit die in der Gesellschaft angelegten Geschäftsrisiken auf ihre Gläubiger verlagern.* A 188

Auch hier soll nicht bestritten werden, dass die Gefährdung von Gläubigerinteressen dort, wo der Mehrheitsgesellschafter weiterreichende unternehmerische Aktivitäten entfaltet, von signifikanter Bedeutung ist. Allerdings handelt es sich dabei allenfalls um eine Frage der statistischen Relevanz, die nicht geeignet ist, materielle Wertungsunterschiede im Verhältnis zu sonstigen existenzvernichtenden Einwirkungen seitens der Gesellschafter zu begründen. Die Rechtsprechung hat daher mit guten Gründen von ihrem bisherigen Lösungskonzept Abstand genommen und die A 189

Grundsteine für eine schlüssige und konsistente Ausgestaltung des Gläubigerschutzes (nicht nur) in der abhängigen GmbH gelegt. Dass dieses noch Lücken und Unwägbarkeiten aufweist, ist angesichts der am Einzelfall orientierten Rechtsfortbildungskompetenz höchstrichterlicher Natur unverzichtbar, doch lässt die jüngste Entscheidungspraxis eine einigermaßen zuverlässige Extrapolation der normativen Orientierungslinien durchaus zu.

6.2 Das Schädigungsverbot des Mehrheitsgesellschafters in der (abhängigen) GmbH

Literatur: *Bachelin*, Der konzernrechtliche Minderheitenschutz, Köln 1969; *Lutter*, Die Haftung des herrschenden Unternehmens im GmbH-Konzern, ZIP 1985, S. 1425 ff.; *K. Schmidt*, Konzernrecht, Minderheitenschutz und GmbH-Innenrecht, GmbHR 1979, S. 121 ff.; *Verhoeven*, GmbH-Konzern –Binnenrecht, Bonn 1978; *Tröger*, Treuepflicht im Konzernrecht, Köln 2000; *Westermann*, GmbH-Konzernrecht kraft richterlicher Rechtsfortbildung, GmbHR 1976, S. 77 ff.; *Wiedemann*, Die Bedeutung der ITT-Entscheidung, JZ 1976, S. 392 ff.; *Winter*, Eigeninteresse und Treuepflicht bei der Einmann-GmbH in der neueren BGH-Rechtsprechung, ZGR 1994, S. 570 ff.; *Zöllner*, Treuepflichtgesteuertes Aktienkonzernrecht, ZHR 162 (1998), S. 235 ff.

A 190 Wie die Ausführungen zeigen, ist der Schutz der Minderheitsgesellschafter der abhängigen GmbH gegenüber nachteiligen Einwirkungen der Gesellschaftermehrheit vorzugswürdig in einer funktionalen und effektiven Ausgestaltung des satzungsrechtlichen und normativen Konzerneingangsschutzes zu finden. Allerdings sind der Errichtung vorbeugender „Schutzzäune" im Wege der Satzungsgestaltung vor allem wegen der Wettbewerbsordnung notwendige Grenzen gesetzt. Ein allgemeines Verbot nicht konkurrierender unternehmerischer Entfaltung zu Lasten eines (Mehrheits-)Gesellschafters scheidet i. d. R. aus (§ 1 GWB, Art. 81 EGV). Insofern stellt das immanente Wettbewerbsverbot, wie es die Rechtsprechung als ungeschriebene Grenze zu Lasten des Mehrheitsgesellschafters konstatiert, eine nur schwer zu überschreitende Regelungsgrenze dar. Zwar setzt die Vinkulierung der Gesellschaftsanteile ebenso wie die Begründung von Vorkaufsrechten und Andienungspflichten zugunsten der Gesellschafter dem nachträglichen Erwerb einer Mehrheitsbeteiligung ggf. Grenzen, doch lassen sich hierdurch strukturelle Gefährdungslagen, wie diese ein Unternehmensverbund tendenziell mit sich bringt, nicht durchgängig ausschließen. Im Übrigen gilt es erneut zu betonen, dass der

Keßler

6. Faktische GmbH-Konzerne

Missbrauch der Mehrheitsherrschaft auch in anderen Fällen durchaus denkbar erscheint. Es bedarf somit neben und ergänzend zur Konzerneingangskontrolle eines Regelungskonzepts, das schädigende Einwirkungen der Gesellschaftermehrheit in umfassender Weise sanktioniert und dabei den strukturellen Besonderheiten, insbesondere *der personalistischen Ausprägung der GmbH,* in angemessenem und hinreichendem Umfang Rechnung trägt. Letztlich steht und fällt die Wirksamkeit der Missbrauchskontrolle, mit der Bereitstellung effizienter Durchsetzungsmechanismen zugunsten der gefährdeten Gesellschafterminderheit.

Soweit es die personale Ausgestaltung des Binnenverhältnisses der GmbH betrifft, kommt hier in erster Linie die dogmatisch-funktionale Einbindung *gesellschaftsrechtlicher Treuepflichten* in Betracht. Deren Bestehen ist hinsichtlich der GmbH schon lange anerkannt. Dabei weist die Treuebindung der Gesellschafter eine gleichsam doppelte Orientierung auf. Sie betrifft einerseits das Verhältnis der Gesellschafter zu ihrer Gesellschaft, erfasst jedoch ebenso das Verhältnis der Gesellschafter untereinander. Dies trägt dem Umstand Rechnung, dass der Gesellschaftsvertrag schuldrechtliche Bindungen nicht nur zwischen dem Anteilseigner und der juristischen Person, sondern – vor allem in Form von Mitwirkungs- und Unterlassungspflichten – auch zwischen den Gesellschaftern begründet. Dabei kommt den Belangen der Gesellschaft – wie sich notwendig aus der überindividuellen Verbindlichkeit des gemeinsamen Zwecks (§ 705 BGB) innerhalb des Gesellschaftsverbunds ergibt – im Konfliktfalle der Vorrang zu. Die durch eine (schuldhafte) Verletzung der Treuepflicht seitens eines Gesellschafters bedingten Schäden sind folglich vorrangig im Vermögen der Gesellschaft auszugleichen (Emmerich/Habersack, Anh. § 318, RN 27). Ein individueller Schadensausgleich zugunsten eines Gesellschafters kommt nur soweit in Betracht, wie die Beeinträchtigung das Vermögen der Gesellschaft selbst nicht berührt und es sich um einen isolierten oder über die Schädigung der Gesellschaft hinausweisenden Individualschaden handelt. Die Konzentration der Ersatzverpflichtung im Vermögen der Gesellschaft sichert dabei einerseits die gleichmäßige Partizipation aller Gesellschafter am Schadensausgleich; sie zeitigt jedoch darüber hinaus notwendig Reflexwirkungen zugunsten der Gesellschaftsgläubiger in dem sie zur Erhaltung des Haftungsfonds beiträgt.

Im Übrigen bestehen gesellschaftsrechtliche Treuepflichten nicht nur zwischen den unmittelbar beteiligten Gesellschaftern einer GmbH; diese erfassen in mehrstufigen Konzernen vielmehr auch die im hierarchischen

A 191

A 192

Verbund vor- und nachgelagerten Unternehmen, soweit der gestufte Anteilsbesitz die Möglichkeit einer mittelbaren Beherrschung eröffnet (BGH v. 5. 6. 1975, BGHZ 65, S. 15 ff., 20 f. = NJW 1976, S. 191 ff. – „ITT"; Emmerich/Habersack, Anh. § 318, RN 28). Die Schädigung der abhängigen Enkelgesellschaft stellt somit nicht nur eine Verletzung der Treuepflicht seitens der unmittelbaren Gesellschafterin, d. h. der Konzerntochter dar, sondern legitimiert darüber hinaus auch Schadensersatzansprüche gegenüber der Konzernmutter, soweit die schädigende Einflussnahme von dieser ausgeht.

A 193 Allerdings beschränkt sich das Schutzkonzept der gesellschaftsrechtlichen Treuepflicht notwendig auf die *mehrgliedrige GmbH*. Es ist folglich über seine Instrumentalisierung im Rahmen des Minderheitenschutzes nicht geeignet, zur dogmatischen Grundlage eines funktionsfähigen Gläubigerschutzes im Rahmen der abhängigen Einpersonen-GmbH zu gerinnen. Zwar sind Treuebindungen zwischen dem Alleingesellschafter und seiner GmbH theoretisch durchaus vorstellbar, doch kommt es hinsichtlich der Verletzung der Treuepflicht notwendig darauf an, ob und inwiefern die Einwirkung des Gesellschafters die berechtigten (Eigen-)Interessen der Gesellschaft tangiert. Angesichts der personalistischen Struktur der GmbH kann das Gesellschaftsinteresse dabei nicht losgelöst vom Willen ihres Alleingesellschafters bestimmt werden. Insofern entspricht das Gesellschaftsinteresse zwangsläufig den gesellschaftsrechtlich orientierten Interessen der Gesellschafter. Damit bestimmt die Interessenlage des Einmann-Gesellschafters gleichzeitig das Gesellschaftsinteresse, so dass eine Divergenz beider Interessensphären grundsätzlich ausscheidet.

A 194 Der BGH hat in seiner „ITT-Entscheidung" (BGH v. 5. 6. 1975, BGHZ 65, S. 15 ff. = NJW 1976, S. 192 ff.; siehe hierzu H.P. Westermann, GmbHR 1976, S. 77 ff.; Wiedemann, JZ 1976, S. 392 ff.) den Schutz der Minderheitsgesellschafter in der abhängigen GmbH gegenüber nachteiligen Einwirkungen des herrschenden (Unternehmens-)Gesellschafters im Rahmen der gesellschaftsrechtlichen Treuepflicht ausdrücklich anerkannt. Danach ist dem Mehrheitsgesellschafter innerhalb der mehrgliedrigen GmbH – über die Grenze der §§ 30, 31 GmbHG hinaus – jede schädigende Einwirkung auf die Gesellschaft versagt. *Weder die Belange des herrschenden Unternehmens, noch das Konzerninteresse vermögen eine Schädigung der abhängigen Gesellschaft zu legitimieren* (Roth/Altmeppen, Anh. § 13, RN 130). Maßnahmen und Beschlüsse, welche die GmbH zugunsten des herrschenden Unternehmens oder der mit diesen verbundenen Unterneh-

Keßler

6. Faktische GmbH-Konzerne

men beeinträchtigen, bedürfen folglich zwingend und unabdingbar der ausdrücklichen Zustimmung sämtlicher Gesellschafter. Insofern unterliegt der herrschende Gesellschafter zugunsten der verbleibenden Minderheit notwendig weiterreichenden und umfassenderen Restriktionen, als der alleinige Anteilseigner der Einpersonen-GmbH. Liegt die Zustimmung der Minderheit vor, so verbleibt es im Interesse des Gläubigerschutzes selbstverständlich beim Grundsatz der Kapitalerhaltung, wie er in §§ 30, 31 GmbHG seinen Niederschlag gefunden hat. Hierüber vermögen die Gesellschafter auch nicht einstimmig zu disponieren.

Unabhängig vom Nachweis eines konkreten Schadens, sind den Mehrheitsgesellschaftern darüber hinaus solche Einwirkungen untersagt, die gegen die Satzung, insbesondere den satzungsmäßigen Unternehmensgegenstand verstoßen (Emmerich/Habersack, Anh. § 318, RN 23). Zwar ist der herrschende Gesellschafter nicht gehindert, insofern auf eine Satzungsänderung hinzuwirken, doch sind ihm vor der Eintragung der Satzungsänderung im Handelsregister (§ 54 Abs. 3 GmbHG) satzungswidrige Einflussnahmen verwehrt. Der Schutz der Minderheitsgesellschafter im Verfahren der Satzungsänderung obliegt dabei der Beschlusskontrolle im Rahmen des Anfechtungsprozesses.

A 195

Ob und inwiefern die Einwirkung des Mehrheitsgesellschafters auf die GmbH im Lichte der Schutzrichtung der Treuebindung nachteiliger Natur ist, bestimmt sich entsprechend der Wertung des § 311 AktG nach Maßgabe eines Drittvergleichs. Soweit es um Rechtsgeschäfte zwischen der Gesellschaft und ihrem Mehrheitsgesellschafter zu tun ist, kommt es folglich darauf an, ob sich das Verhältnis von Leistung und Gegenleistung ausgeglichen gestaltet. Insofern gelten im Wesentlichen die Grundsätze, wie sie im Rahmen der verdeckten Gewinnausschüttung zu § 30 GmbHG entwickelt wurden. Entscheidend ist, ob das Rechtsgeschäft mit einem gesellschaftsfremden Dritten zu vergleichbaren Konditionen durchgeführt worden wäre.

A 196

Darüber hinaus spricht angesichts der insofern vergleichbaren Interessenlage nichts dagegen, auch im Bereich der (abhängigen) GmbH auf den dogmatischen Erkenntnisstand und die Fallgruppenbildung des Aktienkonzernrechts zu rekurrieren. Folglich stellt nicht jeder Nachteil, welcher ursächlich in einer Einflussnahme des herrschenden Gesellschafters gründet, einen durch diesen auszugleichenden Schaden dar. Vielmehr kommt es entscheidend darauf an, ob und inwiefern die Einflussnahme einseitig

A 197

Keßler

den Belangen des herrschenden Unternehmens bzw. des Konzernverbunds Rechnung trägt, ohne durch das hiervon unabhängige Eigeninteresse der Gesellschaft bedingt zu sein, wie es sich unter angemessener Berücksichtigung der Belange der Minderheitsgesellschafter ergibt. Soweit ein sorgfältiger und gewissenhafter Geschäftsführer einer unabhängigen GmbH eine vergleichbare Geschäftsführungsmaßnahme getroffen hätte, scheidet die Haftung des Mehrheitsgesellschafters folglich aus. Maßgeblich ist insofern der strenge Verschuldensmaßstab des § 43 GmbHG (so im Ergebnis Emmerich/Habersack, Anh. § 318, Rn 29).

A 198 Die *Beweislast* hinsichtlich der Einhaltung der gebotenen Sorgfaltspflicht sowie bezüglich des fehlenden Verschuldens liegt insofern beim herrschenden Gesellschafter (so im Ergebnis Emmerich/Habersack, Anh. § 318, RN 30). Dies folgt der üblichen Beweislastverteilung im Rahmen der Geschäftsführerhaftung (BGH v. 9.6.1980, DB 1980, S. 2027 f.; v. 8.7.1985, NJW 1986, S. 54 ff., 55) und ergibt sich zudem aus der gebotenen Wertungsanalogie zu § 309 Abs. 2 Satz 2 AktG. Die Übertragung der im Rahmen der Geschäftsführerhaftung geltenden Beweislastgrundsätze erscheint bereits insofern gerechtfertigt, als die bestehende Weisungsbindung des Organwalters und die durch den Anteilsbesitz begründete Einflussmöglichkeit des Mehrheitsgesellschafters diesen letztlich zum entscheidenden „Geschäftsführungsorgan" gerinnen lässt. Darüber hinaus erscheint eine sphärenorientierte Beweislastverteilung auch insofern geboten, wie dies den Schaden der abhängigen Gesellschaft seiner Höhe und dem Grunde nach betrifft. Dies folgt notwendig aus dem Umstand, dass die Aufbereitung und Bereitstellung der erforderlichen Daten bezüglich der Vertragskonditionen von Rechtsgeschäften zwischen dem herrschenden Gesellschafter oder diesem verbundener Unternehmen einerseits und der abhängigen Gesellschaft andererseits, letztlich nur dem herrschenden Unternehmen möglich ist. Insofern geht es nicht an, die Minderheitsgesellschafter ausschließlich auf die Ausübung und Durchsetzung ihres Auskunftsrechts gegenüber dem Geschäftsführer gem. §§ 51a, b GmbHG zu verweisen. Dies gilt umso mehr, als der Geschäftsführer in seiner Organstellung im Ergebnis vom Wohlwollen des Mehrheitsgesellschafters abhängt. Hier spricht letztlich auch die zwischen den Gesellschaftern bestehende Treuepflicht dafür, die Beweislast hinsichtlich der Angemessenheit von Leistung und Gegenleistung im Rahmen der konzerninternen Rechtsbeziehungen dem herrschenden Gesellschafter zuzuordnen. Dieser ist folglich verpflichtet, im Interesse der Beweissicherung *die Durchfüh-*

Keßler

6. Faktische GmbH-Konzerne

rung von *Rechtsgeschäften zwischen dem herrschenden Unternehmen und der abhängigen Gesellschaft ordnungsgemäß zu dokumentieren.*

Die Verlagerung der Darlegungs- und Beweislast zu Lasten des Mehrheitsgesellschafters erfasst dabei nicht nur einzelne Rechtsgeschäfte zwischen der (abhängigen) GmbH und anderen konzernverbundenen Unternehmen, sondern gilt erst recht im Rahmen von Dauerschuldverhältnissen. Das betrifft zunächst die verbreiteten *Konzernumlagen,* d. h., die Verpflichtung der abhängigen Gesellschaft, bestimmte zentrale Leistungen der Konzernspitze im Rahmen regelmäßig wiederkehrender Zahlungen zu vergüten. Der hiermit verbundene Abzug finanzieller Ressourcen aus der Tochtergesellschaft dient nicht selten dazu, Gewinne auf die Konzernmutter oder andere verbundene Unternehmen zu verlagern und damit insofern das Gewinnbezugsrecht der Minderheitsgesellschafter auszuschließen oder zu beeinträchtigen (siehe hierzu ausdrücklich BGH v. 5. 6. 1975, BGHZ 65, S. 15 ff., 18 ff. = NJW 1976, S. 791 – „ITT"; v. 1. 3. 1999, BGHZ 141, S. 79 ff., 85 = NJW 1999, S. 1706 ff.). Es ist somit Sache des herrschenden Unternehmens, im Streitfall zu beweisen, dass der Umlage konkrete Leistungen auch und gerade im Interesse der abhängigen Gesellschaft zugrunde liegen. Dies setzt nicht zuletzt die Anwendung eines plausiblen Verteilungsschlüssels zwischen den in die Umlage einbezogenen Konzernunternehmen voraus (vgl. ausführlich: Emmerich/Habersack, § 311, RN 49, m. w. N.). A 199

Anders verhält es sich notwendig bezüglich sog. *Steuerumlagen,* die im Wesentlichen darin gründen, dass im Rahmen einer steuerlichen Organschaft – also innerhalb eines Vertragskonzerns –, die Erträge der Organgesellschaft dem Organträger zugerechnet und durch diesen versteuert werden. Hier kommt dem Organträger ein anteiliger Ausgleichsanspruch gegenüber der Organgesellschaft zu (siehe aber BGH v. 1. 12. 2003, DB 2004, S. 241 f.). Allerdings erfasst dieser nur die tatsächlichen steuerlichen Mehraufwendungen des herrschenden Unternehmens, so dass eine Abrechnung auf der Grundlage eines fiktiven Steueraufwands nicht in Betracht kommt. Der Organträger kann folglich seiner Ausgleichsforderung nicht den höheren Betrag zugrunde legen, den die Organgesellschaft zu zahlen hätte, wäre sie selbst Steuerschuldnerin (BGH v. 1. 3. 1999, BGHZ 141, S. 79 ff., 85 ff. = NJW 1999, S. 1706 ff.; siehe hierzu Kleindiek, DStR 2000, S. 559 ff., 561 ff.). A 200

Keßler

A 201 Soweit es das verbreitete System eines *zentralen Cash-Managements* innerhalb des Konzerns betrifft (siehe hierzu BGH v. 17.9.2001, BGHZ 149, S. 10 ff., 17 ff. = NJW 2001, S. 3622 ff. – „Bremer-Vulkan"), sind die hiermit verbundenen Kosten nur insoweit umlagefähig, wie diese nach den Darlegungen des herrschenden Unternehmens einem „Drittvergleich" standhalten. Darüber hinaus obliegt es der Konzernleitung im Rahmen ihrer Organisationspflichten dafür Sorge zu tragen, dass der abhängigen Gesellschaft nicht die zur Erfüllung ihrer Verbindlichkeiten benötigten liquiden Mittel entzogen werden. Die Verletzung dieser Verpflichtung ist grundsätzlich geeignet, eine Haftung des herrschenden Unternehmens unter dem Gesichtspunkt des existenzvernichtenden Eingriffs zu begründen (vgl. RN A 229 ff.).

A 202 Wird die abhängige GmbH veranlasst, dem herrschenden oder anderen verbundenen Unternehmen Kredite zu gewähren, so kommt es entscheidend darauf an, ob die hierfür gewährten Zinsen den marküblichen Konditionen entsprechen. Eine Schädigung der Tochter liegt zudem dort vor, wo die Rückzahlung des Kredites nicht ausreichend besichert ist. Umgekehrt stellt es eine nachteilige Einflussnahme des herrschenden Unternehmens dar, soweit der abhängigen GmbH für einen Kredit der Konzernmutter Zinsen in Rechnung gestellt werden, die über dem marktüblichen Zinssatz liegen. Gleiches gilt dort, wo die abhängige Gesellschaft veranlasst wird, einen der Konzernmutter oder einem verbundenen Unternehmen gewährten Kredit zu besichern. Dies gilt zumindest dort, wo der Gesellschaft bei Inanspruchnahme der Sicherheit kein werthaltiger und durchsetzbarer Ausgleichsanspruch gegenüber der Mutter zusteht. Nach weiter gehender Auffassung liegt eine unzulässige Nachteilszufügung gegenüber der abhängigen Gesellschaft zudem bereits dann vor, wenn diese durch Bestellung von Sicherheiten zugunsten der Konzernmutter ihre eigene Kreditfähigkeit beeinträchtigt (so Emmerich/Habersack, § 311, RN 47). Im Übrigen gilt es zu beachten, dass es sich bei Krediten der Konzernmutter an Tochtergesellschaften grundsätzlich um *eigenkapitalersetzende Gesellschafterdarlehen* i. S. von §§ 30, 31, 32a,b GmbHG handelt, wenn die Gesellschaft im Zeitpunkt der Kreditvergabe keine Darlehen zu marktüblichen Konditionen von Dritten – beispielsweise Banken und Sparkassen – erhalten hätte und folglich kreditunwürdig war. Die Muttergesellschaft kann folglich ihre Rückzahlungsforderung in der Insolvenz der abhängigen Tochter gem. § 32a Abs. 1 GmbHG nur als *nachrangiger Insolvenzgläubiger* geltend machen. Im letzten Jahr vor der Insolvenzeröffnung er-

Keßler

folgte Kreditrückführungen unterliegen gem. §§ 129, 135 Nr. 2 InsO, § 32a GmbHG der *Anfechtung seitens des Insolvenzverwalters.* Diente die Kreditvergabe dem Ausgleich einer Unterbilanz und damit der Substitution „verloren gegangenen" Stammkapitals, so finden insoweit ergänzend die Regelungen der §§ 30, 31 GmbHG Anwendung (vgl. ausführlich Daumke/Keßler, Geschäftsführer, S. 65 ff.).

Darüber liegt eine gegen die gesellschaftsvertragliche Treuebindung des (Mehrheits-)Gesellschafters verstoßende Einflussnahme nicht nur dort vor, wo dieser die (abhängige) GmbH zum Abschluss eines für sie nachteiligen Rechtsgeschäfts veranlasst. Vielmehr genügen auch sonstige Einwirkungen tatsächlicher Art. Dies betrifft insbesondere die Verlagerung von Geschäftschancen der Gesellschaft auf das herrschende Unternehmen sowie jede Verletzung des den Mehrheitsgesellschafter treffenden immanenten Wettbewerbsverbots. Gleiches gilt hinsichtlich jeglicher eigennütziger Verwertung von Insiderwissen durch Anteilseigner zum Schaden der Gesellschaft. Insofern ist es gleichgültig, ob es die Verwertung von Betriebs- und Geschäftsgeheimnissen oder die Weitergabe von Kundenlisten betrifft. A 203

Im Übrigen kommt es nicht auf die Art und Weise der Einflussnahme an. Es bedarf somit *keines* ausdrücklichen Gesellschafterbeschlusses. Vielmehr reicht es aus, wenn das herrschende Unternehmen dem Geschäftsführer zu verstehen gibt, wie es bestimmte Geschäftsangelegenheiten behandelt wissen möchte. Dabei kann eine Nachteilszufügung dem herrschenden Unternehmen mitunter auch dann zugerechnet werden, wenn diese im Wesentlichen auf einem *Entschluss des Geschäftsführers* der abhängigen Gesellschaft beruht. Dies gilt jedenfalls dort, wo der Geschäftsführer aus der Sphäre des herrschenden Unternehmens stammt. Sei es, dass es sich um einen gegenwärtigen oder ehemaligen Mitarbeiter des Mehrheitsgesellschafters handelt, sei es, dass dieser mit dem herrschenden Unternehmen unmittelbar oder mittelbar gesellschaftsrechtlich verflochten ist (Emmerich/Habersack, § 311, RN 28, m. w. N.). A 204

Entspricht eine Beeinträchtigung der abhängigen Gesellschaft bei objektiver Betrachtung dem Interesse des Mehrheitsgesellschafters, so ist im Übrigen zu vermuten, dass diese auf seiner Einflussnahme beruht (Hüffer, AktG, § 311, RN 17; a. A. Emmerich/Habersack, § 311, RN 33: Anscheinsbeweis). Angesichts des Umstands, dass die Einflussnahme des herrschenden Unternehmens meist informeller Natur ist, käme es aus A 205

Sicht der Minderheitsgesellschafter einer Rechtsvereitelung gleich, diesen insofern die Beweislast aufzuerlegen. Gleiches muss im Übrigen dort gelten, wo dem Nachteil der abhängigen GmbH der Vorteil eines mit dem Mehrheitsgesellschafter verbundenen Unternehmens korrespondiert.

A 206 Soweit der Mehrheitsgesellschafter einer mehrgliedrigen GmbH seinen Einfluss auf die Geschäftsführung dazu benutzt, zum eigenen Vorteil nachteilig auf die Gesellschaft einzuwirken, macht er sich gegenüber der Gesellschaft schadensersatzpflichtig. Wirken mehrere Gesellschafter zum Schaden der Gesellschaft und einer verbleibenden Minderheit auf diese ein, so haften die Handelnden der Gesellschaft als Gesamtschuldner (§§ 421 ff. BGB). Liegt die schädigende Einflussnahme des Gesellschafters in einer Verletzung des immanenten Wettbewerbsverbots, so kommt der Gesellschaft entsprechend § 113 HGB zudem die Befugnis zu, anstelle von Schadensersatz die Herausgabe des Verletzergewinns zu verlangen. Neben der Haftung des herrschenden Gesellschafters kommt in entsprechender Anwendung von § 317 Abs. 3 AktG auch eine Einstandspflicht der Organmitglieder des Mehrheitsgesellschafters in Betracht (Rowedder/Schmidt-Leithoff, Anh. § 52, RN 75; a. A.: OLG Bremen v. 18. 5. 1998, NZG 1999, S. 724 ff.). Dies ist vor allem dort von Bedeutung, wo das herrschende Unternehmen selbst insolvent ist. Zwar handelt es sich bezüglich der Verletzung der Treuepflicht um keinen in den spezifischen Gegebenheiten des Konzernrechts gründenden Anspruch, doch erscheint es aufgrund der Risikoverteilung im Rahmen des faktischen Unternehmensverbundes nahe liegend, § 317 Abs. 3 AktG auch im Konzerninnenschutz der abhängigen GmbH zur Anwendung gelangen zu lassen. Insofern orientieren sich beide Regelungskonzepte an der Verhinderung eines Einflussmissbrauchs seitens des Mehrheitsgesellschafters.

A 207 Zur *Geltendmachung des Schadensersatzanspruchs* bedarf es gem. § 46 Nr. 8 GmbHG eines Beschlusses der Gesellschafterversammlung. Dabei ist der Mehrheitsgesellschafter gem. § 47 Abs. 4 GmbHG zwingend und unabdingbar vom Stimmrecht ausgeschlossen. Gleiches gilt auch für solche Gesellschafter, die ihrerseits von dem Mehrheitsgesellschafter abhängig sind. Der Gesellschafterbeschluss ist materielle Zulässigkeitsvoraussetzung der Klage; fehlt es hieran, so ist diese als unbegründet abzuweisen (BGH v. 20. 11. 1958, BGHZ 28, S. 355 ff.). Allerdings kann der Beschluss auch nach Erhebung der Klage noch nachgeholt werden. In der Insolvenz der abhängigen GmbH liegt die Geltendmachung des Ersatzanspruches in den Händen des Insolvenzverwalters. Eines Gesellschafter-

Keßler

6. Faktische GmbH-Konzerne

beschlusses bedarf es insofern nicht. Im Übrigen sind die Minderheitsgesellschafter selbstverständlich nicht verpflichtet, hinsichtlich möglicher Abwehrmaßnahmen gegenüber dem Einflussmissbrauch seitens des herrschenden Gesellschafters bis zum Schadenseintritt zu warten und sich insofern auf Kompensationsansprüche zu beschränken. Vielmehr steht ihnen zur Abwehr drohender Eingriffe auch die *vorbeugende Unterlassungsklage* zur Verfügung. Dies gilt vor allem dort, wo in der Vergangenheit bereits schädigende Eingriffe seitens des Mehrheitsgesellschafters erfolgt sind (Hachenburg/Ulmer, Anh. § 77, RN 89). Nach zutreffender Auffassung bedarf es allerdings auch bezüglich des Unterlassungsanspruchs eines vorherigen Gesellschafterbeschlusses (Baumbach/Hueck/Zöllner, § 46, RN 38; insofern unentschieden Roth/Altmeppen, § 46, RN 61). Dem Mehrheitsgesellschafter kommt dabei wiederum kein Stimmrecht zu (§ 47 Abs. 4 GmbHG).

Soweit es um den effizienten Schutz der Minderheitsgesellschafter geht, erweist sich das Erfordernis eines Gesellschafterbeschlusses zur Begründetheit der Schadensersatzklage mitunter als Zugangshindernis. Dies betrifft insbesondere solche Minderheitsgesellschafter, deren Geschäftsanteile zusammen nicht 10 % des Stammkapitals erreichen. Gemäß § 50 GmbHG sind diese weder zur Einberufung einer Gesellschafterversammlung, noch zur Ankündigung von Beschlussgegenständen befugt. Die Rechtsprechung hat daher die Geltendmachung von Schadensersatz- und Unterlassungsansprüchen seitens der Minderheitsgesellschafter im Wege der *actio pro socio* auch bezüglich der GmbH anerkannt (BGH v. 5.6.1975, BGHZ 65, S.15ff. = NJW 1976, S.191ff. – „ITT"; v. 14.5.1990, NJW 1990, S.2627ff.). Dies gilt jedenfalls insoweit, als geringfügig beteiligten Gesellschaftern der Weg über eine Beschlussfassung der Gesellschafterversammlung nicht zur Verfügung steht. Soweit das erforderliche Quorum zur Einberufung der Gesellschafterversammlung erreicht wird, ist es den Minderheitsgesellschaftern allerdings zuzumuten, die Ersatzansprüche der Gesellschaft *vorrangig im Wege eines Gesellschafterbeschlusses geltend zu machen* (zutreffend Roth/Altmeppen, § 13, RN 55 ff.). Etwas anderes gilt allenfalls dort, wo der Geschäftsführer sowie eventuelle weitere Minderheitsgesellschafter dem Lager des Mehrheitsgesellschafters zuzurechnen sind und folglich mit Verzögerungen und Erschwernissen bei der Geltendmachung des Ersatzanspruches zu rechnen ist. Hier erscheint es als ein Gebot effizienter Rechtsdurchsetzung, die

A 208

Keßler

Geltendmachung von Ersatzansprüchen treuhänderisch in die Hände der Minderheitsgesellschafter zu legen.

A 209 Im Übrigen handelt es sich mit der herrschenden Auffassung hinsichtlich der actio pro socio um einen Fall der gewillkürten Prozessstandschaft, welche die klagenden (Minderheits-)Gesellschafter – ausnahmsweise – berechtigt, den Schadensersatz- bzw. Unterlassungsanspruch der Gesellschaft *im eigenen Namen allerdings auf Leistung an die Gesellschaft* geltend zu machen (OLG Düsseldorf v. 28. 10. 1993, ZIP 1994, S. 619 ff., 621; Baumbach/Hueck/Fastrich, § 13, RN 33; a. A. Roth/Altmeppen, § 13, RN 50). Insofern empfiehlt es sich genauer von einer „actio pro societate" zu sprechen.

A 210 Der Anspruch der Gesellschaft auf Schadensersatz gegenüber dem Mehrheitsgesellschafter unterliegt grundsätzlich der Pfändung seitens der Gesellschaftsgläubiger. Ein vorheriger Gesellschafterbeschluss ist im Verhältnis zu den Gläubigern nicht erforderlich (Roth/Altmeppen, § 46, RN 61). Darüber hinaus wird man die Gläubiger entsprechend §§ 317 Abs. 4, 309 Abs. 4 Satz 3 AktG als befugt ansehen müssen, den Ersatzanspruch der Gesellschaft auf Leistung an sich selbst geltend zu machen, wenn und soweit diese seitens der Gesellschaft keine Befriedigung erlangen können (Emmerich/Habersack, Anh. § 318, RN 32; dahin gehend auch BGHZ 95, S. 330 ff., 340 = NJW 1986, S. 188 ff.). Dies gilt auch bezüglich der hiermit korrespondierenden Ersatzpflicht der Organmitglieder des herrschenden Unternehmens entsprechend § 317 Abs. 3 AktG. Durch einen Vergleich oder Verzicht zwischen der Gesellschaft und dem herrschenden Unternehmen sowie dessen Organen wird die Ersatzpflicht gegenüber den Gläubigern nicht ausgeschlossen (§ 309 Abs. 4 Satz 4 AktG). Ist über das Vermögen der Gesellschaft das Insolvenzverfahren eröffnet, so kommt die Geltendmachung des Ersatzanspruchs entsprechend § 309 Abs. 4 Satz 5 AktG ausschließlich dem Insolvenzverwalter zu.

A 211 Im Übrigen kommt neben der Haftung des herrschenden Gesellschafters eine Einstandspflicht des Geschäftsführers in Betracht, soweit dieser im Rahmen von Geschäftsführungsmaßnahmen an der Schädigung der Gesellschaft zu Lasten der Gesellschafterminderheit mitwirkt (§ 43 Abs. 2 GmbHG) oder diese in sonstiger Weise fördert. Zwar setzt die Haftung des Organwalters Verschulden voraus, doch trifft den Geschäftsführer insofern entsprechend § 93 Abs. 2 Satz 2 AktG die Beweislast, dass die Schädigung der Gesellschafterminderheit für ihn nicht erkennbar war.

Keßler

6. Faktische GmbH-Konzerne

Dies gilt ohne weiteres dort, wo der Mehrheitsgesellschafter in Umgehung der Gesellschafterversammlung in informeller Weise auf den Geschäftsführer einwirkt. Weisungen des Mehrheitsgesellschafters, denen kein ordnungsgemäßer Beschluss der Gesellschafterversammlung zugrunde liegt, sind – soweit kein Beherrschungsvertrag (§ 308 AktG) besteht – grundsätzlich unverbindlich und dürfen seitens des Geschäftsführers nicht ausgeführt werden. Aber auch dort, wo die Weisung auf einem Gesellschafterbeschluss beruht, ist diese unverbindlich, soweit sie aus Sicht des Geschäftsführers erkennbar die Interessen der Gesellschaft und/oder der Minderheitsgesellschafter in rechtsmissbräuchlicher Weise beeinträchtigt. Dies gilt insbesondere dort, wo der Gesellschafterbeschluss entsprechend § 243 AktG angefochten wurde oder ein Gesellschafter Klage auf Feststellung der Nichtigkeit erhoben hat. Mehrere Geschäftsführer haften als Gesamtschuldner.

6.3 Der Gläubigerschutz in der abhängigen GmbH

6.3.1 Rechtsdogmatische Grundlagen

Literatur: *Keßler*, Die deliktische Eigenhaftung des GmbH-Geschäftsführers, GmbHR 1994, S. 429 ff.; *ders.*, Kapitalerhaltung und normativer Gläubigerschutz – zum „beiläufigen" Ende des „qualifizierten faktischen" GmbH-Konzerns, GmbHR 2001, S. 1095 ff.; *ders.*, Die Durchgriffshaftung der GmbH-Gesellschafter wegen „existenzgefährdender" Eingriffe – Zur dogmatischen Konzeption des Gläubigerschutzes in der GmbH, GmbHR 2002, S. 945 ff.; *Michalski/Zeidler*, GmbHG, 2002, Syst. Darst. 4 RN 259 ff.; *K. Schmidt*, Gesellschaftsrecht, 4. Aufl. Köln 2002, S. 1210 ff.; *Raiser*, Recht der Kapitalgesellschaften, 3. Aufl. München 2001, S. 867 ff.; *Roth/Altmeppen*, GmbHG, 4. Aufl. München 2003, Anh. § 13 RN 144 ff.

Liegt die praktische Bedeutung des Minderheitenschutzes in der abhängigen GmbH vor allem im Bereich der *Konzerneingangskontrolle,* so stellt sich die Situation aus Sicht der Gläubiger völlig abweichend dar. Diesen kommt, soweit es die Konzernierung und deren Ausgestaltung betrifft, nach Lage der Dinge kein Einfluss auf die Gestaltung und Leitung des Unternehmensverbunds zu. Besteht in der mehrgliedrigen GmbH zumindest tendenziell eine Missbrauchskontrolle des Mehrheitsgesellschafters durch die beteiligte Gesellschafterminderheit, welche – nolens volens – auch positive Reflexwirkungen zugunsten der Gläubiger zeitigt, so fehlt es hieran gänzlich im Fall der Einpersonen-GmbH. Zwar obliegt dem Geschäftsführer gem. §§ 30, 43 Abs. 3 GmbHG die *„treuhänderische" Siche-*

A 212

rung des zur Erhaltung des statuarischen Stammkapitals erforderlichen Gesellschaftsvermögens als eigenständige und insofern den Weisungen des Alleingesellschafters entzogene Aufgabe, doch versagt die damit intendierte Schutzgewährleistung weitgehend in der Praxis. Dies folgt bereits aus dem Umstand, dass zwischen dem Alleingesellschafter und dem Geschäftsführer im Regelfall Personenidentität besteht. Auch dort, wo dies – ausnahmsweise – nicht der Fall ist, bleibt dem Gesellschafter die Möglichkeit, den widerstrebenden, weil rechtstreuen, Geschäftsführer jederzeit aus dem Amte abzuberufen (§ 38 Abs. 1 GmbHG). Insofern gerinnt die abhängige Gesellschaft im Ergebnis zu einem haftungsrechtlich verselbständigten Sondervermögen ihres Alleingesellschafters. Dabei gewährleistet die Leitungsstruktur der GmbH, nicht zuletzt in Folge der Bindung des Geschäftsführers an die Weisungen des Alleingesellschafters (§ 37 Abs. 1 GmbHG), die durchgängige Ausrichtung der Geschäftspolitik der Gesellschaft an den Belangen ihres Anteilseigners. Die Weisungsbefugnis erfasst dabei – bis zur Grenze der Kapitalerhaltung – auch solche Vorgaben, die sich zum Nachteil der Gesellschaft auswirken (OLG Frankfurt/Main v. 7. 2. 1997, ZIP 1997, S. 450 ff., 451 f.; siehe hierzu ausführlich Daumke/Keßler, Geschäftsführer, S. 155 ff.). Von einem Schädigungsverbot zugunsten der Gesellschaft kann in der Einmann-GmbH folglich nicht die Rede sein. Dies ermöglicht es, die Gesellschaft in weitem Umfang der Steuerung durch heteronome Vorgaben zu unterwerfen. Insofern erscheint es folgerichtig, im Verhältnis der GmbH zu ihrem Alleingesellschafter kein schützenswertes Eigeninteresse der Gesellschaft anzuerkennen. Dem entspricht es, wenn überwiegend davon ausgegangen wird, dass der einzige Gesellschafter im Verhältnis zu „seiner" GmbH keiner Treuebindung unterliegt.

A 213 Vergleichbar stellt sich die Rechtslage hinsichtlich der mehrgliedrigen GmbH dort dar, wo die vorhandenen Gesellschafter im Konsens in nachteiliger Weise auf die GmbH einwirken oder die Gesellschafter die nachteilige Einwirkung eines Mitgesellschafters billigend in Kauf nehmen. Eine Verletzung der zwischen den Gesellschaftern bestehenden Treuebindung scheidet bei konsensualen Handlungen aus. Eine Verletzung der gegenüber der Gesellschaft bestehenden Treuepflicht kommt bereits insofern nicht in Betracht, als dass hierfür maßgebliche Gesellschaftsinteresse durch den übereinstimmenden Willensakt der Gesellschafter bestimmt wird.

Keßler

6. Faktische GmbH-Konzerne

Soweit es die Erfüllungsansprüche der Gesellschaftsgläubiger betrifft, scheidet eine Orientierung am Konzept gesellschaftsrechtlicher Treuepflichten somit notwendig aus. In seiner dogmatischen Verortung gründet das normative Konzept des Gläubigerschutzes in der (abhängigen) GmbH vielmehr primär im zentralen Regelungsansatz des deutschen Kapitalgesellschaftrechts, d. h. dem *Grundsatz der Kapitalaufbringung und Kapitalerhaltung*. Entsprechend § 13 Abs. 2 GmbHG haftet den Gläubigern der Gesellschaft nur das Gesellschaftsvermögen. Eine darüber hinausgehende Einstandspflicht der Gesellschafter oder Geschäftsführer scheidet in aller Regel aus. Die hier zutage tretende Haftungskonzentration auf das Vermögen der juristischen Person und die daraus folgende stringente Trennung zwischen der Einstandspflicht der Anteilseigner und derjenigen der Gesellschaft gewährt die Rechtsordnung nur unter der Voraussetzung der Aufbringung und Erhaltung des satzungsgemäßen Stammkapitals. Dies verdeutlicht § 11 Abs. 1 GmbHG: „*Vor der Eintragung in das Handelsregister des Sitzes der Gesellschaft besteht die Gesellschaft mit beschränkter Haftung als solche nicht.*" Zwar erweist sich die GmbH in Gründung als Vor-Gesellschaft bereits als eigenständiges, von ihren Anteilseignern zu trennendes Rechtssubjekt, d. h. als selbständige Trägerin von Rechten und Pflichten und damit als uneingeschränkt rechts- und parteifähig (§ 50 ZPO), doch fehlt es vor der Eintragung noch an der für die juristische Person prägenden Haftungsbeschränkung auf das Gesellschaftsvermögen. Mit Abschluss des notariell beurkundeten Gesellschaftsvertrags ist die GmbH als Gesellschaft errichtet, doch bedarf es zur Entstehung der juristischen Person notwendig und unabdingbar der insofern konstitutiven Eintragung ins Handelsregister. § 13 Abs. 2 GmbHG findet somit vor der Eintragung der Gesellschaft gerade keine Anwendung.

A 214

Die hier zutage tretende Verknüpfung des Haftungsprivilegs mit der Registereintragung findet ihre Ursache unmittelbar in den materiellen Funktionsbedingungen, wie diese dem System der Normativbedingungen zugrunde liegen. Ist die Gewährung des Haftungsprivilegs durch die Aufbringung des normativen Haftungsfonds bedingt, so bedarf die „Anerkennung" der juristischen Person der vorhergehenden Prüfung und Feststellung, ob den Vorgaben der Gesellschaftsrechtsordnung entsprochen wurde. Gerade hierin liegt die zentrale Funktion des Registergerichts im Rahmen des Eintragungsverfahrens. Folgerichtig hat dieses die Eintragung abzulehnen, wenn die Gesellschaft nicht ordnungsgemäß errichtet wurde

A 215

Keßler

(§ 9c Abs. 1 GmbHG). Dies gilt insbesondere, wenn Sacheinlagen überbewertet worden sind (§ 9c Abs. 1 Satz 2 GmbHG).

A 216 Mangelt es vor der Eintragung der Gesellschaft am Prädikat der beschränkten Haftung, so bedarf es zur Sicherung der Erfüllungsinteressen der Gläubiger, notwendig weiterer Haftungsschuldner, die insofern ergänzend neben die Einstandspflicht der Vor-GmbH treten. Dies betrifft zunächst die *Handelndenhaftung der Geschäftsführer* gem. § 11 Abs. 2 GmbHG, doch spiegelt diese das Fehlen des Haftungsprivilegs nur unzureichend wider; bezieht sich der Trennungsgrundsatz im Kern doch nicht auf die Einstandspflicht der Organwalter, sondern auf die Haftung der Gesellschafter für die Gesellschaftsverbindlichkeiten. Folgerichtig scheidet im Gründungsstadium auch eine Haftungsbeschränkung zugunsten der Gesellschafter aus. Insofern liegt es nahe, diese entsprechend § 128 HGB der unbeschränkten und gesamtschuldnerischen Außenhaftung gegenüber den Gesellschaftsgläubigern zu unterwerfen. Demgegenüber hat sich der BGH für das komplexe und unter Praktikabilitätsgesichtspunkten fragwürdige Konzept einer unbeschränkten Innenhaftung im Wege einer Verlustausgleichspflicht der Gesellschafter pro rata entschieden (BGH v. 27. 1. 1997, BGHZ 134, S. 333 ff. = ZIP 1997, S. 679 ff.). Es ist hier nicht der Ort, die dogmatische Tragfähigkeit des höchstrichterlichen Lösungsmodells einer genaueren Analyse zu unterziehen (vgl. ausführlich: Daumke/Keßler, Geschäftsführer, S. 223 ff., 225 ff.). Entscheidend ist, dass vor der Überprüfung der Kapitalaufbringung seitens des Registergerichts und der Eintragung ins Handelsregister, der Existenz der GmbH keine gegenüber den Gesellschaftern haftungsbeschränkende Funktion zukommt. Aus wirtschaftlicher Sicht bleibt somit das Vermögen der Gesellschafter zumindest im Ergebnis dem Haftungszugriff der Gesellschaftsgläubiger unterworfen.

A 217 Der hier zutage tretende *Funktionszusammenhang zwischen Kapitalaufbringung und normativem Haftungsprivileg* spiegelt sich – cum grano salis – auch hinsichtlich der Kapitalerhaltung wider. Gemäß § 30 Abs. 1 GmbHG darf das zur Erhaltung des Stammkapitals erforderliche Vermögen der Gesellschaft an die Gesellschafter nicht ausgezahlt werden. Dies ist letztlich der Preis für die Gewährung und Aufrechterhaltung des Haftungsprivilegs. Insofern handelt es sich bei § 30 GmbHG um die Kardinalnorm des Gläubigerschutzes im Bereich der GmbH als notwendiges und unabdingbares Korrelat des Grundsatzes der Kapitalaufbringung. Zwar schützt die Norm nicht vor einer Verminderung des Haftungsfonds

Keßler

6. Faktische GmbH-Konzerne

in Folge von Verlusten, doch gilt es zu verhindern, dass das zur Sicherung der Gesellschaftsgläubiger bestimmte Vermögen, zugunsten der für die Kapitalaufbringung verantwortlichen Anteilseigner der Risikosphäre der Gesellschaft entzogen wird.

Auch hier gilt es freilich zu beachten, dass § 30 GmbHG die Gesellschaft keineswegs gegen jegliche Vermögensbeeinträchtigung seitens ihres Alleingesellschafters schützt. Abweichend von § 57 Abs. 3 AktG erfasst § 30 Abs. 1 GmbH das Gesellschaftsvermögen nur insofern, wie dieses zur Deckung des satzungsgemäßen Stammkapitals benötigt wird. Maßgeblich ist insofern eine bilanzielle Betrachtungsweise. Dabei sind die – ggf. fortzuschreibenden – Bewertungsansätze der Handelsbilanz im Rahmen des vorausgegangenen Jahresabschlusses unter Beachtung des Grundsatzes der Bewertungsstetigkeit zugrunde zu legen. Es geht somit nicht an, durch die Auflösung stiller Reserven, den Haftungsfonds mittelbar aufzufüllen. Entscheidend ist im Ergebnis, ob und in welcher Höhe durch den Auszahlungsvorgang eine Unterbilanz begründet wird. Demgegenüber steht das Vermögen der GmbH, soweit es das zur Erhaltung des Stammkapitals Erforderliche überschreitet, grundsätzlich zur Disposition der Gesellschafter. Allerdings erfasst das Auszahlungsverbot die Bindung des Gesellschaftsvermögens notwendig auch insofern, wie der Auszahlungsvorgang nicht nur eine Unterbilanz, sondern darüber hinaus eine Überschuldung der Gesellschaft begründet (vgl. ausführlich Daumke/Keßler, Geschäftsführer, S. 56 ff.).

A 218

Im Übrigen findet der Grundsatz der Kapitalerhaltung uneingeschränkt auf Austauschgeschäfte zwischen dem Alleingesellschafter und der GmbH Anwendung. Gerade hier besteht die kaum zu leugnende Gefahr, dass der abhängigen Gesellschaft zur Erhaltung des Haftungsfonds erforderliches Vermögen im Wege der *verdeckten Gewinnausschüttung* entzogen wird. Insofern entscheidet ausschließlich die Äquivalenz von Leistung und Gegenleistung. Maßgeblich ist dabei ein Drittvergleich. Es kommt somit darauf an, ob mit einem gesellschaftsfremden Dritten die Transaktion zu vergleichbaren Konditionen abgeschlossen worden wäre, oder ob die Leistung seitens der Gesellschaft im Wesentlichen causa societatis erfolgte (BGH v. 21. 9. 1981, BGHZ 81, S. 311 ff., 320 = NJW 1982, S. 383 ff.; v. 15. 6. 1992, NJW 1992, S. 2894 ff., 2896; v. 13. 11. 1995, NJW 1996, S. 589). Gleiches gilt selbstverständlich dort, wo der Vertragspartner ein mit dem Mehrheitsgesellschafter verbundenes Unternehmen ist.

A 219

Keßler

A 220 Allerdings führt eine Verletzung des Grundsatzes der Kapitalerhaltung nach dem normativen Konzept des Gesetzgebers keineswegs zum – automatischen – Verlust des Haftungsprivilegs. Leistungen der Gesellschaft, die unter Verstoß gegen § 30 GmbHG erbracht wurden, sind vielmehr seitens des Gesellschafters zu erstatten (§ 31 Abs. 1 GmbHG). Ein Verzicht der Gesellschaft auf den Erstattungsanspruch kommt demgegenüber – gleich aus welchen Gründen und in welcher Weise – nicht in Betracht (§ 31 Abs. 4 GmbHG). Der Gesetzgeber hat sich somit bewusst und eindeutig für das *Konzept eines isolierten Einzelausgleichs* entschieden. Eine darüber hinaus weisende Einstandspflicht des herrschenden Unternehmens erscheint aufgrund des normativen Konzepts allenfalls unter Berücksichtigung allgemein-rechtlicher Gesichtspunkte, insbesondere der Deliktsrechtsordnung erwägenswert. Dies betrifft vor allem die Vorgaben der §§ 826 BGB, 823 Abs. 2 BGB i. V. m. § 266 StGB.

A 221 Das verbreitete Unbehagen hinsichtlich der sich hier abzeichnenden Lösungskonzeption gründet vor allem in den bei genauerer Analyse alsbald und deutlich zutage tretenden Defiziten der gesetzlichen Vorgaben bezüglich des normativen Gläubigerschutzes. So setzt das Sicherungssystem der §§ 30, 31 GmbHG notwendig voraus, dass sich nachteilige Einwirkungen des Alleingesellschafters oder der Gesellschaftermehrheit auf die (abhängige) GmbH nachträglich *isolieren* und bezüglich der hieraus folgenden Beeinträchtigung des Haftungsfonds der Höhe nach *quantifizieren* lassen. Berücksichtigt man, dass die entsprechenden Rückforderungsansprüche i. d. R. im Insolvenzverfahren oder außerhalb in den Fällen einer massenlosen Insolvenz geltend gemacht werden, so wirft dies für den Insolvenzverwalter sowie erst recht für die betroffenen Gesellschaftsgläubiger erhebliche Beweisprobleme auf. Dies gilt insbesondere dort, wo der herrschende Gesellschafter – wie üblicherweise im Rahmen der Einmann-GmbH – die Geschäftsführung der abhängigen Gesellschaft in umfassender Weise an sich zieht und diese dabei durchgängig im Eigeninteresse bzw. im Interesse des Konzernverbunds instrumentalisiert. Mangelt es – wie im Regelfall – an einer ausreichenden Dokumentation der Rechtsbeziehungen zwischen dem Gesellschafter und der GmbH, so stößt das Konzept des Einzelausgleichs recht bald auf praktische Umsetzungsschwierigkeiten.

A 222 Darüber hinaus setzen die §§ 30, 31 GmbHG nach ihrer Konzeption notwendig die *Beeinträchtigung des Haftungsfonds durch bilanzwirksame Auszahlungsvorgänge* voraus. Die gesetzlichen Schutzvorkehrungen versagen folglich in den Fällen, in welchen der (Mehrheits-)Gesellschafter

Keßler

6. Faktische GmbH-Konzerne

die wirtschaftliche Überlebensfähigkeit der Gesellschaft in anderer Weise beeinträchtigt. Dies betrifft beispielsweise den Abzug lediglich zur Nutzung überlassener betriebsnotwendiger Gegenstände des Anlagevermögens sowie die Verlagerung einzelner Geschäftszweige oder die Versetzung für die Gesellschaft unentbehrlicher Mitarbeiter auf das herrschende oder andere verbundene Unternehmen. Gleiches gilt für den Entzug solcher Vermögenswerte, die zwar das zur Erhaltung des Stammkapitals erforderliche Vermögen der Gesellschaft (noch) nicht tangieren, die Gesellschaft jedoch im Ergebnis ihrer Existenzgrundlage berauben.

Als noch problematischer erweisen sich die Fälle der asymmetrischen Risikoverteilung innerhalb des Unternehmensverbundes. Dies betrifft vor allem die Erscheinungsform der sog. *Aschenputtel-GmbH* (vgl. Röhricht, FS 50 Jahre BGH, 2000, S. 83 ff., 91), also solche Konstellationen, in denen der abhängigen Gesellschaft einseitig bestimmte Haftungsrisiken zugewiesen werden, während ertragsversprechende Transaktionen und Geschäftsfelder auf den Allein- oder Mehrheitsgesellschafter bzw. andere mit diesem verbundene Unternehmen verlagert werden. Solche Verfahrensweisen dienen nicht selten der *Vorbereitung einer stillen Liquidation* bzw. der gezielten, jedoch meist masselosen Insolvenz der Gesellschaft.

A 223

Aber selbst dort, wo der Abzug finanzieller Ressourcen und die hieraus folgende Minderung des Haftungsfonds strukturell einem nachträglichen Ausgleich durch den (Mehrheits-)Gesellschafter zugänglich ist, erweist sich das Regelungssystem der §§ 30, 31 GmbHG zumindest dann als unzureichend, wenn die Verlagerung von Vermögenswerten letztlich zur Insolvenz der abhängigen Gesellschaft führt. Die mit dem Zusammenbruch der Gesellschaft verbundenen Folgeschäden, insbesondere die Entwertung des Gesellschaftsvermögens sowie der Verlust von Geschäftschancen, und das hiermit verbundene Ausfallrisiko der Gesellschaftsgläubiger lassen sich durch die Erstattungspflicht des für die Auszahlung verantwortlichen Gesellschafters kaum annähernd kompensieren.

A 224

6.3.2 Der qualifizierte faktische GmbH-Konzern

Angesichts der offensichtlichen Lücken, welche der Schutz der Gläubiger gegenüber schädigenden Einwirkungen der (Allein-)Gesellschafter aufweist, besteht weitgehend Einigkeit, dass es der Ausbildung ergänzender Schutzmechanismen bedarf. Zwar kommt den Gesellschaftern grundsätzlich die Befugnis zu, über den Bestand der GmbH zu disponieren und de-

A 225

Keßler

ren werbende Tätigkeit im Wege der Liquidation zu beenden, doch haben sie dabei den (Erfüllungs-)Interessen der Gesellschaftsgläubiger umfassend Rechnung zu tragen. So lassen denn auch die normativen Regelungen des Liquidationsverfahrens den hohen Stellenwert erkennen, welchen der Gesetzgeber den Belangen der Gläubiger zumisst (§§ 65 Abs. 2, 73, 74 GmbHG). Eine Verteilung des Gesellschaftsvermögens an die Anteilseigner kommt folglich nur dort und unter der Voraussetzung in Betracht, dass *vorrangig die Ansprüche der Gläubiger ausgeglichen werden* (vgl. § 73 Abs. 1 und 2 GmbHG). Zwar besteht insofern kein absoluter Bestandsschutz der GmbH gegenüber ihren Anteilseignern, doch bedarf die Beendigung der Existenz der juristischen Person gem. des normativen Gläubigerschutzes der hinreichenden *„Legitimation durch Verfahren"* (N. Luhmann). Folgt man dem zugrunde liegenden Regelungskonzept, so sind existenzvernichtende Eingriffe seitens der Gesellschafter gegenüber der GmbH nur in soweit rechtskonform, wie diese dem *Vorrang der Gläubigerinteressen* Rechnung tragen.

A 226 Der Streit über die Ausgestaltung des Gläubigerschutzes in der (abhängigen) GmbH betrifft denn auch weniger das Ob als die Art und Weise, d. h. das Wie der Schutzgewährleistung. Dabei geht es im Kern um die Frage, ob die Ausdifferenzierung gläubigerschützender Regelungen im Bereich der GmbH in Anlehnung an die Vorgaben des Aktienkonzernrechts zu erfolgen hat, oder ob einem Regelungskonzept der Vorzug zu gewähren ist, welches im Wesentlichen in den dogmatischen Grundlagen der GmbH selbst gründet. Die Antwort nach dem einzuschlagenden Weg hängt zunächst davon ab, inwiefern man den Schutz der Gesellschaft gegen nachteilige Einwirkungen der Gesellschafter als spezifisch konzernrechtliche Fragestellung ansieht, oder der Problematik eine über Konzernsachverhalte hinausweisende Bedeutung zuerkennt. Soweit man den Aspekt der normativen Eingriffsresistenz der Gesellschaft auf Konzernlagen konzentriert, stellt sich die Frage, welche Regelungen des Aktienkonzernrechts für eine Analogie in Betracht kommen.

A 227 Richtet man das Augemerk auf die Entwicklung des Problemkreises im Spiegel der höchstrichterlichen Judikatur, so rekurrierte der BGH – nachdem er im Rahmen des Konzerninnenschutzes der Minderheitsgesellschafter mit der ITT-Entscheidung (BGH v. 5. 6. 1975, BGHZ 65, S. 15 ff. = NJW 1976, S. 191 ff.) noch einen eigenständigen Lösungsansatz bevorzugt hatte – mit dem Konzept des *qualifizierten faktischen GmbH-Konzerns* zunächst auf das Haftungsmodell der §§ 302, 303 AktG. Ausgangspunkt der Rechtsprechung war insofern die bewusst als leading decission konzipierte Autokran-Entscheidung des II. Zivilsenats (BGH v. 16.9.1985, BGHZ 95, S. 330 ff. = NJW 1986, S. 188 ff.). Soweit das herrschende Unternehmen seine Leitungsmacht gegenüber der abhängigen Gesellschaft in einer Weise ausübe, dass sich einzelne nachteilige Einwirkungen auf die Gesellschaft nicht mehr isolieren und hinsichtlich der daraus folgenden Vermögensbeeinträchtigung quantifizieren lassen, sei das herrschende Unternehmen entsprechend § 302 AktG verpflichtet, alle Verluste der abhängigen Gesellschaft auszugleichen und bei Beendigung des Beherrschungsverhältnisses deren Gläubigern entsprechend § 303 AktG Sicherheit zu leisten. Ende das Beherrschungsverhältnis – wie im Regelfalle – durch die – masselose – Insolvenz der abhängigen Gesellschaft, so trete anstelle der nunmehr funktionslosen Sicherheitsleistung die unmittelbare Ausfallhaftung des herrschenden Unternehmens gegenüber den Gesellschaftsgläubigern. Ungeklärt war hierbei, ob es sich – entsprechend der Wertung der §§ 302, 303 AktG – hinsichtlich des Verlustausgleichs und der Ausfallhaftung des herrschenden Unternehmens um eine Strukturhaftung als objektive Folge der faktischen Konzernierung handelt, oder ob die Einstandspflicht letztlich in einer Verletzung konzernspezifischer Verhaltenspflichten gründet. Während der BGH dies in seiner Tiefbau-Entscheidung (BGH v. 20.2.1989, BGHZ 107, S. 7 ff. = NJW 1989, S. 1800 ff.) noch offen ließ, deutete die Video-Entscheidung (BGH v. 23.9.1991, BGHZ 115, S. 187 ff. = NJW 1991, S. 3142 ff.) auf eine Einstufung als Strukturhaftung hin. Hier hatte der Senat die Ausfallhaftung des herrschenden Mehrheitsgesellschafters im Wesentlichen mit dem Umstand begründet, dass dieser über seine Mehrheitsbeteiligung hinaus auch die Stellung des (Allein-)Geschäftsführers bezüglich der abhängigen Gesellschaften innehatte. Zumindest dieser konkrete Begründungsansatz ist zu Recht auf Kritik gestoßen. Angesichts der stringenten Weisungsbindung des GmbH-Geschäftsführers, wie diese in § 37 Abs. 1 GmbHG ihren signifikanten Ausdruck findet, ist im Ergebnis kaum einsichtig, dass mit der Übernahme des Geschäftsführeramtes seitens des Alleingesellschafters eine strukturelle Verstärkung der Leitungsmacht verbunden sein soll. Der BGH hat daher unter dem Eindruck der seitens der Video-Entscheidung ausgelösten Kritik in seiner TBB-Entscheidung (BGH v. 29.3.1993, BGHZ 122, S. 123 ff. = NJW 1993, S. 1200 ff.) von dem strukturorientierten Lösungskonzept wieder Abstand genommen und sich im Kern für das Modell einer Verhaltenshaftung entschieden.

Keßler

A 228 Dass dennoch die Kritik an der Rechtsprechung nicht verstummte, gründete vor allem in dem Umstand, dass – zumindest auf den ersten Blick – auch nach der dogmatischen Restriktion der TBB-Rechtsprechung die Haftung des Mehrheitsgesellschafters gegenüber den Gesellschaftsgläubigern durchgängig an das *Vorliegen eines Konzerntatbestandes* entsprechend § 18 Abs. 1 AktG geknüpft war (Hachenburg/Ulmer, Anh. § 77, RN 126). Auch sofern man diesen als verzichtbar ansah, wurde zumindest ein Abhängigkeitsverhältnis gem. § 17 Abs. 1 AktG und damit die Unternehmenseigenschaft des Mehrheitsgesellschafters i. S. des funktionalen Unternehmensbegriffs vorausgesetzt (Baumbach/Hueck/Zöllner, Anh. KonzernR, RN 87; Emmerich/Sonnenschein/Habersack, KonzernR, § 31, I 3). Dies war insofern wenig überzeugend, als – aus Sicht der benachteiligten Gesellschaftsgläubiger – kaum nachvollziehbar ist, weshalb dem nichtunternehmerischen Anteilseigner – abweichend vom „Unternehmensgesellschafter" – die Schädigung seiner Gesellschaft zum Nachteil ihrer Gläubiger gestattet sein soll. Zum Teil wurde deshalb in Folge der TBB-Entscheidung der Zusammenhang der Ausfallhaftung mit der – konzernrechtlichen – Vorgabe der §§ 302, 303 AktG grundsätzlich geleugnet und diese auf alle Gesellschafter erstreckt (K. Schmidt, AG 1994, S. 189 ff., 195; ders., NJW 1994, S. 447 ff.).

6.3.3 Das Konzept des „existenzvernichtenden" Eingriffs – Grundlagen

Literatur: *Altmeppen*, Grundlegend Neues zum „qualifizierten faktischen" Konzern und zum Gläubigerschutz in der Einmann-GmbH, ZIP 2001, S. 1837 ff.; *ders.*, Zur Entwicklung eines neuen Gläubigerschutzkonzepts in der GmbH, ZIP 2002, S. 1553 ff; *ders.*, Gesellschafterhaftung und „Konzernhaftung" bei der GmbH, NJW 2002, S. 321 ff.; *Bitter*, Der Anfang vom Ende des „qualifizierten faktischen GmbH-Konzerns", WM 2001, S. 2133 ff.; *Bruns*, Existenz- und Gläubigerschutz in der GmbH – das Vulkan-Konzept, WM 2003, S. 815 ff.; *Daumke/Keßler*, Der GmbH-Geschäftsführer, 2. Aufl. Herne/Berlin 2003; *Diem*, Besicherung von Gesellschaftsverbindlichkeiten als existenzvernichtender Eingriff des Gesellschafters?, ZIP 2003, S. 1283 ff.; *Drygala*, Abschied vom qualifizierten faktischen Konzern – oder Konzernrecht für alle?, GmbHR 2003, S. 729 ff.; *Eberl-Borges*, Die Konzernhaftung im Kapitalgesellschaftkonzernrecht, JURA 2002, S. 761 ff.; *Freitag*, §§ 30, 31 GmbHG, „Bremer Vulkan-Urteil" und „Limitation Language" – (Ab-)Wege in der Konzernfinanzierung?, WM 2003, S. 805 ff.; *Hoffmann*, Das GmbH-Konzernrecht nach dem „Bremer Vulkan"-Urteil, NZG 2002, S. 68 ff.; *J. Keßler*, Kapitalerhaltung und normativer Gläubigerschutz in der Einpersonen-

6. Faktische GmbH-Konzerne 127

GmbH – zum „beiläufigen" Ende des „qualifizierten faktischen" GmbH-Konzerns, GmbHR 2001, S. 1095 ff.; *ders.*, Die Durchgriffshaftung der GmbH-Gesellschafter wegen „existenzgefährdender" Eingriffe – Zur dogmatischen Konzeption des Gläubigerschutzes in der GmbH, GmbHR 2002, S. 945 ff.; *Michalski/Zeidler*, Syst. Darst. 4, RN 260a f.; *V. Röhricht*, Die GmbH im Spannungsfeld zwischen wirtschaftlicher Dispositionsfreiheit ihrer Gesellschafter und Gläubigerschutz, in: *Geiß/Nehm/Brandner/Hagen*, FS 50 Jahre BGH, S. 83 ff.; *ders.*, Die aktuelle höchstrichterliche Rechtsprechung zum Gesellschaftsrecht, in: *Burgard/Kleindiek/Röhricht/Schüppen/Vetter*, Gesellschaftsrecht in der Diskussion, 2002, 2003, S. 3 ff.; *Römermann/Schröder*, Aufgabe des qualifizierten faktischen GmbH-Konzerns – Das „Bremer Vulkan"-Urteil des BGH vom 17.9.2001, GmbHR 2001, S. 1015 ff.; *Roth/Altmeppen*, Anh. § 13 RN 160 ff., 4. Aufl., München 2003; *Lutter/Banerjea*, Die Haftung wegen Existenzvernichtung, ZGR 2003, S. 402 ff.; *dies.*, Die Haftung des Geschäftsführers für existenzvernichtende Eingriffe, ZIP 2003, S. 2177; *K. Schmidt*, Gesellschafterhaftung und „Konzernhaftung" bei der GmbH, NJW 2001, S. 3577 ff.; *H.-P. Westermann*, Haftungsrisiken eines „beherrschenden" GmbH-Gesellschafters, NZG 2002, S. 1129 ff.; *Wiedemann*, Reflexionen zur Durchgriffshaftung, ZGR 2003, S. 283 ff; *J. Wilhelm*, Zurück zur Durchgriffshaftung – das „KBV"-Urteil des II. Zivilsenats des BGH vom 24.6.2002, NJW 2003, S. 175 ff.

Orientiert man sich an der rechtstatsächlichen Einbindung sowie der dogmatischen Verortung der Frage nach den normativen Eingriffsschranken der GmbH gegenüber nachteiligen Einwirkungen ihrer Gesellschafter, so kommt es nach zutreffender Auffassung aufgrund der erstrebten Schutzfunktion auf *das Vorliegen eines Konzernverhältnisses oder auch nur der Unternehmenseigenschaft des (Allein-)Gesellschafters nicht an*. Insofern ist es gleichgültig, ob der Anteilseigner, dem die Einwirkung zuzurechnen ist, außerhalb der GmbH weitere unternehmerische Interessen verfolgt, oder ob es sich um einen Privatgesellschafter ohne sonstige Interessenbindungen handelt. Zwar weisen Konzernlagen aus Sicht der Gesellschaftsgläubiger insofern ein erhöhtes Gefährdungspotenzial auf, als konzerninterne Austauschbeziehungen, Ressourcenverlagerungen und asymmetrische Risikozuweisungen strukturell erleichtern, doch hat es damit sein Bewenden. Schädigungen der GmbH seitens ihrer Gesellschafter mögen außerhalb verbundener Unternehmen seltener erfolgen, doch rechtfertigt es dies nicht, die betroffenen Gläubiger schutzlos zu stellen.

A 229

Gleichgültig ist zudem, ob es sich insofern um einen Allein- oder Mehrheitsgesellschafter handelt. Zwar sind die hier aufgeworfenen Fragen hinsichtlich der Einpersonen-GmbH von besonderer Virulenz, doch keineswegs auf diese Erscheinungsform begrenzt. Auch hier macht es folglich

A 230

Keßler

keinen Unterschied, ob ein Gesellschafter gestützt auf seine Alleinstellung das gesetzliche Haftungssubstrat oder die Existenzfähigkeit der GmbH beeinträchtigt, oder ob die Anteilseigner gemeinsam in schädigender Weise auf die Gesellschaft einwirken. Anders stellt sich die Rechtslage nur dort dar, wo der Eingriff ohne Zustimmung und zu Lasten vorhandener Minderheitsgesellschafter erfolgt. Wirkt der Mehrheitsgesellschafter im Widerspruch zur Gesellschafterminderheit auf die abhängige GmbH zu deren Nachteil ein, so trifft ihn gegenüber der Gesellschaft zwingend die weiterreichende Schadensersatzhaftung aus der Verletzung der Treuepflicht. Die hieraus fließenden Ansprüche können in entsprechender Anwendung von §§ 317 Abs. 4, 309 Abs. 4 Satz 3 AktG auch durch die Gesellschaftsgläubiger geltend gemacht werden, soweit diese von der Gesellschaft keine Befriedigung erhalten können (vgl. BGH v. 16. 9. 1985, BGHZ 95, S. 330 ff., 340 = NJW 1986, S. 188 ff.; Emmerich/Habersack, Anh. § 318, RN 32, 36).

A 231 Der BGH hat folglich mit seiner Entscheidung vom 17. 9. 2001 (BGHZ 149, S. 10 ff. = NJW 2001, S. 3622 ff. = GmbHR 2001, S. 1036 ff. – „Bremer Vulkan") im Ergebnis zutreffend das von ihm entwickelte Konzept des qualifizierten faktischen GmbH-Konzerns verabschiedet und die Einstandspflicht der Gesellschafter hinsichtlich schädigender Einwirkungen zu Lasten der GmbH unter dem Gesichtspunkt des *bestandsvernichtenden oder existenzvernichtenden Eingriffs* auf eine neue dogmatische Grundlage gestellt, welche den spezifischen Ausprägungen der Rechtsform durchgängig Rechnung trägt. Entsprechend postuliert bereits der erste Leitsatz den Abschied vom Modell des Aktienkonzerns und die Verortung des Regelungskonzepts in den strukturellen Vorgaben des GmbH-Rechts selbst:

„Der Schutz einer abhängigen GmbH gegen Eingriffe ihres Alleingesellschafters folgt nicht dem Haftungssystem des Konzernrechts des Aktienrechts, sondern ist auf die Erhaltung ihres Stammkapitals und die Gewährleistung ihres Bestandsschutzes beschränkt, der eine angemessene Rücksichtnahme auf die Eigenbelange der GmbH erfordert. An einer solchen Rücksichtnahme fehlt es, wenn die GmbH infolge der Eingriffe ihres Alleingesellschafters ihren Verbindlichkeiten nicht mehr nachkommen kann."

A 232 Soweit es den hier in Bezug genommenen Aspekt der angemessenen Rücksichtnahme betrifft, bezieht sich das dogmatische Konzept des II.

Keßler

Zivilsenats keineswegs auf die gelegentlich aufgeworfene Frage, ob und unter welchen Voraussetzungen den Alleingesellschafter Treuebindungen gegenüber seiner Gesellschaft treffen, deren Verletzung Schadensersatzpflichten nach sich zieht. Angesichts der notwendigen Interessenübereinstimmung zwischen dem alleinigen Anteilseigner und seiner Gesellschaft scheidet eine Verletzung von Treuepflichten in diesem Verhältnis zwangsläufig aus (vgl. RN A 193, 212 f.). Vielmehr beruht der methodische Ansatz – wie der BGH in seiner nachfolgenden „KBV-Entscheidung" (BGH v. 24. 6. 2002, BGHZ 151, S. 181 ff. = NJW 2002, S. 3024 ff.) unmissverständlich klarstellt – auf dem dogmatische Konzept eines Haftungsdurchgriffs im Wege der teleologischen Restriktion des in § 13 Abs. 2 GmbHG verankerten Trennungsprinzips. Es geht folglich in nuce um den *Verlust des Haftungsprivilegs wegen des Missbrauchs der Rechtsform der GmbH*. Damit rekurriert der Senat letztlich auf den sich gegenseitig bedingenden Funktionszusammenhang von Kapitalerhaltung, Vermögenstrennung und „beschränkter Haftung" im normativen System der GmbH. Erweist sich *„die Respektierung der Zweckbindung des Gesellschaftsvermögens zur vorrangigen Befriedigung der Gesellschaftsgläubiger während der Lebensdauer der Gesellschaft"* als *„unabdingbare Voraussetzung für die Inanspruchnahme des Haftungsprivilegs des § 13 Abs. 2 GmbHG"*, so ist diesem im Einzelfall die Geltung zu versagen, wenn und soweit die Gesellschafter die aus der Zweckbindung fließenden Eingriffsschranken negieren. Die Missachtung der vermögensrechtlichen „Sphärentrennung" seitens des (Allein-)Gesellschafters findet in der Durchbrechung der Haftungssphären zugunsten der Gläubiger ihre adäquat-funktionale Widerspiegelung. Der Haftungsdurchgriff findet seine materielle Rechtfertigung folglich in den systemwidrigen *„Zugriffen der Gesellschafter auf das Gesellschaftsvermögen, welche die aufgrund dieser Zweckbindung gebotene angemessenen Rücksichtsnahme auf die Erhaltung der Fähigkeit der Gesellschaft zur Bedienung ihrer Verbindlichkeiten in einem ins Gewicht fallenden Maße vermissen lassen"*.

Auch hierbei ist es nicht um einen Bestandsschutz der GmbH „für sich betrachtet" zu tun. Soweit es das Verhältnis zu ihrem (Allein-)Gesellschafter betrifft, kommt der Gesellschaft kein eigenständiges Existenzinteresse zu. Hier stellt sich die Wertung nicht anders dar als bezüglich der Treuepflicht. Vielmehr handelt es sich bezüglich des seitens des BGH postulierten Bestandsschutzes wegen des zugrunde liegenden dogmatischen Konzepts um eine Funktionalisierung institutioneller Interessen zum Zwecke

A 233

Keßler

des Gläubigerschutzes. Die GmbH erweist sich folglich gegenüber einvernehmlichen Eingriffen ihrer Gesellschafter nur soweit als eingriffsresistent, wie dies im *Erfüllungsinteresse der Gesellschaftsgläubiger* geboten erscheint.

A 234 Allerdings handelt es sich bezüglich des „Missbrauchstatbestandes" und des darin liegenden Vorwurfs der Rechtsformverfehlung – dies ist den Kritikern des Erklärungsansatzes zuzugeben (vgl. Roth/Altmeppen, § 13 RN 93 ff., Anh. § 13, RN 160) – prima vista um ein durchweg unbestimmtes Erklärungsmodell. Dies schließt allerdings eine dogmatische Präzisierung der tragenden Wertungsgesichtspunkte im Interesse einer Verdichtung des Tatbestands keineswegs aus. Insofern erweist es sich als ertragreich, erneut die normative Konzeption der Haftungsbeschränkung im Recht der GmbH in den Blickwinkel zu rücken.

A 235 Dabei gilt es zu berücksichtigen, dass in der GmbH – auch nach dem Konzept des BGH – kein generelles Schädigungsverbot zu Lasten der Gesellschafter besteht. Eine normative Grenze besteht zunächst nur hinsichtlich solcher Einflussnahmen, welche der GmbH das zur Deckung des satzungsmäßigen Stammkapitals erforderliche Vermögen entziehen. Aber auch soweit dies der Fall ist, verbleibt es aufgrund der gesetzgeberischen Wertentscheidung grundsätzlich bei dem in §§ 30, 31 GmbHG niedergelegten Grundsatz des „isolierten" Einzelausgleichs. Insofern findet die richterliche Rechtsfortbildung ihre – verfassungsrechtlichen – Grenzen im Systemzusammenhang des Gesetzes. Entsprechend betont der BGH in seiner „Bremer-Vulkan" Entscheidung (v. 17.9.2001, BGHZ 149. S. 10 ff., 16): *„Zu einer Haftung des Alleingesellschafters für die Verbindlichkeiten der von ihm beherrschten GmbH führt...ein solcher bestandsvernichtender Eingriff nur dann, wenn sich die Fähigkeit der GmbH zur Befriedigung ihrer Gläubiger nicht schon durch die Rückführung entzogenen Stammkapitals gemäß § 31 GmbHG wiederherstellen lässt."* Gleiches gilt – nach Maßgabe der KBV-Entscheidung –, soweit kein ausreichender Ausgleich in das Gesellschaftsvermögen erfolgt.

6.3.4 Zur dogmatischen Struktur des Haftungsdurchgriffs

A 236 Mit dem dogmatischen Konzept des Haftungsdurchgriffs rekurriert der BGH auf ein Begründungsmodell, welches in der Vergangenheit die rechtliche Diskussion über Voraussetzungen und Grenzen der Haftungsschranken juristischer Personen entscheidend geprägt und – wenn auch unter en-

Keßler

6. Faktische GmbH-Konzerne

gen Voraussetzungen – bereits zum Teil Niederschlag in der Rechtsprechung gefunden hat. Im Mittelpunkt steht hierbei vor allem die Frage, ob und unter welchen Voraussetzungen die dem Konstrukt der juristischen Person zugrunde liegende Trennung der Vermögens- und Haftungssphären der Gesellschaft einerseits und der Gesellschafter andererseits die Anerkennung versagt werden kann. Dass dies nur ausnahmsweise in Betracht kommt und stets eingehender und sorgfältiger Begründung bedarf, versteht sich von selbst; folgt doch die Sphärentrennung der zentralen Vorgabe des Gesetzgebers im Recht der Kapitalgesellschaften, d. h. hier: § 13 Abs. 2 GmbHG und erweist sich die Haftungsbeschränkung als das entscheidende wirtschaftliche Motiv für den Erfolg der GmbH. So weist denn auch der BGH zu Recht darauf hin, dass über die Rechtsfigur einer juristischen Person ... nicht leichtfertig und schrankenlos hinweggegangen werden (kann) (BGH v. 13.11.1973, BGHZ 61, S. 380 ff., 383 = NJW 1974, S. 134 ff.). Eine persönliche Haftung der Gesellschafter neben der Gesellschaft kommt somit letztlich nur dort in Betracht, wo die Gesellschafter die normativen Haftungsschranken in einer Weise desavouieren, dass sie unter Missachtung der geschriebenen und ungeschriebenen Voraussetzungen der gesetzlichen Haftungsbeschränkung die aus der Geschäftstätigkeit fließenden Risiken einseitig den Gesellschaftsgläubigern zuordnen. Dies trägt zugleich dem Umstand Rechnung, dass die durch § 13 Abs. 2 GmbHG gewährte Abschottung der Gesellschafter von den Gesellschaftsverbindlichkeiten *keineswegs voraussetzungslos gewährt wird,* sondern ihrerseits eng und unabdingbar mit den Grundsätzen der Kapitalaufbringung sowie der Kapitalerhaltung und der Vermögenstrennung verbunden ist (vgl. RN A 212 ff.).

Soweit es den Niederschlag der Missbrauchslehre in der Rechtsprechung und damit die praktische Relevanz des Haftungsdurchgriffs betrifft, kann vor allem die Fallgruppe der *Vermögensvermischung* als weitgehend dogmatisch gesichert gelten. Danach führt es zum Verlust des Haftungsprivilegs, soweit die Gesellschafter das Vermögen der GmbH und ihr sonstiges Vermögen nicht unterscheidbar voneinander trennen (BGH v. 13.4.1994, BGHZ 125, S. 366 ff., 368 ff. = NJW 1994, S. 1801 ff.; vgl. Boujong, FS für Odersky 1996, S. 739 ff., 742; K. Schmidt, ZIP 1994, S. 837 ff.). Insoweit gilt es erkennbar zu machen, welche Vermögensgegenstände dem Vollstreckungszugriff der Gesellschaftsgläubiger oder dem Zugriff des Insolvenzverwalters unterliegen und welche Wirtschaftsgüter diesem entzogen sind. Allerdings kommt es bezüglich des Tatbestandes der Ver-

A 237

mögensvermischung nicht auf die räumliche Zuordnung der Vermögensgegenstände an. Entscheidend ist vielmehr, ob sich anhand der Buchführung und des Inventars, die rechtliche Zuordnung einzelner Wirtschaftsgüter zweifelsfrei ermitteln lässt (BGH, a. a. O.; BGHZ 95, S. 330 ff., 333 f. = NJW 1986, S. 188 ff. –„Autokran"). Letztlich handelt es sich in den Fällen der Vermögensvermischung aus wirtschaftlicher Sicht um eine *Intransparenzhaftung der Anteilseigner* und damit im Kern um die Sanktionierung der durch die Vermögensvermischung bedingten „*Vollstreckungserschwerung*" durch den Haftungsdurchgriff. Dabei weist die Fallgruppe insofern durchaus eine sachliche Nähe zur Einstandspflicht des herrschenden Gesellschafters auf, als die Vermögensvermischung ihren praktischen Schwerpunkt zwangsläufig im Verhältnis des Einmann-Gesellschafters zu seiner GmbH findet. Demgegenüber genügt der beschränkte Einfluss des Minderheitsgesellschafters regelmäßig nicht zur Begründung des Haftungsdurchgriffs wegen Vermögensvermischung (BGH v. 13. 4. 1994, BGHZ 125, S. 366 ff., 368 f.), jedenfalls soweit dieser nicht in koordinierter Weise mit dem Mehrheitsgesellschafter zusammenwirkt (BGH v. 24. 6. 2002, NJW 2002, S. 3024 ff.).

A 238 Darüber hinaus stand der BGH einem Haftungsdurchgriff unter dem Gesichtpunkt der *materiellen Unterkapitalisierung;* also einer im Lichte der bestehenden Haftungsrisiken unzulänglichen Kapitalausstattung der GmbH, bisher durchweg ablehnend gegenüber (BGH v. 26. 3. 1984, BGHZ 90, S. 381 ff., 390 = NJW 1984, S. 1893 ff.; v. 1. 7. 1991, ZIP 1991, S. 1140 ff., 1145; siehe auch OLG Oldenburg v. 10. 2. 2000, NZG 2000, S. 555 ff., m. Anm. Emmerich; siehe aber BGH v. 13. 12. 1993, NJW 1994, S. 446 f., hierzu Raiser, ZGR 1995, S. 156 ff., 162). Insofern fehle es an präzisen Kriterien zur Bestimmung der Angemessenheit der Kapitalausstattung. Ob diese Judikatur gem. der durch die „Bremer-Vulkan"-Entscheidung begründeten Rechtsprechung des BGH aufrechterhalten werden kann, erscheint fragwürdig, da sich erhebliche Wertungsinkonsistenzen ergeben, soweit man den Abzug finanzieller Ressourcen als Begründung des Haftungsdurchgriffs genügen lässt, dessen Voraussetzungen im Falle einer bereits anfänglich ungenügenden Kapitalausstattung jedoch verneint (siehe zutreffend Wiedemann, ZGR 2003, S. 283 ff., 295 f.).

A 239 Soweit es seine dogmatische Fundierung betrifft, knüpft der „Haftungsdurchgriff" zu Lasten der Gesellschafter wegen existenzvernichtenden Eingriffs methodisch an dem mit der Fallgruppe der Vermögensvermischung begründeten Erklärungskonzept an. Entgegen Altmeppen (ZIP

Keßler

6. Faktische GmbH-Konzerne

2002, S. 1553 ff.; Roth/Altmeppen, Anh. § 13, RN 184) handelt es sich dabei allerdings nicht um einen Rückfall auf einen seit mehreren Jahrzehnten überwundenen Entwicklungsstand; vielmehr gründet die Dogmatik des existenzvernichtenden Eingriffs insofern in einer Wertungsanalogie zur Vermögensvermischung, als beide Fallgruppen unmittelbar *auf die funktionalen Voraussetzungen der normativen Haftungsbeschränkung,* wenn auch unter Berücksichtigung unterschiedlicher Aspekte, Bezug nehmen. Betrifft dies im Falle der Vermögensvermischung die Verpflichtung zur *buchhalterischen Trennung des Haftungssubstrats vom sonstigen Vermögen des Gesellschafters,* so geht es beim Verbot existenzvernichtender Eingriffe, um dessen *Erhaltung.* Letztlich geht es in beiden Fällen um die funktionalen Voraussetzungen des normativen Gläubigerschutzes im System der GmbH.

Erweist sich die Einstandspflicht der Gesellschafter somit als fallgruppenbezogene Ausprägung des dogmatischen Konzepts der Durchgriffshaftung, so kommt es auf ein Verschulden der Gesellschafter nicht an. Entscheidend ist vielmehr, ob die Einwirkung der Anteilseigner auf die Gesellschaft bei objektiver Betrachtung deren wirtschaftliche Existenzfähigkeit in einer Weise beeinträchtigt, die eine Kompensation im Wege des isolierten Einzelausgleichs gem. § 31 GmbHG ausschließt. Anderseits genügt die Eröffnung lediglich struktureller Einwirkungsmöglichkeiten, wie dies der BGH im Rahmen des Konzepts des qualifizierten faktischen GmbH-Konzerns angedeutet hat (BGH v. 23.9.1991, BGHZ 115, S. 187 ff. = NJW 1991, S. 3142 ff. – „Video"), in keinem Falle zur Begründung des Haftungstatbestandes. Nach der dogmatischen Abkoppelung des Haftungsmodells von den Vorgaben des Aktienkonzernrechts kommt es auf die Dichte der Leitungsmacht des herrschenden Gesellschafters ebenso wenig an, wie auf dessen Unternehmenseigenschaft. Entscheidend ist ausschließlich die *Ursächlichkeit der Einwirkung seitens des Gesellschafters für die Existenzvernichtung der Gesellschaft.* A 240

Obwohl der BGH dies nicht ausdrücklich postuliert, wird man insofern die Insolvenz der Gesellschaft als – ungeschriebene – Tatbestandsvoraussetzung des Haftungsdurchgriffs ansehen müssen (a. A. offensichtlich Drygala, GmbHR 2003, S. 729 ff., 733 f.). Zwar begründet die Insolvenz für sich betrachtet nicht den Vorwurf des Rechtsmissbrauchs, doch erweist sie sich als objektive Bedingung hinsichtlich der Einstandspflicht der Gesellschafter. Dies folgt notwendig aus dem Umstand, dass der Gesellschaft gegenüber Dispositionen ihres (Allein-)Gesellschafters nur insofern Be- A 241 standsschutz zukommt, wie dies im Erfüllungsinteresse ihrer Gläubiger unabdingbar erscheint. Der Schutz der Gesellschaft erweist sich insofern lediglich als Mittel gem. des intendierten Gläubigerschutzes. Solange die Gesellschaft noch in der Lage ist, ihre Verbindlichkeiten gegenüber den Gesellschaftsgläubigern zu erfüllen, ist folglich für eine Durchgriffshaftung der Anteilseigner kein Raum (Altmeppen, ZIP 2002, S. 1553 ff., 1557 Fn. 60; Lutter/Banerjea, ZGR 2003, S. 402 ff., 417 f.), mag auch nach Erfüllung – sämtlicher! – Gläubigeransprüche die Existenzgrundlage entfallen.

A 242 Im Übrigen wird man insolvenzbegründenden Handlungen der Gesellschafter solche Einwirkungen gleichstellen müssen, die eine sich ohnehin ankündigende Insolvenz durch eine *spürbare Verringerung der Insolvenzquote noch vertiefen* (Lutter/Banerjea, ZGR 2003, S. 402 ff., 418). Nur dies ermöglicht es, die nicht seltenen Fallgestaltungen zu erfassen, in denen der (Allein-)Gesellschafter seiner zahlungsunfähigen oder überschuldeten GmbH das noch vorhandene Restvermögen entzieht, um diese in die masselose Insolvenz zu treiben.

A 243 Löst sich die Einstandspflicht des herrschenden (Allein-)Gesellschafters im Wege des Haftungsdurchgriffs einerseits von den dogmatischen Voraussetzungen des Konzerntatbestandes, so ist diese andererseits insofern nachrangiger Natur, als sie nur dort zur Anwendung gelangt, wo das gesetzliche Ausgleichssystem der §§ 30, 31 GmbHG den berechtigten Schutzinteressen der Gläubiger nicht Rechnung zu tragen weiß. Insofern bedarf es, soweit es die tatbestandlichen Voraussetzungen der Gesellschafterhaftung betrifft, über das Vorliegen eines existenzvernichtenden Eingriffs und der Insolvenz der Gesellschaft hinaus der Prüfung, ob die Kompensation der hieraus folgenden Vermögensbeeinträchtigung der GmbH im Wege des Einzelausgleichs in Betracht kommt. Dies wird allerdings nach Eintritt der Insolvenz nur ausnahmsweise der Fall sein.

6.3.5 Einzelne Haftungskonstellationen

A 244 Zeichnen sich damit die äußeren Konturen des Haftungstatbestandes – wenn auch recht unscharf – ab, so bedarf es zur Gewährleistung der erforderlichen Rechts- und Planungssicherheit auf Seiten der beteiligten Unternehmen und ihrer Berater notwendig dessen Präzisierung durch Bildung einzelner Fallgruppen. Dabei ist einerseits von der aufgrund der Bremer-Vulkan-Doktrin geprägten – allerdings spärlichen – Entscheidungspraxis

Keßler

6. Faktische GmbH-Konzerne

des BGH auszugehen. Zudem erscheint es nicht ausgeschlossen, auch die bisher unter dem Aspekt des qualifizierten faktischen GmbH-Konzerns erörterten Gestaltungsformen in die veränderte dogmatische Konzeption einzubeziehen. Dies gilt umso mehr, als sich spätestens mit der TBB-Entscheidung (BGH v. 29. 3. 1993, BGHZ 122, S. 123 ff., 129 f. = NJW 1993, S. 1200 ff.) die Rechtsprechung zunehmend von der Dogmatik des Aktienkonzernrechts gelöst und der Frage einer risikoadäquaten Beweislastverteilung beim Vorliegen konzernrechtlicher Gefährdungslagen zugewandt hat. Auch nach der Verabschiedung des konzernrechtlichen Lösungsmodells kommt aber der Beweislast bezüglich der Schädigung der abhängigen GmbH durch Einwirkungen des herrschenden Gesellschafters unveränderte Bedeutung zu. Versucht man auf dieser Grundlage eine erste Systematisierung möglicher Durchgriffstatbestände, so lassen sich die nachfolgenden Fallgruppen herauskristallisieren:

a) Dies betrifft zunächst die Konstellation einer *asymmetrischen Risikoverteilung,* im Verhältnis zwischen dem (Allein-)Gesellschafter und seiner Gesellschaft, wie sie beispielsweise dem Sachverhalt der „Autokran"-Entscheidung zugrunde lag (BGH v. 16. 9. 1985, BGHZ 95, S. 330 ff., 342 = NJW 1986, S. 188 ff.) und damit die Fallgruppe der *Aschenputtel-GmbH* (Röhricht, FS 50 Jahre BGH 2000, S. 83 ff., 91; Goette, ZHR Beiheft Nr. 70, S. 14 f.). Ordnet der Gesellschafter innerhalb eines von ihm beherrschten Unternehmensverbunds Erfüllungs- und Haftungsrisiken willkürlich unterschiedlichen Gesellschaften zu, und entzieht diesen gleichzeitig – beispielsweise im Wege eines Factoringvertrags – finanzielle Ressourcen, und beraubt sie somit der Möglichkeit der Bildung existenzsichernder Rücklagen, so greift er hiermit in haftungsrelevanter Weise in den Bestand der Gesellschaften ein. Werden die abhängigen Gesellschaften insolvent, so begründet dies jedenfalls dann die Durchgriffshaftung des Gesellschafters, wenn aufgrund der ungeordneten Rechtsbeziehungen, insbesondere der *fehlenden Dokumentation des Ressourcentransfers* zwischen den Gesellschaften sowie zwischen diesen und ihrem (Allein-)Gesellschafter, ein *Einzelausgleich gem. § 31 GmbHG aus praktischen Gründen ausscheidet* (siehe hierzu Roth/Altmeppen, Anh. § 13, RN 162). Dies gilt sinngemäß auch für das Verhältnis des nichtunternehmerischen Alleingesellschafters zu seiner (einzigen) GmbH. Zwar kommt es insofern auf das Vorliegen eines Konzerntatbestandes nicht an, doch behalten die unter der Ägide der früheren Rechtsprechung entwickelten Regeln insoweit Geltung, als die *Unmöglichkeit des Einzelausgleichs* notwendig den Haftungsdurchgriff auf das Vermögen des Gesellschafters nach sich zieht.

b) Bereits in seiner Ausgangsentscheidung „Bremer-Vulkan" (BGH v. 17.9.2001, BGHZ 149, S. 10 ff., 15 f. = NJW 2001, S. 3122 ff.) hat sich der BGH mit der Frage auseinandergesetzt, ob die Integration der abhängigen GmbH in einen *konzernübergreifenden Finanzverbund (konzernweites Cash-Management)* geeignet ist, aufgrund des hiermit verbundenen Ressourcentransfers einen Haftungsdurchgriff auf die Konzernmutter zu eröffnen. Soweit der Gesellschaft zur Erhaltung des Stammkapitals erforderliches Vermögen entzogen wird, erfolgt die Sanktion primär im Wege des isolierten Einzelausgleichs gem. § 30 GmbHG. Scheitert der Einzelausgleich an der Intransparenz der Leistungsbeziehungen, so trifft im Insolvenzfalle den herrschenden Gesellschafter eine Ausfallhaftung gegenüber den Gläubigern. Stammen die Zahlungen der abhängigen Gesellschaft zugunsten des herrschenden Gesellschafters oder diesem verbundener Unternehmen aus dem das Stammkapital übersteigenden und daher grundsätzlich disponiblen Vermögen der GmbH, so besteht gem. §§ 30, 31 GmbHG zunächst keine Ausschüttungssperre. Allerdings stellt auch insofern der Ressourcentransfer eine – haftungsrelevante – Schädigung der abhängigen Gesellschaft dar, wenn im Zeitpunkt des Mittelabflusses erkennbar ist, dass diese in einem absehbaren Zeitraum die abgeflossenen Mittel zur Erfüllung ihrer Verbindlichkeiten gegenüber den Gesellschaftsgläubigern benötigen wird (so im Ergebnis Röhricht, FS 50 BGH 2000, S. 83 ff., 103, 106 – Existenzgefährdender Vermögenstransfer; Drygala, GmbHR 2003, S. 729 ff., 733 f.). Es ist somit Angelegenheit des herrschenden Gesellschafters auf eine *ordnungsmäßige Liquiditätsplanung der Gesellschaft* hinzuwirken. Fehlt es hieran, so trifft ihn die Beweislast, dass die Zahlungsunfähigkeit der Gesellschaft auch bei entsprechender Planungsvorsorge eingetreten wäre. Soweit es um den hierbei zu veranschlagenden Planungszeitraum zu tun ist, finden die für die Fortbestehensprognose im Rahmen des § 19 Abs. 2 Satz 2 InsO geltenden Grundsätze entsprechende Anwendung (siehe hierzu Daumke/Keßler, Geschäftsführer, S. 64 f.). Es geht somit um die Gewährleistung der *mittelfristigen Zahlungsfähigkeit der abhängigen Gesellschaft*. Der hierbei zugrunde zu legende Prognosezeitraum erfasst zumindest einen Planungshorizont von 12 Monaten, bei einem Stichtag

Keßler

6. Faktische GmbH-Konzerne

innerhalb des Geschäftsjahres mindestens jedoch bis zum Ende des nachfolgenden Geschäftsjahres (vgl. FAR/IDW, Wpg 1997, S. 22 ff., 24). Im Ergebnis entspricht dies dem Zeitraum, der bei der Antragstellung wegen *drohender Zahlungsunfähigkeit* gem. § 18 Abs. 2 InsO zugrunde zu legen ist (in diesem Sinne Röhricht, FS 50 Jahre BGH 2000, S. 83 ff., 103, 106; Wiedemann, ZGR 2003, S. 283 ff., 293).

c) Die unter b dargestellten Grundsätze finden sinngemäß auf vergleichbare Gestaltungsformen Anwendung. Dies gilt beispielsweise für die verbreiteten Saldenverrechnungsvereinbarungen bzw. Konzernverrechnungsklauseln oder sonstige systematische Gewinnverlagerungen zwischen verbundenen Unternehmen (Roth/Altmeppen, Anh. § 13, RN 168).

d) Im Übrigen ist seit langem anerkannt, dass insbesondere strukturverändernde Maßnahmen, die maßgeblichen Geschäftsfelder der abhängigen Gesellschaft oder zentrale unternehmerische Teilfunktionen auf das herrschende Unternehmen oder mit diesem verbundene Gesellschaften verlagern, geeignet sind, die Einstandspflicht des herrschenden Gesellschafters zu begründen. Dies betrifft insbesondere die Zentralisierung der Beschaffung, der Finanzierung oder des Betriebs, sowie die – verbreitete – zentrale Übernahme der EDV durch die Konzernzentrale. Auch soweit es sich hierbei um strukturelle Verflechtungen zwischen dem – regelmäßig unternehmerischen – Mehrheitsgesellschafter und der abhängigen Gesellschaft handelt, bedarf es insofern keiner konzernspezifischen Lösung. Vielmehr erweist sich das Konzept des existenzvernichtenden Eingriffs durchgängig als geeignet, die hier zutage tretende Gefährdungslage risikoadäquat zu erfassen. Was zunächst die Ausgliederung von Geschäftsbereichen und unternehmerischen (Teil-)Funktionen betrifft, so kommt es unter Berücksichtigung der Wertung der §§ 30, 31 GmbHG darauf an, ob die Gesellschaft im Rahmen der Transaktion eine gleichwertige Gegenleistung erhält. Darüber hinaus gilt es zu berücksichtigen, welche Wirkungen der Struktureingriff auf den wirtschaftlichen Bestand der Gesellschaft zeitigt. Hierbei kommt es, wie im Rahmen der konzernintegrativen Finanzplanung, entscheidend darauf an, ob der Struktureingriff auf mittlere Sicht geeignet ist, den Bestand der GmbH zu gefährden (vgl. auch BGH v. 25. 2. 2002, NJW 2002, S. 1803 ff., 1805). Dies ist insbesondere dort anzunehmen, wo die GmbH nach dem *Entzug einzelner Geschäftsbereiche oder Unternehmensfunktionen nicht mehr in der Lage ist, die erforderliche Liquidität zu erwirtschaften.* Dies kann im Einzelfall auch dadurch bedingt sein, dass in Folge der Einwirkung des herrschenden Unternehmens, die abhängige Gesellschaft nicht mehr über die *erforderlichen personellen Ressourcen* verfügt. Nicht entscheidend ist, ob die Gesellschaft in Folge der Strukturveränderung auch außerhalb des Konzernverbundes überlebensfähig wäre, solange und soweit nur ihre Existenz in der Verbundgruppe sichergestellt ist (Drygala, GmbHR 2003, S. 729 ff., 734 f.). Allerdings gilt es hier zu berücksichtigen, dass die *Beendigung der konzerninternen Leistungsbeziehungen* hinsichtlich einer ihrem Zuschnitt nach nicht marktfähigen *Teilfunktions-GmbH* ihrerseits die Qualität eines „existenzvernichtenden Eingriffs" gewinnen kann. Soweit das Vermögen der Gesellschaft nicht ausreicht, die vorhandenen konzernfremden Gläubiger zu befriedigen, kommt die Beendigung der Konzernintegration nur insoweit in Betracht, wie das herrschende Unternehmen das Erfüllungsinteresse der Gläubiger gewährleistet.

e) Sieht man vom Abzug finanzieller Ressourcen ab, so erweist sich auch der *Entzug einzelner Wirtschaftsgüter* tendenziell als geeignet, den Bestand der abhängigen Gesellschaft zu beeinträchtigen. Dies gilt auch, soweit hiermit keine Minderung des zur Deckung des Stammkapitals erforderlichen Vermögens verbunden ist. Dies betrifft beispielsweise den Abzug solcher *betriebsnotwendiger Wirtschaftsgüter* (Grundstücke, Maschinen, gewerbliche Schutzrechte etc.), die der Gesellschaft – beispielsweise im Rahmen einer *Betriebsaufspaltung* oder sonstiger Überlassungsverträge – lediglich zur Nutzung überlassen wurden und die daher das zu bilanzierende Vermögen der GmbH nicht berühren. Gleiches gilt dort, wo der Gesellschaft noch genügend Vermögen zur vollständigen Deckung des Haftungsfonds verbleibt, wenngleich deren Bestand nach Abzug der Vermögensgegenstände auf mittlere Sicht nicht gewährleistet ist. Ein solcher Ressourcentransfer kommt zur Vermeidung einer Ausfallhaftung des herrschenden Gesellschafters gegenüber den Gesellschaftsgläubigern nur nach ordnungsmäßiger Liquidation der GmbH in Betracht. Kommt es zur Eröffnung eines Insolvenzverfahrens, so scheidet eine Aussonderung der überlassenen Vermögensgegenstände insofern aus, wie diesen der Charakter *einer eigenkapitalersetzenden Nutzungsüberlassung zukommt* (BGH v. 16.10.1989, BGHZ 109, S. 55 ff., 57 ff. = NJW 1990, S. 516 ff.; v. 14.12.1992, BGHZ 121, S. 31 ff., 33 f. = NJW 1993, S. 392 ff.; v.

Keßler

11. 7. 1994, BGHZ 127, S. 1 ff., 17 ff. = NJW 1994, S. 2349 ff., 2760 ff.; siehe zuletzt BGH v. 26. 6. 2002, NJW 2000, S. 3565 ff.).

f) Gleiches gilt im Übrigen dort, wo der herrschende Gesellschafter die abhängige GmbH veranlasst, aus ihrem Vermögen Sicherheiten zugunsten des herrschenden Unternehmens oder anderer konzernverbundener Unternehmen zu stellen. Dies stellt jedenfalls dann einen existenzvernichtenden Eingriff dar, wenn und soweit die Sicherheitsleistung die eigene Liquidität der GmbH auf mittlere Sicht gefährdet.

6.3.6 Zur Darlegungs- und Beweislast

Die Darlegungs- und Beweislast hinsichtlich des Vorliegens existenzvernichtender Einwirkungen des herrschenden Gesellschafters auf die abhängige GmbH liegt dem Grundsatze nach auf Seiten des Gesellschaftsgläubigers. Allerdings gilt es hierbei zu berücksichtigen, dass die Rechtsbeziehungen zwischen Gesellschafter und GmbH Dritten nur unter erheblichen Einschränkungen zugänglich sind. Dies gilt erst recht, soweit es Einwirkungen tatsächlicher Natur betrifft oder die nachteilige Einwirkung in einer Vielzahl von Leistungsbeziehungen zwischen dem herrschenden Gesellschafter und der abhängigen Gesellschaft gründet. Soweit es aufgrund eines funktionalen Gläubigerschutzes darum geht, praktikable Möglichkeiten einer Rechtsdurchsetzung zu eröffnen, bleibt nur der Weg, die Darlegungs- und Beweislast unter Berücksichtigung der jeweiligen Einflusssphären zwischen den Parteien nach wertenden Gesichtspunkten zu verteilen. Die hierbei maßgeblichen Gesichtspunkte sind im Kern der TBB-Entscheidung des BGH (v. 29. 3. 1993, BGHZ 122, S. 123 ff., 132 f. = NJW 1993, S. 1200 ff.) zu entnehmen. Auch sofern diese Rechtsprechung noch auf dem Konzept des qualifizierten faktischen GmbH-Konzerns beruht, spricht nichts dagegen, die dort entwickelten Beweislastregeln in das nunmehr veränderte dogmatische Konzept zu integrieren (Keßler, GmbHR 2002, S. 945 ff., 950 f.; Roth/Altmeppen, Anh. § 13, RN 170 ff.).

A 245

Legt man dies zugrunde, so ist es grundsätzlich Sache des *Klägers,* diejenigen tatsächlichen Umstände darzulegen und zu beweisen, *welche die Annahme eines existenzgefährdenden Eingriffs in plausibler Weise nahe legen.* Dafür genügt es regelmäßig, einzelne nachteilige Einflussnahmen des herrschenden Unternehmens auf die abhängige Gesellschaft darzulegen, auch wenn diese für sich betrachtet, alleine die Existenzvernichtung nicht zu begründen vermögen (Drygala, GmbHR 2003, S. 729 ff., 737). Ist

A 246

dies erfolgt, so liegt es an dem beklagten Gesellschafter, durch die *Aufhellung des tatsächlichen Geschehens,* die durch den Vortrag des Klägers begründete Vermutung, er habe in existenzvernichtender Weise auf den Bestand der GmbH eingewirkt, schlüssig zu widerlegen. Dieser muss folglich darlegen und beweisen, *dass die seitens des Klägers vorgetragenen Eingriffe durch das herrschende Unternehmen ausgeglichen wurden oder – da es sich um vereinzelte Einwirkungen handelt – in keinem ursächlichen Zusammenhang zur Insolvenz der Gesellschaft stehen.* Im Ergebnis bedingt dies die *Offenlegung der Leistungsbeziehungen* sowie des Ressourcentransfers zwischen dem (Mehrheits-)Gesellschafter und seiner Gesellschaft. Insofern erscheint eine *umfassende und vollständige Dokumentation sämtlicher Transaktionen innerhalb des Unternehmensverbundes* aus Sicht des herrschenden Gesellschafters zur Gefahrenvorsorge nahezu unverzichtbar. Gleiches gilt auch, soweit sich der Gesellschafter darauf beruft, die nachteilige Einwirkung auf den Haftungsfonds, sei einem isolierten Einzelausgleich entsprechend § 31 GmbHG zugänglich. Angesichts der hierfür unabdingbaren Quantifizierung der Vermögensbeeinträchtigung auf Seiten der Gesellschaft, obliegt es dem Gesellschafter, die – der Höhe nach beschränkten – Auswirkungen seiner nachteiligen Einflussnahme durch Vorlage entsprechender Unterlagen zu belegen. Gelingt es dem herrschenden Gesellschafter nicht, die durch den Klägervortrag begründete Vermutung zu widerlegen, so ist das Vorbringen des Klägers als zugestanden anzusehen (§ 138 Abs. 3 ZPO) und der Entscheidungsfindung zugrunde zu legen. *Die Undurchsichtigkeit der Zahlungsströme innerhalb des durch die gesellschaftsrechtliche Verflechtung begründeten Verbundes, schlägt somit im Ergebnis zu Lasten des herrschenden (Mehrheits-)Gesellschafters aus.* Dies entspricht im Übrigen durchgängig den materiellen Wertungen, wie sie dem Haftungsdurchgriff wegen Vermögensvermischung zugrunde liegen. Beruht dieser im Kern auf der unzureichenden Sphärentrennung zwischen Gesellschafts- und Gesellschaftervermögen, so gründet die Beweislastverlagerung im Rahmen des existenzvernichtenden Eingriffs im Ergebnis in der fehlenden Transparenz der Leistungsbeziehungen zwischen herrschendem Gesellschafter und der abhängigen GmbH (so wohl auch Roth/Altmeppen, Anh § 13, RN 172 f.).

Keßler

Der Haftungstatbestand der Existenzvernichtung

Objektive Voraussetzung	• Insolvenz der Gesellschaft	• Beweis- und Darlegungslast trägt der Kläger
Subjektiver Zurechnungstatbestand	• Existenzvernichtende Einwirkung seitens des beherrschenden Gesellschafters	• Beweis- und Darlegungslast trägt der Kläger
Kausalität	• Eingriff ist insolvenzverursachend oder wirkt insolvenzvertiefend	• Beweis- und Darlegungslast trägt der Kläger aber: gelingt der Nachweis schädigender Einwirkung, so kehrt sich die Beweislast um
Subsidiarität des Haftungsdurchgriffs	• Keine Durchgriffshaftung bei Möglichkeit des Einzelausgleichs gem. § 31 GmbHG	• Darlegungs- und Beweislast für die Möglichkeit des Einzelausgleichs liegt beim beherrschenden Gesellschafter

6.3.7 Die Rechtsfolgen des Eingriffs

Liegen die tatbestandlichen Voraussetzungen eines existenzvernichtenden Eingriffs gem. der vorstehenden Ausführungen vor, so trifft den für die Einwirkung verantwortlichen Gesellschafter *in entsprechender Anwendung von § 128 HGB* gegenüber den Gesellschaftsgläubigern die unbeschränkte persönliche Haftung für die Verbindlichkeiten der Gesellschaft (Bitter, WM 2001, S. 2133 ff., 2139; Lutter/Banerjea, ZGR 2003, S. 402 ff., 430 f.). Ist über das Vermögen der Gesellschaft das Insolvenzverfahren eröffnet, so liegt die Geltendmachung des Anspruchs entsprechend § 93 InsO in den *Händen des Insolvenzverwalters* (Lutter/Banerjea, a. a. O., S. 430, siehe im Ergebnis auch BGH v. 24. 6. 2002, BGHZ 151, 181 ff. = NJW 2002, S. 3024 ff., 3025 – „KBV"). Dies führt im Ergebnis dazu, dass eine Abweisung des Antrags auf Eröffnung des Insolvenzverfahrens mangels Masse (§ 26 Abs. 1 InsO) bei Vorliegen eines existenz-

A 247

gefährdenden Eingriffs jedenfalls solange nicht in Betracht kommt, wie der herrschende Gesellschafter über eine ausreichende Solvenz verfügt.

A 248 Allerdings deutet der BGH in seiner KBV-Entscheidung (BGH v. 24. 6. 2002, BGHZ 151, 181 ff. = NJW 2002, S. 3024 ff.) im zweiten Leitsatz an, eine Haftung des herrschenden Gesellschafters gegenüber den Gesellschaftsgläubigern komme nur in Betracht, „soweit" diese von der Gesellschaft keine Befriedigung erhalten können. Dies spricht für eine *subsidiäre Ausgestaltung des Haftungsdurchgriffs* und dessen Beschränkung auf den nach der Inanspruchnahme der Gesellschaft verbleibenden Ausfall des Gesellschaftsgläubigers. Dies erscheint wenig folgerichtig. Zutreffend weisen Lutter/Banerjea (ZGR 2003, S. 402 ff., 431) darauf hin, dass es dem Insolvenzverwalter ohnedies untersagt ist, den Gesellschafter über das zur Auffüllung der Masse Erforderliche hinaus in Anspruch zu nehmen. Wird die Eröffnung des Insolvenzverfahrens mangels Masse abgelehnt, so erscheint es aus Sicht der Gesellschaftsgläubiger kaum zumutbar, primär auf einen Prozess gegenüber der Gesellschaft verwiesen zu werden und hierdurch die Erfüllung ihrer Forderung weiter zu verzögern oder aufgrund der Dauer des Verfahrens zu gefährden. Entsprechend § 128 HGB bedarf es folglich *keiner Vorausklage* gegenüber der Gesellschaft. Vielmehr sind die Gesellschaftsgläubiger berechtigt, den herrschenden Gesellschafter *unmittelbar in Anspruch zu nehmen* und diesen insofern auf seinen möglichen Regress gegenüber der Gesellschaft (§ 670 BGB) zu verweisen (Lutter/Banerjea, ZGR 2003, S. 402 ff., 431; a. A.; Wiedemann, ZGR 2003, S. 283 ff., 294 f.).

A 249 Im Übrigen beschränkt sich die Einstandspflicht hinsichtlich der Gesellschaftsverbindlichkeiten keineswegs auf den für den Eingriff unmittelbar verantwortlichen (herrschenden) Gesellschafter, dem die der Gesellschaft entzogenen Vermögenswerte unmittelbar oder mittelbar – beispielsweise über verbundene Unternehmen – zugeflossen sind. Wie der BGH in seiner KBV-Entscheidung (BGH v. 24. 6. 2002, BGHZ 151, 181 ff., 188. = NJW 2002, S. 3024 ff.; siehe auch bereits BGH v. 25. 2. 2002, ZIP 2002, S. 848 ff.;) zutreffend betont, haften den Gesellschaftsgläubigern bezüglich des existenzvernichtenden Eingriffs auch solche Anteilseigner, die selbst nichts empfangen, jedoch durch ihr Einverständnis an dem Vermögensentzug mitgewirkt haben. Dies gilt nicht nur für den Entzug einzelner Vermögensgegenstände oder wirtschaftlicher Ressourcen, sondern erfasst darüber hinaus auch sonstige bestandsrelevante Einwirkungen, wie beispielsweise einseitige Risikozuweisungen zu Lasten der GmbH (Lut-

Keßler

6. Faktische GmbH-Konzerne

ter/Banerjea, ZGR 2003, S. 402 ff., 436). Entsprechend § 128 HGB haften die Verpflichteten insgesamt als Gesamtschuldner. Darüber hinaus hat Wiedemann vorgeschlagen (ZGR 2003, S. 283 ff., 292), die Haftung auf alle *Anlagegesellschafter* zu erstrecken, die aufgrund ihres mitunternehmerischen Einflusses strukturelle Verantwortung für die Finanzverfassung der Gesellschaft tragen. Dies erscheint zu weitgehend (Lutter/Banerjea, a. a. O., S. 436), da hierdurch letztlich der auf strukturellen Erwägungen basierende Ansatz der überkommenen Rechtsprechung bezüglich des qualifizierten faktischen GmbH-Konzerns fortgeschrieben würde.

Soweit es das haftungsbegründende Einverständnis des Mitgesellschafters betrifft, bedarf es hierfür keiner rechtsgeschäftlichen Erklärung. Vielmehr genügt es, wenn der herrschende Gesellschafter den Eingriff mit Kenntnis weiterer Anteilseigner vornimmt und diese nicht widersprechen. Dabei ist es grundsätzlich Sache des Klägers, die Kenntnis des Mitgesellschafters darzulegen und zu beweisen. Beweiserleichterungen kommen ggf. unter dem Aspekt des Anscheinsbeweises in Betracht. Dies gilt insbesondere dort, wo sich die Einwirkung aus einem Protokoll der Gesellschafterversammlung ergibt oder der Mitgesellschafter die Stellung eines Geschäftsführers innehat. Demgegenüber obliegt es dem in Anspruch genommenen Gesellschafter, einen möglichen Widerspruch gegen den Eingriff darzulegen und zu beweisen. Zwar bedarf es hinsichtlich des Widerspruchs keiner besonderen Form, doch empfiehlt es sich im Wege der Gefahrenvorsorge das fehlende Einverständnis in beweissicherer Form zu dokumentieren (Lutter/Banerjea, a. a. O., S. 438). Allerdings kann von dem dissentierenden Gesellschafter im Ergebnis auch nicht mehr als ein deutlich artikulierter Widerspruch zu der Eingriffsmaßnahme des herrschenden Gesellschafters verlangt werden. Insbesondere besteht keine Verpflichtung, den existenzvernichtenden Eingriff mit allen Mitteln abzuwenden. Dies würde einer Bestandsgarantie der Mitgesellschafter allzu nahe kommen und findet in der Rechtsordnung der GmbH keine hinreichende Grundlage.

A 250

Entgegen Lutter/Banerjea (a. a. O., S. 437 f.) erfasst die Einstandspflicht wegen Mitwirkung an existenzvernichtenden Eingriffen *im Grundsatz alle Gesellschafter, unabhängig von der Höhe ihrer Beteiligung.* Für eine Ausnahme zugunsten geringfügig beteiligter Gesellschafter entsprechend § 32a Abs. 3 Satz 2 GmbHG, die lediglich mit 10 % oder in geringerem Umfang an der Gesellschaft beteiligt sind, ist folglich kein Raum. Die Gewährung eines eigenkapitalersetzenden Gesellschafterdarlehens und die Duldung der Existenzvernichtung sind bei wertender Betrachtung kaum

A 251

Keßler

vergleichbar. Allerdings besteht bei geringfügiger Beteiligung eine erhöhte Wahrscheinlichkeit, dass die nachteilige Einwirkung des Mehrheitsgesellschafters ohne Kenntnis der Minderheit erfolgte. Dem gilt es im Rahmen der Beweiswürdigung Rechnung zu tragen. Darüber hinaus unterliegen auch solche Anteilseigner, deren schädigende Einwirkung auf die Gesellschaft nicht in einer unmittelbaren Beteiligung gründet, sondern durch die beherrschende Stellung in einer Zwischen- oder Holdinggesellschaft „vermittelt" wird, der Haftung unter dem Gesichtspunkt des „existenzvernichtenden Eingriffs" (so zutreffend: OLG Rostock v. 10. 12. 2003, ZIP 2004, S. 118 ff., 120 f.). Entscheidend ist, welchem Rechtsträger der schädigende Eingriff im Rahmen einer an Sinn und Zweck des Haftungstatbestands orientierten Kausalitätsbetrachtung materiell zuzurechnen ist. Hier gilt es zu verhindern, dass im Rahmen „gestufter" Unternehmensbeteiligungen die aus der Existenzvernichtung fließende Einstandspflicht im Ergebnis einer weitgehend vermögenslosen „Puffergesellschaft" zugewiesen wird.

A 252 *Auf ein Verschulden der Gesellschafter kommt es dabei nicht an,* da es sich bezüglich der Einstandspflicht wegen existenzvernichtender Eingriffe *nicht um eine Verschuldenshaftung handelt* (offensichtlich a. A., OLG Rostock v. 10. 12. 2003, S. 118 ff., 12 f.). Insofern kommt auch eine Haftung eventueller Dritter, insbesondere von Rechts- und Steuerberatern, die auf den existenzvernichtenden Eingriff hin- oder an diesem mitwirken unter dem Gesichtspunkt der Beteiligung (§ 830 Abs. 2 BGB) nicht in Betracht. Allerdings kommt hinsichtlich des angesprochenen Personenkreises eine *originäre Einstandspflicht gem. § 826 BGB in Frage.* Dafür erweist es sich als ausreichend, dass diese um die möglicherweise existenzvernichtende Wirkung des Eingriff wissen und die damit verbundene Schädigung der Gläubiger zumindest billigend in Kauf nehmen. Erfolgen die Einwirklungen – wie nicht selten – *nach Eintritt der Insolvenz* mit dem Ergebnis, dass noch vorhandenes Vermögen der Insolvenzmasse zu Lasten der Gläubiger entzogen wird, so spricht regelmäßig der *erste Anschein* dafür, dass den Beratern die Insolvenz oder deren unmittelbares Bevorstehen bekannt ist und ihrem Handeln zumindest bedingter Vorsatz zugrunde liegt.

A 253 Vergleichbar stellt sich die Haftung solcher Geschäftsführer dar, die als Fremdgeschäftsführer nicht gleichzeitig eine Gesellschafterstellung innehaben. Zwar unterliegen diese grundsätzlich den Beschlüssen der Gesellschafterversammlung bzw. der Weisung des Alleingesellschafters und zwar auch soweit, wie die Weisung der GmbH zum Nachteil gereicht (OLG Frankfurt/M. v. 7.2.1997, ZIP 1997, S. 450 ff., 451 f.). Ausgenommen sind jedoch solche Vorgaben, die auf die *Rückführung des zur Deckung des satzungsmäßigen Stammkapitals erforderlichen Vermögens* zielen (§§ 30, 43 Abs. 3 GmbHG) oder die *Gefahr einer Insolvenz der Gesellschaft* begründen (Daumke/Keßler, Geschäftsführer, S. 157). Gesellschafterbeschlüsse oder Weisungen, welche die Existenz der GmbH gefährden, entfalten folglich gegenüber dem Geschäftsführer keine Bindungswirkung und dürfen von diesem nicht umgesetzt werden. Für Verstöße haftet der Organwalter der GmbH gem. § 43 Abs. 2 GmbHG. Darüber hinaus kommt eine unmittelbare Außenhaftung gegenüber den Gesellschaftsgläubigern gem. § 826 BGB in Betracht. Dabei ist in erster Linie davon auszugehen, dass dem Geschäftsführer qua seiner Organstellung, die Eignung der seitens des herrschenden Gesellschafters erstrebten Maßnahme zur Existenzgefährdung der Gesellschaft bekannt war und er im Rahmen der Umsetzung die Beeinträchtigung der Gläubigerinteressen zumindest billigend in Kauf genommen hat. Entsprechend § 43 Abs. 2 GmbHG, § 93 Abs. 2 Satz 2 AktG trifft den Geschäftsführer insofern die Beweislast für die fehlende Kenntnis hinsichtlich der die Existenzgefährdung begründenden Umstände und sein fehlendes Verschulden.

7. Die Konzernleitungspflicht

Literatur: *Emmerich/Sonnenschein/Habersack*, Konzernrecht, 7. Aufl., München 2001; *Emmerich/Habersack*, Aktien- und GmbH-Konzernrecht, 3. Aufl., München 2003; *Götz*, Leitungssorgfalt und Leitungskontrolle der Aktiengesellschaft hinsichtlich abhängiger Unternehmen, ZGR 1998, S. 524 ff.; *Haarmann*, Gesellschafts- und Zivilrecht bei Holdingstrukturen, WPg 2003, S. 75 ff.; *Lutter/Hommelhoff*, GmbHG, 15. Aufl., Köln 2000; *Reuter*, Die Konzerndimension der KonTraG und ihre Umsetzung in Konzernobergesellschaft, DB 1999, S. 2250 ff.

7.1 Zur Bedeutung der Konzernleitungspflicht

Neben den hiermit verbundenen haftungsrechtlichen Problemen zeitigt der Tatbestand der Konzernierung notwendig Auswirkungen hinsichtlich der Leitungs-, Überwachungs- und Kontrollpflicht der Organe des herrschenden Unternehmens und zwar auch soweit dieses in der Rechtsform der GmbH betrieben wird. Dies betrifft nicht zuletzt die hiermit verbundenen Auswirkungen bezüglich der Organhaftung (§ 43 Abs. 2 GmbHG,

A 254

§ 52 Abs. 1 GmbHG i. V. m. § 116 AktG). Üblicherweise werden die damit verbundenen Aspekte unter dem Stichwort der *Konzernleitungspflicht* behandelt. Dabei geht es im Kern um die Frage, ob die Pflichtenstellung der Organwalter in Geschäftsführung und Aufsichtsrat sich auf die Belange des jeweiligen Rechtsträgers konzentriert oder eine *durchgängige Konzernorientierung* aufweist und damit die Interessen des gesamten Unternehmensverbunds in Rechnung zu stellen hat. Angesichts der durch die beherrschende Stellung gegenüber der abhängigen Gesellschaft eröffneten Einflussmöglichkeiten des herrschenden Unternehmens und der damit verbundenen Haftungsrisiken erweist es sich als zwingend geboten, die jeweiligen Organpflichten unter Berücksichtigung des Konzerntatbestandes zu definieren. Die gem. § 43 Abs. 1 GmbHG geschuldete Sorgfaltspflicht der Geschäftsführer erfasst somit notwendig und unabdingbar die Verpflichtung zur ordnungsmäßigen Organisation, Leitung und Überwachung des Gesamtkonzerns. Gleiches gilt hinsichtlich der Überwachungspflichten eines fakultativen oder obligatorischen Aufsichtsrats (§ 52 GmbHG i. V. m. § 111 AktG). Soweit es die Stellung des Aufsichtsrats betrifft, hat der Gesetzgeber im Rahmen des Gesetzes zur Kontrolle und Transparenz im Unternehmensbereich (KonTraG) vom 27. 4. 1998 (BGBl. I 1998, S. 786) sowie durch das Transparenz- und Publizitätsgesetz (TransPuG) vom 19. 7. 2002 (BGBl. I 2002, S. 2681) die Konzernorientierung des Aufsichtsorgans ausdrücklich betont. Gemäß § 90 Abs. 3 Satz 1 AktG kann der Aufsichtsrat vom Vorstand *„jederzeit einen Bericht verlangen über Angelegenheiten der Gesellschaft, über ihre rechtlichen und geschäftlichen Beziehungen zu verbundenen Unternehmen sowie über geschäftliche Vorgänge bei diesen Unternehmen, die für die Lage der Gesellschaft von erheblicher Bedeutung sein können"*. Dabei begründet die Regelung nicht nur die Befugnis des Aufsichtsrats zur Anforderung eines entsprechenden Berichts des Geschäftsführers, *sondern verpflichtet die Mitglieder des Kontrollorgans zugleich, ihre Überwachungsfunktion an der Konzernleitungspflicht des Geschäftsführers zu orientieren.* Die Regelung des § 90 Abs. 3 AktG findet gem. § 77 Abs. 1 BetrVG 1952, § 25 Abs. 1 Nr. 2 MitbestG auf den mitbestimmten Aufsichtsrat sowie gem. § 52 Abs. 1 GmbHG auf den fakultativen Aufsichtsrat entsprechende Anwendung.

7.2 Die konzernspezifischen Pflichten des Geschäftsführers der herrschenden GmbH

Die Organstellung des Geschäftsführers innerhalb der herrschenden GmbH begründet grundsätzlich dessen Verpflichtung zur ordnungsmäßigen Leitung des Gesamtkonzerns im Rahmen der Vorgaben der Satzung und der Beschlüsse der Gesellschafterversammlung bzw. der Weisungen des Alleingesellschafters. Demgegenüber liegt die Bestimmung der konzernspezifischen Geschäftspolitik durchgängig in den Händen der Gesellschafter der herrschenden GmbH. Dies trägt dem Umstand Rechnung, dass – abweichend vom Modell der Aktiengesellschaft – im Rahmen des Leitungskonzeptes der GmbH grundlegende Geschäftsführungsangelegenheiten der Gesellschafterversammlung zugeordnet sind. Dies muss erst recht für die Konzernsteuerung gelten (Scholz/U. H. Schneider, § 37, RN 65). Demgegenüber liegen die laufende Konzerngeschäftsführung sowie die regelmäßige Kontrolle der zum Konzern gehörigen Beteiligungsunternehmen in den Händen des Geschäftsführers. Dies betrifft insbesondere die *ordnungsmäßige Organisation des Unternehmensverbundes* einschließlich der *Aufgabenzuweisung und Geschäftsverteilung zwischen den Beteiligungsunternehmen*. Hierzu gehört auch die Einrichtung eines funktionsfähigen *Risikomanagements* unter Einschluss eines *Risiko-Controlling*. Die durch das KonTraG geschaffene Verpflichtung des § 91 Abs. 2 AktG findet insofern auf die GmbH entsprechende Anwendung (vgl. die Begründung zum Regierungsentwurf BT-Drucks. 13/9712 v. 28.1.1998, S. 15). Der Geschäftsführer der Muttergesellschaft ist folglich verpflichtet, ein Überwachungssystem einzurichten, welches es ermöglicht, den Fortbestand der Gesellschaft und des Konzernverbundes gefährdende Entwicklungen frühzeitig zu erkennen. Dies betrifft vor allem auch solche Risiken und Gefährdungen, die ihre Ursache in den wirtschaftlichen Verhältnissen eines Beteiligungsunternehmens oder in der Struktur des Konzernverbunds finden. Fehlen entsprechende organisatorische Vorkehrungen seitens des Geschäftsführers, so stellt dies für sich betrachtet bereits ein ggf. zum Schadensersatz gegenüber der Gesellschaft verpflichtendes Unterlassen dar.

A 255

Die Überwachungspflicht des Geschäftsführers erfasst vor allem die Auswahl und Kontrolle des Leitungspersonals der abhängigen Unternehmen, soweit diese Entscheidung nicht den Gesellschaftern der Muttergesellschaft vorbehalten bleibt. Gleiches gilt hinsichtlich der Besetzung und der

A 256

Überwachung eines Aufsichtsrats oder Beirats der Tochtergesellschaft. Dies setzt in erster Linie – neben und ergänzend zum Konzern-Controlling – den *Aufbau eines konzerninternen Berichtssystems* voraus. Zudem bedarf es nach Maßgabe der durch die Gesellschafter erstellten Leitlinien der Konzernpolitik einer Koordination der innerhalb des Konzernverbunds zusammengeführten Unternehmen. Auch dort, wo es an einer einheitlichen marktstrategischen Ausrichtung der Konzernunternehmen fehlt, bedarf es seitens der Konzernspitze der Implementierung solcher Kontrollmechanismen, die ein *Mindestmaß an Effizienz und Rechtmäßigkeit bei der Leitung der Konzernunternehmen* gewährleisten. Dies gilt auch dort, wo die Tochtergesellschaften über eigene Kontrollorgane, beispielsweise in Form eines Aufsichtsrates, verfügen.

A 257 Allerdings besteht die Konzernleitungspflicht des Geschäftsführers grundsätzlich nur gegenüber der herrschenden GmbH, in welcher er seine Organstellung wahrnimmt. Demgegenüber entfaltet die aus der Organfunktion fließende Pflichtenstellung keine unmittelbare Bindungswirkung gegenüber den verbundenen Unternehmen. Eine unmittelbare Schadensersatzpflicht des Geschäftsführers der herrschenden GmbH gegenüber den Beteiligungsunternehmen kommt folglich nur insoweit in Betracht, wie ein gesonderter Zurechnungstatbestand gegeben ist. Dies betrifft beispielsweise die – nicht seltenen – Fälle eines Doppelmandats, in welchen der Geschäftsführer auch die Organstellung bezüglich der Tochtergesellschaft innehat. Allerdings wird sich – soweit keine Minderheitsgesellschafter vorhanden sind –, wenn es sich bei der Tochtergesellschaft ebenfalls um eine GmbH handelt, die Schadensersatzpflicht des Geschäftsführers i. d. R. auf die Beeinträchtigung des zur Erhaltung des satzungsmäßigen Stammkapitals erforderlichen Gesellschaftsvermögens beschränken (§§ 30, 43 Abs. 3 GmbHG). Dies folgt notwendig aus dem Umstand, dass die Handlung des Geschäftsführers aufgrund seiner Amtsstellung in der Muttergesellschaft mit dem Willen des Alleingesellschafters der Tochter übereinstimmt. Darüber hinaus kommt im Verhältnis zur Tochtergesellschaft allenfalls eine deliktische Haftung gem. § 826 BGB, § 823 Abs. 2 BGB i. V. m. § 266 StGB in Betracht.

Keßler

Teil B:
Konzernsteuerrecht

1. Einleitung

Die Besteuerung verbundener Unternehmen in Deutschland knüpft an einen wirtschaftlichen und konzernrechtlichen Sachverhalt an, der im Steuerrecht als Organschaft bezeichnet wird. Der Anwendungsbereich der Organschaftsbesteuerung reicht von Unternehmenszusammenschlüssen, bei denen nur Kapitalgesellschaften (AG, KGaA, GmbH) als herrschende und abhängige Unternehmen beteiligt sind, bis zu Verbindungen, bei denen Personengesellschaften oder Einzelunternehmen als Konzernspitze und Kapitalgesellschaften als abhängige Gesellschaften fungieren. Nicht von der Organschaftsbesteuerung erfasst werden Konzerne, in die Personenunternehmen als abhängige Unternehmen eingegliedert sind.   B 1

Konzerne bzw. verbundene Unternehmen i. S. des Handels- oder Gesellschaftsrechts werden nicht automatisch als steuerliche Organschaft behandelt; vielmehr müssen durch Mutter- und Tochtergesellschaft bestimmte, vom Gesetzgeber genau vorgeschriebene, sachliche und persönliche Bedingungen erfüllt werden. Fehlen diese, gelten für die Konzernunternehmen die allgemeinen Vorschriften der Unternehmensbesteuerung. Innerhalb dieser Vorschriften zur „Normalbesteuerung" finden sich zwar auch solche, die konzernspezifische Sachverhalte berücksichtigen (z. B. § 8b KStG), ansonsten wird das Konzernunternehmen jedoch im Nichtorganschaftsfall isoliert betrachtet und unabhängig von Konzerneinbindungen besteuert.   B 2

Für die GmbH als Konzernunternehmen bestehen keine zivilrechtlichen Hindernisse, um die Voraussetzungen für die Organschaftsbesteuerung zu erfüllen. Sie kann ohne Einschränkung sowohl als abhängige Organ-Gesellschaft (§ 17 KStG) als auch als herrschende Organträger-Gesellschaft an der Konzernspitze (§ 14 Nr. 2 Satz 1 KStG) beteiligt sein. Sowohl im Organschafts- wie im Nichtorganschaftsfall gelten für die GmbH im Allgemeinen die gleichen gesetzlichen Vorschriften wie für andere Kapitalgesellschaften. Daher werden im Folgenden Besteuerungsgrundsätze häufig in allgemeiner Form für Kapitalgesellschaften dargestellt, ohne ihre Anwendung auf die GmbH hervorzuheben. Sollten sich Besonderheiten   B 3 oder Ausnahmen für die GmbH ergeben (wie z. B. die Sondervorschrift des § 17 KStG), wird dies ausdrücklich erwähnt.

B 4 Was die Körperschaftsteuer angeht, so wurde in der jüngsten Vergangenheit sowohl die Besteuerung organschaftlich verbundener Unternehmen als auch die Besteuerung nichtorganschaftlich verbundener Kapitalgesellschaften und deren Anteilseigner grundlegend reformiert. Für verbundene Unternehmen sind die Neuerungen beider Regelungskreise von Bedeutung. Unmittelbare Auswirkungen auf die Besteuerungssituation von Organschaften haben zwar nur die Änderungen der Sondervorschriften für die Organschaft (§§ 14–19 KStG) insbesondere durch das Gesetz zur Senkung der Steuersätze und zur Reform der Unternehmensbesteuerung (Steuersenkungsgesetz – StSenkG, BGBl. I 2000, S. 1433 ff.) v. 23. 10. 2000, das Gesetz zur Fortentwicklung des Unternehmenssteuerrechts (Unternehmenssteuerfortentwicklungsgesetz – UntStFG) vom 20. 12. 2001 (BGBl. I 2001, S. 3858) sowie das Gesetz zum Abbau von Steuervergünstigungen und Ausnahmeregelungen (Steuervergünstigungsabbaugesetz – StVergAbG) v. 16. 5. 2003 (BGBl. I 2003, S. 660). Aber mittelbar wirkt sich auch die Abschaffung des körperschaftsteuerlichen Anrechnungsverfahrens auf Organschaften aus, indem sie deren Rolle und Funktion verändert. So können mittels einer körperschaftsteuerlichen Organschaft bestimmte (im Konzernfall ungünstige oder unerwünschte) Steuerfolgen, die sich aus einer isolierten Besteuerung verbundener Kapitalgesellschaften nach neuem Recht ergeben, vermieden werden.

B 5 Auch im Gewerbesteuerrecht sind neben den grundlegenden Neuerungen für den Bereich der Organschaft (§ 2 GewStG) zahlreiche weitere Änderungen durch das StSenkG, das UntStFG und das StVergAbG vorgenommen worden. Wichtige Neuerungen im Bereich der Organschaft, die im KStG bereits durch das StSenkG mit Wirkung ab VZ 2001 eingeführt worden sind, wurden im Gewerbesteuerrecht erst durch das UntStFG mit Wirkung ab EZ 2002 nachvollzogen. Seither gelten im Körperschaftsteuer- und Gewerbesteuerrecht die gleichen Voraussetzungen für eine Organschaft.

B 6 Bevor jedoch diese und die jeweiligen Rechtsfolgen in Kapitel 3 (B 63 ff.) dargestellt werden, sollen in Kapitel 2 (B 7 ff.) die Besteuerungsregeln für Kapitalgesellschaften und ihre Anteilseigner im Nichtorganschaftsfall skizziert werden; sie greifen bei Konzernen immer dann, wenn die Organschaftsvoraussetzungen, insbesondere ein Gewinnabführungsvertrag, nicht

Hosfeld-Guber

vorliegen und/oder Gewinnausschüttungen an körperschaftsteuer- oder einkommensteuerpflichtige Muttergesellschaften vorgenommen werden. Auf die unverändert gebliebenen Voraussetzungen und Rechtsfolgen der umsatzsteuerlichen Organschaft wird in einem gesonderten Kapitel 4 (B 244 ff.) eingegangen.

Die nachstehenden Ausführungen zur Konzernbesteuerung basieren – so weit es gelungen ist, die zahlreichen Änderungen zu berücksichtigen, die den Prozess der Manuskripterstellung bis dahin begleitet haben – auf dem Rechtsstand 31. 12. 2003. Kurz vor Drucklegung des Textes sind durch das Gesetz zur Umsetzung der Protokollerklärung der Bundesregierung zur Vermittlungsempfehlung zum Steuervergünstigungsabbaugesetz vom 22. 12. 2003 (BGBl. I S. 2840, 2841) sowie durch das Haushaltsbegleitgesetz 2004 (HBeglG 2004) vom 29. 12. 2003 (BGBl. Teil I 2003), erneut eine Reihe von Vorschriften geändert worden, die auch Sachverhalte betreffen, welche im vorliegenden Band angesprochen werden. In der Kürze der Zeit, die zwischen Veröffentlichung der Gesetzesmaterialien und der endgültigen Fertigstellung dieses Bandes lag, war es nicht möglich, alle Neuerungen aufzunehmen. So musste insbesondere das Thema der Gesellschafter-Fremdfinanzierung und seine Neuregelung ganz ausgeblendet werden. Ansonsten sind die neuen Bestimmungen, die erstmals im Veranlagungszeitraum 04 anzuwenden sind (§ 34 Abs. 1 KStG n. F.), so weit als möglich eingearbeitet worden.

B 7

2. Konzernbesteuerung im Nichtorganschaftsfall

2.1 Grundzüge des Körperschaftsteuersystems und der Anteilseignerbesteuerung

Literatur: *Dötsch/Pung*, § 8b Abs. 1 bis 6 KStG: Das Einführungsschreiben des Bundesfinanzministeriums, DB 2003, S. 1016; *dies.*, Steuersenkungsgesetz: Die Änderungen bei der Körperschaftsteuer und bei der Anteilseignerbesteuerung, DB 2000, Beilage Nr. 10/2000; *Eilers/Wienands*, Steuersenkungsgesetz: Besteuerung der Dividendeneinnahmen von Körperschaften nach der Neufassung von § 8b Abs. 1 KStG, GmbHR 2000, S. 957; *Fenzl/Hagen*, Überlegungen zur Organschaft im Hinblick auf die geplante Unternehmenssteuerreform, FR 2000, S. 289; *Frotscher*, Die Abzugsbeschränkung nach § 3c EStG und ihre Auswirkung auf Finanzierungsentscheidungen, DStR 2001, S. 2045; *Fußbroich*, Verlustverrechnung und Verlustverwertung im nationalen Kapitalgesellschaftskonzern, DStR 2002, S. 697; *Günkel/Fenzl/Hagen*, Diskussionsforum Unternehmenssteuerreform: Steuerliche

Hosfeld-Guber

Überlegungen zum Übergang auf ein neues Körperschaftsteuersystem, insbesondere zum Ausschüttungsverhalten bei Kapitalgesellschaften, DStR 2000, S. 445; *Herzig,* Aktuelle Entwicklungen bei § 8b KStG und § 3c EStG, DB 2003, S. 1459; *Krebs,* Die ertragsteuerliche Organschaft. Überlegungen vor dem Hintergrund des Berichts der Bundesregierung zur Fortentwicklung des Unternehmenssteuerrechts, BB 2001, 2029; *PwC Deutsche Revision/PricewaterhouseCoopers,* Unternehmenssteuerreform 2001, Freiburg, Berlin, München 2000; *Rödder,* Strukturierung von Konzernen nach der Unternehmenssteuerreform – Kernfragen der laufenden Besteuerung des Inlandssachverhalts: Dividendenfreistellung, Ausgabenabzugsverbot, Organschaft, in: Herzig (Hrsg.), Unternehmenssteuerreform: fallbezogene Darstellung für die Beratungspraxis, Köln 2002, S. 126; *Rödder/Schumacher,* Unternehmenssteuerreform 2001 – Eine erste Analyse des Regierungsentwurfs aus Beratersicht, DStR 2000, S. 353; *dies.,* Erster Überblick über die geplanten Steuerverschärfungen und -entlastungen für Unternehmen zum Jahreswechsel 2003/2004, DStR 2003, S. 1725; *Schmidt,* Einkommensteuergesetz. Kommentar, 21. Aufl., München 2002; *Schiffers,* Steuervergünstigungsabbaugesetz: Geänderte Rahmenbedingungen für die Ausschüttungspolitik der GmbH, GmbHR 2003, S. 673; *Utescher/Blaufus,* Unternehmenssteuerreform 2001: Begrenzung des Betriebsausgabenabzugs bei Beteiligungserträgen, DStR 2000, S. 1582.

2.1.1 Besteuerung der Gesellschaft

B 8 Grundsätzlich werden alle steuerpflichtigen Gewinne von Kapitalgesellschaften – ausgeschüttete wie thesaurierte – bei der Gesellschaft, die sie erwirtschaftet hat, einem einheitlichen Körperschaftsteuersatz von 25 % (für VZ 2003: 26,5 %) unterworfen (§ 23 Abs. 1 KStG). Diese Körperschaftsteuer ist definitiv; sie kann vom Anteilseigner im Falle der Ausschüttung auf die eigene Steuerschuld nicht angerechnet werden.

2.1.2 Ausschüttungen

2.1.2.1 Dividendenfreistellung und Halbeinkünfteverfahren

B 9 Um in Konzernfällen Mehrfachbelastungen zu vermeiden, bleiben Ausschüttungen und andere Gewinnanteile, die eine Körperschaft von einer anderen in- oder ausländischen Körperschaft erhält, gem. § 8b Abs. 1 KStG bei der Einkommensermittlung der (ansonsten körperschaftsteuerpflichtigen) Gesellschafterin außer Ansatz. Die Steuerfreistellung innerhalb eines Kapitalgesellschaftskonzerns umfasst nicht nur offene und verdeckte Gewinnausschüttungen von Kapitalgesellschaften an Kapitalgesellschaften, sondern auch Bezüge und Leistungen von körperschaftsteuerpflichtigen Versicherungsvereinen auf Gegenseitigkeit, rechtsfähigen und nichtrechtsfähigen Vereinen, Stiftungen und anderen Zweckvermögen (vgl. § 8b Abs. 1 Satz 1 KStG i. V. m. § 20 Abs. 1 Nr. 9 EStG). Sie gilt für alle Körperschaften, Personenvereinigungen und Vermögensmassen i. S. der §§ 1 und 2 KStG als Empfänger (BMF-Schreiben v. 28. 4. 2003, DStR 2003, S. 883, Rz 4).

Ist die Muttergesellschaft eine Personengesellschaft, bei der wiederum Kapitalgesellschaften beteiligt sind (*mittelbare Beteiligung* einer Kapitalgesellschaft an einer anderen Kapitalgesellschaft über eine Personengesellschaft), so wird die Dividendenfreistellung durch die Personengesellschaft an ihre Gesellschafter durchgereicht. Bei der Ermittlung des körperschaftsteuerlichen Einkommens dieser Gesellschafter bleiben die Beteiligungserträge, die ihnen im Rahmen des Gewinnanteils aus einer Mitunternehmerschaft zugerechnet werden, außer Ansatz (§ 8b Abs. 6 KStG; vgl. auch BMF-Schreiben v. 28. 4. 2003, DStR 2003, S. 885, Rz 54–58).

B 10

Beispiel:
Die X-KG ist an der Y-GmbH beteiligt und bezieht aus ihr eine Ausschüttung. Gesellschafter der X-KG ist die unbeschränkt steuerpflichtige natürliche Person A mit 30 % sowie die B-GmbH mit 70 %. Der B-GmbH werden für körperschaftsteuerliche Zwecke 70 % des Ergebnisses der X-KG zugerechnet, das die anteiligen Beteiligungserträge aus der Y-GmbH enthält. Gem. § 8b Abs. 6 i. V. m. § 8b Abs. 1 KStG sind die anteiligen, über die zwischengeschaltete X-KG erzielten Beteiligungserträge bei der B-GmbH von der Körperschaftsteuer freigestellt.

Ist der Gesellschafter einer Kapitalgesellschaft ein Einzelunternehmer oder eine Personengesellschaft, an der nur natürliche Personen beteiligt sind oder eine natürliche Person, die die Anteile im Privatvermögen hält, unterliegen die Ausschüttungen an diese Gesellschafter dem sog. *Halbeinkünfteverfahren*. Das bedeutet, dass diese Ausschüttungen nur zur Hälfte steuerfrei gestellt sind (§ 3 Nr. 40 Satz 2 i. V. m. § 20 Abs. 3, § 3 Nr. 40 Satz 1 Buchst. d EStG). Die andere Hälfte wird nach Maßgabe der persönlichen Verhältnisse der Gesellschafter der Einkommensteuer unterworfen. Hier kommt es – je nach Besteuerungssituation des Gesellschafters in unterschiedlichem Maße – zu einer Zusatzbelastung der erhaltenen Dividenden.

B 11

2.1.2.2 Zeitpunkt der Dividendenvereinnahmung

Werden Anteile an Kapitalgesellschaften im Betriebsvermögen gehalten, gehören die Erträge aus Beteiligungen zum laufenden betrieblichen Ge-

B 12

Hosfeld-Guber

winn. Für den Zeitpunkt ihrer Bilanzierung gilt wegen § 252 Abs. 1 Nr. 4 HS 2 HGB (Realisationsprinzip), dass eine erfolgswirksame Vereinnahmung und damit die Aktivierung des Dividendenanspruchs grundsätzlich erst dann erfolgen kann, wenn die Feststellung des Jahresabschlusses und ein Gewinnverwendungsbeschluss (§§ 58 Abs. 4, 172–174 AktG, §§ 29 Abs. 1 und 2, 42a, 46 Nr. 1 GmbHG) vorliegt, da bei Kapitalgesellschaften der Gewinnanspruch erst hierdurch rechtlich entsteht. Das bedeutet, dass i. d. R. die Bilanzierung der Beteiligungserträge beim Gesellschafter nicht im Gewinnentstehungsjahr des Tochterunternehmens, sondern mit einer zeitlichen Verzögerung, d. h. phasenversetzt im Jahr der Feststellung des Jahresabschlusses und des Verwendungsbeschlusses der Tochter erfolgt.

B 13 Von diesem Grundsatz der *phasenverschobenen* Bilanzierung muss nach der Rechtsprechung des EuGH (vgl. EuGH v. 27. 6. 1996, DB 1996, S. 1400 und v. 10. 7. 1997, DB 1997, S. 1513) und des BGH (v. 12. 1. 1998, „Tomberger", DStR 1998, S. 383 = DB 1998, S. 567) im Handelsrecht abgewichen und *phasengleich* bilanziert werden, wenn

- die Obergesellschaft Alleingesellschafterin einer Untergesellschaft ist und diese kontrolliert und beide Gesellschaften einen Konzern bilden,

- die Geschäftsjahre beider Gesellschaften deckungsgleich sind bzw. das Geschäftsjahr des Tochterunternehmens nicht nach dem Geschäftsjahr des Mutterunternehmens endet,

- ein Gewinnausschüttungsbeschluss der Gesellschafterversammlung der Tochtergesellschaft für das fragliche Geschäftsjahr vorliegt und

- die Gesellschafterversammlung vor Abschluss der Prüfung des Jahresabschlusses der Muttergesellschaft für dasselbe Wirtschaftsjahr stattgefunden hat bzw. der Jahresabschluss des Beteiligungsunternehmens vor Beendigung der Prüfung des Jahresabschlusses des beteiligten Unternehmens festgestellt wird.

B 14 Dagegen hat der BFH (v. 7. 8. 2000, BStBl II 2000, S. 632) für die Steuerbilanz entschieden, dass eine phasengleiche Bilanzierung von Dividendenansprüchen grundsätzlich nicht in Frage kommt, auch nicht unter den o. g. Voraussetzungen, sondern für steuerliche Zwecke die phasenversetzte Erfassung der Beteiligungserträge geboten ist. Dies wird damit begründet, dass der Gesellschafter – auch bei 100-%iger Beteiligung an einer AG oder GmbH – am Bilanzstichtag regelmäßig bezüglich der zivilrechtlichen Entstehung des Dividendenanspruchs noch keine gesicherte Position hat. Ausnahmsweise kann jedoch auch steuerlich bei der Obergesellschaft pha-

2. Konzernbesteuerung im Nichtorganschaftsfall

sengleich, d. h. vor Gewinnverwendungsbeschluss der beherrschten Gesellschaft, aktiviert werden, wenn zu diesem Zeitpunkt ein Bilanzgewinn ausgewiesen wird bzw. der ausschüttungsfähige Gewinn der Tochtergesellschaft bekannt ist und die Gesellschafter der beherrschten Gesellschaft definitiv entschlossen sind, eine bestimmte Gewinnverwendung künftig zu beschließen (vgl. BFH v. 7. 8. 2000, BStBl II 2000, S. 632; v. 20. 12. 2000, BStBl II 2001, S. 409 sowie v. 28. 2. 2001, BStBl II 2001, S. 401). Diese Voraussetzungen sind anhand objektiver Kriterien nachzuweisen; sie können weder unterstellt noch vermutet werden.

Das steuerliche Verbot des phasengleichen Ausweises von Beteiligungserträgen hatte insbesondere Konsequenzen für den Zeitraum der steuerlichen Verlustnutzung unter dem früheren Anrechnungsverfahren, weil es die Möglichkeit beschränkte, Verluste der Muttergesellschaft bereits im Entstehungsjahr mit den erhaltenen Ausschüttungen der Tochtergesellschaft verrechnen zu können. Im System der Dividendenfreistellung bzw. des Halbeinkünfteverfahrens hat sich das Problem des Zeitpunkts der Dividendenvereinnahmung für die Verlustnutzung relativiert, da den Verlusten der Mutter keine oder nur hälftig steuerpflichtige Einnahmen gegengerechnet werden können (s. u. RN 27). Zur Bedeutung der Organschaft in diesem Fall s. u. RN 209. B 15

2.1.2.3 Betriebsausgaben und Werbungskosten im Zusammenhang mit den Beteiligungserträgen

2.1.2.3.1 Abzugsbeschränkung bis VZ 2003

Korrespondierend zur hälftigen bzw. vollständigen Steuerfreistellung der Beteiligungserträge wird der Abzug von Betriebsausgaben bzw. Werbungskosten beschränkt, die im Zusammenhang mit diesen Erträgen stehen. Betroffen sind hauptsächlich Finanzierungskosten für den Beteiligungserwerb, Kosten der Verwaltung der Beteiligung beim Anteilseigner sowie Kosten für Dienstleistungen (vgl. Herzig, DB 2003, S. 1464). Hinsichtlich der Höhe der Abzugsbeschränkung waren bis VZ 2003 im Ergebnis drei Fälle zu unterscheiden: B 16

1. der Anteilseigner ist eine natürliche Person oder Personengesellschaft und bezieht eine in- oder ausländische Dividende,
2. der Anteilseigner ist eine Kapitalgesellschaft und bezieht eine inländische Dividende,

Hosfeld-Guber

3. der Anteilseigner ist eine Kapitalgesellschaft und bezieht eine ausländische Dividende.

Übersicht:

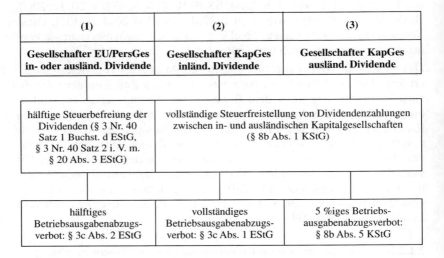

B 17 Nach § 3c Abs. 2 EStG, der für den ersten Fall einschlägig ist, dürfen Betriebsausgaben bzw. Werbungskosten, die in wirtschaftlichem Zusammenhang mit den steuerfreien Einnahmen stehen, bei der Ermittlung der Einkünfte nur zur Hälfte abgezogen werden. Das hälftige Abzugsverbot gilt nach dem Wortlaut des Gesetzes unabhängig davon, in welchem Veranlagungszeitraum die zur Hälfte steuerbefreiten Dividenden angefallen sind. Die Folge ist, dass die Betriebsausgabenbeschränkung grundsätzlich auch dann greift, wenn die Einnahmen, mit denen sie in wirtschaftlichem Zusammenhang stehen, bereits vorher angefallen sind oder erst später (oder überhaupt nicht) anfallen (vgl. Schmidt/Heinicke, EStG, § 3c, Rz 26 und 35). Auf einen zeitlichen Zusammenhang zwischen Dividendenzufluss und Abzugsverbot kommt es nicht an. Als wirtschaftlicher Zusammenhang zwischen nicht abziehbaren Betriebsausgaben/Werbungskosten und steuerfreien Betriebseinnahmen/Einnahmen genügt „jede objektive kausale oder finale Verknüpfung" (Schmidt/Heinicke, EStG, § 3c, Rz 35).

Hosfeld-Guber

2. Konzernbesteuerung im Nichtorganschaftsfall 157

In § 3c Abs. 1 EStG, der im Fall 2 wirksam wird, wählt der Gesetzgeber **B 18**
eine andere Formulierung als in § 3c Abs. 2 EStG, aus der sich andere
praktische Auswirkungen als nach der Abzugsbeschränkung im Halbeinkünfteverfahren ergeben. Nach § 3c Abs. 1 EStG können Aufwendungen, die im unmittelbaren wirtschaftlichen Zusammenhang mit steuerfreien Inlandsdividenden stehen, nicht als Betriebsausgaben abgezogen werden. Was unter einem unmittelbaren wirtschaftlichen Zusammenhang zu verstehen ist, wird im Gesetz nicht erläutert. Ausgelegt wird diese Vorschrift im Schrifttum (vgl. Frotscher, DStR 2001, S. 2047 f.; Utescher/Blaufus, DStR 2000, S. 1582) in Anlehnung an die Rechtsprechung (vgl. BFH v. 29. 5. 1996, BStBl II 1997, S. 57, S. 60, S. 63) und die Verwaltungsanweisung (BMF v. 20. 1. 1997, BStBl I 1997, S. 99), die für Ausschüttungen ausländischer Kapitalgesellschaften ergangen ist. Hiernach ist ein wirtschaftlicher Zusammenhang gegeben, wenn zwischen Erträgen und Ausgaben ein Veranlassungszusammenhang besteht, also z. B. Zinsen für ein Darlehen angefallen sind, das der Finanzierung des Beteiligungserwerbs diente, welcher wiederum die steuerfreie Dividende veranlasst hat. Ein unmittelbarer wirtschaftlicher Zusammenhang ist zeitlich zu verstehen, so dass im Ergebnis gilt:

- Wenn keine steuerfreien Dividenden fließen, ergibt sich für Schuldzinsen u. ä. Aufwendungen im Zusammenhang mit den Einnahmen kein Betriebsausgabenabzugsverbot. Vielmehr mindern die Betriebsausgaben in voller Höhe das steuerliche Ergebnis.

- Fließen dem Anteilseigner in einem Veranlagungszeitraum Beteiligungserträge zu, so darf er bis zur Höhe dieser Beteiligungserträge die damit zusammenhängenden Betriebsausgaben nicht gewinnmindernd geltend machen.

- Soweit die Dividendeneinnahmen die angefallenen Schuldzinsen nicht decken, d. h. die Betriebsausgaben höher sind, als die im selben Veranlagungszeitraum zugeflossenen Dividenden, kann der überschießende Betrag als Betriebsausgabe abgezogen werden.

Im 3. Fall (steuerfreie Auslandsdividenden) ist § 8b Abs. 5 KStG zu beachten, der bestimmt, dass 5 % der steuerfreien Dividenden als nicht abziehbare Betriebsausgaben i. S. des § 3 Abs. 1 EStG gelten. Der Gesetzgeber fingiert diese nicht abziehbaren Betriebsausgaben dem Grunde und der Höhe nach. Daher sind 5 % der Dividende auch dann nicht abziehbar, wenn der Empfänger tatsächlich überhaupt keine dividendenbezogenen **B 19**

Hosfeld-Guber

Betriebsausgaben aufzuweisen hat, so dass letztlich nur 95 % der ausländischen Dividende steuerfrei gestellt sind (vgl. Utescher/Blaufus, DStR 2000, S. 1583). Sind höhere Ausgaben angefallen, so ist der Betrag, der 5 % der Dividende übersteigt, abziehbar.

B 20 Unabhängig von der generellen Problematik der Anwendung des § 3c EStG im Zusammenhang mit der Steuerfreistellung von Dividenden (vgl. zur Kritik z. B. Frotscher, DStR 2001, S. 2045 ff., m. w. N.) bleiben für Holdinggesellschaften ohne nennenswerte Einnahmen aus operativer Geschäftstätigkeit selbst jene Aufwendungen, die abzugsfähig sind, steuerlich wirkungslos, weil sie überwiegend steuerfreie Dividenden beziehen. Die Betriebsausgaben erhöhen lediglich die Verlustvorträge, die jedoch mangels steuerpflichtiger Einnahmen nicht geltend gemacht werden können (vgl. Rödder/Schumacher, DStR 2000, S. 357; Utescher/Blaufus, DStR 2000, S. 1585 f.).

2.1.2.3.2 Abzugsbeschränkung ab VZ 2004

B 21 Zur Vermeidung von § 3c EStG wurden von Wissenschaft und Praxis eine Reihe von Gestaltungsmöglichkeiten aufgezeigt, von denen das sog. Ballooning für dividendenempfangende Kapitalgesellschaften am vielversprechendsten schien (vgl. u. a. Frotscher, DStR 2001, S. 2048 ff.; Günkel/Fenzl/Hagen, DStR 2000, S. 448; PwC Deutsche Revision/Pricewaterhouse Coopers, 2000, S. 54 ff.; Rödder/Schumacher, DStR 2000, S. 362; Utescher/Blaufus, DStR 2000, S. 1585 ff.). Hierbei sollte durch längere Thesaurierung der Gewinne in der Tochtergesellschaft ein Abzug der mit der Beteiligung im Zusammenhang stehenden Aufwendungen bei der Muttergesellschaft erreicht und Ausschüttungen oder Beteiligungsveräußerungen so lange verschoben werden, bis die entsprechenden Aufwendungen (z. B. Finanzierungskosten der Beteiligung) vollständig abgesetzt waren. Solchen Empfehlungen, die sich die oben unter RN B 18 wiedergegebene Auslegung des § 3c Abs. 1 EStG zunutze machen, ist durch eine Gesetzesänderung zum 1. 1. 2004 der Boden entzogen worden. Nach neuem Recht (vgl. oben RN B 7) gelten bei allen steuerfreien Bezügen (Dividenden, Ausschüttungen) aus Beteiligungen an in- oder ausländischen Kapitalgesellschaften 5 % der Bezüge als nicht abziehbare Betriebsausgaben (§ 8b Abs. 5 S. 1 KStG n. F.), so dass der in der obigen Übersicht in RN B 16 aufgezeigte 3. Fall des Betriebsausgabenabzugsverbots sowie die hierzu in RN B 19 gemachten Ausführungen nunmehr auch für den 2. Fall gel-

Hosfeld-Guber

2. Konzernbesteuerung im Nichtorganschaftsfall

ten. Das pauschale Abzugsverbot von 5 % der steuerfreien Einnahmen wird unabhängig davon angeordnet, ob der Anteilseigner überhaupt Aufwendungen im Zusammenhang mit der Beteiligung hatte bzw. in welcher Höhe ggf. tatsächlich Beteiligungsaufwendungen angefallen sind. Umgekehrt bedeutet dieses Abzugsverbot von fiktiven Betriebsausgaben, dass die tatsächlichen Aufwendungen im Zusammenhang mit der Beteiligung, also z. B. Finanzierungskosten, voll abzugsfähig sind, und zwar gleichgültig, ob und in welcher Höhe Beteiligungserträge zugeflossen sind; § 3c Abs. 1 EStG ist in diesem Zusammenhang bei Kapitalgesellschaften zukünftig nicht mehr anzuwenden (§ 8b Abs. 5 S. 2 KStG n. F.). Für Personenunternehmen ist nach wie vor § 3c Abs. 2 EStG maßgebend.

2.1.2.4 Kapitalertragsteuer

Schüttet eine Kapitalgesellschaft Gewinne aus, so hat sie als Schuldner der Kapitalerträge gem. §§ 43 Abs. 1 Nr. 1, 43a Abs. 1 Nr. 1 EStG, §§ 1, 3 Abs. 1 Nr. 5 SolZG bei der Auszahlung der Dividende eine Kapitalertragsteuer von 20 % zzgl. Solidaritätszuschlag einzubehalten, die den Ausschüttungsempfängern in voller Höhe auf die Körperschaftsteuer oder Einkommensteuer angerechnet wird. Der volle Abzug und die vollständige Anrechnung gelten unabhängig von der weiteren steuerlichen Behandlung der Kapitalerträge.

B 22

2.1.2.5 Körperschaftsteuer-Guthaben und Nachsteuer

Durch den Übergang vom Anrechnungsverfahren zum Halbeinkünfteverfahren ergeben sich für einen längeren Zeitraum einige Besonderheiten für Ausschüttungen (vgl. zum Folgenden Dötsch/Pung, DB 2000, Beilage Nr. 10, S. 4 ff.). Beim früheren Anrechnungsverfahren unterlag das zu versteuernde Einkommen einer Körperschaft zuletzt einem Steuersatz von 40 % (sog. Tarifbelastung). Gewinnausschüttungen von Kapitalgesellschaften mussten bis 2000 bzw. 2000/2001 grundsätzlich mit 30 % Körperschaftsteuer belastet werden, was dazu führte, dass sich hierdurch die Körperschaftsteuer minderte oder erhöhte, je nachdem, ob tarifbelastete oder mit Körperschaftsteuer unbelastete (steuerfreie) Gewinne ausgeschüttet wurden. Während Gewinnausschüttungen, die sich aus Rücklagen speisen, die ab 2001 bzw. 2001/2002 erwirtschaftet werden, mit 25 % KSt vorbelastet sind und – wie oben dargestellt – bei den Gesellschaftern, sofern sie natürliche Personen sind, zusätzlich hälftig besteuert

B 23

Hosfeld-Guber

werden, gilt für Ausschüttungen von Altrücklagen, d. h. von Gewinnen, die bis 2000 bzw. 2000/2001 erzielt und thesauriert wurden, für einen (nunmehr) 18-jährigen Übergangszeitraum weiterhin eine KSt-Belastung von 30 % bei der ausschüttenden Körperschaft. Diese Übergangszeit, in der die frühere Ausschüttungsbelastung für Altrücklagen hergestellt wird, gilt nur für die ausschüttende Körperschaft. Beim Anteilseigner sind Gewinnausschüttungen, gleich aus welchen Gewinnen sie finanziert werden, i. d. R. ab VZ 2002 nach dem Halbeinkünfteverfahren zu besteuern bzw. von der Steuer freigestellt. Eine Körperschaftsteuer-Anrechnung erfolgt nicht mehr.

B 24 Gemäß § 36 Abs. 1 KStG wurden Ende 2001 (bei kalendergleichen Wirtschaftsjahren) bzw. 2002 die Endbestände des für Ausschüttungen verwendbaren Eigenkapitals nach ihrer jeweiligen steuerlichen Vorbelastung festgestellt. Diese bildeten gleichzeitig die Grundlage für die nach § 37 Abs. 1 KStG vorzunehmende Ermittlung des Körperschaftsteuerguthabens. Das Guthaben wiederum, das 1/6 der mit 40 % KSt belasteten Altrücklagen beträgt und durch deren Ausschüttung freigesetzt und verbraucht wird, mindert bei der ausschüttenden Gesellschaft die festgesetzte Körperschaftsteuer des Ausschüttungsjahrs (§ 37 Abs. 1 und 2 KStG); das Körperschaftsteuerguthaben selbst mindert sich um jeweils 1/6 der Ausschüttung, bis es verbraucht ist (§ 37 Abs. 2 KStG). Nach § 36 Abs. 2a KStG, der durch das StVerGAbG in das Körperschaftsteuergesetz eingefügt worden ist, wird die KSt-Minderung für Gewinnausschüttungen, die nach dem 11. 4. 2003 und vor dem 1. 1. 2006 erfolgen, ausgesetzt. Dafür verlängert sich der Übergangszeitraum zur Geltendmachung von Körperschaftsteuer-Guthaben von ursprünglich 15 auf 18 Jahre; er endet im Jahr 2019. Zu beachten ist, dass der gesetzlich verordnete Aufschub nur für KSt-Minderungen gilt. KSt-Erhöhungen durch Ausschüttungen aus dem EK 02 (steuerfreie Einnahmen) werden in der Zeit des Moratoriums nicht ausgesetzt (vgl. zu den hierdurch aufgeworfenen Fragen optimaler Ausschüttungspolitik Schiffers, GmbHR 2003, S. 673 ff.).

B 25 Bei Ausschüttungen von Altrücklagen innerhalb eines Kapitalgesellschaftskonzerns wird die KSt-Minderung, die sich bei der Tochtergesellschaft durch die Herabschleusung von der alten Thesaurierungsbelastung von 40 % auf die alte Ausschüttungsbelastung von 30 % ergibt, durch die sog. Nachsteuer bei der Muttergesellschaft neutralisiert. Ist nämlich die Empfängerin der Ausschüttung eine unbeschränkt steuerpflichtige Kapitalgesellschaft, bei der die Dividende unter die Freistellung des § 8b

Hosfeld-Guber

2. Konzernbesteuerung im Nichtorganschaftsfall

Abs. 1 KStG fällt, erhöht sich korrespondierend zur Steuerminderung bei der ausschüttenden Gesellschaft die Steuerschuld und zugleich das Körperschaftsteuerguthaben der empfangenden Kapitalgesellschaft um den Betrag der Körperschaftsteuerminderung (§ 37 Abs. 3 Satz 1 KStG). Auf diese Weise kommt es zu einer Verlagerung des Körperschaftsteuerguthabens von der Tochtergesellschaft zur Muttergesellschaft. Innerhalb eines Kapitalgesellschaftskonzerns kann daher durch Weiterausschüttungen von Altrücklagen per Saldo kein Körperschaftsteuerguthaben realisiert werden. Die Muttergesellschaft zahlt dem Finanzamt die der Tochtergesellschaft gewährte KSt-Minderung wieder zurück. Eine endgültige Steuerminderung erfolgt erst mit Weiterausschüttung durch die Muttergesellschaft an ihre Anteilseigner, wenn sie natürliche Personen sind. Sinn der Vorschrift ist es, die Mobilisierung von Körperschaftsteuerguthaben auf Ausschüttungen zu verhindern, die steuerfrei vereinnahmt werden.

Hosfeld-Guber

Übersicht:

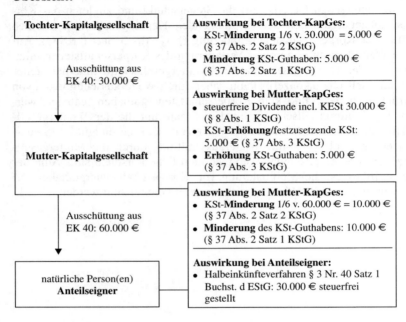

B 26 Da bei Gewinnausschüttungen während des Moratoriums die KSt-Minderung unterbleibt, fällt in dieser Zeit auch keine Nachsteuer nach § 37 Abs. 3 KStG an (vgl. Dötsch/Pung, DB 2003, S. 1017). Für Gewinnausschüttungen nach dem 31.12.2005 wird die Inanspruchnahme des KSt-Guthabens gestreckt. Dies geschieht dergestalt, dass die KSt-Minderung zwar weiterhin 1/6 der Gewinnausschüttung beträgt, aber auf den Betrag begrenzt wird, der sich aus einer linearen Verteilung des KSt-Guthabens über den verbliebenen Übergangszeitraum ergibt (§ 37 Abs. 2a Nr. 2 KStG n. F.).

2.1.3 Dividendenfreistellung und Verlustverwertung im Konzern

B 27 Bei der Frage, wie sich Verluste von Mutter- oder Tochtergesellschaft nach der Abschaffung des Anrechnungsverfahrens innerhalb eines Kapitalgesellschaftskonzerns auswirken, kommt es auf die Konstellationen an. Erzielt die Muttergesellschaft Verluste und die Tochtergesellschaft Gewin-

2. Konzernbesteuerung im Nichtorganschaftsfall

ne, die sie an die Muttergesellschaft ausschüttet, hat die die Dividendenfreistellung zur Folge, dass die Ausschüttung des Tochterunternehmens bei der Muttergesellschaft steuerlich wirkungslos ist. Da aber in jedem Fall – unabhängig von Ausschüttung oder Thesaurierung – die Einfachbelastung der Gewinne bei der Tochtergesellschaft i. H. v. 25 % (im VZ 2003: 26,5 %) Körperschaftsteuer erfolgt, die der Mutter nicht angerechnet oder erstattet wird, bleibt es im Verlustentstehungsjahr der Muttergesellschaft bei einer Definitivbelastung von eben dieser Körperschaftsteuer. Das Gleiche gilt, wenn die Muttergesellschaft ein Personenunternehmen ist, das Verluste erlitten hat. Zwar wird die zusätzliche Belastung des steuerpflichtigen Teils der Dividende bei den Mitunternehmern vermieden, weil er als laufende Betriebseinnahme den Fehlbetrag der Muttergesellschaft insoweit vermindert, aber es verbleibt die Einmalbelastung der ausschüttenden Tochter-GmbH. Das folgende Beispiel (vgl. Eilers/Wienands, GmbHR 2000, S. 960 f.; Krebs, BB 2001, S. 2031; Fenzl/Hagen, FR 2000, S. 295) verdeutlicht diesen Zusammenhang, wobei die Gewerbesteuer und das Problem des Zeitpunktes der Dividendenvereinnahmung außer Acht bleiben.

Beispiel: Mutter-GmbH Verlust, Tochter-GmbH Gewinn, Ausschüttung

	Tochter-GmbH Gewinn 100 T€	**Mutter-GmbH** Verlust 100 T€	**Konzern**
steuerliches Ergebnis:	grds. 25 % KSt auf BMG 100 T€ (§ 23 Abs. 1 KStG) • Ausschüttung max. 75 T€ • KSt 25 T€	• Beteiligungsertrag von 75 T€ steuerfrei (§ 8b Abs. 1 KStG) • Verlustausgleich nur mit eigenen Gewinnen im vorangegangenen Wj oder in zukünftigen Wj (Verlustrücktrag oder -vortrag gem. § 10d EStG) • Körperschaftsteuer: 0	KSt insges. 25 T€

Im entgegengesetzten Fall – die Muttergesellschaft erzielt Gewinn, die Tochtergesellschaft erleidet einen Verlust – gibt es (außer bei Organschaft) keine Möglichkeit für die Mutter, die Verluste der Tochter-GmbH steuerlich zu nutzen. Auch der indirekte Weg über eine Teilwertabschreibung auf die Beteiligung ist versperrt (s. u. RN B 31). Die Verluste verbleiben auf der Ebene der Tochtergesellschaft und können nur von ihr selbst gem.

B 28

Hosfeld-Guber

§ 10d EStG durch Verlustrücktrag oder -vortrag mit Gewinnen des vorangegangenen Wirtschaftsjahrs bzw. zukünftigen Gewinnen verrechnet werden. Der Grund dafür liegt in der strikten Trennung der Besteuerungssphäre der Gesellschaft von der des Gesellschafters, die bei Kapitalgesellschaften – anders als bei Personengesellschaften – beachtet wird. Zum gleichen Ergebnis gelangt man im Falle von Personengesellschaften als Muttergesellschaften. Nur die Personengesellschaft selbst kann ihren Gesellschaftern Verluste zur Verrechnung mit anderen, positiven Einkünften vermitteln, da sie persönlich nicht Steuersubjekt für die Einkommen- oder Körperschaftsteuer ist, und ihr – positives oder negatives – Ergebnis den Gesellschaftern zugerechnet wird. Eine Kapitalgesellschaft kann dies nicht. Sie ist grundsätzlich selbst Steuersubjekt. Daher kann die Tochter-GmbH ohne Organschaft ihre Verluste steuerlich nur selbst geltend machen.

Beispiel: Mutter-GmbH Gewinn, Tochter-GmbH Verlust

	Tochter-GmbH	Mutter-GmbH	Konzern
	Verlust T€ 100	Gewinn T€ 100	
steuerliches Ergebnis:	Ausgleich der Verluste nur mit eigenen Gewinnen des Vorjahrs oder zukünftiger Wirtschaftsjahre (Verlustrücktrag oder -vortrag § 10d EStG)	grds. 25 % KSt auf BMG 100 T€ = 25 T€ Steuerbelastung (§ 23 Abs. 1 KStG)	KSt insges. 25 T€

2.1.4 Veräußerung von Anteilen an Kapitalgesellschaften

B 29 Gewinne, die eine inländische Körperschaft aus der Veräußerung eines Anteils an einer anderen in- oder ausländischen Körperschaft erzielt, bleiben bei der Ermittlung ihres Einkommens (seit VZ 2002) außer Ansatz (§ 8b Abs. 2 KStG), d. h. sie werden nicht der Körperschaftsteuer unterworfen. Voraussetzung ist, dass es sich um Beteiligungen an Körperschaften handelt, deren Leistungen beim Empfänger zu Einnahmen i. S. d. § 20 Abs. 1, Nr. 1, 2, 9 und 10 Buchst, a EStG führen, d. h. zu Einnahmen, die nach § 8b Abs. 1 KStG steuerfrei gestellt sind. Nicht der Körperschaftsteuer unterliegen auch die Gewinne aus der Kapitalherabsetzung, aus der Auflösung bzw. Liquidation einer Körperschaft sowie die Gewinne aus einer Zuschreibung auf den wieder gestiegenen Teilwert gem. § 6 Abs. 1 Satz 1 Nr. 2 Satz 3 EStG, es sei denn, die vorherige Teilwertabschreibung

Hosfeld-Guber

2. Konzernbesteuerung im Nichtorganschaftsfall

hat nach altem Recht das zu versteuernde Einkommen der Körperschaft gemindert und eine Wertaufholung ist bisher unterblieben (§ 8b Abs. 2 Satz 2 KStG; wegen weiterer sachlicher Ausnahmen von der Befreiung vgl. § 8b Abs. 4 KStG).

Beispiel:
Die A-GmbH hat in 1993 die Mehrheit der Anteile an der B-GmbH erworben und in 1997 auf die Geschäftsanteile (Anschaffungskosten 50 000 €) wegen andauernder Verluste der B-GmbH eine Teilwertabschreibung von 40 000 € (Buchwert nunmehr 10 000 €) vorgenommen. In 2000 verbessert sich die Lage der B-GmbH; der Wert der Beteiligung ist auf 40 000 € gestiegen, was zu einer gewinnerhöhenden Zuschreibung von 30 000 € führt. In 2003 werden die Anteile für 60 000 € veräußert. Der Veräußerungsgewinn von 20 000 € (Erlös 60 000 € ./. Buchwert 40 000 €) ist nur i. H. von 10 000 € steuerfrei, da von der früheren Teilwertabschreibung von 40 000 € nur 30 000 € durch die Zuschreibung ausgeglichen worden sind. Nach neuer Rechtslage sind sowohl die Zuschreibung als auch die Abschreibung bei der Gewinnermittlung unbeachtlich.

Bei Gewinnen aus der Veräußerung von Anteilen an Kapitalgesellschaften, die sich im Betriebsvermögen von Personengesellschaften befanden, kommt es – analog den Dividenden – auf die Gesellschafter der Personengesellschaft an: Wurden die Anteile an der Personengesellschaft von einer Kapitalgesellschaft gehalten (mittelbarer Beteiligungsbesitz), sind die auf die Kapitalgesellschaft entfallenden Gewinne gem. § 8b Abs. 2 i. V. m. Abs. 6 KStG steuerfrei; waren die Anteile im Besitz von natürlichen Personen, werden die anteiligen Veräußerungsgewinne im Rahmen der Einkommensermittlung nur zur Hälfte erfasst (§ 3 Nr. 40 Satz 1 Buchst. a, § 3c Abs. 2 EStG).

B 30

Beispiel:
Die MU-KG veräußert ihre Anteile an der T-GmbH (Anschaffungskosten/Bilanzansatz 250 000 €) für 400 000 €. Gesellschafter der MU-KG sind die M-GmbH mit 40 % und die natürliche Person U. Der Veräußerungsgewinn von 150 000 € bleibt mit € 60 000 steuerfrei; von den verbleibenden 90 000 €, die auf U entfallen, werden 45 000 € der Einkommensteuer unterworfen.

Die Steuerfreistellung bzw. das Halbeinkünfteverfahren gilt auch für Gewinne aus der Veräußerung von Mitunternehmeranteilen, soweit zum Betriebsvermögen der Mitunternehmerschaft/Personengesellschaft eine Beteiligung an einer Kapitalgesellschaft bzw. Körperschaft gehört (§ 8b Abs. 2 i. V. m. Abs. 6 KStG; BMF-Schreiben v. 28. 4. 2003, DStR 2003, S. 885, Rz. 55).

Hosfeld-Guber

B 31 Ab dem VZ 2004 können Gewinne, die Kapitalgesellschaften aus der Veräußerung von Anteilen an anderen Kapitalgesellschaften erzielen, wie die Dividenden nur noch zu 95 % steuerfrei vereinnahmt werden, denn das pauschale Betriebsausgabenabzugsverbot gilt auch in diesem Zusammenhang. So fingiert der Gesetzgeber nach § 8b Abs. 3 KStG nicht abziehbare Betriebsausgaben in Höhe von 5 % des Veräußerungsgewinns sowie des Gewinns aus den anderen Realisationsvorgängen, die in § 8b Abs. 2 KStG genannt werden. Den Veräußerungsgewinn definiert der Gesetzgeber als den Betrag, um den der Veräußerungspreis oder der an dessen Stelle tretende Wert nach Abzug der Veräußerungskosten den Buchwert der Anteile zum Zeitpunkt der Veräußerung übersteigt. § 3c Abs. 1 EStG ist nicht anzuwenden (§ 8b Abs. 3 S. 2 KStG), so dass die Veräußerungskosten in voller Höhe als Betriebsausgabe abzugsfähig sind. Da jedoch wegen der genannten Definition des Veräußerungsgewinns nur der um die Veräußerungskosten geminderte Gewinn steuerfrei gestellt ist, ergibt sich de facto für die Veräußerungskosten nur eine 5 %-ige Berücksichtigung als Betriebsausgabe (vgl. Rödder/Schumacher, DStR 2003, S. 1728). Unabhängig von diesem pauschalen Betriebsausgabenabzugsverbot können nach wie vor sämtliche Gewinnminderungen, die im Zusammenhang mit dieser Beteiligung stehen, bei der steuerlichen Gewinnermittlung nicht berücksichtigt werden (§ 8b Abs. 3 S. 3 KStG). Das betrifft insbesondere (vgl. BMF-Schreiben v. 28. 4. 2003, DStR 2003, S. 883, Rz 26):

- Verluste aus der Veräußerung des Anteils oder aus der Liquidation/Auflösung der Gesellschaft,

- Gewinnminderungen bei Herabsetzung des Nennkapitals der Gesellschaft sowie

- Teilwertabschreibungen auf Anteile an in- und ausländischen Kapitalgesellschaften.

B 32 Werden die Anteile von Personenunternehmen gehalten bzw. veräußert, wirken sich Wertminderungen, insbesondere Teilwertabschreibungen, Veräußerungskosten sowie Verluste aus dem Anteilsverkauf auch nur zur Hälfte aus (§ 3c Abs. 2 EStG). Das Verbot der Teilwertabschreibung bzw. die nur hälftige Anerkennung bei der steuerlichen Gewinnermittlung gilt auch dann, wenn die Abschreibung der Beteiligung handelsrechtlich geboten ist, weil der Wert der Beteiligung dauerhaft unter die Anschaffungskosten gesunken ist und sich der Beteiligungserwerb als Fehlmaßnahme herausgestellt hat. Hierdurch entfällt auch die Möglichkeit, Verluste, die

2. Konzernbesteuerung im Nichtorganschaftsfall

die Tochtergesellschaft erlitten hat und die sie mangels Gewinnen in Vorjahren nicht zurücktragen kann, steuerlich über eine Teilwertabschreibung bei der Muttergesellschaft geltend zu machen (vgl. zur Kritik Fußbroich, DStR 2002, S. 698).

2.1.5 Das steuerliche Einlagenkonto

Durch den Systemwechsel vom Anrechnungsverfahren zum Halbeinkünfteverfahren bzw. zur Dividendenfreistellung entfällt in Zukunft die Gliederung des verwendbaren Eigenkapitals. Um jedoch auch weiterhin Dividenden von Kapitalrückzahlungen abgrenzen zu können, müssen unbeschränkt steuerpflichtige Kapitalgesellschaften sowie bestimmte andere Körperschaften und Personenvereinigungen ein besonderes steuerliches Einlagenkonto führen, auf dem die nicht in das Nennkapital geleisteten Einlagen der Gesellschafter und ihre Rückgewähr auszuweisen sind (§ 27 Abs. 1 Satz 1 und Abs. 7 KStG). Das Einlagenkonto, das nicht nur für den 15- bzw. 18-jährigen Übergangszeitraum, sondern dauerhaft fortgeschrieben wird, lässt sich nicht aus der Handelsbilanz ableiten und wird nicht in der Handelsbilanz geführt; es entspricht daher auch nicht den Kapitalrücklagen i. S. des § 272 Abs. 2 Nr. 4 HGB (vgl. Dötsch/Pung, DB 2000, Beilage 10, S. 20 f.; Rödder in Herzig (Hrsg.), Unternehmenssteuerreform, S. 133 f.). [B 33]

Den Anfangsbestand des steuerlichen Einlagenkontos bildet ein ggf. vorhandener positiver Endbetrag des bisherigen EK 04 in 2000 bzw. 2000/2001 (§ 39 Abs. 1 KStG). Nicht in das Nennkapital geleistete offene und verdeckte Einlagen erhöhen das Einlagenkonto; Leistungen der Kapitalgesellschaft an ihre Gesellschafter mindern das Einlagenkonto nur, soweit die Summe der im Wirtschaftsjahr erbrachten Leistungen, insbesondere offene und verdeckte Gewinnausschüttungen, den auf den Schluss des vorangegangenen Wirtschaftsjahrs ermittelten ausschüttbaren Gewinn übersteigt (§ 27 Abs. 1 Satz 3 KStG). Der ausschüttbare Gewinn ergibt sich gem. § 27 Abs. 1 Satz 4 KStG folgendermaßen: [B 34]

Eigenkapital am Schluss des vorangegangenen Wirtschaftsjahrs
./. Gezeichnetes Kapital
./. Bestand des steuerlichen Einlagenkontos
= ausschüttbarer Gewinn

Spätere Auskehrungen des steuerlichen Einlagenkontos sind bei der ausschüttenden Gesellschaft neutral; sie führen beim empfangenden Gesell- [B 35] schafter nicht zu Einnahmen i. S. des § 20 Abs. 1 Nr. 1 EStG (§ 20 Abs. 1 Nr. 1 Satz 3 EStG). Ist der Empfänger eine Körperschaft i. S. der §§ 1 und 2 KStG, fallen nach Auffassung der Finanzverwaltung die den Buchwert der Beteiligung übersteigenden Leistungen aus dem steuerlichen Einlagenkonto unter die Steuerbefreiung nach § 8b Abs. 2 KStG (BMF-Schreiben v. 28. 4. 2003, DStR 2003, S. 881 Rz 6). Bei natürlichen Personen/Personengesellschaften als Anteilseigner entfällt die hälftige Einkommensteuerbelastung. Auch die Einbehaltung von Kapitalertragsteuer unterbleibt.

2.2 Grundzüge der Gewerbesteuer

Literatur: *Bergemann,* Unternehmenssteuerreform 2001: Schwerpunkte des Steuersenkungsgesetzes, DStR 2000, S. 1410; *Dötsch/Pung,* § 8b Abs. 1 bis 6 KStG: Das Einführungsschreiben des Bundesfinanzministeriums, DB 2003, S. 1016; *Ernst & Young/BDI,* Die Fortentwicklung der Unternehmenssteuerreform. Informationen, Analysen und Gestaltungsempfehlungen zum Unternehmenssteuerfortentwicklungsgesetz (UntStFG), Bonn/Berlin 2002; *Fischer,* Wechselwirkungen zwischen der Einkommen- und Körperschaftsteuer und der Gewerbesteuer bei Anteilen in Streubesitz nach dem UntStFG, DStR 2002, S. 610; *Frotscher,* Anwendung des § 8b KStG – Anmerkungen zum BMF-Schreiben vom 28. 4. 2003, IVA2 – S2750a – 7/03 –, INF 2003, S. 457; *Füger/Rieger,* Veräußerung von Mitunternehmeranteilen und Gewerbesteuer, DStR 2002, S. 933; *Glanegger/Güroff,* Gewerbesteuergesetz, 5. Aufl., München 2002; *Herzig/Lochmann,* Steuersenkungsgesetz: Die Steuerermäßigung für gewerbliche Einkünfte bei der Einkommensteuer in der endgültigen Regelung, DB 2000, S. 1728; *Prinz/Simon,* Kuriositäten und Ungereimtheiten des UntStFG: Ungewollte Abschaffung des gewerbesteuerlichen Schachtelprivilegs für Kapitalgesellschaften?, DStR 2002, S. 149; *Rödder,* Pauschalierte Gewerbesteueranrechnung – eine komprimierte Bestandsaufnahme, DStR 2002, S. 939; *Rödder/Schumacher,* Das Steuervergünstigungsabbaugesetz, DStR 2003, S. 805; *dies.,* Das BMF-Schreiben zu § 8b KStG, DStR 2003, S. 909.

2.2.1 Vorbemerkung

B 36 Durch das Haushaltsbegleitgesetz 2004 (HBeglG 2004) vom 29. 12. 2003 (BGBl. I 2003, S. 3076) ergeben sich auch im Gewerbesteuergesetz ab EZ 2004 eine Reihe von Änderungen, die zum Teil Anpassungen der geänderten Vorschriften für die Einkommensteuer und Körperschaftsteuer, zum Teil jedoch auch Korrekturen früherer Gesetze darstellen. Die für den vorliegenden Textabschnitt wichtigsten Änderungen sind in RN B 48 (Übersicht), RN B 54 sowie RN B 59 berücksichtigt worden. Sie betreffen das

Hosfeld-Guber

2. Konzernbesteuerung im Nichtorganschaftsfall

im Körperschaftsteuerrecht vereinheitlichte Betriebsausgabenverbot bei Dividenden- und Veräußerungsgewinnen, das im Gewerbesteuerrecht nachvollzogen wird, Einschränkungen beim Verlustvortrag, die Abschaffung der mit dem StVergAbG eben erst eingeführten Vorschriften zur Bekämpfung sog. Steueroasen sowie die Einführung eines Mindesthebesatzes.

2.2.2 Steuergegenstand und Steuersubjekt

Der Gewerbesteuer unterliegt jeder *stehende Gewerbebetrieb*, soweit er im Inland betrieben wird (§ 2 Abs. 1 Satz 1 GewStG). Im Inland betrieben wird ein Gewerbebetrieb u. a. dann, wenn für ihn eine Betriebsstätte im Inland unterhalten wird (§ 2 Abs. 1 Satz 3 GewStG). Als Betriebsstätte gilt jede feste Geschäftseinrichtung oder Anlage, die der Tätigkeit eines Unternehmens dient, insbesondere die Stätte der Geschäftsleitung, Zweigniederlassungen oder Geschäftsstellen, Produktionsstätten, Warenlager, Ein- oder Verkaufsstellen (§ 12 AO). Steuerschuldner der Gewerbesteuer ist der Unternehmer, für dessen Rechnung das Gewerbe betrieben wird (§ 5 Abs. 1 Satz 1 und 2 GewStG). Bei gewerblich tätigen Personengesellschaften wird nicht transparent, d. h. bei den Gesellschaftern besteuert; vielmehr ist die Personengesellschaft Steuerschuldner (§ 5 Abs. 1 Satz 3 GewStG).

B 37

Gemäß § 2 GewStG sind gewerbesteuerpflichtig:

B 38

1. gewerbliche Unternehmen i. S. des EStG (§ 2 Abs. 1 Satz 2 GewStG, Gewerbebetriebe **kraft gewerblicher Tätigkeit**)
2. Kapitalgesellschaften, Genossenschaften, Versicherungsvereine auf Gegenseitigkeit (§ 2 Abs. 2 GewStG, Gewerbebetriebe **kraft Rechtsform**) sowie
3. Vereine, Stiftungen und Anstalten, soweit sie einen wirtschaftlichen Geschäftsbetrieb unterhalten (§ 2 Abs. 3 GewStG, Gewerbebetriebe **kraft wirtschaftlichen Geschäftsbetriebs**).

Gewerbebetrieb i. S. des EStG ist jede Tätigkeit, die selbständig, nachhaltig, mit Gewinnerzielungsabsicht und unter Beteiligung am allgemeinen wirtschaftlichen Verkehr ausgeübt wird und keine land- und forstwirtschaftliche, freiberufliche oder rein vermögensverwaltende Betätigung ist (§ 15 Abs. 2 EStG; vgl. H 134 – H 134c EStH). Unter Gewerbebetriebe in diesem Sinne fallen die *originär gewerblichen* Produktions-, Handels-

B 39

oder Dienstleistungsunternehmen, die als Einzelunternehmen oder Personengesellschaft geführt werden.

B 40 Personengesellschaften, die teils eine gewerbliche Tätigkeit, teils eine nichtgewerbliche, z. B. vermögensverwaltende Tätigkeit ausüben, gelten einkommen- und gewerbesteuerlich in vollem Umfang als Gewerbebetrieb (sog. *Abfärberegelung* § 15 Abs. 3 Nr. 1 EStG, Abschn. 11 Abs. 4 Satz 2 GewStR), d. h. sie erzielen insgesamt Gewinn aus Gewerbebetrieb und unterliegen damit der Gewerbesteuer. Eine Aufteilung in gewerbliche und nichtgewerbliche bzw. gewerbesteuerpflichtige und nichtgewerbesteuerpflichtige Einnahmen findet nicht statt. Die Umqualifizierung der nichtgewerblichen Tätigkeit in eine gewerbliche erfolgt nach Auffassung der Rechtsprechung jedoch nicht bei einem extrem geringen Anteil der originär gewerblichen Tätigkeit (BFH v. 11. 8. 1999, BStBl II 2000, S. 229).

B 41 Personengesellschaften, die keiner gewerblichen Tätigkeit nachgehen, z. B. nur vermögensverwaltend tätig sind, bei denen jedoch eine oder mehrere Kapitalgesellschaften persönlich haftende Gesellschafter und nur diese oder Nicht-Gesellschafter zur Geschäftsführung befugt sind (sog. *gewerblich geprägte Personengesellschaften*) gelten kraft gesetzlicher Fiktion in vollem Umfang als Gewerbebetrieb, wenn sie sich mit Einkünfteerzielungsabsicht betätigen (§ 15 Abs. 3 Nr. 2 EStG, Abschn. 11 Abs. 4 Satz 4 GewStR). Hierunter fallen z. B. die nicht gewerblich tätige GmbH & Co. KG, bei der eine GmbH einzige persönlich haftende und geschäftsführende Gesellschafterin ist oder eine OHG, an der nur GmbHs als Gesellschafter beteiligt sind.

B 42 Kapitalgesellschaften (AG, GmbH, KGaA), Erwerbs- und Wirtschaftsgenossenschaften sowie Versicherungsvereine auf Gegenseitigkeit gelten stets und in vollem Umfang als Gewerbebetrieb, auch wenn sie keine originär gewerbliche Tätigkeit ausüben (vgl. § 2 Abs. 2 Satz 1 GewStG). Die Fiktion eines gewerblichen Unternehmens gilt uneingeschränkt; so z. B. wird eine ihrer Natur nach land- und forstwirtschaftliche oder vermögensverwaltende Betätigung als gewerblich eingestuft, wenn für sie eine der genannten (und zivilrechtlich möglichen) Rechtsformen gewählt wurde.

B 43 Als Gewerbebetrieb gelten auch wirtschaftliche Geschäftsbetriebe, die Vereine, Stiftungen oder Anstalten unterhalten (§ 2 Abs. 3 GewStG). Ein wirtschaftlicher Geschäftsbetrieb ist nach § 14 AO gegeben, wenn bei einer Tätigkeit die Merkmale Selbständigkeit, Nachhaltigkeit sowie Erzielung von Einnahmen oder anderen wirtschaftlichen Vorteilen vorliegen

Hosfeld-Guber

und die wirtschaftliche Betätigung über die bloße Vermögensverwaltung hinausgeht. Nicht erforderlich sind Gewinnerzielungsabsicht und Beteiligung am allgemeinen wirtschaftlichen Verkehr.

2.2.3 Schema der Gewerbesteuerermittlung

Die Errechnung der Gewerbesteuer wird nach folgendem Schema vorgenommen, das sich aus den Vorschriften §§ 7–16 GewStG ergibt: B 44

Gewinn aus Gewerbebetrieb § 7 GewStG + Hinzurechnungen § 8 GewStG ./. Kürzungen § 9 GewStG
= maßgebender Gewerbeertrag § 10 GewStG ./. Gewerbeverlust § 10a GewStG
= verbleibender Gewerbeertrag (Abrundung § 11 GewStG) ./. Freibetrag § 11 Abs. 1 GewStG (nur Personenunternehmen)
= restlicher Gewerbeertrag x Steuermesszahl § 11 Abs. 2 GewStG
= Steuermessbetrag x Hebesatz
= vorläufige Gewerbesteuer x 5/6 oder dividiert durch Divisor
= endgültige Gewerbesteuer ./. Vorauszahlung
= GewSt-Rückstellung/ -Erstattungsanspruch

2.2.4 Ermittlung des Steuermessbetrages

2.2.4.1 Gewinn aus Gewerbebetrieb

Besteuerungsgrundlage der Gewerbesteuer ist der Gewerbeertrag (§ 6 GewStG). Dessen Ausgangspunkt bildet der Gewinn aus Gewerbebetrieb (§ 7 GewStG), der nach den Vorschriften des EStG und des KStG zu ermitteln und um Hinzurechnungen und Kürzungen nach §§ 8 und 9 GewStG zu korrigieren ist. Der Gewinn aus Gewerbebetrieb wird i. d. R. B 45

Hosfeld-Guber

mit dem zu versteuernden körperschaftsteuerlichen Einkommen bzw. dem einkommensteuerlichen Gewinn übereinstimmen. Eine Bindungswirkung i. S. von § 182 Abs. 1 AO zwischen dem im Einkommen- bzw. Körperschaftsteuerbescheid festgestellten Gewinn und dem für die Ermittlung des Gewerbeertrags festzustellenden Gewinn gibt es jedoch nicht (vgl. Abschn. 38 Abs. 1 GewStR).

2.2.4.2 Hinzurechnungen und Kürzungen gem. §§ 8, 9 GewStG im Überblick

B 46 Die Gewerbesteuer als Objektsteuer stellt auf die wirtschaftliche Ertragskraft des Objekts Gewerbebetrieb ab, der durch Hinzurechnungen von Beträgen, die bei der Ermittlung des Gewinns als Betriebsausgaben abgezogen wurden, sowie durch bestimmte Kürzungen Rechnung getragen werden soll. Hinzuzurechnen sind gem. § 8 GewStG u. a.:

Nr. 1: 50 % der Entgelte (Zinsen und andere Entgelte) für Dauerschulden,

Nr. 2: mit der Gründung/dem Erwerb des Betriebs zusammenhängende Renten und dauernde Lasten,

Nr. 3: Gewinnanteile des stillen Gesellschafters, sofern sie beim Empfänger nicht gewerbesteuerpflichtig sind,

Nr. 5: die nach § 3 Nr. 40 EStG oder § 8b Abs. 1 KStG außer Ansatz bleibenden Gewinnanteile aus Streubesitz,

Nr. 7: 50 % der Miet- und Pachtzinsen für nicht in Grundbesitz bestehende fremde Anlagegüter, sofern der Mieter/Pächter nicht gewerbesteuerpflichtig ist. Die Hinzurechnung erfolgt trotz Gewerbesteuerpflicht beim Empfänger, wenn ein ganzer Betrieb oder Teilbetrieb vermietet oder verpachtet wird und die Miet- und Pachtzinsen für die entsprechenden Miet- oder Pachtobjekte 125 000 € übersteigen,

Nr. 8: die Anteile im Verlust einer Mitunternehmerschaft,

Nr. 10: Gewinnminderungen, die entstanden sind durch

- Teilwertabschreibungen auf einen Anteil an einer Körperschaft oder

- Veräußerung oder Entnahme des Anteils an einer Körperschaft oder Auflösung oder Herabsetzung des Nennkapitals der Körperschaft,

Hosfeld-Guber

2. Konzernbesteuerung im Nichtorganschaftsfall

soweit die Abschreibungen oder Verluste auf Gewinnausschüttungen zurückzuführen sind, die vom Gewerbeertrag gem. § 9 Nr. 2a, 7 oder 8 gekürzt werden, oder auf organschaftliche Gewinnabführungen der Körperschaft zurückzuführen sind.

Die wichtigsten Kürzungen (§ 9 GewStG) betreffen: B 47

Nr. 1: 1,2 % des Einheitswerts des zum Betriebsvermögen gehörenden Grundbesitzes,

Nr. 2: Gewinnanteile aus Mitunternehmerschaften,

Nr. 2a: Gewinnanteile aus einer nicht steuerbefreiten inländischen Schachtelbeteiligung, wenn die Gewinnanteile bei der Ermittlung des Gewinns (§ 7 GewStG) angesetzt worden sind

Nr. 3: Gewerbeerträge aus einer ausländischen Betriebsstätte,

Nr. 4: die beim Vermieter/Verpächter berücksichtigten Miet- oder Pachtzinsen aus der Vermietung/Verpachtung von nicht in Grundbesitz bestehenden Wirtschaftsgütern, soweit sie beim Mieter/Pächter gem. § 8 Nr. 7 GewStG hinzugerechnet wurden,

Nr. 7: Gewinnanteile aus einer ausländischen Schachtelbeteiligung, wenn die ausländische Tochtergesellschaft eine sog. aktive Tätigkeit ausübt sowie unter bestimmten Voraussetzungen Gewinnanteile von ausländischen Enkelgesellschaften,

Nr. 8: Gewinnanteile aus einer ausländischen Schachtelbeteiligung, die nach einem DBA unter der Voraussetzung einer Mindestbeteiligung von der GewSt befreit sind, ungeachtet der im DBA vereinbarten Mindestbeteiligung.

Bei Konzernunternehmen, die nicht durch ein Organschaftsverhältnis verbunden sind und deshalb isoliert voneinander auf jeder Konzernstufe besteuert werden, gelten für die Hinzurechnungen und Kürzungen keine Ausnahmen. Von der Hinzurechnung etwa der Dauerschuldentgelte oder Mieten und Pachten wird auch dann nicht abgesehen, wenn sie aus Darlehens- oder Miet- und Pachtverträgen zwischen Mutter- und Tochtergesellschaften resultieren und deshalb bei einem der Konzernunternehmen bereits im Gewerbeertrag enthalten sind. Eine doppelte Belastung ergibt sich jedoch nur bei den Dauerschuldentgelten, die im Übrigen durch eine gewerbesteuerliche Organschaft vermieden werden kann (s. u. RN B 218, B 238). Bei Vermietungen oder Verpachtungen von nicht in Grundbesitz bestehenden Wirtschaftsgütern zwischen verbundenen Unternehmen glei- B 48 chen sich die Hinzurechnungen und Kürzungen durch die korrespondierenden Vorschriften von § 8 Nr. 7 und § 9 Nr. 4 GewStG wieder aus, so dass eine Doppelbelastung vermieden wird.

2.2.4.3 Hinzurechnung oder Kürzung von Beteiligungserträgen

B 49 Bei der gewerbesteuerlichen Behandlung der nach § 8b KStG von der Körperschaftsteuer freigestellten bzw. nach § 3 Nr. 40 Satz 2 EStG zur Hälfte steuerfreien Beteiligungserträge wird unter anderem danach differenziert, ob

- es sich um Schachtelbeteiligungen oder Streubesitz handelt und ob
- die Erträge aus Inlands- oder Auslandsbeteiligungen stammen.

Eine inländische Schachtelbeteiligung liegt vor, wenn es sich um eine Beteiligung an einer nicht steuerbefreiten inländischen Kapitalgesellschaft, einer Kreditanstalt des öffentlichen Rechts, einer Erwerbs- oder Wirtschaftsgenossenschaft oder einer Unternehmensbeteiligungsgesellschaft handelt, die seit Beginn des Erhebungszeitraums ununterbrochen mindestens ein Zehntel des Grund- oder Stammkapitals oder Vermögens umfasst (§ 9 Nr. 2a GewStG) und die zum Betriebsvermögen des Steuerpflichtigen gehört. Erträge aus diesen Beteiligungen bleiben bei der Bemessungsgrundlage der Gewerbesteuer des Beteiligungsunternehmens unabhängig von dessen Rechtsform zu 100 % außer Ansatz. Beteiligungserträge aus Streubesitz, d. h. aus Beteiligungen, die seit Beginn des Erhebungszeitraums weniger als 10 % betrugen, werden mit Gewerbesteuer belastet. Technisch wird dieses Ergebnis folgendermaßen erreicht:

Übersicht:

direkte Beteiligung an inländischer Körperschaft	Hinzurechnung (§ 8 Nr. 5 GewStG)	Kürzung (§ 9 Nr. 2a GewStG)
nach § 8b Abs. 1 KStG oder § 3 Nr. 40 EStG bei der KSt bzw. ESt außer Ansatz bleibende Erträge aus **Schachtelbeteiligung** → gewerbesteuerfrei		Kürzung der Gewinnanteile, wenn diese bei der Ermittlung des Gewinns (§ 7 GewStG) angesetzt worden sind

2. Konzernbesteuerung im Nichtorganschaftsfall

direkte Beteiligung an inländischer Körperschaft	Hinzurechnung (§ 8 Nr. 5 GewStG)	Kürzung (§ 9 Nr. 2a GewStG)
nach § 8b Abs. 1 KStG oder § 3 Nr. 40 EStG bei der KSt bzw. ESt außer Ansatz bleibende Erträge aus **Streubesitz** → gewerbesteuerpflichtig	Hinzurechnung der Gewinnanteile (und diesen gleichgestellte Bezüge und erhaltene Leistungen), sofern die Beträge bei der Ermittlung des Gewinns aus Gewerbebetrieb (§ 7 GewStG) außer Ansatz geblieben sind, abzgl. der damit in wirtschaftlichem Zusammenhang stehenden Betriebsausgaben, soweit sie nach § 3c Abs. 2 EStG und § 8b Abs. 5 KStG unberücksichtigt bleiben.	

Die Hinzurechnung der Nichtschachtelerträge nach § 8 Nr. 5 GewStG, die erst durch das UntStFG vom 20. 12. 2001 in das Gewerbesteuergesetz eingeführt wurde, impliziert, dass § 8b KStG bei der Ermittlung des maßgeblichen Gewerbeertrags einer Kapitalgesellschaft bzw. § 3 Nr. 40 EStG bei einem Personenunternehmen grundsätzlich anzuwenden ist, d. h. die Beteiligungserträge nicht mehr oder nur zur Hälfte im Gewinn als Ausgangswert für die Ermittlung des Gewerbeertrags enthalten sind. Anderenfalls wäre § 8 Nr. 5 GewStG gegenstandslos (vgl. Rödder/Schumacher, DStR 2003, S. 916; Frotscher, INF 2003, S. 458; zur mangelnden Stringenz und anderen gewerbesteuerlichen Problemen der Vorschriften von § 8 Nr. 5 i. V. m. § 9 Nr. 2a und 7 GewStG vgl. Prinz/Simon, DStR 2002, S. 150 ff. sowie Fischer, DStR 2002, S. 610 ff.). Fraglich war bisher jedoch, inwieweit § 8b Abs. 1 bis 5 KStG gewerbesteuerlich auch für Personengesellschaften gilt, soweit an ihnen Kapitalgesellschaften beteiligt sind, d. h. für mittelbare Beteiligungen von Körperschaften an anderen Körperschaften, bei denen die beteiligte Kapitalgesellschaft die Erträge über den ihr zugerechneten Gewinnanteil aus der Personengesellschaft bezieht (vgl. zur Problemstellung stellvertretend für viele Strunk, BB 2001, S. 857 ff.). Diese Frage hat die Finanzverwaltung nun in ihrem Schreiben vom 28. 4. 2003 (DStR 2003, S. 885, Rz 57) geklärt. Danach dürfen § 8b Abs. 1 bis 5 KStG sowie § 3 Nr. 40 EStG bei der Ermittlung des Gewerbeertrags

B 50

einer Mitunternehmerschaft nicht angewendet werden, was im Erlass mehr oder weniger deutlich mit der Gewerbesteuer als Objektsteuer und der Steuersubjekteigenschaft der Personengesellschaft im Gewerbesteuerrecht begründet wird. Erzielt eine Personengesellschaft Ausschüttungen aus einer Kapitalgesellschaft, an der sie beteiligt ist, bleiben diese Ausschüttungen daher im Gewinn nach § 7 GewStG enthalten. Im Ergebnis ändert sich jedoch für die gewerbesteuerliche Behandlung der Beteiligungserträge nichts: Schachtelerträge sind wegen der Kürzungsvorschrift des § 9 Nr. 2a GewStG in voller Höhe gewerbesteuerfrei, Erträge aus Streubesitz sind im Gewerbeertrag voll erfasst und deshalb in voller Höhe gewerbesteuerpflichtig.

Beispiel:
Der Gewinn lt. Handels-/Steuerbilanz beträgt 100 T€, darin enthalten 20 T€ Ausschüttung aus einer 20%igen Beteiligung an der X-Y-AG. Unabhängig von der Rechtsform des Ausschüttungsempfängers ergibt sich das gleiche Ergebnis:

	KapGes T€	PersGes T€	EU T€
Gewinn lt. HB/StB	100	100	100
./. außerbilanzielle Kürzung von 100%/50% der Ausschüttungen gem. § 8b KStG / § 3 Nr. 40 Satz 2 EStG	– 20	–	– 10
= Gewinn aus Gewerbebetrieb / Gewerbeertrag gem. § 7 GewStG	80	100	90
./. Einnahmen aus Schachteldividenden § 9 Nr. 2a GewStG	–	– 20	– 10
= maßgebender Gewerbeertrag	80	80	80

B 51 Für ausländische Dividenden, die aus einer direkten Beteiligung stammen, gilt zwar auch das Schachtelprivileg, jedoch muss nach § 8 Nr. 5 i. V. m. § 9 Nr. 7 GewStG die ausländische Tochtergesellschaft ihre Bruttoerträge ausschließlich oder fast ausschließlich aus „aktiver" Tätigkeit i. S. des § 8 Abs. 1 Nr. 1 bis 6 AStG erwirtschaftet bzw. aus bestimmten Schachtelbeteiligungen erzielt haben. Anderenfalls entfällt eine Kürzung. Ist der Gewerbebetreibende (Muttergesellschaft) an einer ausländischen Tochtergesellschaft beteiligt, die ihrerseits Anteile an einer ausländischen Enkelgesellschaft hält (mittelbare Beteiligung) und schüttet die Tochtergesellschaft an die Muttergesellschaft Gewinne aus, die sie von der Enkelgesellschaft bezogen hat, so kann unter bestimmten Voraussetzungen auf Antrag eine anteilige Kürzung des Gewerbeertrags erfolgen (vgl. zu Einzelheiten § 9 Nr. 7 Satz 2–4 GewStG, Abschn. 65 GewStR).

2.2.4.4 Veräußerungsgewinne

Gewinne aus der Veräußerung von Anteilen an anderen Körperschaften, die nach § 8b Abs. 2 KStG vollständig von der Körperschaftsteuer befreit sind, unterliegen auch nicht der Gewerbesteuer. Dies ergibt sich aus der Logik von § 7 Satz 1 GewStG, wonach der Gewerbeertrag, der die Besteuerungsgrundlage für die Gewerbesteuer bildet, der nach den Vorschriften des EStG oder KStG zu ermittelnde Gewinn aus Gewerbebetrieb ist. Dieser enthält bei Körperschaften wegen der Anwendung von § 8b Abs. 2 KStG die bei der Ermittlung des Gewerbeertrags steuerfrei gestellten Veräußerungsgewinne nicht mehr (vgl. u. a. Höreth in: Ernst & Young/BDI, UntStFG, B, Rz 145; Füger/Rieger, DStR 2002, S. 936; Frotscher, INF 2003, S. 460). Dabei bleibt es auch, denn im Unterschied zu den Beteiligungserträgen gibt es für Veräußerungsgewinne keine Hinzurechnungsvorschrift nach § 8 GewStG, so dass keine Gewerbesteuer ausgelöst wird. B 52

Wie bei den Beteiligungserträgen (s. u. RN B 50) war nicht klar, ob die Gewerbesteuerfreiheit auch gilt, wenn die Körperschaft B 53

- die Veräußerungsgewinne mittelbar über die ihr als Mitunternehmer zugerechneten Gewinnanteile einer zwischengeschalteten Personengesellschaft bezieht oder

- einen Mitunternehmer-Anteil an einer Personengesellschaft veräußert, die eine Beteiligung an einer Körperschaft in ihrem Betriebsvermögen hält.

Da solche Veräußerungsgewinne (wie Dividenden) gem. § 8b Abs. 6 Satz 1 KStG von der Körperschaftsteuer befreit sind, läge es in der Systematik von § 7 Satz 1 GewStG, die Steuerfreistellung in diesen Fällen auch für die Gewerbesteuer wirken zu lassen. Im Unterschied zum Fachschrifttum (vgl. Dötsch/Pung, DB 2003, S. 1026; Rödder/Schumacher, DStR 2003, S. 916, m. w. N.) hat die Finanzverwaltung dies abgelehnt. Aus ihrer Anweisung, § 8b Abs. 1–5 KStG und § 3 Nr. 40 EStG bei Beteiligungen über eine Personengesellschaft nicht anzuwenden (BMF-Schreiben v. 28. 4. 2003, DStR 2003, S. 885, Rz 57), folgt, dass Gewinne aus der Veräußerung von Beteiligungen an Körperschaften bei mittelbaren Beteiligungen über eine Personengesellschaft unabhängig von der Beteiligungshöhe immer gewerbesteuerpflichtig sind. Anders als für Beteiligungserträge existiert nämlich für diese auch keine Kürzungsvorschrift im Gewerbesteuergesetz, so dass sie bei der Personengesellschaft im steuerpflichtigen Gewinn aus Gewerbebetrieb bleiben. Die Gewerbesteuerpflicht für Veräußerungsgewinne gilt auch, soweit an der Personengesellschaft natürliche Personen beteiligt sind: Ausdrücklich wird von der Finanzverwaltung auch § 3 Nr. 40 EStG, der in der Einkommensteuer die Besteuerung nach dem Halbeinkünfteverfahren anordnet, bei der Ermittlung des Gewerbeertrags von Personengesellschaften für nicht anwendbar erklärt. Die unterschiedlichen Besteuerungsfolgen für Veräußerungsgewinne, je nachdem, ob die Beteiligung unmittelbar von der Kapitalgesellschaft selbst oder mittelbar über eine Personengesellschaft gehalten wird, sollen am folgenden Beispiel verdeutlicht werden:

Beispiel 1:
Die A-GmbH mit einem Gewinn lt. Handels-/Steuerbilanz von 200 T€ hält sämtliche Anteile an der C-GmbH. Bei der Veräußerung der Anteile wird ein Gewinn von 40 T€ erzielt. Der Gewinn wird wegen § 8b Abs. 2 KStG außerbilanziell vom Handels-Steuerbilanzgewinn gekürzt und ist weder in der körperschaftsteuerlichen noch in der gewerbesteuerlichen BMG enthalten. Er kann in beiden Steuerarten steuerfrei vereinnahmt werden.

Abwandlung:
Die AB-OHG hält sämtliche Anteile an der C-GmbH. Gesellschafter der AB-OHG sind die A-GmbH mit 90 % und die natürliche Person B mit 10 %. Der Gewinn ist wegen § 8b Abs. 6 KStG in Höhe von 36 T€, dem auf die A-GmbH entfallenden Anteil, nicht in der körperschaftsteuerlichen BMG und wegen § 3 Nr. 40 EStG hinsichtlich des auf B entfallenden Betrags von 4 T€ nur zur Hälfte, d. h. mit 2 T€ der Einkommensteuer zu unterwerfen. In der gewerbesteuerlichen Bemessungsgrundlage der OHG ist der Gewinn enthalten, da § 8b KStG oder § 3 Nr. 40 EStG bei der Ermittlung ihres Gewerbeertrags keine Anwendung findet. Ist Anteilseigner der C-GmbH ein Einzelunternehmer, wird die Anwendung von § 3 Nr. 40 EStG nicht ausgeschlossen, so dass der Gewinn nur zur Hälfte in der gewerbesteuerlichen BMG erfasst wird.

	KapGes A-GmbH T€	PersGes AB-OHG T€	EU T€
Gewinn lt. HB/StB	200	200	200
./. außerbilanzielle Kürzung von 100 % bzw. 50 % des Veräußerungsgewinns gem. § 8b Abs. 2 KStG/§ 3 Nr. 40 Buchst. a EStG	– 40	–	– 20
= Gewinn aus Gewerbebetrieb gem. § 7 GewStG			
= maßgebender Gewerbeertrag	160	200	180

2.2.4.5 Niedrige Gewerbesteuerbelastung

Durch das StVergAbG vom 16. 5. 2003 (BGBl 2003 I S. 660) wurden mit §§ 8a, 9 Nr. 2 GewStG Vorschriften geschaffen bzw. modifiziert, die Unternehmen mit qualifizierten Beteiligungen an inländischen Kapitalgesellschaften oder an Personengesellschaften betreffen sollten, wenn der Gewerbeertrag der Tochterkapitalgesellschaft oder der Mitunternehmerschaft einer niedrigen Gewerbesteuerbelastung unterlag. Diese Vorschriften sind durch das Haushaltsbegleitgesetz 2004 vom 29. 12. 2003 (BGBl I 2003, S. 3076) wieder gestrichen und stattdessen ein Mindesthebesatz eingeführt worden (s. u. RN B 59). Nähere Erläuterungen zu den abgeschafften Vorschriften erübrigen sich daher.

B 54

2.2.4.6 Gewerbeverlust

Der sich nach den Hinzurechnungen und Kürzungen ergebende Gewerbeertrag wird ggf. um Gewerbeverluste gemindert, die in vorangegangenen Erhebungszeiträumen entstanden sind (§ 10a GewStG). Der Gewerbeverlust ermittelt sich unter Berücksichtigung der Hinzurechnungen und Kürzungen gem. §§ 8, 9 GewStG, d. h. er ist der Gewerbeertrag mit negativem Vorzeichen. Er unterscheidet sich daher vom einkommen- bzw. körperschaftsteuerlichen Verlust um die Summe aus Hinzurechnungen und Kürzungen. Der Gewerbeverlust kann nur vorgetragen und von zukünftigen Gewerbeerträgen abgezogen werden.

B 55

Hosfeld-Guber

B 56 Die Verrechnung des Gewerbeertrags mit Gewerbeverlusten vorangegangener Jahre war bisher der Höhe nach nicht beschränkt. Ab EZ 2004 können Verluste aus Vorjahren – wie im geänderten Einkommensteuer- und Körperschaftsteuerrecht – uneingeschränkt nur noch bis zu einer Höhe von 1 Mio. € (Sockelbetrag) mit Gewerbeerträgen ausgeglichen werden. Der den Sockelbetrag übersteigende Gewerbeertrag darf nur zu maximal 60 % um verbliebene Verlustvorträge gekürzt werden (§ 10a S. 1 und 2 GewStG). Hierdurch ergibt sich im Verlustverrechnungsjahr eine Mindestbesteuerung.

2.2.4.7 Steuermesszahl, Steuermessbetrag

B 57 Der Steuermessbetrag ergibt sich, wenn der auf volle 100 € abgerundete Gewerbeertrag mit der Steuermesszahl multipliziert wird. Bei natürlichen Personen und Personengesellschaften ist vor Anwendung der Steuermesszahl ein Freibetrag von 24 500 €, maximal in Höhe des positiven, abgerundeten Gewerbeertrags abzuziehen (§ 11 GewStG). Kapitalgesellschaften erhalten diesen Freibetrag nicht. Die Steuermesszahl beträgt

- bei Gewerbetrieben von natürlichen Personen oder Personengesellschaften zwischen 1 und 4 % für die ersten 48 000 € und 5 % für 48 000 € übersteigende Beträge,
- bei allen übrigen Gewerbebetrieben 5 %.

Beispiel:
Gewinn vor Gewerbesteuerrückstellung 100 000 €; darin enthalten Gewerbesteuer-Vorauszahlungen von 12 000 €. Hinzurechnungen und Kürzungen 30 000 € bzw. 20 000 €. Der Steuermessbetrag ergibt sich folgendermaßen:

(alle Vorschriften GewStG)	natürliche Personen/ PersGes	übrige Gewerbebetriebe (z. B. GmbH, AG)
Gewinn (vor GewSt-Rückstellung) § 7	100 000	100 000
+ Gewerbesteuervorauszahlungen	12 000	12 000
Zwischensumme	112 000	112 000
+ Hinzurechnungen § 8	30 000	30 000
./. Kürzungen § 9	20 000	20 000
= maßgebender Gewerbeertrag Abrundung (entfällt)	122 000	122 000

(alle Vorschriften GewStG)	natürliche Personen/ PersGes	übrige Gewerbebetriebe (z. B. GmbH, AG)
./. Freibetrag § 11 Abs. 1 Nr. 1	24 500	–
= Gewerbeertrag i. S. d § 11 Abs. 1 Satz 3	97 500	122 000
x Steuermesszahl:		
12 000 x 1 % = 120		
12 000 x 2 % = 240		
12 000 x 3 % = 360		
12 000 x 4 % = 480		
49 500 x 5 % = 2 475		
97 500 3 675 = **Steuermessbetrag**	3 675	
122 000 x 5 % 6 100 = **Steuermessbetrag**		6 100

2.2.5 Hebesatz

Über den Steuermessbetrag (nicht die Höhe der Steuer) erteilt das Finanzamt nach Ablauf des Erhebungszeitraums einen GewSt-Messbescheid. Die Festsetzung und Erhebung der Gewerbesteuer, die i. d. R. den Gemeinden obliegt, erfolgt auf der Grundlage des Steuermessbetrags, indem dieser mit einem Hebesatz (vom-Hundert-Satz) multipliziert wird, der von der hebeberechtigten Gemeinde festgesetzt wird (§ 16 GewStG). Bei stehenden Gewerbebetrieben ist die Gemeinde hebeberechtigt, in der eine Betriebsstätte des stehenden Gewerbes unterhalten wird (§ 4 Abs. 1 Satz 1 GewStG).   B 58

Statt der ursprünglich im StVergAbG vorgesehenen, wegen ihrer Gestaltungsanfälligkeit jedoch gleich wieder aufgehobenen Maßnahmen gegen sog. Steueroasen sieht das Gesetz in § 16 Abs. 4 Satz 2 GewStG nunmehr vor, dass der Hebesatz 200% beträgt, wenn die Gemeinde nicht einen höheren Hebesatz bestimmt hat. Die Gemeinden sind verpflichtet, eine Gewerbesteuer zu erheben, die auf einem Hebesatz von mindestens 200% basiert (§ 16 Abs. 4 Satz 2 GewStG i. V. m. § 1 GewStG); lediglich bei einem höheren Hundertsatz können sie den Hebesatz selbst bestimmen.   B 59

Hosfeld-Guber

2.2.6 Zerlegung

B 60 Hat ein Gewerbebetrieb Betriebsstätten in mehreren Gemeinden oder erstreckt sich eine Betriebsstätte über mehrere Gemeinden, so wird der Steuermessbetrag in die auf die einzelnen Gemeinden entfallenden Anteile zerlegt (§ 28 Abs. 1 Satz 1 GewStG, §§ 185–189 AO) und die Gewerbesteuer in jeder Gemeinde nach dem Teil des Steuermessbetrags erhoben, der auf sie entfällt (§ 4 Abs. 1 Satz 2 GewStG). Die Zerlegung erfolgt nach Maßgabe des Anteils der Löhne der einzelnen Betriebsstätte an der Summe der gezahlten Arbeitslöhne aller Betriebsstätten (§§ 29–31 GewStG).

B 61 Die Gewerbesteuer ist eine abziehbare Betriebsausgabe. Sie mindert die Bemessungsgrundlage der Einkommen- bzw. Körperschaftsteuer sowie ihre eigene Bemessungsgrundlage. Für Zwecke der Gewerbesteuerrückstellung kann ihre Abzugsfähigkeit von der eigenen Bemessungsgrundlage vereinfacht dadurch berücksichtigt werden, dass sie mit 5/6 des Betrages angesetzt wird, der sich ohne Berücksichtigung der Gewerbesteuer als Betriebsausgabe ergeben würde (R 20 Abs. 2 Satz 2 EStR).

Fortsetzung des Beispiels:
Der Hebesatz der Gemeinde beträgt 400 %. Die GewSt-Rückstellung berechnet sich wie folgt:

	natürliche Personen/ PersGes	übrige Gewerbetreibende (z. B. GmbH, AG)
Steuermessbetrag	3 675	6 100
x Hebesatz 400 %	14 700	24 400
x 5/6	12 250	20 333
./. GewSt-Vorauszahlung	12 000	12 000
GewSt-Rückstellung	250	8 333

2.2.7 Gewerbesteueranrechnung gem. § 35 EStG

B 62 Zusätzlich zu den Begünstigungen durch den Freibetrag und der Staffelung der Gewerbesteuermesszahl erhalten Personenunternehmen eine Steuerermäßigung für gewerbliche Einkünfte nach § 35 EStG. Nach dieser Vorschrift mindert sich seit VZ 2001 bei natürlichen Personen mit Einkünften aus Gewerbebetrieb als Einzelunternehmer, Gesellschafter von Personengesellschaften i. S. des § 15 Abs. 1 Satz 1 Nr. 2 EStG sowie als

Hosfeld-Guber

persönlich haftende Gesellschafter von KGaA die tarifliche Einkommensteuer um das 1,8-fache des Gewerbesteuer-Messbetrags, soweit sie anteilig auf im zu versteuernden Einkommen enthaltene gewerbliche Einkünfte entfällt; wegen Einzelheiten zur Ermittlung wird auf das Anwendungsschreiben des BMF v. 15. 5. 2002, BStBl I 2002, S. 533, verwiesen. Zusammen mit den übrigen Begünstigungen kann eine weitgehende, in manchen Fällen auch vollständige Entlastung von der Gewerbesteuer erreicht werden (vgl. Herzig/Lochmann, DB 2000, S. 1731; Rödder, DStR 2002, S. 940 ff.). Kapitalgesellschaften wird dieser Entlastungsbetrag nicht gewährt. Wegen der Gewerbesteueranrechnung bei Organschaften s. u. RN B 234 f.

Fortsetzung Beispiel oben:

	Variante a) mit Gewerbesteuerbe- und -entlastung		Variante b) ohne Gewerbesteuerbe- und -entlastung	
		Steuerbelastung absolut und in %		Steuerbelastung absolut und in %
Gewinn vor Steuern ./. GewSt Gewinn nach GewSt ./. ESt (Grundtabelle) + 1,8 x 3 675 Gewinn nach Steuern	100 000 12 250 87 750 32 686 6 615 61 679	+ 12 250 + 32 686 - 6 615 38 321 38,3 %	100 000 0 100 000 38 623 0 61 377	+ 38 623 + 38 623 38,6 %

3. Die ertragsteuerliche Organschaft

3.1 Einführung

Literatur: *Schmidt/Müller/Stöcker,* Die Organschaft im Körperschaftsteuer-, Gewerbesteuer- und Umsatzsteuerrecht, 6. Aufl. Herne/Berlin 2003.

Hosfeld-Guber

3.1.1 Begriff und Rechtsfolgen der Organschaft

B 63 Der Begriff der Organschaft, der vom Gesetzgeber nicht definiert wird, basiert auf der sog. Organlehre, welche der Reichsfinanzhof in Anlehnung an die Rechtsprechung des Preußischen Oberverwaltungsgerichts bereits im ersten Drittel des letzten Jahrhunderts entwickelte (vgl. BFH v. 17.7.1952, BStBl III 1952, S. 234; v. 28.3.1979, BStBl II 1979, S. 447). Als Organschaft wurde ein aus der Organlehre abgeleitetes Rechtsverhältnis bezeichnet (BFH v. 17.7.1952, BStBl III 1952, S. 234), bei dem zivil- und steuerrechtlich selbständige Kapitalgesellschaften (Organgesellschaften, im Folgenden auch als OG abgekürzt) in andere Gesellschaften beliebiger Rechtsform (Organträger, im Folgenden auch als OT abgekürzt) so eingegliedert sind, dass sie wirtschaftlich betrachtet ihre Selbständigkeit verlieren und ‚lediglich einen unselbständigen Teil eines einheitlichen Gesamtunternehmens bilden' (BFH v. 17.2.1972, BStBl II 1972, S. 582).

B 64 Ausdruck der engen Bindungen des Organs an den Organträger und zugleich Voraussetzungen für die steuerliche Anerkennung der Organschaft in der Vergangenheit war die Eingliederung der Organgesellschaft in den Organträger in finanzieller, wirtschaftlicher und organisatorischer Hinsicht (vgl. § 14 KStG sowie § 2 Abs. 2 GewStG). Im Rechts- und Wirtschaftsverkehr zwar weiterhin selbständig handelnd, musste die Organgesellschaft im Innenverhältnis – ähnlich einem physischen Organ, das innerhalb des ganzen Körpers nur eine bestimmte Funktion erfüllt – in ihrer wirtschaftlichen Funktion auf das herrschende Unternehmen ausgerichtet und dessen Willen unterworfen sein. Dieses spezifische Verhältnis von Über- und Unterordnung zwischen Organträger und Organgesellschaft, das modernen Konzernstrukturen zunehmend weniger gerecht wurde, ist seit den jüngsten Reformen des Organschaftsrechts keine Bedingung mehr für das Bestehen einer ertragsteuerlichen Organschaft. Durch das Steuersenkungsgesetz (StSenkG) vom 23.10.2000 (BGBl. I 2000, S. 1433, 1452) wurde das Erfordernis der wirtschaftlichen und organisatorischen Eingliederung für die körperschaftsteuerliche Organschaft mit Wirkung ab VZ 2001 bzw. bei vom Kalenderjahr abweichenden Wirtschaftsjahr mit Wirkung ab VZ 2002 abgeschafft. Im Gewerbesteuerrecht wurde die Streichung dieser beiden Eingliederungsvoraussetzungen durch das Gesetz zur Fortentwicklung des Unternehmenssteuerrechts (UntStFG) vom 20.12.2001 (BGBl. I 2001, S. 3858, 3862) ab EZ 2002 nachvollzogen.

Hosfeld-Guber

3. Die ertragsteuerliche Organschaft

Lediglich im Rahmen der umsatzsteuerlichen Organschaft gelten nach wie vor alle drei Eingliederungsvoraussetzungen (s. u. RN B 256 ff.)

Aus rechtlicher Sicht bilden die durch ein Organschaftsverhältnis miteinander verbundenen Unternehmen kein Gesamt- oder Einheitsunternehmen. Vielmehr galt und gilt der Grundsatz, dass der Konzern als Unternehmenseinheit die zivil- und steuerrechtliche Selbständigkeit von Organgesellschaft und Organträger nicht überlagert (vgl. BFH v. 1.8.1984, BStBl II 1985, S. 18). Das Organschaftsgebilde als solches unterliegt keiner eigenständigen Gewinnermittlungspflicht und ist kein Steuersubjekt. Die zum Konzern gehörenden Unternehmen ermitteln für Zwecke der körperschaft- und gewerbesteuerlichen Organschaft ihr steuerliches Ergebnis bzw. ihren Gewerbeertrag selbständig und unabhängig voneinander nach den allgemeinen steuerlichen Grundsätzen. Die Konsequenz, die das Steuerrecht aus der wirtschaftlichen Zusammengehörigkeit von herrschendem und abhängigem Unternehmen zieht, besteht (lediglich) darin, das Ergebnis und den Gewerbeertrag der abhängigen Gesellschaft dem herrschenden Unternehmen zuzurechnen, welches dann beides zu versteuern hat.

B 65

Bei der körperschaftsteuerlichen Organschaft wird das Gesamteinkommen nach den Regeln versteuert, die für die Rechtsform des Organträgers maßgebend sind. Fungiert als Organträger ein Einzelunternehmen oder eine Personengesellschaft (mit natürlichen Personen als Gesellschafter), unterliegt das gesamte Einkommen des Organkreises der Einkommensteuer. Ist der Organträger eine Kapitalgesellschaft, so wird auf das Einkommen des Organkreises Körperschaftsteuer erhoben. Ähnliches gilt bei der gewerbesteuerlichen Organschaft. Hier wird die Organgesellschaft als Betriebsstätte, d. h. als unselbständiger Teil des Organträgers betrachtet (§ 2 Abs. 2 Satz 2 GewStG); auf den gemeinsamen Gewerbeertrag von OG und OT ist dann die Steuermesszahl (§ 11 GewStG) anzuwenden, die sich für den Organträger ergibt. Die addierten Gewerbesteuermessbeträge werden im Verhältnis der Lohnsummen auf die Betriebsstätten aufgeteilt, so dass auch die Gemeinde, in der die Organgesellschaft angesiedelt ist, an der im Organkreis entstandenen Gewerbesteuer partizipiert.

B 66

Im Ergebnis wird so der Besteuerungszustand hergestellt, der bei einem Einheitsunternehmen, d. h. einem fusionierten Unternehmen gegeben ist (vgl. Schmidt/Müller/Stöcker, Die Organschaft, Rz 12). Die körperschaftsteuerliche Organschaft führt bei den abhängigen Tochter-Kapitalgesellschaften zu einer ähnlichen Besteuerungssituation wie bei Personengesell-

B 67

Hosfeld-Guber

schaften, deren Jahresüberschuss oder -fehlbetrag für Besteuerungszwecke ebenfalls den Gesellschaftern zugerechnet wird. Mehrfachbelastungen der Gewinne oder Gewerbeerträge durch Körperschaft-, Einkommen- oder Gewerbesteuer werden auf diese Weise ebenso vermieden wie die steuerliche Abschottung der Verluste von Tochtergesellschaften.

B 68 Für die Anwendung der Organschaftsbesteuerung besteht kein Wahlrecht. Liegen die Tatbestandsmerkmale der Organschaft vor, sind die steuerlichen Folgen für die Beteiligten zwingend. Die Besteuerung nach den Vorschriften bei Organschaft muss also nicht beantragt werden; andererseits gibt es auch keine Option für die Organschaftsbesteuerung (vgl. Schmidt/ Müller/Stöcker, Die Organschaft Rz 473). Organschaft ist jedoch gestaltbar. Im Rahmen der ertragsteuerlichen Organschaft lässt sie sich durch den Abschluss oder Nichtabschluss eines Ergebnisabführungsvertrags herstellen oder vermeiden; in der Umsatzsteuer sind es die Eingliederungsmerkmale, die über eine Organschaft entscheiden.

3.1.2 Rechtsgrundlagen

B 69 Die Rechtsgrundlagen der Organschaft bilden

- §§ 14 bis 19, § 27 Abs. 6, § 37 Abs. 3 Körperschaftsteuergesetz 2002 i. d. F. der Bekanntmachung vom 15. 10. 2002 (KStG 2002), zuletzt geändert durch das Zweite Gesetz zur Änderung steuerlicher Vorschriften (Steueränderungsgesetz 2003 – StÄndG 2003) vom 15. 12. 2003 (BGBl. I 2003, S. 2645), das Gesetz zur Umsetzung der Protokollerklärung der Bundesregierung zur Vermittlungsempfehlung zum Steuervergünstigungsabbaugesetz vom 22. 12. 2003 (BGBl. I 2003, S. 2840), sowie durch das Haushaltsbegleitgesetz 2004 (HBeglG 2004) vom 29. 12. 2003 (BGBl. I 2003, S. 3076); Abschn. 48 bis 65 KStR 1995;

- § 2 Abs. 2 S. 2, § 10a S. 3 Gewerbesteuergesetz 2002 i. d. F. der Bekanntmachung vom 15. 10. 2002 (GewStG 2002), zuletzt geändert durch das Haushaltsbegleitgesetz 2004 (HBeglG 2004) vom 29. 12. 2003 (BGBl. Teil I 2003, S. 3076; Abschn. 14 GewStR 1998) sowie

- § 2 Abs. 2 Nr. 2 Umsatzsteuergesetz 1999 i. d. F. der Bekanntmachung vom 9. 6. 1999 (UStG 1999), zuletzt geändert durch das Haushaltsbegleitgesetz 2004 (HBeglG 2004) vom 29. 12. 2003 (BGBl. I 2003, S. 3076; Abschn. 21, 21a UStR 2000).

Hosfeld-Guber

3.2 Organschaft und Konzernabschluss

Literatur: *Baetge/Beermann,* Die Eignung der körperschaftsteuerlichen Organschaft für die Konzernbesteuerung, in: Meffert, H., Krawitz, N. (Hrsg), FS für Börner, Wiebaden 1998, S. 265; *Beck'scher Bilanz-Kommentar,* 5. Aufl., München 2003; *Grotherr,* Übertragung von Konzernrechnungslegungsgrundsätzen ins Konzernsteuerrecht?, WPg 1995, S. 81; *ders.,* Kritische Bestandsaufnahme der steuersystematischen und betriebswirtschaftlichen Unzulänglichkeiten des gegenwärtigen Organschaftskonzepts, StuW 1995, S. 124; *Müller-Gatermann,* Überlegungen zur Änderung der Organschaftsbesteuerung, in: Steuerrecht, Steuer- und Rechtspolitik, Wirtschaftsrecht und Unternehmensverfassung, Umweltrecht, FS für Wolfgang Ritter, hrsg. v. Kley, M. D. u. a., Köln 1997, S. 457.

Konzernrechnungslegung und steuerliche Organschaft stehen unverbunden nebeneinander; die Konzernrechnungslegungsvorschriften, der Konzernabschluss und das konsolidierte Konzernergebnis sind steuerlich unmaßgeblich. Während der Konzernrechnungslegung die Fiktion der wirtschaftlichen Einheit des Konzerns zugrunde liegt (Förschle/Lust in: Beck, Bil-Komm., § 297, Rz 192; im Einzelnen s. u. RN B 5 ff.) und der Handelsgesetzgeber fordert, dass „im Konzernabschluss (...) die Vermögens-, Finanz- und Ertragslage der einbezogenen Unternehmen so darzustellen (ist), als ob diese Unternehmen insgesamt ein einziges Unternehmen wären" (§ 297 Abs. 3 Satz 1 HGB), lehnt das Steuerrecht eine solch umfassende Auslegung der wirtschaftlichen Einheit ab. Das Organschaftsgebilde als solches unterliegt keiner eigenständigen Gewinnermittlungspflicht und ist kein Steuersubjekt. Die Bemessungsgrundlage für die Einkommen-, Körperschaft- und Gewerbesteuer des Gesamtkonzerns basiert auf den Einzelabschlüssen der zum Konzernkreis zählenden Unternehmen. Der im deutschen Ertragsteuerrecht verankerte Maßgeblichkeitsgrundsatz, wonach der steuerlichen Gewinnermittlung das Betriebsvermögen zugrunde zu legen ist, das auf Basis der handelsrechtlichen Grundsätze ordnungsmäßiger Buchführung ermittelt wurde (§ 5 Abs. 1 Satz 1 EStG), gilt lediglich für die Ergebnisermittlung im Rahmen der Einzelabschlüsse von Konzerngesellschaften.

B 70

Das führt dazu, dass die additiv aus den Ergebnissen der Konzernunternehmen ermittelte Besteuerungsgrundlage bei der Organschaft von derjenigen abweicht, die sich auf der Grundlage eines konsolidierten Konzernabschlusses ergeben würde. Wichtige Abweichungen zwischen dem Konzerneinkommen laut Konzernbilanz und den kumulierten Einzelergebnis-

B 71

Hosfeld-Guber

sen betreffen (vgl. Baetge/Beermann, 1998, S. 270 ff.; Grotherr, WPg 1995, S. 84 ff.; Grotherr, StuW 1995, S. 142 ff.):

- Aus Konzernsicht nicht realisierte Zwischengewinne, die aus Lieferungs- und Leistungsbeziehungen zwischen Konzernunternehmen resultieren und die im Konzernabschluss eliminiert werden (s. u. RN C 226 ff.), jedoch im Einzelabschluss enthalten sind (Erfolgskonsolidierung/ Zwischenergebniseliminierung): Diese nur konzernintern generierten Erfolgsbeiträge unterliegen der Ertragsbesteuerung.

- Erfolgsauswirkungen aus innerkonzernlichen Schuldbeziehungen, die z. B. daraus resultieren, dass im Jahresabschluss einer zum Organkreis gehörenden Gesellschaft Rückstellungen, etwa Gewährleistungsrückstellungen, gebildet werden, die durch eine Verpflichtung gegenüber einer anderen zum Organkreis gehörenden Gesellschaft verursacht sind: Im Konzernabschluss ist die erfolgswirksame Zuführung zur Rückstellung nicht enthalten, im Einzelabschluss sehr wohl (vgl. zur Schuldenkonsolidierung RN C 259 ff.). Entsprechend ändert sich die Bemessungsgrundlage für die Ertragsteuern.

- Erfolgsauswirkungen aus der besonderen bilanziellen Behandlung von Beteiligungserwerben im Konzernabschluss: Während der Anteilskauf im Einzelabschluss des Erwerbers und des erworbenen Unternehmens i. d. R. keine Ergebnisauswirkungen hat, werden im Konzernabschluss negative oder positive Erfolgsbeiträge durch die Fortschreibung und weitere in der Folgekonsolidierung vorzunehmende Korrekturen des Beteiligungsbuchwerts erzeugt, etwa durch Abschreibung des nur in im Konzernabschluss angesetzten Geschäfts- oder Firmenwerts des Tochterunternehmens oder die Auflösung aufgedeckter stiller Reserven oder Lasten (vgl. im Einzelnen unten RN C 167 ff.). Dieser Aufwand hat keine steuerliche Auswirkung.

B 72 Weitere Abweichungen zwischen Konzern- und steuerlichem Ergebnis resultieren daraus, dass die Einheit „Konzern" im handels- und gesellschaftsrechtlichen Sinne i. d. R. einen größeren, gelegentlich auch kleineren Kreis von Unternehmen als die Einheit „Organschaft" umfasst:

- So ist im Handels- und Gesellschaftsrecht ein Gewinnabführungsvertrag keine zwingende Voraussetzung für das Vorliegen eines Konzerns bzw. eines Mutter-Tochter-Verhältnisses, wie das im Steuerrecht für die Anerkennung einer Organschaft ist. Ein fehlender Gewinnabführungsver-

Hosfeld-Guber

3. Die ertragsteuerliche Organschaft 189

trag schließt Unternehmen auch künftig von der Organschaftsbesteuerung aus, die Konzernunternehmen i. S. des Handelsrechts sind.

- Unterschiede ergeben sich auch bei den Voraussetzungen der finanziellen Eingliederung (Beteiligungsvoraussetzungen) im Handels- und Steuerrecht. So ist bei dem Konzept der einheitlichen Leitung gem. § 290 Abs. 1 HGB (s. u. RN C 40 f.) eine Mehrheitsbeteiligung bzw. die Mehrheit der Stimmrechte der Muttergesellschaft an der Tochtergesellschaft nicht erforderlich, damit Letztere konsolidierungspflichtig ist. Demgegenüber muss für die Anerkennung der steuerlichen Organschaft der OT stets die Mehrheit der Stimmrechte an der OG besitzen.

- Ferner bestehen unterschiedliche Anforderungen an die Rechtsform von Organ und Organträger auf der einen Seite sowie der in einem Konzern zusammengeschlossenen bzw. zu einem Konzernabschluss verpflichteten Unternehmen auf der anderen Seite. Während die Organgesellschaft die Rechtsform einer Kapitalgesellschaft bekleiden bzw. juristische Person sein muss (vgl. §§ 14, 17 KStG, § 2 Abs. 2 Satz 2 GewStG, § 2 Abs. 2 Nr. 2 UStG), können Tochterunternehmen, die in einem handelsrechtlichen Konzern zusammengeschlossen sein können sowie diejenigen, die in einen Konzernabschluss einbezogen werden müssen, jede Rechtsform besitzen (vgl. Berger/Lüttike in Beck BilKomm, 5. Aufl. 2003, § 290 Rz 15). Umgekehrt gilt im Steuerrecht, dass der Organträger jede Rechtsform haben kann, während das Mutterunternehmen der in einen handelsrechtlichen Konzernabschluss einzubeziehenden Unternehmen stets die Rechtsform einer Kapitalgesellschaft (§ 290 Abs. 1 HGB) bzw. einer Kapitalgesellschaft & Co. (§ 264a HGB) besitzen muss. Zu beachten ist jedoch, dass der Kreis der zur Konzernrechnungslegung verpflichteten Mutterunternehmen durch § 11 Abs. 5 PublG auch auf Personenhandelsgesellschaften und Einzelkaufleute ausgeweitet wird, wenn bestimmte Größenmerkmale überschritten werden.

- Schließlich ergeben sich Abweichungen zwischen handelsrechtlichem Konsolidierungs- und steuerrechtlichem Organschaftskreis, weil für die Begriffspaare Konzernmutter und Organträger sowie Tochterunternehmen und Organgesellschaft in den beiden Rechtsgebieten – unabhängig von der Rechtsform – jeweils unterschiedliche Ansässigkeitserfordernisse normiert sind. So ist die Konzernmutter nach § 290 Abs. 1 HGB zur Aufstellung eines Konzernabschlusses gem. § 290 Abs. 1 HGB dann verpflichtet, wenn sie ihren Sitz im Inland hat, während Organträger gem. § 14 Nr. 2 KStG nur ein Unternehmen sein kann, das seine Geschäftsleitung im Inland hat. Was die in den handelsrechtlichen Konzernabschluss einzubeziehenden Tochterunternehmen anbetrifft, so sind sie unabhängig von ihrem Sitz einzubeziehen (d. h. auch dann, wenn sie ihren Sitz im Ausland haben), während die Organgesellschaften Sitz und Geschäftsleitung im Inland haben müssen (§ 14 Abs. 1 KStG), damit sie zum Organschaftskreis gehören.

- Unterschiede ergeben sich endlich auch dadurch, dass im Handelsrecht für bestimmte Tochterunternehmen ein Wahlrecht (§ 296 HGB) oder ein Verbot der Einbeziehung (§ 295 HGB) in den Konsolidierungskreis vorgesehen ist (vgl. genauer RN C 81 ff.), was in dieser Form im Steuerrecht unbekannt ist.

B 73 Unabhängig von den genannten Problemen kann es nach der augenblicklichen Rechtslage im Handelsrecht vorkommen, dass zwar ein Organschaftsverhältnis vorliegt, jedoch kein für Zwecke der Besteuerung geeigneter Konzernabschluss oder überhaupt kein Konzernabschluss existiert, der als Besteuerungsgrundlage dienen könnte, etwa im Fall eines befreienden EU/EWR-Konzernabschlusses gem. § 291 HGB oder wenn die Voraussetzungen für größenabhängige Befreiungen von der Konzernrechnungslegung gem. § 293 HGB vorliegen (s. u. RN C 53 ff.). Letzteres ist der Fall bei Kleinkonzernen, die bei GmbH-Konzernen, bei denen auch die Konzernmutter eine GmbH ist, nicht selten anzutreffen sind. Entfällt eine Konzernbilanz, kann sich die Besteuerung auch nicht an diese anlehnen. Ob eine Besteuerung auf der Basis einer Konzernhandelsbilanz überhaupt wünschenswert ist und mit dem Postulat einer gleichmäßigen Besteuerung nach der Leistungsfähigkeit vereinbar ist, wird angesichts der zahlreichen Bilanzierungs- und Bewertungswahlrechte sowie Ermessensspielräume, die die Konzernrechnungslegungsvorschriften einräumen, bezweifelt (vgl. z. B. Müller-Gatermann, FS für Ritter 1997, S. 460 f.; Baetge/Beermann, FS für Börner 1998, S. 277 ff.).

3.3 Voraussetzungen der ertragsteuerlichen Organschaft

Literatur: *Beck'scher Bilanz-Kommentar*, 5. Aufl., München 2003; *Dötsch, E./ Pung, A.* Steuersenkungsgesetz: Die Änderungen bei der Körperschaftsteuer und bei der Anteilseignerbesteuerung, DB 2000, Beilage Nr. 10, S. 12; *Emmerich/Sonnenschein/Habersack*, Konzernrecht, 7. Aufl., München 2001; *Ernst & Young/BDI*, Die Fortentwicklung der Unternehmenssteuerreform, Informationen, Analysen und Gestaltungsempfehlungen zum Unternehmenssteuerfortentwicklungsgesetz, Berlin

Hosfeld-Guber

3. Die ertragsteuerliche Organschaft 191

2002; *Förster,* Die Änderungen durch das StVergAbG bei der Einkommensteuer und der Körperschaftsteuer, DB 2003, S. 899; *Frotscher/Maas,* KStG, Freiburg 1978 ff.; *Herlinghaus,* Weitere „Renovierung" der steuerlichen Organschaftsbestimmungen. Geplante Änderungen durch den Entwurf eines Gesetzes zur Fortentwicklung des Unternehmenssteuerrechts (UntStFG-E), GmbHR 2001, S. 956; *Herzig/Wagner,* Einschränkung der Verlustberücksichtigung bei Kapitalgesellschaften, DStR 2003, S. 225; *Kirchhof/Raupach,* Die Unzulässigkeit einer rückwirkenden gesetzlichen Änderung der Mehrmütterorganschaft, DB, Beilage 3/2001; *Linklaters Oppenhoff & Rädler,* Steueränderungen zum 1.1.2002 im Unternehmensbereich, DB, Beilage 1/2002, S. 41; *Löwenstein/Maier/Lohrmann,* Erfordernis der gewerblichen Tätigkeit der Personengesellschaft als Organträgerin nach dem StVergAbG. Die gesetzgeberische Doublette: Auf die Mehrmütterorganschaft gezielt – alle Personengesellschaften getroffen!, DStR 2003, Beihefter 4 zu Heft 29 S. 1; *Meilicke,* Die Neuregelung der ertragsteuerlichen Organschaft über die Grenze, DB 2002, S. 911; *Melchior,* Das Steuervergünstigungsabbaugesetz im Überblick, DStR 2003, S. 709; *Neu/Lühn,* Aktuelles Beratungs-Know-how Personengesellschaftsbesteuerung, DStR 2003, S. 61; *Orth,* Elemente einer grenzüberschreitenden Organschaft im deutschen Steuerrecht, GmbHR 1996, S. 33; *Ottersbach,* Die körperschaftsteuerliche Organschaft nach StSenkG und UntStFG, NWB F. 4, 12.8.2002, S. 4627; *Pache,* Folgen der Aufgabe des doppelten Inlandsbezugs für Organgesellschaften gemäß § 14 Abs. 1 Satz 1 KStG i.d. F. des UntStFG, GmbHR 2002, S. 299; *Prinz,* „Fortentwicklung" des Organschaftsrechts: Neue Irrungen und Wirrungen, FR 2002, S. 66–75; *PwC Deutsche Revision/PriceWaterhouseCoopers,* Unternehmenssteuerreform 2001, Analyse aller wesentlichen Änderungen mit Praxishinweisen, Gestaltungsempfehlungen und Checklisten, Freiburg, Berlin, München 2000; *Sauter/Heurung/Oblau,* Anwendungs- und Zweifelsfragen zum Gesetzentwurf zur Fortentwicklung des Unternehmenssteuerrechts, BB 2001, S. 2448; *Schmidt, L.,* Einkommensteuergesetz. Kommentar, 22. Aufl. 2003, München 2003; *Schmidt/Müller/Stöcker,* Die Organschaft, 6. Aufl., Herne/Berlin 2003; *Schwedhelm/Olbing/Binnewies,* Gestaltungsüberlegungen zum Jahreswechsel 2002/2003 rund um die GmbH, GmbHR 2002, S. 1157; *Sedemund,* Der BFH verabschiedet sich von der Sitztheorie im Steuerrecht, BB 2003, S. 1362; *Walter,* Ausländische gewerbliche Unternehmen und Organschaft, in: IWB Gruppe 4, 28.4.1999, S. 403; *Witt,* Die Organschaft im Ertragsteuerrecht, Stuttgart 1999.

3.3.1 Der Organträger

3.3.1.1 Überblick

Vom Organträger wird gefordert, dass er B 74
- ein einziges Unternehmen (§ 14 Abs. 1 Satz 1 KStG, § 2 Abs. 2 Satz 1 GewStG) und

Hosfeld-Guber

- ein gewerbliches Unternehmen (§ 14 Abs. 1 Satz 1 KStG, § 2 Abs. 2 Satz 1 GewStG)

ist. Grundsätzlich kann das gewerbliche Unternehmen in jeder Rechtsform betrieben werden, wenn bestimmte weitere Voraussetzungen erfüllt sind (vgl. § 14 Abs. 1 Nr. 2 Satz 1 und 2 KStG, § 2 Abs. 2 Satz 1 GewStG):

- als Einzelunternehmen, wenn dessen Träger eine unbeschränkt steuerpflichtige natürliche Person ist,
- als Körperschaft, Personenvereinigung oder Vermögensmasse i. S. des § 1 KStG, wenn diese nicht steuerbefreit sind und wenn sich deren jeweilige Geschäftsleitung im Inland befindet,
- als Personengesellschaft i. S. des § 15 Abs. 1 Nr. 2 EStG, wenn sich ihre Geschäftsleitung im Inland befindet und wenn sie eine Tätigkeit i. S. des § 15 Abs. 1 Nr. 1 EStG ausübt.

Ferner kann nach § 18 KStG ein beschränkt steuerpflichtiges ausländisches gewerbliches Unternehmen als Organträger in Frage kommen, wenn es im Inland eine im Handelsregister eingetragene Zweigniederlassung unterhält. Auch Vorgründungsgesellschaften und Vorgesellschaften kommen als Organträger in Frage, wenn sie gewerbliche Unternehmen sind.

3.3.1.2 Die Voraussetzungen im Einzelnen

3.3.1.2.1 Einziges Unternehmen

B 75 Als Organträger kommt nur ein einziges Unternehmen in Betracht (§ 14 Abs. 1 Nr. 1 KStG). Damit wird die Möglichkeit ausgeschlossen, dass mehrere Unternehmen unmittelbar Organträger eines Organs sind. Verschlossen ist nunmehr auch der Weg, über eine Mehrmütterorganschaft oder ähnliche Gestaltungen die Zurechnung von Ergebnissen eines Tochter-Gemeinschaftsunternehmens auf mehrere Mütter zu erreichen: Durch das StVergAbG v. 16. 5. 2003 wurden die Vorschriften zur Mehrmütterorganschaft gestrichen; diese entfällt daher ab VZ/EZ 2003 (s. u. RN B 92 ff.).

3.3.1.2.2 Gewerbliches Unternehmen

B 76 Gewerblich muss der Organträger deshalb sein, weil er nur dann der Gewerbesteuer unterliegt. Unterhält der OT ein gewerbliches Unternehmen, ist gewährleistet, dass die Einkünfte, die im Organkreis erwirtschaftet und

3. Die ertragsteuerliche Organschaft

beim Organträger steuerlich erfasst werden, gewerbesteuerpflichtig sind. Das Erfordernis der Gewerblichkeit impliziert, dass land- und forstwirtschaftliche Unternehmen oder Freiberufler, die der Gewerbesteuer nicht unterliegen, auch keine Organträger sein können. Dies gilt auch und gerade vor dem Hintergrund dessen, dass abhängige Organgesellschaften nur Kapitalgesellschaften sein können, die grundsätzlich als gewerblich einzustufen sind. Deren Gewerblichkeit färbt nicht auf den Organträger ab; vielmehr muss dieser selbst in eigener Person gewerblich sein bzw. ein gewerbliches Unternehmen haben (BFH v. 12. 8. 1965, BStBl III 1965, S. 589). Würde als Organträger ein nichtgewerbliches, z. B. freiberufliches Einzelunternehmen fungieren, müssten die an sich gewerblichen Einkünfte der Organgesellschaften, die dem Organträger zugerechnet werden, in freiberufliche Einkünfte umqualifiziert werden, was mit Sinn und Zweck der Organschaft und der Systematik des Einkommensteuerrechts unvereinbar ist (BFH v. 12. 8. 1965, BStBl III 1965, S. 589).

Was unter einem gewerblichen Unternehmen i. S. des § 14 Satz 1 KStG zu verstehen ist, bestimmt sich nach Auffassung der Finanzverwaltung nach § 2 GewStG, der den Begriff des Gewerbebetriebs definiert. Die Begriffe „gewerbliches Unternehmen" (§ 14 Abs. 1 Satz 1 KStG) und „Gewerbebetrieb" (§ 2 GewStG) stimmen überein (Abschn. 48 Abs. 1 KStR), so dass dem Körperschaftsteuer- und Gewerbesteuerrecht ein einheitliches Verständnis von Gewerbebetrieb zugrunde liegt. Wegen der Formen und Unterscheidungen des Gewerbebetriebs s. o. RN B 38 ff.; wegen der Besonderheiten bei OT-Personengesellschaften wird auf RN B 86 ff. verwiesen. **B 77**

3.3.1.2.3 Natürliche Personen als Organträger

Eine natürliche Person kann Organträger sein, wenn sie **B 78**

- Gewerbetreibender i. S. des § 15 Abs. 2 EStG ist, d. h. als Einzelunternehmer selbständig, nachhaltig, mit Gewinnerzielungsabsicht am allgemeinen wirtschaftlichen Verkehr teilnimmt und
- unbeschränkt steuerpflichtig ist, d. h. im Inland ihren Wohnsitz (§ 8 AO) oder gewöhnlichen Aufenthalt (§ 9 AO) hat.

Die Beteiligung an der OG muss Betriebsvermögen des einzelunternehmerischen OT sein, damit das Einkommen der Organgesellschaft als gewerbliches Einkommen der inländischen Gewerbesteuer unterliegt (vgl. Frotscher, in: Frotscher/Maas, KStG, § 14, Rz. 23). **B 79**

Hosfeld-Guber

3.3.1.2.4 Körperschaften i. S. des § 1 KStG als Organträger

B 80 Die wichtigsten Körperschaften, Personenvereinigungen und Vermögensmassen i. S. des § 1 KStG, die als Organträger fungieren können, sind Kapitalgesellschaften (AG, KGaA, GmbH), Genossenschaften, Vereine, Stiftungen sowie Betriebe gewerblicher Art von juristischen Personen des öffentlichen Rechts. Um die Besteuerung des Organeinkommens beim Organträger sicherzustellen, dürfen die Körperschaften nicht subjektiv steuerbefreit sein, d. h. nicht unter die Vorschrift von § 5 KStG bzw. § 3 GewStG fallen. Dies betrifft etwa gemeinnützige Körperschaften, die gem. § 5 Abs. 1 Nr. 9 KStG und § 3 Nr. 6 GewStG von der Körperschaftsteuer bzw. der Gewerbesteuer befreit sind. Da nach den gleichen Vorschriften die Steuerbefreiung für gemeinnützige Körperschaften insoweit ausgeschlossen ist, als ein wirtschaftlicher Geschäftsbetrieb unterhalten wird, können sie trotz der übrigen Steuerbefreiung als Organträger fungieren bzw. Organschaften begründen, wenn das zuzurechnende Einkommen der Organgesellschaften in den steuerpflichtigen wirtschaftlichen Geschäftsbetrieb fließt (vgl. Frotscher in: Frotscher/Maas, KStG, § 14, Rz. 21).

B 81 Ferner müssen die Körperschaften ihre Geschäftsleitung im Inland haben. Geschäftsleitung ist der Mittelpunkt der geschäftlichen Oberleitung (§ 10 AO). Hat ein Unternehmen seine tatsächliche Geschäftsleitung im Inland, so bedeutet dies regelmäßig, dass es sich ‚in seiner betrieblich-organisatorischen Substanz' im Inland befindet (BFH v. 10. 11. 1998, BStBl II 1999, S. 306, m. w. N. zum Schrifttum). Ist der Organträger eine Kapitalgesellschaft, so ist es unerheblich, ob deren Gesellschafter/Anteilseigner im Inland steuerlich angebunden sind. Aufgrund der getrennten ertragsteuerlichen Sphären von Gesellschaft und Gesellschafter können die Gesellschafter von Kapitalgesellschaften ihren Wohnsitz oder gewöhnlichen Aufenthalt bzw. Sitz oder Geschäftsleitung auch im Ausland haben (vgl. Orth, GmbHR 1996, S. 34; Walter, IWB 1999, Gruppe 4, S. 406).

B 82 Die Alternative Sitz *oder* Geschäftsleitung im Inland wie bei den Voraussetzungen der unbeschränkten Steuerpflicht gem. § 1 Abs. 1 KStG ist nicht ausreichend. Befindet sich die Geschäftsleitung im Ausland und der Satzungssitz im Inland, ist die Voraussetzung des § 14 Abs. 1 Nr. 2 Satz 1 KStG nicht erfüllt und eine Organträgerschaft kommt nicht in Frage, obwohl im Inland unbeschränkte Steuerpflicht besteht. Der Sitzort einer Ge-

Hosfeld-Guber

sellschaft ist gem. § 11 AO der Ort, der durch Gesetz, Gesellschaftsvertrag, Satzung, Stiftungsgeschäft oder dergleichen bestimmt ist.

Die durch das UntStFG vom 20. 12. 2001 erfolgte Änderung hin zum einfachen Inlandsbezug beseitigt zwar die Diskriminierung von nach ausländischem Recht gegründeten Körperschaften mit ausländischem Satzungssitz, die ihre Geschäftsleitung in der Bundesrepublik haben bzw. diese hierher verlegen und damit Trägerunternehmen im Rahmen einer körperschaftsteuerlichen und gewerbesteuerlichen Organschaft sein können. Jedoch scheidet nach wie vor eine deutsche Kapitalgesellschaft aus dem Kreis der gesetzlich zugelassenen Organträger aus, wenn sie ihre Geschäftsleitung im Ausland hat bzw. nur ihre Geschäftsleitung in das Ausland verlegt, ihren statuarischen Sitz aber in der Bundesrepublik beibehält (vgl. zur bisherigen BFH-Rechtsprechung BFH v. 13. 11. 1991, BStBl II 1992, S. 263). Eine sachliche Rechtfertigung für diese Einschränkung gibt es nicht (vgl. zur Kritik Meilicke, DB 2002, S. 911). **B 83**

Bisher war fraglich, ob eine nach ausländischem Recht gegründete Kapitalgesellschaft mit Verwaltungssitz im Inland, die nach dem Wortlaut des Körperschaftsteuergesetzes formell Organträgerfunktion auszuüben vermochte, überhaupt einen zivilrechtlich wirksamen Ergebnisabführungsvertrag abschließen konnte, da ihre Rechts- und Parteifähigkeit im Inland in Frage gestellt war (vgl. u. a. Prinz, FR 2002, S. 73; Herlinghaus, GmbHR 2001, S. 958; Sauter/Heurung/Oblau, BB 2001, S. 2448). Diese Bedenken scheinen durch die jüngere Zivil- und Steuerrechtsprechung ausgeräumt. Nachdem der EuGH mit Urteil vom 5. 11. 2002 (EWS 2002, S. 569) entschieden hat, dass eine grenzüberschreitende Sitzverlegung nicht zum Verlust der nach dem Recht des Gründungsstaats bestehenden Rechts- und Parteifähigkeit führt (vgl. auch BGH v. 1. 7. 2002, DB 2002, S. 2039; v. 29. 1. 2003, DB 2003, S. 818 und v. 13. 3. 2003, ZIP 2003, S. 718) hat auch die Finanzrechtsprechung (vgl. BFH v. 29. 1. 2003, DB 2003, S. 1200) die sog. Sitztheorie aufgegeben und ein Organschaftsverhältnis zwischen einer inländischen GmbH und einer nach US-amerikanischem Recht gegründeten Kapitalgesellschaft mit Verwaltungssitz in Deutschland anerkannt (vgl. zur Kommentierung des BFH-Urteils Sedemund, BB 2003, S. 1362 ff.). **B 84**

Bei Organträger-Unternehmen in der Rechtsform von Kapitalgesellschaften ist eine gesonderte Prüfung der gewerblichen Eigenschaft nicht erforderlich, da bei ihnen eine originär gewerbliche Tätigkeit nicht verlangt **B 85**

Hosfeld-Guber

wird. Diese Unternehmen besitzen die Organträger-Fähigkeit auch dann, wenn sie sich nicht direkt gewerblich betätigen. Das gilt auch für Holdinggesellschaften in der Rechtsform von Kapitalgesellschaften (vgl. Dötsch/ Pung, DB 2000, Beil. 10, S. 13). Diese konnten vor Inkrafttreten des StSenkG v. 23. 10. 2000 bzw. des UntStFG v. 20. 12. 2001 aufgrund der damaligen Eingliederungsvoraussetzungen nur dann als körperschaftsteuerliche und gewerbesteuerliche Organträger fungieren, wenn sie als geschäftsleitende Holding die einheitliche Leitung über mehrere abhängige Kapitalgesellschaften und damit eine eigene betriebliche Tätigkeit ausübten (BFH v. 17. 12. 1969, BStBl II 1970, S. 257). Bei rein vermögensverwaltenden Holdings scheiterte eine Organschaft an der fehlenden eigenen gewerblich-unternehmerischen Tätigkeit, in die das Unternehmen der beherrschten Gesellschaft wirtschaftlich eingegliedert werden konnte (vgl. BFH v. 15. 4. 1970, BStBl II 1970, S. 554; v. 3. 12. 1976, BStBl II 1977, S. 235; Abschn. 50 Abs. 2 Nr. 3 KStR). Da die wirtschaftliche Eingliederung nicht mehr notwendig ist, entfallen diese Beschränkungen für Organträger-Kapitalgesellschaften.

3.3.1.2.5 Personengesellschaften als Organträger

B 86 Unter Personengesellschaften i. S. des § 15 Abs. 1 Nr. 2 EStG fallen gewerblich tätige Offene Handelsgesellschaften, Kommanditgesellschaften und andere Gesellschaften einschließlich wirtschaftlich vergleichbarer Gemeinschaftsverhältnisse, bei denen die Gesellschafter als Mitunternehmer anzusehen sind (vgl. Schmidt, EStG, § 15, Rz 169 ff.). Als Organträgerin wird der Personengesellschaft zwar das Einkommen der OG zugerechnet, jedoch versteuert sie dieses sowie ihr eigenes Einkommen nicht selbst. Es wird im Wege der einheitlichen und gesonderten Gewinnfeststellung gem. § 180 Abs. 1 Nr. 2a AO steuerlich ihren Gesellschaftern zugerechnet, die den auf sie entfallenden Teil des Einkommens der OT-Personengesellschaft entweder der Einkommensteuer, wenn sie natürliche Personen, oder der Körperschaftsteuer, wenn sie Körperschaften sind, unterwerfen müssen. Die Gesellschafter der OT-Personengesellschaft können beschränkt oder unbeschränkt steuerpflichtig sein. Körperschaften als Gesellschafter der OT-Personengesellschaft dürfen nicht steuerbefreit sein (vgl. Witt, Die Organschaft im Ertragsteuerrecht, S. 86).

B 87 Wie bei den Körperschaften ist auch bei Personengesellschaften nur noch die Geschäftsleitung im Inland gefordert (§ 14 Abs. 1 Nr. 2 Satz 1 KStG).

Hosfeld-Guber

3. Die ertragsteuerliche Organschaft

Das bedeutet, dass Personengesellschaften mit ausländischem Satzungssitz, die ihren Verwaltungssitz in das Inland verlegen, nunmehr auch in den Kreis möglicher Organträger fallen (vgl. Meilicke, DB 2002, S. 912).

Aufgrund der Änderungen in § 14 Abs. 1 Nr. 2 KStG durch das StVergAbG v. 16. 5. 2003 kommt ab VZ/EZ 2003 bei Personengesellschaften eine Organträgerschaft nur noch in Frage, wenn sie einer originär gewerblichen Tätigkeit i. S. des § 15 Abs. 1 Nr. 1 des EStG nachgehen. Das war bereits im früheren Organschaftsrecht vor dem StSenkG vom 23. 10. 2001 eine zentrale Voraussetzung des Organträgers. Während jedoch früher die gewerbliche Tätigkeit des Mutterunternehmens den Zweck besaß, die wirtschaftliche Eingliederung der Organgesellschaft herzustellen (vgl. Abschn. 50 Abs. 1 KStR 1995), sollen mit dieser Bedingung nunmehr, nach der Abschaffung der Mehrmütterorganschaft, Gestaltungen verhindert werden, durch die über (nicht gewerblich tätige) gewerblich geprägte Personengesellschaften das gleiche steuerliche Ergebnis erzielt wird wie mit einer Mehrmütterorganschaft, nämlich die Zurechnung von steuerlichen Ergebnissen der Tochtergesellschaften auf die (mehreren) Kapitalgesellschafts-Gesellschafter (vgl. BT-Drucks. 15/119, Begründung zu § 14 Abs. 1 Nr. 2 KStG).

B 88

Betroffen von der Einschränkung sind hauptsächlich gewerblich geprägte Personengesellschaften i. S. des § 15 Abs. 3 Nr. 2 EStG, d. h. rein vermögensverwaltende Holdinggesellschaften in der Rechtsform einer GmbH & Co. KG, und zwar auch dann, wenn die KG nur zwei Gesellschafter hat, die GmbH und einen Kommanditisten (vgl. Löwenstein/Maier/Lohrmann, DStR 2003, Beihefter 4 zu Heft 29, S. 3). Eine solche nichtgewerbliche Muttergesellschaft kann jedoch wegen der Abfärberegelung des § 15 Abs. 3 Nr. 1 EStG ihre Eignung als Organträger durch Aufnahme einer zusätzlichen gewerblichen Tätigkeit erlangen (vgl. u. a. Neu/Lühn, DStR 2003, S. 63), weil dann die Betätigungen insgesamt einen Gewerbebetrieb bilden. Eine eigene gewerbliche Tätigkeit liegt nach BFH-Rechtsprechung schon vor, wenn die Organträgerin die einheitliche Leitung über mindestens zwei Organgesellschaften ausübt (BFH v. 25. 7. 1995, BStBl II 1995, S. 794), so dass es nach Auffassung des Schrifttums ausreicht, wenn die Holding-Personengesellschaft die entgeltliche Verwaltung der Organgesellschaften i. S. der einheitlichen Leitung übernimmt (vgl. Neu/Lühn, DStR 2003, S. 63; Herzig/Wagner, DStR 2003, S. 228; Förster, DB 2003, S. 904; zu den näheren Voraussetzungen vgl. Löwenstein/Maier/Lohrmann, DStR 2003, Beihefter 4 zu Heft 29, S. 6).

B 89

Hosfeld-Guber

B 90 Fraglich ist, ob auch die klassische Betriebsaufspaltung, bei der das Besitzunternehmen als Personenunternehmen geführt wird und sich auf die langfristige Vermietung und Verpachtung von Anlagegütern an die Betriebsgesellschaft beschränkt, von einer Organschaft ausgeschlossen bleibt. Da die Tätigkeit der Besitz-Personengesellschaft – isoliert betrachtet – nicht gewerblich i. S. des § 15 Abs. 1 Nr. 1 EStG ist, würde es an der gesetzlichen Voraussetzung fehlen. Die Rechtsprechung hat jedoch betont, dass sich unter bestimmten Voraussetzungen die Tätigkeit des Besitzunternehmens von der gewöhnlichen Vermietungstätigkeit unterscheide und als gewerblich einzustufen ist, dann nämlich, wenn über die gleichen Mehrheitsgesellschafter bei den beiden Gesellschaften eine enge personelle Verflechtung des Besitzunternehmens mit der Betriebsgesellschaft besteht und die Vermietungstätigkeit der Besitzgesellschaft mit der Beherrschung der Betriebsgesellschaft einhergeht. Das ist der Fall, wenn die hinter dem Besitzunternehmen und der Betriebskapitalgesellschaft stehenden Personen einen einheitlichen geschäftlichen Betätigungswillen haben und die Personen, die das Besitzunternehmen beherrschen, auch in der Betriebsgesellschaft ihren Willen durchsetzen können (vgl. u. a. BFH v. 10. 4. 1997, BStBl II 1997, S. 569). Demnach würde die Ausübung der einheitlichen Leitungsmacht und die Teilnahme am allgemeinen wirtschaftlichen Verkehr vermittelt über die Betriebskapitalgesellschaft der Besitzpersonengesellschaft die Gewerblichkeit und damit die Eignung zum Organträger verschaffen und das Hinzutreten einer eigenen gewerblichen Betätigung nicht notwendig sein (so Löwenstein/Maier/Lohrmann, DStR 2003, Beihefter 4 zu Heft 29, S. 8).

3.3.1.2.6 Ausländische Organträger

B 91 Unter § 14 KStG fallen nur in- und ausländische Organträger, die im Inland unbeschränkt steuerpflichtig sind, weil sie hier entweder Wohnsitz oder gewöhnlichen Aufenthalt oder ihre Geschäftsleitung haben. Daneben können jedoch gem. § 18 KStG auch beschränkt steuerpflichtige gewerbliche Unternehmen, die im Ausland sowohl ihren Satzungs- als auch ihren Verwaltungssitz haben, als Organträger fungieren, wenn sie im Inland eine im Handelsregister eingetragene Zweigniederlassung unterhalten. Das gilt auch für natürliche Personen, die im Inland weder Wohnsitz noch gewöhnlichen Aufenthalt haben. Voraussetzung ist nach § 18 Satz 1 KStG, dass

3. Die ertragsteuerliche Organschaft

1. der Gewinnabführungsvertrag unter der Firma der Zweigniederlassung abgeschlossen ist und
2. die für die finanzielle Eingliederung erforderliche Beteiligung zum Betriebsvermögen der Zweigniederlassung gehört.

In diesem Fall wird das Einkommen der Organgesellschaften bei der beschränkt steuerpflichtigen inländischen Zweigniederlassung (Betriebsstätte) zusammen mit den übrigen beschränkt steuerpflichtigen Einkünften erfasst. Da der Gesetzgeber vom ausländischen Unternehmen nur Gewerblichkeit verlangt, kommt es auf seine Rechtsform nicht an (vgl. Witt, Die Organschaft im Ertragsteuerrecht, S. 285).

3.3.1.3 Mehrmütterorganschaft

Die Mehrmütterorganschaft war bis zum UntStFG v. 20. 12. 2001 im Körperschaftsteuer- und Gewerbesteuerrecht nicht ausdrücklich normiert, sondern basierte auf der Anerkennung durch die Rechsprechung und die Finanzverwaltung (vgl. Abschn. 52 Abs. 6 und 7 KStR, Abschn. 14 Abs. 6 GewStR). Im Rahmen des UntStFG v. 20. 12. 2001 wurde die Mehrmütterorganschaft erstmalig auf eine gesetzliche Grundlage gestellt (§ 14 Abs. 1 Satz 1 und Abs. 2 KStG i. d. F. des UntStFG, § 2 Abs. 2 Satz 3 GewStG), die ihr jedoch durch Aufhebung von § 14 Abs. 2 KStG und § 2 Abs. 2 Satz 3 GewStG durch das StVergAbG v. 16. 5. 2003 mit Wirkung ab VZ/EZ 2003 (§ 34 Abs. 1 KStG n. F., § 36 Abs. 1 GewStG n. F.) wieder entzogen wurde. Mit der fiskalisch motivierten Abschaffung der Mehrmütterorganschaft ist nicht nur ein praktisch bedeutsames Rechtsinstitut entfallen, sondern diesbezüglich auch eine vollständige Abkoppelung vom Handelsrecht erfolgt. Sowohl im Aktienkonzernrecht als auch im Recht des GmbH-Konzerns war und ist die Möglichkeit unbestritten, dass ein Tochterunternehmen in Abhängigkeit zu mehreren herrschenden Unternehmen stehen kann (vgl. Emmerich/Sonnenschein/Habersack, Konzernrecht, S. 53).

B 92

Als Mehrmütterorganschaft bezeichnete man den Zusammenschluss mehrerer gewerblicher Unternehmen zu einer GbR zum Zweck der einheitlichen Willensbildung gegenüber einer Kapitalgesellschaft (Abschn. 52 Abs. 6 und 7 KStR, § 14 Abs. 2 KStG a. F.). Ziel eines solchen Zusammenschlusses war es, eine finanzielle Eingliederung zur Kapitalgesellschaft herzustellen, die für jedes einzelne Unternehmen wegen der fehlenden Mehrheitsbeteiligung nicht möglich wäre. Bei den zur GbR zusammen-

B 93

Hosfeld-Guber

geschlossenen Unternehmen handelte es sich um solche, die für sich genommen taugliche Organträger waren und zusammen die Stimmrechtsmehrheit an einer anderen Kapitalgesellschaft (Gemeinschaftsunternehmen, Joint-venture) besaßen (vgl. z. B. Kirchhof, P./Raupach, A., DB 2001, Beilage Nr. 3, S. 7–11; Stadler/Elser, DB 2002, Beil. 1, S. 44–47).

B 94 Waren bestimmte weitere Voraussetzungen erfüllt (vgl. § 14 Abs. 2 KStG a. F.), konnte die GbR, die eine reine Innengesellschaft ohne Anteilsbesitz und eigenen Geschäftsbetrieb war, Organträgerin sein mit der Folge, dass ihr das Einkommen bzw. der Gewerbeertrag der Organ-Kapitalgesellschaft zugerechnet wurde (§ 14 Abs. 2 Satz 2 KStG a. F.). Obwohl Organträgerin, war die GbR im Rahmen der körperschaftsteuerlichen Organschaft kein Besteuerungssubjekt; sie selbst unterlag weder der Einkommen- noch der Körperschaftsteuer. Ihr Einkommen wurde – dem Transparenzprinzip bei Personengesellschaften gem. § 15 Abs. 1 Nr. 2 EStG folgend – den mehreren Müttern, d. h. den Trägerunternehmen der GbR, auf dem Weg der einheitlichen und gesonderten Gewinnfeststellung gem. § 180 Abs. 1 Nr. 2 Buchst. a AO für Zwecke der Einkommen- oder Körperschaftsteuer zugerechnet. Im Ergebnis führte dies zur Ergebnisverrechnung zwischen der Tochter-GmbH und den mehreren Müttern. Da in der Anlaufphase beim Kooperationsunternehmen regelmäßig hohe Anlauf- und Buchverluste entstehen, war die Organschaft ein attraktives Instrument, um diese Verluste noch im Entstehungsjahr mit eigenen Gewinnen auszugleichen, wie dies ansonsten nur bei einer Tochter-Personengesellschaft möglich wäre.

B 95 Ohne körperschaftsteuerliche Organschaft ist das Gemeinschaftsunternehmen, das regelmäßig die Rechtsform einer Kapitalgesellschaft hat, zukünftig steuerlich von seinen Gesellschaftern abgeschirmt. Es hat als Körperschaftsteuersubjekt sein positives Einkommen selbst zu versteuern und kann sein negatives Einkommen im Wege des Verlustvor- und Rücktrags gem. § 10d EStG i. V. m. § 8 Abs. 4 KStG erst in Gewinnjahren ausgleichen.

B 96 Anders als in der körperschaftsteuerlichen Organschaft wurde im Rahmen der gewerbesteuerlichen Mehrmütterorganschaft (vgl. Abschn. 14 Abs. 6 GewStR) die Willensbildungs-GbR – trotz fehlenden Gewerbebetriebs – als gewerbliches Unternehmen angesehen; sie war als Organträgerin selbst gewerbesteuerpflichtig. Das hatte zur Folge, dass die Gewerbeerträge oder Verluste, die ihr von der Organ-Kapitalgesellschaft zugerechnet wurden,

Hosfeld-Guber

nicht auf die Ebene der Gesellschafter der OG gelangen konnten. Da sich der Organkreis auf die GbR als OT und das Gemeinschaftsunternehmen als OG beschränkte und die Gesellschafter der GbR außerhalb des Organkreises blieben, waren die mehreren Mütter von der Nutzung der Gewerbeverluste der Organ-Kapitalgesellschaft ausgeschlossen. Aber auch für die GbR selbst brachte die gewerbesteuerliche Organschaft wenig Nutzen, liefen doch die ihr zugerechneten Gewerbeverluste des Organs steuerlich ins Leere, da sie mangels eigener wirtschaftlicher Tätigkeit über keine Gewerbeerträge verfügte, mit denen sie die Verluste ausgleichen konnte. Wird nun ab VZ/EZ 2003 die Organschaft zwangsweise beendet, d. h. die GbR aufgelöst, gehen noch vorhandene gewerbesteuerliche Verlustvorträge mit der GbR unter, denn Verluste einer Organgesellschaft, die im Zeitraum der Organschaft entstanden sind, können auch nach Beendigung der Organschaft nur vom Gewerbeertrag des Organträgers abgezogen werden (Abschn. 68 Abs. 5 Satz 4 GewStR).

3.3.2 Die Organgesellschaft

3.3.2.1 Rechtsform

Als Organgesellschaft kann nur eine Kapitalgesellschaft fungieren, d. h. eine AG, KGaA oder GmbH (§§ 14 Abs. 1 Satz 1, 17 KStG). Alle anderen Rechtsformen einschließlich der GmbH & Co. KG (vgl. BFH v. 25. 6. 1984, BStBl II 1984, S. 751) sind aus dem Kreis möglicher Organgesellschaften ausgeschlossen. Diese Einschränkung geht auf die frühere Vorstellung der Finanzrechtsprechung von der Art und Intensität der geforderten wirtschaftlichen Eingliederung der Organgesellschaft zurück. Danach können nur juristische, nicht jedoch natürliche Personen so beherrscht werden, dass sie als willenloses Werkzeug (Organ) eines anderen fungieren (vgl. Kirchhof/Raupach DB, Beilage 3/2001, Fn 38 und die dort zitierte Rechtsprechung). Obwohl solchen Argumenten der Boden entzogen ist, werden Personengesellschaften (bis auf weiteres) als Organgesellschaften nicht anerkannt.

B 97

3.3.2.2 Doppelter Inlandsbezug

Weitere Voraussetzung ist, dass die Organgesellschaft Sitz (§ 11 AO) und Geschäftsleitung (§ 10 AO) im Inland hat (§§ 14 Abs. 1 Satz 1, 17 Satz 1 KStG, § 2 Abs. 2 Satz 2 GewStG). Das bedeutet, dass die inländische

B 98

Zweigniederlassung (Betriebsstätte) eines ausländischen Unternehmens bzw. eine nach ausländischem Recht gegründete Kapitalgesellschaft mit inländischem Ort der Geschäftsleitung als Organ nicht in Frage kommt. Die Erleichterung grenzüberschreitender Organschaften durch das UntStFG betrifft damit nur Organträger. Für die Organgesellschaft ergibt sich sogar eine Verschlechterung: War die doppelte Inlandsanbindung bisher nur im Körperschaftsteuerrecht gefordert, ist sie nunmehr mit dem UntStFG – über die Verweisung des § 2 Abs. 2 Satz 2 GewStG auf § 14 KStG gleichsam automatisch – auch im Gewerbesteuerrecht eingeführt worden. Zwingende Gründe für den doppelten Inlandsbezug für die OG sind nicht ersichtlich (vgl. Meilicke, DB 2002, S. 912; Pache, GmbHR 2002, S. 304).

3.3.2.3 Tätigkeit, Unternehmensgegenstand

B 99 Anders als der OT muss die OG *keine* gewerbliche Tätigkeit entfalten; es genügt, wenn sie Vermögen verwaltet oder Beteiligungen hält (vgl. BFH v. 21. 1. 1970, BStBl II 1970, S. 348; Abschn. 50 Abs. 2 Nr. 1 KStR). Eine gemeinnützige Kapitalgesellschaft, die nach § 5 Abs. 1 Nr. 9 KStG, § 3 Nr. 6 GewStG von der Körperschaft- und Gewerbesteuer befreit ist, kann nicht Organgesellschaft sein (vgl. Schmidt/Müller/Stöcker, Die Organschaft, Rz 41; Frotscher in: Frotscher/Maas, KStG, § 14 KStG, Rz 69).

B 100 Seit VZ 2002 werden Organschaften mit Lebens- und Krankenversicherungsunternehmen als Organgesellschaften nicht mehr anerkannt (§ 14 Abs. 2 KStG). Da von den Einschränkungen Organ-Aktiengesellschaften betroffen sind und von der ursprünglich geplanten Ausweitung dieser Vorschrift Abstand genommen wurde, kann auf die Darlegung weiterer Einzelheiten hierzu verzichtet werden.

3.3.3 Finanzielle Eingliederung

3.3.3.1 Stimmrechtsmehrheit

B 101 Von den früheren Eingliederungsvoraussetzungen (finanziell, wirtschaftlich, organisatorisch) ist im Körperschaftsteuerrecht ab VZ 2001 und im Gewerbesteuerrecht ab EZ 2002 nur noch die *finanzielle Eingliederung* der Organgesellschaft übriggeblieben. Sie liegt vor, wenn der Organträger an der Organ-GmbH vom Beginn ihres Wirtschaftsjahrs an ununterbrochen dergestalt beteiligt ist, dass ihm die Mehrheit der *Stimmrechte* aus

3. Die ertragsteuerliche Organschaft

den Anteilen an der OG zusteht (§ 14 Abs. 1 Nr. 1 Satz 1 KStG). Gemeint ist für den Regelfall die einfache Mehrheit, d.h. mehr als 50%, es sei denn, die Satzung der OG schreibt für deren Beschlüsse eine qualifizierte Mehrheit vor. In diesem Fall muss der OT auch die qualifizierte Mehrheit der Stimmrechte besitzen (vgl. Witt, Die Organschaft im Ertragsteuerrecht, S. 90). Fallen Beteiligungshöhe und Stimmrechtshöhe auseinander, z. B. bei stimmrechtslosen Anteilen oder Anteilen mit Mehrfachstimmrecht, kommt es für die finanzielle Eingliederung auf die Stimmrechtsmehrheit an. Maßgebend für die steuerliche Zurechnung der Anteile bzw. der Stimmrechte an der Organ-GmbH ist das wirtschaftliche und nicht das zivilrechtliche Eigentum des OT (vgl. Witt, Die Organschaft im Ertragsteuerrecht, S. 89).

Die finanzielle Eingliederung muss zum Organträger selbst bestehen; es genügt nicht, wenn die Gesellschafter des Organträgers die Anteile an der OG halten. Das galt bisher nur für OT-Kapitalgesellschaften und solche OT-Personengesellschaften, an denen beschränkt steuerpflichtige Gesellschafter beteiligt waren (§ 14 Abs. 1 Nr. 2 Satz 3 KStG a. F.). Durch das StVergAbG v. 16.5.2003 ist das nunmehr ab VZ/EZ 2003 ausdrücklich für alle Personengesellschaften vorgeschrieben (§ 14 Abs. 1 Nr. 2 Satz 2 KStG n. F.). Eine Eingliederung zur Personengesellschaft besteht dann, wenn sich die Mehrheitsbeteiligung an der OG im Gesamthandsvermögen befindet; Anteile, die sich im Sonderbetriebsvermögen der Gesellschafter befinden, zählen nicht mit bei der Herstellung der finanziellen Beteiligung. Bei einer Eingliederung der OG in die Gesellschaft selbst spielt es für das weitere Bestehen der Organschaft keine Rolle, wenn es Änderungen im Gesellschafterbestand der Organträger-Personengesellschaft gibt oder ein Gesellschafter seinen Anteil an der OT-PersGes veräußert, da die Personengesellschaft im Hinblick auf das Organschaftsverhältnis als rechtlich eigenständig angesehen wird (vgl. Abschn. 52 Abs. 1 Satz 4 KStR). B 102

3.3.3.2 Unmittelbare und mittelbare Beteiligung

Nach § 14 Abs. 1 Nr. 1 Satz 2 KStG kann die finanzielle Eingliederung einer OG in den OT entweder mittelbar oder unmittelbar hergestellt werden. Eine *mittelbare Beteiligungens* ist gegeben, wenn eine zwischengeschaltete Tochter- oder Enkelgesellschaft des OT die Anteile an der Organ-Gesellschaft hält. Voraussetzung ist, dass die Beteiligung an jeder vermittelnden B 103

Gesellschaft die Mehrheit der Stimmrechte gewährt. Im folgenden Beispiel (vgl. Frotscher in: Frotscher/Maas, KStG, § 14, Rz 89) ist daher die C-GmbH mittelbar in die A-GmbH eingegliedert; sie kann, wenn ein entsprechender GAV abgeschlossen wird, entweder mit der A-GmbH oder mit der B-GmbH eine Organschaft eingehen.

Beispiel 1:

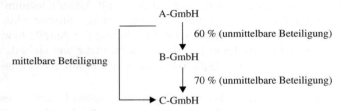

B 104 Im Unterschied zur bisherigen Rechtslage ist seit VZ/EZ 2001 sowohl im Körperschaftsteuer- als auch Gewerbesteuerrecht die finanzielle Eingliederung auch dann gegeben, wenn sich die Stimmrechtsmehrheit durch Addition von unmittelbaren und mittelbaren Beteiligungen oder mehreren mittelbaren Beteiligungen ergibt, vorausgesetzt, der OT besitzt an jeder Zwischengesellschaft die Stimmrechtsmehrheit. Das ist dem Gesetzeswortlaut zwar nicht direkt zu entnehmen, ergibt sich aber indirekt aus der Umformulierung von § 14 Nr. 1 Satz 2 KStG a. F. Nicht mehr notwendig ist es, dass auch die Zwischengesellschaft die Mehrheit an der OG besitzt. Zu den folgenden Beispielen vgl. Frotscher in: Frotscher/Maas, KStG, § 14, Rz 94; Witt, Die Organschaft im Ertragsteuerrecht, Rz 36).

Beispiel 2:   **Beispiel 3:**

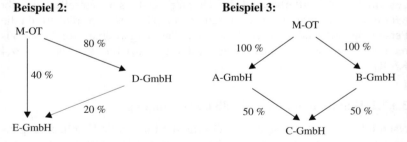

B 105 Sowohl in Beispiel 2 als auch in Beispiel 3 liegt die finanzielle Eingliederung der E-GmbH bzw. der C-GmbH in den M-OT vor. In Beispiel 2 verfügt der OT unmittelbar über 40 % und mittelbar über weitere 20 % der

3. Die ertragsteuerliche Organschaft

Stimmrechte, so dass er die E-GmbH zu 60 % beherrscht. In Beispiel 3 besitzt der OT über die Addition zweier mittelbarer Mehrheitsbeteiligungen 100 % der Stimmrechte an der C-GmbH. Beide Male hält die Muttergesellschaft die Mehrheit der Anteile an der vermittelnden Gesellschaft.

Die Einschränkung des Gesetzgebers bei der Berücksichtigung mittelbarer Beteiligungen, die konkurrierende Organschaften verhindern soll (vgl. Frotscher in: Frotscher/Maas, KStG, § 14, Rz 84), verdeutlicht das folgende Beispiel: B 106

Beispiel 4:

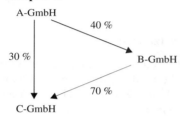

Die C-GmbH ist in die B-GmbH eingegliedert. Eine Addition von unmittelbarer und mittelbarer Beteiligung (30 % + 70 % bzw. anteilig 28 %) der A-GmbH an der C-GmbH ist aufgrund der gesetzlichen Einschränkung in § 14 Abs. 1 Nr. 1 Satz 2 KStG nicht möglich, da die A-GmbH an der B-GmbH nicht mit Mehrheit beteiligt ist. Zwischen der A-GmbH und der C-GmbH besteht somit keine finanzielle Eingliederung. B 107

Bei der Addition von unmittelbaren und mittelbaren Beteiligungen stellt sich die Frage, wie die erforderliche Mehrheitsbeteiligung zu berechnen ist. Würde in Beispiel 1 der Stimmrechtsanteil der A-GmbH an der C-GmbH „durchgerechnet", besäße sie nur 42 % der Stimmrechte (60 x 70 %); eine Organschaft wäre mithin nicht möglich. Werden jedoch der A-GmbH die Stimmrechte der B-GmbH voll zugerechnet, besitzt die A-GmbH mittelbar 70 % der C-GmbH mit der Folge der finanziellen Eingliederung der C-GmbH. Nach Auffassung des Schrifttums sind dem OT nicht die anteiligen, sondern die gesamten Stimmrechte zuzurechnen, die die Zwischengesellschaft geltend machen kann, so dass in Beispiel 1 ein mittelbares Organschaftsverhältnis zwischen der A-GmbH und der C-GmbH, aber auch ein unmittelbares zwischen der B-GmbH als OT und der C-GmbH möglich ist (vgl. Frotscher in: Frotscher/Maas, KStG, § 14, Rz 86). Dagegen ist die Finanzverwaltung wohl der Auffassung, dass die B 108

Hosfeld-Guber

Beteiligungsquoten „durchgerechnet" werden müssen (vgl. Ottersbach, NWB F. 4, S. 4631).

B 109 Bei mittelbaren Beteiligungen muss die Gesellschaft, die dem Organträger die Beteiligung vermittelt, nicht die Rechtsform einer Kapitalgesellschaft besitzen, wie dies in den obigen Beispielen angenommen wurde. Vielmehr kann es sich bei der zwischengeschalteten Gesellschaft auch um eine Personengesellschaft oder eine ausländische Gesellschaft handeln, da es für die mittelbare Eingliederung unerheblich ist, ob die zwischengeschaltete Gesellschaft selbst Organgesellschaft sein kann (vgl. Schmidt/Müller/Stöcker, Die Organschaft, RZ 87).

3.3.3.3 Zeitliche Eingliederungsvoraussetzungen

B 110 Die Eingliederung des Organs in den OT muss vom Beginn des Wirtschaftsjahres der OG an ununterbrochen bestanden haben, um die Organschaftsbesteuerung auszulösen (§ 14 Abs. 1 Nr. 1 KStG, Abschn. 53 Abs. 1 KStR). Hat die OG ein Rumpfwirtschaftsjahr, so muss die Beteiligung von Anfang bis Ende des Rumpfwirtschaftsjahres bestehen. Wird die Mehrheitsbeteiligung erst im Laufe des Wirtschaftsjahres der OG hergestellt, ergeben sich für dieses Wirtschaftsjahr noch keine steuerlichen Rechtsfolgen aus der Eingliederung. Das Gleiche gilt, wenn die Eingliederung nicht ununterbrochen bis zum Ende des Wirtschaftsjahres der OG bestand. Allein die Erfüllung der zeitlichen und sachlichen Voraussetzungen der finanziellen Eingliederung reicht jedoch nicht, damit dem OT in diesem Wirtschaftsjahr das Organ-Einkommen zugerechnet wird. Daneben muss auch ein zivilrechtlich wirksamer Gewinnabführungsvortrag vorliegen (s. u. RN B 112 ff.).

B 111 Bei einer Veräußerung der Organbeteiligung zum Ende des Wirtschaftsjahrs der OG an ein anderes gewerbliches Unternehmen bleibt die bisherige Muttergesellschaft Organträgerin bis zum letzten Tag, 24 Uhr, des Veräußerungsjahres. Das Organschaftsverhältnis zur Käuferin wird mit Wirkung zum 1.1., 0 Uhr, also mit Beginn des neuen Wirtschaftsjahrs der OG begründet, so dass im anschließenden Wirtschaftsjahr die Eingliederungsvoraussetzungen zum neuen OT erfüllt sind (vgl. Abschn. 53 Abs. 2 Satz 1 und 2 KStR). Werden die Anteile an der OG während des Wirtschaftsjahres der OG verkauft, lässt sich für das Jahr der Veräußerung gleichwohl der erforderliche zeitliche Umfang der finanziellen Eingliederung herstellen, wenn die OG mit Zustimmung des Finanzamts ihr Wirtschaftsjahr auf

Hosfeld-Guber

den Zeitpunkt der Veräußerung umstellt (Abschn. 53 Abs. 2 Satz 3 KStR). Dann hat die finanzielle Eingliederung ununterbrochen während des gesamten Wirtschaftsjahrs der Organ-GmbH bestanden und die Organschaftsbesteuerung greift auch für dieses Jahr noch. Die Zustimmung der Verwaltung zur Umstellung des Wirtschaftsjahres wird bei Begründung oder Beendigung eines Organschaftsverhältnisses grundsätzlich erteilt (Abschn. 53 Abs. 3 Satz 1 KStR).

3.3.4 Der Ergebnisabführungsvertrag

3.3.4.1 Zivilrechtliche Wirksamkeit

Die zweite Bedingung für die Anerkennung einer körperschaftsteuerlichen und ab EZ 2002 auch einer gewerbesteuerlichen Organschaft ist ein zivilrechtlich wirksamer und tatsachlich durchgeführter Gewinnabführungsvertrag (GAV) zwischen den beiden Vertragsparteien (§§ 14 Abs. 1 Satz 1 Nr. 3, 17 KStG). Zivilrechtliche Wirksamkeit bedeutet, dass die einschlägigen Vorschriften des Handels- und Gesellschaftsrechts und die BGH-Rechtsprechung beachtet worden sind (vgl. Schmidt/Müller/Stöcker, Die Organschaft, Rz 205 ff.). B 112

Bei den zivilrechtlichen Anforderungen an den GAV unterscheidet das Körperschaftsteuergesetz zwischen einer abhängigen AG oder KGaA auf der einen Seite und anderen abhängigen Kapitalgesellschaften, also der GmbH, auf der anderen Seite. Grund hierfür ist, dass sich die zivilrechtlichen Voraussetzungen eines wirksamen GAV für die erstgenannten Rechtsformen aus §§ 293 und 294 AktG ergeben, während das Gesellschaftsrecht der GmbH keine expliziten Vorschriften über Form und Inhalt von Gewinnabführungsverträgen enthält. Daher ist für die (nicht dem Aktienrecht unterliegende) GmbH § 17 KStG maßgebend. Hiernach gelten folgende Anforderungen (vgl. auch Abschn. 64 KStR): B 113

1. die inländische Organ-GmbH muss sich wirksam verpflichten, ihren ganzen Gewinn an ein anderes Unternehmen i. S. des § 14 KStG abzuführen;
2. die Gewinnabführung darf den in § 301 AktG genannten Betrag nicht überschreiten (s. u. RN 127),
3. die GmbH muss eine Vereinbarung über die Verlustübernahme entsprechend den Vorschriften des § 302 AktG treffen.

Hosfeld-Guber

B 114　Für den Gewinnabführungsvertrag sind in einer Reihe höchstrichterlicher Entscheidungen, die Voraussetzungen seiner zivilrechtlichen Wirksamkeit herausgearbeitet worden (vgl. BGH v. 24. 10. 1988, BGHZ 105, S. 324; v. 30. 1. 1992, GmbHR 1992, 253; v. 11. 11. 1991, BGHZ 116, S. 37). Danach ändern Beherrschungs- oder Gewinnabführungsverträge den rechtlichen Status der abhängigen Gesellschaft; ihnen kommt satzungsgleiche Wirkung zu. Entsprechend sind die gesetzlichen Vorschriften über die Satzungsänderung (§ 53 GmbHG) anzuwenden. Daraus ergeben sich folgende, auch im Steuerrecht zu beachtende Voraussetzungen für die zivilrechtliche Wirksamkeit eines Gewinnabführungsvertrags mit einer abhängigen GmbH (vgl. Schmidt/Müller/Stöcker, Die Organschaft, Rz 221 ff.; Frotscher in: Frotscher/Maas, KStG, § 14, Rz 146, 148, § 17, Rz 3 ff.):

1. Der GAV muss in Schriftform abgeschlossen werden; seine notarielle Beurkundung ist nicht erforderlich.

2. Er bedarf der Zustimmung der Gesellschafterversammlung der abhängigen Gesellschaft (Organ-GmbH), wobei unterschiedliche Auffassungen über die Frage bestehen, mit welcher Mehrheit die Gesellschafterversammlung der GmbH zustimmen muss. Erforderlich gehalten werden mindestens drei Viertel der abgegebenen Stimmen (analog § 53 Abs. 2 Satz 1 2. HS GmbH).

3. Der Zustimmungsbeschluss der Gesellschafterversammlung der beherrschten Gesellschaft (nicht der Vertrag selbst) muss notariell beurkundet werden (analog § 53 Abs. 2 Satz 1 1. HS GmbH).

4. Der notariell beurkundete Zustimmungsbeschluss ist zusammen mit dem GAV gem. § 54 Abs. 1 GmbHG in das Handelsregister am Sitz der Organ-GmbH einzutragen. Die Eintragung in das Handelsregister hat konstitutive Wirkung (analog § 54 Abs. 3 GmbHG); vor Eintragung im Handelsregister ist der GAV zivilrechtlich nicht wirksam.

5. Auch die Gesellschafterversammlung des herrschenden Unternehmens muss mit drei Vierteln der abgegebenen Stimmen dem GAV zustimmen. Diese Zustimmung ist ebenfalls Wirksamkeitsvoraussetzung; sie braucht jedoch (bei einer GmbH) nicht notariell beurkundet werden.

B 115　Die bürgerlich-rechtliche Wirksamkeit des GAV ist ein Tatbestandsmerkmal der Organschaft und damit zwingende Voraussetzung für die steuerliche Anerkennung. Ein schwebend unwirksamer oder wegen Formmangels nichtiger GAV ist steuerlich unwirksam, so dass die Organschaftsbesteuerung nicht zum Tragen kommt, sondern Mutter- und Tochtergesellschaft

Hosfeld-Guber

3. Die ertragsteuerliche Organschaft

mit ihrem jeweiligen Einkommen nach den allgemeinen Vorschriften des EStG und KStG (§ 7 KStG) besteuert werden. Die BGH-Grundsätze über fehlerhafte Unternehmensverträge (s. o. RN A 172 ff.) sowie § 41 AO sind in diesen Fällen nicht anzuwenden (vgl. Schmidt/Müller/Stöcker, Die Organschaft, Rz. 206).

Ein GAV, der mit der Vorgründungsgesellschaft abgeschlossen wurde, hat für die Vorgesellschaft bzw. spätere Kapitalgesellschaft keine Wirksamkeit. Da die Vorgründungsgesellschaft weder mit der Vorgesellschaft noch mit der eingetragenen Kapitalgesellschaft identisch ist (Erstere ist immer Personengesellschaft und als solche nicht körperschaftsteuerpflichtig), muss mit der Vorgesellschaft bzw. mit der eingetragenen Kapitalgesellschaft ein neuer GAV abgeschlossen werden. (Vgl. BFH v. 8. 11. 1989, BStBl II 1990, S. 91; Frotscher in: Frotscher/Maas, KStG, § 14, Rz 15). Ist Organträger ein ausländisches gewerbliches Unternehmen mit einer im Inland im Handelsregister eingetragenen Zweigniederlassung (Betriebsstätte), so muss der Gewinnabführungsvertrag unter der Firma der Zweigniederlassung abgeschlossen sein (§ 18 Satz 1 Nr. 1 KStG). B 116

Die Forderung des Gesetzgebers in § 17 Satz 2 Nr. 2 KStG, dass bei Gewinnabführungsverträgen mit einer GmbH als abhängiger Gesellschaft eine Verlustübernahme *entsprechend* den Vorschriften des § 302 AktG vereinbart werden muss, bedeutet für Verwaltung und Finanzrechtsprechung (vgl. Abschn. 64 Abs. 3 KStR unter Hinweis auf BFH v. 17. 12. 1980, BStBl II 1981, S. 383), dass der GAV ausdrücklich eine Vereinbarung über die Verlustübernahme enthalten muss, die § 302 Abs. 1 und 3 AktG entspricht. § 302 Abs. 1 AktG enthält die Verpflichtung der herrschenden Gesellschaft, jeden während der Vertragsdauer entstehenden Jahresfehlbetrag auszugleichen. Gemäß § 302 Abs. 3 AktG kann die abhängige Gesellschaft erst drei Jahre nach Beendigung des GAV auf den Anspruch des Verlustausgleichs verzichten bzw. sich über ihn vergleichen. Das gilt zivilrechtlich auch bei einer GmbH als abhängiger Gesellschaft (vgl. BGH v. 5. 11. 2001, II ZR 119/00, DStR 2002, S. 1101). Für die Finanzverwaltung ist dem Körperschaftsteuergesetz Genüge getan, wenn im Vertragstext auf § 302 AktG verwiesen wird oder der Vertragstext entsprechend dem Inhalt dieser Vorschrift gestaltet wird (Abschn. 64 Abs. 3 Satz 4 KStR). B 117

Zivilrechtlich ist die Forderung nach einer ausdrücklichen Vereinbarung der Verlustübernahme nach Auffassung von BGH-Rechtsprechung und B 118

Hosfeld-Guber

Schrifttum überflüssig, weil sich diese Verpflichtung als zwingende gesetzliche Folge eines Gewinnabführungsvertrags aus § 302 AktG ergibt. Da § 302 AktG im GmbH-Konzernrecht analog anzuwenden ist, ergibt sich auch bei einem Organschaftsverhältnis mit einer GmbH die klare gesetzliche Verpflichtung zur Verlustübernahme, selbst wenn diese nicht ausdrücklich erwähnt wird (vgl. Emmerich/Sonnenschein/Habersack, Konzernrecht, S. 498).

3.3.4.2 Zeitliche Voraussetzungen

3.3.4.2.1 Beginn der Organschaft

B 119 Nach alter Rechtslage reichte es für die Begründung einer Organschaft, wenn der GAV bis zum Ende des Wirtschaftsjahrs der Organ-GmbH, für das erstmalig das Ergebnis abgeführt werden sollte, abgeschlossen war und bis zum Ende des folgenden Wirtschaftsjahrs wirksam wurde. War z. B. die Eintragung des GAV in das HR bis Ende 2002, dem Wirtschaftsjahres, für das die Organschaftsbesteuerung erstmalig eintreten sollte, noch nicht erfolgt, oder fehlten zu diesem Zeitpunkt andere zivilrechtliche Voraussetzungen für einen wirksamen GAV, so war er gleichwohl steuerlich wirksam und wurde bereits im VZ 2002, also ein Jahr vor der Eintragung, durchgeführt.

B 120 Durch das StVergAbG wurden die diesbezüglichen Vorschriften von § 14 KStG dergestalt geändert, dass nunmehr das Einkommen der Organgesellschaft dem Organträger erstmals für das Kalenderjahr zuzurechnen ist, in dem das Wirtschaftsjahr der Organgesellschaft endet, in dem der Gewinnabführungsvertrag wirksam wird (§ 14 Abs. 1 Satz 2 KStG), d. h. frühestens im Jahr der Eintragung des GAV in das Handelsregister. Soll bei einem abweichenden Wirtschaftsjahr der Organgesellschaft für den EZ/VZ 2003 eine Organschaft begründet und das Einkommen der OG dem OT zugerechnet werden, müssen bis zum Ende des Wj 2002/2003 der Gewinnabführungsvertrag abgeschlossen und im Handelsregister eingetragen sein. § 14 Abs. 1 Satz 2 KStG n. F. ist gem. § 34 Abs. 9 Nr. 3 KStG bereits im VZ 2002 anzuwenden, wenn der Gewinnabführungsvertrag nach dem 20. 11. 2002 (dem Tag des Kabinettsbeschlusses über das StVergAbG) geschlossen wurde. Für Gewinnabführungsverträge, die bis zum 20. 11. 2002 geschlossen wurden, gilt altes Recht.

Hosfeld-Guber

3. Die ertragsteuerliche Organschaft

Beispiel (vgl. Förster, DB 2003, S. 904, Melchior, DStR 2003, S. 710 f.):

	Fall 1	Fall 2
Abschluss EAV	2. 12. 02	1. 7. 02
Eintragung in das HR	3. 1. 03	3. 1. 03
Organschaft/steuerliche Wirksamkeit des EAV	ab VZ 2003	ab VZ 2002

Der GAV konnte bisher auch unter einer aufschiebenden Bedingung geschlossen werden. Dann tritt seine steuerliche Wirkung erst mit Eintritt der Bedingung ein. Eine solche Vertragsgestaltung kann z. B. dann sinnvoll sein, wenn die Organgesellschaft über Verlustvorträge verfügt und zu erwarten ist, dass sie diese mit zukünftigen eigenen Gewinnen ausgleichen kann. Ob die Finanzverwaltung aufschiebend bedingte Gewinnabführungsverträge weiterhin anerkennt, ist unsicher (vgl. Schmidt/Müller/Stöcker, Die Organschaft, Rz 246 ff.). Verluste, die die Organ-GmbH in vororganschaftlicher Zeit erlitten hat, können nämlich im Zeitraum der Organschaft körperschaftsteuerlich weder mit eigenen Gewinnen noch mit solchen des Organträgers verrechnet werden (Abschn. 61 KStR). Dieser Beschränkung würde ein GAV Rechnung tragen, der erst dann wirksam wird, wenn die Verluste der Organ-GmbH steuerlich aufgebraucht sind. B 121

3.3.4.2.2 Mindestdauer

Der GAV muss für mindestens fünf Zeitjahre abgeschlossen sein (§ 14 Abs. 1 Nr. 3 Satz 1 KStG). Der Zeitraum beginnt mit dem Wirtschaftsjahr, in dem erstmals der Gewinn abgeführt und die Einkommenszurechnung beim Organträger vorgenommen wurde (Abschn. 55 Abs. 2 Satz 2 KStR). B 122

Bei den Folgen einer vorzeitigen Beendigung unterscheidet der Gesetzgeber zwei Fälle: B 123
1. die vorzeitige Kündigung oder Aufhebung des GAV beruht auf einem wichtigen Grund oder
2. für die vorzeitige Kündigung oder Aufhebung des GAV besteht kein wichtiger Grund.

Besteht ein wichtiger Grund, ist die vorzeitige Beendigung steuerlich unschädlich für die zurückliegenden Jahre seit der Wirksamkeit des GAV. Als wichtigen Grund betrachtet die Finanzverwaltung insbesondere die Veräußerung oder Einbringung der Organbeteiligung durch den Organträ- B 124

Hosfeld-Guber

ger sowie die Verschmelzung, Spaltung oder Liquidation des Organträgers oder der Organgesellschaft. In diesen Fällen entfaltet der GAV lediglich im bzw. ab dem Jahr der Kündigung keine Rechtswirkung mehr (Abschn. 55 Abs. 7 Satz 1 u. 2. KStR). Besteht kein wichtiger Grund, wird der Gewinnabführungsvertrag von Anfang an als steuerlich unwirksam betrachtet (Abschn. 55 Abs. 7 Satz 5 KStR).

B 125 Wird ein EAV aufgrund seiner Befristung oder durch Kündigung oder einvernehmliche Aufhebung nach Ablauf von mindestens fünf aufeinander folgenden Jahren beendet, bleibt er für diese Jahre wirksam (Abschn. 55 Abs. 8 KStR). Grundsätzlich gilt bei Kündigung oder Aufhebung des GAV auf einen Zeitpunkt während des Wirtschaftsjahrs der Organgesellschaft, dass diese auf den Beginn dieses Wirtschaftsjahrs zurückwirkt (§ 14 Abs. 1 Nr. 3 Satz 4 KStG). Eine Aufteilung des dem OT zuzurechnenden Einkommens bis zum Zeitpunkt der Beendigung des GAV kommt somit nicht in Frage; die steuerliche Ergebnisübernahme bezieht sich immer auf das gesamte Jahresergebnis (vgl. Frotscher in: Frotscher/Maas, KStG, Rz 171). Für die Laufzeit bei Verlängerung des GAV nach Ablauf der ersten fünf Jahre ist nichts vorgeschrieben, so dass sie von den Vertragsparteien frei bestimmt werden kann.

3.3.4.3 Durchführung des GAV

B 126 Der zivilrechtlich wirksame und auf mindestens fünf Jahre abgeschlossene GAV muss während seiner gesamten Geltungsdauer auch tatsächlich durchgeführt werden, damit er steuerlich anerkannt wird (§ 14 Abs. 1 Nr. 3 Satz 2 KStG). Das Erfordernis der tatsächlichen Durchführung impliziert nicht unbedingt Zahlungsströme zwischen OG und OT bei der Gewinnabführung bzw. beim Verlustausgleich; der Ausweis von Forderungen und Verbindlichkeiten gegen verbundene Unternehmen ist ausreichend (vgl. hierzu und zum Folgenden Frotscher in: Frotscher/Maas, KStG, Rz 206 ff.; Schmidt/Müller/Stöcker, Die Organschaft, Rz 253). Ob ein realer Ausgleich der Forderungen bzw. Verbindlichkeiten in angemessener Zeit erfolgen muss, wird im Schrifttum unterschiedlich beurteilt. Als unschädlich wird es angesehen, wenn die Ansprüche aus der Gewinnabführung bzw. Verlustübernahme in ein langfristiges Darlehen umgewandelt werden; unübliche Konditionen in diesem Zusammenhang sind nach den Grundsätzen verdeckter Gewinnausschüttung oder verdeckter Einlage zu behandeln und gefährden die steuerliche Anerkennung des GAV nicht.

Hosfeld-Guber

3. Die ertragsteuerliche Organschaft

Steuerlich schädlich wäre es jedoch, wenn Organ-GmbH oder Organträger auf die ihnen zustehenden Forderungen aus der Gewinnabführung bzw. Verlustübernahme verzichten. Dann gilt der GAV als nicht durchgeführt.

3.3.4.4 Der Umfang der Ergebnisabführung

Die Organ-GmbH darf bei der Gewinnabführung den in § 301 AktG genannten Betrag nicht überschreiten (§ 17 Satz 2 Nr. 1 KStG). Jedoch fordert § 17 Satz 2 Nr. 1 KStG nicht, dass die Begrenzung der Gewinnabführung gem. § 301 AktG ausdrücklich in den EAV aufgenommen wird (BMF v. 24. 3. 1994, DB 1994, S. 708 f.). Der Höchstbetrag der Gewinnabführung ergibt sich folgendermaßen:

B 127

Jahresüberschuss (einschl. des aufgrund des GAV abgeführten Gewinns)
./. Verlustvortrag aus dem Vorjahr
(./. Einstellung in die gesetzlichen Rücklagen)
+ Entnahme aus anderen Gewinnrücklagen aus vertraglicher Zeit
= Höchstbetrag der Gewinnabführung

a) Jahresüberschuss

Der Ausgangspunkt ‚Jahresüberschuss' entspricht begrifflich der in § 266 Abs. 3 Buchst. A V HGB bzw. § 275 Abs. 3 Nr. 19 HGB bezeichneten Größe. Da sie gem. § 277 Abs. 3 HGB Erträge und Aufwendungen aus Verlustübernahme und aufgrund eines Gewinnabführungsvertrags enthält, muss sie entsprechend korrigiert werden, d. h. die Aufwendungen aus der Gewinnabführung müssen wieder hinzugerechnet und die Erträge aus der Verlustübernahme gekürzt werden, um das wirtschaftliche Ergebnis der Organ-GmbH zu ermitteln. Die Kürzung um die Einstellung in die gesetzlichen Rücklagen ist bei einer GmbH gegenstandslos, da hierzu bei dieser keine gesetzliche Verpflichtung besteht.

B 128

b) Verlustvortrag

Nach der in § 301 Satz 1 AktG enthaltenen Formel muss vom abzuführenden Jahresüberschuss ein eventueller Verlustvortrag aus dem Vorjahr gekürzt werden. Dies gilt wegen § 17 Satz 2 Nr. 1 KStG steuerlich auch für eine GmbH als Organgesellschaft. Hierbei handelt es sich um einen Verlustvortrag, der beim Inkrafttreten des GAV bereits vorhanden ist, denn Verluste, die die Organ-GmbH in vertraglicher Zeit erleidet, müssen vom OT ausgeglichen werden. Insoweit können sich in vertraglicher Zeit keine

B 129

Hosfeld-Guber

Verlustvorträge ergeben. Die Pflicht zum Verlustausgleich schließt vorvertragliche Verluste nicht ein. Werden diese vom OT freiwillig ausgeglichen, so handelt es sich steuerlich um eine Einlage des OT in die OG, die beim OT zu nachträglichen Anschaffungskosten auf seine Beteiligung führt (Abschn. 61 Satz 2 u. 3 KStR). Ein solcher Verlustausgleich verletzt nicht die Durchführung des GAV (Abschn. 66 Abs. 5 Nr. 1 KStR). Gleicht der OT den vorvertraglichen Verlust nicht aus und kommt es daher zukünftig zu der in § 301 Satz 1 AktG vorgesehenen Kürzung des vertraglich abzuführenden Jahresüberschuss um diesen Betrag, wirkt sich diese Kürzung wegen § 15 Nr. 1 KStG steuerlich nicht aus. Das dem Organträger steuerlich zuzurechnende Einkommen ist der ungekürzte Jahresüberschuss; vorvertragliche Verluste der Organ-GmbH kann der Organträger nicht mit eigenen Gewinnen verrechnen, die in vertraglicher Zeit erwirtschaftet wurden (§ 15 Nr. 1 KStG).

c) Rücklagen

ca) Vorvertragliche Posten des Eigenkapitals

B 130 Aus dem obigen Schema zum Umfang der Ergebnisabführung ergibt sich, dass andere Posten des Eigenkapitals der OG, also Kapitalrücklage, Gewinnrücklagen und Gewinnvortrag, die vor dem Inkrafttreten des GAV gebildet wurden, nicht abgeführt werden dürfen. Geschieht dies dennoch, gilt steuerlich der GAV als nicht durchgeführt (vgl. Abschn. 64 Abs. 4 i. V. m. Abschn. 55 Abs. 4 KStR). Mit solchen vorvertraglichen Posten dürfen auch nicht Jahresfehlbeträge der Organgesellschaft verrechnet werden, die der OT wegen der Verlustübernahmeverpflichtung ausgleichen muss. Nicht erlaubt ist ferner, dass mit vorvertraglichen Rücklagen Aufwand der Organgesellschaft, z. B. nichtabziehbare Betriebsausgaben oder nichtabziehbare Aufwendungen, verrechnet wird und so der Betrag der Gewinnabführung erhöht wird. Vorvertragliche Rücklagen können indes aufgelöst und außerhalb des GAV an die Anteilseigner *ausgeschüttet* werden (s. u. RN 176 f.). Bei diesen Ausschüttungen handelt es sich nicht um Gewinnabführungen i. S. des § 14 KStG, sondern um Gewinnausschüttungen (vgl. Abschn. 64 Abs. 4 i. V. m. Abschn. 55 Abs. 4 KStR), was andere Besteuerungsfolgen auslöst: Erstere unterliegen der 25%igen Körperschaftsteuer, Letztere bleiben bei der Ermittlung des steuerpflichtigen Einkommens des OT vollständig oder zur Hälfte außer Ansatz.

Hosfeld-Guber

3. Die ertragsteuerliche Organschaft

Verboten ist nur die Abführung vorvertraglicher Rücklagen. Nicht betroffen vom Abführungsverbot sind *stille Rücklagen* bzw. stille Reserven, die sich beim Organ in vorvertraglicher Zeit gebildet haben, aber erst in vertraglicher Zeit realisiert werden, z. B. bei Verkäufen von Wirtschaftsgütern, deren Marktwert über dem Buchwert liegt. Das Gleiche gilt für sog. steuerfreie Rücklagen (Sonderposten mit Rücklageanteil gem. §§ 247 Abs. 3, 273 HGB) wie die Rücklage nach § 6b EStG, R 35 EStR oder nach § 7g EStG, die in Zeiträumen vor Abschluss des GAV gebildet und im Zeitraum der Wirksamkeit des GAV aufgelöst werden. Solche Beträge gehören zum Einkommen, das dem OT zuzurechnen ist (vgl. Abschn. 57 Abs. 4 KStR).

B 131

Übersicht:

	Vororganschaftliche Rücklagen	
	offene Rücklagen	stille Rücklagen, sog. steuerfreie Rücklagen, Sonderposten mit Rücklagenanteil
Bildung in vorvertraglicher Zeit	• Kapitalrücklagen • Gewinnrücklagen • Gewinnvortrag	• Buchwert von Wirtschaftsgütern < Marktwert, • § 6b-Rücklage, Rücklage für Ersatzbeschaffung, Sonderabschreibungen, erhöhte Absetzungen, Bewertungsfreiheiten
Auflösung / Realisierung in vertraglicher Zeit	Gewinnausschüttung Abschn. 55 Abs. 4 Satz 4, Abschn. 57 Abs. 5 KStR	Gewinnabführung, zuzurechnendes Einkommen (Abschn. 57 Abs. 4 KStR)

cb) Bildung von Rücklagen in vertraglicher Zeit

Zwar muss die Organ-GmbH grundsätzlich ihren ganzen Gewinn an den Organträger abführen, jedoch erlaubt § 14 Abs. 1 Nr. 4 KStG, dass sie aus ihrem Jahresüberschuss insoweit Beträge in eine Gewinnrücklage einstel-

B 132

len darf, als dies bei vernünftiger kaufmännischer Beurteilung begründet ist. Nach Auffassung von Verwaltung und Rechtsprechung muss es einen konkreten Anlass geben, der die Bildung einer Gewinnrücklage auch aus objektiver unternehmerischer Sicht rechtfertigt, z. B. eine geplante Betriebsverlegung, Werkserneuerung oder Kapazitätsausweitung, aber auch ein Rücklagenbedarf zur Abdeckung konkreter, besonderer Risiken bei der Organgesellschaft (Abschn. 55 Abs. 6 Nr. 3 Satz 3 und 4 KStR).

B 133 *Gewinnrücklagen* sind nach § 272 Abs. 3 HGB nur solche Beträge, die im Geschäftsjahr oder in früheren Geschäftsjahren aus dem Ergebnis gebildet worden sind. Darunter fallen die für die GmbH nicht relevante gesetzliche Rücklage, die Rücklage für eigene Anteile, satzungsmäßige Rücklagen und andere Gewinnrücklagen (vgl. auch § 266 Abs. 3 A III HGB). Die Rücklage für eigene Anteile ist gesetzlich vorgeschrieben, wenn das Unternehmen auf der Aktivseite der Bilanz eigene Anteile ausweist. Das gilt für herrschende wie abhängige Unternehmen gleichermaßen (§ 272 Abs. 4 HGB). Die handelsrechtliche Pflicht zur Bildung einer solchen Rücklage besteht auch steuerlich und berührt die Durchführung des GAV nicht. Die Zulässigkeit dieser Rücklage ergibt sich im Übrigen auch aus der Formulierung von § 14 Abs. 1 Nr. 4 KStG, die sich ausdrücklich nur auf § 272 Abs. 3 HGB (Gewinnrücklagen) und nicht auch auf Abs. 4 HGB (Rücklage für eigene Anteile) bezieht.

B 134 Die Bildung einer *Kapitalrücklage* bei der Organ-GmbH ist jederzeit möglich, da sie keinen Einfluss auf die Höhe der Gewinnabführung hat (Abschn. 55 Abs. 3 Satz 2 KStR). Abgesehen davon ist ihre Bildung handelsrechtlich zwingend, so dass sie von der Beschränkung für die Einstellung in die Gewinnrücklagen auch steuerlich ausdrücklich ausgenommen ist (§ 14 Abs. 1 Nr. 4 KStG). Als Kapitalrücklagen sind nach § 271 Abs. 2 HGB u. a. solche Beträge auszuweisen, die bei der Ausgabe von Anteilen über den Nennbetrag hinaus erzielt werden oder Zuzahlungen, die Gesellschafter in das Eigenkapital leisten. Kapitalrücklagen stammen mithin nicht aus dem erwirtschafteten Ergebnis, sondern werden der Gesellschaft von außen zugeführt (vgl. Förschle/Hoffmann, BeckBilKomm, § 272, Rn 56). Eine in organschaftlicher Zeit gebildete und aufgelöste Kapitalrücklage kann nach der Rechtsprechung des BFH (Urteil v. 8. 8. 2001, BFH/NV 2002, S. 461) an die Gesellschafter ausgeschüttet werden; sie unterliegt nicht der Gewinnabführung und verletzt daher auch nicht die Durchführung des GAV. Dagegen vertritt die Finanzverwaltung die Auffassung, eine solche Auflösung erhöhe den an den OT abzuführenden Gewinn (vgl.

Hosfeld-Guber

3. Die ertragsteuerliche Organschaft

z. B. OFD Hannover, Verfügung v. 12. 8. 1994, DStR 1994, S. 1382). Folgt man der Finanzrechtsprechung, so lässt sich mittels Einlagen der Muttergesellschaft (Leg-ein-Hol-zurück-Verfahren) steuerbelastetes Eigenkapital bzw. Körperschaftsteuer-Guthaben nach § 37 KStG mobilisierenn (vgl. Schwedhelm/Olbing/Binnewies, in: GmbHR 2002). Keine Einschränkungen gibt es für die Organ-GmbH auch bei der Bildung von sog. steuerfreien Rücklagen wie z. B. der Reeinvestitionsrücklage, der Rücklage für Ersatzbeschaffung oder der Ansparrücklage (Abschn. 55 Abs. 6 Nr. 3 Satz 6 KStR).

Übersicht:

Bildung und Auflösung von Rücklagen in organschaftlicher Zeit					
	offene Rücklagen				stille Rücklagen, sog. steuerfreie Rücklagen (Sonderposten mit Rücklagenanteil)
Kapitalrücklagen § 272 Abs. 2 HGB	**Gewinnrücklagen § 272 Abs. 3 HGB** mit Ausnahme der gesetzlichen Rücklagen nach § 272 Abs. 3 HGB, § 150 AktG				
	RL f. eigene Anteile § 272 Abs. 4 HGB	satzungsm. RL § 272 Abs. 3 HGB	andere Gewinn-RL § 272 Abs. 3 HGB		
Bildung erlaubt (keine Anwendung von § 14 Abs. 1 Nr. 4 KStG)	Bildung erlaubt (keine Anwendung von § 14 Abs. 1 Nr. 4 KStG)	Bildung erlaubt, wenn und soweit bei vernünftiger kfm. Beurteilung wirtschaftlich begründet (§ 14 Abs. 1 Nr. 4 KStG)			Bildung erlaubt (keine Anwendung von § 14 Abs. 1 Nr. 4 KStG, vgl. Abschn. 55 Abs. 6 Nr. 3 Satz 6 KStR)
Auflösung: Gewinn**aus**schüttung	Auflösung: Gewinn**abführung**				

Hosfeld-Guber

d) Einlagenrückgewähr

B 135 Gewinnabführungen, die gegen die Kapitalerhaltungsvorschrift des § 30 GmbHG verstoßen, werden als Verstoß gegen die Durchführung des GAV betrachtet, was zur Folge hat, dass es nicht zur Anwendung der Organschaftsvorschriften kommt. Die verbotswidrige Abführung ist eine verdeckte Gewinnausschüttung (vgl. Schmidt/Müller/Stöcker, Die Organschaft, Rz 257, 530).

3.3.4.5 Nichtdurchführung des GAV

B 136 Werden die vorstehenden Grundsätze nicht beachtet, gilt der GAV als nicht durchgeführt. Wird ein Gewinnabführungsvertrag in einem Jahr nicht durchgeführt, so unterscheidet die Finanzverwaltung (Abschn. 55 Abs. 9 KStR) die steuerlichen Folgen danach, ob er

1. noch nicht fünf aufeinanderfolgende Jahre durchgeführt worden ist, oder ob er
2. bereits mindestens fünf aufeinanderfolgende Jahre durchgeführt worden ist.

Im ersten Fall ist der GAV von Anfang an, im zweiten Fall erst ab dem Jahr der Nichtdurchführung als steuerlich unwirksam anzusehen. Soll im zweiten Fall später die Organschaft wieder anerkannt werden, muss der GAV erneut eine mindestens fünfjährige Laufzeit haben und ununterbrochen durchgeführt werden. In dem VZ/EZ, in dem die Organschaft nicht anerkannt wird, gelten die allgemeinen Vorschriften der Besteuerung.

B 137 Die Gewinnabführung an den Organträger wird bei steuerlich nicht anerkanntem GAV wie eine verdeckte Gewinnausschüttung (s. u. RN 148 ff.) behandelt, die das Einkommen der Organgesellschaft gem. § 8 Abs. 3 Satz 2 KStG nicht mindern kann und von der OG zu versteuern ist. Die Qualifizierung als offene Gewinnausschüttung wird von Rechtsprechung und Finanzverwaltung mit dem Argument abgelehnt, dass Gewinnabführungen aufgrund eines GAV keine Ausschüttungen sind, die auf einem den gesellschaftsrechtlichen Vorschriften entsprechenden Beschluss beruhen. Umgekehrt gelten die vom OT ausgeglichenen Verluste, die gem. § 277 Abs. 3 Satz 2 HGB von der OG als Ertrag gebucht wurden, im Fall einer „verunglückten" Organschaft als verdeckte Einlagen, die bei der Ermittlung des körperschaftsteuerlichen Einkommens der OG außerbilanziell vom Steuerbilanzgewinn wieder abgezogen werden müssen. Diese

Hosfeld-Guber

Rechtsfolgen gelten auch dann, wenn andere Tatbestandsvoraussetzungen der Organschaft nicht erfüllt sind, die Gewinnabführung bzw. Verlustübernahme jedoch ungeachtet dessen vorgenommen wurden (vgl. Schmidt/ Müller/Stöcker, Die Organschaft, Rz 812 ff.).

3.4 Rechtsfolgen und Wirkungen der körperschaftsteuerlichen Organschaft

Literatur: *Baumbach/Hueck,* GmbH-Gesetz, 17. Aufl., München 2000; *Beinert/ Mikus,* Das Abzugsverbot des § 3c Abs. 1 EStG im Kapitalgesellschaftskonzern, DB 2002, S. 1467; *Blumers/Beinert/Witt,* Das Organschaftsmodell nach dem Entwurf eines Gesetzes zur Fortentwicklung des Unternehmenssteuerrechts, DStR 2001, S. 1741; *Dötsch/Pung* Steuersenkungsgesetz: Die Änderungen bei der Körperschaftsteuer und bei der Anteilseignerbesteuerung, DB, Beilage Nr. 10/2000, S. 12; *Eilers/Schmidt,* Die Steuerbefreiung von Dividenden und Veräußerungsgewinnen nach § 8b KStG. Praxis-Kommentierung zum BMF-Schr. v. 28.4.2003 (GmbHR 2003, 603) zur Anwendung des § 8 KStG 2002 und zu Auswirkungen auf die Gewerbesteuer, GmbHR 2003, S. 613; *Eilers/Wienands,* Steuersenkungsgesetz: Besteuerung der Dividendeneinnahmen von Körperschaften nach der Neufassung von § 8b Abs. 1 KStG, GmbHR 2000, S. 957; *Emmerich/Sonnenschein/Habersack,* Konzernrecht, 7. Aufl., München 2001; *Frotscher/Berg/Pannen/Stifter/ Thiel,* Abzugsverbot für Finanzierungskosten einer Organbeteiligung – Erwiderungen zu dem Beitrag von Thiel (DB 2002 S. 1340) und Replik –, DB 2002, S. 1522; *Frotscher/Maas,* KStG, Kommentar (Losebl.), Freiburg 1978 ff.; *Füger/Rieger,* Anwendungserlass zu § 8b KStG – Ausgewählte Zweifelsfragen (Teil 1), FR 2003, S. 543; *dies.,* Anwendungserlass zu § 8b KStG – Ausgewählte Zweifelsfragen (Teil 2), FR 2003, S. 589; *Gehm,* Haftung für Steuern bei Organschaft nach § 73 AO, BuW 2003, S. 406; *Harle,* Nochmals: Finanzierungskosten im Organkreis, BB 2003, S. 184; *Kleindiek,* Steuerumlagen im gewerbesteuerlichen Organkreis – Anmerkungen aus aktienrechtlicher Perspektive, DStR 2000, S. 559; *Krebs,* Die ertragsteuerliche Organschaft. Überlegungen vor dem Hintergrund des Berichts der Bundesregierung zur Fortentwicklung des Unternehmenssteuerrechts, BB 2001, 2029; *Kußmaul/Richter,* Der aktive und passive Ausgleichsposten in körperschaftsteuerlichen Organschaftsfällen, DStR 1999, S. 1717; *Linklaters Oppenhoff & Rädler,* Steueränderungen zum 1.1.2002 im Unternehmensbereich, DB 2002, Beilage Nr. 1/2002; *Löwenstein,* Organschaft und eingeschränkte Verlustnutzung bei doppelt ansässigen Organträgern – Mitwirkung von Dr. Jekyll und Mr. Hyde bei den Neuregelungen des UntStFG?, IStR 2002, S. 185; *Marx,* Rechtfertigung, Bemessung und Abbildung von Steuerumlagen, DB 1996, S. 950-958; *Nöcker,* Die gewerbesteuerliche Organschaft im Mutter-Enkel-Konzern – Zur Einheitlichkeit des Organkreises und zur Haftung für Steuerschulden –, INF 2001, S. 648; *Orth,* Schritte in Richtung einer „Grenzüberschreitenden Organschaft", IStR Beihefter zu Heft 9/ 2002; *Ottersbach,* Die körperschaftsteuerliche Organschaft nach StSenkG und

UntStFG, NWB F. 4, S. 4627; *Pache,* Der Eingliederungstatbestand im Recht der körperschaftsteuerlichen Organschaft, GmbHR 1995, 712; *PwC Deutsche Revision/PriceWaterhouseCoopers,* Unternehmenssteuerreform 2001, Analyse aller wesentlichen Änderungen mit Praxishinweisen, Gestaltungsempfehlungen und Checklisten, Freiburg, Berlin, München 2000; *Rödder,* Strukturierung von Konzernen nach der Unternehmenssteuerreform – Kernfragen der laufenden Besteuerung des Inlandssachverhalts: Dividendenfreistellung, Ausgabenabzugsverbot, Organschaft –, in: Herzig (Hrsg.), Unternehmenssteuerreform: fallbezogene Darstellung für die Beratungspraxis, Köln 2002, S. 125; *Rödder/Schumacher,* Keine Anwendung des § 3c Abs. 1 EStG bei Organschaft, DStR 2002, S. 1163; *Rödder/Schumacher,* Unternehmenssteuerfortentwicklungsgesetz: Wesentliche Änderungen des verkündeten Gesetzes gegenüber dem Regierungsentwurf, DStR 2002, S. 105; *dies.,* Der Regierungsentwurf eines Gesetzes zur Fortentwicklung des Unternehmenssteuerrechts (Teil II), DStR 2001, S. 1685; *dies.,* Unternehmenssteuerreform 2001 – Eine erste Analyse des Regierungsentwurfs aus Beratersicht, in: DStR 2000, 353; *Romani/Maier,* Vororganschaftlich verursachte handelsrechtliche Mehrabführungen: Behandlung der Körperschaftsteuer-Änderung in Steuer- und Handelsbilanz, DStR 2000, S. 1944; *Sauter/Heurung,* Ausgleichszahlungen i. S. d. § 16 KStG i. V. m. § 304 AktG und vororganschaftliche Gewinnausschüttungen nach dem Systemwechsel, GmbHR 2001, S. 754; *Schmidt,* Einkommensteuergesetz. Kommentar, 22. Aufl. 2003, München 2003; *Schmidt/Müller/Stöcker,* Die Organschaft, 6. Aufl., Herne/Berlin 2003; *Simon,* Zulässigkeit von Gewerbesteuerumlagen nach der Belastungsmethode im Lichte der zivilrechtlichen Rechtsprechung, DStR 2000, S. 431; *Thiel,* Abzugsverbot für Finanzierungskosten einer Organbeteiligung, DB 2002, S. 1340; *Witt,* Die Organschaft im Ertragsteuerrecht, Stuttgart 1999.

3.4.1 Grundlagen

B 138 Sind alle sachlichen, persönlichen und zeitlichen Bedingungen einer Organschaft erfüllt, so ist gem. § 14 Abs. 1 KStG das Einkommen der Organgesellschaft dem Organträger (mit Ausnahme der noch zu erläuternden Ausgleichszahlungen nach § 16 KStG) zwingend zuzurechnen (vgl. zur sog. Zurechnungstheorie BFH v. 23.1.2002, BStBl II 2003, S. 9; v. 14.4.1992, BStBl II 1992, S. 817).

B 139 Da für die körperschaftsteuerliche Organschaft der Grundsatz der zivil- und steuerrechtlichen Selbständigkeit der zum Organkreis gehörenden Gesellschaften gilt, sind das Einkommen der Organ-GmbH und das des Organträgers getrennt voneinander zu ermitteln. Dabei dürfen bei den einzelnen Gesellschaften nur die jeweiligen eigenen Sachverhalte und Rechtsverhältnisse berücksichtigt werden. Die aus Rechtsbeziehungen zwischen

Hosfeld-Guber

3. Die ertragsteuerliche Organschaft

herrschender und abhängiger Gesellschaft resultierenden Aufwendungen und Erträge werden nicht saldiert und eventuelle Zwischengewinne aus dem steuerlichen Einkommen nicht eliminiert. Erst nach getrennter Einkommensermittlung ist das Einkommen der OG dem OT gem. § 14 KStG zuzurechnen und zwar als fremdes Einkommen und nicht im Rahmen der Gewinnermittlung des OT. Zugerechnet wird nur das Einkommen und nicht die (steuerliche) Rechtstellung des Organs (vgl. BFH v. 14. 4. 1992 a. a. O.).

Das Einkommen der Organ-GmbH ist dem Organträger zum Zwecke der Versteuerung für den Veranlagungszeitraum zuzurechnen, in dem die Organgesellschaft das Einkommen bezogen hat und es, wenn keine Organschaft bestünde – selbst zu versteuern hätte (BFH v. 29. 10. 1974, BStBl II 1975, S. 126; Abschn. 57 Abs. 3 KStR). Endet das Geschäftsjahr der Organgesellschaft im gleichen Veranlagungszeitraum wie das des Organträgers, so sind beide Einkommen im selben VZ zu versteuern. Enden die Geschäftsjahre beider Unternehmen nicht im gleichen Veranlagungszeitraum, hat der Organträger sein eigenes Einkommen in dem VZ zu versteuern, in dem sein Geschäftsjahr endet. Die Hinzurechnung des Organ-Einkommens erfolgt für den VZ, in dem das Geschäftsjahr der Organgesellschaft endet, so dass die Veranlagungs- bzw. Besteuerungszeiträume für das Einkommen von Organ und Organträger auseinanderfallen können (BFH v. 29. 10. 1974, BStBl II 1975, S. 126; weitere Einzelheiten bei Schmidt/ Müller/Stöcker, Die Organschaft, Rz. 488 ff.). **B 140**

Ist der Organträger eine Personengesellschaft, so ist diese selbst Zurechnungssubjekt. Die Gesellschafter der Personengesellschaft stehen außerhalb des Organkreises, wenngleich sie letztlich dessen Einkommen zu versteuern haben. Verfahrensrechtlich werden das zuzurechnende Einkommen der Organgesellschaft und der eigene Gewinn des Organträgers jedoch nicht einfach zusammengefasst und als gemeinsamer Gewinn aus Gewerbebetrieb einheitlich und gesondert festgestellt und auf die Gesellschafter aufgeteilt. Vielmehr bilden das zuzurechnende Einkommen des Organs und das eigene Einkommen der OT-Personengesellschaft je eigene Besteuerungsgrundlagen, die als solche getrennt zu berücksichtigen und jeweils einheitlich und gesondert festzustellen sind. Im Feststellungsbescheid für die OT-Personengesellschaft wird dann das dem OT zuzurechnende Einkommen der OG als eigenständige, einheitlich und gesondert festgestellte Besteuerungsgrundlage ausgewiesen (vgl. Schmidt/Müller/Stöcker, Die Organschaft, Rz. 501; Frotscher in Frotscher/Maas, KStG, **B 141**

Hosfeld-Guber

§ 14, Rz 288). Hieraus ergeben sich auch materielle Konsequenzen: Endet das Wirtschaftsjahr der OG nach dem Wirtschaftsjahr der OT-Personengesellschaft, folgt aus dem Gesagten, dass die Gesellschafter der OT-Personengesellschaft das Organ-Einkommen in einem anderen Veranlagungszeitraum zu versteuern haben als das Einkommen, das ihnen aus der Beteiligung an der OT-Personengesellschaft zugerechnet wird (vgl Schmidt/ Müller/Stöcker, Die Organschaft, Rz. 501).

3.4.2 Das zuzurechnende Einkommen der Organ-GmbH

3.4.2.1 Schema der Einkommensermittlung

B 142 Zwar wird das Einkommen der OG mit der Steuer belegt, die sich aus den Rechtsverhältnissen des Organträgers ergibt, aber die *Ermittlung* des zu versteuernden Einkommens bei der Organ-GmbH erfolgt nach den Vorschriften der Einkommensermittlung für Kapitalgesellschaften (§ 8 Abs. 1 KStG). Dabei ist zu beachten, dass Gegenstand der Zurechnung nicht der (handelsrechtlich ermittelte und abgeführte) Gewinn oder Verlust, sondern das Einkommen der Organgesellschaft ist. Dieses Einkommen ist das aus der Handelsbilanz abgeleitete Steuerbilanzergebnis, das durch die Vorschriften der §§ 8 ff. KStG sowie §§ 15, 16 KStG modifiziert wird. Der handelsrechtlich abzuführende Gewinn und das zuzurechnende Einkommen weichen i. d. R. voneinander ab.

B 143 Die Einkommensermittlung bei der Organ-GmbH ergibt sich nach folgendem Schema (vgl. Witt, Die Organschaft im Ertragsteuerrecht, S. 148), dessen wichtigste Komponenten im Folgenden erläutert werden:

Jahresüberschuss (handelsrechtlicher Gewinn)
+ / – steuerliche Korrekturen
Steuerlicher Gewinn / Steuerbilanzergebnis (§ 60 Abs. 2 S. 1)
+ / – nichtabziehbare Aufwendungen /steuerfreie Einnahmen
+ / – verdeckte Gewinnausschüttung / verdeckte Einlagen
+ / – Gewinnabführung an / Verlustausgleich durch Organträger
+ Ausgleichszahlungen an außenstehende Gesellschafter
+ Körperschaftsteuer auf Ausgleichszahlung
= Einkommen der Organgesellschaft
- Ausgleichszahlung
- 1/3 der Ausgleichszahlung
= dem Organträger zuzurechnendes Einkommen

Hosfeld-Guber

3.4.2.2 Jahresüberschuss / Steuerlicher Gewinn

Der Jahresüberschuss/-fehlbetrag lt. Handelsbilanz gem. § 266 Abs. 3 A V HGB, der dem JÜ/JF lt. handelsbilanzieller GuV (§ 275 Abs. 3 Nr. 19 HGB) entspricht, muss außerbilanziell um Korrekturposten gem. § 60 Abs. 2 Satz 1 EStDV bereinigt werden. Sie betreffen Bilanzansätze, Bewertungen und andere Beträge, die nicht den steuerlichen Vorschriften entsprechen (z. B. steuerlich nicht anerkannte oder zulässige Rückstellungen, steuerlich nicht zulässige planmäßige und außerplanmäßige Abschreibungen u. dgl.). Der so ermittelte Betrag ist der steuerliche Gewinn oder Verlust als Ausgangsgröße der Einkommensermittlung. Wird eine Steuerbilanz i. S. des § 60 Abs. 2 Satz 2 EStDV erstellt, dann sind die Korrekturen bereits im bilanziellen Rechenwerk enthalten. Das Steuerbilanzergebnis wird nach der Buchung der Gewinnabführung bzw. der Verlustübernahme als Aufwand bzw. Ertrag (§ 277 Abs. 3 Satz 2 HGB) regelmäßig 0 sein.

B 144

3.4.2.3 Nichtabziehbare Aufwendungen, steuerfreie Vermögensmehrungen

Eine Reihe von Betriebsausgaben (§ 4 Abs. 5 EStG) und Aufwendungen (§ 10 KStG) dürfen das Einkommen der Körperschaft nicht mindern (z. B. Geschenke an Nicht-Arbeitnehmer mit Anschaffungskosten über € 35, 30 % der Bewirtungsaufwendungen, Bußgelder, bestimmte Steuern (KSt, KESt, SolZ, USt auf Entnahmen oder verdeckte Gewinnausschüttungen) und darauf entfallender steuerlicher Nebenleistungen, Geldstrafen sowie 50 % der Aufsichtsrats- oder Beiratsvergütungen. Als Spenden sind nur abziehbar die in § 9 KStG genannten Höchstbeträge für die dort bezeichneten gemeinnützigen Zwecke. Die Höchstbetragsberechnung für die Spenden sind für Organ und Organträger getrennt vorzunehmen; sie basieren auf dem jeweiligen eigenen Einkommen. Daher hat der Organträger bei seiner Höchstbetragsberechnung das Einkommen der OG außer Acht zu lassen (vgl. BFH v. 23. 1. 2002, BStBl II 2003, S. 9 sowie OFD Hannover, Vfg. v. 4. 4. 2003, WPg 2003, S. 728). Nicht abziehbare Ausgaben i. S. des § 3c EStG werden nicht beim Organ, sondern beim Organträger hinzugerechnet; sie kürzen also das zuzurechnende Einkommen der Organ-GmbH (s. u. RN B 165).

B 145

Vom Steuerbilanzgewinn der Organgesellschaft gekürzt werden hier nur solche steuerfreien Einnahmen, die nicht in § 15 Nr. 2 KStG genannt wer-

B 146

den. Letztere (z. B. Beteiligungserträge, Veräußerungsgewinne aus Kapitalgesellschaftsanteilen) bleiben im zuzurechnenden Einkommen des Organs und werden erst auf Organträger-Ebene steuerlich beurteilt (s. u. RN B 165). Steuerfreie Einnahmen, die das Organ-Einkommen mindern, sind z. B. die Investitionszulage (§ 9 InvZulG 1999) oder ausländische Betriebsstätteneinkünfte, die aufgrund eines Doppelbesteuerungsabkommens nicht der Körperschaftsteuer unterliegen.

3.4.2.4 Verdeckte Gewinnausschüttung

B 147 Eine verdeckte Gewinnausschüttung (vGA) liegt nach ständiger Rechtsprechung vor, „wenn eine Kapitalgesellschaft ihrem Gesellschafter außerhalb der gesellschaftsrechtlichen Gewinnverteilung einen Vermögensvorteil zuwendet, den sie unter sonst gleichen Umständen bei Anwendung der Sorgfalt eines ordentlichen und gewissenhaften Geschäftsleiters einem Nichtgesellschafter nicht gewähren würde" (z. B. BFH v. 1. 8. 1984, BStBl II 1985, S. 18; vgl. auch Abschn. 31 Abs. 3 KStR). Dabei spielt die Rechtsform des OT grundsätzlich keine Rolle. Verdeckte Gewinnausschüttungen sind auch möglich an Gesellschafter der OT-Personen- bzw. Kapitalgesellschaft oder an eine Person, die einem Gesellschafter nahesteht (vgl. Witt, Die Organschaft im Ertragsteuerrecht, S. 153 f.). Die Hinzurechnung der vGA ergibt sich aus § 8 Abs. 3 Satz 2 KStG; sie ist nur vorzunehmen, wenn sie sich gewinnmindernd bei der Gesellschaft ausgewirkt hat.

B 148 Zwischen Organ-GmbH und Organträger sind vielfältige konzerninterne Lieferungs- und Leistungsbeziehungen denkbar, bei denen das Problem der vGA auftreten kann, z. B. bei gewerblichen Warenlieferungen oder Dienstleistungen, Finanzierungsleistungen/Darlehensgewährungen, Nutzungsüberlassungen oder Verwaltungsleistungen zu ungewöhnlich hohen Entgelten, wenn der OT die Lieferungen/Leistungen erbracht hat bzw. zu unangemessen niedrigen Entgelten, wenn die OG die Leistungen erbracht hat. Die Preise für Lieferungen und Leistungen zwischen verbundenen Unternehmen sind nach den gleichen Maßstäben zu beurteilen, die an nichtorganschaftlich verbundene Unternehmen anzulegen sind. Benachteiligen sie die Organgesellschaft, stellt der unangemessene Teil eine vGA dar (vgl. Schmidt/Müller/Stöcker, Die Organschaft, Rz 524 ff. m. w. N.).

B 149 Verdeckte Gewinnausschüttungen können auch zwischen Schwester-Kapitalgesellschaften vorkommen, die Organgesellschaften des gleichen Or-

3. Die ertragsteuerliche Organschaft

ganträgers sind, d. h. zwischen Kapitalgesellschaften, an denen derselbe Gesellschafter (Muttergesellschaft) maßgeblich beteiligt ist. Tochtergesellschaften werden steuerlich wie dem Gesellschafter nahe stehende Personen behandelt. Gewährt eine Tochtergesellschaft (T1) einer anderen Tochtergesellschaft (T2) Vorteile, die den Tatbestand der verdeckten Gewinnausschüttung erfüllen, ist darin eine mittelbare Vorteilszuwendung in Form einer vGA an die gemeinsame Muttergesellschaft zu sehen, wenn die Vorteilszuwendung auf dem gesellschaftsrechtlichen Verhältnis von T1 und T2 zum OT beruht und keine betriebliche, eigenwirtschaftliche Veranlassung der vorteilgewährenden Tochtergesellschaft vorliegt (vgl. BFH v. 26. 10. 1987, BStBl II 1988, S. 348).

Auch wenn rechnerisch in den meisten Fällen der Vermögensminderung bei der Organgesellschaft ein entsprechender Vermögenszuwachs beim Organträger gegenüber steht, kommt eine Saldierung nicht in Frage. Begründet wird die Erfassung von verdeckten Gewinnausschüttungen zwischen organschaftlich verbundenen Unternehmen von der Rechtsprechung mit systematischen, aus der Trennungstheorie resultierenden Argumenten. Da OG und OT zivil- und steuerrechtlich verschiedene Rechtsträger sind, haben sie bei der Ermittlung ihres Einkommens nur ihre jeweils eigenen Rechtsverhältnisse und Geschäftsvorfälle zu beachten. Daher ist es nicht zulässig, die Verminderung des Einkommens der OG durch eine vGA mit der Erhöhung des Einkommens ihres Gesellschafters durch die gleiche vGA auszugleichen und deshalb die Hinzurechnung der vGA bei der OG zu unterlassen (BFH v. 1. 8. 1984, BStBl II 1985, S. 18; vgl. auch Frotscher in: Frotscher/Maas, KStG, § 14, Rz 226; Witt, Die Organschaft im Ertragsteuerrecht, S. 153). B 150

Durch die Hinzurechnung der vGA zum zuzurechnenden Einkommen der Organgesellschaft verwandelt sich die verdeckte Ausschüttung in Einkommen, das vom Organträger zu versteuern ist. Sie wird bei der OG wie eine „vorweggenommene Gewinnabführung" (vgl. Abschn. 57 Abs. 6 KStR) behandelt. Als solche stellt sie den GAV nicht in Frage. Bei der Ermittlung des Einkommens des OT muss dieser Betrag wieder gekürzt werden, wenn dessen Einkommen durch die vGA erhöht wurde. Aus der Behandlung als Bestandteil des zuzurechnenden Einkommens ergibt sich, dass die vGA zwischen Gliedern des Organkreises – anders als bei der gewöhnlichen vGA – beim Empfänger, dem OT oder seinen Gesellschaftern, keinen Bezug i. S. des § 20 Abs. 1 Nr. 1, 2, 9 und 10 des EStG darstellt und B 151 deshalb nicht unter das Halbeinkünfteverfahren (§ 3 Nr. 40d) und Satz 2 EStG) bzw. die Dividendenfreistellung (§ 8b Abs. 1 Satz 1 KStG) fällt.

3.4.2.5 Verdeckte Einlagen

B 152 Unter einer verdeckten Einlage ist die Zuwendung eines einlagefähigen Vermögensvorteils an eine Kapitalgesellschaft durch einen Gesellschafter oder eine ihm nahe stehende Person zu verstehen, wenn die Einlage durch das Gesellschaftsverhältnis veranlasst ist (vgl. Abschn. 36a Abs. 1 Satz 1 KStR, m. w. N. zur Rechtsprechung). Gegenstand verdeckter Einlagen können nur Wirtschaftsgüter sein, die in eine Bilanz aufgenommen werden können (BFH v. 26. 10. 1987, BStBl II 1988, S. 348). Die verbilligte oder unentgeltliche Überlassung eines Wirtschaftsguts zum Gebrauch oder zur Nutzung oder der Vorteil der zinslosen oder zinsverbilligten Darlehensgewährung an eine Organ-GmbH durch ihren Gesellschafter können daher nicht verdeckt eingelegt werden (Abschn. 36a Abs. 2 KStR 1995). Solche Geschäftsvorfälle lösen weder bei der OG noch beim OT Korrekturen aus (vgl. Frotscher in: Frotscher/Maas, KStG, § 14, Rz 228).

B 153 Eine verdeckte Einlage kann z. B. dadurch vorgenommen werden, dass der Gesellschafter-OT der Organ-GmbH ein Wirtschaftsgut unter Marktpreis verkauft oder unentgeltlich überträgt. Einlagen sind mit dem Teilwert zu bewerten (§ 6 Abs. 1 Nr. 5 EStG), so dass die Organ-GmbH im letzten Fall das Wirtschaftsgut mit dem zutreffenden Verkehrswert anzusetzen hat. Die Aktivierung der Einlage ist erfolgswirksam. Im Fall des verbilligten Erwerbs ist als verdeckte Einlage die Differenz zwischen Teilwert/Verkehrswert und Kaufpreis anzusehen. Auch sie wird erfolgswirksam gebucht. Da die verdeckte Einlage und die durch sie bewirkte Gewinnerhöhung nicht betrieblich verursacht sind, mindern sie – analog zur Behandlung der offenen Einlagen nach § 4 Abs. 1 Satz 1 EStG – das zuzurechnende Einkommen der OG. Beim Organträger erhöht die verdeckte Einlage die Anschaffungskosten seiner Beteiligung an der Organgesellschaft (vgl. BFH v. 26. 10. 1987, BStBl II 1988, S. 348).

3.4.2.6 Gewinnabführung/Verlustausgleich

B 154 Der von der Organ-GmbH abzuführende (handelsrechtliche) Gewinn ist im steuerlichen Gewinn nicht mehr enthalten, da er im Jahresabschluss als Aufwand und Verbindlichkeit gegenüber verbundenen Unternehmen gebucht wird. Umgekehrt enthält die Summe, falls das Organ einen Verlust

Hosfeld-Guber

3. Die ertragsteuerliche Organschaft

erlitten hat, den Ertrag aus der Verlustübernahme durch den Organträger, die als Forderung eingebucht wird. Da aber gerade das zuzurechnende positive oder negative Einkommen ermittelt wird, muss zu diesem Betrag der abgeführte Gewinn addiert bzw. davon der übernommene Verlust subtrahiert werden. Das zuzurechnende Einkommen ist das steuerliche Einkommen der OG vor Gewinnabführung und Verlustübernahme (vgl. Abschn. 57 Abs. 1 Satz 1 KStR).

3.4.2.7 Ausgleichszahlungen an außenstehende Gesellschafter

An einer Organ-Gesellschaft können neben dem OT, der die Mehrheit der Stimmrechte besitzt, weitere Gesellschafter beteiligt sein, die nicht zum Konzern bzw. zum Organkreis gehören und mit dem OT weder direkt noch indirekt durch Unternehmensverträge verbunden sind. Besteht zwischen einer Organ-Kapitalgesellschaft und ihrem Mehrheitsgesellschafter ein GAV, so muss die Organgesellschaft an den OT ihren ganzen Gewinn abführen, wodurch die Vermögensrechte der nicht zum Organkreis gehörenden Minderheitsgesellschafter beschnitten werden. Deshalb sind Gewinnabführungsverträge im Aktienrecht nur wirksam, wenn sie einen angemessenen Ausgleich für die außenstehenden Aktionäre (Ausgleichszahlung, garantierte Dividende) der Organgesellschaft vorsehen (§ 304 Abs. 1 Satz 1 AktG). Das gilt auch steuerlich, wenn die abhängige Gesellschaft eine AG oder KGaA ist (vgl. zu Einzelheiten Schmidt/Müller/Stöcker, Die Organschaft, Rz 697 ff.; Witt, Die Organschaft im Ertragsteuerrecht, S. 252 ff.).

B 155

Die Vorschrift des § 304 Abs. 1 Satz 1 AktG bezieht sich nur auf eine abhängige AG oder KGaA, die einen Ergebnisabführungsvertrag mit ihrem Hauptgesellschafter abgeschlossen hat. Ob auch für außenstehende Gesellschafter einer abhängigen GmbH eine Vereinbarung über eine angemessene Ausgleichzahlung im EAV getroffen werden muss, ist höchstrichterlich nicht entschieden und wird im gesellschaftsrechtlichen Schrifttum davon abhängig gemacht, mit welcher Mehrheit die Gesellschafter der abhängigen Gesellschaft dem Abschluss des GAV zustimmen müssen (vgl. Emmerich/Sonnenschein/Habersack, Konzernrecht, S. 484 ff.; Zöllner, in: Baumbach/Hueck, GmbHG, Schlussanhang I, Rz 47 f.). Anders als die BGH-Rechtsprechung, die ein Quorum von mindestens $^{3}/_{4}$ für ausreichend hält (vgl. BGH v. 24.10.1988, BGHZ 105, S. 324), wird im Schrifttum teilweise die Auffassung vertreten, dass in Analogie zu § 2

B 156

Hosfeld-Guber

GmbHG die Zustimmung aller Gesellschafter erforderlich ist (vgl. z. B. Pache, GmbHR 1995, S. 92). Im letzten Fall wird ein gesonderter Minderheitenschutz für entbehrlich gehalten, da die Minderheitsgesellschafter ihre Zustimmung davon abhängig machen können, dass ihnen ausreichende Ausgleichszahlungen gewährt werden. Betrachtet man es als ausreichend, wenn die Gesellschafterversammlung der Organ-GmbH lediglich mit qualifizierter Mehrheit zustimmen muss, so scheint eine analoge Anwendung von §§ 304, 305 AktG geboten oder gar unverzichtbar. Ob in diesem Fall jedoch eine Ausgleichs*pflicht* besteht, ist von der Rechtsprechung nicht geklärt und wird überwiegend verneint (vgl. Emmerich/Sonnenschein/Habersack Konzernrecht, S. 488).

B 157 Folgt man der Auffassung, dass keine Ausgleichspflicht i. S. des § 304 AktG der herrschenden Gesellschaft gegenüber außenstehenden Anteilseignern einer abhängigen GmbH besteht, muss man die zivilrechtliche Wirksamkeit des GAV mit einer Organ-GmbH auch dann bejahen, wenn sie keine Vereinbarung über eine Ausgleichszahlung enthält (vgl. Witt, Die Organschaft im Ertragsteuerrecht, S. 254 f., der die Grundsätze von § 304 AktG auf Organschaftsverhältnissen mit GmbHs für anwendbar hält, jedoch bis zur höchstrichterlichen Klärung die steuerliche Anerkennung eines GAV auch ohne AZ nicht in Frage stellt). Davon unabhängig kann der Verzicht des Minderheitsgesellschafters auf eine angemessene Ausgleichszahlung unter bestimmten Voraussetzungen als eine verdeckte Gewinnausschüttung von ihm an den OT angesehen werden (vgl. Witt, Die Organschaft im Ertragsteuerrecht, S. 254 f.; Sauter/Heurung, GmbHR 2001, S. 755 f.). Das setzt voraus, dass der Minderheitsgesellschafter dem Konzern angehört und mit dem OT gesellschaftsrechtlich verbunden ist. Entscheidend ist, ob der Minderheitsgesellschafter tatsächlich als außenstehender Gesellschafter betrachtet werden kann, der Anspruch auf Gewährung einer Ausgleichszahlung hat. Ist der Organträger selbst zu 100 % am Minderheitsgesellschafter beteiligt oder sind die Minderheitsgesellschafter mit dem OT durch einen Gewinnabführungsvertrag verbunden, so handelt es sich bei ihnen nicht um außenstehende Gesellschafter, so dass mangels Rechtsanspruchs auf Gewährung einer Ausgleichszahlung auch keine vGA vorliegen kann, wenn auf diese verzichtet wird.

Hosfeld-Guber

3. Die ertragsteuerliche Organschaft

Beispiel (vgl. Witt, Die Organschaft im Ertragsteuerrecht, S. 254):

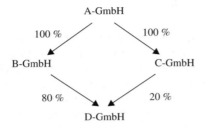

Besteht ein GAV zwischen der B-GmbH als OT und der D-GmbH als OG, ist die C-GmbH außenstehende Gesellschafterin, deren Verzicht auf eine angemessene Ausgleichszahlung eine vGA auslösen kann. Ist der GAV zwischen der mittelbar beteiligten A-GmbH und der D-GmbH abgeschlossen worden, ist die C-GmbH als Minderheitsgesellschafter der D-GmbH kein außenstehender Gesellschafter mehr, so dass die Rechtsgrundsätze der vGA nicht angewendet werden können.

B 158

In der Handels- und Steuerbilanz sind die Ausgleichszahlungen an außenstehende Gesellschafter als Aufwand erfasst, der den Gewinn gemindert hat. Gemäß § 4 Abs. 5 Nr. 9 EStG handelt es sich jedoch bei den Ausgleichszahlungen um nichtabziehbare Betriebsausgaben, so dass eine außerbilanzielle Hinzurechnung zum Einkommen bzw. Gewinn erfolgen muss. Das Betriebsausgabenabzugsverbot für die Ausgleichszahlung gilt sowohl für die OG als auch den OT und OG. Das bedeutet, dass die Ausgleichszahlung wie andere Gewinnausschüttungen immer aus versteuertem Einkommen zu leisten ist. Die auf der Ausgleichszahlung lastende Körperschaftsteuer ist gem. § 10 Nr. 2 KStG eine nicht abziehbare Aufwendung, die dem Gewinn wieder hinzugerechnet werden muss.

B 159

Gem. § 16 KStG hat grundsätzlich die Organgesellschaft die Ausgleichszahlung als eigenes Einkommen zu versteuern, auch wenn der OT die Zahlung geleistet hat (vgl. hierzu die ausführliche Begründung und rechtliche Würdigung im Gutachten des BFH v. 27.11.1956, BStBl III 1957, S. 139). Die Höhe dieses eigenen Einkommens und damit die BMG der KSt beträgt seit dem UntStFG immer 4/3 (100/75) der geleisteten Ausgleichszahlung, gleich, ob der OT oder die OG die Zahlung geleistet hat. Dieser Betrag unterliegt dem normalen Steuersatz (§ 23 Abs 1 KStG) von 25 % und ergibt sich aus der Ausgleichszahlung selbst (3/3 bzw. 100 % ./.

B 160

Hosfeld-Guber

25%) zzgl. der darauf lastenden Körperschaftsteuer von 25%, d.i. 1/3 (25/75) der Ausgleichszahlung.

B 161 Wird die Ausgleichszahlung von der OG geleistet, so vermindert sich das dem Organträger zuzurechnende Einkommen um diese 4/3 der geleisteten Ausgleichszahlung (vgl. Abschn. 63 Abs. 2 Satz 1 KStR). In dieser Höhe erwirtschaft die Organgesellschaft eigenes Einkommen. Hat der OT die Ausgleichszahlung geleistet, so vermindert sich das dem OT zuzurechnende Einkommen um die Körperschaftsteuer, die die Organgesellschaft auf die Ausgleichszahlung zu leisten hat (vgl. Abschn. 63 Abs. 2 Satz 3 Nr. 3 KStR; Witt, Die Organschaft im Ertragsteuerrecht, S. 262 ff.).

Beispiel zur Einkommensermittlung mit Ausgleichszahlung:
Die M-GmbH ist mit 90% an der T-GmbH beteiligt. Zwischen beiden besteht steuerliche Organschaft. Die restlichen 10% der Stammeinlagen werden vom Gesellschafter Y gehalten, der eine Ausgleichszahlung von 210 € beanspruchen kann. Das Geschäftsjahr der beiden Gesellschaften entspricht dem Kalenderjahr. Die T-GmbH hat im Geschäftsjahr 03 an den Organträger 1 250 € Gewinn abgeführt und zulässigerweise in die Gewinnrücklage 250 € eingestellt; ihr Jahresüberschuss beträgt 0 €. Verdeckte Gewinnausschüttungen / verdeckte Einlagen sind nicht erfolgt. Im abgeführten Gewinn sind nicht abziehbare Aufwendungen i. S. von § 10 Nr. 2 KStG von 70 € (KSt auf Ausgleichszahlung) und nicht abziehbare Betriebsausgaben i. S. von § 4 Abs. 5 Nr. 9 EStG von 210 € (Ausgleichszahlung an außenstehenden Gesellschafter Y) enthalten, die handelsrechtlich Aufwand bilden. Das Einkommen der T-GmbH sowie das dem OT zuzurechnende Einkommen ist folgendermaßen zu ermitteln (aus Vereinfachungsgründen bleibt der SolZ außer Betracht):

		€
Jahresüberschuss / Steuerbilanzergebnis		0
+ n.a. Aufwendungen (KSt auf AZ)		70
+ n.a. Betriebsausgabe (Ausgleichszahlung)		210
Zwischensumme		280
+ Gewinnabführung an OT (B-GmbH) aufgrund des GAV		1 250
+ Zuführung zu den Gewinnrücklagen		250
= Einkommen der Organgesellschaft		1 780
./. Ausgleichszahlung	210	
./. 1/3 der Ausgleichszahlung	70	280
= dem OT zuzurechnendes Einkommen		1 500
eigenes zu versteuerndes Einkommen der OG		280
darauf 25% KSt		70

Hosfeld-Guber

3. Die ertragsteuerliche Organschaft 231

Im Nichtorganschaftsfall hätte die T-GmbH ein steuerpflichtiges Einkommen von € 1 780. Besteht Organschaft mit der M-GmbH, so hat sie lediglich die Ausgleichszahlung zzgl. der darauf lastenden Körperschaftsteuer (4/3 von 210 € = 280 €) als eigenes Einkommen zu versteuern. Die Ausgleichszahlung ist als Verbindlichkeit und die darauf entfallende Körperschaftsteuer als Rückstellung zu passivieren. Das übrige Einkommen, das auch die nicht abgeführte Gewinnrücklage enthält, ist dem OT zuzurechnen. Das steuerliche Einlagekonto der T-GmbH erhöht sich um 250 €.

Für die weiteren Rechtsfolgen der Ausgleichszahlung ist von Bedeutung, um welche Art von Gewinnausschüttung es sich bei ihr handelt. Das Körperschaftsteuerrecht (§ 36 Abs. 2 Satz 1 KStG) unterscheidet zwischen   B 162

- Gewinnausschüttungen, die auf einem den gesellschaftsrechtlichen Vorschriften entsprechenden Gewinnverteilungsbeschluss für ein abgelaufenes Wirtschaftsjahr beruhen (sog. offene Ausschüttungen) und

- andere Ausschüttungen und sonstige Leistungen.

Erstere sind solche, die auf einem Beschluss gem. § 174 AktG bzw. §§ 42a Abs. 2, 46 Nr. 1 GmbHG über die Ergebnisverwendung beruhen. Unter die zweite Kategorie fallen insbesondere die verdeckten Gewinnausschüttungen oder die Gewinnabführung bei verunglückter Organschaft. Während unter dem alten Anrechnungsverfahren Ausgleichszahlungen wie offene Gewinnausschüttungen behandelt wurden (vgl. BFH v. 25. 7. 1961, BStBl III 1961, S. 483 sowie v. 27. 11. 1956, BStBl III 1957, S. 139), für die die Ausschüttungsbelastung herzustellen war (vgl. Abschn. 92 Abs. 3 KStR), hat die Finanzverwaltung klargestellt, dass organschaftliche Ausgleichszahlungen beim Übergang zum neuen Körperschaftsteuersystem *keine* Gewinnausschüttungen sind, die auf einem den gesellschaftsrechtlichen Vorschriften entsprechenden Gewinnausschüttungsbeschluss beruhen (BMF v. 22. 11. 2001, BStBl I 2001, S. 87). Das bedeutet, dass sie *keine* Minderung des KSt-Guthabens i. S. des § 37 Abs. 2 KStG auslösen, denn ein Anspruch auf KSt-Minderung ergibt sich nach dieser Vorschrift nur bei sog. offenen Ausschüttungen.

Ausgleichszahlungen sind beim Empfänger Einkünfte i. S. des § 20 Abs. 1 Nr. 1 KStG (vgl. Eilers/Schmidt, GmbHR 2003, S. 615, m. w. N.). Bei einer Kapitalgesellschaft als außenstehender Gesellschafter bleiben sie demgemäß steuerfrei (§ 8b Abs. 1 KStG), bei einer PersGes oder natürlichen Person als Gesellschafter unterliegen sie dem Halbeinkünfteverfahren (§ 3 Nr. 40 EStG).   B 163

Hosfeld-Guber

3.4.3 Besonderheiten bei der Einkommensermittlung der Organgesellschaft

3.4.3.1 Verlustvortrag, Verlustabzug i. S. des § 10d EStG

B 164 Hat die Organgesellschaft noch Verlustvorträge aus vororganschaftlicher Zeit, so kann sie während der Organschaft vom zuzurechnenden Einkommen keinen Verlustabzug i. S. des § 10d EStG vornehmen (§ 15 Nr. 1 KStG). Nicht ausgeglichene Verluste aus vorvertraglicher Zeit sind bis zur Beendigung der Organschaft und des GAV eingefroren; die OG kann sie nur mit nachvertraglichen eigenen Gewinnen ausgleichen. Ebenso wenig können Verluste aus vertraglicher Zeit zurückgetragen und mit Gewinnen aus vorvertraglicher Zeit ausgeglichen werden. Diese Verluste müssen vom OT ausgeglichen werden. Übernimmt der OT trotzdem zu Beginn der Organschaft durch eine verringerte Gewinnabführung vorvertragliche Verluste der Organgesellschaft, ist die Verlustübernahme bei der OG steuerlich als Einlage und beim Organträger als nachträgliche Anschaffungskosten auf seine Beteiligung zu werten (vgl. Abschn. 61 Abs. 1 Satz 2 und 3 KStR).

Übersicht: Verlustabzugsverbot nach § 10d EStG bei der Organgesellschaft

vorvertragliche Zeit	vertragliche Zeit (Organschaft)	nachvertragliche Zeit
Gewinne: • eigene Versteuerung • kein Ausgleich mit Verlusten in vertraglicher Zeit	**Gewinne:** • ungeschmälerte Abführung an OT (Ausnahme: Ausgleichszahlung) • keine Verrechnung des eigenen zu versteuernden Einkommens aus Ausgleichszahlungen mit vorvertraglichen Verlusten • kein Abzug vorvertraglicher Verluste	**Gewinne:** • eigene Versteuerung • Ausgleich mit Verlusten aus vorvertraglicher Zeit
Verluste: • Rücktrag oder • Vortrag in nachvertragliche Zeit	**Verluste:** • ungeschmälerte Übernahme durch OT • kein Rücktrag in vorvertragliche Zeit	**Verluste:** • kein Rücktrag in vertragliche Zeit • Vortrag

Hosfeld-Guber

3. Die ertragsteuerliche Organschaft

3.4.3.2 Bruttozurechnung des Einkommens gem. § 15 Nr. 2 KStG

Erhält eine Organgesellschaft als Anteilseignerin einer anderen in- oder ausländischen Kapitalgesellschaft Beteiligungserträge oder veräußert sie Anteile an Kapitalgesellschaften mit Gewinn, so sind diese Erträge als laufender Gewinn in der Ausgangsgröße des Einkommensermittlungsschemas, d. h. im steuerlichen Gewinn/Steuerbilanzergebnis der OG, enthalten. Nach dem allgemeinen Grundsatz der getrennten Einkommensermittlung von Organ und Organträger wären diese steuerfreien Erträge bei der Organ-GmbH aus dem dem OT zuzurechnenden Einkommen zu eliminieren und die damit zusammenhängenden nicht abzugsfähigen Betriebsausgaben dem Einkommen wieder hinzuzurechnen. Abweichend hiervon schreiben § 15 Satz 1 Nr. 2 Satz 1 und 2 KStG vor, dass § 8b Abs. 1–6 KStG bei der Organgesellschaft nicht anzuwenden ist, sondern die entsprechenden Erträge und Veräußerungsgewinne sowie die dazugehörigen Betriebsausgaben an den Organträger so weiterzureichen sind, wie sie buchhalterisch erfasst wurden (sog. *Bruttomethode*). Die endgültige steuerliche Behandlung der genannten Einnahmen und Ausgaben ist beim Organträger vorzunehmen und richtet sich daher nach dessen persönlichen Merkmalen, d. h. danach, ob er eine Kapitalgesellschaft oder ein Personenunternehmen ist. Im ersten Fall gilt beim OT für die zugerechneten Beteiligungserträge und Veräußerungsgewinne § 8b KStG (Steuerfreistellung) und für die damit zusammenhängenden Ausgaben § 8b Abs. 5 Satz 1 bzw. Abs. 3 Satz 1 KStG (pauschales 5 %-iges Abzugsverbot; s. o. RN B 21 und B 31), im zweiten Fall § 3 Nr. 40 EStG (hälftige Steuerfreistellung) und § 3c Abs. 2 EStG (hälftiges Abzugsverbot).

B 165

Beispiel:
Die A-GmbH (OG) ist an der außerhalb des Organkreises stehenden X-GmbH beteiligt und erhält im Wj 02 von dieser eine Gewinnausschüttung von 50 T€ (incl. Kapitalertragsteuer). Die mit der Beteiligung an der X-GmbH zusammenhängenden Finanzierungskosten der A-GmbH in 02 haben 15 T€ betragen. Der steuerliche Gewinn der A-GmbH – einschließlich der Beteiligungserträge – beträgt 150 T€. Darin sind die Finanzierungsaufwendungen und die Kapitalertragsteuer gewinnmindernd enthalten. OT ist die B-GmbH, deren eigenes Einkommen vor Ergebniszurechnung 200 T€ beträgt.

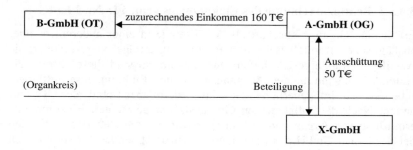

Das zuzurechnende Einkommen der A-GmbH (OG) setzt sich wie folgt zusammen:

steuerlicher Gewinn	150,00
+ nicht abzugsfähige KESt (§ 10 Nr. 2 KStG)	10,00
= zuzurechnendes Einkommen	160,00

Die steuerpflichtigen Einkünfte der B-GmbH (OT) ergeben sich folgendermaßen:

eigenes Einkommen	200,00
+ zuzurechnendes Einkommen	160,00
Zwischensumme	360,00
./. steuerfreie Dividende (§ 8b Abs. 1 KStG)	50,00
+ fiktive n. a. Betriebsausgaben (5% v. 50)	2,50
= zu versteuerndes Einkommen des OT	312,50

Die Kapitalertragsteuer, die die X-GmbH von der Dividende einbehalten hat, kann von der B-GmbH auf ihre Körperschaftsteuer angerechnet werden.

B 166 Hat die Organgesellschaft Ausschüttungen erhalten, die bei der leistenden Körperschaft (im obigen Beispiel: der X-GmbH), zu einer Körperschaftsteuer-Minderung gem. § 37 Abs. 2 KStG geführt hat, so erfolgt die Nachversteuerung gem. § 37 Abs. 3 Satz 2 KStG beim Organträger und nicht bei der Organgesellschaft (also im obigen Beispiel bei der B-GmbH). Nach der gleichen Vorschrift ist bei OT-Personengesellschaften eine Nachversteuerung (nur) vorzunehmen, sofern an ihr Körperschaften beteiligt sind.

B 167 Ist der Organträger eine natürliche Person bzw. eine Personengesellschaft, an der natürliche Personen beteiligt sind, wird die von der OG vereinnahmte und im zuzurechnenden Einkommen an den OT weiter geleitete Ausschüttung gem. § 3 Nr. 40 Satz 2 i. V. m. § 20 Abs. 3 EStG dem Halbeinkünfteverfahren unterworfen. Der Abzug der Betriebsausgaben, die mit

Hosfeld-Guber

diesen Einnahmen im Zusammenhang stehen, ist gem. § 3c Abs. 2 EStG gleichfalls nur zur Hälfte möglich. Sind an der OT-Personengesellschaft als Gesellschafter Kapitalgesellschaften beteiligt, so gilt die Steuerfreistellung gem. § 8b Abs. 6 KStG auch für die über die OT mittelbar bezogenen Dividendeneinnahmen und Gewinne aus der Veräußerung von Anteilen an inländischen Kapitalgesellschaften.

Abwandlung des Beispiels:
Der Organträger ist eine natürliche Person. Die steuerpflichtigen Einkünfte des OT-Einzelunternehmers ergeben sich folgendermaßen:

eigenes Einkommen	200,00
+ zuzurechnendes Einkommen	160,00
Zwischensumme	360,00
./. $^{1}/_{2}$ steuerfreie Dividende (§ 3 Nr. 40 Satz 2 EStG)	25,00
+ $^{1}/_{2}$ Finanzierungskosten (§ 3c Abs. 2 EStG)	7,50
= zu versteuerndes Einkommen des OT	337,50

Die Kapitalertragsteuer, die die X-GmbH von der Dividende einbehalten hat, kann vom Einzelunternehmer in voller Höhe auf seine Einkommensteuer angerechnet werden. Bei einem Einzelunternehmer ist die Nachversteuerungsregel des § 37 KStG nicht anzuwenden.

Durch das StVergAbG v. 16. 5. 2003 wurde der Anwendungsbereich von § 15 KStG ausgeweitet. Nunmehr bleiben auch

- nach einem DBA steuerfrei gestellte Gewinne aus der Beteiligung an einer ausländischen Gesellschaft (§ 15 Satz 2 KStG) sowie
- Übernahmegewinne i. S. des § 4 Abs. 7 UmwStG, die bei der Umwandlung einer Kapital- in eine Personengesellschaft entstehen, bei der die Organgesellschaft Mitunternehmerin ist,

im zuzurechnenden Einkommen der Organgesellschaft enthalten. Das DBA-Schachtelprivileg sowie § 4 Abs. 7 UmwStG sind erst auf der Ebene des Organträgers nach Maßgabe seiner steuerlichen Qualität anzuwenden. Ist der Organträger eine Personengesellschaft mit natürlichen Personen als Gesellschafter, gilt das Halbeinkünfteverfahren, in allen anderen Fällen sind die Gewinne steuerfrei gestellt. Nicht geregelt hat der Gesetzgeber die Frage eines Übernahmeverlustes i. S. des § 4 Abs. 6 UmwStG sowie von Aufwendungen im Zusammenhang mit den Übernahmegewinnen. Beide werden deshalb bei der Einkommensermittlung der Organgesellschaft berücksichtigt, d. h. sie bleiben bei deren Einkommensermittlung außer Ansatz (vgl. Rödder/Schumacher, DStR 2003, S. 810).

Hosfeld-Guber

3.4.3.3 Mehr- oder Minderabführungen

3.4.3.3.1 Begriff und sachlicher Geltungsbereich

B 169 Wie sich aus dem Schema der Einkommensermittlung beim Organ und den Erläuterungen hierzu ergibt, kann es zu Abweichungen zwischen dem Betrag der handelsrechtlichen Gewinnabführung bzw. Verlustübernahme und der Höhe des steuerlich zuzurechnenden Einkommens kommen. Ist der handelsrechtlich abgeführte Gewinn niedriger als das dem OT steuerlich zuzurechnende Einkommen, spricht man von einer Minderabführung, ist der handelsrechtlich abgeführte Gewinn höher als das steuerlich zuzurechnende Einkommen, von einer Mehrabführung (vgl. zum Folgenden Witt, Die Organschaft im Ertragsteuerrecht, S. 166 ff.; Kußmaul/Richter, DStR 1999, S. 1718 ff.).

B 170 Im Gesetz ist eine Definition der Begriffe Mehr- bzw. Minderabführung nicht enthalten, sondern lediglich eine der Hauptursachen für eine Minderabführung genannt (§ 27 Abs. 6 Satz 2 KStG), nämlich die vom Organ gebildeten, zulässigen Rücklagen (§ 14 Abs. 1 Nr. 4 KStG). Diese sind im zuzurechnenden Einkommen enthalten, werden aber handelsrechtlich nicht abgeführt. Dementsprechend ergibt sich bei Auflösung und handelsrechtlicher Abführung dieser Rücklagen eine Mehrabführung; der OT erhält eine entsprechende Gewinnabführung, jedoch keine erneute Einkommenszurechnung, da die Rücklagen bereits versteuert sind. Im Fall der Rücklagenbildung führt die handelsbilanzielle Minderabführung an den Organträger zu einer steuerlichen Vermögensmehrung bei der Organ-GmbH, wie umgekehrt die Auflösung und Abführung (Mehrabführung) eine steuerliche Vermögensminderung bei der Organgesellschaft nach sich zieht.

B 171 Weitere Gründe für Differenzen zwischen dem handelsrechtlich abgeführten Gewinn und dem zuzurechnenden Einkommen resultieren aus der steuerlichen Einkommensermittlung bei der Organgesellschaft. So mindert sich das handelsrechtlich abzuführende Ergebnis zum Beispiel, wenn der Organ-GmbH nicht abziehbare Betriebsausgaben i. S. des § 4 Abs. 5 EStG oder nicht abziehbare Aufwendungen i. S. des § 10 KStG entstanden sind, während das dem OT steuerlich zuzurechnende Einkommen davon unberührt bleibt bzw. das bilanzielle Ergebnis der Organ-GmbH außerbilanziell um die nichtabziehbaren Beträge erhöht wird. Die umgekehrte Wirkung ergibt sich, wenn Einnahmen (außer den in § 15 KStG Genann-

Hosfeld-Guber

3. Die ertragsteuerliche Organschaft

ten) steuerbefreit sind, etwa bei nach einem DBA steuerbefreiten Gewinnen aus einer ausländischen Betriebsstätte. Diese sind nicht mehr im zuzurechnenden Einkommen enthalten, während sie handelsrechtlich abzuführen sind. Schließlich weichen handelsbilanzieller Jahresüberschuss bzw. -fehlbetrag und steuerbilanzielles Ergebnis voneinander ab, wenn unterschiedliche Ansatz- und Bewertungsvorschriften in Handels- und Steuerbilanz (z. B. Drohverlustrückstellung, Abzinsung von Rückstellungen und Verbindlichkeiten, Abschreibungsverbote) zu beachten sind.

Übersicht (vgl. Witt, Die Organschaft im Ertragsteuerrecht, S. 168 f.; Kußmaul/Richter, DStR 1999, S. 1719 f.):

Minderabführungen	Mehrabführungen
Gewinnabführung < zuzurechnendes Einkommen bzw. Verlustübernahme > zuzurechnendes Einkommen	Gewinnabführung > zuzurechnendes Einkommen bzw. Verlustübernahme < zuzurechnendes Einkommen

Beispiele:
• Einstellung in die Gewinnrücklagen
• vom Handelsrecht abweichende steuerliche Ansatz- und Bewertungsvorschriften z. B.
  – Bilanzierung Herstellungskosten zur Wertuntergrenze in der HB
  – Bildung Drohverlustrückstellung
  – Nichtaktivierung Disagio
  – Nichtaktivierung Firmenwert
• steuerlich nicht abziehbare Betriebsausgaben/Aufwendungen
	Beispiele:
	• Auflösung von Gewinnrücklagen
	• vom Handelsrecht abweichende steuerliche Ansatz- und Bewertungsvorschriften, z. B.
	  – Auflösung früher gebildeter Abweichungen (z. B. Abschreibung Firmenwert/Disagio in StB, wenn in HB nicht aktiviert)
	  – Aktivierung Ingangsetzungsaufwendungen in HB
	• steuerfreie Betriebseinnahmen/Erträge

= steuerliches Mehrvermögen • Erhöhung Aktivposten • Verringerung Passivposten in Steuerbilanz	= steuerliches Mindervermögen • Verringerung Aktivposten • Erhöhung Passivposten in Steuerbilanz

3.4.3.3.2 Steuerliches Einlagenkonto und organschaftliche Minder- und Mehrabführung

B 172 Nach § 27 Abs. 6 Satz 1 KStG erhöhen Minderabführungen und vermindern Mehrabführungen das steuerliche Einlagenkonto der Organgesellschaft, wenn sie in organschaftlicher Zeit verursacht sind. Die Frage, ob das steuerliche Einlagenkonto auch von Mehr- oder Minderabführungen tangiert wird, die ihre Ursache in vororganschaftlicher Zeit haben, kann aus dem Wortlaut des Gesetzes nicht eindeutig beantwortet werden (vgl. hierzu bejahend Stadler/Elser, DB 2002, Beil. Nr. 1/2002, S. 49 sowie Rosenberg, DB 2002, Beil. Nr. 1/2002, S. 53).

B 173 Durch die gesetzliche Anordnung in § 27 Abs. 6 KStG, Minderabführungen als Erhöhung des steuerlichen Einlagenkontos zu erfassen, werden diese wie eine Einlage durch den Organträger in das Vermögen der Organgesellschaft behandelt (vgl. Frotscher in Frotscher/Maas, KStG, § 27, Rz 71). Mehrabführungen, die das Eigenkapital bzw. das steuerliche Einlagenkonto mindern, werden wie eine Einlagenrückgewähr (und nicht wie eine Ausschüttung) behandelt, so dass eine Erstattung von Körperschaftsteuerguthaben nach § 37 Abs. 2 KStG ausgeschlossen ist (vgl. Rödder, in: Herzig (Hrsg.) Unternehmenssteuerreform, S. 144; Dötsch/Pung, DB 2000, Beilage 10, S. 14 f.).

B 174 Nach herrschender Meinung sind nicht alle Abweichungen zwischen dem handelsrechtlich abgeführten Gewinn und dem steuerlich zuzurechnenden Einkommen auf dem Einlagenkonto zu erfassen, sondern nur jene, die sich auch auf das steuerliche Vermögen auswirken (vgl. Rosenberg, DB 2002, Beilage 1 v. 15. 2. 2002, S. 52; Frotscher in Frotscher/Maas, KStG, § 14, Rz 233). Differenzen aufgrund außerbilanziell vorgenommener Korrekturen, wie sie bei nichtabziehbaren Betriebsausgaben und steuerfreien Einnahmen entstehen, sind dementsprechend nicht über das Einlagenkonto zu verrechnen. Sie führen nicht zu tatsächlichen Minder- oder Mehrabführungen an den Organträger und erhöhen/vermindern deshalb das bilanzielle Eigenkapital der Organgesellschaft in der Steuerbilanz nicht. Folgt man dieser Auffassung, sind auf dem steuerlichen Einlagenkonto bei der Organ-GmbH nur folgende Mehr- oder Minderabführungen zu berücksichtigen (vgl. Frotscher in Frotscher/Maas, KStG, § 14, Rz. 234; Rödder/Schumacher, DStR 2001, S. 1687 f.):

- Bildung (Minderabführung) oder Auflösung und Abführung (Mehrabführung) versteuerter Rücklagen;

Hosfeld-Guber

3. Die ertragsteuerliche Organschaft

- Bildung (Minderabführung) oder Verbrauch und Auflösung (Mehrabführung) handelsrechtlich zulässiger, aber steuerlich unzulässiger Rückstellungen;
- Sonstige Abweichungen im Wertansatz von Aktiv- oder Passivposten (z. B. unterschiedliche AfA oder außerplanmäßige Abschreibungen).

Die steuerliche Behandlung der Mehr- oder Minderabführungen beim Organträger ist zwar – wie bisher – gesetzlich nicht geregelt. Jedoch schreibt die Finanzverwaltung in diesen Fällen die Bildung von sog. *Ausgleichsposten* vor (BMF-Schreiben vom 26. 8. 2003, DB 2003, S. 1982, Rz 43; vgl. auch unten RN B 194 ff.). B 175

3.4.3.3.3 Vororganschaftlich verursachte Mehrabführungen

Führt eine Organ-GmbH Gewinn- oder Kapitalrücklagen an den OT ab, die aus vororganschaftlicher Zeit stammen, gilt der GAV als nicht durchgeführt (Abschn. 55 Abs. 4, Abschn. 64 Abs. 4 KStR). Die Organ-GmbH darf jedoch solche Rücklagen, die in der Vergangenheit von ihr selbst und mangels Organschaft nicht vom OT versteuert wurden, außerhalb des Gewinnabführungsvertrags an den OT ausschütten. In diesem Fall ist § 14 KStG nicht anzuwenden, vielmehr gelten die allgemeinen Regeln der Dividendenbesteuerung (vgl. Abschn. 55 Abs. 4 Satz 4 und 5 KStR). Beim Organträger liegen dann Bezüge i. S. des § 20 Abs. 1 Nr. 1 EStG vor, die – je nach seiner Rechtsform – gem. § 8b Abs. 1 Satz 1 KStG von der Körperschaftsteuer ganz bzw. gem. § 3 Nr. 40 EStG von der Einkommensteuer zur Hälfte freigestellt werden. Vororganschaftlich verursachte handelsrechtliche Mehrabführungen, die steuerlich als Gewinnausschüttung qualifiziert werden, können kein Körperschaftsteuerguthaben mobilisieren, da gem. § 37 Abs. 1 Satz 1 KStG nur offene Gewinnausschüttungen zu einer Körperschaftsteuerminderung führen, und Mehrabführungen als sog. ‚andere Ausschüttungen' zu qualifizieren sind (vgl. Dötsch/Pung, DB 2000, Beilage 10, S. 14 f.; Romani/Maier, DStR 2000, S. 1948). B 176

Mit Urteil v. 18. 12. 2002 (BFH/NV 2003, S. 572) hat der BFH entschieden, dass entgegen Abschn. 59 Abs. 4 Satz 3 KStR vororganschaftlich verursachte Mehrabführungen einer Organgesellschaft an ihren Organträger keine Gewinnausschüttungen i. S. von § 8 Abs. 3 KStG, sondern Gewinnabführungen i. S. der §§ 14 ff. KStG darstellen. Hierbei geht es nicht um die Auflösung vorvertraglicher Rücklagen, sondern um handelsrechtliche Mehrabführungsbeträge, die sich dadurch ergeben, dass abweichende B 177

Hosfeld-Guber

Wertansätze von Aktiv- oder Passivposten aus vororganschaftlicher Zeit (wegen unterschiedlicher Ansatz- und Bewertungsvorschriften in Handels- und Steuerbilanz) in organschaftlicher Zeit mit umgekehrtem Vorzeichen abgewickelt werden, so z. B., wenn in vororganschaftlicher Zeit in der Handelsbilanz eine steuerlich nicht anerkannte Rückstellung gebildet wurde, die in organschaftlicher Zeit verbraucht oder aufgelöst wird. Nach Auffassung des BFH sind solche Mehrabführungen – ähnlich den Gewinnen aus der innerorganschaftlichen Auflösung vororganschaftlich gelegter stiller Reserven – der organschaftlichen Zeit zuzuordnen, d. h. nicht in vororganschaftlicher, sondern in organschaftlicher Zeit entstanden. Sie werden daher von der handels- und steuerrechtlichen Gewinnabführungsverpflichtung erfasst.

3.4.3.4 Konzernsteuerumlagen

B 178 Die Steuern, die der Organträger schuldet, betreffen den ganzen Konzern und Organkreis und sind von der Ertragssituation der beteiligten Gesellschaften mitverursacht. Daher kann es aus betriebswirtschaftlicher und zivilrechtlicher Sicht sinnvoll und geboten sein, die Organgesellschaft mit einer Steuerumlage zu belasten bzw. mit einer -gutschrift an der durch sie eingetretenen Steuerersparnis partizipieren zu lassen (vgl. Simon, DStR 2000, S. 432 ff.; Marx, DB 1996, S. 951 ff.). Während Steuerumlagen bisher vor allem im Rahmen der gewerbesteuerlichen Organschaft handels-, gesellschafts- und steuerrechtliche Bedeutung hatten, ist nunmehr – nach dem generellen Erfordernis eines GAV bei Organschaft – die praktische Relevanz der Umlage gering. Sowohl bei körperschaftsteuerlicher als auch bei gewerbesteuerlicher Organschaft muss der gesamte Gewinn an den OT abgeführt bzw. der gesamte Verlust vom OT ausgeglichen werden, so dass sich Steuerumlagen lediglich als eine Form der Ergebnisabführung darstellen; Letztere setzt sich dann zusammen aus einem Umlage- und einem Abführungsbetrag (vgl. Kleindiek, DStR 2000, S. 559; Simon, DStR 2000, S. 432, Fn 13, m. w. N.). Am zuzurechnenden Einkommen und an der steuerlichen Bemessungsgrundlage ändert sich durch Steuerumlagen nichts.

3.4.4 Die steuerliche Haftung der Organgesellschaft

B 179 Die Organgesellschaft bleibt grundsätzlich subjektiv körperschaftsteuerpflichtig (vgl. BFH v. 29. 10. 1974, BStBl II 1975, S. 126), wenngleich sie

Hosfeld-Guber

bis auf eventuelle Ausgleichszahlungen an Minderheitsgesellschafter i. d. R. kein eigenes Einkommen und deshalb keine Körperschaftsteuer zu entrichten hat. Sie haftet nach § 73 Satz 1 AO für solche Steuern des Organträgers, für welche die Organschaft zwischen ihnen steuerlich von Bedeutung ist, mithin für die Körperschaftsteuer, Gewerbesteuer und Umsatzsteuer. Den Steuern stehen die Ansprüche auf Erstattung von Steuervergütungen gleich (§ 73 Satz 2 AO).

Mit dieser Haftung soll sichergestellt werden, dass die von der Organgesellschaft verursachte, jedoch durch die Organschaft auf den Organträger verlagerte Steuer letztlich auch dann entrichtet wird, wenn der Organträger vermögenslos geworden ist (vgl. Gehm, BuW 2003, S. 406). Organgesellschaft und Organträger sind Gesamtschuldner i. S. des § 44 AO; jedoch ist die Haftung der Organgesellschaft gem. § 219 Satz 1 AO subsidiär. Ob die Organgesellschaft aus der Haftung nach § 73 AO in Anspruch genommen wird, liegt im Ermessen der Finanzbehörde (§§ 191 Abs. 1 Satz 1, § 5 AO). B 180

Die Haftung beschränkt sich nicht auf Steuern, die rechnerisch auf die Organgesellschaft entfallen; die OG haftet vielmehr auch für Steuern, die der OT verursacht hat (vgl. Nöcker, INF 2001, S. 650, m. w. N.). Umfasst der Organkreis mehr als eine Organgesellschaft, so sind gem. § 44 AO alle Gesellschaften des Organkreises Gesamtschuldner. Danach würde sich die Haftung der Organgesellschaft auch auf Steuern erstrecken, die durch andere Organgesellschaften entstanden sind. Dagegen wird eingewandt, dass ein solcher Haftungsumfang über die gesetzgeberische Intention für den haftungsbegründenden Tatbestand – Sicherung des Steueraufkommens, das ohne Organschaft von der Organgesellschaft aufgebracht worden wäre – hinausgehe und es daher im Regelfall ermessensfehlerhaft wäre, wenn die Organgesellschaft für Steuern in Anspruch genommen werden würde, die durch eine andere Organgesellschaft verursacht wurden (vgl. Gehm, BuW 2003, S. 406, m. w. N.). B 181

3.4.5 Einkommensermittlung beim Organträger

3.4.5.1 Allgemeines

Der Organträger hat zunächst sein eigenes steuerliches Einkommen zu ermitteln. Schematisch ergeben sich folgende Schritte: B 182

Hosfeld-Guber

Steuerlicher Gewinn / Steuerbilanzergebnis (§ 60 Abs. 2 Satz 1 oder 2 EStDV)
+ / – nicht abziehbare Betriebsausgaben, steuerfreie Betriebseinnahmen
(+ / – verdeckte Gewinnausschüttung / verdeckte Einlagen)
– / + Gewinnabführung der OG / Verlustausgleich an die OG
+ / – Aufwand / Ertrag aus der Auflösung oder Bildung von Ausgleichsposten
= eigenes Einkommen des Organträgers
+ / – zuzurechnendes positives / negatives Einkommen der OG
= vom Organträger zu versteuerndes Einkommen

B 183 Die Einkommensermittlung beim OT erfolgt nach den allgemeinen Vorschriften des EStG und KStG (§§ 4, 5 EStG, § 8 KStG), so dass die steuerlichen Zu- und Abrechnungen (nichtabziehbare Aufwendungen und Betriebsausgaben, steuerfreie Vermögensmehrungen/Betriebseinnahmen, eigener Spendenhöchstbetrag) entsprechend vorzunehmen sind.

B 184 Ist der Organträger eine Kapitalgesellschaft und hat er an seine Gesellschafter verdeckte Gewinnausschüttungen vorgenommen, so sind die hierdurch verursachten zu niedrigen Erträge oder zu hohen Aufwendungen außerhalb der Bilanz entsprechend zu berichtigen. Verdeckte Einlagen von Anteilseignern der Organträger-Kapitalgesellschaft dürfen das Einkommen nicht erhöhen und sind außerbilanziell vom Steuerbilanzergebnis zu kürzen. Von diesen verdeckten Gewinnausschüttungen und verdeckten Einlagen sind jene zu unterscheiden, die innerhalb des Organschaftskreises erfolgen, d. h. aus unausgewogenen Leistungsbeziehungen zwischen Organ und Organträgern resultieren. Diese waren bereits im zuzurechnenden Einkommen der Organgesellschaft berichtigt worden und würden ohne Korrektur wegen der Addition der beiden Einkommen beim OT doppelt erfasst. Daher muss im Einkommensermittlungsschema des Organträgers eine gegenläufige Kürzung bzw. Hinzurechnung der Beträge erfolgen, die bereits bei der Ermittlung des zuzurechnenden Organeinkommens hinzugerechnet bzw. gekürzt wurden (vgl. Abschn. 58 Abs. 3 KStR).

B 185 Leistungsbeziehungen zwischen OG und Organträger zu einem angemessenen Entgelt lösen die üblichen Steuerfolgen aus, d. h. sie führen aufgrund der rechtlichen Selbständigkeit von OT und OG zur Gewinnrealisierung, die beim OT besteuert wird, wenn etwa bei der Veräußerung von Wirtschaftsgütern innerhalb des Organkreises stille Reserven aufgedeckt werden.

Hosfeld-Guber

3. Die ertragsteuerliche Organschaft

Da die vom Organ erhaltene handelsbilanzielle Gewinnabführung bzw. die dem Organ ausgeglichenen Verluste gem. § 277 HGB als Erträge und Aufwendungen aufgrund eines Gewinnabführungsvertrags in der Gewinn- und Verlustrechnung gesondert zu erfassen sind, sind diese Beträge im Steuerbilanzgewinn des OT enthalten. Wird dem Organträger darüber hinaus das Einkommen der Organ-GmbH zur Versteuerung zugerechnet, ergibt sich zwangsläufig eine doppelte Erfassung. Um diese zu vermeiden, ist daher außerbilanziell das Steuerbilanzergebnis des OT um die handelsrechtliche Gewinnabführung zu kürzen bzw. um den Verlustausgleich zu erhöhen. B 186

Weder die Gewinnabführung noch die Zurechnung des Einkommens der Organgesellschaft ist für den Organträger eine Ausschüttung (vgl. BFH v. 18. 12. 2002, BFH/NV 2003, S. 572). Weil der OT von der OG keine von der Steuer freigestellten Ausschüttungen bzw. Dividenden erhält, sondern zugerechnetes und aufgrund eines Gewinnabführungsvertrags abgeführtes steuerpflichtiges Einkommen der Organgesellschaft, steht – jedenfalls in einstufigen Konzernen – nach gegenwärtiger Rechtslage und ganz überwiegender Meinung des Schrifttums, die uneingeschränkte Abzugsfähigkeit von Finanzierungs- und Verwaltungskosten, die dem Organträger im Zusammenhang mit seiner Beteiligung an der Organgesellschaft entstanden sind, außer Frage (vgl. stellvertretend für viele Rödder in: Herzig [Hrsg.], Unternehmenssteuerreform, S. 133; Wochinger in: Herzig [Hrsg.], Unternehmenssteuerreform, S. 157; zur Diskussion um die Minderheitsmeinung von Thiel, DB 2002, S. 1340 ff. vgl. die Beiträge von Rödder/Schumacher, DStR 2002, S. 1163 ff.; Frotscher/Berg/Pannen/Stifter/Thiel, DB 2002, S. 1522 ff.; Beinert/Mikus, DB 2002, S. 1467 ff.; Harle, BB 2003, S. 184 ff.). B 187

3.4.5.2 Besonderheiten

3.4.5.2.1 Kapitalerträge und Beteiligungsveräußerung

Hat der Organträger von einer Tochterkapitalgesellschaft, die nicht zum Organkreis gehört, Ausschüttungen erhalten oder hat er aus der Veräußerung von Anteilen an einer solchen Gesellschaft Gewinne erzielt, so gelten die Regeln der Steuerfreistellung nach § 8b Abs. 1 und 2 KStG bei der OT-Kapitalgesellschaft bzw. des Halbeinkünfteverfahrens nach § 3 Nr. 40 EStG bei dem OT-Personenunternehmen mit den entsprechenden Ausgabenabzugsverboten nach § 3c Abs. 2 EStG und § 8b Abs. 5 bzw. Abs. 3 KStG. Diese Vorschriften sind beim Organträger gem. § 15 Nr. 2 KStG B 188

Hosfeld-Guber

auch dann anzuwenden, wenn ihm in- oder ausländische Dividenden im Rahmen des Gewinnabführungsvertrags von einer Organgesellschaft zufließen, die von dieser vereinnahmt wurden.

B 189 Das je nach Rechtsform pauschale oder hälftige Betriebsausgabenabzugsverbot, das gemäß § 15 Nr. 2 KStG beim Organträger greift, betrifft nur die Ausgaben, die bei der Organgesellschaft im Zusammenhang mit der Beteiligung an der ausschüttenden Gesellschaft angefallen und im zuzurechnenden Einkommen enthalten sind; beim OT entstandene Betriebsausgaben im Zusammenhang mit der Organbeteiligung sind voll abzugsfähig (s. o. RN B 187). Ob im Falle des mittelbaren Dividendenbezugs auch Ausgaben des Organträgers, die ihm im Zusammenhang mit der Beteiligung an der Tochter- oder Enkelgesellschaft entstanden sind, von der Abzugsbeschränkung des § 3c EStG betroffen sind, ist nach Meinung des Schrifttums nicht auszuschließen (vgl. Ottersbach, NWB F. 4, S. 4642 f.).

B 190 Enthält das dem OT zuzurechnende Einkommen der Organgesellschaft Dividenden oder andere Einnahmen, von denen ein Steuerabzug vorgenommen wurde (z. B. Kapitalertrag-, Zinsabschlagsteuer), so sind die einbehaltenen Steuerbeträge auf die Körperschaft- bzw. Einkommensteuersteuerschuld des OT, oder wenn der OT eine Personengesellschaft ist, anteilig auf die Körperschaftsteuer oder Einkommensteuer der Gesellschafter anzurechnen (§ 19 Abs. 5 KStG).

B 191 Zu beachten ist, dass die Steuerbetragserhöhung gem. § 37 Abs. 3 Satz 1 KStG (s. u. RN B 23) auch im Fall der Organschaft anfällt (§ 37 Abs. 3 Satz 2 KStG): Hat eine Organträger-Körperschaft Beteiligungserträge zugerechnet bekommen, die die Organgesellschaft empfangen und im Rahmen der Gewinnabführung weitergereicht hat oder werden ihr die entsprechenden Bezüge zugerechnet, weil sie an einer Personengesellschaft beteiligt ist, die Organträger ist, wird die sog. Nachsteuer beim OT erhoben, dem gleichzeitig ein Körperschaftsteuerguthaben in dieser Höhe entsteht (vgl. Stadler/Elser, DB, Beilage Nr. 1/2002, S. 51).

B 192 Die Steuerfreistellung bei OT-Kapitalgesellschaften bzw. das Halbeinkünfteverfahren bei OT-Personenunternehmen gilt ausdrücklich auch für Gewinne aus der Veräußerung von Anteilen an Organgesellschaften i. S. der §§ 14, 17 oder 18 KStG sowie für Gewinne aus der Auflösung von Kapitalgesellschaften und aus Kapitalherabsetzungen (§ 8b Abs. 2 Satz 1 KStG, § 3 Nr. 40 Satz 1 Buchst. a und b EStG). Außer Ansatz bei der Ermittlung des Einkommens bleiben auch Erträge aus Wertaufholungen bei

Hosfeld-Guber

3. Die ertragsteuerliche Organschaft

Anteilen an Kapitalgesellschaften, es sei denn die frühere Teilwertabschreibung war steuerwirksam; dann gilt insoweit die Steuerpflicht des Veräußerungsgewinns (§ 8b Abs. 2 Satz 2 KStG). Die Steuerfreistellung von Veräußerungsgewinnen an OT-Kapitalgesellschaften wird u. a. auch dann versagt, wenn es sich um einbringungsgeborene Anteile handelt und die Veräußerung innerhalb von sieben Jahren nach der Einbringung erfolgt (§ 8b Abs. 4 Satz 1 Nr. 1, Satz 2 Nr. 1 KStG).

Mit der Steuerfreistellung bzw. dem Halbeinkünfteverfahren für die Veräußerungsgewinne gehen Abzugsbeschränkungen für Gewinnminderungen im Zusammenhang mit diesen Anteilen einher (§ 8b Abs. 3 Satz 3 KStG, § 3c Abs. 2 EStG). Davon betroffen sind insbesondere Veräußerungsverluste, Verluste aus der Auflösung der Gesellschaft, der Herabsetzung ihres Nennkapitals sowie Teilwertabschreibungen auf die Anteile (vgl. BMF-Schreiben v. 28. 4. 2003, DStR 2003, S. 881 Rz 26). Für sie gilt: B 193

- sie werden bei der steuerlichen Gewinnermittlung des OT gar nicht berücksichtigt, wenn dieser dem KStG unterliegt (§ 8b Abs. 3 KStG),
- sie dürfen bei der Ermittlung der Einkünfte nur zur Hälfte abgezogen werden, wenn OT eine natürliche Person oder Personengesellschaft ist (§ 3c Abs. 2 EStG). Dies gilt ausdrücklich auch für abführungsbedingte Wertminderungen des Anteils an einer Organgesellschaft (§ 3c Abs. 2 Satz 2 EStG) nach dem sog. Organschaftsmodell (vgl. Blumers/Beinert/Witt, DStR 2001, S. 1741), das nach überwiegender Auffassung des Fachschrifttums damit gegenstandslos geworden ist (vgl. z. B. Clausen, DB, Beilage Nr. 1/2002, S. 27).

Veräußerungskosten fallen nicht unter das Abzugsverbot für Gewinnminderungen; sie können in voller Höhe abgezogen werden, wenn der OT eine Kapitalgesellschaft ist (s. o. RN B 31) und zur Hälfte, wenn der OT ein Personenunternehmen ist (§ 3c Abs. 2 EStG).

3.4.5.2.2 Aktiver und passiver Ausgleichsposten

Wie oben unter RN B 169 ff. dargestellt, kann es aufgrund der Bildung und Auflösung von Gewinnrücklagen sowie von unterschiedlichen handels- und steuerrechtlichen Bilanzierungs- und Bewertungsvorschriften oder nichtabziehbaren Aufwendungen/steuerfreien Erträge zu Abweichungen zwischen handelsrechtlich abgeführtem Gewinn und steuerlich zuzurechnendem Einkommen und damit zu handelsbilanziellen Minder- oder Mehrabführungen kommen. Solche Differenzen schlagen sich bei B 194 der Organgesellschaft in einer Erhöhung oder Verminderung des steuerlichen Einlagenkontos nieder. Beim Organträger muss in diesen Fällen gem. Abschn. 59 Abs. 1 und 2 KStR 1995 sowie BMF-Schreiben vom 26. 8. 2003, DB 2003, S. 1982, Rz 43 ein besonderer steuerlicher Ausgleichsposten gebildet bzw. aufgelöst werden, und zwar ein aktiver Ausgleichsposten, wenn die handelsbilanzielle Gewinnabführung niedriger als das zuzurechnende Einkommen ist und ein passiver Ausgleichsposten, wenn die Gewinnabführung höher als das zuzurechnende Einkommen ist. Der Ausgleichsposten entfällt, wenn die Abweichungen zwischen handelsrechtlicher Ergebnisübernahme und steuerlich zuzurechnendem Einkommen die Folge vororganschaftlicher Geschäftsvorfälle sind (vgl. Abschn. 59 Abs. 3 KStR).

Übersicht:

Aktiver Ausgleichsposten	Passiver Ausgleichsposten
Bildung: handelsbilanzielle *Minderabführung* **Buchung:** aktiver Ausgleichsposten an Ertrag **Auflösung:** handelsbilanzielle *Mehrabführung* **Buchung:** Aufwand an aktiven Ausgleichsposten	**Bildung:** handelsbilanzielle *Mehrabführung* **Buchung:** Aufwand an passiven Ausgleichsposten **Auflösung:** handelsbilanzielle *Minderabführung* **Buchung:** passiver Ausgleichsposten an Ertrag
(stl. Mehrvermögen, Erhöhung stl. Einlagenkonto bei OG § 27 Abs. 6 KStG)	(stl. Mindervermögen, Verminderung stl. Einlagenkonto bei OG § 27 Abs. 6 KStG)

B 195 Ein aktiver Ausgleichsposten ist beim Organträger z. B. anzusetzen, wenn die Organgesellschaft Beträge in die Gewinnrücklagen einstellt oder in der Handelsbilanz einen Aktivposten niedriger bzw. einen Passivposten höher als in der Steuerbilanz ausweist, etwa durch Nichtaktivierung eines Damnums oder Bildung einer Drohverlustrückstellung. Zweck der – einkommensneutralen – Bildung des Ausgleichspostens war es in der Vergangenheit, im Fall der Veräußerung der Organbeteiligung eine nochmalige Besteuerung dieser Beträge zu verhindern (vgl. Kußmaul/Richter, DStR 1999, S. 1719). Die ausschließlich in der Steuerbilanz vorzunehmende Buchung erhöht den Steuerbilanzgewinn; zur Neutralisierung ist diese Ge-

3. Die ertragsteuerliche Organschaft

winnerhöhung bei der Einkommensermittlung des OT außerbilanziell wieder zu kürzen. Ist die handelsbilanzielle Ergebnisabführung höher als das steuerliche Einkommen, ist in der Steuerbilanz ein passiver Ausgleichsposten zu bilden. Das gilt z. B. bei Vereinnahmung einer steuerfreien Investitionszulage oder der Bilanzierung von Ingangsetzungsaufwendungen gem. §§ 269, 282 HGB durch die OG. Der passive Ausgleichsposten soll verhindern, dass Gewinnabführungsdifferenzen, d. h. Teile des Organeinkommens, steuerlich überhaupt nicht erfasst bzw. doppelt entlastet werden (vgl. Kußmaul/Richter, DStR 1999, S. 1720).

Die Einstellung in den Ausgleichsposten ist in Höhe des Teils der Gewinnabführungsdifferenz vorzunehmen, der dem Verhältnis der Beteiligung des OT am Nennkapital der Organgesellschaft entspricht (Abschn. 59 Abs. 1 Satz 3, Abs. 2 KStR). Die nur quotale Zuführung begründet sich daraus, dass der OT am steuerlichen Mehr- oder Mindervermögen der OG lediglich im Umfang seiner Beteiligungsquote partizipiert und deshalb auch nur ein anteiliger Veräußerungsgewinn zu neutralisieren ist (vgl. BFH v. 24. 7. 1996, BStBl II 1996, S. 614). — B 196

Bei der Auflösung des Ausgleichspostens beim OT sind zwei Fälle zu unterscheiden (vgl. Kußmaul/Richter, DStR 1999, S. 1721): — B 197

1. Der Ausgleich zwischen Ergebnisabführung und zuzurechnendem Einkommen findet vor der Veräußerung der Organbeteiligung statt.

2. Der Ausgleich zwischen Ergebnisabführung und zuzurechnendem Einkommen findet nicht vor der Veräußerung der Organbeteiligung statt.

Vor der Veräußerung der Organbeteiligung ergibt sich z. B. eine Auflösung des aktiven Ausgleichspostens entweder dadurch, dass die Organgesellschaft Rücklagen ganz oder teilweise auflöst und an den OT abführt oder die Ansatz- und Bewertungsdifferenzen zwischen Handels- und Steuerbilanz während des Bestehens der Organschaft ausgeglichen bzw. aufgelöst wird. In diesen Fällen des Ausgleichs der Unterschiede während der Organschaft war und ist der Ausgleichsposten einkommensneutral aufzulösen. Hierzu ist im Falle des aktiven Ausgleichspostens eine entsprechende Aufwandsbuchung (Aufwand an aktiven Ausgleichsposten) vorzunehmen, deren Gewinnauswirkung außerbilanziell durch Hinzurechnung des Aufwands zum Gewinn wieder neutralisiert wird (vgl. Abschn. 59 Abs. 1 Satz 4 KStR).

Hosfeld-Guber

Beispiel:
Die Organgesellschaft B-GmbH hat in 02 einen Jahresüberschuss von 90 000 €
und in 03 von 110 000 € erwirtschaftet, die an den OT abgeführt wurden. Im Jahresüberschuss 02 ist der Aufwand aus der Bildung einer Drohverlustrückstellung
von 10 000 € und in 03 der Ertrag aus der Auflösung bzw. dem Verbrauch der
Rückstellung enthalten. Der Organträger, die A-GmbH, hat in 02 und 03 ein eigenes Einkommen von jeweils 200 000 € erwirtschaftet. Der Ausgleichsposten
ist noch nicht berücksichtigt.

Organgesellschaft		Organträger	
Einkommensermittlung 02:		**Einkommensermittlung 02:**	
handelsbilanzieller Gewinn	0	eigenes Einkommen	200 000
+ steuerliche Korrektur		+ Ertrag aus Gewinnabfüh-	
(Drohverlustrückstellung)	10 000	rung	90 000
+ an OT abgeführter Gewinn	90 000	+ Ertrag aus der Bildung des	
= Einkommen der OG	100 000	aktiven Ausgleichspostens	10 000
./. dem OT zuzurechnendes		Steuerbilanzgewinn	300 000
Einkommen	100 000	./. von OG abgeführter Ge-	
eigenes Einkommen	0	winn	90 000
		./. Neutralisierung AP	10 000
(handelsrechtliche Minderabführung		+ zuzurechnendes Einkom-	
10 000)		men	100 000
		= zu versteuerndes Einkom-	
		men	300 000
Einkommensermittlung 03:		**Einkommensermittlung 03:**	
handelsbilanzieller Gewinn	0	selbst erwirtschafteter Ge-	
./. steuerliche Korrektur (Ertrag aus		winn	200 000
Auflösung Drohverlustrück-		+ Ertrag aus Gewinnabfüh-	
stellung)	10 000	rung	110 000
+ an OT abgeführter Gewinn	110 000	./. Aufwand aus der Auflösung des	
= Einkommen der OG	100 000	aktiven Ausgleichspostens	10 000
./. dem OT zuzurechnendes		Steuerbilanzgewinn	300 000
Einkommen	100 000	./. von OG abgeführter Ge-	
eigenes Einkommen	0	winn	110 000
		+ Neutralisierung Auflösung	
(handelsrechtliche Mehrabführung		AP	10 000
10 000)		+ zuzurechnendes Einkommen	
			100 000
		= zu versteuerndes Einkom-	
		men	300 000

Hosfeld-Guber

3. Die ertragsteuerliche Organschaft

Für den Fall, dass sich die Differenzen bis zum Zeitpunkt der Beteiligungsveräußerung nicht ausgeglichen haben, war der Ausgleichsposten im alten Körperschaftsteuerrecht einkommenswirksam aufzulösen (vgl. Abschn. 59 Abs. 5 Satz 3 KStR). Das basierte auf der Überlegung, dass das hinter dem aktiven Ausgleichsposten stehende steuerliche Mehrvermögen bzw. das erhöhte Gesellschaftsvermögen (im Falle versteuerter offener Rücklagen) den Wert der Organbeteiligung erhöht. Bei einem Verkauf dieser Beteiligung schlägt sich diese Wertsteigerung in einem entsprechend höheren Veräußerungsgewinn nieder. Da die Wert- bzw. Rücklagenerhöhung nicht zu entsprechend höheren Anschaffungskosten beim OT führt, wäre nach alter Rechtslage der auf diese Wertsteigerung entfallende Veräußerungsgewinn noch einmal voll besteuert worden, obwohl er dem OT bereits im Zeitpunkt der Rücklagenbildung steuerlich zugerechnet worden war. Nunmehr ist auch diese Auflösung nur aufwands- und nicht einkommenswirksam: Die Gewinnminderungen aus der Auflösung aktiver Ausgleichsposten aufgrund handelsrechtlicher Minderabführungen gehören nach Auffassung der Finanzverwaltung generell zu den steuerlich nicht zu berücksichtigenden Gewinnminderungen nach § 8b Abs. 3 KStG (BMF-Schreiben v. 28. 4. 2003, DStR 2003, S. 881, Rz 16), d. h. sie verringern den Veräußerungsgewinn i. S. des § 8b Abs. 2 KStG nicht. Damit wird der ursprüngliche Zweck von Bildung und Auflösung des Ausgleichspostens in sein Gegenteil verkehrt; statt der Verminderung des Veräußerungsgewinns zur Verhinderung einer Besteuerung bereits versteuerter stiller Reserven käme es zu einer erneuten Erfassung des Auflösungsbetrags, was in den Fällen, in denen die Steuerfreiheit von Veräußerungsgewinnen nicht gilt, d. h. den Ausnahmefällen von § 8b Abs. 4 KStG zu einer Doppelbesteuerung führt (vgl. Füger/Rieger, FR 2003, S. 546).

B 198

Ein passiver Ausgleichsposten ist nach Auffassung der Finanzverwaltung (vgl. BMF-Schreiben v. 28. 4. 2003, DStR 2003, S. 881, Rz 16, FinMin-Sachsen, Erlass v. 5. 2. 2002, 33-S2770-23/39-55713) bei der Veräußerung der Beteiligung an der OG als Zusatzposten zur Beteiligung anzusehen. Seine Auflösung ist erfolgswirksam bzw. vermindert den auf den Veräußerungspreis anzurechnenden Buchwert der Beteiligung. Die Auflösung bildet einen Teil des Veräußerungsgewinns, der nach § 8b Abs. 2 KStG steuerfrei ist. Hierzu wird im o. g. BMF-Schreiben folgendes Beispiel angeführt:

B 199

Hosfeld-Guber

Beispiel:
Die A-GmbH veräußert die Beteiligung an ihrer 100%igen Organgesellschaft (OG) (Veräußerungspreis 500, Buchwert 200). Aufgrund handelsrechtlicher Mehrabführungen der OG hatte die A-GmbH in ihrer Steuerbilanz einen passiven Ausgleichsposten i. H. v. 50 gebildet. Aus der Veräußerung erzielt die A-GmbH einen Gewinn von 300 (500–200). Dieser Gewinn erhöht sich durch die Auflösung des passiven Ausgleichspostens um weitere 50. Der Gesamtbetrag von 350 fällt unter die Veräußerungsgewinnbefreiung des § 8b Abs. 2 KStG.

B 200 Auch nach der Reform des Körperschaftsteuersystems sind die organschaftlichen Ausgleichsposten in voller Höhe zu bilden, allerdings begrenzt auf die Höhe des Prozentsatzes der Beteiligung des OT an der OG. (BMF-Schreiben v. 26. 8. 2003, DB 2003, S. 1982, Rz 43). Obwohl ihr Zweck, die Verhinderung der Doppelbesteuerung bzw. Sicherstellung der Einmalbesteuerung der Veräußerungsgewinne bei der Veräußerung der Organbeteiligung im reinen Kapitalgesellschaftskonzern – von Ausnahmen abgesehen – gegenstandslos geworden ist, hält die Finanzverwaltung an ihnen als ‚Korrekturposten zum Beteiligungsbuchwert' (BMF-Schreiben v. 26. 8. 2003, DB 2003, S. 1982, Rz 43) fest.

B 201 Sofern bei Beendigung der Organschaft bzw. des Gewinnabführungsvertrags noch ein Ausgleichspostens besteht, ist er nach bisheriger Rechtslage *nicht* aufzulösen, sondern bis zur Veräußerung der Beteiligung fortzuführen. Die endgültige Auflösung erfolgt erst bei Veräußerung (vgl. Abschn. 59 Abs. 5 KStR).

3.4.5.2.3 Keine zweifache Verlustnutzung bei doppelt ansässigen Kapitalgesellschaften

B 202 Nach § 14 Abs. 1 Nr. 5 KStG wird ein negatives Einkommen des Organträgers bei der inländischen Besteuerung nicht berücksichtigt, soweit es in einem ausländischen Staat im Rahmen einer der deutschen Besteuerung des Organträgers entsprechenden Besteuerung berücksichtigt wird. Sinn dieser Vorschrift ist es, die doppelte steuerliche Verlustnutzung im In- und Ausland bei OT-Kapitalgesellschaften zu verhindern, die ihren Verwaltungssitz im Inland und ihren Satzungssitz im Ausland haben (zu den erheblichen Auslegungsproblemen und zum Anwendungsbereich der Vorschrift vgl. Stadler/Elser, DB Beilage Nr. 1/2002, S. 42 ff., Orth, IStR Beihefter 9/2002, S. 10 ff.; Löwenstein, IStR 2002, S. 185 ff.). Die folgende Übersicht (vgl. Stadler/Elser, DB Beilage Nr. 1/2002, S. 43) verdeutlicht einen Anwendungsfall der Vorschrift.

Hosfeld-Guber

3. Die ertragsteuerliche Organschaft

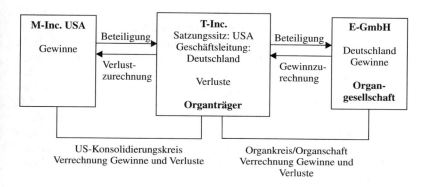

Er betrifft z. B. einen Organträger, der als Tochterunternehmen eines US-amerikanischen Mutterunternehmens auch in einen Konsolidierungskreis in den USA einbezogen ist und dessen Verluste in den USA im Rahmen einer Gruppen- bzw. Konzernbesteuerung (ähnlich der Organschaft) durch das Mutterunternehmen steuerlich berücksichtigt werden. In diesem Fall können gem. § 14 Abs. 1 Nr. 5 KStG die (eigenen) Verluste des Organträgers in Deutschland nicht mit positiven Einkünften der Organgesellschaften ausgeglichen werden; sie gehen auch nicht in den Verlustvortrag ein (vgl. Orth, M., IStR Beihefter 9/2002, S. 15, 17).

B 203

3.4.5.2.4 Verlustabzug nach § 10d EStG

Die Zusammenfassung von Organ- und Organträgereinkommen führt zur Konsolidierung von Gewinnen und Verlusten des Organkreises. Verbleibt danach ein steuerlicher Verlust, kann der Organträger bzw. können bei einer Organträger-Personengesellschaft die Gesellschafter – anders als die Organgesellschaft – einen interperiodischen Verlustabzug gem. § 10d EStG vornehmen. Die Vorschrift, die den Verlustvortrag und -rücktrag regelt, gilt für die Einkommensteuer und gem. § 8 Abs. 1 KStG auch für die Körperschaftsteuer. Ist der Organträger eine Kapitalgesellschaft, so fällt im Entstehungsjahr des Verlustes keine Körperschaftsteuer an. Bis zu einem Gesamtbetrag von 511 500 € kann der Verlust auf das Vorjahr zurückgetragen und vom positiven Einkommen des zurückliegenden Veranlagungsjahrs abgezogen werden (§ 8 Abs. 4 KStG i. V. m. § 10d Abs 1 EStG). Die zu viel gezahlte Körperschaftsteuer wird dann erstattet. Der Verlustrücktrag ist für den Organträger auch möglich, wenn das positive

B 204

Einkommen des vorangegangenen Veranlagungszeitraums in vorvertraglicher Zeit erwirtschaftet wurde (vgl. Schmidt/Müller/Stöcker, Die Organschaft, Rz 515). Bei Organträger-Personenunternehmen werden Verluste der Organgesellschaft zunächst dem Organträger-Personenunternehmen zugerechnet und dort uneingeschränkt mit den eigenen gewerblichen Einkünften konsolidiert. Für verbleibende negative Einkünfte, die auf die Gesellschafter des OT-Personenunternehmens verteilt werden, waren bis VZ 2003 beim Verlustabzug nach § 10d EStG die Regeln des beschränkten vertikalen Verlustausgleichs zwischen den Einkunftsarten zu beachten (§ 2 Abs. 3 Satz 2 und 3, § 10d Abs. 2 Satz 2 und 3, Abs. 2 Satz 2 und 3, Abs. 3 EStG); ab VZ 2004 sind die bisherigen Verlustausgleichsbeschränkungen aufgehoben worden.

3.4.5.2.5 Beispiel zur Einkommensermittlung beim Organträger

B 205 **Beispiel:**
Die M-GmbH als Organträgerin der T-GmbH (s. o. RN B 162) weist in ihrer vorläufigen Bilanz für 03 einen Steuerbilanzgewinn von 5 000 € aus. Darin enthalten sind KSt-Vorauszahlungen von 1 800 €, nicht abziehbare Betriebsausgaben i. S. von § 4 Abs. 5 EStG von 200 €, die Gewinnabführung der OG von 1 250 €, sowie die Bildung eines besonderen aktiven Ausgleichspostens i. H. v. 225 € (das sind 90 % des von der T-GmbH in die Gewinnrücklage eingestellten Betrags von 250 €). Die Gewerbesteuervorauszahlungen entsprechen der Gewerbesteuerschuld. Die M-GmbH hat diverse Vermögensgegenstände (einschl. der Organbeteiligung) von 17 025 €, ein Stammkapital von 5 000 €, einen Gewinnvortrag von 2 500 € und diverse Verbindlichkeiten von 6 000 €. Das zuzurechnende Einkommen beträgt 1 500 €.

Ermittlung des zu versteuernden Einkommens der M-GmbH:

Steuerlicher Gewinn/Steuerbilanzergebnis	5 000
+ nichtabziehbare Betriebsausgaben	200
+ KSt-Vorauszahlungen	1 800
./. Gewinnabführung der T-GmbH	1 250
./. Neutralisierung Ertrag aus der Bildung des Ausgleichspostens	225
eigenes Einkommen des Organträgers	5 525
+ zuzurechnendes Einkommen der T-GmbH	1 500
zu versteuerndes Einkommen	7 025
Körperschaftsteuer-Tarif 26,5 % (§ 23 Abs. 1 KStG)	1 862
./. Vorauszahlung	1 800
Körperschaftsteuer-Rückstellung	62

Hosfeld-Guber

3. Die ertragsteuerliche Organschaft

endgültiges Steuerbilanzergebnis/endgült. Jahresüberschuss vorläufiger Steuerbilanzgewinn	5 000
./. Körperschaftsteuer-Rückstellung	62
	4 938

Bilanz der M-GmbH zum 31.12.03

Aktiva		Passiva	
Diverse Aktiva	17 025	Stammkapital	5 000
Forderung aus GAV	1 250	Gewinnvortrag	2 500
Ausgleichsposten	225	Jahresüberschuss	4 938
		Steuerrückstellungen	62
		Diverse Verbindlichkeiten	6 000
	18 500		18 500

3.4.6 Vorteile der körperschaftsteuerlichen Organschaft

3.4.6.1 Verlustnutzung durch den Organträger

Auch im neuen Körperschaftsteuersystem bleibt die sofortige, phasengleiche Nutzung der Verluste der Organgesellschaft durch den Organträger ein zentrales Motiv für die körperschaftsteuerliche Organschaft. Wie schon bisher ist die Organschaft zunächst in den Fällen attraktiv, in denen die Organ-GmbH Verluste erwirtschaftet, die die Organträgerin für steuerliche Zwecke mit eigenen Gewinnen saldieren kann, was zu einer Minderung der Steuerlast im Verlustentstehungsjahr führt. Ohne Organschaft verbleiben die Verluste bei der Tochtergesellschaft, die sie im Rahmen des intertemporalen Verlustabzugs gem. § 10d EStG mit Gewinnen des vorangegangenen Wirtschaftsjahrs bzw. Gewinnen zukünftiger Wirtschaftsjahre ausgleichen kann (s. o. RN B 28).

B 206

Beispiel:
Verlustnutzung bei Organschaft (OT-KapGes Gewinn, OG Verlust)

OG	OT	Steuerliches Ergebnis	
Verlust T€ 100	Gewinn T€ 100	phasengleiche Verrechnung der Verluste der OG mit eigenen Gewinnen	
	(Zurechnung des	eigenes Einkommen des OT	+ 100
	negativen Organ-	./. zugerechnetes Einkommen OG	- 100
(Verlustausgleich durch OT)	Einkommens)	z. v. Einkommen / BMG KSt	0
		=> Körperschaftsteuer im Organkreis:	0

Hosfeld-Guber

B 207 Der umgekehrte Fall, die Verrechnung von Gewinnen der Tochter mit Verlusten der Mutter konnte unter dem früheren Anrechnungsverfahren auch ohne Organschaft, nämlich durch eine Ausschüttung der Tochtergesellschaft, erreicht werden. Die Körperschaftsteuer und Kapitalertragsteuer auf den ausgeschütteten Gewinn, die die Tochtergesellschaft an den Fiskus abzuführen hatte, wurden der Anteilseignerin erstattet, wenn deren Verlust die Gewinnausschüttung aufzehrte und Letztere dadurch steuerfrei stellte. Per Saldo ergab sich damit keine Steuerbelastung.

B 208 Im neuen Körperschaftsteuerrecht mit Dividendenfreistellung im Kapitalgesellschaftskonzern bleibt eine Ausschüttung der Tochter bei der Muttergesellschaft steuerlich wirkungslos (s. o. RN B 27). Hat die Muttergesellschaft einen Verlust erlitten, führt eine Organschaft dazu, dass im Verlustjahr des Organträgers keine Körperschaftsteuer anfällt, sofern dessen Verlust mindestens so hoch ist wie das positive Einkommen der Organ-GmbH. Das Einkommen des Organs wird dem Organträger unbelastet zugerechnet und mit dessen Verlusten saldiert, womit sich Einmalbelastung des Organ-Einkommens vermeiden lässt (vgl. Eilers/Wienands, GmbHR 2000, S. 960 f.; Krebs, BB 2001, S. 2031).

Beispiel:
Verlustnutzung bei Organschaft (OT-KapGes Verlust, OG Gewinn)

OG	OT	steuerliches Ergebnis
Gewinn T€ 100 (Abführung an OT)	Verlust T€ 100 (Zurechnung des Organeinkommens)	phasengleiche Verrechnung der eigenen Verluste mit Gewinnen der OG
		eigenes Einkommen des OT - 100 ./. zugerechnetes Einkommen OG + 100 z. v. Einkommen / BMG KSt 0 => Körperschaftsteuer im Organkreis: 0

3.4.6.2 Vermeidung von Mehrfachbelastungen

B 209 Erwirtschaften sowohl der OT als auch die OG Gewinn, besteht im Kapitalgesellschaftskonzern zwischen Organschaft und Nichtorganschaft kein Belastungsunterschied, so lange keine Aufwendungen im Zusammenhang mit den Beteiligungserträgen anfallen:

3. Die ertragsteuerliche Organschaft

Beispiel:

	Dividenden-besteuerung T€	Organschaft T€
Tochtergesellschaft (GmbH)		
Gewinn vor GewSt	100,0	100,0
./. GewSt (Hebesatz 400 %)	16,7	-,-
Gewinn nach GewSt	83,3	
./. 25 % KSt zzgl. 5,5 % SolZ	22,0	-,-
Gewinn nach KSt/Ausschüttung	61,3	100,0
Muttergesellschaft (GmbH)		
Gewinn vor GewSt	200,0	200,0
+ steuerfreie Dividende	61,3	
+ zugerechneter Gewinn der OG		100,0
steuerpflichtige Einkünfte	200,0	300,0
./. GewSt (Hebesatz 400 %)	33,3	50,0
BMG der KSt	166,7	250,0
./. 25 % KSt zzgl. 5,5 % SolZ	44,0	66,0
+ steuerfreie Dividende	61,3	0,0
Gewinn nach Steuern	184,0	184,0
Steuerbelastung absolut	116,0	116,0
Belastungsquote*) (ohne GewSt)	38,7	38,7

*) bezogen auf den Gewinn von Mutter- und Tochtergesellschaft vor Steuern

Ist der Organträger ein Personenunternehmen mit Gesellschaftern, die natürliche Personen sind und erwirtschaften sowohl OT als auch OG Gewinne, kann eine Organschaft dagegen wegen der Vermeidung der Doppelbelastung vorteilhaft sein. Ohne Organschaft fällt bei einer Ausschüttung der mit 25 % KSt vorbelasteten Gewinne der Tochter-GmbH eine nochmalige Belastung durch die Einkommensteuer der Gesellschafter an; im Falle einer Organschaft entfällt die Besteuerung auf der Ebene der Organ-GmbH. Wie die beiden folgenden Beispiele auch zeigen, sind Organschaften mit Personenunternehmen an der Spitze im Gewinnfall gegenüber Organträger-Kapitalgesellschaften i. d. R. benachteiligt, so lange die Mutterkapitalgesellschaft keine Weiterausschüttungen an natürliche Personen vornimmt. B 210

Die Vorteilhaftigkeit der Organschaft gegenüber der Dividendenbesteuerung in Gewinnfällen von OT-Personengesellschaft und OG hängt vom in- B 211 dividuellen Steuersatz der Gesellschafter der OT-Personengesellschaft ab. Organschaft führt in Gewinnsituationen nur dann zu einer niedrigeren Steuerlast, wenn der Steuersatz der Gesellschafter niedrig ist (vgl. Rödder/Schumacher, DStR 2000, S. 362). Ist der persönliche Einkommensteuersatz vergleichsweise hoch, hat die Organschaft mit Personenunternehmen an der Spitze eine tendenziell höhere Belastung zur Folge als der Nichtorganschaftsfall. Das folgende Beispiel mit einem unterstellten Steuersatz von 42 % soll dies verdeutlichen; der Einfachheit halber bleibt die GewSt außer Betracht.

Beispiel:

	Dividendenbesteuerung T€	Organschaft T€
Tochtergesellschaft (GmbH)		
Gewinn	100,0	100,0
./. 25 % KSt zzgl. 5,5 % SolZ	26,4	-,-
Gewinn nach KSt/Ausschüttung	73,6	
Gesellschafter (Einzelunternehmer)		
Gewinn nach GewSt	200,0	200,0
+ ½ steuerpflichtige Dividende	36,8	
+ zugerechneter Gewinn der OG		100,0
steuerpflichtige Einkünfte	236,8	300,0
Steuersatz 42 % ESt zzgl. 5,5 % SolZ	104,9	132,9
Steuerbelastung im Konzern absolut		132,9
(ohne GewSt) (26,4 + 104,9)	131,3	
Belastungsquote gesamt (ohne GewSt)	43,8 %	44,3 %
verfügbares Einkommen		167,1
(200 + 73,6 ./. 104,9)	168,7	

3.4.6.3 Vermeidung der Ausgabenabzugsbeschränkung nach § 3c EStG

B 212   Wie oben unter RN B 16 ff. bzw. B 21 ausgeführt, wird dem Anteilseigner korrespondierend zur hälftigen bzw. vollständigen Steuerfreistellung der erhaltenen Beteiligungserträge der Abzug von Betriebsausgaben teilweise versagt, die in wirtschaftlichem Zusammenhang mit diesen Erträgen stehen. Eine Organschaft bietet hier einen Ausweg. Da die Zurechnung des

Hosfeld-Guber

3. Die ertragsteuerliche Organschaft

Organeinkommens bei der Muttergesellschaft keine Ausschüttung ist und deshalb nicht zu „steuerfreien" Einnahmen führt, ist nach ganz überwiegender Auffassung der Fachliteratur im Organschaftsfall der volle Abzug von Finanzierungsaufwand aus der Beteiligungsfinanzierung gewährleistet.

3.5 Rechtsfolgen und Wirkungen der gewerbesteuerlichen Organschaft

Literatur: *BMF,* Arbeitsentwurf eines BMF-Schreibens zur körperschaftsteuerlichen und gewerbesteuerlichen Behandlung der Organschaft v. 5.2.2002, URL:http://www.konzern-steuerrecht.de/BFM/Arbeitsentwurf8bKStG/ArbeitsentwurfOrganschaft.doc (7.8.03); *Heurung/Möbus,* Einkommensermittlung bei Organschaften: Gestaltungsmöglichkeiten bei Umwandlungen und grenzüberschreitenden Sachverhalten im Kontext der neueren Entwicklungen im Unternehmenssteuerrecht, BB 2003, S. 766; *Heurung/Oblau/Röker,* Neufassung der Tatbestandsvoraussetzungen der ertragsteuerlichen Organschaft durch das UntStFG und das StVBG, GmbHR 2002, S. 620; *Krebühl,* Besteuerung der Organschaft im neuen Unternehmenssteuerrecht, DStR 2002, S. 1241; *Nöcker,* Die gewerbesteuerliche Organschaft im Mutter-Enkel-Konzern – Zur Einheitlichkeit des Organkreises und zur Haftung für Steuerschulden –, INF 2001, S. 648; *Orth,* Die Organschaftsbesteuerung nach der 2. Reformstufe, DB 2002, S. 811; *Pauka,* Änderungen der Körperschaftsteuer und der Gewerbesteuer durch das Steueränderungsgesetz 2001 und das Unternehmenssteuerfortentwicklungsgesetz, NWB Fach 4 S. 4587; *Prinz,* „Fortentwicklung" des Organschaftsrechts: Neue Irrungen und Wirrungen, FR 2002, S. 66; *Ritzer/Stangl,* Gesetzliche Neuerungen im Bereich der Gewerbesteuer, INF 2002, S. 131; *Rödder,* Verlustverrechnung im gewerbesteuerlichen Organkreis, DStR 2001, S. 780; *Rödder/Schumacher,* Das Steuervergünstigungsabbaugesetz, DStR 2003, S. 806; *Rödder/Simon,* Folgen der Änderung der gewerbesteuerlichen Organschaftsvoraussetzungen für die steuerrechtliche Beurteilung von Steuerumlagen im Konzern, DB 2002, S. 496; *Sarrazin,* in: Lenski/Steinberg, GewStG, Köln, 1995 ff.; *Schmidt/Müller/Stöcker,* Die Organschaft im Körperschaftsteuer-, Gewerbesteuer- und Umsatzsteuerrecht, 6. Aufl., Herne/Berlin 2004; *Schuhmann,* Die Organschaft: Körperschaftsteuer, Umsatzsteuer, Gewerbesteuer, 3. Aufl., Bielefeld 2001; *Simon,* Zulässigkeit von Gewerbesteuerumlagen nach der Belastungsmethode im Licht der zivilrechtlichen Rechtsprechung, DStR 2000, S. 431; *ders.,* Zur Ausgestaltung von Gewerbesteuerumlagen, DStR 2000, S. 537; *Urbahns,* Die gewerbesteuerliche Organschaft unter besonderer Berücksichtigung der Verlustverrechnung, INF 2001, S. 581.

Hosfeld-Guber

3.5.1 Allgemeines

B 213 Erfüllt eine Kapitalgesellschaft die sachlichen und persönlichen Voraussetzungen, die das Körperschaftsteuerrecht in den §§ 14, 17 und 18 KStG für eine Organgesellschaft fordert, so gilt sie im Gewerbesteuerrecht als Betriebsstätte des Organträgers (§ 2 Satz 2 GewStG i. d. F. des UntStFG), was u. a. ausdrücken soll, dass dann auch eine gewerbesteuerliche Organschaft vorliegt. Die Fiktion der Betriebsstätteneigenschaft der Organgesellschaft bedeutet zwar, dass die Organgesellschaft als unselbständiger Teil des Organträgers zu behandeln ist; jedoch ist dies nach ständiger Rechtsprechung i. S. einer 'gebrochenen oder eingeschränkten Einheitstheorie' zu verstehen (BFH v. 30. 1. 2002, BFH/NV 2002, S. 994, m. w. N. zur Rechtsprechung; BFH v. 6. 11. 1985, BStBl II 1986, S. 73). Keinesfalls bilden Obergesellschaft und eingegliederte Gesellschaft ein einheitliches Unternehmen. Beide Gesellschaften behalten ihre Selbständigkeit, bilanzieren getrennt und ermitteln auf dieser Basis getrennt den Gewerbeertrag. Insbesondere kommt eine einheitliche Ermittlung des Gewerbeertrags auf Basis der Konzernbilanz, was die Betriebsstättenfiktion nahe legen könnte, nicht in Betracht. Der Gewerbeertrag des Organs wird jedoch dem Gewerbeertrag des Organträgers hinzugerechnet, was zu einem Ausgleich von positiven und negativen Gewerbeerträgen führt, wenn die eine Gesellschaft gewerbesteuerliche Verluste und die andere Gewinne erzielt. Die Summe der beiden Gewerbeerträge ist (ggf. nach Abzug eines Freibetrags) sodann mit der Steuermesszahl zu multiplizieren, die für den OT gilt, d. h. von 1 % bis 5 % gestaffelt bei OT-Personenunternehmen und mit einheitlich 5 % bei OT-Kapitalgesellschaften.

B 214 Wird eine Organschaft begründet, endet die (sachliche) Steuerpflicht der Organgesellschaft nicht (Abschn. 14 Abs. 2 Satz 1 GewStR). Die Organschaft hat jedoch zur Folge, dass die persönliche Gewerbesteuerpflicht der Organgesellschaft für die Dauer der Organschaft dem Organträger zugerechnet und der einheitliche Gewerbesteuermessbetrag für die Gewerbebetriebe des Organkreises allein gegenüber dem Organträger festgesetzt wird (BFH v. 22. 4. 1998, BStBl II 1998, S. 748 sowie vom 30. 1. 2002, BFH/NV 2002, S. 994). Befinden sich die Gewerbebetriebe bzw. Betriebsstätten des Organträgers und der Organgesellschaft in verschiedenen Gemeinden, erfolgt – entsprechend der Betriebsstättenfiktion der OG – eine Zerlegung des einheitlichen Steuermessbetrags (§ 28 GewStG), so dass

Hosfeld-Guber

3. Die ertragsteuerliche Organschaft

auch die Gemeinde der Organgesellschaft an der vom Organkreis aufgebrachten Gewerbesteuer beteiligt wird.

3.5.2 Ermittlung des Gewerbeertrags

3.5.2.1 Anwendung der Bruttomethode des § 15 Nr. 2 KStG

Ausgangspunkt bei der Ermittlung des Gewerbeertrags ist der nach den Vorschriften des EStG oder KStG zu ermittelnde Gewinn aus Gewerbebetrieb (§ 7 GewStG). Fraglich war, ob bei der Organgesellschaft bei diesem Gewinn aus Gewerbebetrieb die Steuerbefreiungen für Gewinnausschüttungen und Veräußerungsgewinne sowie die nicht abziehbaren Gewinnminderungen gem. § 8 Abs. 1–6 KStG und die damit im Zusammenhang stehenden Aufwendungen i. S. des § 3c EStG berücksichtigt sind oder ob § 15 Satz 1 Nr. 2 KStG, der für die Ermittlung des körperschaftsteuerlichen Einkommens der Organgesellschaft die Anwendung des § 8b KStG die sog. Bruttozurechnung vorsieht (s. o. RN B 165), auch im Rahmen der gewerbesteuerlichen Organschaft einschlägig ist.

B 215

Im Schrifttum wurde hierzu sowohl die Position vertreten, dass die Vorschrift aus systematischen Gründen im Gewerbesteuerrecht nicht anwendbar sei (vgl. Sarrazin, in: Lenski/Steinberg, GewStG, § 2, Rz 3041; Heurung/Oblau/Röker, GmbHR 2002, S. 623; Prinz, FR 2002, S. 74; Orth, DB 2002, S. 813; Krebühl, DStR 2002, S. 1246) als auch die Position, dass ihrer Geltung im Gewerbesteuerrecht nichts entgegenstünde (vgl. Rödder/Schumacher, DStR 2003, S. 810; Heurung/Möbus, BB 2003, S. 770). Die Konsequenz der ersten Auffassung ist, dass Gewinnausschüttungen und Veräußerungsgewinne, die die Organgesellschaft von anderen Körperschaften bezogen bzw. durch Beteiligungsverkauf erzielt hat, im Gewinn aus Gewerbebetrieb der Organgesellschaft nicht mehr enthalten und die nicht abziehbaren Betriebsausgaben hinzugerechnet worden sind. Aus der zweiten Position ergibt sich, dass der Gewinn aus Gewerbebetrieb der OG (§ 7 GewStG) Ausschüttungen und Veräußerungsgewinne enthält und die Anwendung von § 8b KStG, § 3 Nr. 40 EStG und § 3c EStG beim Organträger nachgeholt werden müsste. Die Finanzverwaltung hat sich in ihrem Schreiben zur körperschaftsteuerlichen und gewerbesteuerlichen Organschaft vom 26. 8. 2003 (DB 2003, S. 1982) für die gewerbesteuerliche Anwendung der Bruttomethode entschieden. Wegen der steuerlichen Folgen s. u. RN B 220 und B 223.

B 216

Hosfeld-Guber

3.5.2.2 Hinzurechnungen und Kürzungen

B 217 Der Gewerbeertrag der Organgesellschaft ist so zu ermitteln, als wäre diese Gesellschaft selbständiger Steuergegenstand (BFH v. 6. 11. 1985, BStBl II 1986, S. 73). Das bedeutet, dass bei der Ermittlung der Gewerbeerträge von Organ und Organträger die jeweiligen Hinzurechnungs- und Kürzungsvorschriften der §§ 8 und 9 GewStG als zwingendes Recht zu beachten sind, von denen auch nicht aus steuertechnischen Vereinfachungsgründen abgesehen werden kann (BFH v. 23. 1. 1992, BStBl II 1992, S. 630).

B 218 Zur Vermeidung von steuerlichen Doppelbelastungen oder nicht gerechtfertigten steuerlichen Entlastungen sind Hinzurechnungen und Kürzungen gem. §§ 8 und 9 GewStG (s. o. RN B 45 und B 46) bei der Ermittlung des Gewerbeertrags insoweit nicht vorzunehmen, als sie bereits in einem der zuzurechnenden Gewerbeerträge einer anderen Gesellschaft des Organkreises enthalten sind (vgl. ausführlich zur Ermittlung des Gewerbeertrags im Fall der Organschaft Abschn. 41 GewStR). Hat z. B. der Organträger einer Organgesellschaft ein Darlehen gewährt und sind die Zinserträge im Gewerbeertrag des OT enthalten, so erfolgt bei der OG keine Hinzurechnung der hälftigen Dauerschuldzinsen gem. § 8 Nr. 1 GewStG (BFH v. 6. 11. 1985, BStBl II 1986, S. 73; Schmidt/Müller/Stöcker Die Organschaft, Rz 966, 972). Das gilt auch, wenn es sich um Schulden zwischen anderen Gesellschaften desselben Organkreises handelt (BFH v. 6. 11. 1985, BStBl II 1986, S. 73, m. w. N.). Anders verhält es sich bei den Hinzurechnungs- und Kürzungsvorschriften von § 8 Nr. 7 und § 9 Nr. 4 GewStG, bei denen es zu keiner Doppelerfassung kommt. Hat die Organgesellschaft vom Organträger nicht in Grundbesitz bestehende Wirtschaftsgüter des Anlagevermögens gemietet oder gepachtet, so ist ihrem Gewinn die Hälfte der an den OT gezahlten Miet- und Pachtzinsen hinzuzurechnen und der Gewinn des OT entsprechend zu kürzen (BFH v. 23. 1. 1992, BStBl II 1992, S. 630).

Hosfeld-Guber

3. Die ertragsteuerliche Organschaft

Übersicht:

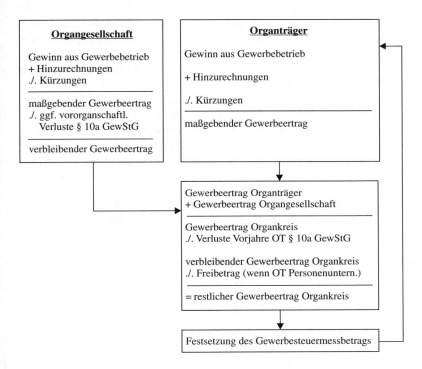

3.5.2.3 Erträge aus Beteiligungen an anderen Kapitalgesellschaften

3.5.2.3.1 Beteiligungen des Organträgers

Bei Beteiligungerträgen des OT an Kapitalgesellschaften, die nicht zum Organkreis gehören, gelten die oben in RN B 49 f. dargestellten allgemeinen Regeln: Ist der OT selbst eine Kapitalgesellschaft, enthält der körperschaftsteuerliche Gewinn und damit der Ausgangsbetrag nach § 7 GewStG die Beteiligungserträge nicht mehr, weil § 8b KStG auf die Gewerbesteuer durchschlägt. Die Ausschüttungen unterliegen der Gewerbesteuer nur, wenn die Hinzurechnungsvorschrift von § 8 Nr. 5 GewStG greift, d. h. die Erträge aus einer Beteiligung stammen, für die das Schachtelprivileg nicht gilt. Bei OT-Personengesellschaften sind die Beteiligungserträge wegen

B 219

der Anweisung der Finanzverwaltung, bei Beteiligungen, die über Personengesellschaften gehalten werden, § 8b Abs. 1–5 KStG und § 3 Nr. 40 EStG für die Gewerbesteuer nicht anzuwenden (vgl. BMF-Schreiben v. 28. 3. 2003, DStR 2003, S. 885, Rz 57), zwar im Gewerbeertrag enthalten, aber wegen der Kürzungsvorschrift von § 9 Nr. 2a und Nr 7 GewStG letztlich nur dann gewerbesteuerpflichtig, wenn die Beteiligung weniger als 10 % beträgt. Die gleichen steuerlichen Folgen ergeben sich, wenn der Organträger eine natürliche Person ist; für ihn gilt im Übrigen das Anwendungsverbot von § 3 Nr. 40 EStG nicht. Daher sind wegen § 3 Nr. 40 i. V. m. § 7 GewStG bei ihm die Beteiligungserträge nur zur Hälfte im Gewerbeertrag enthalten und müssen mit der anderen Hälfte gem. § 8 Nr. 5 GewStG hinzugerechnet werden, wenn es sich um Nichtschachtelerträge handelt; sie können, soweit sie im Gewerbeertrag enthalten sind, gem. § 9 Nr. 2a und Nr 7 GewStG gekürzt werden, wenn die Voraussetzungen des Schachtelprivilegs erfüllt sind. Damit gilt für alle Rechtsformen im Organschafts- wie im Nichtorganschaftsfall die gleiche gewerbesteuerliche Behandlung von Beteiligungserträgen.

3.5.2.3.2 Beteiligungen der Organgesellschaft

B 220 Nichts anderes ergibt sich, wenn einer Organgesellschaft aus einer Beteiligung Erträge zugeflossen sind, die sie im Rahmen der Gewinnabführung an den Organträger weiterreicht. Da § 8b Abs. 1 KStG nicht anzuwenden ist (§ 15 Nr. 2 Satz 1 KStG), sind die Beteiligungserträge zwar im Gewinn aus Gewerbebetrieb enthalten, sie unterliegen jedoch im Falle einer Schachtelbeteiligung wegen § 9 Nr. 2a oder Nr. 7 GewStG nicht der Gewerbesteuer.

Beispiel (BMF-Schreiben v. 26. 8. 2003, DB 2003, S. 1982, Rz 30):
Die O-GmbH als Organgesellschaft der M-AG hat einen Gewinn aus Gewerbebetrieb von 100 000 €. Darin enthalten ist eine Dividende von 10 000 € aus einer Schachtelbeteiligung an der E-AG. Ausgangsgröße für die Ermittlung des Gewerbeertrags der O-GmbH bildet der Gewinn aus Gewerbebetrieb i. H. v. 100 000 €, der nach § 9 Nr. 2a GewStG um die Schachteldividende von 10 000 € zu kürzen ist. Der M-AG ist ein Gewerbeertrag von 90 000 € zuzurechnen. Die nachzuholende Anwendung von § 8b Abs. 1 KStG auf der Ebene der M-AG erübrigt sich.

3. Die ertragsteuerliche Organschaft

3.5.2.4 Erträge aus der Veräußerung von Beteiligungen an anderen Kapitalgesellschaften

3.5.2.4.1 Veräußerungen durch den Organträger

Gewinne aus der Veräußerung von Anteilen an anderen Kapitalgesellschaften, die durch eine OT-Kapitalgesellschaft erzielt werden, bleiben gem. § 8b Abs. 2 KStG i. V. m. § 7 GewStG auch gewerbesteuerlich außer Ansatz, d. h. sie sind analog der körperschaftsteuerlichen Regelungen vollständig von der Gewerbesteuer freigestellt (vgl. Ritzer/Stangl, INF 2002, S. 138; Frotscher, INF 2003, S. 460). Das gilt ausdrücklich auch für die Gewinne aus der Veräußerung von Organbeteiligungen (§ 8b Abs. 2 Satz 1 KStG i. V. m. § 7 GewStG). Ist der Organträger eine natürliche Person, gilt über § 3 Nr. 40 Satz 1 Buchst a i. V. m. § 3c Abs. 2 EStG i. V. m. § 7 GewStG das Halbeinkünfteverfahren: die Gewinne sind im Gewerbeertrag zur Hälfte enthalten und mangels einer gewerbesteuerlichen Kürzungsvorschrift auch hälftig der Gewerbesteuer unterworfen. B 221

Realisiert eine Organträger-Personengesellschaft Gewinne aus der Veräußerung von Anteilen an einer Kapitalgesellschaft, können diese Gewinne wegen des gewerbesteuerlichen Anwendungsverbots von § 3 Nr. 40 EStG und § 8b KStG bei Personengesellschaften (vgl. BMF-Schreiben v. 28. 3. 2003, DStR 2003, S. 885, Rz 57 sowie BMF-Schreiben v. 26. 8. 2003, DB 2003, S. 1982, Rz 34), nicht zur Hälfte den Gewerbeertrag vermindern. Sie unterliegen mangels einer Kürzungsvorschrift deshalb voll der Gewerbesteuer. Es ergibt sich insoweit kein anderes Resultat als im Nichtorganschaftsfall. B 222

3.5.2.4.2 Veräußerungen durch die Organgesellschaft

Auch bei der gewerbesteuerlichen Behandlung von Veräußerungsgewinnen, die die Organgesellschaft erzielt hat, ergeben sich je nach steuerlicher Qualität des OT unterschiedliche Konsequenzen: Bei Organträger-Kapitalgesellschaften kann die Befreiungsvorschrift von § 8b Abs. 2 KStG auf die Veräußerungsgewinne der Organgesellschaft, die im zugerechneten Gewerbeertrag enthalten sind, nachgeholt werden, so dass diese auch von der Gewerbesteuer befreit sind. Bei Organträger-Personengesellschaften kann § 8b Abs. 1–5 KStG sowie § 3 Nr. 40 EStG bei der Ermittlung des Gewerbeertrags nicht nachgeholt werden. In Ermangelung einer Kürzungsvor- B 223 schrift ergibt sich für OT-Personengesellschaften die Gewerbesteuerpflicht der Veräußerungsgewinne der Organgesellschaft.

Beispiel (BMF-Schreiben v. 26. 8. 2003, DB 2003, S. 1982, Rz 29):
Die O-GmbH als Organgesellschaft der M-AG hat einen Gewinn aus Gewerbebetrieb von 100 000 €. Darin enthalten ist ein Gewinn aus der Veräußerung von Aktien an der E-AG von 10 000 €. Ausgangsgröße für die Ermittlung des Gewerbertrags der O-GmbH bildet der Gewinn aus Gewerbebetrieb i. H. v. 100 000 €, da § 8b Abs. 2 KStG bei der OG nicht anzuwenden ist (§ 15 Nr. 2 Satz 1 KStG). Der M-AG ist ein Gewerbeertrag von 100 000 € zuzurechnen; bei ihr wird § 8b Abs. 1 KStG angewendet, so dass sich ein Gewerbeertrag von 90 000 € ergibt.

Abwandlung Beispiel (BMF-Schreiben v. 26. 8. 2003, DB 2003, S. 1982, Rz 34):
Die O-GmbH als Organgesellschaft der X-Y-KG, deren Gesellschafter zu je 50 % die Y-GmbH und die natürliche Person X sind, hat einen Gewinn aus Gewerbebetrieb von 100 000 €. Darin enthalten ist ein Gewinn aus der Veräußerung von Aktien an der E-AG von 10 000 €. Ausgangsgröße für die Ermittlung des Gewerbeertrags der O-GmbH bildet der Gewinn aus Gewerbebetrieb i. H. v. 100 000 €, da § 8b Abs. 2 KStG bei der OG nicht anzuwenden ist (§ 15 Nr. 2 Satz 1 KStG). Der X-Y-KG ist ein Gewerbeertrag von 100 000 € zuzurechnen. Bei der KG ist weder § 8b Abs. 1 KStG noch § 3 Nr. 40 EStG anzuwenden, so dass sich ein Gewerbeertrag von 100 000 € ergibt.

3.5.2.5 Teilwertabschreibungen auf die Organbeteiligung

B 224 Gewinnminderungen infolge von Teilwertabschreibungen auf Beteiligungen an Organgesellschaften werden auch gewerbesteuerlich nicht bzw. unter bestimmten Voraussetzungen nur hälftig anerkannt. Soweit die Teilwertabschreibungen betragsmäßig den erlittenen Verlusten der Organgesellschaften entsprechen bzw. auf diesen beruhen, ist eine Teilwertabschreibung deshalb nicht möglich, weil anderenfalls eine doppelte Entlastung beim OT erfolgen würde: durch die Verrechnung der Verluste der OG mit eigenen Gewerbeerträgen und nochmals durch die Abschreibung. Ist daher ein Gewerbeverlust der OG beim OT in den zusammengefassten Gewerbeertrag eingegangen und ist die Beteiligung vom OT abgeschrieben worden, ist die Teilwertabschreibung bei der Ermittlung des Gewerbeertrags des Organkreises wieder hinzuzurechnen (BFH v. 22. 4. 1998, BStBl II 1998, S. 748 sowie v. 6. 11. 1985, BStBl II 1986, S. 73).

B 225 Keine gewerbesteuerliche Anerkennung finden auch Teilwertabschreibungen aufgrund von Gewinnausschüttungen sowie aufgrund einer organschaftlichen Gewinnabführung. Sie sind gem. § 8 Nr. 10 GewStG dem Ge-

Hosfeld-Guber

winn aus Gewerbebetrieb wieder hinzuzurechnen. Dies gilt unabhängig davon, ob es sich um Gewinne der Organgesellschaft handelt, die in vororganschaftlicher Zeit oder in organschaftlicher Zeit erwirtschaftet worden sind (vgl. Sarrazin, in: Lenski/Steinberg, GewStG, § 2, Rz 3043, m. w. N. zur bisherigen Rechtsprechung und Verwaltungsmeinung). Ist der Wert der Organbeteiligung aus anderen Gründen dauerhaft unter ihre Anschaffungskosten gesunken, weil sich z. B. der Beteiligungserwerb als Fehlmaßnahme erwiesen hat, so wurde eine Teilwertabschreibung bisher gewerbesteuerlich berücksichtigt (BFH v. 22. 4. 1998, BStBl II 1998, S. 748). Seit EZ 2002 werden auch Teilwertabschreibungen, die nicht Gewinnausschüttungen geschuldet sind, gewerbesteuerlich nicht mehr anerkannt, wenn der Organträger eine juristische Person ist (§ 7 Satz 1 GewStG i. V. m. § 8b Abs. 3 KStG). Ist der OT ein Personenunternehmen, so gilt entsprechend die hälftige Berücksichtigung der Gewinnminderung (§ 7 Satz 1 GewStG i. V. m. § 3c Abs. 2 Satz 2 EStG).

3.5.3 Gewerbeverluste gem. § 10a GewStG

Der maßgebende Gewerbeertrag ist um Verluste zu kürzen, die sich in vorangegangenen Erhebungszeiträumen ergeben haben. Die Kürzung vom Gewerbeertrag bedeutet, dass ein Abzug nur von dem Betrag erfolgt, der sich nach Hinzurechnungen und Kürzungen gem. §§ 8 und 9 GewStG ergibt. Umgekehrt ist die Höhe des vortragsfähigen Gewerbeverlustes von diesen Hinzurechnungen und Kürzungen beeinflusst. Steuerfreie Einnahmen mindern den Gewerbeverlust nicht (Abschn. 66 Abs. 2 GewStR).   B 226

Anders als im Körperschaftsteuerrecht konnte die Organgesellschaft bis EZ 2003 im Gewerbesteuerrecht ihre vor Begründung der Organschaft entstandenen Verluste auch nach Begründung der Organschaft von ihrem positiven Gewerbeertrag absetzen (Abschn. 68 Abs. 5 Satz 1 GewStR). Das ist ab EZ 2004 nicht mehr möglich; die entsprechende Vorschrift ist an die körperschaftsteuerliche Behandlung der Verlustvorträge angepasst worden (vgl. § 10a GewStG n. F. sowie oben RN B 164).   B 227

Verluste einer OG aus organschaftlicher Zeit können nach Beendigung der Organschaft nur vom maßgebenden Gewerbeertrag des Organträgers gekürzt werden (BFH v. 27. 6. 1190, BStBl II 1990, S. 916; Abschn. 68 Abs. 5 Satz 4 GewStR). Die von der Verwaltung in den GewStR in Abschn. 68 Abs. 5 Sätze 6–8 vertretene Auffassung, dass der Organträger einen vor der Begründung des Organschaftsverhältnisses erzielten eigenen   B 228

Hosfeld-Guber

Gewerbeverlust nicht von den positiven Gewerbeerträgen des Organs abziehen kann, wird unter Hinweis auf den gleichlautenden Ländererlass v. 14.12.1999, BStBl I 1999, S.1134, der eine künftige Änderungen der Verwaltungsanweisungen ankündigt, nicht mehr vertreten. Das bedeutet, dass sowohl Verlustvorträge des OT aus vorvertraglicher Zeit als auch innerorganschaftliche Gewerbeverluste des Organträgers mit Gewerbeerträgen der OG ausgeglichen werden können.

Übersicht: Gewerbeverluste des Organträgers § 10a GewStG

Verluste aus vorvertraglicher Zeit	Verluste aus vertraglicher Zeit (Organschaft)	Verlustvortrag aus vertraglicher Zeit nach Beendigung der Organschaft
Vortrag, Ausgleich mit eigenen Gewerbeerträgen sowie Gewerbeerträgen der OG in vertraglicher Zeit	Ausgleich mit Gewerbeerträgen der OG / Verlustvortrag	Ausgleich eigener Verlustvorträge sowie Verlustvortrag der OG durch eigene zukünftige Gewerbeerträge

B 229 In einem mehrstufigen Organkreis (Mutter-Tochter-Enkel-Konzern) erfolgt die Zurechnung von Gewerbeerträgen im Organkreis der tatsächlichen Eingliederung (vgl. zum Folgenden OFD Kiel, Vfg. v. 3.2.2000, GmbHR 2000, S.351; OFD Frankfurt a.M., v. 23.2.2000, GmbHR 2000, S.451). Das hat Bedeutung für die Nutzung von gewerbesteuerlichen Verlustvorträgen. Wird zum Beispiel die B-GmbH, die bisher Organträgerin mehrerer Organgesellschaften (C-, D-, E-GmbH) war und eigene Verluste nach § 10a GewStG hat, selbst Organgesellschaft der A-GmbH, sind die Gewerbeerträge bzw. -verluste der C-, D- und E-GmbH weiterhin zunächst der B-GmbH (und nicht unmittelbar der A-GmbH) zuzurechnen. Die B-GmbH kann so ihre vororganschaftlichen Verlustvorträge mit den Erträgen ihrer Organtöchter verrechnen. Würde die Zurechnung unmittelbar beim Organträger A vorgenommen, könnte die B-GmbH ihren Verlustvortrag nur mit eigenen Gewerbeerträgen ausgleichen. Das so ermittelte Ergebnis wird in einem zweiten Schritt der A-GmbH zugerechnet.

3. Die ertragsteuerliche Organschaft

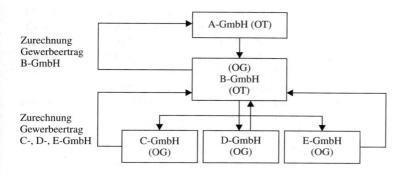

3.5.4 Gewerbesteuerumlagen und Haftung der Organgesellschaft für GewSt

Steuerumlagen spielten bisher in der Praxis lediglich im gewerbesteuerlichen Organkreis eine Rolle, wenn kein Gewinnabführungsvertrag zwischen OT und OG abgeschlossen worden war. In diesen Fällen versteuerte der OT zwar das Einkommen der OG, tatsächlich verblieb dieses Einkommen jedoch bei der OG, so dass der OT ohne Gewerbesteuerumlage die auf dieses Einkommen entfallende GewSt aus eigenem Einkommen aufzubringen gehabt hätte. Die Verteilung der Gewerbesteuer auf die Organgesellschaften mittels einer Gewerbesteuerumlage bzw. die Erstattung der auf sie entfallenden Steuerschuld durch die OG an den OT war nicht nur eine betriebswirtschaftliche, sondern auch eine handels- und konzernrechtliche Notwendigkeit (vgl. im Einzelnen Simon, DStR 2000, S. 432 ff. sowie DStR 2000, S. 537). Was die Ermittlung dieser Umlage anbetrifft, so waren im Wesentlichen zwei Methoden verbreitet, die sog. Verteilungsmethode und die sog. Belastungsmethode („Stand-alone-Verfahren"). Bei der erstgenannten Methode bildete die tatsächliche Steuerbelastung des OT aufgrund des Konzernverbundes, d. h. nach Saldierung von Gewerbeerträgen und -verlusten im Organkreis, die Grundlage für die anteilig auf die Organgesellschaften entfallenden Steuerbeträge. Im zweiten Fall wurde die Umlage – unabhängig von der realen Steuerbelastung des OT – nach der fiktiven Steuerbelastung der Organgesellschaft berechnet, die sich ergeben würde, wenn die Organgesellschaft selbständiges Steuersubjekt wäre.

B 230

Hosfeld-Guber

B 231 Steuerlich wurde und wird jede Methode zur Ermittlung der Gewerbesteuerumlage anerkannt, die zu einem betriebswirtschaftlich vertretbaren Ergebnis führt, vorausgesetzt, dass im Durchschnitt mehrerer Jahre nur die tatsächlich gezahlte Gewerbesteuer umgelegt wird (vgl. OFD Chemnitz v. 21. 8. 2002, S2742-79/4-St21). Das gilt auch, obwohl zivilrechtlich Zweifel an der Zulässigkeit der Belastungsmethode bestehen (vgl. die Ablehnung dieser Methode durch BGH v. 1. 3. 1999, DStR 1999, S. 274; zur Haltung der Finanzverwaltung sowie zur einschlägigen neueren BFH-Rechtsprechung vgl. BMF v. 12. 9. 2002, IV A 2 – S 2742–58/02).

B 232 Die praktische steuerliche Bedeutung der gewerbesteuerlichen Umlagen wird in Zukunft wegen des Zwangs zum Gewinnabführungsvertrag entfallen. Bildeten bisher die Umlagen bei der Organgesellschaft steuerlich anerkannte Betriebsausgaben, bedeuten sie nun nur eine vorweggenommene Gewinnabführung in Form eines Konzernumlagebetrags (vgl. OFD Chemnitz, v. 21. 8. 2002, S2742-79/4-St21). Die Gefahr, dass Zahlungen der Organgesellschaft als verdeckte Gewinnausschüttung qualifiziert werden, wenn ihnen beim Organträger kein Aufwand gegenübersteht, wie es bei der „Stand-alone-Methode" vorkommen kann (vgl. zuletzt BFH v. 7. 11. 2001, BStBl II 2002, S. 369, der im entschiedenen Fall jedoch keine vGA feststellen konnte), besteht nicht mehr (vgl. Rödder/Simon, DB 2002, S. 497; Sarrazin in: Lenski/Steinberg, GewStG, § 2, Rz 3046). Unabhängig von der fehlenden steuerlichen Wirkung können Konzernumlagen des Organträgers zum Ausgleich der von ihm getragenen Steuern auch bei Gewinnabführungspflicht weiterhin geboten sein. Ihre steuerliche Anerkennung ist dann in jedem Fall unproblematisch.

B 233 Was die Haftung der Organgesellschaft für die Gewerbesteuerschuld des Organträgers anbetrifft, so gilt – wie für die Körperschaftsteuer – § 73 AO, der bestimmt, dass die Organgesellschaft für solche Steuern des OT haftet, für welche die Organschaft zwischen ihnen von Bedeutung ist. Die Haftung umfasst die gesamte Gewerbesteuerschuld des Organträgers aus dem Organkreis, d. h. auch die, die nicht von der Organgesellschaft verursacht wurden (Sarrazin, in: Lenski/Steinberg, GewStG, § 2, Rz 3046; Nöcker, INF 2001, S. 650).

3.5.5 Gewerbesteueranrechnung bei Organschaften

B 234 Ist der Organträger ein Personenunternehmen, so wird ihm bei der Einkommensteuer die Steuerermäßigung nach § 35 EStG, d. h. die pauscha-

Hosfeld-Guber

3. Die ertragsteuerliche Organschaft

lierte Gewerbesteueranrechnung bei Einkünften aus Gewerbebetrieb gewährt. Das Anrechnungsvolumen ergibt sich aus den zusammengerechneten Gewerbeerträgen von OG und OT und beträgt das 1,8fache des einheitlichen Gewerbesteuer-Messbetrags des Organkreises (vgl. BMF v. 15. 5. 2002, BStBl I 2002, S. 533, Rz 33 und 34).

3.5.6 Wichtige Vor- und Nachteile der gewerbesteuerlichen Organschaft

3.5.6.1 Verlustverrechnung

Der größte Vorteil und Hauptzweck der gewerbesteuerlichen Organschaft ist – wie bei der körperschaftsteuerlichen Organschaft – der Verlustausgleich im Entstehungsjahr und damit die sofortige Minderung der Gewerbesteuerbelastung durch die periodengleiche Saldierung von Gewinnen und Verlusten innerhalb des Organkreises. Der umfassende Verlustausgleich im Organkreis bewirkt auch, dass (auf der Ebene des Organträgers) Verluste und Gewinne mehrerer Organgesellschaften untereinander verrechnet werden (vgl. Rödder, DStR 2001, S. 780). B 235

Kann der OT Verluste der OG mit eigenen Gewinnen nicht ausgleichen, weil er selbst Verluste erlitten hat oder sein Gewerbeertrag zu gering ist, so erfolgt die gesamte Verwertung des Verlustvortrags auch nach Beendigung der Organschaft durch den OT, es sei denn, es handelt sich um vororganschaftliche Verluste der Organgesellschaft (vgl. Abschn. 68 Abs. 5 Satz 1 u. 2 GewStR; s. o. RN B 228). B 236

3.5.6.2 Freibetrag, Staffelung

Ist der Organträger ein Personenunternehmen, so wird ihm der Freibetrag von 24 500 € gem. § 11 Abs. 1 Satz 3 Nr. 1 GewStG und die Staffelung der Steuermesszahl gem. § 11 Abs. 2 Nr. 1 GewStG gewährt. Da dem OT der Gewerbeertrag der OG-Kapitalgesellschaft zugerechnet wird, erstreckt sich der Vorteil der Staffelung auch auf den Gewerbeertrag für die im Nichtorganschaftsfall eine Steuermesszahl von 5 % anzuwenden wäre. Allerdings ergibt sich hier ein Vorteil nur, wenn der Gewerbeertrag des Organträgers nicht ins Gewicht fällt, da er ansonsten die Vorteile selbst verbraucht. B 237

Hosfeld-Guber

Beispiel:
Der maßgebende Gewerbeertrag gem. § 10 GewStG der Mutter- und Tochtergesellschaft beträgt je 100 000 €, der Hebesatz der Gemeinde 400 %.

	GewSt-Belastung ohne Organschaft		GewSt-Belastung mit Organschaft
	Mutter-PersGes	Tochter-KapGes	Organkreis
Gewerbeertrag	100 000	100 000	200 000
./. Freibetrag	25 500	-	25 500
verbleiben	74 500		174 500
Messbetrag	2 525	5 000	7 525
x Hebesatz	10 100	20 000	30 100
x 5/6 = GewSt	8 417	16 666	25 083
GewSt insgesamt	25 083		25 083

Abwandlung Beispiel:
Der maßgebende Gewerbeertrag gem. § 10 GewStG der Muttergesellschaft beträgt 5 000 €, der der Tochtergesellschaft 100 000 €, der Hebesatz der Gemeinde 400 %.

	GewSt-Belastung ohne Organschaft		GewSt-Belastung mit Organschaft
	Mutter-PersGes	Tochter-KapGes	Organkreis
Gewerbeertrag	5 000	100 000	105 000
./. Freibetrag	5 000	-	25 500
verbleiben	0		79 500
Messbetrag		5 000	2 775
x Hebesatz		20 000	11 100
x 5/6 = GewSt		16 666	9 250
GewSt-Ersparnis			16 666 - 9 250 7 416

3.5.6.3 Dauerschulden zwischen Organträger und Organgesellschaft

B 238 Vorteile aus der Organschaft ergeben sich auch daraus, dass die hälftige Hinzurechnung der Dauerschuldentgelte nach § 8 Nr. 1 GewStG entfällt,

Hosfeld-Guber

3. Die ertragsteuerliche Organschaft

sofern sie aus Schuldverhältnissen zwischen Gesellschaften aus dem Organkreis resultieren. Dies erleichtert nicht nur die Finanzierung der Organgesellschaften durch den Organträger, sondern vermeidet die Doppelbelastung auch in den Fällen, in denen verzinsliche Verrechnungskonten zwischen OG und OT Dauerschuldcharakter haben und die berechneten Zinsen als Entgelte für Dauerschulden anzusehen sind (vgl. Urbahns, INF 2001, S. 583). Im nichtorganschaftlichen Konzernfall wird die Hälfte des Zinsaufwandes bei der Gesellschaft, die eine Verbindlichkeit ausweist, dem Gewerbeertrag hinzugerechnet, obwohl die Konzerngesellschaft, bei der die Forderung zu Buche steht, den Zinsertrag in voller Höhe im Gewerbeertrag erfasst.

3.5.7 Zerlegung

Erfolgt aufgrund der unterschiedlichen Standorte von Organträger und Organgesellschaft bzw. von Betriebsstätten in mehreren Gemeinden eine Zerlegung des einheitlichen Steuermessbetrags gem. § 28 GewStG, so kann aber muss dies nicht unbedingt vorteilhaft sein, da die Hebesätze zwischen den Gemeinden zum Teil beträchtlich schwanken. Zerlegungsmaßstab ist das Verhältnis aus den Arbeitslöhnen der Betriebsstätte zur Summe der Arbeitslöhne aller Betriebsstätten (§ 29 Abs. 1 GewStG). Auf die Zerlegungsanteile der Gemeinden ist deren jeweiliger Hebesatz anzuwenden, woraus sich dann die Gewerbesteuer ergibt, die der Organträger der hebeberechtigten Gemeinde schuldet. **B 239**

Die Auswirkungen der Zerlegung werden in den Beispielen 1–4 verdeutlicht (vgl. Urbahns, INF 2001, S. 584), wobei sich die ersten beiden Beispiele von den letzten beiden Beispielen durch die Vertauschung der Hebesätze unterscheiden. Ansonsten wird in Beispiel 1 und 3 davon ausgegangen, dass keine Organschaft besteht, während Beispiel 2 und 4 den Organschaftsfall abbilden. **B 240**

Hosfeld-Guber

Beispiel 1: Mutter- und Tochterges. in verschiedenen Gemeinden; keine Organschaft

	(1) Arbeitslöhne	(2) Messbetrag	(3) Hebesatz	(4) GewSt*)
Gemeinde X / Mutterges.	600 000	5 000	380 %	15 833
Gemeinde Y / Tochterges.	300 000	9 000	450 %	33 750
Gesamtbelastung *) = [(2) x (3)] x 5/6				49 583

Beispiel 2: Mutter- und Tochterges. in verschiedenen Gemeinden; Organschaft

	(1) Arbeitslöhne	(2) Messbetrag	(3) Hebesatz	(4) GewSt*)
Gemeinde X / Mutterges.	600 000	5 000	380 %	
Gemeinde Y / Tochterges.	300 000	9 000	450 %	
	900 000	14 000		
- davon Gemeinde X	66,7 %	9 338**)	380 %	29 570
- davon Gemeinde Y	33,3 %	4 662**)	450 %	17 482
Gesamtbelastung *) = [(2) x (3)] x 5/6 **) 14 000 x 66,7 % / 14 000 x 33,3 %				47 052

Beispiel 3: Mutter- und Tochterges. in verschiedenen Gemeinden; keine Organschaft

	(1) Arbeitslöhne	(2) Messbetrag	(3) Hebesatz	(4) GewSt*)
Gemeinde X / Mutterges.	600 000	5 000	450 %	18 750
Gemeinde Y / Tochterges.	300 000	9 000	380 %	28 500
Gesamtbelastung *) = [(2) x (3)] x 5/6				47 250

Hosfeld-Guber

Beispiel 4: Mutter- und Tochterges. in verschiedenen Gemeinden; Organschaft				
	(1) Arbeitslöhne	(2) Messbetrag	(3) Hebesatz	(4) GewSt*)
Gemeinde X / Mutterges.	600 000	5 000	450 %	
Gemeinde Y / Tochterges.	300 000	9 000	380 %	
	900 000	14 000		
- davon Gemeinde X	66,7 %	9 338	450 %	35 017
- davon Gemeinde Y	33,3 %	4 662	380 %	14 763
Gesamtbelastung *) = [(2) x (3)] x 5/6				49 786

4. Umsatzsteuerliche Organschaft

Literatur: *Kessler/Schmidt,* Umsatzsteuerliche Probleme und Gestaltungsüberlegungen bei Beteiligungskonzernen – Neue Entwicklungen der EuGH-Rechtsprechung, DStR 2001, S. 1677; *Pache,* Der Tatbestand der wirtschaftlichen Eingliederung im Ertragsteuer- und im Umsatzsteuerrecht unter besonderer Berücksichtigung der Fallgruppen der Betriebsaufspaltung und der Holdinggesellschaften, GmbHR 1997, S. 926; *Schmidt/Müller/Stöcker,* Die Organschaft im Körperschaftsteuer-, Gewerbesteuer- und Umsatzsteuerrecht, 6. Auflage, Herne/Berlin 2003; *Slapio,* Gestaltungsmöglichkeiten bei umsatzsteuerlicher Organschaft, DStR 2000, S. 999; *Streck/Binnewies,* Der faktische Konzern als hinreichende Voraussetzung für eine organisatorische Eingliederung im Rahmen einer umsatzsteuerlichen Organschaft, DB 2001, S. 1578.

4.1 Grundlagen

Anders als die Einkommen-, Körperschaft- und Gewerbesteuer, die zu den Besitzsteuern zählen und für die Besteuerung am erwirtschafteten Gewinn bzw. Gewerbeertrag ansetzen, gehört die Umsatzsteuer nach der Systematik der Abgabenordnung zu den Verkehrssteuern, deren Anknüpfungspunkt bestimmte, i. d. R. entgeltliche, Leistungen des Wirtschaftsverkehrs sind. Sie ist gleichzeitig eine allgemeine Verbrauchsteuer, deren Zweck darin besteht, den Endverbrauch zu belasten. Für den unternehmerischen Verbrauch von Gütern und Dienstleistungen soll keine Belastung mit Umsatzsteuer erfolgen. Technisch wird die Neutralität der Umsatzsteuer für den Unternehmensbereich durch ihre Ausgestaltung als Allphasen-Netto-Umsatzsteuer mit Vorsteuerabzug gewährleistet. Die vom Unternehmer

B 241

Hosfeld-Guber

dem Verbraucher in Rechnung gestellte Umsatzsteuer wird von Letzterem mit der Bezahlung des Kaufpreises getragen und aufgebracht, während der leistende Unternehmer die ihm von anderen Unternehmern in Rechnung gestellte Umsatzsteuer auf den betrieblichen Waren- und Leistungsbezug als Vorsteuer (§ 15 UStG) abziehen kann. Übersteigt der Vorsteuerabzug die entstandene Umsatzsteuer, wird die Differenz vom Finanzamt vergütet; im umgekehrten Fall (USt − Vorsteuerabzug) hat der Unternehmer die Differenz an das Finanzamt abzuführen.

B 242 Gegenstand der Umsatzsteuer sind steuerbare Umsätze. Als solche werden in § 1 Abs. 1 UStG drei Arten aufgeführt:

1. die Lieferungen und sonstige Leistungen, die ein Unternehmer im Inland gegen Entgelt im Rahmen seines Unternehmens ausführt,
2. die Einfuhr und
3. der innergemeinschaftliche Erwerb.

Sieht man von Nr. 2 und 3 sowie den Sondertatbeständen der unentgeltlichen Wertabgaben gem. § 3 Abs. 1b und § 3 Abs. 9a UStG ab, die nicht weiter betrachtet werden sollen, so bleiben als wichtigste steuerbare Umsatzart die in Nr. 1 genannten, von einem Unternehmer im Rahmen seines Unternehmens im Inland ausgeführten entgeltlichen Lieferungen oder sonstigen Leistungen.

B 243 Damit eine Leistung bzw. ein Umsatz gem. § 1 Abs. 1 Nr. 1 UStG der Umsatzsteuer unterliegt, müssen alle Tatbestandsmerkmale (Leistungen, Unternehmer, Inland, Entgelt, im Rahmen des Unternehmens) vorliegen, insbesondere muss die umsatzsteuerliche Unternehmereigenschaft gegeben sein (s. u. RN B 249). Wird ein Umsatz von einem Nichtunternehmer ausgeführt, ist er nicht steuerbar, d. h. er wird von der deutschen Umsatzsteuer nicht erfasst. Daher ist nur ein Unternehmer berechtigt und verpflichtet, Rechnungen mit Umsatzsteuerausweis auszustellen (§§ 14, 14a UStG). Die Unternehmereigenschaft ist nicht nur von Bedeutung für die Frage der Steuerbarkeit von Umsätzen und der Ausstellung von Rechnungen, sondern auch für den Vorsteuerabzug. Nur Unternehmer i. S. der §§ 2 und 2a dürfen Vorsteuern abziehen (§ 15 Abs. 1–4b UStG).

B 244 Die Unternehmereigenschaft besitzt nicht, wer eine mit Einkünfteerzielungsabsicht vorgenommene Tätigkeit nicht selbständig ausübt. Das gilt für natürliche und juristische Personen gleichermaßen. Eine natürliche Person ist nichtselbständig tätig, wenn sie in ein Unternehmen so eingegliedert ist, dass sie gegenüber dem Unternehmer weisungsgebunden ist.

Hosfeld-Guber

4. Umsatzsteuerliche Organschaft

Eine juristische Person übt ihre Tätigkeit nicht selbständig aus, wenn sie nach dem Gesamtbild der tatsächlichen Verhältnisse finanziell, wirtschaftlich und organisatorisch in das Unternehmen des Organträgers eingegliedert ist (§ 2 Abs. 2 Satz 1 Nr. 2 UStG). Diesen letzteren Sachverhalt bezeichnet der Umsatzsteuer-Gesetzgeber als Organschaft. Ist eine Organgesellschaft solcherart in einen Organträger eingegliedert, verliert sie ihre Unternehmereigenschaft und die von ihr ausgeführten Umsätze sowie der Vorsteuerabzug aus Eingangsumsätzen werden dem OT zugerechnet; zu den Konsequenzen im Einzelnen s. u. RN B 264.

Weitere sachliche Voraussetzungen für die umsatzsteuerliche Organschaft als die finanzielle, wirtschaftliche und organisatorische Eingliederung werden nicht genannt, insbesondere nicht der Abschluss eines Gewinnabführungsvertrags. Zu Inhalt, Abgrenzung und Bedeutung der Eingliederungstatbestände finden sich im Umsatzsteuergesetz keine Ausführungen; diese Lücke wird durch die Rechtsprechung und die Finanzverwaltung ausgefüllt (s. u. RN 256 ff.). Zur Herstellung einer Organschaft bedarf es neben der sachlichen Eingliederungsvoraussetzungen auch bestimmter persönlicher Voraussetzungen von Organträger und Organgesellschaft, die im Folgenden skizziert werden. **B 245**

4.2 Persönliche Voraussetzungen

4.2.1 Organträger

4.2.1.1 Rechtsform, Ansässigkeit

Organträger kann jeder Unternehmer sein (Abschn. 21 Abs. 2 Satz 2 UStR). Die Unternehmerfähigkeit i. S. des UStG wiederum besitzt nach ständiger Rechtsprechung „jedes selbständig tätige Wirtschaftsgebilde, das nachhaltig Leistungen gegen Entgelt ausführt"; unmaßgeblich ist, ob es sich dabei lediglich um einen zwanglosen Zusammenschluss von Personen zur gemeinsamen wirtschaftlichen Betätigung oder um eine Gesellschaftsform des bürgerlichen Rechts handelt (BFH v. 4.7.1956, BStBl III 1956, S. 275). Daher gibt es für den Organträger bezüglich der Rechtsform keine Einschränkungen; natürliche Personen, Personengesellschaften, juristische Personen des öffentlichen und privaten Rechts und nichtsrechtsfähige Vereine bzw. Personenvereinigungen sind allesamt taugliche Organträger (vgl. Schmidt/Müller/Stöcker, Die Organschaft, Rz 1241 ff., m. w. N. zur Rechtsprechung). Es kommt nicht darauf an, dass der Organ- **B 246** träger seine Geschäftsleitung im Inland hat, jedoch sind die Wirkungen der Organschaft gem. § 2 Abs. 2 Nr. 2 Satz 2 UStG auf Innenleistungen zwischen den im Inland belegenen Unternehmensteilen beschränkt (s. u. RN 269 ff.).

4.2.1.2 Unternehmereigenschaft

4.2.1.2.1 Gewerbliche Tätigkeit

B 247 Umsatzsteuerlicher „Unternehmer ist, wer eine gewerbliche oder berufliche Tätigkeit selbständig ausübt" (§ 2 Abs. 1 Satz 1 UStG). Als gewerbliche oder berufliche Tätigkeit ist jede nachhaltige Tätigkeit zur Einnahmeerzielung anzusehen, auch wenn eine Gewinnerzielungsabsicht fehlt oder eine Personenvereinigung nur gegenüber ihren Mitgliedern tätig wird (§ 2 Abs. 1 Satz 3 UStG). Nach früherer Auffassung der Finanzverwaltung kam es für die Frage, ob der Organträger eine unternehmerische Tätigkeit ausübt, nicht darauf an, ob er selbst Umsätze in eigenem Namen tätigte, d. h. nach außen erkennbar auftrat. Es reichte, wenn die Organgesellschaft am Geschäftsverkehr mit Kunden und Lieferanten teilnahm bzw. der Organträger sich der Tochtergesellschaften bediente, um Umsätze zu tätigen (Abschn. 21 Abs. 1 Satz 4 und 5 UStR; BFH v. 26. 2. 1959, BStBl III 1959, S. 204). Auch brauchte der Organträger selbst kein gewerbliches Unternehmen i. S. des Einkommen- oder Gewerbesteuergesetzes zu sein, was damit begründet wurde, dass der Begriff des Gewerbebetriebs für das Umsatzsteuerrecht keine Rolle spiele, es für die umsatzsteuerliche Betrachtung vielmehr auf den Unternehmerbegriff ankomme (BFH v. 17. 4. 1969, BStBl II 1969, S. 413). Der Unternehmerbegriff des Umsatzsteuerrechts unterscheide sich aber wesentlich von dem des Mitunternehmers i. S. des § 15 EStG, so dass die Voraussetzungen und Tatbestandsmerkmale der Organschaft im Umsatzsteuerrecht und im Ertragsteuerrecht nicht deckungsgleich seien (vgl. BFH v. 2. 8. 1979, BStBl II 1980 S. 20; v. 22. 05. 1969, BStBl II 1969, S. 603). Das Wesen der Umsatzsteuer erfordere eine denkbar weite Auslegung des Unternehmerbegriffs, der in der Fähigkeit eines Wirtschaftsgebildes bestehe, Umsatzsteuerschuldner zu sein (vgl. BFH v. 4. 7. 1956, BStBl III 1956, S. 275).

B 248 Von dieser weiten Auslegung wurde der Fall gedeckt, dass der Organträger selbst nicht unternehmerisch tätig bzw. kein genuiner Unternehmer i. S. des § 2 Abs. 1 Satz 1 UStG war, sondern erst durch die Begründung der Organschaft die Unternehmereigenschaft erhielt, indem ihm die Tätig-

Hosfeld-Guber

keit der Organgesellschaften umsatzsteuerlich zugerechnet wurde (vgl. Schmidt/Müller/ Stöcker, Die Organschaft, Rz 1242, m. w. N. zur Rechtsprechung). Offenbar wird die Auffassung der „mittelbaren Unternehmerschaft" (vgl. Kessler/Schmidt, DStR 2001, S. 1679) von der Finanzverwaltung nicht weiter vertreten. In den UStR fehlen in Abschn. 21 die Sätze 4 und 5, was insbesondere die Frage der Unternehmereigenschaft von Holdinggesellschaften und damit deren Eignung als Organträger aufwirft (vgl. Eggers/Korf, DB 2001, S. 298).

4.2.1.2.2 Holding-Gesellschaft

Die Unternehmereigenschaft und Organträger-Eignung ist nach neuerer Rechtsprechung zu verneinen bei einer reinen Finanzholding, die lediglich ihre Beteiligungen hält und verwaltet und keine steuerbaren Umsätze i. S. des § 1 Abs. 1 UStG tätigt. Beschränkt sich die Tätigkeit einer Gesellschaft auf das bloße Erwerben und Halten von Beteiligungen an Kapitalgesellschaften, so liegt keine nachhaltige gewerbliche oder berufliche Tätigkeit i. S. von § 2 Abs. 1 UStG vor; der Zufluss von Zinsen oder anderen Erträgen aus Kapitalanlagen und -beteiligungen beruht nicht auf gewerblicher oder beruflicher Tätigkeit, sondern auf dem „Einsammeln von Nutzungen" (vgl. BFH v. 15. 1. 1987, BStBl II 1987, S. 512). Beim Halten und Verwalten von Beteiligungen fehlt es, so die Rechtsprechung (vgl. BFH v. 20. 1. 1988, BStBl II 1998, S. 557), am Leistungsaustausch (Lieferungen und sonstige Leistungen gegen Entgelt) und damit am Grundtatbestand des UStG. Es handelt sich um eine nichtunternehmerische Tätigkeit, die auf der einen Seite nicht der Umsatzsteuer unterliegt und auf der anderen Seite den Abzug von (Vor-)Steuern auf Vorbezüge der Holding ausschließen, da diese mangels Unternehmereigenschaft zur Ausführung nichtsteuerbarer Ausgangstätigkeiten verwendet werden (vgl. BFH v. 20. 1. 1988, a. a. O.). B 249

Diese Beurteilung wird auch vom EuGH (vgl. EuGH v. 14. 11. 2000, DStRE 2000, S. 1268; v. 12. 7. 2001, BFH/NV Beilage 2002, S. 5) und BFH (vgl. BFH v. 6. 6. 2002, BStBl II 2003, S. 36) geteilt, die im bloßen Innehaben von finanziellen Beteiligungen an anderen Unternehmen keine wirtschaftliche Tätigkeit i. S. der 6. Richtlinie sehen. Wenn und soweit jedoch Eingriffe der Holdinggesellschaft in die Verwaltung ihrer Tochtergesellschaften vorgenommen werden, stellen diese eine wirtschaftliche Tätigkeit dar, soweit sie die Ausübung von Tätigkeiten einschließen, die der B 250

Hosfeld-Guber

Umsatzsteuer unterliegen. Ob Geschäftsführungsführungs- und Vertretungsleistungen der Umsatzsteuer unterliegen, hängt davon ab, ob es sich um einen nichtsteuerbaren Gesellschafterbeitrag handelt, oder um Leistungen, die gegen Sonderentgelt ausgeführt werden. Mithin liegt bei Dienstleistungen im Bereich der Verwaltung, Buchführung oder Informatik für die Tochtergesellschaften, die gegen Entgelt erbracht werden und damit auf einen Leistungsaustausch gerichtet sind, eine unternehmerische Tätigkeit der Holding vor, die der Umsatzsteuer unterliegt und zum Vorsteuerabzug berechtigt (so auch die Finanzverwaltung in BMF v. 13. 12. 2002, BStBl I 2003, S. 68).

B 251 Als Konsequenz aus dieser Rechtsprechung ergibt sich, dass eine geschäftsleitende Holding (sog. Führungsholding), die zwar über die Finanzierungs- und Verwaltungsfunktion hinaus die einheitliche Leitung über ihre Beteiligungsgesellschaften ausübt und aktiv Einfluss auf die Geschäftspolitik nimmt, keine Tätigkeit i. S. eines Leistungsaustausches ausübt, wenn dies unentgeltlich, d. h. ohne unmittelbare Gegenleistung geschieht (vgl. Eggers/Korf, DB 2001, S. 301). Keine Gegenleistung sind Dividenden bzw. Gewinnbeteiligung, da sie kein Entgelt für eine wirtschaftliche Tätigkeit, sondern Ausfluss von Gesellschafterrechten darstellen (vgl. EuGH v. 14. 11. 2000, DStRE 2000, S. 1268). Das Gleiche gilt wohl für die Ergebnisabführung im Falle eines Ergebnisabführungsvertrags (vgl. Eggers/Korf, DB 2001, S. 301). Auch diese basiert nicht auf einem Leistungsaustausch im Rahmen einer nachhaltigen gewerblichen oder beruflichen Tätigkeit und ist daher ohne Einfluss auf die Unternehmereigenschaft des OT.

4.2.1.2.3 Betriebsaufspaltung

B 252 Anders als bei einer Holding-Gesellschaft verhält es sich bei der Betriebsaufspaltung, weil hier das Besitzunternehmen als Organträger mit seiner Vermietungstätigkeit an das Betriebsunternehmen eine wirtschaftliche Tätigkeit entfaltet. Ein nach außen in Erscheinung tretender Gewerbebetrieb ist nicht erforderlich (Abschn. 21 Abs. 5 Satz 6 UStR). Daher können als Organträger auch die Besitzgesellschaft bei einer BASP, Betriebe gewerblicher Art von Körperschaften des öffentlichen Rechts und Unternehmenszusammenschlüsse wie Syndikate oder Kartelle auftreten, wenn die Eingliederungsvoraussetzungen beachtet werden (vgl. im Einzelnen Schmidt/Müller/Stöcker, Die Organschaft, Rz 1251 ff.).

Hosfeld-Guber

4.2.2 Organgesellschaft

Als Organgesellschaft kommen nur die juristischen Personen des Privatrechts in Frage, und hier besonders die Kapitalgesellschaften (vgl. ausführlich Schmidt/Müller/Stöcker, Die Organschaft, Rz 1223 ff.). Juristische Personen des öffentlichen Rechts, rechtsfähige Vereine und Stiftungen sowie nichtrechtsfähige Personenvereinigungen können keine Organgesellschaft sein. Genossenschaften sind zwar grundsätzlich taugliche Organgesellschaften, aber die Herstellung der finanziellen (und auch der wirtschaftlichen) Eingliederung ist bei ihnen aufgrund ihrer gesellschaftsrechtlichen Verfassung fraglich (vgl. insbesondere § 1 GenG). **B 253**

4.3 Sachliche Voraussetzungen

4.3.1 Allgemeines

An den sachlichen Voraussetzungen der umsatzsteuerlichen Organschaft hat sich durch die Reform der Unternehmensbesteuerung nichts geändert. Für eine Anpassung der umsatzsteuerlichen Organschaftsvorschriften an die körperschaft- und gewerbesteuerlichen bestand offenbar weder Handlungsbedarf noch – aufgrund der Vorgaben der 6. EG-Richtlinie – Handlungsspielraum. Nach wie vor ist daher Bedingung für die Anerkennung einer umsatzsteuerlichen Organschaft (§ 2 Abs. 2 Nr. 2 UStG) die finanzielle, wirtschaftliche und organisatorische Eingliederung. Ein Ergebnisabführungsvertrag ist dagegen nicht zwingend. **B 254**

Zwar müssen alle drei Eingliederungstatbestände vorliegen, jedoch kommt es auf das Gesamtbild der tatsächlichen Verhältnisse an. Daher ist es nicht erforderlich, dass alle Merkmale mit dem gleichen Gewicht und derselben Deutlichkeit vorliegen (vgl. BFH v. 3. 4. 2003, DStR 2003, S. 1166 f.). So kann z. B. eine eher schwach ausgeprägte wirtschaftliche Eingliederung unter Umständen durch die eindeutigen Gegebenheiten bei den übrigen Eingliederungstatbeständen kompensiert werden (vgl. BFH v. 23. 4. 1964, BStBl III 1964, S. 346; Abschn. 21 Abs. 1 Satz 2 UStR). **B 255**

4.3.2 Finanzielle Eingliederung

Die *finanzielle* Eingliederung liegt vor, wenn die Muttergesellschaft die Stimmrechtsmehrheit und damit die Möglichkeit besitzt, im Rahmen der Willensbildung den eigenen Willen in der OG durchzusetzen (BFH v. **B 256**

Hosfeld-Guber

17. 1. 2002, BStBl II 2002, S. 373). Das erfordert bei Identität von Beteiligungs- und Stimmrechtsverhältnissen eine Beteiligung von mehr als 50 %, sofern keine höhere qualifizierte Mehrheit für die Beschlüsse in der Organgesellschaft vorgesehen ist (vgl. Abschn. 21 Abs. 4 Satz 1 und 2 UStR; BFH v. 22. 11. 2001, BStBl II 2002, S. 167). Eine Kompensation fehlender finanzieller Eingliederung durch besonders stark ausgeprägte andere Eingliederungsmerkmale ist nicht möglich; die finanzielle Eingliederung muss klar und eindeutig gegeben sein. Als wichtigstes von allen Tatbestandsmerkmalen (Schmidt/Müller/Stöcker, Die Organschaft, Rz 1265) besteht sie nur dann, wenn der Organträger über eine entscheidende kapitalmäßige Beteiligung an der Organgesellschaft verfügt, um Beschlüsse in der OG in seinem Sinne und Interesse erwirken zu können (BFH v. 17. 1. 2002, BStBl II 2002, S. 373).

B 257 Der Organträger kann die Stimmenmehrheit für Beschlüsse in der Organgesellschaft auch durch mittelbare Beteiligungen erlangen, d. h. über die Beteiligung als Gesellschafter an einer Gesellschaft, die unmittelbar mit Stimmenmehrheit an der Organgesellschaft beteiligt ist (vgl. BFH v. 22. 11. 2001, BStBl II 2002, S. 463). Wenn auf diese Weise der Organträger mittelbar seinen Willen in der OG durchsetzen kann, ist die finanzielle Eingliederung gegeben. Auch durch Addition von unmittelbarer und mittelbarer Beteiligung lässt sich die finanzielle Beteiligung herstellen, etwa wenn sowohl die Mutter- als auch die Tochtergesellschaft an der Enkelgesellschaft beteiligt sind und sich die Stimmenmehrheit der Mutter an der Enkelgesellschaft erst durch die Zusammenrechnung ihrer eigenen Anteile mit denen der Tochtergesellschaft ergibt (vgl. Schmidt/Müller/Stöcker, Die Organschaft, Rz 1273.).

B 258 Ist der Organträger eine Personengesellschaft, besteht die finanzielle Eingliederung auch dann, wenn sich die Anteile nicht im Gesamthandsvermögen der Personengesellschaft, sondern im Besitz der Gesellschafter der Personengesellschaft befinden (Abschn. 21 Abs. 4 Satz 5 UStR). Daher besteht finanzielle Eingliederung, wenn die Gesellschafter der Organträgergesellschaft über die Mehrheit der Stimmrechte der OG verfügen, z. B. dadurch dass der Mehrheitsgesellschafter des OT auch die Stimmrechtsmehrheit an der OG besitzt, wie z. B. im Fall der klassischen Betriebsaufspaltung (vgl. BFH v. 22. 11. 2001, BStBl II 2002, S. 463; v. 20. 1. 1999, DStRE 1999, S. 346; Abschn. 21 Abs. 4 Satz 5 UStR).

Hosfeld-Guber

Beispiel (der Fall der BFH-Entscheidung v. 20. 1. 1999):
Gesellschafter der T-GbR sind GT zu 95 % und seine Ehefrau IT zu 5 %. GT ist auch zu 100 % an der H-GmbH beteiligt. Die H-GmbH ist finanziell in die T-GbR (Organträgerin) eingegliedert; die Mehrheit der Anteile an der OG werden vom Gesellschafter der T-GbR gehalten, so dass in beiden Gesellschaften dieselben Gesellschafter über die Anteils- und Stimmenmehrheit verfügen und der OT *mittelbar* seinen Willen in der OG durchsetzen kann.

4.3.3 Wirtschaftliche Eingliederung

Die wirtschaftliche Eingliederung der Organgesellschaft in das Unternehmen des Organträgers kann die unterschiedlichsten Formen annehmen bzw. sich in vielfältigsten Tatbeständen ausdrücken, z. B. in aufeinander abgestimmten oder miteinander verflochtenen Geschäftstätigkeiten, einheitlichen wirtschaftlichen Gesamtkonzeptionen, der Aufteilung von Geschäftsfeldern etc. (vgl. zur außerordentlichen Bandbreite der Erscheinungsformen und Merkmale Schmidt/Müller/Stöcker, Die Organschaft, Rz 1341 ff.). Als ein Charakteristikum der wirtschaftlichen Eingliederung sieht es die Rechtsprechung an, dass die Organgesellschaft im Gefüge des übergeordneten Organträgers als dessen Bestandteil erscheint, zum Beispiel dergestalt, dass die Organgesellschaft für den Organträger die Funktion einer Vertriebsabteilung erfüllt (BFH v. 17. 1. 2002, BStBl II 2002, S. 373). Zwischen der OG und dem Unternehmen des OT muss ein vernünftiger wirtschaftlicher Zusammenhang i. S. einer wirtschaftlichen Einheit, Kooperation oder Verflechtung bestehen (BFH v. 3. 4. 2003, DStR 2003, S. 1167 sowie v. 17. 4. 1969, BStBl II 1969, S. 413, wo von einem vernünftigen betriebswirtschaftlichen Zusammenhang die Rede ist). Die Tätigkeit von Organ und Organträger müssen aufeinander abgestimmt sein und sich fördern und ergänzen (vgl. BFH v. 22. 6. 1967, BStBl III 1967, S. 715). B 259

Für die wirtschaftliche Eingliederung im Rahmen der umsatzsteuerlichen Organschaft ist es – anders als im früheren ertragsteuerlichen Organschaftsrecht – nicht erforderlich, dass die Obergesellschaft einen nach außen in Erscheinung tretenden Gewerbebetrieb unterhält, in den die Untergesellschaft nach Art einer bloßen Geschäftsabteilung (angestelltenähnlich, dienend) eingeordnet ist; es reicht der umgekehrte Fall, dass die Obergesellschaft mit ihrer Tätigkeit den Betrieb der Untergesellschaft fördert (BFH v. 17. 4. 1969, BStBl II 1969, S. 413). So genügt die Vermietung eines Betriebsgrundstücks durch den Organträger an die Organgesell- B 260 schaft, wenn dieses für die Organgesellschaft eine wesentliche Grundlage ihrer Geschäftstätigkeit ist (BFH v. 3. 4. 2003, DStR 2003, S. 1167).

B 261 Wirtschaftliche Eingliederung ist daher im Umsatzsteuerrecht nach ständiger Rechtsprechung auch bei einer BASP gegeben, wenn der Besitzunternehmer als Organträger der Betriebskapitalgesellschaft (Organgesellschaft) ein Betriebsgrundstück und/oder andere wesentliche Grundlagen der unternehmerischen Tätigkeit vermietet oder verpachtet (BFH v. 9. 9. 1993, DStR 1994, S. 203). Gerade weil die Organgesellschaft ihre Tätigkeit ohne die Betriebsgrundstücke und anderen Betriebsein- und -vorrichtungen des Organträgers nicht ausüben kann, besteht wirtschaftliche Abhängigkeit der OG vom OT, was als Organverhältnis i. S. von § 2 Abs. 2 Nr. 2 UStG zu beurteilen ist (vgl. BFH v. 9. 3. 1978, BStBl II 1978, S. 486).

B 262 Fraglich könnte die wirtschaftliche Eingliederung bei Holdinggesellschaften sein, wenn es um den engen wirtschaftlichen Zusammenhang zwischen dem Unternehmen des OT und der OG geht. Da es jedoch wegen der erforderlichen Unternehmereigenschaft nicht ausreicht, wenn sich die Beteiligungsgesellschaft auf das Halten der Beteiligung, die finanzielle Ausstattung der Tochtergesellschaft und die Ausübung der Mitgliedschaftsrechte beschränkt, sie vielmehr umsatzsteuerbare Verwaltungs- und andere Dienstleistungen gegen Entgelt erbringen muss, kann in diesen Fällen eine wirtschaftliche Eingliederung angenommen werden (vgl. Eggers/Korf, DB 2001, S. 302 f.). Im Übrigen hat die Rechtsprechung betont, dass bei deutlich ausgeprägter finanzieller und organisatorischer Eingliederung an die wirtschaftliche Eingliederung keine hohen Anforderungen mehr gestellt werden müssen (BFH v. 3. 4. 2003, DStR 2003, S. 1167).

4.3.4 Organisatorische Eingliederung

B 263 Von einer organisatorischen Eingliederung ist auszugehen, wenn der Organträger durch organisatorische Maßnahmen sicherstellt, dass in der Organgesellschaft sein Wille auch tatsächlich ausgeführt wird (Abschn. 21 Abs. 6 Satz 1 UStR). Sie liegt regelmäßig dann vor, wenn in den Leitungsgremien der beiden Unternehmen Personalunion besteht (BFH v. 17. 1. 2002, BStBl II 2002, S. 373). Die vollständige personelle Identität der Leitungsorgane ist für die Annahme der organisatorischen Eingliederung jedoch nicht zwingend; es reicht, wenn nur einzelne Geschäftsführer des Organträgers Geschäftsführer der Organgesellschaft sind (BFH v.

28. 1. 1999, BStBl II 1999, S. 258). Ebenso wenig ist ein Beherrschungsvertrag i. S. von § 291 Abs. 1 AktG erforderlich; dies um so weniger, wenn die Organgesellschaft eine GmbH und keine AG ist, da sich bei Ersterer aufgrund der Weisungsgebundenheit der Geschäftsführer die organisatorische Eingliederung durch unmittelbare legale Herrschaft der Gesellschafter über die Geschäftsführung (Streck/Binnewies, DB 2001, S. 1579, Fn 16) herstellen lässt. Liegt jedoch ein Beherrschungsvertrag vor, kommt ihm eine starke (praktisch nur ausnahmsweise widerlegbare) Indizwirkung für die organisatorische Eingliederung zu (vgl. Streck/Binnewies, DB 2001, S. 1578, 1581 f.). Die organisatorische Eingliederung ist (nur) nach Gesamtbild der tatsächlichen Verhältnisse zu beurteilen, muss also nicht voll ausgeprägt sein (BFH v. 17. 1. 2002, BStBl II 2002, S. 373). Wichtig ist, dass sich die mit der finanziellen Eingliederung einhergehende Möglichkeit der Beherrschung der Tochter in der laufenden Geschäftsführung auch tatsächlich niederschlägt, also z. B. Anweisungen bezüglich Rechnungswesen, Controlling, Planung etc. gegeben und deren Ausführung überwacht werden. Als entscheidend betrachtet es die Rechtsprechung, dass durch organisatorische Maßnahmen gewährleistet ist, „dass eine vom Willen des Organträgers abweichende Willensbildung bei der Organtochter nicht stattfindet" (BFH v. 28. 1. 1999, BStBl II 1999, S. 258).

4.4 Rechtsfolgen der Organschaft

Besteht umsatzsteuerliche Organschaft, hat dies folgende Wirkungen: B 264

1. Aufgrund ihrer Unselbständigkeit fehlt der untergeordneten Organgesellschaft die Unternehmereigenschaft; umsatzsteuerlicher Unternehmer ist der Organträger; die Organgesellschaft ist als unselbständiger Unternehmensteil des Unternehmens des Organträgers anzusehen. Dies gilt unabhängig davon, wie die Organgesellschaft nach außen auftritt; es kommt für die Organschaft nur auf das Innenverhältnis an (vgl. Schmidt/Müller/Stöcker, Die Organschaft, Rz 1232; Abschn. 20 Abs. 1 Satz 2 und Abschn. 21a Abs. 1 Satz 3 UStR). Zivilrechtlich kann die Organgesellschaft nach außen weiterhin unter eigenem Namen auftreten und Rechnungen mit gesondertem Steuerausweis erteilen. Solche Rechnungen wirken i. d. R. für und gegen den Organträger (vgl. zu weiteren Einzelheiten Schmidt/Müller/Stöcker, Die Organschaft, Rz 1474 ff.).

Hosfeld-Guber

2. Alle zwischen Organträger und Organgesellschaft oder zwischen mehreren Organgesellschaften getätigten Umsätze werden als nicht steuerbare Innenumsätze behandelt, für die weder Umsatzsteuer noch Vorsteuer anfällt (Abschn. 20 Abs. 1 Satz 3 UStR). Werden dennoch zwischen den Unternehmen des Organkreises Rechnungen mit Steuerausweis ausgestellt, so handelt es sich bei ihnen nicht um Rechnungen i. S. des § 14 UStG, sondern um interne Abrechnungsbelege; die darin ausgewiesene Umsatzsteuer wird nicht nach § 14 Abs. 3 UStG geschuldet (Abschn. 183 Abs. 3 UStR). Auf Innenumsätze ausgewiesene Umsatzsteuer berechtigen nicht zum Vorsteuerabzug (Abschn. 192 Abs. 11 UStR). Das Organ hat schon mangels Unternehmereigenschaft kein eigenes Recht auf Vorsteuerabzug (vgl. BFH v. 17. 1. 2002, BStBl II 2002, S. 373).

3. Da nur der Organträger umsatzsteuerlicher Unternehmer ist, werden ihm alle Eingangs- und Ausgangsumsätze der nach außen selbständig auftretenden Organgesellschaften zugerechnet. Der OT ist umsatzsteuerpflichtig für alle im Organkreis getätigten Umsätze i. S. des § 1 Abs. 1 UStG und vorsteuerabzugsberechtigt aus allen Rechnungen, die der Organgesellschaft gestellt wurden, weil sein Unternehmen den gesamten Organkreis umfasst (vgl. zu weiteren Einzelheiten des Vorsteuerabzugs Schmidt/Müller/Stöcker, Die Organschaft, Rz 1531 ff.).

4. Dem Organträger obliegt auch die Erfüllung der verfahrensrechtlichen Pflichten. Er hat die Umsatzsteuer-Voranmeldungen und die -Erklärung gem. § 18 UStG abzugeben, die Voraus- und Abschlusszahlungen zu leisten und die vorgesehenen Aufzeichnungs- bzw. Dokumentationspflichten zu erfüllen (vgl. Schmidt/Müller/Stöcker, Die Organschaft, Rz 1538 ff.).

B 265 Steuerschuldner ist der Organträger; jedoch haften gem. § 73 AO die Organgesellschaften für die Umsatzsteuerschulden des Organträgers.

4.5 Beschränkung der Organschaft auf das Inland

4.5.1 Grundsatz

B 266 Nach § 2 Abs. 2 Satz 2 UStG sind die Wirkungen der Organschaft – nichtsteuerbare Innenumsätze zwischen den Unternehmen des Organkreises – auf Innenleistungen zwischen den im Inland gelegenen Unternehmenstei-

Hosfeld-Guber

len beschränkt. Die im Inland gelegenen Unternehmensteile sind als ein Unternehmen zu behandeln (§ 2 Abs. 2 Satz 3 UStG). Hat der Organträger seine Geschäftsleitung im Ausland, gilt der wirtschaftlich bedeutendste Unternehmensteil im Inland als der Unternehmer.

Ungeachtet der Beschränkung der Organschaft auf das Inland umfasst das Unternehmen des Organträgers auch seine ausländischen Betriebsstätten, denn zum umsatzsteuerlichen Unternehmen gehören sämtliche Betriebe oder beruflichen Tätigkeiten desselben Unternehmers (§ 2 Abs. 1 S. 2 UStG; Abschn. 20 Abs. 1 Satz 1 und Abschn. 21a Abs. 2 UStR). Innerhalb des einheitlichen Unternehmens sind steuerbare Umsätze grundsätzlich nicht möglich (Abschn. 20 Abs. 1 Satz 3 UStR), so dass grenzüberschreitende Leistungen zwischen dem Unternehmer (Organträger) und seinen Betriebsstätten nicht steuerbare Innenumsätze sind (Abschn. 21a Abs. 2 Satz 2 UStR). B 267

Beispiel:
Der im Inland ansässige Organträger X hat im Inland eine Organgesellschaft (Y-GmbH) und in Italien eine Betriebsstätte. Zwischen X, der Y-GmbH und der italienischen Betriebsstätte des X finden Lieferungs- und Leistungsbeziehungen statt. Zum Unternehmen des X gehören die Y-GmbH und die Betriebsstätte in Italien. Die Lieferungen und sonstigen Leistungen zwischen den Betrieben sind nicht steuerbare Innenumsätze.

4.5.2 Unternehmensteile im Inland

Als im Inland gelegene Unternehmensteile gelten nach Abschn. 21a Abs. 3 UStG: B 268

1. der Organträger, sofern er im Inland ansässig ist;
2. die im Inland ansässigen Organgesellschaften des in Nr. 1 bezeichneten Organträgers;
3. die im Inland gelegenen Betriebsstätten, z. B. auch Zweigniederlassungen des in Nr. 1 bezeichneten Organträgers und seiner im Inland und im Ausland ansässigen Organgesellschaften;
4. die im Inland ansässigen Organgesellschaften eines Organträgers, der im Ausland ansässig ist;
5. die im Inland gelegenen Betriebsstätten, z. B. auch Zweigniederlassungen, des im Ausland ansässigen Organträgers und seiner im Inland und Ausland ansässigen Organgesellschaften.

Hosfeld-Guber

B 269 Organträger und Organgesellschaften sind dort ansässig, wo sie ihre Geschäftsleitung haben. Im Inland gelegene und vermietete Grundstücke sind wie Betriebsstätten zu behandeln (Abschn. 21a Abs. 4 UStR).

4.5.3 Organträger im Inland

B 270 Bei einem im Inland ansässigen *Organträger* umfasst das Unternehmern des Organträgers die Nr. 1–3 der oben unter RN B 268 genannten Unternehmensteile sowie – wegen § 2 Abs. 1 S. 2 UStG (s. o RN B 267) – die im Ausland gelegenen Betriebsstätten des Organträgers. Organgesellschaften im Ausland gehören umsatzsteuerrechtlich nicht zum Unternehmen des Organträgers. Das Gleiche gilt für im Ausland gelegene Betriebsstätten von inländischen *Organgesellschaften;* diese sind zwar den Organgesellschaften zuzurechnen, gehören aber nicht zum Unternehmen des Organträgers. Leistungen zwischen diesen Betriebsstätten und dem Organträger oder anderen Organgesellschaften sind keine Innenumsätze, sondern nach den allgemeinen Grundsätzen steuerbar und ggf. steuerfrei (Abschn. 21a Abs. 6 UStR).

Beispiel 1:
Der im Inland ansässige Organträger X besitzt die ebenfalls im Inland ansässige Organ-GmbH Y, in Italien eine Betriebsstätte und die Anteilsmehrheit an der in Frankreich ansässigen Z-Organ-Kapitalgesellschaft. Von X erfolgen Warenlieferungen an die in- und ausländischen Organgesellschaften und die ausländische Betriebsstätte. Zum Unternehmen des X gehören die Y-GmbH und die Betriebsstätte in Italien; zwischen diesen Unternehmensteilen finden nicht steuerbare Innenumsätze statt. Die Lieferungen an die Z-OG sind steuerbar und unter den Voraussetzungen der §§ 4 Nr. 1 Buchst. b und 6a UStG steuerfrei (vgl. Abschn. 21a Abs. 6 Beispiel 1 UStR).

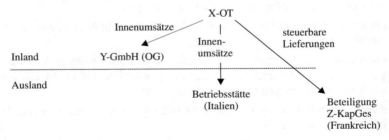

Beispiel 2:
Wie Beispiel 1, jedoch handelt es sich bei der italienischen Betriebsstätte um eine Betriebsstätte der Y-GmbH, also der inländischen Organgesellschaft des Or-

4. Umsatzsteuerliche Organschaft

ganträgers. Von X erfolgen Warenlieferungen an die Y-GmbH sowie an deren Betriebsstätte. Die Y-GmbH versendet die vom OT gelieferten Waren weiter an ihre Betriebsstätte. Zum Unternehmen des X-OT gehört nur die Y-GmbH, zwischen beiden werden nicht steuerbare Innenumsätze ausgeführt. Um solche nicht steuerbare Innenumsätze handelt es sich auch bei den Lieferungen zwischen der Y-GmbH und ihrer italienischen Betriebsstätte. Die Lieferungen von X-OT an diese Betriebsstätte sind steuerbar und unter den Voraussetzungen der §§ 4 Nr. 1 Buchst. b und 6a UStG steuerfrei (vgl. Abschn. 21a Abs. 6 Beispiel 4 UStR).

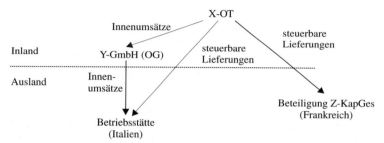

4.5.4 Organträger im Ausland

Bei einem im Ausland ansässigen OT sind die oben unter RN B 268 Nr. 4 und 5 bezeichneten Unternehmensteile als ein Unternehmen anzusehen. In diesem Fall gilt nach § 2 Abs. 2 Nr. 2 Satz 4 UStG der wirtschaftlich bedeutendste Unternehmensteil im Inland als Unternehmer und damit als Steuerschuldner. Grundsätzlich kommt als solcher nur eine im Inland ansässige juristische Person in Frage, unter den Voraussetzungen des § 18 KStG jedoch auch eine unselbständige Zweigniederlassung oder Betriebsstätte (Abschn. 21a Abs. 7 Satz 3 UStR). Ausländische Betriebsstätten von im Inland ansässigen Organgesellschaften sind zwar den jeweiligen Organgesellschaften zuzurechnen, gehören jedoch nicht zu den im Inland gelegenen Unternehmensteilen.

B 271

Beispiel (vgl. Abschn. 21a Abs. 9 Satz 1–4 und Beispiel 1 UStR):
Der in Frankreich ansässige Organträger F-OT besitzt die Mehrheitsbeteiligungen an den im Inland gelegenen Organgesellschaften D1-GmbH (Jahresumsatz 2 Mio. €) und D2-GmbH (Jahresumsatz 1 Mio. €) sowie die im Inland gelegene Betriebsstätte DB. Er hat ferner eine Organgesellschaft in Italien (I-KapGes). Zwischen den Gesellschaften D1, D2 und der Betriebsstätte DB finden Warenlieferungen statt. Außerdem liefern F-OT und die I-KapGes an DB, D1 und D2.

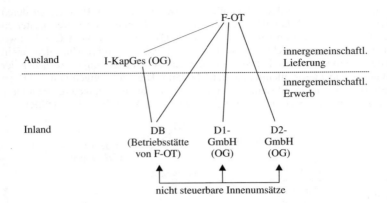

Das umsatzsteuerliche Unternehmen i. S. von § 2 Abs. 2 Nr. 2 UStG wird aus DB, D1 und D2 gebildet, wobei die D1-GmbH als wirtschaftlich bedeutendster Unternehmensteil der umsatzsteuerliche Unternehmer ist. Ihr werden alle Außenumsätze und Leistungsbezüge von D2 und DB zugerechnet. Bei den Warenlieferungen zwischen DB, D1 und D2 handelt es sich um nicht steuerbare Innenumsätze. Lieferungen des F-OT an D1 und D2 sowie der I-KapGes an DB, D1 und D2 und umgekehrt werden nach den Grundsätzen des innergemeinschaftlichen Erwerbs bzw. der innergemeinschaftlichen Lieferung besteuert. Der Organträger und seine im Ausland ansässigen Organgesellschaften bilden jeweils gesonderte Unternehmen, die in steuerbaren Leistungsaustausch zu den inländischen Organgesellschaften treten können.

4.6 Beginn und Ende der umsatzsteuerlichen Organschaft

B 272 Die Organschaft beginnt, wenn die Eingliederungsvoraussetzungen erfüllt sind. Für den Beginn der wirtschaftlichen Eingliederung der OG reicht es aus, wenn sie (oder der OT) Vorbereitungshandlungen für ihre bestimmungsgemäße Tätigkeit (z. B. Erwerb des für die Durchführung der unternehmerischen Tätigkeit notwendigen Betriebsvermögens) getroffen hat (vgl. BFH v. 17. 2. 2002, BStBl II 2002, S. 373), denn auch Vorbereitungshandlungen, die nach oder mit der Begründung des Unternehmens vorgenommen werden, zählen zur gewerblichen oder beruflichen Tätigkeit eines Unternehmers (vgl. BFH v. 17. 9. 1998, BStBl II 1999, S. 146).

Hosfeld-Guber

4. Umsatzsteuerliche Organschaft

Die Organschaft endet, wenn   B 273
- eine der Eingliederungsvoraussetzungen wegfällt, z. B. wenn durch die Veräußerung der Organbeteiligung keine finanzielle Eingliederung mehr besteht oder
- die Organgesellschaft aufgelöst oder in eine Personengesellschaft umgewandelt wird oder
- der Organträger aufgelöst wird.

Wird über das Vermögen der *Organgesellschaft* das Insolvenzverfahren eröffnet, endet die Organschaft spätestens zu diesem Zeitpunkt, weil der Organträger mit Eröffnung des Verfahrens den maßgeblichen Einfluss auf die frühere Organgesellschaft an deren Insolvenzverwalter verliert, wodurch die organisatorische und wirtschaftliche Eingliederung nicht mehr gegeben ist (vgl. BFH v. 21. 6. 2001, BStBl II 2002. S. 255; v. 28. 1. 1999, BStBl II 1999, S. 258).   B 274

Die Eröffnung des Insolvenzverfahrens über das Vermögen des *Organträgers* bedeutet nicht automatisch das Ende der Organschaft, jedenfalls dann nicht, wenn die OG unselbständig bleibt und durch den Insolvenzverwalter keine vom Willen des OT abweichende Willensbildung stattfindet. Ausnahmsweise kann jedoch eine Organschaft mit der Insolvenz des Organträgers enden, wenn sich das Insolvenzverfahren nicht auf die Organschaft erstreckt und der Insolvenzverwalter auf ihre laufende Geschäftsführung keinen Einfluss nimmt (BFH v. 28. 1. 1999, BStBl II 1999, S. 258).   B 275

4.7 Vorteile der Organschaft

Ihre wichtigste Rolle spielte die umsatzsteuerliche Organschaft in der Zeit der Allphasen-Bruttoumsatzsteuer, weil sie half, die Belastung der Waren mit Umsatzsteuer zu verringern (vgl. genauer Schmidt/Müller/Stöcker, Die Organschaft, Rz 1151 ff.). Diese Bedeutung und Funktion hat die Organschaft durch die Einführung des Nettoumsatzsteuersystems mit Vorsteuerabzug verloren. Steuervorteile ergeben sich nunmehr hauptsächlich im Bereich der Vorsteuern bei Unternehmen mit steuerfreien Umsätzen.   B 276

Das Umsatzsteuerrecht enthält in § 4 UStG einen umfangreichen Katalog von Umsätzen, die steuerbefreit sind, so z. B.   B 277
- bestimmte Umsätze der Banken und Leistungen von Versicherungen und Bausparkassen (§ 4 Nr. 8 und 10 UStG),

Hosfeld-Guber

- Grundstücksumsätze sowie bestimmte Vermietung und Verpachtungsumsätze (§ 4 Nr. 9a und 12 UStG),
- heilberufliche Umsätze (ärztliche und zahnärztliche Leistungen) und unter bestimmten Voraussetzungen die Umsätze der Krankenhäuser, Diagnosekliniken und anderer Einrichtungen ärztlicher Heilbehandlung und Diagnostik sowie der Alten- und Pflegeheime (§ 4 Nr. 14 und 16 UStG).

B 278 Die Kehrseite der Umsatzsteuerbefreiung ist allerdings, dass der Abzug der Steuern auf Eingangsleistungen, also der Vorsteuer auf erworbene Gegenstände oder sonstige Leistungen, ausgeschlossen ist, soweit die bezogenen Leistungen für steuerfreie Umsätze verwendet werden (§ 15 Abs. 2 Satz 1 UStG). Diese nicht abziehbare Vorsteuer, die je nach Verwendung des erworbenen Gegenstands entweder zu den Betriebsausgaben oder zu den Anschaffungs-/Herstellungskosten gehört, bildet für den Unternehmer, der steuerfreie Ausgangsumsätze vornimmt, einen Kostenfaktor, der Bestandteil seiner Preiskalkulation ist und seine Ausgangsleistungen entsprechend verteuert.

Beispiel (vgl. Schmidt/Müller/Stöcker 1999, Rz 1155 m. w. N.):
Die A-GmbH lässt von einem Bauunternehmer Gebäude auf eigenen Grundstücken errichten, deren Wohnungen sie gem. § 4 Nr. 12a steuerfrei an Privatpersonen vermietet. Der Bauunternehmer stellt ihr jährlich Rechnungen über 10 Mio. € zzgl. 16 % USt, d.s. insgesamt 11 600.000 €. Das Bauunternehmen bezieht zur Ausführung seiner Bauleistung selbst Waren und Dienstleistungen, auf denen 700 000 € Umsatzsteuer (Vorsteuer) lastet, so dass seine Zahllast per Saldo 900 000 € beträgt. Das Vermietungsunternehmen kann die ihm in Rechnung gestellte Umsatzsteuer von 1,6 Mio € als Vorsteuer nicht abziehen. Es kann auch nicht gem. § 9 UStG zur Umsatzsteuer optieren, weil es an Nichtunternehmer vermietet.

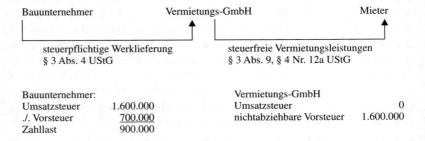

4. Umsatzsteuerliche Organschaft

Hier kann die Organschaft helfen, die nichtabziehbaren Vorsteuern zu verringern, indem die steuerbefreite Einrichtung bzw. das steuerbefreite Unternehmen Leistungen statt von externen Drittfirmen (mit hoher, als Vorsteuer nicht abziehbarer Umsatzsteuerbelastung) von Organgesellschaften bezieht, die diese Leistungen als nicht steuerbare Innenumsätze ohne Umsatzsteuer berechnet und ausführt. Besteht im obigen Beispiel zwischen dem Bauunternehmen und dem Vermietungsunternehmen eine umsatzsteuerliche Organschaft, etwa indem das Bauunternehmen die Mehrheit der Anteile am Vermietungsunternehmen erwirbt (oder umgekehrt), Maßnahmen der wirtschaftlichen und organisatorischen Eingliederung trifft und somit die Organträgerschaft über das abhängige Vermietungsunternehmen übernimmt, so werden dem Bauunternehmen die steuerfreien Vermietungsumsätze des Vermietungsunternehmens zugerechnet, was zum Ausschluss des Vorsteuerabzugs i. H. v. 700 000 € führt. Die Umsätze zwischen den Gesellschaften des Organkreises sind nicht steuerbare Innenumsätze.

B 279

Beispiel:
Wie oben, jedoch besteht umsatzsteuerliche Organschaft. Die Werklieferung des Gebäudes vom OT an die OG erfolgt ohne Umsatzsteuerausweis. Nicht abziehbar sind jedoch die Vorsteuer-Beträge, die beim OT angefallen sind. Diese betragen aber nur 700 000 € (statt 1 600.000 €), so dass der Steuervorteil 900 000 € beträgt.

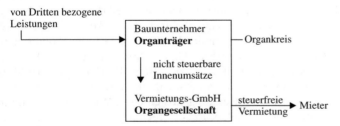

Der Steuervorteil ist besonders hoch, wenn (Zuliefer-)Unternehmen mit personalintensiven Leistungen, die beim steuerbefreiten Leistungsempfänger zu hohen nichtabziehbaren Vorsteuerbeträgen führen würden, in einen Organkreis eingegliedert werden, wie dies im obigen Beispiel beim Bauunternehmen der Fall ist. Nicht unerhebliche Einsparungen lassen sich jedoch auch bei anderen Unternehmen, z. B. bei Banken oder Versicherungen, vor allem aber bei Krankhäusern, Alten- und Pflegeheimen erzielen,

B 280

Hosfeld-Guber

die steuerfreie Ausgangsumsätze ausführen und mit Umsatzsteuer belastete Eingangsleistungen (z. B. Gebäudereinigung, Wäschereiservice, Krankentransport, EDV-Leistungen) beziehen. Durch Insourcing solcher Leistungen in zu diesem Zweck (z. B. als Gemeinschaftsunternehmen) gegründete oder erworbene Unternehmen und Begründung einer Organschaft kann ein Teil der bisher von Dritten bezogenen Leistungen innerhalb des Organkreises erbracht werden, womit sich der nichtabziehbare Vorsteuerbetrag auf jene Lieferungen und sonstige Leistungen reduziert, die weiterhin durch externe Unternehmen erfolgen müssen (vgl. Slapio, DStR 2000, S. 1000 f.).

B 281 In der Vergangenheit sind im Fachschrifttum auch Gestaltungsmöglichkeiten bei umsatzsteuerlicher Organschaft mit Holdinggesellschaften aufgezeigt worden (vgl. z. B. Slapio, DStR 2000, S. 1001). Sie basierten auf der früheren BFH-Rechtsprechung, wonach eine Holding, die aufgrund der satzungsmäßigen und vertraglichen Bindungen so weitgehende Rechte besaß, dass sie weder als reine Verwaltungs- noch als bloße Geschäftsführungs-Gesellschaft betrachtet werden konnte, als Organträgerin anerkannt wurde, wenn die Eingliederung der Tochtergesellschaften nach dem Gesamtbild der Verhältnisse erfolgt war. Für die Begründung der Unternehmereigenschaft des Organträgers war nicht erforderlich, dass er in eigener Person Umsätze i. S. des § 1 UStG tätigte und Einnahmen erzielte. Es reichte, wenn sich die Muttergesellschaft der Tochtergesellschaft als ihrer Organe für die Betätigung der Umsätze bediente, weil diese unternehmerische Tätigkeit der Mutter zugerechnet wurde (vgl. BFH v. 26. 2. 1959, BStBl III 1959, S. 204 sowie Schmidt/Müller/Stöcker, Die Organschaft, Rz 1246 ff.). Durch diese ‚mittelbare Unternehmerschaft' (vgl. Kessler/Schmidt, DStR 2001, S. 1679, m. w. N: zum Begriff) erlangte die Holding auch das Recht zum eigenen Vorsteuerabzug auf von ihr bezogene Leistungen (z. B. auf Rechts- und Beratungskosten etc.). Wie jedoch oben unter RN 249 ff. aufgezeigt, wollen Rechtsprechung und Verwaltung bei Holdinggesellschaft die Unternehmereigenschaft nur noch bejahen, wenn die Gesellschaft selbst entgeltliche unternehmerische Leistungen, z. B. entgeltliche Dienstleistungen für die Tochtergesellschaften, erbringt. Damit werden Gestaltungen mit der umsatzsteuerlichen Organschaft zur Erlangung der Vorsteuerabzugsberechtigung schwieriger (vgl. im Einzelnen Kessler/Schmidt, DStR 2001, S. 1677 ff.).

Hosfeld-Guber

Teil C:
Konzernbilanzrecht

1. Grundlagen der Konzernrechnungslegung

1.1 Die Notwendigkeit von Konzernabschlüssen

Konzerne stellen eine Verbindung von rechtlich selbständigen, aber wirtschaftlich verbundenen Unternehmen dar, die eine mehr oder weniger eng verflochtene und durchorganisierte Wirtschaftseinheit, auch „Konzernunternehmung" (vgl. Theisen, Der Konzern, S. 17) genannt, bilden. Bezüglich der Rechnungslegung, Besteuerung, Gewinnverteilung etc. bleiben trotz dieser Verbindung die einzelnen Unternehmen die entscheidenden Rechtssubjekte, während der Einheit Konzern keine eigene Rechtspersönlichkeit zukommt. Aus dem Spannungsverhältnis von rechtlicher Vielheit und ökonomischer Einheit resultiert eine Fülle von Problemen, die den deutschen Gesetzgeber schon in den dreißiger Jahren (1931, 1937) zu Maßnahmen bewogen und 1965 zu einer umfassenden Aktienrechtsreform führten, die auch eine Konzernrechnungslegungspflicht einführte. Diese rechtsformspezifischen Regeln wurden 1969 ergänzt um die rein größenabhängigen Regelungen des PublG und in 1985 wurde mit dem BiRiLiG die 4. (Bilanz-)Richtlinie, die 7. (Konzernabschluss-)Richtlinie und 8. (Prüfer-)Richtlinie der EG in das deutsche Recht transformiert. Demnach müssen Konzerne (zum Begriff siehe RN C 40 ff.), an deren Spitze eine inländische Kapitalgesellschaft steht, einen Konzernabschluss erstellen, bestehend aus Bilanz, Gewinn- und Verlustrechnung und Anhang, der um einen Lagebericht zu ergänzen ist. Mit dem KapCoRiLiG v. 24. 2. 2000 wurden bestimmte Personengesellschaften, bei denen keine natürliche Person als Vollhafter auftritt (§ 264a HGB), den Kapitalgesellschaften (AG, KGaA, GmbH) gleichgestellt.

C 1

Der Abschluss der Wirtschaftseinheit Konzern, der ergänzend neben die Jahresabschlüsse der Konzernglieder tritt, soll dabei insbesondere Defizite der für die Besteuerung und Dividendenbemessung nach wie vor maßgeblichen Jahresabschlüsse dieser Einzelunternehmen ausgleichen (Ergänzungs-, *Kompensationsfunktion des Konzernabschlusses*):

C 2

- Durch Rechtsgeschäfte zwischen Konzerngliedern und Konzernumlagen können bei einzelnen Konzerngliedern Gewinne oder Verluste entstehen, die für die Ausschüttung und Besteuerung dieser Glieder beachtlich sind, aber für die Einheit Konzern unrealisierte Erfolge darstellen. Insbesondere in den 30-iger Jahren führten konzerninterne (Zwischen-)Gewinne zu Ausschüttungen und Unternehmenszusammenbrüchen, die zeigten, dass die an den Jahresabschluss anknüpfenden Kapitalerhaltungsgrundsätze leer laufen.

- Umgekehrt wird seit Jahren der sog. „Spardoseneffekt" kritisiert: Die Konzernobergesellschaft verlagert Geschäft und Gewinne durch Ausgliederung und konzerninterne Geschäfte auf untergeordnete Konzernglieder. Werden die dort anfallenden Gewinne thesauriert, sind sie der Entscheidungskompetenz der Haupt- oder Gesellschafterversammlung der Konzernmutter entzogen.

- Außerdem hängt das Wohl und Wehe des einzelnen Konzerngliedes im Verbund nicht nur von der eigenen wirtschaftlichen Leistungsfähigkeit ab, sondern Krisen der Konzernmutter oder wichtiger Konzernglieder können auch wirtschaftlich „gesunde" Konzernteile in Mitleidenschaft ziehen. Umgekehrt können natürlich auch schwache Konzernglieder durch eine starke Konzernmutter subventioniert bzw. abgesichert werden.

C 3 In dem Maße, wie im Konzern die Jahresabschlüsse der einzelnen Glieder ihren originären Aufgaben (Information, Bemessungsgrundlage für Ausschüttung und Besteuerung) nicht mehr gerecht werden, wird der Konzernabschluss zum eigentlichen Abschluss für die Bilanzadressaten, er stellt das zentrale Informationsinstrument dar (vgl. Henssler, FS für Zöllner 1998, S. 203 ff.).

Eine Aufwertung hat der Konzernabschluss mit dem KapAEG v. 20. 4. 1998 (BGBl. I 1998, S. 707) erfahren, das durch das KapCoRiLiG ergänzt wurde: gem. § 292a dürfen Konzernmütter einen *Konzernabschluss nach internationalen Standards* (IAS oder US-GAAP) erstellen, wenn sie oder ein Tochterunternehmen Wertpapiere i. S. des § 2 Abs. 1 Satz 1 WpHG an einem organisierten Markt (§ 2 Abs. 5 WpHG) ausgegeben haben. Ein solcher internationaler Konzernabschluss kommt also insbesondere in Betracht bei börsennotierten AG, KGaA oder wenn eine GmbH börsengehandelte Schuldtitel begeben hat. Der internationale Konzernabschluss ersetzt einen ansonsten zu erstellenden HGB-Konzernabschluss. Inzwischen haben in Deutschland zunehmend mehr Unternehmen freiwillig oder – soweit sie am Neuen Markt notiert wurden zwingend – einen solchen internationalen Konzernabschluss vorgelegt. Diese

Kühnberger

1. Grundlagen der Konzernrechnungslegung

Internationalen Standards gelten als kapitalmarktorientiert und sollen im Vergleich zu HGB-Konzernabschlüssen einen höheren Informationsgehalt aufweisen. Die Jahresabschlüsse der Konzernglieder und der Konzernabschluss nach HGB verlieren als Informationsinstrument zunehmend an Bedeutung. In § 342 HGB wurde in Deutschland erstmals ein privates Rechnungslegungsgremium vorgesehen, das die künftige Entwicklung der Konzernrechnungslegung vorantreiben soll. Es ist zu erwarten, dass internationale Standards in weitem Umfang als Vorbild dienen.

Damit der Konzernabschluss der Informationsaufgabe gerecht werden kann, sind zwei Grundfragen zu klären: C 4

(1) Aus wessen Perspektive ist er zu konzipieren (Einheits- versus Interessentheorie) und welche Konsolidierungsmaßnahmen sind geboten?

(2) Welche Unternehmen gehören zum Unternehmensverbund (ökonomisches versus juristisches Konzept)?

1.2 Einheits- und Interessentheorie

Einheits- und Interessentheorie unterscheiden sich vor allen Dingen hinsichtlich der Behandlung von sog. Minderheitsgesellschaftern im Konzern. Die *Einheitstheorie* unterstellt, dass Mehrheits- und Minderheitsgesellschafter homogene Interessen haben oder der Mehrheitsgesellschafter aufgrund seiner Stellung seine Interessen durchsetzen kann und abweichende Interessen von Minderheiten deshalb vernachlässigbar sind. Beide Gruppen gelten als Eigenkapitalgeber des Konzerns. Konsequenterweise sieht die Einheitstheorie den Konzernabschluss als den Abschluss der Wirtschaftseinheit Konzern, der so aufzustellen ist, dass der Gesellschafterkreis (Existenz von Minderheiten, Umfang von deren Beteiligung) unerheblich ist. Vermögen/Schulden, Aufwand/Ertrag der Konzernunternehmen werden demnach vollständig in den Konzernabschluss übernommen und konzerninterne Beziehungen im Rahmen der Konsolidierungsmaßnahmen vollständig eliminiert (Bruttoverfahren, vgl. Baetge/Kirsch/Thiele, Konzernbilanzen, S. 9).   C 5

Die *Interessentheorie* unterstellt dagegen Interessengegensätze zwischen Mehrheits- und Minderheitsgesellschaftern. Während Letztere primär am Jahresabschluss der Gesellschaft, an der sie beteiligt sind, interessiert sind, wird der Konzernabschluss als erweiterter Abschluss der Konzernmutter gesehen. Den Eigentümern der Konzernmutter soll im Konzernabschluss u. a. gezeigt werden welche Vermögensgegenstände/Schulden   C 6 etc. hinter der Position Beteiligung im Jahresabschluss stehen. Minderheitsgesellschafter werden aus dieser Perspektive wie Fremdkapitalgeber gesehen.

Historisch wurden diese konzeptionellen Unterschiede vor allem anhand von zwei Fragen diskutiert:

(1) Sind die Anteile der Minderheiten am Konzern als Eigenkapital oder Fremdkapital auszuweisen?

(2) Sind Zwischenerfolge aus Rechtsgeschäften zwischen Konzerngliedern vollständig zu eliminieren (Einheitstheorie) oder gelten sie als realisiert, soweit sie auf Minderheitsgesellschafter entfallen (Interessentheorie)?

C 7 Insgesamt wurde eine anteilige (Quoten-)Konsolidierung als Ausdruck der Interessentheorie gesehen. Inzwischen wird die Interessentheorie auch anders interpretiert, da die Konzernmutter die Leitungsmacht über das gesamte Vermögen ausübt und für sämtliche Konzernschulden einsteht (zur notwendigen Differenzierung vgl. RN C 13), wird eine Vollkonsolidierung vorgenommen, auch wenn die Minderheitsgesellschafter abweichende Interessen verfolgen. Die Einheit Konzern wird trotz Minderheitsanteilen als das eigentlich relevante Abbildungsobjekt für die Mehrheitsgesellschafter gesehen, eine Quotenkonsolidierung gilt als unakzeptabel.

C 8 Damit reduzieren sich die Unterschiede zwischen Einheits- und Interessentheorie. In § 297 Abs. 3 Satz 1 HGB wird verlangt, dass der Konzernabschluss die Vermögens-, Finanz- und Ertragslage der einbezogenen Unternehmen so darzustellen hat, als ob diese Unternehmen insgesamt ein einziges Unternehmen wären. Sowohl die Einheitstheorie als auch die Interessentheorie mit Vollkonsolidierung sind mit dieser Vorgabe vereinbar. Analysiert man die konkreten Regelungen des HGB, so zeigt sich, dass die Einheitstheorie jedenfalls nicht konsequent umgesetzt wird. Dies betrifft zum Beispiel die Regelung zur Quotenkonsolidierung von Gemeinschaftsunternehmen (§ 310 HGB), aber auch die Normen zur Vollkonsolidierung. So werden im Rahmen der Kapitalkonsolidierung nach der Buchwertmethode die Eigenkapitalanteile der Minderheitsgesellschafter zum Buchwert bewertet, während für Mehrheitsgesellschafter stille Reserven und Lasten aufgedeckt werden. Ein eventuell bezahlter Firmenwert wird nur in Höhe des vom Mehrheitsgesellschafter bezahlten Anteils im Konzernabschluss ausgewiesen, eine Hochrechnung auch für den Minderheitsanteil ist unzulässig, da es als Verstoß gegen die pagatorische Basis des

Kühnberger

1. Grundlagen der Konzernrechnungslegung

Konzernabschlusses gilt (vgl. Baetge/Kirsch/Thiele, Konzernbilanzen, S. 14). Überzeugend ist dies nicht, da die pagatorische Basis auch insoweit verlassen wird, als stille Reserven/Lasten bei der Kapitalkonsolidierung nach der Neubewertungsmethode auch für Minderheitsgesellschafter aufgedeckt werden, obwohl keine Zahlungsvorgänge vorliegen.

Der HGB-Konzernabschluss ist deshalb keinesfalls eine konsistente Umsetzung eines bestehenden Konzeptes (vgl. Küting/Weber, Handbuch der Konzernrechnungslegung, S. 57 ff). Die in § 297 Abs. 3 Satz 1 verankerte Regelung wird deshalb von ADS nicht mehr als Einheitstheorie, sondern Einheitsgrundsatz bezeichnet (vgl. ADS, Vorbemerkungen zu §§ 290–315 HGB RZ 29), der insbesondere bei der Auslegung von Einzelbestimmungen oder der Füllung von Gesetzeslücken Bedeutung hat (vgl. zur Präzisierung Ebeling, Die Einheitsfiktion..., S. 240 ff). Praktisch verlangt der *Einheitsgedanke:*

C 9

(1) Die in den Konzernabschluss zu übernehmenden Jahresabschlüsse der Konzernglieder (inkl. Konzernmutter) müssen auf gleichen Bilanzierungs-, Bewertungs- und Ausweisregeln basieren (und natürlich in gleiche Währung umgerechnet sein), damit eine sinnvolle Aggregation zu einem Konzernabschluss für die Wirtschaftseinheit Konzern möglich ist. Hierzu sind homogene *Handelsbilanzen II* zu erstellen, die auch eine eigenständige Konzernabschlusspolitik ermöglichen.

(2) Sieht man den Konzern als Einheit, so repräsentiert die Beteiligung Anteile des Konzerns an sich selbst und das Eigenkapital der Konzernglieder stellt kein Konzerneigenkapital dar, soweit es von anderen Konzernunternehmen zur Verfügung gestellt wurde. Im Rahmen der *Kapitalkonsolidierung* sind deshalb Beteiligungsbuchwert und (anteiliges) Eigenkapital der Konzerntöchter zu verrechnen.

(3) Ebenso sind konzerninterne Forderungs- und Schuldverhältnisse (in einem weiten Sinne) zu konsolidieren, da solche Beziehungen innerhalb eines einheitlichen Unternehmens nicht möglich sind (*Schuldenkonsolidierung*).

(4) Erfolge, die aus konzerninternen Lieferungen/Leistungen resultieren, die noch nicht durch Außenumsätze realisiert sind, müssen eliminiert werden, da das Realisationsprinzip auf die Wirtschaftseinheit Konzern anzuwenden ist (*Zwischenerfolgseliminierung*).

(5) Schließlich sind die Gewinn- und Verlustrechnungen der Konzernglieder zu konsolidieren, d. h. Erträge/Aufwendungen aufgrund konzern-

Kühnberger

interner Transaktionen sind zu eliminieren, ggf. sind Umgliederungen erforderlich (*GuV-Konsolidierung*).

Diese Konsolidierungsvorgänge setzen voraus, dass der Kreis der zu konsolidierenden Unternehmen möglichst eindeutig und sinnvoll abgegrenzt wird. Auch hierzu gibt es zwei Grundkonzepte (ökonomisches und juristisches Konzept).

1.3 Ökonomisches und juristisches Konzept

C 10 Bis zum HGB 1985 befanden sich die Konzernrechnungslegungsvorschriften im AktG 1965 und waren auf das Konzernrecht im AktG abgestimmt. Demnach war ein Konzernabschluss zu erstellen, wenn ein Konzern i. S. von § 18 AktG vorlag, d. h. eine inländische AG/KGaA die einheitliche Leitung über eine Konzerntochter beliebiger Rechtsform ausübte und zugleich Gesellschafter war. Das Konzept bei einheitlicher Leitung, die gesellschaftsrechtlich fundiert ist, einen Konzernabschluss vorzuschreiben, kann damit begründet werden, dass die Muttergesellschaft über das gesamte Vermögen disponieren kann und für sämtliche Schulden einzustehen hat (Leitungs- und Haftungseinheit). Dies wurde als *ökonomisches Konzept* bezeichnet, da der Konzern als ökonomische Einheit interpretierbar ist, für den ein Abschluss zu erstellen ist.

C 11 Die 7. EG-Richtlinie brachte eine grundsätzliche Änderung für das HGB. Einmal wurde die Konzernabschlusspflicht für alle Konzernmütter, die Kapitalgesellschaft (oder seit dem KapCoRiLiG 2000: kapitalistische Personengesellschaft) sind, eingeführt. Zum Zweiten wurde auf das Kriterium der einheitlichen Leitung wegen der Unbestimmtheit des Rechtsbegriffes verzichtet und stattdessen auf justitiable Herrschaftskriterien formaler Art, insbesondere die Mehrheit der Stimmrechte, abgestellt (*Control-Konzept*). Ein Konzern und damit eine Konzernrechnungslegungspflicht ist auch ohne einheitliche Leitung anzunehmen, wenn die Beherrschungsmöglichkeit gegeben ist (*juristisches Konzept*). Obwohl der Gewinn an Rechtssicherheit auf der Hand liegt, ist das Konzept der einheitlichen Leitung theoretisch überzeugender und flexibler.

C 12 Im HGB wurde in § 290 Abs. 2 das sog. Control-Konzept umgesetzt, während § 290 Abs. 1 HGB an die deutsche Tradition anknüpft und die Konzernrechnungslegungspflicht an das ökonomische Konzept bindet. Die Übernahme des ökonomischen Konzeptes erfolgte auf Drängen Deutschlands und ist befristet bis auf weiteres, nämlich bis ein EU-einheitliches

Kühnberger

Konzernrecht mit einer eigenständigen Konzerndefinition vorliegt (vgl. ADS, § 290 Rz 14). Für börsennotierte Konzerne, die nach EU-Recht ab 2005 nach IAS bilanzieren müssen, gilt dann nur nach das Control-Konzept.

Da im HGB juristisches und ökonomisches Konzept parallel gelten und die Konzernrechnungslegungspflicht immer dann gegeben ist, wenn ein Konzern i. S. von § 290 Abs. 1 oder Abs. 2 HGB vorliegt, kann die deutsche Praxis fortgeführt werden. Allerdings führt das Control-Konzept über den bis dahin geltenden Rechtszustand hinaus auch dann zur Pflicht, einen Konzernabschluss zu erstellen, wenn die in Abs. 2 bezeichneten Kriterien erfüllt sind und keine einheitliche Leitung vorliegt. Der Kreis der verpflichteten Unternehmen ist deshalb erweitert worden. Im Regelfall werden jedoch die Konzerneigenschaft nach § 290 Abs. 1 und Abs. 2 HGB zugleich vorliegen. Sollte das EG-Wahlrecht, den Konzernbegriff an der einheitlichen Leitung festzumachen, später entfallen, so gibt es durchaus Konstellationen in Randbereichen, die zu unbefriedigenden Folgen führen:

- Eine Konzernrechnungslegungspflicht wird z. B. wegen Stimmenmehrheit angenommen, obwohl keine einheitliche Leitung vorliegt und der Verbund gerade keine Vermögens- und Haftungseinheit darstellt. Dies passt nicht zur Einheitsfiktion.

- Eine Konzernrechnungslegungspflicht entfällt zum Beispiel bei einer Beteiligung unter 50%, obwohl eine einheitliche Leitung vorliegt. Auch dann wird gegen die Einheitsfiktion verstoßen.

Auf dem ZGR-Symposium 2000 wurde kritisiert, dass ein Konzernabschluss nach HGB die *Risikostruktur des Konzerns* unzutreffend widerspiegelt (vgl. Hennrichs, ZGR 2000, S. 642 ff.). Ein Vergleich von einem Jahresabschluss eines Einzelunternehmens mit dem Konzernabschluss einer Unternehmensgruppe ist in der Tat nicht möglich, selbst wenn die Geschäftsvorfälle im Jahresabschluss und Konzernabschluss nach gleichen Regeln abgebildet würden. Während im einzelnen Unternehmen die Unternehmensleitung über das gesamte Vermögen und den Erfolg disponieren kann und dieses Vermögen Haftungsmasse für die Unternehmensschulden darstellt, gilt dies für die im Konzernabschluss ausgewiesenen Größen Vermögen, Schulden, Erfolg nicht ohne weiteres:

a) Handelt es sich um einen Vertrags- oder Eingliederungskonzern, so passt das oben gezeichnete Bild: Die umfassende Leitungsmacht der

C 13

Konzernmutter kraft Beherrschungsvertrag führt bezüglich der Gläubiger zu einer Haftungseinheit (§§ 302 ff. AktG); die in den Konzern-Jahresüberschuss eingehenden Überschüsse der Konzernglieder sind für die Muttergesellschaft disponibel. Für Minderheitsgesellschafter des Konzerns hat der Konzernerfolg aber keine Bedeutung für ihre Dividendenansprüche; diese werden durch die Ausgleichsregelungen in § 304 AktG fixiert. Der Konzernerfolg lässt bestenfalls Rückschlüsse auf die Sicherheit der garantierten Dividende zu.

b) Liegt ein faktischer Konzern (ohne Beherrschungsvertrag) vor, so werden die abhängigen Konzernglieder durch die Regelungen zum Nachteilsausgleich geschützt, d. h. sie werden nach der Grundidee des Gesetzes so gestellt, als ob sie nicht nur rechtlich, sondern auch wirtschaftlich unabhängig wären. Korrespondierend haftet die Konzernmutter auch nicht für Schulden der Konzerntochter. Selbst wenn man noch von einer Dispositionsbefugnis der Konzernmutter über das gesamte Vermögen und den gesamten Erfolg der Konzerntochter ausgeht, liegt jedenfalls kein Haftungsverbund vor. Hinter einem Konzernabschluss, bei dem das Vermögen die Schulden weit übersteigt, kann sich verbergen, dass einzelne Konzernglieder ausreichend Schuldendeckungspotenzial haben, während andere Konzernglieder bilanziell überschuldet sind. Das Vermögen der „wohlhabenden" Unternehmen stellt aber keine Zugriffsmasse für Gläubiger der „ärmeren" Unternehmen dar, sondern kann höchstens im Falle der freiwilligen Haftungsübernahme (moralische Haftung) als Schuldendeckungspotenzial angesehen werden. Ob insoweit eine Haftungseinheit besteht, ist dem Konzernabschluss nicht zu entnehmen. Für Gläubiger abhängiger Unternehmen bleibt deshalb der Jahresabschluss des Schuldnerunternehmens entscheidend. Der Konzernabschluss zeigt höchstens, ob es dem Konzern insgesamt gut geht und ob vielleicht eine Schieflage des Gesamtverbundes das – isoliert betrachtet – vielleicht gesunde Schuldnerunternehmen gefährdet.

Auch für Minderheitsgesellschafter ist der Konzernabschluss bezüglich der Dividendenansprüche rechtlich unerheblich, da ihre Ansprüche nur am Jahresabschluss ihrer Gesellschaft anknüpfen.

c) Da das HGB (§ 310) wahlweise auch eine Quotenkonsolidierung von Gemeinschaftsunternehmen erlaubt, also die quotale Übernahme von Vermögen, Fremdkapital und Erfolg dieser Unternehmen in den Konzernabschluss, wird der Vergleich mit einem fiktiven Einheitsunternehmen zusätzlich gestört. Weder liegt einheitliche Leitung vor, kann also über Vermögen und Erfolg des Gemeinschaftsunternehmens disponiert werden, noch gibt es eine Haftungseinheit.

d) In den §§ 311 f. HGB ist geregelt, dass assoziierte Unternehmen nach der Equity-Methode in den Konzernabschluss zu übernehmen sind. Unabhängig davon, ob man diese Methode als Konsolidierungs- oder besondere Bewertungsmethode einstuft, gehen anteilige Jahresüberschüsse dieser assoziierten Unternehmen in den Konzernerfolg ein, auch wenn sie thesauriert werden. Damit enthält der Konzern-Jahresüberschuss Bestandteile, die nicht disponibel für die Konzernleitung sind.

e) Umgekehrt regeln die §§ 295 f. HGB Fälle, in denen einzelne Konzernglieder nicht in den Konzernabschluss übernommen werden müssen oder dürfen, selbst wenn unstrittig einheitliche Leitung und Haftungsverbund vorliegen.

Insgesamt zeigt sich, dass der Konzernkreis zum Teil zu eng gezogen wird (e) um eine Analogie zum Jahresabschluss zu ermöglichen, zum Teil zu weit (a–d). Die rechtliche Risikostruktur des Unternehmensverbundes ist deshalb in der Tat nicht differenziert abgebildet. Ob die wirtschaftliche Einheit auf diese Weise sinnvoll erfasst wird, hängt davon ab, ob de facto gleichwohl eine Leitungs- und Haftungseinheit vorliegt.   C 14

2. Aufgaben des Konzernabschlusses

2.1 Organisatorische Grundlagen und rechtlicher Rahmen

Der Konzernabschluss (bestehend aus Bilanz, GuV, Anhang, für börsennotierte Konzerne sind zusätzlich Kapitalflussrechnung, eine Segmentberichterstattung und ein Eigenkapitalspiegel vorgeschrieben, § 297 Abs. 1 HGB) wird in der Praxis regelmäßig aus den Jahresabschlüssen der Konzernglieder entwickelt. Dies beinhaltet, dass diese Jahresabschlüsse in einem ersten Schritt vor der eigentlichen Konsolidierung vereinheitlicht werden: eine schlichte Aufsummierung der Jahresabschlüsse würde zu einem heterogenen Konglomerat führen, da die Rechnungslegung der Konzernglieder   C 15

Kühnberger

- nach Rechtsform und Sitzland,
- aufgrund bilanzpolitischer Randbedingungen und Zielvorstellungen der Konzernglieder (zum Beispiel Steueroptimierung),

differieren. Bei ausländischen Konzernunternehmen liegen die Jahresüberschüsse zusätzlich in fremder Währung vor.

Die Jahresabschlüsse müssen deshalb vereinheitlicht werden, um ein konsistentes Bild der Einheit Konzern zu liefern. Dies impliziert, dass eine sog. Handelsbilanz II erstellt wird, die den Bilanzierungsvorschriften der Konzernmutter entspricht und in der bilanzpolitische Entscheidungen in dem Maße vereinheitlicht sind, wie es bei einem rechtseinheitlichen Unternehmen mit unselbständigen Betriebsabteilungen der Fall wäre. Diese Vereinheitlichung betrifft sowohl Ausweisfragen als auch die Bilanzansatz- und Bewertungsebene. Außerdem sind Anpassungen bei divergierenden Stichtagen notwendig und ausländische Jahresabschlüsse sind in € und deutsche Sprache zu transformieren.

C 16 Die Rechnungslegungsstandards für die Handelsbilanz II sind, wenn eine inländische Kapitalgesellschaft den Konzernabschluss erstellt, die Bilanzierungs-, Bewertungs- und Ausweisvorschriften des HGB, die für Kapitalgesellschaften gelten. Bei Personengesellschaften als Konzernmutter, die den Konzernabschluss aufgrund des PublG erstellen, sind die entsprechenden Rechnungslegungsvorschriften für Personengesellschaften anzuwenden.

Mit dem KapAEG wurde § 292a HGB eingeführt. Demnach darf ein Konzernabschluss unter bestimmten Bedingungen nach internationalen Rechnungslegungsstandards erstellt werden. Praktisch relevant sind hier derzeit ausschließlich IAS oder US-GAAP. Ein internationaler Konzernabschluss setzt deshalb voraus, dass die Handelsbilanzen II jeweils IAS oder US-GAAP entsprechen, eine Handelsbilanz II nach HGB ist eigentlich nicht mehr notwendig, sondern höchstens aus unternehmensinternen Gründen zu erstellen.

C 17 Im (Noch-)Regelfall eines HGB-Konzernabschlusses muss dieser den §§ 290–315 HGB entsprechen, die spezielle Regeln für Konzernabschlüsse enthalten. Dabei hat der deutsche Gesetzgeber (auch aufgrund der 7. EG-Richtlinie) nicht den Weg gewählt ein komplett eigenständiges Rechnungslegungsrecht zu schaffen, sondern er hat in § 298 Abs. 1 HGB verwiesen auf die Rechnungslegungsregeln für Kapitalgesellschaften, die „entsprechend" für den Konzernabschluss gelten, soweit die Eigenart des

Kühnberger

2. Aufgaben des Konzernabschlusses

Konzernabschlusses oder spezielle Regelungsinhalte in diesen Paragrafen dem nicht entgegenstehen. ADS (vgl. § 298 Rz 7) messen dem Wort „entsprechend" keine materielle Bedeutung zu, da es in der 7. EG-Richtlinie selbst nicht verankert ist. Deshalb gelten im Kern die für den Einzelabschluss geltenden Bilanzierungs- und Bewertungsregeln für den Konzernabschluss gleichermaßen (*gleiches Gewinnermittlungs- und Informationsmodell*). Es gab in Deutschland zwar durchaus eine (akademisch) interessante Diskussion über konzernarteigene GoB, aber die absolut herrschende Meinung geht von einer konzeptionellen Äquivalenz von Jahresabschluss und Konzernabschluss aus. Der Konzernabschluss soll im Grundsatz auch mit Jahresabschlüssen von Einzelunternehmen vergleichbar sein, obwohl er rechtlich selbständige Unternehmen zu einer Einheit zusammengefasst abbildet. Die Regelungen, auf die § 298 Abs. 1 HGB explizit nicht verweist, betreffen den § 264 HGB (für den Konzernabschluss gibt es eine eigene Generalklausel), die §§ 267, 276 HGB (die größenabhängigen Erleichterungen gelten für Konzernabschluss nicht) und die §§ 284–288 HGB (die §§ 313 ff. HGB enthalten eigene Vorschriften für den Konzernanhang). Mit dem TransPuG vom 19. 7. 2002 wurden in § 298 Abs. 1 HGB die Verweise auf die Jahresabschluss-Regeln gestrichen, die infolge der sog. Umkehrmaßgeblichkeit, gem. § 5 Abs. 1 Satz 2 EStG notwendig sind (z. B. §§ 247 Abs. 3, 254 HGB). Zugleich wurde der ohnedies seit langem umstrittene § 308 Abs. 3 HGB gestrichen, der es erlaubte, rein steuerliche Werte und Posten aus dem Jahresabschluss der Konzernglieder in den Konzernabschluss zu übernehmen. Dieses Wahlrecht war für den Konzernabschluss schon immer systemfremd, da (an den) der Konzernabschluss keine Steuerfolgen (gebunden sind) auslöst und deshalb eine Informationsverzerrung durch rein steuerlich motivierte Werte/Posten, die nicht den GoB entsprechen, wenig Sinn macht (von Vereinfachungseffekten abgesehen).

Die Frage, wie die Erstellung eines Konzernabschlusses organisatorisch zweckmäßig abzuwickeln ist, kann nicht generell beantwortet werden, da dies von einer Fülle von Randbedingungen abhängt (vgl. Weber-Braun/Weiss/Ferlings, HdK II, S. 693 ff.). Theoretisch besteht die Möglichkeit, eine eigenständige Konzernbuchführung aufzubauen, aus der der Konzernabschluss direkt entwickelt wird. Ein solches Modell wird unseres Wissens derzeit noch nicht praktiziert, obwohl damit die gesonderte Erstellung einer Handelsbilanz II obsolet würde. Gängige Praxis ist vielmehr der Weg über die Handelsbilanz II, Summenabschluss und Konsolidie-

C 18

rung. Die Erstellung der Handelsbilanz II und zum Teil auch einzelne Konsolidierungsmaßnahmen (z. B. Zwischenerfolgseliminierung bei einzelnen Konzernunternehmen, vorgelagerte Teil-Konzernabschlüsse) können auch *dezentral* vorgenommen werden. Dies setzt voraus, dass bei den einzelnen Konzernunternehmen das nötige Know-how (über die HGB-Rechnungslegungsregeln) vorhanden ist und die notwendigen Informationen. Außerdem muss sichergestellt werden, dass die Ausübung von Wahlrechten und Ermessensspielräumen den Vorgaben für eine zentrale Konzernabschluss-Politik entspricht. Wird die Erstellung der Handelsbilanz II dagegen *zentral* angesiedelt, müssen das Know-how und die notwendigen Informationen für die Anpassungsmaßnahmen auch in der Zentrale vorhanden sein. Damit ist möglicherweise eine konzerneinheitliche Bilanzpolitik leichter umzusetzen. Es ergibt sich aber regelmäßig die Notwendigkeit eines umfangreichen Informationsaustausches zwischen der zentralen Stelle und den Rechnungslegungsabteilungen der Konzernglieder (vgl. Küting/Lorson, HdK II, S. 475 zu typischen Einzelproblemen). Praktisch wird – zumindest, wenn die Anzahl der Konzernglieder nicht gering ist und/oder Unternehmen mit ausländischem Sitz zu konsolidieren sind – ein Konsolidierungshandbuch (Konzernrichtlinie) und eine zentrale Konsolidierungsstelle erforderlich sein (vgl. ADS, Vorbemerkungen §§ 290–315 Rz 49). Fragen der organisatorischen Zuständigkeit hängen auch davon ab, inwieweit die Konzernabschluss-Erstellung DV-gestützt erfolgt. (Zu den damit zusammenhängenden Fragen vgl. z. B. die Erfahrungsberichte in Küting/Weber (Hrsg.), Das Rechungswesen auf dem Prüfstand 1997, sowie die Quellennachweise für verfügbare EDV-Systeme bei ADS, Vorbemerkungen §§ 290 –315 Rz 46).

C 19 Der Konzernabschluss ist – unabhängig davon, an welche Personen die konkreten Arbeiten delegiert werden – von den gesetzlichen Vertretern der Konzernmutter, die auch für deren Jahresabschluss verantwortlich sind, aufzustellen (§ 290 HGB innerhalb von fünf Monaten) und dem Konzernabschluss-Prüfer vorzulegen (§ 320 Abs. 3 Satz 1 HGB). Verfügt die Konzernmutter über einen Aufsichtsrat, so ist der Prüfungsbericht, der Konzernabschluss und der Konzernlagebericht dem Aufsichtsrat der Konzernmutter unverzüglich nach Abschluss der Prüfung zuzuleiten (bei GmbH sind fakultative Satzungsbestimmungen zu beachten). Der Konzernabschluss und Konzernlagebericht sowie der Bericht des Aufsichtsrates hierzu sind der Haupt- oder Gesellschafterversammlung vorzulegen (§ 337 Abs. 2 und 3 AktG, § 42a Abs. 4 GmbHG). Danach ist er unverzüg-

Kühnberger

2. Aufgaben des Konzernabschlusses

lich, spätestens jedoch vor Ablauf von neun Monaten nach Ablauf des Geschäftsjahres im Bundesanzeiger bekannt zu machen und dem Handelsregister einzureichen (§ 325 Abs. 3 HGB, der auch für Konzernabschlüsse nach dem PublG gilt, vgl. § 15 PublG). In diesem Zeitraum müssen also folgende Maßnahmen durchgeführt worden sein:

- Erstellung der Jahresabschlüsse aller Konzernunternehmen und zu konsolidierenden Gemeinschaftsunternehmen.

- Transformation in Handelsbilanzen II (einschließlich Währungsumrechung und notwendiger Anhangangaben).

- Prüfung der Handelsbilanzen II.

- Erstellung und Prüfung des Konzernabschlusses.

- Erstellung und Prüfung des Konzernlageberichts.

- Berichterstattung an Aufsichtsrat (eventuell Beirat) und Haupt-/Gesellschafterversammlung.

Anders als der Jahresabschluss, wird der Konzernabschluss aber *nicht festgestellt*, da der Konzern kein Träger von Rechten und Pflichten ist (fehlende Rechtspersönlichkeit) und an den Konzernabschluss keine (gesetzlichen) Rechtsfolgen knüpfen. Trotzdem muss der Konzernabschluss unterzeichnet werden, da § 298 Abs. 1 HGB auf die entsprechende Regelung in § 245 HGB verweist. Mit der Unterschrift übernehmen die gesetzlichen Vertreter der Konzernmutter die Verantwortung für die Vollständigkeit und Richtigkeit des Konzernabschlusses und machen den Konzernabschluss (und damit auch die bilanzpolitischen Entscheidungen, die eingeflossen sind) verbindlich. Sie haben damit ihre öffentlich-rechtlichen Rechnungslegungspflichten erfüllt. Seit dem TransPuG ist vorgesehen, dass der Konzernabschluss bei AG vom Aufsichtsrat (§ 171 AktG) und bei der GmbH von der Gesellschafterversammlung zu billigen sind. Dies soll die zunehmende Bedeutung des Konzernabschlusses verdeutlichen und eine intensive Prüfung durch den Aufsichtsrat (bei AG) sichern. Zwar knüpfen an eine versagte Billigung keine Sanktionen, aber sie wird durch den publizierten Aufsichtsratsbericht zum Konzernabschluss für Außenstehende publik (Begr. zum RegE). U. E. zu Recht hatte das IDW schon am RefE kritisiert, dass konsequenterweise auch die Nichtigkeitsfolge gem. § 256 AktG für den Konzernabschluss gelten müsse (vgl. FN, IDW 2002, 70). Der RegE und das TransPuG sind dem nicht gefolgt.

Kühnberger

2.2 Zwecke des Konzernabschlusses

2.2.1 Vorbemerkung

C 22 Da die Konzernabschlussregeln den Jahresabschlussregeln nachgebildet sind, wird im Folgenden analysiert, ob auch bezüglich der Aufgaben oder Zwecke Analogie besteht. Für den handelsrechtlichen Jahresabschluss werden i. d. R. folgende Zwecke reklamiert, wobei deren konkreter Inhalt und die jeweilige Gewichtung in der Literatur durchaus umstritten ist:

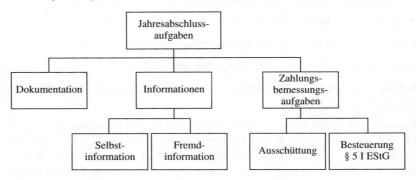

2.2.2 Dokumentationsfunktion

C 23 Dem Einzelabschluss wird regelmäßig eine Dokumentationsfunktion zugeschrieben. Dabei wird regelmäßig auf die Buchführungsgrundsätze (z. B. Nachvollziehbarkeit; Belegprinzip, Vollständigkeit, Richtigkeit und Zeitgerechtigkeit der Aufzeichnungen von Geschäftsvorfällen etc.) verwiesen. Diese Anforderungen betreffen im Kern die Ordnungsmäßigkeit der laufenden Buchführung, aus der der Jahresabschluss abgeleitet wird und weniger den Jahresabschluss selbst.

In § 298 Abs. 1 HGB für den Konzernabschluss wird auf diese Buchführungsnormen (§§ 238–241 HGB) nicht verwiesen. Allerdings gelten diese Anforderungen indirekt, da der Konzernabschluss aus den Jahresabschlüssen der Konzernunternehmen entwickelt wird. Für den Konzernabschluss ergeben sich darüber hinausgehende *Dokumentationspflichten* in folgenden Bereichen:

Kühnberger

2. Aufgaben des Konzernabschlusses

- Dokumentation der Überleitungen zur Handelsbilanz II. Da die dabei erforderlichen/möglichen Abweichungen zu mehrjährigen Differenzen führen können (z. B. Bewertung einer selbsterstellten Anlage mit anderen Herstellungskosten, mit der Folge, dass die Folgeabschreibungen divergieren), wird zum Teil eine Nebenbuchhaltung notwendig sein.
- Eine solche kann auch für Zwecke der Währungsumrechnung und der latenten Steuerabgrenzung zweckmäßig sein.
- Selbstverständlich sind die eigentlichen Konsolidierungsbuchungen zu dokumentieren, wobei sich ebenfalls Auswirkungen über mehrere Jahre ergeben.
- Soweit diese Maßnahmen EDV-gestützt erfolgen, gelten natürlich die allgemeinen Ordnungsmäßigkeitsanforderungen für EDV-Buchführung, die umfassende Dokumentationen beinhalten.

Insgesamt sind die Dokumentationspflichten für den Konzernabschluss genauso einzuhalten wie für den Jahresabschluss. Sie stellen aus unserer Sicht aber eher eine notwendige Voraussetzung für einen ordnungsgemäßen Konzernabschluss als einen selbständigen Zweck dar.

2.2.3 Zahlungsbemessungsfunktion

Der handelsrechtliche Jahresabschluss ist aus mehreren Gründen für Zahlungsansprüche relevant: C 24

- Für Gesellschafter von Kapitalgesellschaften und Kommanditisten knüpfen die Ausschüttungsansprüche/Entnahmemöglichkeiten direkt an den Jahresabschluss an, der durch vorsichtsgeprägte Gewinnermittlung die *Kapitalerhaltung* gewährleisten soll. Die Bemessung der maximalen oder minimalen Ausschüttung an die Eigentümer ist in den diversen Einzelgesetzen (AktG, GmbHG, HGB etc.) genauso differenziert geregelt, wie die Kompetenzverteilung bezüglich der Gewinnfeststellung und -verwendung.
- Bei Einzelunternehmen und vollhaftenden Gesellschaftern einer Personengesellschaft sind die Entnahmerechte hingegen nicht durch den Jahresabschluss begrenzt. Eine Kapitalerhaltung wird nur indirekt und freiwillig durch Informationen gesichert. Der Jahresabschluss zeigt, ob mehr als Gewinn entnommen wird oder nicht (*Kapitalverminderungskontrolle*). Zu beachten ist jedoch, dass das HGB nur auf eine nominelle Kapitalerhaltung abzielt und deshalb wenig mit der Erhaltung der „Ver-

dienstquelle" (Baetge/Kirsch/Thiele 2002, S. 32) zu tun hat. Eine ökonomisch qualifizierte Substanzerhaltung müsste demgegenüber auf eine (Gesamt-)Unternehmensbewertung nach DCF- oder Ertragswertmethoden abstellen.

- *Maßgeblichkeit und Umkehrmaßgeblichkeit* (§ 5 Abs. 1 EStG) binden die Einkommensteuer/Körperschaftsteuer an die handelsrechtliche Gewinnermittlung, soweit keine steuerlichen Vorbehalte (§ 5 Abs. 6 EStG) bestehen. Dies führt in der Praxis dazu, dass die Jahresabschluss-Politik ganz überwiegend an steuerlichen Optimierungskriterien orientiert wird.

C 25 Der Konzernabschluss löst hingegen *keine* solchen *Zahlungsfolgen* aus, der Konzern stellt weder Steuersubjekt noch Ausschüttungseinheit dar. Deshalb wurde in der Literatur diskutiert, ob die GoB, die primär der Kapitalerhaltung dienen (zum Beispiel das Imparitätsprinzip) für den Konzernabschluss nicht oder nur eingeschränkt gelten sollen. Formal ließe sich dies mit der „Eigenart" des Konzernabschlusses (§ 298 Abs. 1 HGB) begründen, keine Zahlungsfolgen auszulösen. Allerdings ist es höchst problematisch die GoB in solche Grundsätze aufzuteilen, die der Information dienen und solche, die der Gewinnermittlung (Kapitalerhaltung) dienen. Außerdem ergäbe sich eine klare Abkehr vom Äquivalenzprinzip. Der Entstehungsgeschichte der EG-Richtlinien und des HGB ist aber kein Hinweis zu entnehmen, dass dies gewollt wurde (vgl. Kühnberger, RIW 1996, S. 556 f.).

C 26 Indirekt kann der Konzernabschluss aber sehr wohl für die Zahlungsansprüche relevant sein. Ergeben sich Unterschiede zwischen den Jahresüberschüssen der Konzernmutter (Jahresabschluss) und dem Konzernerfolg, so kann mittelbar die *Angemessenheit der Dividende* auf der Grundlage des Jahresabschlusses beurteilt werden. Wird mehr ausgeschüttet als nach Maßgabe des Konzernabschlusses möglich wäre, mindert der Konzern seine Substanz. Dies kann z. B. auf Zwischengewinne oder Gewinnausschüttungen von Konzernunternehmen, Gemeinschaftsunternehmen oder assoziierten Unternehmen zurückgehen, die für den Jahresabschluss der Konzernmutter realisiert und ausschüttbar, aber aus Sicht des Konzerns noch nicht verdient sind. Umgekehrt kann bei hohem Konzernerfolg der Jahresüberschuss der Konzernmutter selbst niedrig ausfallen, da die Jahresüberschüsse der Konzernglieder bei diesen thesauriert wurden und den Jahresüberschuss der Konzernmutter nicht beeinflussten

Kühnberger

2. Aufgaben des Konzernabschlusses

(sog. Spardoseneffekt, s. o. RN C 3). Der Konzernjahresüberschuss kann auch höher sein, da die Konzernabschluss-Politik nicht wie die Jahresabschluss-Politik am Ziel der Minimierung der Steuerzahlungen orientiert wird.

Es wird zwar darauf hingewiesen, dass eine solche Diskrepanz zwischen Jahresüberschuss der Konzernmutter und Konzernjahresüberschuss Erklärungsbedarf bei Adressaten auslöst. Das ändert aber nichts daran, dass de jure die Gewinnansprüche an den Jahresabschluss der Konzernmutter anknüpfen. Auf Dauer gleichen sich die Unterschiede zwar grundsätzlich aus, d. h. die Summe der Jahresüberschüsse der Konzernmutter entspricht der Summe der Konzernjahresüberschüsse, aber es kann erhebliche zeitliche Verschiebungen geben. Empirisch wurde nachgewiesen, dass sich für Anteilseigner sowohl höhere als auch niedrigere Ausschüttungsquoten ergeben können, wenn auf den Konzernabschluss statt auf den Jahresabschluss der Konzernmutter zurückgegriffen wird (vgl. Kühnberger/Schmidt, ZfB 1999 S. 1263 f.). Obwohl es als „schizophren" bezeichnet wurde, den Konzernabschluss als den eigentlichen Abschluss der Einheit Konzern anzuerkennen und gleichzeitig die Gewinnansprüche am Jahresabschluss festzumachen, gibt es auch gute Gründe für diese Regelung. Eine Abkehr ist mit erheblichen konzeptionellen Problemen belastet und würde eine umfassende Anpassung diverser Gesetze bedingen (vgl. Kühnberger/Schmidt, a. a. O.). C 27

Pragmatisch kann der oben angegebene Erklärungsbedarf durch divergierende Ergebnisgrößen dadurch vermieden werden, dass durch Bilanzpolitik die Differenzen klein gehalten werden oder eine Überleitung des Konzern-Jahresüberschusses zu einem Konzern-Bilanzgewinn vorgenommen wird, so dass er dem Bilanzgewinn der Konzernmutter entspricht. Eine solche Überleitung ist weder gesetzlich geboten, noch sinnvoll. Der Konzern hat keine Organe der Gewinnfeststellung oder Gewinnverwendung, so dass es sich um eine fiktive, rechtlich unbeachtliche Rechnung handelt. Inhaltlich ist es plausibel, wenn der Konzern-Jahresüberschuss und der Jahresüberschuss der Konzernmutter aufgrund von Handelsbilanz II oder Konsolidierungsmaßnahmen nicht identisch sind. Der Konzernabschluss tritt ja gerade neben die Jahresabschlüsse der Konzernunternehmen, um Defizite derselben zu kompensieren. Diese Ergänzungsfunktion wird konterkariert, wenn der Konzernabschluss mit zum Teil willkürlichen bilanzpolitischen Maßnahmen an den Jahresüberschuss/Bilanzgewinn der Konzernmutter angepasst wird. Die Konzernleitung nimmt dann die vom Ge- C 28 setz vorgesehene Möglichkeit, den Konzernabschluss unabhängig von Zahlungsbemessungsansprüchen bilanzpolitisch zu gestalten, z. B. um die Ertragslage angemessener zu zeigen, nicht wahr.

C 29 Neben den möglichen Ausschüttungserwartungen aufgrund des Konzernabschlusses kann sich auch eine zweite indirekte Rückwirkung von Konzernabschluss-Entscheidungen auf den Jahresabschluss ergeben. Werden bilanzpolitische Ermessensentscheidungen (z. B. Nutzungsdauerschätzungen für abnutzbares Anlagevermögen, Bemessung von Rückstellungen) im Jahres- und Konzernabschluss unterschiedlich ausgeübt, leidet die Glaubwürdigkeit der Schätzungen. Es kann durchaus problematisch sein, einem steuerlichen Betriebsprüfer oder Wirtschaftsprüfer plausibel zu machen, dass eine Abschreibung auf Vermögen im Jahresabschluss notwendig und zulässig ist, wenn zugleich eine Abschreibung auf diese Vermögensgegenstände im Konzernabschluss unterbleibt oder geringer ausfällt.

C 30 Nicht gesetzlich geregelt, aber vertraglich möglich ist es, Gewinnansprüche von Genussrechten oder erfolgsabhängige Vergütungen von Managern an den Konzernerfolg zu knüpfen. Auch insoweit kann der Konzernabschluss Zahlungsfolgen auslösen.

C 31 Festzuhalten bleibt abschließend, dass dem Konzernabschluss höchstens de facto oder aufgrund freiwilliger vertraglicher Vereinbarungen eine Zahlungsbemessungs-Funktion zukommt, keinesfalls de jure. Er kann deshalb primär als Informationsinstrument charakterisiert werden, der zusätzliche und auch andere Informationen liefert als die Jahresabschlüsse der Konzernunternehmen.

2.2.4 Die Informationsaufgabe des Konzernabschlusses

C 32 Aus der Tatsache, dass auch nicht publizitätspflichtige Unternehmen einen Jahresabschluss erstellen müssen, wurde abgeleitet, dass solche Abschlüsse nur dem Zweck der *Selbstinformation* des Kaufmanns dienen können. Historisch spielte hierbei die Überlegung eine Rolle, dass die gebotenen Informationen über die Vermögens-, Finanz- und Ertragslage Kaufleute zu einer ordnungsgemäßen Geschäftsführung motivieren, Jahresabschlüsse also auf das Geschäftsgebaren positive Auswirkungen haben (Kapitalerhaltung und Insolvenzprophylaxe durch Information). Selbstverständlich bleibt es jedem Kaufmann unbenommen, Jahresabschlussdaten für Steuerungs- und Kontrollzwecke zu nutzen. Andererseits ist kein Kauf-

Kühnberger

2. Aufgaben des Konzernabschlusses

mann hierzu verpflichtet und die Betriebswirtschaftslehre hat Informationsinstrumente für Controllingzwecke entwickelt (Kostenrechnung, Planungsrechnungen etc.), die wesentlich detaillierter und geeigneter sind. Insofern scheint diese Jahresabschlussaufgabe heute weniger bedeutsam.

Für den Konzernabschluss kann die Aufgabe der Selbstinformation allerdings einen höheren Stellenwert haben. Dies liegt u. a. daran, dass es häufig keine ausgebaute Konzernkostenrechnung oder Ähnliches gibt, so dass der Konzernabschluss zwar ein hoch aggregiertes Informationsinstrument darstellt, aber zugleich das einzige für den Gesamtverbund. Außerdem führt die Pflicht zur Erstellung von Handelsbilanzen II nach einheitlichen Standards dazu, dass für alle Konzernglieder Informationen über Erfolg, Vermögen, Eigenkapital usw. in vergleichbarer Form vorliegt. Sind die internen Informationssysteme der Konzernglieder nicht hinreichend standardisiert, sind die Unternehmen konzernintern auch nur schlecht vergleichbar. Insbesondere bei häufigen Änderungen des Konsolidierungskreises, heterogenen Geschäftsfeldern und verschiedenen Sitzstaaten kann die Handelsbilanz II durchaus relevante Ziel- und Steuerungsgrößen enthalten. Die Qualität hängt dabei u. a. davon ab, inwieweit eigenständige Bilanzpolitik und damit auch Informationsverzerrungen auf der Ebene der Handelsbilanz II durch die Konzernglieder möglich ist. Eine solch dezentrale Bilanzpolitik ist jedoch kein spezielles Problem des Informationsinstrumentes Handelsbilanz II, sondern betrifft alle Berichtssysteme.

C 33

Aufgewertet wurde die externe Rechnungslegung in den letzten Jahren durch die Einführung internationaler Rechnungslegung-Standards. Vielfach wird unterstellt, dass die kapitalmarktorientierten Jahresabschlüsse nach IAS/US-GAAP auf Daten basieren, die für interne Steuerungszwecke adäquater sind als HGB-Daten. Von Letzteren wird vermutet, dass sie aufgrund der Dominanz des Vorsichtsprinzips im deutschen Bilanzrecht und den diversen Einflüssen des Steuerrechts (§ 5 Abs. 1 EStG) verzerrt sind. Deshalb gelten Erfolgs- und Bestandsgrößen internationaler Abschlüsse als betriebswirtschaftlich aussagefähiger und mithin auch als besser nutzbar für Controllingzwecke.

C 34

Zentrale Aufgabe des Konzernabschlusses ist jedoch die *Information externer Adressaten* (Eigentümer, Gläubiger etc.), auch *Rechenschaft* genannt. Er soll unter Beachtung der GoB ein den tatsächlichen Verhältnissen entsprechendes Bild der Vermögens-, Finanz- und Ertragslage der Einheit Konzern liefern (§ 297 Abs. 2 HGB). Das Einblickgebot des § 264

C 35

Abs. 2 HGB für den Jahresabschluss wurde damit fast wortgleich auch für den Konzernabschluss kodifiziert. Obwohl dies nicht unumstritten ist, geht die h. M. davon aus, dass damit die Äquivalenz von Jahres- und Konzernabschluss abgesichert wird, es wird ein vergleichbares Informationsniveau angestrebt.

C 36 Abweichungen zur Generalnorm in § 264 Abs. 2 HGB ergeben sich durch das divergierende Referenzobjekt „Konzern" und der Verweis auf die Grundsätze ordnungsmäßiger Buchführung ist in einem umfassenderen Sinne zu interpretieren: nach eindeutiger Ansicht umfasst § 297 Abs. 2 HGB auch die Grundsätze ordnungsmäßiger Konsolidierung, die für den Einzelabschluss naturgemäß unerheblich sind, also auf der Eigenart des Konzernabschlusses fußen (vgl. ADS, § 297 Rz 31). Der Anwendungsbereich der *Generalnorm* wird damit analog zum Jahresabschluss interpretiert. Dies beinhaltet, dass das Einblicksgebot

- kein overriding principle ist, also nicht die Durchbrechung expliziter HGB-Regeln oder der Grundsätze ordnungsmäßiger Buchführung erlaubt (z. B. verstößt die Verrechnung von Firmenwerten mit den Rücklagen gem. § 309 HGB gegen die Grundsätze ordnungsmäßiger Buchführung und ist verzerrend bezüglich der Vermögens- und Erfolgslage. Das Einblicksgebot verhindert aber nicht, dass die Anwendung zulässig ist);

- die Ansprüche der Generalnorm im Regelfall erfüllt, wenn die Einzelnormen/Grundsätze ordnungsmäßiger Buchführung beachtet werden;

- nur unter besonderen Umständen eine zusätzliche Erläuterung im Konzernanhang verlangt, wenn die Einzelregeln/Grundsätze ordnungsmäßiger Buchführung zu einem nicht den tatsächlichen Verhältnissen entsprechenden Bild führen;

- Bedeutung primär im Rahmen der Auslegung von Einzelnormen oder der Ausfüllung von Gesetzeslücken hat. Umgekehrt beschränken aber gerade die Einzelnormen den Inhalt des Einblickgebots. So entspricht eine Bewertung zu historischen Anschaffungskosten auch bei deutlich gestiegenem Zeitwert dem Einblick in die „tatsächliche Vermögenslage".

C 37 Die praktisch kritischen Fragen, (1) inwieweit die Generalnorm Bilanzpolitik begrenzt und (2) wann besondere Umstände vorliegen, die eine zusätzliche Erläuterung im Anhang erfordern, werden im Kern sehr liberal

Kühnberger

zu interpretieren sein, so dass der eigenständige normative Gehalt der Norm eher gering ist.

Zu (1): Enthält das HGB explizit Wahlrechte, so können diese von der Konzernleitung frei ausgeübt werden. Es gibt keinen Zwang, die informativere Variante zu wählen (z. B. Buchwert- oder Neubewertungsmethode, Purchase- oder Pooling-Methode). Liegen implizite Wahlrechte (Ermessensspielräume, unechte Wahlrechte) vor, so können diese im Rahmen vernünftigen kaufmännischen Ermessens frei ausgeübt werden. Theoretisch könnte das Einblicksgebot für solche Entscheidungen zwar einen Maßstab liefern. Regelmäßig wird es aber kaum möglich sein, die allgemeine Norm so zu operationalisieren, dass sie restriktiv wirkt.

Zum Teil widersprechen sich die Anforderungen der Generalklausel auch: so führt eine Lifo-Bewertung bei steigenden Preisen zwar zu einem verzerrten Einblick in die Vermögenslage (stille Reserven), aber in der Gewinn- und Verlustrechnung werden Erträge und Aufwendungen gegenübergestellt, die zu nahe beieinanderliegendenden Zeitpunkten bewertet wurden, d. h. der Einblick in die Ertragslage ist besser als z. B. bei Fifo. Hier werden Aufwendungen zu historischen Preisen bewertet und Erträge auf aktuellem Preisniveau.

Zu (2): In vielen Fällen verlangt das HGB explizit Erläuterungen zu Bilanz- und GuV-Posten im Anhang, um das Einblicksgebot zu realisieren. Nur in ganz besonderen Fällen kann nach h. M. eine zusätzliche Erläuterungspflicht nach § 297 Abs. 2 Satz 3 HGB in Betracht kommen. Beispielhaft kann auf die Situation hingewiesen werden, in der wesentliche Konzernunternehmen ihren Sitz in Hochinflationsländern haben und deren Einfluss auf den Konzernabschluss zu erläutern ist (vgl. WPH 2000 F Rz 56; Heuser/Theile, 2000, Rz 2116).

Exkurs: Aktuelle Entwicklungen der Rechtsgrundlagen der Konzernrechnungslegung und mögliche Weiterentwicklungen

Selten waren die rechtlichen Grundlagen, Inhalte und künftigen Entwicklungen der Rechungslegung in Deutschland so unklar und mit so vielen Unwägbarkeiten verknüpft wie derzeit. Dies macht eine für Anwender geeignete Darstellung der Konzernrechnungslegung denkbar schwer. Im Fol-

Kühnberger

genden sollen knapp die wesentlichen Aspekte umrissen werden, wobei zu beachten ist, dass Änderungen durch Gesetze und Rechtsprechung das gezeichnete Bild jederzeit veralten lassen können.

1. Das BVerfG hat festgelegt, dass wesentliche Rechtsfragen vom Gesetzgeber zu regeln sind. Das Bilanzrecht als wesentlicher Baustein des Gesellschaftsrechts gehört traditionell dazu und führt zu dem legalistischem deutschen System, bei dem der Gesetzgeber (und die Rechtsprechung) die Gesetzesgrundlagen und die GoB entwickelten.

2. Sowohl die IAS als auch die US-GAAP sind dem kapitalmarktorientierten Funktionenschutz verpflichtet, während gesellschaftsrechtliche Aspekte des Individualschutzes von Eigentümern/Gläubigern keine tragende Rolle spielen (Pellens/Füllbier, ZGR 2000, S. 572 ff.). Mit dem KapAEG von 1998 hat der deutsche Gesetzgeber den § 292a HGB geschaffen, der börsennotierten Unternehmen einen Konzernabschluss nach internationalen Standards erlaubt. Ohne der durchaus berechtigten Frage nachzugehen, ob dies überhaupt eine verfassungsrechtlich zulässige Verweisung auf fremdes Recht darstellt oder nicht, kann hier festgehalten werden, dass von diesem Wahlrecht in der Praxis zunehmend Gebrauch gemacht wird. Die Regelung ist bis 2004 befristet.

3. Die EU-Kommission hat eine Verordnung verabschiedet (19. 7. 2002), ab dem Jahr 2005 die IAS verbindlich innerhalb der EU für den Konzernabschluss von börsennotierten Unternehmen zu erklären. Die Verordnung lässt den nationalen Gesetzgebern ein Wahlrecht, ob

    – auch nicht börsennotierte Konzerne IAS anwenden müssen oder dürfen

    – auch für Einzelabschlüsse die IAS gelten sollen (Ernst, BB 2001, S. 823 ff.).

Hierbei ist zu berücksichtigen, dass die IAS vor allem durch die umfangreichen Offenlegungspflichten außerhalb von Bilanz/GuV zu erheblichen Belastungen für die Unternehmen führen. Dies ist für die ca. 1 000 börsennotierten Unternehmen wohl noch zumutbar, nicht ohne weiteres den ca. 900 000 mittelständischen Unternehmen. Anderseits gibt es offenbar auch nicht börsennotierte Unternehmen, die gerne IAS anwenden würden. Dies spricht dafür, die IAS wahlweise auch für diese Unternehmen zuzulassen (Niehus, WPg 2001, S. 737 ff.).

Kühnberger

2. Aufgaben des Konzernabschlusses

4. Ebenfalls mit dem KapAEG wurde in Deutschland erstmals ein privates Rechungslegungsgremium geschaffen (§ 342 HGB). Der DRSC hat inzwischen seine Tätigkeit aufgenommen und diverse Standards (DRS) verabschiedet und für andere Entwürfe (E-DRS) vorgelegt. Die Aufgaben des DRSC sind in § 342 Abs. 1 HGB umschrieben:

Nr. 1: Entwicklung von Empfehlungen zur Anwendung der Grundsätze über die Konzern-Rechungslegung.

Nr. 2: Beratung des BMJ bei Gesetzgebungsverfahren.

Nr. 3: Vertretung der BRD in internationalen Standardisierungsgremien (besonders im IASC).

Der DRSC soll dabei deutsche Standards (Scheffler, BFUP 1999, S. 415) entwickeln, die für die HGB-Bilanzierer gelten, nicht für IAS-Bilanzierer gem. § 292a HGB. Solange die DRS zu einer Verbesserung des Konzernabschlusses führen, sollen sie aber auch von diesen Unternehmen angewendet werden (Baetge/Krumnow/Noelle, DB 2001, S. 770).

Das DRSC ist bei seinen Standards ausdrücklich an das geltende Recht (HGB, GoB) gebunden, was aber eine sinnvolle Weiterentwicklung der GoB nicht ausschließe (Beisse, BB 1999, S. 2185: So im Anerkennungsvertrag fixiert). Das DRSC sieht z. B. im Zurückdrängen des Vorsichtsprinzips für die Konzern-Rechnungslegung scheinbar eine solch zulässige Entwicklung (Scheffler, BFuP 1999, S. 415). Dies ist nicht ohne weiteres einzusehen, da dies im Konflikt mit dem umfassenden Verweis in § 298 Abs. 1 HGB steht, der für den Einzelabschluss und Konzernabschluss grds. gleiche Gewinnermittlungsregeln fixiert. Es scheint aber eine – mehr oder weniger – akzeptierte Tatsache zu sein, dass sich Einzelabschluss und Konzernabschluss deutlich auseinander entwickelt haben (Claussen, ZGR 2000, S. 604 ff.).

5. Obwohl sich der gesetzliche Auftrag des DRSC auf Standards zur Konzern-Rechnungslegung bezieht, sind Auswirkungen auch auf den Einzelabschluss nicht zu vermeiden und werden vom DRSC selbst auch für legitim erachtet (Baetge/Krumnow/Noelle, DB 2001, S. 773). Dies wird immer dann deutlich, wenn die DRS allgemeine GoB betreffen oder Themen, die den Einzelabschluss genauso betreffen, wie den Konzernabschluss, z. B. die Risikoberichterstattung im Lagebericht (DRS 5).

Kühnberger

6. Inhaltlich soll das DRSC (Baetge/Krumnow/Noelle, DB 2001, S. 770):
   - bisher ungeregelte Bereiche normieren. So enthält § 297 Abs. 1 HGB die Verpflichtung für börsennotierte Konzerne eine Kapitalflussrechnung und einen Segmentbericht im Anhang zu veröffentlichen. Die inhaltlichen Anforderungen sind im DRS 2 und im DRS 3 konkretisiert worden.
   - bestehende Wahlrechte des HGB und Ermessensspielräume bei der Auslegung unbestimmter Rechtsbegriffe begrenzen. So lässt das HGB z. B. eine Kapitalkonsolidierung nach der Buchwert- oder der Neubewertungsmethode zu, während im DRS 4 nur noch die Neubewertungsmethode als zulässig qualifiziert wird.
   - besondere Anforderungen an die Publizität börsennotierter Unternehmen festlegen.

   Neben der Bindung an das geltende Recht wird mit den DRS grundsätzlich angestrebt, IAS-Konformität zu schaffen, damit auch HGB-Bilanzierer nach international vergleichbaren Standards Rechnung legen können.

   Sobald ein DRS vom BMJ im Bundesanzeiger publiziert wurde, haben die Anwender die Vermutung der Ordnungsmäßigkeit des Konzernabschlusses (§ 342 Abs. 2 HGB) für sich. Umgekehrt heißt dies, dass Unternehmen, die von den DRS abweichen, rechtfertigen müssen, warum ihr Abschluss gleichwohl ordnungsgemäß ist (Schwab, DB 2001, S. 881f.).

7. Die bis dato veröffentlichten DRS haben grds. Fragen ihrer Bindungsentwirkung hervorgerufen. Dies betrifft vor allem die Frage, ob das DRSC HGB-Wahlrechte einschränken darf, was der BMJ wohl für zulässig ansieht (Baetge/Krumnow/Noelle, DB 2001, S. 770). Das IDW hat jedenfalls verlautbart, dass ein Konzernabschluss auch dann mit einem uneingeschränkten Testat zu versehen ist, wenn er dem HGB, nicht aber einem DRS entspricht. Darüber hinaus wird u. E. zurecht kritisiert, dass das DRSC Standards schafft in Bereichen, die gesetzlich geregelt sind. So ist der EK-Ausweis im HGB geregelt. Sieht man diese Regelungen als abschließend an, gibt es keinen Raum für eine gesonderte EK-Veränderungsrechnung, wie sie DRS 7 vorsieht. Schwab hat auf die Gefahr hingewiesen, dass die IAS durch den DRSC importiert werden, indem entsprechende Anhangausweitungen standardisiert werden (DB 2001, S. 881 f.). Bezüglich des Eigenkapitalspiegels ist

Kühnberger

2. Aufgaben des Konzernabschlusses

diese Kritik obsolet geworden, da der Gesetzgeber mit dem TransPuG einen solchen in § 293 Abs. 1 HGB inzwischen vorsieht, allerdings nur für kapitalmarktorientierte Konzerne. Soweit die DRS vom geltenden Recht abweichen, sind die angesprochenen Abweichungen z.t. gesondert vermerkt mit dem Hinweis, dass das HGB entsprechend geändert werden soll. Damit kommt der DRSC seiner Beratungsaufgabe nach; dies ist unproblematisch. Schwierig sind jedoch die Fälle, die ungeregelte Bereiche betreffen, da diese Nicht-Kodifizierung als zu schließende Lücke oder als gesetzliches Wahlrecht interpretierbar ist.

8. Der BMJ hat am 26.11.2001 einen Entwurf eines Gesetzes zur weiteren Reform des Aktien- und Bilanzierungsrechts, zu Transparenz und Publizität vorgelegt. Am 19.7.2002 wurde das TransPuG verabschiedet. Dabei wurden einige Vorschläge des DRSC aufgegriffen, die als relativ unstrittig angesehen wurden. Andere Vorschläge wurden noch zurückgestellt und weitere Gesetzesänderungen angekündigt.

9. Seit Dezember 2003 liegen die RefE zu einem BilanzkontrollG und einem BilanzrechtsreformG vor. Das BilanzkontrollG soll die Errichtung einer Prüfstelle (privatrechtlich organisiert) und deren Befugnisse regeln. Das BilanzrechtsreformG sieht u. a. vor: (a) Streichung von § 295 HGB. (b) Anhebung der Schwellenwerte in § 293 HGB. (c) Veränderte Anforderungen an den Lagebericht. (d) Streichung von § 292a HGB und stattdessen die allgemeine Zulässigkeit von IAS-Konzernabschlüssen. (e) Verschärfungen der Regelungen zur Prüfung.

Fazit:

Einiges ist derzeit in Bewegung und z.T. ist es nicht einfach festzustellen, was geltendes Recht ist. In der weiteren Darstellung wird wie folgt verfahren:

(1) Primär wird der Konzernabschluss nach HGB vorgestellt.

(2) Geplante Gesetzesänderungen (Pkt. 9) werden vorgestellt.

(3) Die DRS werden eingearbeitet, wobei nochmals ausdrücklich darauf hingewiesen wird, dass diese nicht ohne weiteres als zu beachtendes Recht gelten. Soweit die DRS ausdrücklich Gesetzesänderungen befürworten, ist auch auf diese hinzuweisen.

(4) Weder die IAS noch die US-GAAP werden vorgestellt, da dies den Umfang der Bearbeitung vervielfachen würde. Derzeit haben diese

C 39

Kühnberger

Normen direkt nur für Unternehmen Bedeutung, die nach § 292a HGB einen Internationalen Konzernabschluss erstellen. Dies kann sich schnell ändern. Ab 2005 müssen zumindest börsennotierte Konzerne einen IAS-Konzernabschluss vorlegen. Fraglich bleibt aber, ob die Masse der GmbH-Konzerne dann von den IAS betroffen sind (s. o. Pkt. 3).

3. Die Pflicht zur Erstellung von Konzernabschlüssen

3.1 Grundfall: Mutter-Tochter-Verhältnisse mit Kapitalgesellschaften als Mutter

3.1.1 Konzept der einheitlichen Leitung (§ 290 Abs. 1 HGB)

C 40 In § 290 Abs. 1 HGB wird auf den aktienrechtlichen Konzernbegriff gem. § 18 Abs. 1 AktG Bezug genommen. Demnach ist eine inländische Kapitalgesellschaft (AG, KGaA, GmbH), die eine Beteiligung gem. § 271 Abs. 1 HGB an einem Unternehmen hält, das von ihr einheitlich geleitet wird (vgl. RN A 50), zur Erstellung eines Konzernabschlusses und Konzern-Lageberichtes verpflichtet. Nach h. M. ist hierbei der Begriff der einheitlichen Leitung i. S. von § 18 AktG zu interpretieren, auch wenn die Konzernmutter nicht die Rechtsform einer AG hat (WP-H 2000, M Rz 16 ff.).

Die Rechtsform der Tochtergesellschaft ist dann für die Konzernrechnungslegungspflicht unerheblich, es muss sich aber um ein Unternehmen handeln. Hierzu können außer buchführungspflichtigen Kaufleuten gem. § 238 HGB auch BGB-Gesellschaften oder Joint-Ventures gehören, wenn sie Interessen kaufmännischer oder gewerblicher Art verfolgen (vgl. Siebourg, HdK, § 290 Rz 14 ff.).

Eine Beteiligung gem. § 271 Abs. 1 HGB setzt voraus:

- Anteile (Mitglieds- oder Gesellschaftsrechte)
- an anderen Unternehmen,
- die dazu bestimmt sind, dem eigenen Geschäftsbetrieb durch Herstellung einer dauerhaften Verbindung zu dienen.

C 41 Das zuletzt genannte Merkmal wird als *Beteiligungsabsicht* bezeichnet, die über das Interesse einer reinen Kapitalverzinsung hinausreicht (WPH 2000, F Rz 170; a. A Siebourg, HdK § 290 Rz 57, der lediglich auf eine

Kühnberger

Gewinnpartizipation abstellt und zusätzlich voraussetzt, dass diese Gewinne im Bereich des Möglichen liegen. Sind Verluste wahrscheinlich, läge keine Beteiligung vor. Diese Ansicht ist abzulehnen, da konsequenterweise Verlustgesellschaften mangels Erfüllung des Merkmals der Beteiligung häufig gar nicht in den Konzernabschluss einzubeziehen wären).
Eine Beteiligung wird bei einem Anteilbesitz von mehr als 20 % widerlegbar vermutet. Zur Berechnung der Anteilsquote kann auf § 16 AktG verwiesen werden. Stets kommt es auf das wirtschaftliche Eigentum der Anteile an, nicht auf das zivilrechtliche (vgl. zum Beispiel § 246 Abs. 1 Satz 2 HGB). Auch unterhalb der genannten Quote von 20 % kann eine Beteiligung vorliegen. Regelmäßig wird dies bei Anteilen an Personengesellschaften angenommen (Ausnahme: Kommanditistenstellung bei einer Publikums-KG) und bei GmbH-Anteilen aufgrund der typischerweise personalistischen Struktur der GmbH. Anteile an eG sind gem. § 271 HGB explizit ausgenommen, da aufgrund der Leitungsstruktur der eG eine Einflussnahme durch einzelne Mitglieder kraft Anteilsbesitz ausgeschlossen ist (one man – one vote).

3.1.2 Control-Konzept (§ 290 Abs. 2 HGB)

Nach dem Control-Konzept wird ein Mutter-Tochter-Verhältnis dadurch begründet, dass eine inländische Kapitalgesellschaft zu einem anderen Unternehmen eine *bestimmte Rechtsposition* innehat (Nr. 1 Stimmrechtsmehrheit, Nr. 2 Organbestellungsrecht, Nr. 3 Leitungsbefugnis kraft Satzung oder Beherrschungsvertrag). Ist nur eines dieser Merkmale erfüllt, ist eine Konzernrechnungslegungspflicht unwiderlegbar gegeben, auf die rechtlichen oder tatsächlichen Möglichkeiten die Position auch durchzusetzen kommt es nicht an. Auch eine reine Vermögensverwaltung einer Konzernmutter führt zur Konzernrechnungslegungspflicht. Einschränkungen in der Ausübung der formalen Rechtsposition werden zum Teil durch die Regelungen zum Konsolidierungskreis (§§ 295 f. HGB) berücksichtigt. C 42

Eine *Mehrheit* der *Stimmrechte* (§ 290 Abs. 2 Nr. 1 HGB) liegt formal vor, wenn der Muttergesellschaft mehr als 50 % der Rechte zustehen. Entscheidend sind ausschließlich die Stimmrechte, nicht die Anteile am Kapital. Eine Gesellschafterstellung wird aber implizit vorausgesetzt (vgl. ADS, § 290 Rz 43). Nicht ausreichend ist eine tatsächliche Stimmrechtsmehrheit z. B. wegen fehlender Präsenz anderer Eigentümer auf der Hauptver- C 43 sammlung/Gesellschafterversammlung. Umgekehrt führt Stimmenmehrheit auch dann zu einem Mutter-Tochter-Verhältnis, wenn

- ein Stimmbindungs- oder Entherrschungsvertrag vorliegt
- Satzung/Gesellschaftsvertrag für wichtige Entscheidungen eine qualifizierte Stimmenmehrheit vorsieht, die die Konzernmutter nicht erreicht (vgl. ADS, § 290 Rz 36 ff.; a. A. Siebourg, HdK, § 290 Rz 27 ff., der darauf abstellt, ob die Beherrschungsmöglichkeit aus gesetzlichen/vertraglichen Gründen durchsetzbar ist).

Bei der Berechnung der Stimmrechte sind die Zurechnungs- und Kürzungsregeln von § 290 Abs. 3 und 4 HGB zu beachten, die im Wesentlichen dem § 16 AktG nachgebildet wurden. Insofern kann hierzu auf RN A 36 verwiesen werden (zu Abweichungen im Detail vgl. Ulmer, FS für Goerdeler 1987, S. 643 ff., der auf diverse Regelungsinkonsistenzen verweist, die aber in der Praxis nur in wenigen Fällen relevant sind).

C 44 Das *Organbestellungsrecht* in § 290 Abs. 2 Nr. 2 HGB stellt darauf ab, ob ein Unternehmen die rechtlich abgesicherte Möglichkeit hat, die Mehrheit eines Verwaltungs-, Leitungs- oder Kontrollorgans eines Unternehmens zu bestellen. Besteht das Recht nur bezüglich eines Gremiums, genügt dies, um ein Mutter-Tochter-Verhältnis zu begründen. Im Regelfall werden zugleich die Verhältnisse nach § 290 Abs. 2 Nr. 1 HGB (Stimmenmehrheit) vorliegen. Organbestellungsrechte ohne Stimmenmehrheit sind zum Beispiel in Form von Entsendungsrechten möglich. Da das AktG (§ 101 Abs. 2) insofern restriktive Regelungen enthält, werden hiervon primär GmbH und Personengesellschaft betroffen sein.

Eine Mehrheit i. S. des Gesetzes setzt voraus, dass diese sich auf das gesamte Gremium bezieht und nicht nur auf die von Kapitalgebern zu bestellenden Mitglieder bei mitbestimmten Unternehmen. Soweit das Bestellungsrecht 50 % des Organs umfasst, aber zugleich ein Vorstand benannt werden kann, dessen Stimmrecht bei Stimmengleichheit entscheidet, liegt ein Mehrheitsverhältnis vor (vgl. Siebourg, HdK, § 290 Rz 87). Das Bestellungsrecht führt aber nur dann zur Konzernrechnungslegungspflicht, wenn zugleich Gesellschafterstellung vorliegt. Eine Kapitalbeteiligung ist nicht notwendig. Deshalb gilt die Regelung auch für die Komplementär-GmbH einer GmbH & Co KG, die keine Kapitaleinlage geleistet hat (vgl. WPH 2000, M Rz 45, a. A. Siebourg, HdK, §290 Rz 89).

C 45 Das dritte Kriterium, das nach dem Control-Konzept zu einem Mutter-Tochter-Verhältnis führt, ist das Vorliegen eines *beherrschenden Einflus-*

Kühnberger

ses kraft *Beherrschungsvertrag* oder einer Satzungsbestimmung (§ 290 Abs. 2 Nr. 3 HGB). Die Beherrschungsmöglichkeit wird hierbei i. S. von § 17 Abs. 1 AktG interpretiert und muss sich damit dauerhaft auf das Gesamtunternehmen beziehen. Soweit das beherrschte Unternehmen eine AG/KGaA ist, müssen für die Annahme eines Beherrschungsvertrages die formalen und inhaltlichen Voraussetzung von § 291 Abs. 1 AktG erfüllt sein (zu den Problemen der Analogisierung für GmbH, Personengesellschaft oder ausländische Konzerntöchter vgl. ADS, § 290 Rz 56 ff., m. w. N.).

Soweit die Beherrschungsmöglichkeit statutarisch begründet wird, muss sie eine vergleichbar umfassende Position sichern wie ein Beherrschungsvertrag. Aufgrund des Grundsatzes der Satzungsstrenge in § 23 Abs. 5 AktG sind entsprechende Sachverhalte primär für GmbH oder Personengesellschaften möglich, nicht für AG/KGaA.

Vom Gesetz wird nicht ausdrücklich vorausgesetzt, dass die Beherrschungsmöglichkeit auf einer Beteiligung/Gesellschafterstellung basiert. Eine solche wird regelmäßig aber vorliegen. Das WPH 2000, M Rz 48 setzt eine Gesellschafterstellung voraus (unklar diesbezüglich ADS, § 290 Rz 61).

Insgesamt gelten die *Zurechnungsregeln* gem. § 290 Abs. 3 HGB für sämtliche Rechte gem. § 290 Abs. 2 Nr. 1–3 HGB, so dass auch mittelbare Rechte ein Mutter-Tochter-Verhältnis begründen. Dabei sind Rechte die ein Tochterunternehmen hält der Mutter vollständig und nicht nur beteiligungsproportional zuzurechnen. C 46

3.2 Erweiterungen und Einschränkungen der Konzernrechnungslegungspflicht

3.2.1 Ausweitung der Pflicht zur Erstellung eines Konzernabschlusses

Unabhängig von der Rechtsform und Größe sind *Kreditinstitute* gem. § 340i HGB und *Versicherungsunternehmen* gem. § 341i HGB zur Erstellung eines Konzernabschlusses verpflichtet, wenn sie Muttergesellschaft sind. C 47

Für Nicht-Kapitalgesellschaften, die nicht Kreditinstitute oder Versicherungsunternehmen sind oder gem. HGB erfasst werden, statuieren §§ 11 C 48 ff. PublG die Konzernrechnungslegungspflicht, wenn die dort genannten *Größenklassen* überschritten werden. Die Rechnungslegungspflicht entsteht (entfällt), wenn zwei der in § 11 Abs. 1 PublG genannten Schwellenwerte an zwei aufeinanderfallenden Stichtagen überschritten (unterschritten) werden, wobei es keine Rolle spielt, welche der im Gesetz benannten Kriterien (Umsatzerlöse, Bilanzsumme, Mitarbeiterzahl) dies sind. Im Zweifel muss ein Konzernabschluss intern erstellt werden, um feststellen zu können, ob überhaupt eine Konzernrechnungslegungspflicht besteht. Obwohl § 13 PublG auf die HGB-Regelungen verweist, ergeben sich Unterschiede:

– Eine Konzernrechnungslegungspflicht setzt immer die einheitliche Leitung voraus, die Erfüllung der formalen Control-Kriterien genügt nicht.

– Die Konzernmutter muss Unternehmenseigenschaft haben. Da § 11 Abs. 5 PublG rein vermögensverwaltende Unternehmen explizit ausschließt, setzt dies die dauerhafte und nach außen erkennbare Verfolgung erwerbswirtschaftlicher Ziele voraus (Baetge/Kirsch/Thiele, Konzernbilanzen, S. 93).

– Da für die Handelsbilanz II die Bilanzansatz- und Bewertungsregeln des Rechts der Konzernmutter gelten, sind auch die nur für Personengesellschaften geltenden Bestimmungen anzuwenden. Das bedeutet, dass Abschreibungen gem. § 253 Abs. 4, das Beibehaltungswahlrecht gem. § 253 Abs. 5 etc. auch in der Handelsbilanz II von Konzerntöchtern die Kapitalgesellschaften sind, anwendbar sind. Umgekehrt sind Bilanzierungshilfen gem. § 269 HGB oder aktive latente Steuern gem. § 274 Abs. 2 HGB unzulässig.

C 49 Mit dem *KapCoRiLiG* vom Februar 2000 wurde eine langjährige Streitfrage geregelt. Deutschland musste aufgrund europarechtlicher Vorgaben bestimmte Personengesellschaften bezüglich der Rechnungslegung den Kapitalgesellschaften gleichstellen. Dies betrifft KG und OHG, bei denen keine natürlichen Personen, sondern Kapitalgesellschaften als Vollhafter fungieren. Erstmals für nach dem 31.12.1999 beginnende Geschäftsjahre werden diese Unternehmen den Kapitalgesellschaften gleichgestellt. Bestand früher eine Konzernrechnungslegungspflicht aufgrund des PublG, so tritt an deren Stelle die Verpflichtung, die §§ 290 ff. HGB nunmehr anzuwenden. In der Gesetzesbegründung wurde außerdem klargestellt, dass die beteiligte Kapitalgesellschaft (üblicherweise eine Komplementär-GmbH) i.d.R. Konzernmutter und damit konzernrechnungslegungspflich-

Kühnberger

3. Die Pflicht zur Erstellung von Konzernabschlüssen

tig ist, auch wenn sie keinen eigenen Geschäftsbetrieb hat. Regelmäßig wird die Kapitalgesellschaft die einheitliche Leitung ausüben oder über eine ein Control-Kriterium erfüllende Rechtsposition verfügen. Durch gesellschaftsvertragliche Bindungen (z. B. Verzicht der Kapitalgesellschaft auf Geschäftsführungsbefugnisse) oder wenn die Anteile an der Kapitalgesellschaft von der KG gehalten werden, kann ein Konzernabschluss vermieden werden (WPH 2000, M Rz 29).

Während § 290 Abs. 2 HGB eindeutig auf Unterordnungskonzerne abstellt, ist die Frage, ob auch *Gleichordnungskonzerne* gem. § 290 Abs. 1 HGB zu einer Konzernrechnungslegungspflicht führen können, problematisch. Sind die dort genannten Voraussetzungen (einheitliche Leitung, Beteiligung) erfüllt, so spricht ausnahmsweise nichts gegen die Anwendung der §§ 290 ff. HGB. Da ex definitione im Gleichordnungskonzern kein Unternehmen von dem anderen abhängig ist, betrifft dies vor allem solche Fälle, in denen die einheitliche Leitung durch gemeinsame Gesellschaftsorgane kraft Vertrages oder einen Dritten ausgeübt wird (vgl. Siebourg, HdK, § 290 Rz 117; WPH 2000, M Rz 78 f.).

C 50

Gemeinschaftsunternehmen (z. B. Arbeitsgemeinschaften, Joint Ventures) gewinnen in der Praxis zunehmend an Bedeutung. Sie sind dadurch gekennzeichnet, dass sie gemeinsam geführt werden (§ 310 HGB). Im Regelfall sind die Voraussetzungen nach § 290 Abs. 1 oder Abs. 2 HGB gerade nicht erfüllt, da keines der Gesellschafterunternehmen die einheitliche Leitung alleine ausüben kann oder eine entsprechend Abs. 2 abgesicherte Beherrschungsmöglichkeit hat. Ist eine Kapitalgesellschaft an diversen Gemeinschaftsunternehmen beteiligt, ohne dass sie zugleich aufgrund eines anderweitigen Mutter-Tochter-Verhältnisses einen Konzernabschluss erstellen muss, so führt dies nicht dazu, dass ein Konzernabschluss zu erstellen ist. Wird ein Konzernabschluss erstellt, weil im Verhältnis zu anderen Unternehmen ein Mutter-Tochter-Verhältnis vorliegt, kann das Gemeinschaftsunternehmen anteilig (§ 310 HGB) konsolidiert oder at equity bewertet (§§ 311 f. HGB) werden.

C 51

In Ausnahmefällen kann auch die Beteiligung an einem Gemeinschaftsunternehmen alleine zu einem Mutter-Tochter-Verhältnis führen, z. B. wenn ein Unternehmen die einheitliche Leitung tatsächlich ausüben kann, obwohl zum Beispiel ein 50 : 50-Gemeinschaftsunternehmen vorliegt oder die gemeinsame Führung von einem selbständigen Unternehmen z. B. einer GbR ausgeübt wird und diese gem. §§ 11 ff. PublG zur Aufstellung ei-

C 52

Kühnberger

nes Konzernabschlusses verpflichtet ist (vgl. Siebourg, § 290 Rz 41 ff.; WPH 2000, M Rz 71 ff.). Liegt ein Mutter-Tochter-Verhältnis vor, so muss eine Vollkonsolidierung mit Minderheitenausweis erfolgen, eine nur quotale Konsolidierung gem. § 310 HGB scheidet aus.

3.2.2 Befreiungstatbestände

3.2.2.1 Befreiende Wirkung übergeordneter Konzernabschlüsse

C 53 Jedes Mutterunternehmen i. S. von § 290 ist zur Aufstellung eines Konzernabschlusses verpflichtet, so dass bei einem mehrstufigen Konzern auf mehreren Ebenen ein (Teil-)Konzernabschluss zu erstellen ist (*Tannenbaumprinzip*).

Beispiel:

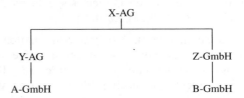

In diesem Fall müssten die Y-AG und die Z-GmbH einen Teil-Konzernabschluss aufstellen und die X-AG einen Konzernabschluss für die gesamte Einheit.

Angesichts des fragwürdigen Aussagewertes von Teil-Konzernabschlüssen und dem damit verbundenen Aufwand hat der deutsche Gesetzgeber in Ausübung eines Wahlrechtes der 7. EG-Richtlinie erlaubt, auf Teil-Konzernabschlüsse zu verzichten, wenn eine übergeordnete Muttergesellschaft (nicht notwendigerweise die Konzernspitze) einen befreienden Konzernabschluss erstellt. Im HGB sind drei Fallgruppen erfasst:

a) Die entsprechende Muttergesellschaft hat ihren Sitz in der EU oder dem Europäischen Wirtschaftsraum (§ 291 HGB). Dies schließt selbstverständlich inländische Muttergesellschaften ein.

b) Die entsprechende Muttergesellschaft hat ihren Sitz außerhalb der von § 291 HGB erfassten Staaten (§ 292 HGB).

Kühnberger

3. Die Pflicht zur Erstellung von Konzernabschlüssen

c) Die Muttergesellschaft erstellt – unabhängig von ihrem Sitz – einen Konzernabschluss nach international anerkannten Rechnungslegungsstandards (§ 292a).

Zu a) In § 291 HGB werden detailliert die Voraussetzungen für die Inanspruchnahme der Befreiung aufgelistet. Demnach kann grundsätzlich jede Kapitalgesellschaft aus einem entsprechenden Sitzstaat einen befreienden Konzernabschluss erstellen, wenn der Konsolidierungskreis entsprechend umfassend abgegrenzt wird, das nationale Recht der Mutter und die 7. EG-Richtlinie eingehalten werden, eine Prüfung durch einen den Anforderungen der 8. EG-Richtlinie genügenden Abschlussprüfer erfolgt, bestimmte Anhangangaben im Jahresabschluss des befreiten Unternehmens vorliegen, sowie Offenlegungspflichten eingehalten werden. Allerdings tritt die Befreiungswirkung nicht ein, wenn Minderheitsgesellschafter des zu befreienden Unternehmens einen Teil-Konzernabschluss verlangen. Welches Quorum die Minderheitsgesellschafter für ihren Anspruch erreichen müssen, hängt von der Beteiligungsquote der Muttergesellschaft und der Rechtsform der Tochter ab (§ 291 Abs. 3 HGB). Mit dem TransPuG wurde geregelt, dass § 291 Abs. 3 HGB einen befreienden Konzernabschluss ausschließt, wenn ein Konzernglied Aktien ausgegeben hat, die zum Handel im amtlichen Markt zugelassen sind. In der Begründung hierzu werden bereits künftige Modifikationen zu einer Anpassung an erwartete EU-Vorgaben angekündigt.

C 54

Zu b) In § 292 HGB wurde eine Verordnungsermächtigung kodifiziert, die den Rahmen für befreiende Konzernabschlüsse vorgibt, wenn der Sitz der übergeordneten Mutter außerhalb der EU/des EWR liegt. Die ursprünglich bis 1996 befristete Konzernabschlussbefreiungsverordnung aus dem Jahre 1991 wurde inzwischen unbefristet verlängert. In dieser Konzernabschlussbefreiungsverordnung sind detaillierte Vorgaben gemacht, die insbesondere die Gleichwertigkeit des befreienden Konzernabschlusses mit dem zu ersetzenden Teil-Konzernabschluss sichern sollen (vgl. ausführlich Küting/Weber, Konzernrechnungslegung, S. 88 ff.; WPH 2000, M Rz 107 ff.). Obwohl § 292 Abs. 1 Satz 3 HGB eine Gegenseitigkeitsklausel ermöglicht, d. h. die Befreiung wird nur akzeptiert, wenn umgekehrt der Sitzstaat des Mutterunternehmens auch deutsche Konzernabschlüsse als befreiend anerkennt, wurde diese Bedingung nicht in die KonBefrV aufgenommen.

C 55

Kühnberger

C 56 Zu c) Mit dem KapAEG v. 20.4.1998 und der Novellierung durch das KapCoRiLiG v. 24.2.2000. wurde in § 292a HGB eine weitere Befreiungsmöglichkeit geschaffen. Anders als in den §§ 291 f. HGB geht es nicht um die Befreiung einen Konzernabschluss zu erstellen, sondern es wird ermöglicht, einen sog. *Internationalen Konzernabschluss* aufzustellen, der einen HGB-Konzernabschluss ersetzt. Ein solcher Konzernabschluss kann allerdings Befreiungswirkung auch für nachgeordnete Konzernstufen haben wie übergeordnete Konzernabschlüsse i. S. von §§ 291 f. HGB. Ziel dieser Regelung ist es primär, deutschen Muttergesellschaften zu ermöglichen, einen internationalen Standards entsprechenden Konzernabschluss aufzustellen ohne zusätzlich einen deutschen HGB-Konzernabschluss zu erzwingen. Da in anderen EU-Staaten internationale Konzernabschlüsse als befreiend anerkannt wurden, sollte außerdem eine Inländerdiskriminierung vermieden werden (vgl. WPH 2000, N Rz 1). Die Erstellung und Publikation von zwei unterschiedlichen Konzernabschlüssen hatte neben Kostengesichtspunkten für deutsche Konzerne den Nachteil, dass die unterschiedlichen Inhalte für Anleger und andere Adressaten schwer nachvollziehbar waren und erheblichen Erklärungsbedarf auslösten. Die bis vor einigen Jahren praktizierte Variante, duale Konzernabschlüsse zu erstellen, die sowohl dem HGB als auch Internationalen Standards genügten, dürfte heute kaum noch möglich sein, da es im Regelfall widersprüchliche Regelungsinhalte gibt. Außerdem wurde diesem dualen Konzernabschluss mit Misstrauen begegnet, was z. B. in der Kennzeichnung „IAS/US-GAAP lite" zum Ausdruck kommt.

C 57 Der *persönliche Anwendungsbereich* des § 292a HGB umfasst solche Konzerne, bei denen die Muttergesellschaft oder ein anderes Konzernglied einen *organisierten Markt* i. S. von § 2 Abs. 5 WpHG in Anspruch nimmt. Die Rechtsform der Muttergesellschaft ist unbeachtlich, es kann sich auch um eine Nicht-Kapitalgesellschaft handeln (§ 11 Abs. 3 PublG). Ein organisierter Markt ist ein Wertpapiermarkt, der von staatlich anerkannten Stellen geregelt und überwacht wird, regelmäßig stattfindet und für das Publikum mittelbar oder unmittelbar zugänglich ist. Diese Voraussetzungen müssen auch bei ausländischen Wertpapiermärkten erfüllt sein. In Deutschland fallen hierunter der Amtliche Handel, der Geregelte Markt und der Neue Markt, nicht aber der Freiverkehr. Als Wertpapiere kommen insbesondere Aktien, Schuldverschreibungen, Genussscheine, Optionsscheine etc. in Frage, nicht dagegen Anteile an Investmentfonds, Derivate, Namensschuldverschreibungen (vgl. ADS, § 292a HGB n. F. Rz 11).

Kühnberger

3. Die Pflicht zur Erstellung von Konzernabschlüssen

Die Befreiungswirkung setzt einen Konzernabschluss nach international anerkannten Rechnungslegungsstandards voraus. Hierunter fallen jedenfalls die International Accounting Standards (künftig: IFRS International Financial Reporting Standards) und die US-amerikanischen Generally Accepted Accounting Principles (US-GAAP). Grundsätzlich möglich (in der Praxis aber kaum zu erwarten) wäre auch eine direkte Anwendung der 4. und 7. EG-Richtlinie. Andere Rechnungslegungssysteme, die international anerkannt sind, sind derzeit nicht erkennbar.   C 58

Von der Verordnungsermächtigung in § 292a Abs. 3 HGB zur Präzisierung der Voraussetzungen für eine Anerkennung internationaler Standards haben die benannten Fachminister keinen Gebrauch gemacht. Stattdessen hat der DRSC den DRS 1 herausgegeben, der am 22. 7. 2000 vom BMJ im BAnz bekannt gemacht wurde. Darin werden die Anforderungen des § 292a HGB ausgelegt/detailliert. Mit der Veröffentlichung im BAnz haben diese Grundsätze den Status einer widerlegbaren Ordnungsmäßigkeitsvermutung (§ 342 Abs. 2 HGB).

Das DRSC geht davon aus, dass sowohl IAS als auch US-GAAP den in § 292a HGB genannten Voraussetzungen der Gleichwertigkeit mit HGB-Abschlüssen und des Einklangs mit den EG-Richtlinien genügen. Diese Ansicht wurde in der Literatur z.T. stark kritisiert (vgl. Baetge/Kirsch/Thiele, Konzernbilanzen, S. 111 ff.; ADS, § 292a n. F. Rz 27; WPH 2000, N Rz 27 ff.). So gibt es diverse Studien zur Vereinbarkeit von IAS und EU-Recht mit höchst unterschiedlichen Ergebnissen. Während der Kontaktausschuss der EU nur zwei als praktisch unbedeutend eingestufte Konfliktfälle erkannte, hat das IDW noch fünf weitere, materiell wichtige Unvereinbarkeiten festgestellt. Eine Analyse zur Kompatibilität der US-GAAP mit den EG-Richtlinien liegt noch nicht vor. Es gibt aber recht umfassende Analysen des FASB zu den durchaus beachtlichen Unterschieden zwischen IAS und US-GAAP. Bei sämtlichen Vergleichen ist jedoch zu berücksichtigen, dass es sich um Momentaufnahmen handelt, die aufgrund der laufenden Weiterentwicklung der IAS/US-GAAP nur begrenzten Aussagewert haben.   C 59

Die Vereinbarkeit der US-GAAP mit EU-Recht wurde jüngst vehement bezweifelt. FAS 141/142 sehen in der aktualisierten Fassung vor, dass ein erworbener Firmenwert nicht mehr planmäßig abzuschreiben ist, sondern periodisch einem Niederstwerttest unterzogen wird (impairment-only-approach). Trotz nahezu einhelliger Kritik in der Fachliteratur (Busse von

Kühnberger

Colbe, DB 2001, S. 878, kritisch Pellens/Sellhorn, DB 2001, S. 1686) wurde mit DRS 1a (v. 6.4.2002, BAnz Nr. 65) die Vereinbarkeit mit den EG-Richtlinien befürwortet und damit die Befreiungswirkung gem. § 292a HGB für US-GAAP-Konzernabschlüsse gewahrt. Es bleibt abzuwarten, ob das IASB die FW-Regelung ebenfalls adaptiert.

C 60 Trotz dieser Bedenken werden IAS-/US-GAAP-Konzernabschlüsse als befreiend wohl akzeptiert, wenn sie um die Inhalte ergänzt werden, die der Konzern-Lagebericht enthalten muss. Ein solcher Lagebericht ist nach den genannten Internationalen Standards gar nicht vorgesehen, so dass insoweit die Gleichwertigkeitsbedingung mit dem HGB ansonsten nicht erfüllt wäre (vgl. ADS, § 292a n. F. Rz 26; Krawitz/Albrecht/Büttgen, WPg 2000, S. 552 f.).

Die Regelung des § 292a HGB ist befristet bis 2004. Bis dahin sollen die deutschen Konzernrechnungslegungsstandards soweit an die internationalen Regeln angepasst worden sein (vor allem durch die Arbeit des DRSC), dass § 292a HGB obsolet wird. Zur aktuellen Entwicklung vgl. RN C 38.

3.2.2.2 Sonstige Befreiungstatbestände

C 61 In § 293 HGB werden Schwellenwerte für die *Konzerngröße* definiert, bei deren Unterschreiten die Pflicht zur Erstellung eines Konzernabschlusses entfällt. Aufgrund europarechtlicher Vorgaben wurden diese Schwellenwerte mit dem KapCoRiLiG drastisch abgesenkt, wobei diese neuen Werte für Konzernabschlüsse gelten, deren Stichtag nach dem 31.12.1999. liegt. Betroffen sind Kapitalgesellschaften und Personengesellschaften i. S. von § 264a HGB; für andere Unternehmen gilt § 11 Abs. 1 PublG.

Die größenabhängigen Befreiungen gelten explizit nicht für

- Mutterunternehmen, die Kreditinstitute oder Finanzdienstleistungsunternehmen sind (§ 340i HGB);
- Mutterunternehmen, die Versicherungen sind (§ 341i HGB);
- Konzerne, bei denen das Mutter- oder ein anderes in den Konzernabschluss einzubeziehendes Tochterunternehmen einen organisierten Markt durch ausgegebene Wertpapiere in Anspruch nimmt (§ 293 Abs. 5 HGB).

C 62 Wie in § 267 HGB wird die Größe anhand der Kriterien Bilanzsumme (abzüglich eines ggf. aktivierten Fehlbetrages), Umsatzerlöse und Arbeitnehmerzahl gemessen. Überschreitet ein Konzern zwei der drei genannten

3. Die Pflicht zur Erstellung von Konzernabschlüssen

Schwellenwerte (egal welche) in zwei aufeinanderfolgenden Perioden so ist er zur Erstellung eines Konzernabschlusses verpflichtet. Umgekehrt erlischt diese Pflicht, wenn an zwei aufeinanderfolgenden Stichtagen zwei der drei Schwellenwerte unterschritten werden.

Größe i. S. von § 293 HGB kann auf zwei Arten gemessen werden, nach der Brutto- oder der Nettomethode, wobei es den Unternehmen freigestellt ist, welche Methode sie anwenden. Die Konzernabschluss-Pflicht entfällt deshalb auch dann, wenn im Jahre 1 die Schwellenwerte nach der Bruttomethode und im Jahre 2 nur nach der Nettomethode unterschritten werden (vgl. ADS, § 293 Rz 11). **C 63**

Bei der *Bruttomethode* sind schlicht die Werte aus den Einzelabschlüssen der Konzernunternehmen aufzuaddieren, wobei die Jahresabschlüsse oder die HB II zugrunde gelegt werden dürfen. Auch hierbei muss nicht einheitlich oder stetig verfahren werden. Zu beachten ist außerdem, dass nur diejenigen Konzernglieder in die Summenbildung einzubeziehen sind, die gem. §§ 294 ff. HGB auch tatsächlich zu konsolidieren sind. D. h. Unternehmen, die unter § 295 HGB fallen dürfen nicht berücksichtigt werden und solche, die unter § 296 HGB fallen, müssen nicht berücksichtigt werden. **C 64**

Bei der *Nettomethode* ist ein Probe-Konzernabschluss die Basis für die Größenbestimmung. Die Schwellenwerte für die Bilanzsumme und die Umsatzerlöse sind um ca. 20 % niedriger als bei der Bruttomethode. Damit wird auf pauschale Art dem Umstand Rechnung getragen, dass diese Größen durch Konsolidierungsmaßnahmen regelmäßig niedriger sind als im Summenabschluss. Auch im Rahmen der Bruttomethode können Konsolidierungswahlrechte frei ausgeübt werden. Im Übrigen steht das gesamte konzernbilanzpolitische Instrumentarium (im Rahmen der Stetigkeit) offen, um die relevanten Größen im Konzernabschluss möglichst klein zu halten (z. B. Wahl der Methode der Kapitalkonsolidierung gem. §§ 301 f. HGB; Behandlung des Firmenwertes nach § 309 HGB). **C 65**

Für Konzernabschlüsse, die nach dem 31.12.1999. aufzustellen sind, gelten folgende Größenmerkmale: **C 66**

Kühnberger

	Bruttomethode	Nettomethode
Bilanzsumme - DM - €	32 270 000 16 499 389,01	26 890 000 13 748 638,69
Umsatzerlöse - DM - €	64 540 000 32 998 778,01	53 780 000 27 497 277,37
Durchschnittliche Arbeitnehmerzahl	250	250

(Anm.: die „krummen" €-Beträge resultieren daraus, dass der Gesetzgeber es versäumt hat, die €-Werte explizit vorzugeben, so dass die DM-Beträge mit dem fixierten Kurs umzurechnen sind.)

C 67 Wenn geprüft wird, ob überhaupt ein Konzernabschluss zu erstellen ist, so bietet es sich an, zunächst nach der Bruttomethode zu messen. Besteht demnach Konzernrechnungslegungspflicht, so sind danach die Merkmale Arbeitnehmerzahl und Umsatzerlöse nach der Nettomethode zu prüfen. Dazu genügt eine Konsolidierung der Umsätze auf der Grundlage der HB II. Erst im letzten Schritt sollte die Bilanzsumme getestet werden, da deren Ermittlung eine komplette Konsolidierung erfordert. Auf eine solche kann nur verzichtet werden, wenn eine überschlägige Rechnung ergibt, dass der in § 293 genannte Schwellenwert eindeutig unterschritten wird (vgl. WPH 2000, M Rz 129).

C 68 Neben der größenabhängigen Befreiung ergibt sich, ohne explizite gesetzliche Regelung, eine weitere Variante: gehören zu einem Konzern neben der Muttergesellschaft nur solche Konzernunternehmen, die gem. §§ 295 f. HGB nicht konsolidiert werden dürfen oder müssen, so kann ein Konzernabschluss de facto obsolet werden.

C 69 Am 12. 12. 2001 wurde der DRS 16 veröffentlicht, der einige Änderungen bringen soll:

1.) Die Definition von Mutter-Tochterunternehmen wird etwas präzisiert. Da der Standard auch auf den Konzernabschluss nach dem PublG anzuwenden sein soll, ergibt sich eine Änderung gegenüber § 11 PublG, der derzeit bei Vorliegen eines Control-Verhältnisses keinen Konzernabschluss vorsieht. DRS 16 verstößt insoweit gegen geltendes Recht.

Kühnberger

3. Die Pflicht zur Erstellung von Konzernabschlüssen

2.) De lege ferenda schlägt der DRS (Anhang A) vor, dass ein Mutter-Tochter-Verhältnis bei tatsächlicher einheitlicher Leitung oder tatsächlichem beherrschendem Einfluss keine Beteiligung mehr voraussetzt. Die Existenz eines Konzerns soll nach einer wirtschaftlichen Beurteilung, nicht formalrechtlichen Kriterien erfolgen. Damit soll SIC 12 umgesetzt werden, wonach Zweckgesellschaften (special purpose entities) zu konsolidieren sind (dies kann F&E-, Leasing-, ABS-Unternehmen etc. betreffen); zur Anwendung auf Spezialfonds vgl. Weber/Böttcher/Griesemann, WPg 2002, S. 905 ff.). Dies kann zu dem zweifelhaften Ergebnis führen, dass in der Bilanz eines Leasingnehmers Objekte der Leasinggesellschaften zu erfassen sind, die ihm nach üblichen Regeln nicht zuzurechnen sind. Eine Deckungsgleichheit mit den IAS wird im Übrigen sowieso nicht erreicht, da nach IAS die Möglichkeit der Beherrschung/Leitung für ein Mutter-Tochter-Verhältnis ausreicht.

3.) Kapitalmarktorientierte Mutterunternehmen können die Befreiungsmöglichkeiten gem. §§ 291 Abs. 2, 292 HGB nicht in Anspruch nehmen.

Insbesondere die Erfassung der Zweckgesellschaft verstößt gegen das in Deutschland traditionell gesellschaftsrechtlich geprägte Konzernverständnis und wurde in den Stellungnahmen zum DRS 16 stark kritisiert (vgl. http://www.drsc.de/ger/standards/comments.html).

Exkurs: Erleichterungen auf der Ebene der einzelgesellschaftlichen Rechnungslegung   C 70

Mit dem KapCoRiLiG wurde für Kapitalgesellschaften, die Tochterunternehmen eines nach § 290 HGB zur Aufstellung eines Konzernabschlusses verpflichteten Mutterunternehmens sind, unter bestimmten weiteren Voraussetzungen erlaubt, den 1., 3. und 4. Unterabschn. des 2. Abschn. im 3. Buch des HGB nicht anzuwenden (§ 264 Abs. 3 HGB). Dies beinhaltet, dass solche Kapitalgesellschaften,

- die §§ 264-289 HGB nicht anwenden müssen, also nur Jahresabschlüsse nach dem Recht der Personengesellschaften erstellen müssen, also auch keinen Anhang oder Lagebericht;
- die Regelungen der §§ 316-324 HGB über die Prüfung der Jahresabschlüsse nicht befolgen müssen;
- die Regelungen der §§ 325-329 HGB über die Offenlegung nicht anwenden müssen.

Kühnberger

C 71　Sind die Voraussetzungen des § 264 Abs. 3 HGB (insbes. Zustimmung aller Gesellschafter, Verlustübernahmepflicht der Muttergesellschaft, Einbeziehung in einen übergeordneten Konzernabschluss etc.) erfüllt, ersetzt der Konzernabschluss der Mutter insoweit die eigenständigen Rechnungslegungspflichten der Tochter.

C 72　Eine ähnliche Regelung enthält § 264 Abs. 4 HGB für Kapitalgesellschaften, deren Mutter einen Konzernabschluss nach § 11 PublG erstellt und § 264b HGB dehnt die Befreiung auf sog. kapitalistische Personengesellschaften i. S. von § 264a HGB aus. Für andere Personengesellschaften enthält § 5 Abs. 6 PublG eine vergleichbare Erleichterung. Obwohl diese Regelungen allesamt die gleiche Zielrichtung haben, ergeben sich im Detail doch Unterschiede in den Regelungsinhalten (vgl. Giese/Rabenhorst/Schindler BB 2001, S. 511 ff.; zu den Pflichten des Prüfers von Jahres- und Konzernabschlüssen vgl. IDW PH 9.200.1 in: WPg 2000, S. 283 ff.).

C 73　Zu beachten ist, dass die o. a. Erleichterungen für die Tochtergesellschaften bezüglich des Jahresabschlusses und Lageberichts primär für externe Adressaten relevant sind. Da das Tochterunternehmen in den Konzernabschluss der Muttergesellschaft einzubeziehen ist, müssen auf jeden Fall folgende Pflichten erfüllt werden:

– Erstellung einer HB II nach dem Rechnungslegungsrecht der Muttergesellschaft. Das kann das Bilanzrecht für Kapitalgesellschaften sein, aber auch ein IAS/US-GAAP entsprechender Abschluss.

– Soweit Angaben, die die Tochter betreffen, für den Konzernanhang oder Konzernlagebericht erforderlich sind, müssen diese ermittelt werden.

– Der Konzernabschluss-Prüfer muss die HB II der Tochter im Rahmen der KA-Prüfung mitprüfen, wobei strittig ist, ob der Prüfungsumfang geringer ist, als bei einer normalen Jahresabschlussprüfung (vgl. Giese/Rabenhorst/Schindler, BB 2001, S. 517) oder gleich (vgl. ADS, § 317 Rz 183).

4. Die Abgrenzung des Konsolidierungskreises

4.1 Grundlagen: Die Stufenkonzeption des HGB

C 74　Der Konzernabschluss soll einerseits einen Einblick in die Einheit „Konzern" liefern, als ob die einbezogenen Unternehmen eine wirtschaftliche

Kühnberger

4. Die Abgrenzung des Konsolidierungskreises

Einheit bilden (§ 297 Abs. 3 HGB), wobei von der rechtlichen Selbständigkeit der Glieder grundsätzlich abstrahiert wird. Andererseits sind viele Unternehmensverbindungen dadurch charakterisiert, dass Beteiligungen mit unterschiedlichen Kapital-, Stimmrechtsanteilen und Rechtsbeziehungen zugehörig sind; sowohl die rechtliche Struktur (z. B. Haftung, Leitungsbefugnisse) als auch die tatsächlichen Einflussmöglichkeiten sind heterogen. Damit der Konzernabschluss tatsächlich den Abschluss einer (homogenen) Einheit abbildet, bedarf es einer genauen Abgrenzung der zugehörigen Unternehmen. Dadurch wird das Konzernvermögen, die Konzernschulden, das Konzerneigenkapital und Konzernergebnis etc. festgelegt, die erforderlichen Anhangangaben abgegrenzt und der Umfang der für den Konzernlagebericht relevanten Einheit definiert.

Das HGB enthält für den Konzernabschluss die sog. *Stufenkonzeption*, die dem Grad der möglichen Einflussmöglichkeiten Rechnung tragen soll, indem ein abgestuftes Konzernmodell vorgeschrieben wird. Dabei werden vier Gruppen von Unternehmen definiert, die im Konzernabschluss grundsätzlich unterschiedlich zu erfassen sind:

C 75

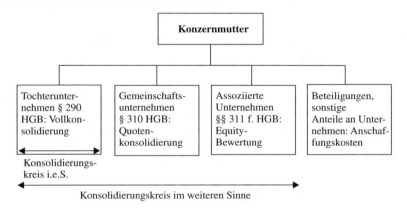

Während Beteiligungen und sonstige Anteile unstrittig nicht mehr zum Konzern gehören und deshalb schlicht mit den *fortgeschriebenen Anschaffungskosten* wie im Jahresabschluss bewertet werden, sind assoziierte Unternehmen mit dem Equity-Wert anzusetzen, obwohl eine Leitungsbefugnis der Konzernmutter gerade nicht vorliegt, sondern nur ein maßgeblicher Einfluss. Man kann darüber streiten, ob die *Equity-Methode* eine eigene Konsolidierungsmethode darstellt oder nur ein besonderes Bewertungsver-

C 76

fahren für diesen Bilanzposten. Jedenfalls führt die Equity-Methode dazu, dass Jahresüberschüsse/Jahresfehlbeträge der assoziierten Unternehmen anteilig in den Konzernerfolg eingehen (vgl. ausführlich RN C 298).

C 77 Auch bei den *quotenkonsolidierten Gemeinschaftsunternehmen* werden Vermögen, Schulden und Erfolge anteilig in den Konzernabschluss übernommen, obwohl unstrittig weder einheitliche Leitung noch eine rechtlich abgesicherte Beherrschungsmöglichkeit gem. § 290 Abs. 2 HGB vorliegt. Damit hat der Gesetzgeber den Konsolidierungskreis, der im Konzernabschluss abgebildet wird, sehr weit gefasst. Hinter den im Konzernabschluss ausgewiesenen Posten Vermögen, Eigenkapital, Ertrag etc. stehen höchst heterogene Einflussmöglichkeiten. Ob diese qualitativen Unterschiede dem Konzernabschluss tatsächlich zu entnehmen sind, kann durchaus bezweifelt werden. Dies hängt vor allem von den vorgeschriebenen Anhangangaben und zusätzlichen Angaben in Bilanz/Gewinn- und Verlustrechnung ab und von der Berichtspraxis. Verstärkt wird die Heterogenität dadurch, dass auch der Definition von Mutter-Tochter-Verhältnissen keine einheitliche Konzerndefinition zugrunde liegt (ökonomische oder juristische Konzept, faktischer oder Vertragskonzern RN C 40 ff.).

4.2 Der Konsolidierungskreis im engeren Sinne (Vollkonsolidierungskreis)

C 78 Ist ein Mutterunternehmen zur Erstellung eines Konzernabschlusses verpflichtet, muss der Kreis der zu konsolidierenden Unternehmen definiert werden. In § 294 Abs. 1 HGB wird grundsätzlich verlangt, dass alle Tochterunternehmen in den KA einzubeziehen sind, unabhängig von ihrem Sitz (*Vollständigkeitsgebot, Weltabschlussprinzip*), es sei denn die §§ 295 f. HGB greifen. Dieses Vollständigkeitsgebot impliziert natürlich auch, dass umgekehrt, ohne Vorliegen einer Mutter-Tochter-Beziehung, eine Vollkonsolidierung ausscheidet (vgl. Coenenberg, Jahresabschluss u. Jahresabschlussanalyse, S. 532).

C 79 Gibt es im Zeitablauf Veränderungen im Kreis der voll oder quotal konsolidierten Unternehmen, so statuiert § 294 Abs. 3 HGB besondere Berichtspflichten, um die Vergleichbarkeit aufeinanderfolgender KA zu gewährleisten. Als *Veränderung des Konsolidierungskreises* kommen sowohl der Erwerb/Verkauf von Tochter- oder Gemeinschaftsunternehmen als auch eine veränderte Inanspruchnahme der Wahlrechte in § 296 HGB oder eine Änderung bezüglich des Verbotes in § 295 HGB in Betracht.

Kühnberger

4. Die Abgrenzung des Konsolidierungskreises

Die Vergleichbarkeit kann durch zusätzliche Angaben im Konzernanhang oder eine Anpassung von Vorjahreszahlen in Bilanz/GuV hergestellt werden (vgl. hierzu ausführlich Förschle/Deubert, BeBiKo, § 294 Rz 14 ff.). Voraussetzung für eine solche zusätzliche Informationspflicht ist, dass die Änderung des Konsolidierungskreises wesentlich ist. Dies wird angenommen, wenn die Entwicklung der Vermögens-, Finanz- und Ertragslage, die ohne Veränderung des Konsolidierungskreises zu verzeichnen war, nicht erkennbar ist. Zur Operationalisierung kann auf einzelne Jahresabschluss-Posten oder Kennzahlen (z. B. Umsatz, Bilanzsumme, Jahresüberschuss) zurückgegriffen werden (vgl. ADS, § 294 Rz 18 f.). Der übliche Verweis, dass Wesentlichkeit nur unter Beachtung der Umstände des Einzelfalles beurteilt werden kann, ist zwar zutreffend; er macht aber auch deutlich, dass der Konzernabschluss-Ersteller hier einen beachtlichen Ermessensspielraum hat.

Für die Erstellung des Konzernabschlusses wird eine Fülle von Informationen aus den Tochtergesellschaften benötigt (z. B. für die Überleitung zur HB II, die Ermittlung von Zwischenerfolgen). Entsprechend wird in § 294 Abs. 3 HGB normiert, dass die Tochtergesellschaften bestimmte Unterlagen (Jahresabschlüsse, Lageberichte, ggf. Prüfungsberichte etc.) der Mutter unverzüglich vorlegen müssen und dass diese darüber hinaus ein *umfassendes Auskunftsrecht* hat. Diese Rechte der Mutter sind einklagbar (vgl. ADS, § 294 Rz 43 f.), auch gegenüber ausländischen Konzernunternehmen. Allerdings kann das Informationsbegehren der Mutter durchaus mit dem Landesrecht der Tochter kollidieren. Das deutsche HGB ist dann möglicherweise nicht durchsetzbar. In solchen Fällen steht der Mutter das Wahlrecht offen, die Tochter nicht in den KA einzubeziehen (§ 296 Abs. 1 Nr. 1 HGB). Korrespondierend zu den Informationsrechten der Mutter räumt § 320 Abs. 2 und 3 HGB dem Konzernabschluss-Prüfer bestimmte Rechte gegenüber Konzernunternehmen ein.

C 80

In § 295 HGB ist ein *Konsolidierungsverbot* für Tochterunternehmen geregelt, wenn deren Geschäftstätigkeit derart von derjenigen der anderen Konzernglieder abweicht, dass eine Konsolidierung mit dem Einblicksgebot (in die tatsächliche Vermögens-, Finanz- und Ertragslage) unvereinbar wäre. Bei Nicht-Konsolidierung ist i. d. R. eine Equity-Bilanzierung vorzunehmen (§ 295 Abs. 1 HGB) und es werden Anhangangaben verlangt (Abs. 3). In Abs. 2 stellt das Gesetz klar, dass heterogene Geschäftsfelder alleine für das Verbot nicht ausreichen. Die Vorschrift ist nach ganz h. M. sehr restriktiv auszulegen.

C 81

Kühnberger

C 82　Den Erläuterungen des Rechtsausschusses zum BiRiLiG ist zu entnehmen, dass z. B. die Zusammenfassung von Industrie-, mit Bank- oder Versicherungsunternehmen als typischer Anwendungsfall angesehen wurde (vgl. die Nachweise bei von Wysocki/Wohlgemuth, Konzernrechnungslegung, S. 50 f.). In den USA wurde eine ähnliche Regelung vor Jahren abgeschafft, da sie in der Praxis missbräuchlich genutzt wurde. Auch hierzulande hat sich die Ansicht durchgesetzt, dass in den allermeisten Fällen eine Konsolidierung mit Zusatzerläuterungen informativer ist, als eine Nichtkonsolidierung. Gerade bei Holdingstrukturen oder wenn Tochterunternehmen Hilfsgeschäfte für die eigentliche Geschäftstätigkeit des Konzerns abwickeln, ist eine Einbeziehung regelmäßig geboten. Deshalb ist insbesondere die Konsolidierung von Banktöchtern oder Leasinggesellschaften notwendig, um die Liquidität und die Verschuldung des Konzerns zutreffend zu zeigen. Die Geschäfte dieser Töchter könnten ja auch von der Mutter selbst getätigt werden; die rechtliche Verselbständigung ist kein Ausdruck einer geringen Integration der Tochter in den Konzern (vgl. WPH 2000, M Rz 157 f.).

C 83　Als verbliebene Anwendungsfälle von § 295 HGB gelten regelmäßig Töchter, über die ein Insolvenzverfahren eröffnet wurde. In der Praxis üblich, aber in der Literatur stark umstritten, ist der Ausschluss sog. *Sozialunternehmen* (rechtlich selbständige Unterstützungskassen, gemeinnützige Unternehmen usw.). Die fehlende Gewinnerzielungsabsicht und die fehlende Beteiligung am wirtschaftlichen Geschehen legen eine Nicht-Konsolidierung nahe, zumal das Vermögen dieser Unternehmen häufig für die Konzernleitung nicht frei verfügbar ist, sondern Zweckbindungen unterliegt. Zu berücksichtigen ist jedoch auch hier, dass die Mutter die Geschäfte dieser Töchter regelmäßig auch selbst erledigen könnte, z. B. eine direkte Pensionszusage machen, statt einer indirekten Altersversorgung über eine Unterstützungskasse. Insofern spricht vieles dafür, auch solche Unternehmen zu konsolidieren, um der Einheitstheorie und dem Vollständigkeitsgebot umfassend Rechnung zu tragen (vgl. Förschle/Deubert, BeBiKo, § 295 Rz 15; Krawitz, WPg 1996, S. 346 ff.). Der RefE zum BilanzrechtsreformG sieht die ersatzlose Streichung von § 295 HGB vor.

C 84　In § 296 HGB sind vier Voraussetzungen formuliert, bei deren Vorliegen ein *Konsolidierungswahlrecht* eingeräumt wird. Da sich durch eine gezielte (Nicht-)Konsolidierung bestimmter Konzernglieder der Aussagewert des Konzernabschlusses u. U. erheblich beeinflussen lässt und die Voraussetzungen im Gesetz wenig operational formuliert sind, fordert die h. M.,

Kühnberger

4. Die Abgrenzung des Konsolidierungskreises

- dass die Auslegung restriktiv erfolgen soll (vgl. Heuser/Theile, II Rz 2072) und
- für die Ausübung der Wahlrechte im Zeitablauf Stetigkeit gilt, obwohl dies im Gesetz nicht explizit verlangt wird (vgl. WPH 2000, M Rz 188 ff.).

Die Inanspruchnahme der Wahlrechte ist außerdem im Anhang anzugeben und zu begründen (§ 296 Abs. 3 HGB). Als Begründung reicht die bloße Wiedergabe des Gesetzestextes nicht aus (vgl. zu dieser durchaus üblichen Praxis Krawitz, WPg 1996, S. 348 ff.).

Ein Teil der in § 296 HGB eingeräumten Wahlrechte zielt darauf ab, befürchtete Mängel infolge der starren Control-Kriterien abzumildern. Häufig dürften Konstellationen vorliegen, bei denen eine einheitliche Leitung nicht ausgeübt werden kann, obwohl formal eine Beherrschungsmöglichkeit i. S. von § 290 Abs. 2 HGB vorliegt. Der Gesetzgeber wollte den deutschen Unternehmen de facto ermöglichen, die Konsolidierung wie zuvor am Kriterium der einheitlichen Leitung festzumachen (vgl. Küting/Weber, Handbuch der Konzernrechnungslegung, S. 105 f.). Dieser Widerspruch in der konzeptionellen Abgrenzung der Einheit Konzern ist natürlich unbefriedigend. U. E. wäre es dann sinnvoll gewesen, bei fehlender Leitungsmöglichkeit ein Konsolidierungsverbot vorzuschreiben und eine wahlweise Einbeziehung erst gar nicht zuzulassen.   C 85

Unterbleibt eine Konsolidierung, so muss geprüft werden, ob gleichwohl ein Assoziierungsverhältnis i. S. von § 311 HGB vorliegt, da die Konzerntochter dann at equity in den Konzernabschluss einzubeziehen ist. Eine Bewertung zu Anschaffungskosten kommt nur bei Unwesentlichkeit in Frage.

Im Einzelnen sieht § 296 HGB folgende Wahlrechte vor:

a) Das Mutterunternehmen ist in der *Ausübung seiner Rechte* in Bezug auf das Vermögen oder die Geschäftsführung erheblich und dauerhaft eingeschränkt (Abs. 1 Nr. 1). Dauerhaftigkeit setzt voraus, dass die Beschränkungen während des abgelaufenen Jahres und zurzeit der Erstellung des Konzernabschlusses vorliegen (vgl. Coenenberg, Jahresabschluss und Jahresabschlussanalyse, S. 536). Mehrheitlich wird zusätzlich verlangt, dass eine Aufhebung der Beschränkung nicht absehbar sein darf (vgl. Küting/Weber, Handbuch der Konzernrechnungslegung, S. 106). Inhaltlich muss die Beschränkung das Vermögen (oder wesentliche Teile davon) oder die Geschäftsführung betreffen. Letzte-   C 86 res zielt auf die Frage ab, ob eine Abstimmung der Geschäftspolitik mit den Konzerninteressen möglich ist oder nicht. Transferbeschränkungen für Gewinne oder Beschränkungen der Konvertierbarkeit von Fremdwährungen genügen dem nicht automatisch. Auch Umweltschutzauflagen oder kartellrechtliche Restriktionen sind kein Grund für eine Nichtkonsolidierung. Keine Rolle spielt es, ob die Rechte der Mutter durch rechtliche oder tatsächliche Gegebenheiten beschränkt sind. Bei inländischen Unternehmen dürfte eine Tochter, über deren Vermögen ein Insolvenzverfahren eröffnet wurde unter diese Vorschrift fallen. Bei gemeinnützigen Unternehmen ist die Anwendung umstritten. Soweit die Voraussetzungen von § 295 HGB und § 296 HGB zugleich vorliegen, hat das Konsolidierungsverbot Vorrang (vgl. WPH 2000, M Rz 171).

C 87 b) Wenn eine Konsolidierung zu *unverhältnismäßig hohen Kosten oder Verzögerungen* führen würde, kann eine Konsolidierung unterbleiben (Abs. 1 Nr. 2). Dieser Fall kann nur in Ausnahmesituationen auftreten. Als akzeptabel werden im Allgemeinen folgende Sachverhalte eingestuft: (1) Eine Tochter wurde erst kurz vor dem Stichtag erworben und die Organisation des Rechnungswesens ist noch nicht so weit angepasst, dass die für die Konsolidierung notwendigen Daten ermittelt werden können. (2) Naturkatastrophen, Streiks, dauerhafter Zusammenbruch der EDV etc. Da viele Konzerne in der Praxis zeigen, dass Konzernabschlüsse auch unter Einbeziehung vieler in- und ausländischer Töchter bei guter Vorbereitung mit entsprechender EDV-Ausstattung in kurzer Zeit erstellt werden können, wird die Berechtigung dieses Wahlrechtes vielfach grundsätzlich in Zweifel gezogen (vgl. WPH 2000, M Rz 176). Keinesfalls sind selbst verschuldete Mängel im Rechnungswesen oder in der Vorbereitung der Konsolidierung ein hinreichender Grund für eine Nicht-Konsolidierung.

C 88 c) Anteile, die ausschließlich zum *Zwecke der Weiterveräußerung* gehalten werden, brauchen nicht konsolidiert zu werden (Abs. 1 Nr. 3). Damit soll insbesondere Kreditinstituten u. a. professionellen Anlegern eine laufende Änderung des Konsolidierungskreises erspart werden. Die erheblichen Kosten der Erstkonsolidierung fallen damit weg und die Vergleichbarkeit der KA im Zeitablauf bleibt besser gewahrt. Hält man sich streng an den Wortlaut des Gesetzes („*Weiterveräußerungsabsicht*"), muss die Verkaufsabsicht schon beim Erwerb vorliegen. Diese Absicht ist zu belegen, z. B. durch Verkaufsaktivitäten. Eine or-

Kühnberger

4. Die Abgrenzung des Konsolidierungskreises

ganisatorische Integration in den Konzern fehlt in solchen Fällen, so dass kaum von einer einheitlichen Leitung zu sprechen ist (vgl. ADS, § 296 Rz 23). Auch dies spricht eher für ein Konsolidierungsverbot als ein Wahlrecht. Fälle, in denen ein bisher konsolidiertes Unternehmen verkauft werden soll, sind i. d. R. nicht unter dieses Wahlrecht zu subsumieren (vgl. Baetge/Kirsch/Thiele, Konzernbilanzen, S. 129).

d) Nach dem Grundsatz der *Wesentlichkeit* müssen Tochterunternehmen nicht einbezogen werden, wenn sie für den Einblick in die Vermögens-, Finanz- und Ertragslage unwesentlich sind. Werden mehrere Töchter nicht konsolidiert, muss dies für diese zusammengenommen gelten (§ 296 Abs. 2 HGB). Anerkanntermaßen kommt es bei der Beurteilung der Wesentlichkeit auf das Gesamtbild der Verhältnisse an, nicht auf bestimmte, starre Grenzwerte (z. B. x % der Bilanzsumme). So gab die Daimler-Benz-AG im Konzernabschluss 1993 an, dass 271 Tochtergesellschaften nicht konsolidiert wurden und deren Umsätze zusammen weniger als 1% des Konzernumsatzes ausmachten. Solche Kennzahlen sind zwar zweckmäßig, aber nicht immer ausreichend. Zu beachten sind z. B. auch die nicht eliminierten Zwischenerfolge oder ein Zuschussbedarf (F&E-Gesllschaft beispielsweise).

C 89

Der E-DRS 16 sieht für die Abgrenzung des Konsolidierungskreises einige Änderungen vor:

C 90

1. Das Konsolidierungsverbot gem. § 295 HGB ist eng auszulegen. De lege ferenda soll es ganz gestrichen werden.

2. Das Konsolidierungswahlrecht in § 296 Abs. 1 Nr. 2 HGB (unverhältnismäßige Kosten oder Verzögerungen) soll entfallen.

3. Sind die der Voraussetzungen von § 296 Abs. 1 Nr. 1 HGB (Beschränkungen bezüglich Vermögen/Geschäftsführung) und § 296 Abs. 1 Nr. 2 HGB (Weiterveräußerungsabsicht) erfüllt, soll das Konsolidierungswahlrecht durch ein Verbot ersetzt werden.

Diese Änderungen würden den IAS entsprechen und sind u. E. inhaltlich gerechtfertigt. Allerdings verstoßen sie gegen geltendes Recht insofern, als sie ausdrückliche HGB-Wahlrechte für unzulässig erklären. Die Anwendung ist auch für den Konzernabschluss gem. § 11 PublG vorgesehen.

Kühnberger

4.3 Erweiterungen des Konsolidierungskreises um Gemeinschaftsunternehmen und assoziierte Unternehmen

C 91 Für *Gemeinschaftsunternehmen* (auch joint ventures genannt) sieht § 310 Abs. 1 HGB wahlweise eine anteilige Konsolidierung (Quotenkonsolidierung) vor. Voraussetzung ist die gemeinsame Führung durch ein Konzernunternehmen und mindestens ein konzernfremdes Unternehmen, wobei die Führung tatsächlich ausgeübt werden muss. Ex definitione kann kein Mutter-Tochter-Verhältnis vorliegen, da ansonsten eine Vollkonsolidierung zwingend wäre. Eine Quotenkonsolidierung kommt immer nur in Betracht, wenn ein Konzernabschluss zu erstellen ist, also anderweitig ein Mutter-Tochter-Verhältnis vorliegt. Obwohl in § 310 HGB nicht auf die §§ 294–296 HGB verwiesen wird, ist § 295 HGB analog anzuwenden (vgl. Hense/Suhrbier, BeBiKo, § 310 Rz 45 f.). Die Wahlrechte gem. § 296 HGB machen hingegen keinen Sinn, da die Quotenkonsolidierung in allen Fällen fakultativ ist.

C 92 Ein Gemeinschaftsunternehmen setzt grundsätzlich nicht voraus, dass alle Gesellschafter gleich hohe Anteile halten oder dass es nur zwei Gesellschafter gibt. Regelmäßig wird eine tatsächliche gemeinsame Führung aber nur bei einem kleineren Gesellschafterkreis möglich sein. In den praktisch relevanten Fällen werden die Gemeinschaftsunternehmen zudem auf Dauer, also nicht nur kurzfristig, tätig sein. Ob die vom Wortlaut des Gesetzes unterstellte Unternehmenseigenschaft den Anwendungsbereich von § 310 einengt, ist umstritten. Neben rechtlich selbständigen Kapital- und Personengesellschaften können auch BGB-Gesellschaften (z. B. ARGE in der Bauindustrie) Gemeinschaftsunternehmen sein (vgl. Baetge/ Kirsch/Thiele, Konzernbilanzen, S. 391). Bezüglich des/der konzernfremden Gesellschafter(s) kann es sich auch um Stiftungen, natürliche Personen oder die öffentliche Hand handeln.

C 93 Sog. *assoziierte Unternehmen* werden nach der Equity-Methode in den Konzernabschluss einbezogen (§ 311 f. HGB). Anders als bei der Voll- oder Quotenkonsolidierung werden die Jahresabschlussposten hierbei nicht (anteilig) in den KA übernommen, sondern nur der Bilanzposten Beteiligung wird auf eine besondere Art bewertet und ausgewiesen. Diese Bewertung erfordert eine Nebenrechnung, die fast einer umfassenden Konsolidierung gleichkommt (zu Erleichterungen vgl. RN C 318).

Kühnberger

Begrifflich setzt ein Assoziierungsverhältnis voraus, dass
- ein in den Konzernabschluss einbezogenes Unternehmen eine Beteiligung gem. § 271 HGB an einem anderen Unternehmen hält und
- einen maßgeblichen Einfluss auf die Finanz- und Geschäftspolitik des anderen Unternehmens ausübt.

Der zentrale Begriff des *maßgeblichen Einflusses* unterscheidet sich nur graduell von dem des beherrschenden Einflusses. Der tatsächlich ausgeübte Einfluss darf jedenfalls keine einheitliche Leitung ermöglichen, egal auf welcher Grundlage er basiert (Stimmrechtsanteile, personelle Vertretung in Leitungsorganen, Lieferungs- und Leistungsverflechtungen, technologische Beziehungen etc.). Das Gesetz sieht eine widerlegbare Vermutung für einen maßgeblichen Einfluss ab einem Stimmrechtsanteil von 20 % vor (§ 311 Abs. 1 Satz 2 HGB). Damit werden assoziierte Unternehmen am häufigsten bei Beteiligungen von 20–50 % vorliegen. Der Einfluss kann sich auf einzelne Bereiche oder die gesamte Geschäftspolitik beziehen und ist i. d. R. dauerhaft, da schon der Beteiligungsbegriff in § 271 Abs. 1 HGB auf eine dauerhafte Verbindung abstellt.

C 94

Die Equity-Methode ist für alle assoziierte Unternehmen anzuwenden, die nicht konsolidiert werden. Demnach ist auch bei Tochterunternehmen, die gem. §§ 295 f. HGB nicht konsolidiert werden und bei nicht quotenkonsolidierten Gemeinschaftsunternehmen immer zu prüfen, ob nicht ein Assoziierungsverhältnis vorliegt. Regelmäßig wird dies der Fall sein. Eine Bilanzierung der Beteiligung mit den (fortgeführten) Anschaffungskosten ist dann nur zulässig, wenn sie unwesentlich ist (§ 311 Abs. 2 HGB).

C 95

5. Grundsätze ordnungsmäßiger Konsolidierung

5.1 Vorüberlegungen: Verfahrensablauf, Einheitstheorie und Grundsätze ordnungsmäßiger Konsolidierung

Der Konzernabschluss wird regelmäßig nicht aus einer eigenständigen Konzernbuchführung abgeleitet, sondern aus den Einzelabschlüssen der Konzernglieder. Die Einzelabschlüsse dieser Konzernglieder sind dabei häufig nicht nach den gleichen Rechnungslegungsregeln (abhängig von Sitzstaat und Rechtsform) oder unter verschiedenen bilanzpolitischen Zielsetzungen erstellt worden. Aus der Sicht der Einzelunternehmen kann eine eigenständige Bilanzpolitik vor allem im Hinblick auf steuerliche

C 96

Kühnberger

Ziele, Dividendenerfordernisse etc. sinnvoll und geboten sein. Unter solchen Bedingungen können die heterogenen Einzelabschlüsse nicht schlicht zu einem Konzernabschluss zusammengefasst werden, um einen Abschluss der Einheit „Konzern" abzuleiten. Um dem Einheitsgedanken Rechnung zu tragen, sind deshalb in einem ersten Schritt die Einzelabschlüsse zu vereinheitlichen (*Handelsbilanz II*), wobei sich die Anpassungsmaßnahmen am Leitbild einer einheitlichen Unternehmung orientieren. Dies beinhaltet die Forderung, dass Bilanzansatz- und Bewertungsentscheidungen insoweit zu vereinheitlichen sind, wie sie bei einem einheitlichen Unternehmen mit verschiedenen Betriebsabteilungen geboten ist. Die Aufsummierung der Handelsbilanz II ergibt die Summenbilanz und Summen-, Gewinn- und Verlustrechnung, die Grundlagen für die anschließende Konsolidierungsmaßnahmen sind.

Damit ergibt sich zusammenfassend folgender Ablauf:

C 97 Den Maßstab für die gebotene Vereinheitlichung der Handelsbilanz II gibt das von der Muttergesellschaft anzuwendende Recht vor: für inländische Kapitalgesellschaften das Recht der Kapitalgesellschaften, bei Anwendung von § 292a HGB die IAS oder US-GAAP. Ist die Mutter eine Personengesellschaft (nicht i. S. von § 264a HGB), so gilt entsprechend das Rechnungslegungsrecht für Personengesellschaften für alle Handelsbilanzen II der Konzernglieder, selbst wenn sie die Rechtsform einer Kapitalgesellschaft haben.

Kühnberger

5. Grundsätze ordnungsmäßiger Konsolidierung

In § 297 Abs. 2 HGB wird verlangt, dass der Konzernabschluss unter Beachtung der Grundsätze ordnungsmäßiger Buchführung ein den tatsächlichen Verhältnissen entsprechendes Bild vermitteln muss. Unter Grundsätzen ordnungsmäßiger Buchführung werden hierbei die *Grundsätze ordnungsmäßiger Konsolidierung* verstanden, also diejenigen Grundsätze, die für die Erstellung von Konzernabschlüssen einzuhalten sind. Diese Grundsätze ordnungsmäßiger Konsolidierung umfassen:

C 98

- Die Grundsätze ordnungsmäßiger Buchführung für den Einzelabschluss wie Realisationsprinzip, Einzelbewertung etc., die auf den Konzernabschluss entsprechend anzuwenden sind (§ 298 Abs. 1 HGB). Diese Grundsätze gelten sowohl für die Handelsbilanz II, als auch für den Konzernabschluss.

- Grundsätze die nur konzernspezifische Sachverhalte treffen, zum Beispiel für die Vereinheitlichung der Handelsbilanz II, die Abgrenzung des Konsolidierungskreises, die verschiedenen Konsolidierungsmaßnahmen etc. Diese Regelungen sind zum Teil im Gesetz explizit geregelt (z. B. § 297 Abs. 2 HGB Gebot der Klarheit und Übersichtlichkeit; § 297 Abs. 3 HGB Stetigkeit der Konsolidierungsmethoden), zum Teil werden sie aus der Einheitstheorie abgeleitet.

Während die für den Einzelabschluss geltenden Grundsätze ordnungsmäßiger Buchführung in Deutschland durch Gesetz und eine umfangreiche Rechtsprechung (besonders des BFH) präzisiert und entwickelt wurden, fehlt es bezüglich der für Konzernabschlüsse spezifischen Regelungen an einem solchen Korrektiv. Konzernabschlüsse werden weder festgestellt, noch lösen sie Rechtsfolgen aus. Sie sind deshalb regelmäßig nicht Gegenstand von Rechtsstreitigkeiten. Die Entwicklung und Präzisierung dieser Grundsätze obliegt deshalb zunächst den Unternehmen, wobei den Wirtschaftsprüfern und der Fachliteratur eine wichtige Korrektivfunktion zukommt. Angesichts fehlender Judikatur und teilweise nicht eindeutiger Gesetzesvorgaben überrascht es nicht, dass sich nach 1985 in der Praxis sehr heterogene Verfahrensweisen herausgebildet haben, ein einheitliches und durchgängig befriedigendes Informationsniveau wurde nicht erreicht. Druck von Informationsadressaten und Entwicklungen in Literatur, Praxis und im Bereich der Internationalisierung der Rechnungslegung haben inzwischen dazu geführt, dass eine gewisse Vereinheitlichung/Standardisierung dieser Grundsätze ordnungsmäßiger Konsolidierung erkennbar wird. Der Rahmen dessen, was bilanzpolitisch möglich/

C 99

Kühnberger

zulässig ist, wurde durchaus eingeengt; gleichwohl ist auf der Ebene von Konzernabschlüssen Bilanzpolitik nach wie vor in einem Umfang möglich, wie es bei Einzelabschlüssen nicht gegeben ist (vgl. ADS, § 297 Rz 3).

C 100 Ausdrücklich werden – neben den nachfolgend behandelten Grundsätzen bezüglich der Einheitlichkeit und den Grundsätzen ordnungsmäßiger Buchführung für den Einzelabschluss – in § 297 HGB zwei Grundsätze angesprochen:

- Das Gebot der *Klarheit und Übersichtlichkeit* (Abs. 2 Satz 1) betrifft die äußere Form der Darstellung des Konzernabschlusses. Für Bilanz- und Gewinn- und Verlustrechnung ist der Anforderung im Wesentlichen Rechnung getragen, wenn die Ausweisregeln gem. §§ 265 f., 275 HGB eingehalten werden (zur Bedeutung für den Anhang vgl. RN C 358).

- *Konsolidierungsmethoden sollen stetig* angewendet werden. Abweichungen, die in begründeten Ausnahmefällen zulässig sind, sind zu begründen und der Einfluss der Stetigkeitsunterbrechung auf die Vermögens-, Finanz- und Ertragslage ist anzugeben (Abs. 3. Zur Stetigkeit insgesamt vgl. RN C 102 ff.).

C 101 In vielen Einzelregelungen hat der Grundsatz der *Wesentlichkeit (Materiality)* seinen Niederschlag gefunden. So müssen unwesentliche Konzernunternehmen nicht in den Konzernabschluss einbezogen werden (§ 296 Abs. 2 HGB), unwesentliche Zwischenerfolge sind nicht zu eliminieren (§ 304 Abs. 2 HGB) oder Wegfall der Schuldenkonsolidierung bei unwesentlichen Posten (§ 303 Abs. 2 HGB) etc. Wie im Jahresabschluss auch, besteht das Hauptproblem dieses Grundsatzes ordnungsmäßiger Buchführung darin, ihn sinnvoll zu präzisieren, um den Unternehmen einerseits unnötige Kosten zu ersparen und andererseits Missbräuche durch eine zu großzügige Anwendung zu verhindern. Aus zwei Gründen kann u. E. der Grundsatz tendenziell liberaler ausgelegt werden als auf der Jahresabschluss-Ebene:

- An den Konzernabschluss knüpfen keine Rechtsfolgen an.

- Da der bilanzpolitische Spielraum für den Konzernabschluss i. d. R. sowieso deutlich größer als für den Jahresabschluss ist, macht es wenig Sinn, an einzelnen Stellen sehr kleinlich zu sein.

Gleichwohl darf der Informationsgehalt des Konzernabschlusses nicht beeinträchtigt werden. (vgl. zu möglichen Operationalisierungen dieser

Kühnberger

Grundsätze ordnungsmäßiger Buchführung die Ausführungen zu den einzelnen Anwendungsfällen).

5.2 Stetigkeit/Vergleichbarkeit

Angesichts der Fülle von Wahlrechten und Ermessensspielräumen bei der Aufstellung von Jahres- und Konzernabschlüssen kommt den Stetigkeitsregeln erhebliche Bedeutung für den Informationsgehalt zu. Die wirtschaftliche Entwicklung soll nicht durch eine im Zeitablauf veränderte Ausübung von Bilanzierungs-/Bewertungsentscheidungen überlagert werden können. Die Kontinuität der Rechnungslegung ist durch verschiedene Regelungen (allerdings unvollständig) abgesichert. C 102

Der Grundsatz der *Bilanzidentität* (§ 252 Abs. 1 Nr. 1 HGB) hat für den Konzernabschluss nur mittelbar Bedeutung, da der Konzernabschluss aus den Handelsbilanzen II der Konzernglieder abgeleitet wird und er nur diese betrifft. Eine Konzern-Eröffnungsbilanz zu Beginn des Geschäftsjahres ist nicht notwendig. Allerdings ist bei Konsolidierungsmaßnahmen, die sich über mehrere Perioden auswirken an die entsprechenden Werte des Vorjahres anzuknüpfen und diese sind fortzuschreiben. C 103

Der Grundsatz der *Ausweisstetigkeit* (§ 265 i. V. m. § 298 Abs. 1 HGB) gilt analog zum Jahresabschluss. Gleiches gilt für den Grundsatz, dass Bewertungsmethoden im Zeitablauf stetig anzuwenden sind (§ 252 Abs. 1 Nr. 6 i. V. m. § 298 Abs. 1 HGB). Erfasst werden hierdurch aber nur Bewertungsmethoden (z. B. Abschreibungsmethoden, Bewertung von Pensionsrückstellungen, Ermittlung von Herstellungskosten etc.) und nicht Einzelfallentscheidungen, für die keine Methode fixiert wurde. Außerdem greift Stetigkeit nur, wenn gleiche oder gleichartige Sachverhalte auftreten. Dies betrifft sowohl die Gleichartigkeit der zu bewertenden Vermögensgegenstände (z. B. PC mit mehr oder weniger unterschiedlichen Benutzeroberflächen/Leistungsparametern) als auch die Gleichartigkeit der bewertungsrelevanten Einsatz-/Nutzungsbedingungen. Zur Ausdehnung der zeitlichen Stetigkeit auf die sachliche Ebene *(Einheitlichkeit der Bewertung)* RN C 112. C 104

Für *Bilanzansatzwahlrechte* gibt es für den Jahresabschluss kein explizites Stetigkeitsgebot. Daraus folgert ein Großteil der Literatur, dass entsprechende Entscheidungen von Jahr zu Jahr auch für gleichartige Sachverhalte unterschiedlich ausfallen können (vgl. ADS, § 300 Rz 20). Soweit im Vorjahr aber ein Posten aktiviert oder passiviert wurde, so muss dieser C 105

Kühnberger

selbstverständlich fortgeführt werden. Inzwischen mehren sich aber die Stimmen, die zumindest bei regelmäßig anfallenden Sachverhalten (Disagio, § 250 Abs. 3 HGB; Rückstellungen, § 249 Abs. 2 HGB z. B.) eine stetige Anwendung fordern und zwar im Einzel- und Konzernabschluss. Begründet wird dies zum Beispiel mit dem Willkürverbot (vgl. Förschle, BeBiKo, § 300 Rz 51) oder mit dem Gebot des Einblicks in die tatsächlichen Verhältnisse. Unstrittig ist jedenfalls, dass eine solche Stetigkeit den Informationsgehalt der Rechnungslegung verbessert. Soweit Jahresabschlüsse/Handelsbilanzen II für interne Steuerungszwecke genutzt werden sollen, macht eine freiwillige Stetigkeit regelmäßig Sinn.

C 106 Konzernspezifisch ist das Gebot, *Konsolidierungsmethoden* im Zeitablauf beizubehalten. Darüber hinaus wird verlangt, dass auch innerhalb einer Periode gleichartige Sachverhalte gleich erfasst werden, um der Einheitstheorie und dem Einblicksgebot gerecht zu werden (vgl. ADS, § 297 Rz 47: sachliche Stetigkeit). Demnach kann bei der Kapitalkonsolidierung z. B. frei zwischen Buchwertmethode und Neubewertungsmethode gewählt werden. Ist diese Wahl aber für mehrere Konzernglieder zu treffen, die gleichartig sind, so muss einheitlich verfahren werden und in der Folge greift natürlich die zeitliche Stetigkeit. Der Begriff der Konsolidierungsmethode wird durchaus unterschiedlich interpretiert. Während ADS (§ 297 Rz 49 ff.) eine eher enge Begriffsfassung vorziehen, subsumieren Förschle/Kroner (vgl. BeBiKo, § 297 Rz 200 f.) darunter alle Maßnahmen zur Ableitung des Konzernabschlusses aus den Einzelabschlüssen. Im Ergebnis vertreten beide aber die gleiche Ansicht: sowohl für Maßnahmen der Vollkonsolidierung, der Equity-Bewertung als auch für vorgelagerte Entscheidungen (Handelsbilanz II-Erstellung, Abgrenzung des Konsolidierungskreises etc.) gilt das Stetigkeitsgebot in zeitlicher und sachlicher Hinsicht.

C 107 Abweichungen von der Stetigkeit sind nur in *begründeten Ausnahmefällen* zulässig. Hierunter fällt z. B. die Möglichkeit auf Erleichterungen auch bei unveränderten Bedingungen zu verzichten (z. B. Konsolidierung von unwesentlichen Konzerngliedern, Eliminierung auch unwesentlicher Zwischenerfolge). Die Änderungen sind anzugeben und zu begründen, was mehr verlangt als die Wiedergabe der Tatsache, dass geändert wurde. Bei Wesentlichkeit ist auch der Einfluss des Methodenwechsels auf die Vermögens-, Finanz- und Ertragslage anzugeben (§ 313 Abs. 1 Nr. 3 HGB). Dies soll den Konzernabschluss-Leser in die Lage versetzen zu sehen, wie der Konzernabschluss ohne die vorgenommene Methodenänderung aus-

Kühnberger

5. Grundsätze ordnungsmäßiger Konsolidierung

gesehen hätte. Hierzu genügen verbale Angaben regelmäßig nicht, sondern Zahlenangaben (z. B. Unterschiedsbeträge) sind notwendig.

Mit *DRS 13* – veröffentlicht am 23. 10. 2002 – liegt ein Vorschlag vor, der die Stetigkeitsregelungen verschärfen soll:

C 108

1.) Der Anwendungsbereich ist gesetzeskonform formal auf den Konzernabschluss (und Zwischenberichte) beschränkt, die Anwendung auf Einzelabschlüsse wird empfohlen. Wann immer der DRSC zu Regelungen Stellung nimmt, die Konzerabschluss und Jahrsabschluss zugleich betreffen (können), ist von einer Ausstrahlungswirkung auszugehen.

2.) Neben Bewertungs- und Ausweisstetigkeit wird explizit Stetigkeit bei Bilanzansatzfragen vorgeschrieben, was bisher nicht durch das HGB verlangt wurde.

3.) Bezüglich des Begriffs der Bewertungsmethoden erfolgen einige Klarstellungen (z. B., dass auch Parameterveränderungen, wie z. B. die Nutzungsdauer einer Anlage zur Methodenänderung gehören) und mögliche Ausnahmentatbestände, die eine Durchbrechung der Stetigkeit ermöglichen (§ 252 Abs. 2 HGB) werden – zum Teil neu – erläutert.

4.) Das Thema Bilanzänderung wird erläutert, wobei keine Übereinstimmung mit dem Rechnungslegungsstandard des Haupt-Fachausschusses des Instituts der Wirtschaftsprüfer (IDW RS HFA) 6 Tz. 15 (Fehlerdefinition) besteht. Änderungsbeträge sind in der Gewinn- und Verlustrechnung (GuV) auszuweisen, wobei Anpassungen für Vorjahre in einem gesonderten GuV-Posten nach dem Ergebnis aus gewöhnlichen Geschäftätigkeit zu zeigen sind.

De lege ferenda, sollen diese Vorjahres-Effekte neutral mit den Gewinn-Rücklagen verrechnet werden. Dies verstößt gegen das Kongruenzprinzip und ist wegen der Rechtsfolgen (Steuern, Dividendenansprüche) deshalb auf den Jahresabschluss nicht ohne weiteres anwendbar.

Kühnberger

5.3 Die Einheitsgrundsätze

5.3.1 Der Ausweis in der Konzernbilanz und Konzern-, Gewinn- und Verlustrechnung

C 109 Für Konzernabschlüsse, bei denen die Konzernmutter eine Kapitalgesellschaft ist, gelten die Gliederungsformate gem. §§ 266, 275 HGB genauso, wie die Ausweisregeln in § 265 HGB (§ 298 Abs. 1 HGB), soweit sich aus der Eigenart des Konzernabschlusses keine Besonderheiten ergeben. Ist die Muttergesellschaft ein Formblattunternehmen, so gelten die entsprechenden Formate (z. B. Banken, Versicherungen) auch für den Konzernabschluss. Bei mehreren Geschäftszweigen innerhalb des Konzerns regelt § 265 Abs. 4 HGB, dass das vorgeschriebene Gliederungsschema zu erweitern ist. Nicht durch die Eigenart des Konzerns bedingt sind Anpassungen in der Handelsbilanz II. Die Bilanzen und Gewinn- und Verlustrechnungen der Konzernglieder können nur sinnvoll aufaddiert werden, wenn die entsprechenden Postenbezeichnungen und -inhalte der einzelnen Konzernunternehmen gleich sind. Bei Konzernen mit mehreren Tochtergesellschaften (insbesondere bei verschiedenen Rechtsformen, Sitzstaaten oder Geschäftsfeldern) sind hierfür Kontierungsrichtlinien häufig notwendig (zu rechtsformspezifischen Posten vgl. ADS, § 298 Rz 191 ff.).

Oftmals ergeben sich aus Sicht der Einheit Konzern Erfordernisse, einzelne Abschlussposten abweichend vom Jahresabschluss auszuweisen. So kann es z. B. sein, dass die Umsätze einer Konzerntochter aus Sicht des Konzerns nicht unter die Definition der Konzernumsätze gem. § 277 Abs. 1 HGB fallen. Verwaltungskosten einer Vertriebsgesellschaft sind bei Anwendung des Umsatzkostenverfahrens aus Konzernsicht als Vertriebs- und nicht als Verwaltungskosten auszuweisen. Eine noch nicht fertiggestellte Anlage, die an ein anderes konsolidiertes Unternehmen veräußert werden soll, ist im Einzelabschluss des Lieferanten als unfertiges Erzeugnis auszuweisen. Für den Konzern als Einheit liegt eine Anlage im Bau vor. Die Liste solcher Beispiele ließe sich noch wesentlich verlängern.

C 110 Um die Konzernabschluss-Erstellung zu erleichtern, enthält § 298 Abs. 2 HGB eine Erleichterung, die insbesondere für vertikal strukturierte Konzerne bedeutsam ist: Roh-, Hilfs- und Betriebsstoffe, unfertige und fertige Erzeugnisse dürfen in einem Posten zusammengefasst ausgewiesen werden. Ursächlich ist, dass ein getrennter Ausweis eine Zweckbestimmung der einzelnen Vermögensgegenstände verlangt, die vielfach Schätzungen

Kühnberger

5. Grundsätze ordnungsmäßiger Konsolidierung

erfordert, wenn sie zum Teil konzernintern weiterveräußert und -verarbeitet werden und gleichzeitig zum Teil auch an Konzernfremde verkauft werden. Ist der damit verbundene Ermittlungsaufwand unverhältnismäßig, ist eine Zusammenfassung zulässig (vgl. Hense/Lust, BeBiKo, § 298 Rz 53 ff.).

Daneben gibt es eine Reihe von Bilanzposten, die konzernspezifisch sind, z. B. Anteile von Minderheitsgesellschaften am Kapital und Erfolg (§ 307 HGB), passivische Unterschiedsbeträge aus der Kapitalkonsolidierung § 301 Abs. 3 Satz 1, Unterschiedsbeträge aus der Schuldenkonsolidierung (Schuko) oder Zwischenerfolgseliminierung (ZEE), Beteiligungen und Erfolge assoziierter Unternehmen etc. Die entsprechenden Ausweisfragen werden bei den einzelnen Konsolidierungsmaßnahmen mitbehandelt. Außerdem wird der Eigenkapital-Ausweis im Konzernabschluss detailliert in RN C 380 ff. dargestellt, wobei auch auf Fragen eines Rücklagenspiegels und einer Ergebnisverwendungsrechnung eingegangen wird.

C 111

5.3.2 Einheitlichkeit des Bilanzansatzes

In § 300 Abs. 2 HGB wird bestimmt, dass sämtliche Bilanzposten und Aufwendungen/Erträge in den Konzernabschluss zu übernehmen sind, soweit nach dem Recht der Konzernmutter kein Ansatzwahlrecht oder -verbot besteht. Diese Regelung gilt unabhängig davon, welche Ansätze im Jahresabschluss der einzelnen Konzernunternehmen erfolgten. Da die Regelung nicht rechtsformspezifisch ist, heißt das, dass die Bilanzansatzbestimmungen nach dem Recht der Kapitalgesellschaft (Personengesellschaft) gelten für alle Handelsbilanzen II, wenn die Konzernmutter selbst die Rechtsform einer Kapitalgesellschaft (Personengesellschaft) hat. Die Rechtsform der Konzerntochter ist unbeachtlich.

C 112

Anpassungsmaßnahmen für die Handelsbilanz II betreffen:

a) Ausländische Konzerntöchter, deren nationales Recht nicht dem HGB entspricht. So sind z. B. selbsterstellte immaterielle Anlagegüter in einigen Ländern zu aktivieren. Wegen § 248 Abs. 2 HGB sind diese in der Handelsbilanz II wegzulassen. Umgekehrt sind entgeltlich erworbene immaterielle Anlagegüter auch dann in der Handelsbilanz II anzusetzen, wenn sie im Einzelabschluss aufgrund des nationalen Rechts nicht bilanziert wurden.

b) Inländische Konzerntöchter haben wegen ihrer Rechtsform oder in Ausübung eines Ansatzwahlrechtes im Einzelabschluss Bilanzposten angesetzt, für die nach dem Recht der Konzernmutter ein Wahlrecht oder Verbot besteht. Ist die Konzernmutter eine Personengesellschaft, so darf im Konzernabschluss eine Bilanzierungshilfe gem. §§ 269, 274 Abs. 2 HGB nicht aktiviert werden, auch wenn im Jahresabschluss einzelner Konzerntöchter in der Rechtsform einer Kapitalgesellschaft entsprechende Posten angesetzt wurden.

Soweit Ansatzwahlrechte bestehen, können diese in der Handelsbilanz II erneut ausgeübt werden und zwar auch bei der Konzernmutter. Insofern ist eine eigenständige Konzernabschluss-Politik explizit erlaubt.

C 113 Kritisch diskutiert wird die Frage, ob bezüglich der (Neu-)Ausübung von *Ansatzwahlrechten Stetigkeit und/oder Einheitlichkeit* gilt. Unstrittig ist, dass die diesbezüglichen Anforderungen an die Handelsbilanz II/den Konzernabschluss nicht strenger sind, als an den Jahresabschluss eines Einzelunternehmens. Nach h. M. gilt deshalb für Bilanzansatzwahlrechte weder Stetigkeit (s. o.), noch Einheitlichkeit. Demnach ist es zulässig für einzelne Sachverhalte sog. Aufwandsrückstellungen gem. § 249 Abs. 2 HGB zu bilden und für andere nicht (vgl. ADS, § 300 Rz 19; Förschle, BeBiKo, § 300 Rz 50). Das WPH 2000 (M Rz 239) geht davon aus, dass Einheitlichkeit zumindest sinnvoll ist und verweist auf deren Zweckmäßigkeit im Hinblick auf die Vergleichbarkeit der Handelsbilanz II der Konzernunternehmen, die auch im Interesse der Konzernleitung liegt. Explizit strengere Anforderungen stellen Baetge/Kirsch/Thiele (vgl. Konzernbilanzen S. 158 f): zumindest ist das Willkürverbot zu beachten, das eine unterschiedliche Behandlung von gleichartigen Sachverhalten ohne sachlichen Grund verbiete. Ansonsten würden das Stetigkeitsgebot gem. § 252 Abs. 1 Nr. 6 HGB sinnentleert und der Einblick in die tatsächliche Vermögens-, Finanz- und Ertragslage verzerrt. Während das zuletzt genannte Einblicksgebot sowohl für den Jahresabschluss (§ 264 Abs. 2 HGB) als auch für den Konzernabschluss (§ 297 Abs. 2 HGB) u. E. nicht greift, da es rechtsformspezifisch ist und die allgemeinen Grundsätze ordnungsmäßiger Buchführung (wie die Stetigkeit) nicht dominiert, ist das – allerdings sehr vage – Willkürverbot immer zu beachten.

5.3.3 Einheitlichkeit der Bewertung

C 114 Für die Bewertung der in den Konzernabschluss zu übernehmenden Bilanzposten verlangt § 308 Abs. 1 HGB, dass die *Bewertungsmethoden einheitlich* anzuwenden sind, die dem Recht der Muttergesellschaft entspre-

Kühnberger

5. Grundsätze ordnungsmäßiger Konsolidierung

chen. Auch hier gibt das Rechnungslegungsrecht der Mutter also den Rahmen vor. Dabei können die Bewertungsmethoden aus dem Jahresabschluss der Mutter übernommen werden. Es ist aber zulässig, entsprechende Wahlrechte auch neu auszuüben. In diesem Fall ist dies im Anhang anzugeben und zu begründen (§ 308 Abs. 1 Satz 3 HGB). Ist die Konzernmutter eine Holding, so werden möglicherweise viele Bewertungsmethoden im Jahresabschluss gar nicht auftreten aufgrund der eingeschränkten eigenen Geschäfttätigkeit. Eine Erläuterungspflicht fehlt dann weitgehend. Soweit die Bewertung in den Jahresabschlüssen der Konzernglieder nicht einheitlich erfolgt (z. B. wegen nationaler, rechtsformbezogener oder bilanzpolitischer Abweichungen) ist eine Neubewertung notwendig, die eine Homogenisierung schafft, wie sie auch einem Einheitsunternehmen geboten wäre.

Eine einheitliche Bewertung verlangt, dass C 115

- gleiche/gleichartige Vermögensgegenstände oder Schulden
- unter gleichen/gleichartigen wertbestimmenden Rand-/Nutzungsbedingungen

gleich behandelt werden. Der Begriff der *Gleichartigkeit* von Vermögensgegenständen kann in Anlehnung an § 240 Abs. 4 HGB ausgelegt werden als art-/funktionsgleich. Aber selbst wenn gleiche Vermögensgegenstände vorliegen, kann die konkrete Nutzung in verschiedenen Konzernunternehmen auch eine unterschiedliche Bewertung erlauben oder bedingen. So können zum Beispiel die Wertansätze von Lkw, die unterschiedlich ausgelastet werden, verschiedenen klimatischen Bedingungen ausgesetzt sind oder unterschiedliche Verkaufserlöse am Ende der Nutzung erbringen, stark divergieren. Gerade bei Konzernen mit Gliedern in unterschiedlichen Ländern kann es eine ganze Reihe solcher wertbestimmenden Einflussfaktoren geben. Einheitlichkeit verlangt also keine „uniforme" Bewertung, wie es die Überschrift von § 308 HGB nahe legt (vgl. Wysocki/Wohlgemuth, Konzernrechnungslegung, S. 8).

Anpassungen verlangt das Gesetz vor allen Dingen in folgenden Fällen: C 116

- Wenn bei ausländischen Konzernunternehmen andere Bewertungsregeln als nach HGB gelten.
- Wenn bei inländischen Konzernunternehmen aufgrund ihrer Rechtsform eine Bewertung möglich ist, die vom Recht der Konzernmutter abweicht.

Kühnberger

- Wenn bei gleicher Rechtslage, Bewertungsmethoden unterschiedlich angewandt wurden.

C 117 Der Begriff der *Bewertungsmethode* ist i. S. von § 252 Abs. 1 Nr. 6 HGB zu deuten: Neben der Bewertungsmethode im engeren Sinne (z. B. planmäßige Abschreibungen nach der linearen Methode, Teilwertermittlung von Pensionsrückstellungen), sind auch die Rechengrößen selbst (Nutzungsdauer, Zinssatz etc.) einheitlich festzulegen. Implizit werden damit auch de-facto-Wahlrechte, die sich aus der Notwendigkeit von Schätzungen oder Ermessensspielräumen ergeben, erfasst.

C 118 Soweit für die Handelsbilanz II eine Neu-Bewertung erfolgt, ist diese natürlich in den Folgeperioden fortzuführen (z. B. Ermittlung von Abschreibungen, Auflösung von Rückstellungen). Ergeben sich Ergebnisdifferenzen zum Jahresabschluss, sind die Vorschriften zur Abgrenzung latenter Steuern (§ 274 HGB, nicht § 306 HGB) zu beachten (vgl. hierzu RN C 337 ff.).

Das Gesetz lässt *drei Ausnahmen* von einer Bewertungsanpassung zu:

C 119 a) Wertansätze, die *geschäftszweigspezifisch* nur für Kreditinstitute oder Versicherungen zulässig sind, dürfen in den Konzernabschluss auch dann übernommen werden, wenn sie nach dem Recht der Konzernmutter unzulässig sind (§ 308 Abs. 2 S. 2 HGB). Für Unternehmen der genannten Branchen gibt es zum Teil eigenständige Bewertungsregeln, die primär darauf abzielen, eine Risikovorsorge durch stille Reserven zu ermöglichen. Die Übernahme solcher Werte in den Konzernabschluss ist anzugeben, ohne dass eine (auch nur ungefähre) Quantifizierung der Abweichung von Nöten ist.

Ist die Konzernmutter selbst ein Kreditinstitut oder eine Versicherung, so dürfen deren Bewertungsmöglichkeiten allerdings nicht umgekehrt auf die Handelsbilanz II von Konzerntöchtern abweichender Branchen (z. B. Handel, Industrie) ausgeweitet werden, da keine geschäftsfeldspezifischen Risiken vorliegen.

C 120 b) Entsprechend dem *Grundsatz der Wesentlichkeit* kann eine Neu-Bewertung unterbleiben, wenn sie für die Vermittlung eines den tatsächlichen Verhältnissen entsprechenden Bildes der Vermögens-, Finanz- und Ertragslage von untergeordneter Bedeutung ist (§ 308 Abs. 2 Satz 3 HGB). Die Bezugsgröße stellt dabei der Konzernabschluss dar, nicht die Handelsbilanz II des einzelnen Konzernunternehmens. Die untergeordnete Bedeutung muss für die Summe der unterlassenen Anpas-

Kühnberger

sungen jeweils für die Vermögens-, Finanz- und Ertragslage gesondert geprüft werden. Hierzu ist zumindest eine überschlägige Umbewertung notwendig (vgl. Berger/Lütticke, BeBiKo, § 308, Rz 28). Bei Inanspruchnahme der Erleichterung ist eine Anhangangabe nicht notwendig. Die Inanspruchnahme des Wahlrechtes muss, da für die Darstellung des Konzerns ex definitione unbedeutend, nicht stetig erfolgen.

c) In vom Gesetz nicht näher bezeichneten *Ausnahmefällen* kann eine Neu-Bewertung unterbleiben, die dann im Anhang anzugeben und zu begründen ist, ohne dass der Einfluss zu quantifizieren ist (§ 308 Abs. 2 Satz 4 HGB). Diese Regelung ist sehr restriktiv anzuwenden, da ein Informationsausgleich durch den Anhang auch in wesentlichen Fällen nicht vorgeschrieben ist (vgl. ADS, § 308 Rz 49). Als praktisch bedeutsamster Fall dürfte ein Neu-Erwerb einer Tochter kurz vor dem Bilanzstichtag anzusehen sein. Bewertet diese Tochter Vorräte z. B. nach der Lifo-Methode und im Konzernabschluss wird eine Einzelbewertung oder die Fifo-Methode angewendet, so kann es unmöglich oder sehr aufwändig sein, die Bewertung zu vereinheitlichen. Häufig wäre in solchen Fällen auch eine Nicht- Konsolidierung gem. § 296 Abs. 1 Nr. 2 HGB möglich. Eine Konsolidierung ohne Bewertungsänderung dürfte dem Einblicksgebot (§ 297 Abs. 2 HGB) aber regelmäßig eher entsprechen. — C 121

d) Das Wahlrecht zur Übernahme steuerlicher Werte gem. § 308 Abs. 3 HGB a. F. wurde mit dem TransPuG gestrichen. — C 122

5.3.4 Einheitliche Abschlussstichtage

Der Konzernabschluss ist auf den Stichtag des Jahresabschlusses der Konzernmutter aufzustellen (§ 299 Abs. 1 HGB). Das vormalige Wahlrecht, auch den Stichtag der Mehrheit der Konzernglieder oder der wichtigsten Konzernunternehmen zu wählen, wurde mit dem TransPuG gestrichen. Für die Praxis des Konzerns ändert sich dadurch nichts, da grundsätzlich der Stichtag der Konzernmutter zugrunde gelegt wurde (vgl. Küting/Weber, Der Konzernabschluss, S. 120). — C 123

Für den Fall, dass die Stichtage von Konzernmutter und anderen Konzernunternehmen auseinander fallen, enthält das Gesetz eine differenzierte Regelung: — C 124

Kühnberger

- Liegt der Stichtag des Konzernunternehmens mehr als drei Monate vor dem Konzernabschluss- Stichtag, so muss ein Zwischenabschluss erstellt werden (§ 299 Abs. 2 HGB).

- Ist der entsprechende Zeitraum kürzer, so kann selbstverständlich die Konsolidierung auf der Basis eines freiwilligen Zwischenabschlusses erfolgen. Wird ein solcher nicht erstellt, sind für Vorgänge von besonderer Bedeutung in diesem Zeitraum Korrekturen in Konzern-Bilanz/Konzern-, Gewinn- und Verlustrechnung oder Anhangerläuterungen geboten (§ 299 Abs. 3 HGB).

C 125 Soweit ein *Zwischenabschluss* erstellt wird, darf dieser keine geringere Qualität als ein Regel- Jahresabschluss aufweisen (vgl. Baetge/Kirsch/Thiele, Konzernbilanzen, S. 148). Er ist außerdem prüfungspflichtig (§ 317 Abs. 2 HGB vgl. Hense/Lust, BeBiKo, § 299 Rz 12). Der Zwischenabschluss muss nicht festgestellt werden und löst auch keine Rechtsfolgen aus. Deshalb wird man pragmatisch die Anforderungen (z. B. Inventur, vollständige Abgrenzung) im Hinblick auf den Wesentlichkeitsgrundsatz relativieren dürfen. Hierfür spricht schon, dass für einzelne Sachverhalte (Ertragsteuern, Pensionsrückstellungen, Ergebnisübernahmen etc.) i. d. R. Schätzungen oder Fiktionen notwendig sind, dem Ersteller also ein subjektiver Gestaltungsspielraum sowieso offen steht (vgl. Hense/Lust, BeBiKo, § 299 Rz 13 ff.; ADS, § 299 Rz 38 ff.).

C 126 Die *Korrekturregelung* für Vorgänge von besonderer Bedeutung soll Informationsverluste und Missbräuche ausschließen (vgl. ADS, § 299 Rz 61, 69). Die besondere Bedeutung wird in Bezug zu (irgend-)einem Konzernunternehmen, nicht der Gesamtheit bemessen. In Frage kommen z. B. wesentliche Veränderungen von Zwischenerfolgen, Tilgungen von konzerninternen Darlehen, Kauf oder Verkauf wesentlicher Beteiligungen etc. Soweit die Korrektur durch Nachbuchungen (vgl. zu typischen Beispielen ADS, § 299 Rz 85 ff.) erfolgt, ist zu beachten, dass diese im Folgejahr Auswirkungen haben können; eine Doppelerfassung ist zu vermeiden. Sind umfangreiche Nachbuchungen notwendig, nähert man sich dem Ergebnis eines Zwischenabschlusses. Entscheidet sich die Konzernleitung für Anhangerläuterungen statt Nachbuchungen, so sind diese so zu gestalten, dass sie einen vergleichbaren Informationsstand liefern; Zahlenangaben auf der Basis von Nebenrechnungen, die fortzuschreiben sind, sind i. d. R. notwendig.

Kühnberger

5. Grundsätze ordnungsmäßiger Konsolidierung 355

Das Wahlrecht, bei abweichenden Stichtagen auf einen Zwischenabschluss zu verzichten, zielt in erster Linie darauf ab, Kosten zu sparen und den Konzernabschluss möglichst zügig erstellen zu können (vgl. Trützschler, HdK § 299 Rz 24 ff.). Bei umfangreichen Korrekturen, die in der Folge oftmals zu weiteren konsolidierungstechnischen Problemen führen und bilanzpolitisch missbraucht werden können, ist es zweifelhaft, ob diese Ziele erreicht werden. Zwischenabschlüsse sind dann das einfachere Instrument. **C 127**

5.3.5 Fremdwährungsumrechnung

Handelsbilanzen II, die in fremder Währung vorliegen, sind in € umzurechnen. **C 128**

Das Gesetz enthält für die Umrechnung keine expliziten Vorgaben und in der Praxis wurden höchst unterschiedliche Verfahren angewendet. Als *Mindestanforderungen* bei im Grundsatz nach wie vor freier Methodenwahl, zählt das WPH 2000(M Rz 263) auf:

- Grundsatz der Methodenbestimmtheit,
- Grundsatz der Methodenstetigkeit (im Zeitablauf),
- Grundsatz der Einheitlichkeit (bei gleichartigen Gegebenheiten),
- Erfüllung des Einblicksgebotes in die tatsächliche Vermögens-, Finanz- und Ertragslage unter Beachtung der Grundsätze ordnungsmäßiger Buchführung (§ 297 Abs. 2 HGB).

Außerdem sind die angewandten Umrechnungsmethoden zu erläutern (§ 313 Abs. 1 Nr. 2 HGB), was in der Praxis zum Teil sehr unvollständig erfolgt.

Aus unserer Sicht ist die geforderte Grundsätze ordnungsmäßiger Buchführungs-Entsprechung durchaus strittig. Ursächlich ist, dass es durchaus unklar ist, ob die Währungsumrechnung ein Bewertungsvorgang ist (dann gelten die Grundsätze ordnungsmäßiger Buchführung) oder eine schlichte lineare Transformation (dann gelten sie nicht; s. u. RN C 136). **C 129**

In den letzten Jahren hat sich trotz der Methodenvielfalt eine deutliche Tendenz dahin gehend ergeben, dass das *Konzept der funktionalen Währung* als das Geeignetste angesehen wird, ohne dass die Anwendung verbindlich wäre. Ursächlich für diese Entwicklung ist, dass sowohl die IAS, US-GAAP als auch der HFA in seinem Entwurf aus dem Jahre 1998 (vgl. WPg 1998, S. 549 ff.) unisono dieses Konzept befürworten.

Kühnberger

C 130 Um einen auf fremde Währung lautenden Jahresabschluss in € umzurechnen sind drei grundsätzliche Festlegungen zu treffen:
1) Welche Methode soll zugrunde gelegt werden?
2) Welcher Kurs soll gewählt werden?
3) Wie sollen Umrechnungsdifferenzen erfasst werden?

Die Festlegung der Methode führt regelmäßig, aber nicht zwingend, auch zu Konsequenzen für die anderen beiden Bereiche.

C 131 Konzeptionell lassen sich die verschiedenen Methoden in zwei Gruppen sortieren: Nach dem *globalen Konzept* wird der Konzern als Einheit angesehen, der in einem einheitlichen Währungs- und Rechtsraum ansässig ist. Sämtliche Geschäftsvorfälle und Jahresabschluss-Posten sollten demnach zum Zeitpunkt des Anfalls/Entstehens in der Konzernwährung (€) erfasst werden. Da praktisch jeweils in Landeswährung gebucht wird, ersetzt die spätere Fremdwährungsumrechnung die originäre Erfassung in der Konzernwährung. Nach der sog. *lokalen Theorie* werden die einzelnen Konzernglieder als weitgehend selbständige Einheiten interpretiert, die in einem mehr oder weniger geschlossenen eigenen Währungsraum tätig sind (vgl. Küting/Weber, Der Konzernabschluss, 150 ff.). Währungsänderungen haben dann nur einen geringeren oder gar keinen Einfluss auf die Struktur von Bilanz/Gewinn- und Verlustrechnung des ausländischen Konzerngliedes und dessen Erfolg.

C 132 Das Konzept der funktionalen Methode geht davon aus, dass es in allen Fällen nicht eine allein richtige Methode gibt, sondern differenziert nach den realen Gegebenheiten: Arbeitet eine Tochtergesellschaft weitgehend unabhängig in einem (fast) geschlossenen Währungsraum, so ist nach der Stichtagsmethode (entspricht der lokalen Theorie) umzurechnen. Ist sie wirtschaftlich und finanziell in den Konzern eingebunden, wird nach der sog. Zeitbezugsmethode umgerechnet (entspricht der globalen Theorie).

C 133 Überblickartig lassen sich die verschiedenen Methoden der Währungsumrechnung wie folgt systematisieren:

Kühnberger

5. Grundsätze ordnungsmäßiger Konsolidierung

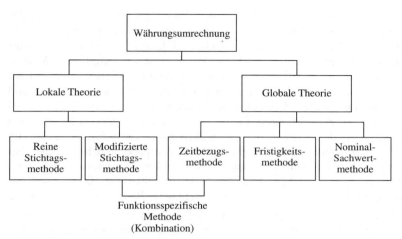

Im Folgenden werden die Stichtagsmethoden und die Zeitbezugsmethode knapp skizziert. Die Fristigkeits- und die Nominal-Sachwertmethode haben in der Praxis kaum noch Bedeutung. Die diesen Methoden zugrunde liegenden Annahmen führen zu Ergebnissen, die regelmäßig dem Einblicksgebot des § 297 Abs. 2 widersprechen (vgl. WPH, 2000 M Rz 266; ausführlich Küting/Weber, Der Konzernabschluss, S. 155 ff.).

C 134

Grundlage soll ein bewusst sehr einfach gehaltenes Beispiel sein. Die bis auf die Währungsumrechnung vereinheitlichte Handelsbilanz II eines Konzernunternehmens zeigt folgendes Bild in Landeswährung:

C 135

Bilanz (LW)			
SachAV	1 000	Eigenkapital	1 050
		(davon Jahresüberschuss 50)	
FinanzAV	1 000	Langfristige Verb.	1 000
Vorräte	1 000	Kurzfristige Verb.	950
	3 000		3 000

GuV (LW)			
Personalaufwendungen	200	Erträge	500
Materialaufwendungen	150		
Abschreibungen AV	100		
Jahresüberschuss	50		
	500		500

C 136 Erfolgt die Umrechnung nach der reinen *Stichtagsmethode*, so werden alle Jahresabschluss-Posten mit dem gleichen Kurs €/Landeswährung transformiert. Eine Differenzierung in Geld- und Briefkurs kann aus Vereinfachungsgründen unterbleiben. In der Praxis wird – bei sämtlichen Methoden – üblicherweise mit dem Mittelkurs gerechnet. Dieses Verfahren hat mehrere Vorzüge. Es ist sehr einfach und die Struktur von Bilanz und GuV bleiben erhalten. Umrechnungsdifferenzen kann es nicht geben. Allerdings kann das Verfahren auch zu sehr unbefriedigenden Ergebnissen führen. Verändert sich z. B. das Währungsverhältnis €/Landeswährung von 1 : 1 im Jahre 1 auf 1 : 2 im Jahre 2, so ergäbe sich im 2. Jahr (bei gleichen Abschlusszahlen in Landeswährung) bei halbierter Bilanzsumme ein Eigenkapital von 525, die Finanzanlagen gehen mit 500 in den Konzernabschluss ein, genauso wie die Sachanlagen. Bedenklich ist hieran:

1) Wenn die Finanzanlagen auch real 500 an Wert verloren haben, so liegt ein Währungsverlust vor, der aber nicht erkennbar wird, sondern mit den anderen Währungserfolgen zusammen mit dem Eigenkapital verrechnet wird.

2) Die Kursverluste der Landeswährung gehen regelmäßig mit Preissteigerungen einher. Diese werden zwar nicht genau die Kursverluste kompensieren, aber zumindest tendenziell. Hat das vor einem Jahr erworbene Sachanlagevermögen (1000 in Landeswährung) z. B. einen Zeitwert von 2000 in Landeswährung, so würde die Umrechnung der historischen Anschaffungskosten mit dem aktuellen Kurs zu erheblichen stillen Reserven führen.

3) Umgekehrt werden z. B. die langfristigen Verbindlichkeiten nur noch mit 500 € angesetzt (Vorjahr 1000). Ein unrealisierter Währungsgewinn wird also mit den unrealisierten Währungsverlusten saldiert.

4) Bei Sachanlagen kann man (sieht man von Zu-/Abgängen ab) den Endbestand ermitteln als Anfangsbestand abzüglich Abschreibungen. Auch diese Bedingung wäre nicht mehr erfüllt.

5) Schließlich können sich rein konsolidierungstechnische Probleme ergeben, da z. B. im Rahmen der Kapitalkonsolidierung immer das Eigenkapital zum Zeitpunkt der Erstkonsolidierung zu verrechnen ist. In der Handelsbilanz II und dem Summenabschluss haben aber (unrealisierte) Währungsverluste das Eigenkapital vermindert.

C 137 In der Praxis wird aus diesen Gründen häufig nach der *modifizierten Stichtagsmethode* umgerechnet. Die Modifikationen bestehen darin, dass die

5. Grundsätze ordnungsmäßiger Konsolidierung 359

jeweiligen Eigenkapital-Posten mit den historischen Kursen umgerechnet werden (1) und die GuV mit dem Durchschnittskurs des Jahres, um dem Charakter als Zeitraumrechnung gerecht zu werden (2). Der Jahresüberschuss wird dagegen mit dem Stichtagskurs umgerechnet, da der aktuelle Kurs am ehesten die ausschüttbare Dividendenhöhe indiziert.

Überträgt man dies auf die GuV-Zahlen oben und unterstellt einen Durchschnittskurs von 1 € = 1,5 Landeswährung und einen Stichtagskurs von 1 € = 2 Landeswährung ergibt sich:

GuV (€)

Personalaufwendungen	133	Erträge	333
Materialaufwendungen	100		
Abschreibungen AV	67		
Jahresüberschuss	25		
Währungsdifferenz	8		
	333		333

Es ergibt sich eine Währungsdifferenz, da der GuV-Posten mit dem Durchschnittskurs und der Jahresüberschuss mit dem abweichenden Stichtagskurs umgerechnet wird. Der Ausweis erfolgt im Allgemeinen unter den sonstigen betrieblichen Aufwendungen.

Die Bilanz in € zeigt folgendes Bild (Annahme: historischer Kurs 1 € = 1 LW, aktueller Kurs 1 € = 2 LW)

Bilanz (LW)

SachAV	500	Eigenkapital	1025
		(davon Jahresüberschuss 25)	
FinanzAV	500	Langfristige Verb.	500
Vorräte	500	Kurzfristige Verb.	475
Währungsdifferenz	500		
	2 000		2 000

Die aktivische Währungsdifferenz stellt einen unrealisierten (und saldierten) Währungsverlust dar. Anders als bei der reinen Stichtagsmethode ist er erkennbar. Der Posten wird innerhalb des Eigenkapitals verrechnet, entweder als Sonderposten oder durch offenes Absetzen von den Rücklagen, also nicht wie oben dargestellt als Aktivposten gezeigt.

Soweit in der GuV auch der Jahresüberschuss mit dem Durchschnittskurs umgerechnet wird, nimmt dieser Posten auch den Unterschied zwischen

Kühnberger

dem Jahresüberschuss der GuV und dem in der Bilanz (der zum Stichtagskurs umzurechnen ist) auf.

C 138 Bei der *Zeitbezugsmethode*, die hier nur in der Variante skizziert werden soll, die als sogenannte „Äquivalenzmethode" bekannt wurde (vgl. Küting/Weber, Der Konzernabschluss, S. 161) werden die Jahresabschluss-Posten grundsätzlich mit dem historischen Kurs umgerechnet, also mit dem Kurs, der zum Zeitpunkt des Erwerbs eines Vermögensgegenstandes oder der Aufnahme einer Verbindlichkeit galt. Auch die verschiedenen Eigenkapital-Posten der Bilanz werden mit den entsprechenden Kursen berechnet. Aufwendungen/Erträge werden grundsätzlich mit dem Kurs zum Zeitpunkt ihres Anfalls umgerechnet oder vereinfachend mit dem Durchschnittskurs (Jahres-, Quartals- oder Monatsdurchschnitt). Soweit sich Aufwendungen (Erträge) auf Bilanzposten beziehen (z. B. Abschreibungen auf Maschinen), sind sie abweichend hiervon mit dem Kurs, der für den Bilanzposten gilt, umzurechnen. Der Jahresüberschuss als Ausschüttungsindikator wird mit dem Stichtagskurs umgerechnet. Ergänzt wird diese Umrechnung um einen Niederstwerttest für das Vermögen und einen Höchstwerttest für Schulden. Demnach ist der nach der Zeitbezugsmethode ermittelte Bilanzwert (Buchwert in Landeswährung x historischer Kurs) mit dem Zeitwert in Landeswährung x aktueller Kurs abzugleichen.

Beispiel:
Buchwert Finanzanlagen in Landeswährung 1000;
historischer Kurs: 1 Landeswährung= 1 €;
aktueller Kurs: 1 Landeswährung= 0,5 €,
Zeitwert der Finanzanlagen a) 1 900 oder b) 2 100.

Der Vergleich des Buchwerts von 1000 € mit dem Zeitwert von 950 € (Fall a) würde zu einer Abschreibung nach Maßgabe des gemilderten Niederstwertprinzips führen. Im Fall b) ergäbe sich ein Zeitwert von 1 050, der über den historischen Anschaffungskosten liegt und deshalb nicht erfasst werden darf.

Da ein solcher Test sowohl für Vermögen als auch Schulden (als Höchstwerttest) durchzuführen ist, führen Währungsänderungen fast immer zu unrealisierten Verlusten und Gewinnen zugleich. Werden diese – wie nach den Grundsätzen ordnungsmäßiger Buchführung üblich – imparitätisch erfasst (vgl. WPH 2000, M Rz 270), so werden Währungsrisiken im Konzernabschluss letztlich übertrieben berücksichtigt: der Einblick in die Vermögens-, Finanz- und Ertragslage kann verzerrt sein (vgl. Baetge/Kirsch/Thiele, Konzernbilanzen S. 183 f.; Coenenberg, Jahresabschluss und Jah-

Kühnberger

5. Grundsätze ordnungsmäßiger Konsolidierung 361

resabschlussanalyse, S. 571 ff. zu den verschiedenen Möglichkeiten Währungsdifferenzen zu erfassen).

Insgesamt macht die Zeitbezugsmethode keinen Sinn, wenn die Voraussetzungen der lokalen Theorie zutreffen: Fallen Aufwendungen und Erträge in Landeswährung bei der Konzerntochter an, werden die Vermögensgegenstände in Landeswährung gekauft und Schulden in Landeswährung aufgenommen, so haben Kursänderungen (egal in welcher Richtung) kaum Bedeutung für den Wert des Investments in diese Tochter. Im Idealfall ist der einzige Zahlungsstrom zwischen Tochter und anderen Konzernunternehmen die Gewinnausschüttung an die Obergesellschaft. Wird der Jahresüberschuss mit dem aktuellen Kurs umgerechnet, wird diese im Allgemeinen zutreffend indiziert. Eine weiter gehende imparitätische Erfassung von Währungserfolgen wäre eher verzerrend, zumal diese möglicherweise niemals realisiert werden. C 139

Neben diesen inhaltlichen Bedenken hat die Zeitbezugsmethode den Nachteil, dass sie sehr viel aufwändiger ist, als die Stichtagsmethoden.

Wie bereits oben angedeutet, gewinnt die sog. funktionale Methode zunehmend an Bedeutung. Dabei spielt es eine entscheidende Rolle, inwieweit das ausländische Tochterunternehmen in den Verbund finanziell eingebunden ist. Dies wird an folgenden Kriterien gemessen (Küting/Weber, Der Konzernabschluss, S. 174):

Kühnberger

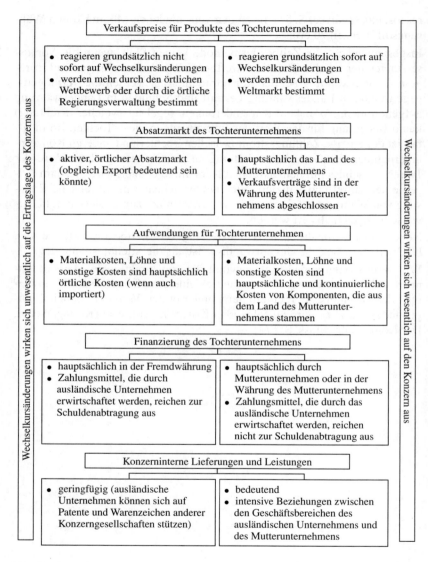

Wurde der Abschluss eines Konzernunternehmens bisher nach der Zeitbezugs- oder Stichtagsmethode umgerechnet, so ist die Methode beizubehal-

ten, es sei denn die Voraussetzungen der jeweiligen Methode liegen nicht mehr vor.
(Zu Besonderheiten bei Hochinflationsländern vgl. Langenbucher, HdK II Rz 1136 ff.)
Der DSR hat am 16.10.2002 einen E-DRS „Währungsumrechnung" vorgelegt, der aber nicht verabschiedet wurde. Im Wesentlichen orientiert sich der Entwurf an den international üblichen Regeln.

6. Die Vollkonsolidierung

6.1 Kapitalkonsolidierung

6.1.1 Grundidee, Methodenvielfalt

Erwirbt ein Unternehmen ein anderes, kann dies in Form eines Anteilskaufs (share deal) oder durch Übernahme sämtlicher Aktiva/Passiva im Wege der Einzelrechtsnachfolge (asset deal) erfolgen. Bei einem *asset deal* werden die VG, Schulden etc. des erworbenen Unternehmens in die Bilanz des Erwerbers übernommen. Soweit durch den Kaufpreis gedeckt, werden dabei stille Reserven in den entsprechenden Jahresabschluss-Posten aufgedeckt. Ein darüber hinausgehender Betrag wird als Firmenwert (wahlweise) aktiviert (§ 255 Abs. 4 HGB). C 140

Wird der Unternehmenskauf dagegen als *share deal* abgewickelt, so tauchen in der Bilanz des Erwerbers die Anteile des erworbenen Unternehmens auf und es liegt ggf. ein Konzern vor. Da der Konzernabschluss so aufzustellen ist, als ob sämtliche Konzernunternehmen ein einziges Unternehmen wären, ist in diesem Fall eine Kapitalkonsolidierung geboten: an die Stelle der Anteile des zu konsolidierenden Unternehmens sind im Konzernabschluss die Vermögensgegenstände, Schulden, Rechnungsabgrenzungsposten usw. des einbezogenen Konzernunternehmens auszuweisen. Der real erfolgte share deal wird im Konzernabschluss damit wie ein asset deal abgebildet (vgl. Coenenberg, Jahresabschluss und Jahresabschlussanalyse, S. 584 f.): es wird fingiert, dass die Muttergesellschaft nicht die Anteile an der Konzerntochter erworben hat, sondern deren Vermögensgegenstände, Schulden etc. (*Erwerbsmethode, purchase method*).

Kühnberger

C 141 Im Rahmen der Kapitalkonsolidierung werden zunächst die HB II von Mutter- und Tochtergesellschaft aufsummiert. Anschließend wird das Eigenkapital der Tochter mit den Anteilen an dieser Tochter verrechnet, um eine Doppelerfassung von Vermögen und Eigenkapital im Konzernabschluss zu vermeiden. Diese würde dadurch entstehen, dass im Konzernabschluss andernfalls sowohl die Beteiligung (an der Konzerntochter) als auch das Vermögen (und die Schulden) der Konzerntochter ausgewiesen würden. Das von der Konzernmutter der Konzerntochter zur Verfügung gestellte Eigenkapital stellt aus Sicht der Einheit Konzern kein Eigenkapital dar.

C 142 Die Verrechnung der Anteile mit dem erworbenen Eigenkapital erfolgt zum Stichtag der Erstkonsolidierung auf der Basis der HB II. Durch die Abbildung als asset deal werden stille Reserven (ggf. stille Lasten) und ein erworbener Firmenwert ausgewiesen. Durch den Verbrauch der stillen Reserven (Lasten) und ggf. durch die Firmenwertabschreibung ergeben sich in den Folgeperioden Ergebnisauswirkungen. Die Erwerbsmethode ist deshalb erfolgswirksam (nicht bei der Erstkonsolidierung).

C 143 Stellt die Konzernbildung wirtschaftlich weniger einen Unternehmenskauf als einen Anteilstausch (ähnlich einer Fusion) dar, so lässt das HGB wahlweise eine andere Methode der Kapitalkonsolidierung zu (*Interessenzusammenführungsmethode, pooling of interest method*), wobei eine Aufdeckung stiller Reserven und eines Firmenwertes unterbleibt; die Buchwerte werden fortgeführt. Ergebniswirkungen infolge der Kapitalkonsolidierung entstehen nicht (§ 302 HGB).

C 144 Erwirbt eine Muttergesellschaft Anteile an einem Gemeinschaftsunternehmen kann wahlweise eine quotale Kapitalkonsolidierung nach § 310 HGB durchgeführt werden (vgl. RN C 287 ff.). Werden Anteile an einem assoziierten Unternehmen erworben (§§ 311 f. HGB), so wird diese Beteiligung at equity, also mit dem anteiligen Eigenkapital bewertet, die Jahresabschluss-Posten gehen nicht in den Konzernabschluss ein. Obwohl die Equity-Bewertung in einer Nebenrechnung eine Kapitalkonsolidierung erfordert, stellt sie keine Methode der Vollkonsolidierung dar, sondern eine Art „Ersatzkonsolidierung" (Wohlgemuth/Ruhnke, HdJ V/$_2$ Rz 8).

C 145 Insgesamt stellt das HGB demnach folgende Methoden zur Behandlung von Beteiligungen zur Verfügung (in Abhängigkeit von der Beteiligungsintensität):

Kühnberger

6. Die Vollkonsolidierung

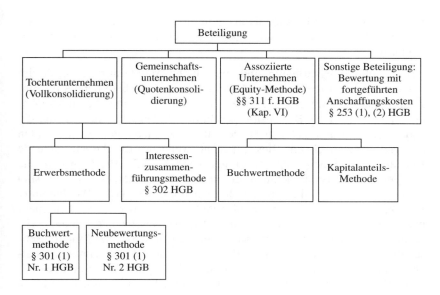

6.1.2 Kapitalkonsolidierung nach der Erwerbsmethode

6.1.2.1 Konsolidierungspflichtige Posten

In § 301 Abs. 1 Satz 1 HGB wird bestimmt, dass, „Der Wertansatz der dem Mutterunternehmen gehörenden Anteile an einem in den Konzernabschluss einbezogenen Tochterunternehmen wird mit dem auf diese Anteile entfallenden Betrag des Eigenkapitals des Tochterunternehmens verrechnet". Demnach ist von der Kapitalkonsolidierung nur das Eigenkapital der Tochtergesellschaft betroffen.

C 146

Welche *Anteile* einem Mutterunternehmen gehören, ist im Gesetz nicht geregelt. Grundsätzlich ist hierunter jedes Beteiligungsrecht unabhängig von Rechtsform und Sitz der Tochter zu verstehen. Schuldrechtliche Ansprüche sind nicht zu konsolidieren, sondern im Rahmen der Schuldenkonsolidierung zu erfassen. Abgrenzungsprobleme können auftreten, wenn schuldrechtliche Anteile eine Eigenkapital-ähnliche Qualität haben (stille Beteiligungen, Genussrechte, kapitalersetzende Darlehen etc.). Hier ist im Einzelfall zu prüfen, ob der schuldrechtliche Charakter überwiegt (Schuldenkonsolidierung) oder ob wirtschaftlich eine Gesellschafterstel-

C 147

Kühnberger

lung begründet wird (Kapitalkonsolidierung vgl. Wohlgemuth/Ruhnke, HdJ V/2 Rz 15; a. A. Förschle/Deubert, BeBiKo, § 301 Rz 10: immer Schuko).

Als konsolidierungspflichtig sind auch solche Anteile anzusehen, die im wirtschaftlichen Eigentum der Mutter stehen und deshalb bereits im Einzelabschluss erfasst werden (z. B. zur Sicherung an Dritte übereignete Anteile § 246 Abs. 1 HGB, Pensionsgeschäfte). Außerdem sind Anteile, die andere Konzernunternehmen an der zu konsolidierenden Tochter halten der Mutter zuzurechnen. Dies gilt nicht, wenn das die Anteile haltende Konzernunternehmen nicht konsolidiert wird (§§ 295 f. HGB). Anteile die ein Gemeinschaftsunternehmen an einem Tochterunternehmen hält, sind quotal in die Kapitalkonsolidierung einzubeziehen (vgl. Wohlgemuth/Ruhnke, HdJ V/2 Rz 25), während Anteile, die ein assoziiertes Unternehmen hält, nicht zugerechnet werden. Eigene Anteile der Muttergesellschaft und Anteile von anderen Konzernunternehmen an der Muttergesellschaft sind nach § 301 Abs. 4 HGB nicht zu konsolidieren, sondern als eigene Anteile im Umlaufvermögen in den Konzernabschluss zu übernehmen. Bei eigenen Anteilen von Tochterunternehmen kommt es auf den Charakter an: Soweit sie als Korrekturposten zum Eigenkapital anzusehen sind, können sie vom zu konsolidierenden Eigenkapital direkt abgesetzt oder in die Kapitalkonsolidierung einbezogen werden. Handelt es sich um kurzfristig zu verwertende Vermögensgegenstände, sind sie in den Konzernabschluss zu übernehmen. In diesem Fall ist im Konzernabschluss auch eine Rücklage für eigene Anteile zu bilden (§ 272 Abs. 4 HGB).

Zu Besonderheiten bei wechselseitigen Beteiligungen innerhalb des Konzerns vgl. Wohlgemuth/Ruhnke, HdJ V/2 Rz 32 ff.

C 148 Die *Bewertung der zu konsolidierenden Anteile* erfolgt zum Buchwert zum Zeitpunkt der Erstkonsolidierung. Regelmäßig sind dies die Anschaffungskosten (AK) der Beteiligung. Bei konzernintern erworbenen Anteilen, z. B. im Rahmen einer Neustrukturierung des Konzerns sind vorab Zwischenerfolge zu eliminieren, da die Anteile mit den Konzern-AK zu bewerten sind (vgl. ADS, § 301 Rz 28 ff.). Soweit nach dem Erwerb, aber vor der erstmaligen Kapitalkonsolidierung Abschreibungen/Zuschreibungen auf die Anteile vorgenommen wurden, ist gleichwohl der Buchwert der Anteile zum Zeitpunkt der Erstkonsolidierung relevant (kritisch hierzu: Dusemond, HdK § 301 Rz 38 ff.) Soweit eine Abschreibung auf die Anteile in den HB II zwingend war wegen dauernder Wertminderung ist

Kühnberger

6. Die Vollkonsolidierung

eine Korrektur im Rahmen der Kapitalkonsolidierung jedenfalls unzulässig. Diese würde nämlich c. p. zu einem höheren Firmenwert im Konzernabschluss führen, der kaum werthaltig sein dürfte aufgrund der Ertragsschwäche der Konzerntochter. Insofern müsste er außerplanmäßig abgeschrieben werden. Zur Vermeidung von Ermessensspielräumen bei der Bewertung des Firmenwerts und um die GuV nicht aufzublähen, wird eine Zuschreibung auf die Beteiligung deshalb abgelehnt (ADS, § 301 Rz 35). Kritisch anzumerken bleibt aber, dass die GuV-Aufblähung letztlich eine schlichte Brutto-Darstellung der Realität ist und der Sachverhalt nur so abgebildet wird, wie es bei einer Erstkonsolidierung zum eigentlich richtigen Erwerbstermin auch der Fall wäre.

Aus steuerlichen Gründen vorgenommene Sonderabschreibungen sollten indirekt (als Sonderposten mit Rücklageanteil) erfasst werden, um die Kapitalkonsolidierung nicht zu beeinflussen (vgl. WPH 2000, M Rz 343). Wertänderungen nach dem Stichtag der Erstkonsolidierung (durch Zu-/ Abschreibung oder Fremdwährungsumrechnung) berühren nicht die Kapitalkonsolidierung, die auf die Wertverhältnisse zum Stichtag der Erstkonsolidierung abstellt.

Schwieriger ist es, die AK der Beteiligung zu ermitteln, wenn die Bezahlung in Form eigener Anteile erfolgt. Zunehmend werden eigene Anteile als Transaktionswährung für Unternehmensübernahmen eingesetzt, um den Erwerb liquiditätsneutral zu halten. Grundsätzlich sind zwei Grundformen denkbar: C 149

a) Das erwerbende Unternehmen hat vorab eigene Anteile erworben und tauscht diese gegen die Anteile des zu erwerbenden Unternehmens.

b) Die neuen Anteile werden erst durch eine Kapitalerhöhung geschaffen. Es liegt eine Kapitalerhöhung mit Sacheinlagen vor.

Im Fall a) liegt wirtschaftlich betrachtet ein Tauschvorgang vor, so dass die für Tauschgeschäfte übliche Form der AK-Ermittlung anzuwenden ist. Demnach kann das erwerbende Unternehmen wählen zwischen dem Buchwert der hingegebenen eigenen Anteile, deren Zeitwert oder dem Buchwert zuzüglich ggf. durch den Tausch ausgelöster Ertragssteuern (vgl. ADS, § 253 Rz 44). Die Anschaffungskosten der Beteiligung können demnach auch mit einem Betrag angesetzt werden, der niedriger als der Zeitwert ist. Dies führt c.p. zu einem niedrigeren aktiven Unterschiedsbetrag (höherem passiven Unterschiedsbetrag) aus der Erstkonsolidierung,

Kühnberger

so dass weniger stille Reserven aufgelöst werden dürfen und ein sich ergebender Firmenwert zu niedrig ausfällt.

Im Fall b) kann der Wert der Sacheinlage (die Beteiligung) nach ganz h. M. frei festgesetzt werden, wobei nur sicherzustellen ist, dass der Wert der Beteiligung mindestens den vereinbarten Ausgabebetrag hat. Der Zeitwert der Beteiligung muss also größer oder gleich der Erhöhung des gezeichneten Kapitals und des vereinbarten Agios (Kapitalrücklage) sein. Eine – auch wesentliche – Unterbewertung der Einlage gilt als zulässig (vgl. ADS, § 255 Rz 96 f., m. w. N.). Dies führt wie im Fall a) zu einem niedrigeren aktiven Unterschiedsbetrag (höheren passiven Unterschiedsbetrag) aus der Erstkonsolidierung. In beiden Fällen kann demnach schon im Rahmen der Erstkonsolidierung eine Legung stiller Reserven erfolgen. In den Folgeperioden ergeben sich damit geringere Ergebnisbelastungen durch den Verbrauch stiller Reserven oder eine Firmenwert-Abschreibung. Im Ergebnis ergeben sich ähnliche Wirkungen wie bei einer Konsolidierung nach der Interessenzusammenführungsmethode (pooling of interests method, vgl. RN C 214 ff.).

Insgesamt ergeben sich bei der Bestimmung der Anschaffungskosten einer Beteiligung keine Besonderheiten im Vergleich zum Einzelabschluss. Dies betrifft auch die Bestimmung von Anschaffungsnebenkosten (ohne Kosten der Eigenkapital-Beschaffung, § 248 Abs. 1 HGB) und die diversen Varianten von (garantierten oder ungarantierten) späteren Preisanpassungen oder Tauschgeschäften. Nach den US-GAAP und IAS wird demgegenüber grds. darauf abgezielt, stille Reserven und den Firmenwert der erworbenen Konzerntochter aufzudecken (vgl. Küting/Wirth, BB 2001, S. 1190 ff.), was dem Grundgedanken der Erwerbsfiktion natürlich besser entspricht.

C 150 Diesen Anteilen ist das *erworbene EK zum Zeitpunkt der Erstkonsolidierung* gegenüberzustellen. Soweit nicht 100 % der Anteile an dem Tochterunternehmen erworben werden, ist dies nur der Anteil am Eigenkapital der auf die Konzernmutter entfällt. Entscheidend für die Berechnung des Anteils sind nicht die Stimmrechte, sondern die Kapitalanteile (vgl. Förschle/Deubert, BeBiKo, § 301 Rz 41). Das erworbene Eigenkapital umfasst grundsätzlich alle bilanziellen Eigenkapital-Bestandteile, also auch Rücklagen, Ergebnisvorträge, Jahresüberschüsse oder Jahresfehlbeträge und zwar unabhängig von eventuellen Zweckbindungen. Bei der Neubewertungsmethode gehört auch die Rücklage infolge der Neubewertung in

Kühnberger

den HB III zum konsolidierungspflichtigen Eigenkapital (vgl. RN C 156). Außerdem ist ein aktivischer nicht durch Eigenkapital gedeckter Fehlbetrag zu konsolidieren (vgl. Dusemond/Weber/Zürndorf, HdK § 301 Rz 57). Sonderrücklagen nach dem DMBilG gehören dagegen nur insoweit zum konsolidierungspflichtigen Eigenkapital als sie materiell Eigenkapital darstellen und nicht nur Ausgleichsposten für Bilanzierungshilfen sind (vgl. Förschle/Deubert, BeBiKo, § 301 Rz 37). Zur differenzierten Behandlung ausstehender Einlagen vgl. Wysocki/Wohlgemuth, Konzernrechnungslegung, S. 85 f. Für den Sonderposten mit Rücklageanteil ist nunmehr in der HB II eine Aufteilung in Eigenkapital (das zu konsolidieren ist) und eine Steuerrückstellung notwendig, da eine Übernahme in den Konzernabschluss unzulässig ist. Bei Eigenkapital-ersetzendem Gesellschafterdarlehen kommt es darauf an, ob sie wirtschaftlich betrachtet Eigenkapital darstellen. Sind sie als solches anzusehen, sind sie genauso in die Kapitalkonsolidierung einzubeziehen, wie die korrespondierenden Ansprüche des Gesellschafters (als Anteile). Die übrigen Forderungen der Gesellschafter (z. B. bei Rangrücktritt) sind weiterhin Fremdkapital und im Rahmen der Schuldenkonsolidierung zu eliminieren (vgl. Förschle/Deubert, BeBiKo, § 301 Rz 39).

6.1.2.2 Vollkonsolidierung von 100%igen Konzerntöchtern

6.1.2.2.1 Erstkonsolidierung

In § 301 Abs. 1 HGB sind zwei Varianten der Kapitalkonsolidierung geregelt, wobei frei zwischen diesen Methoden gewählt werden kann. Bindungen ergeben sich durch die Grundsätze der Einheitlichkeit und Stetigkeit (§ 297 Abs. 3 HGB) im Zeitablauf. In Deutschland wird ganz überwiegend die Buchwertmethode angewendet. Zu den möglichen Gründen hierfür siehe RN C 159. Da die Wahl der Methode erhebliche Folgen für den Konzernabschluss haben kann, wird in der Literatur gefordert, dass eine parallele Anwendung beider Methoden bei verschiedenen Konzerntöchtern nur zulässig sei, wenn dies willkürfrei oder nach sachlichen Kriterien differenziert erfolgt (vgl. Dusemond/Zündorf, HdK § 301 Rz 151; Wohlgemuth/Ruhnke, HdJ Rz 51 ff.). Während dies umstritten ist, ist die zeitliche Stetigkeit gem. § 297 Abs. 3 HGB durch das Gesetz ausdrücklich abgesichert, d. h. bezogen auf eine Konzerntochter ist ein Methodenwechsel regelmäßig nicht möglich.

C 151

Kühnberger

C 152 Bei der sog. *Buchwertmethode* werden die zu konsolidierenden Anteile dem Eigenkapital der Tochter aus der HB II gegenübergestellt. Ergibt sich aus dieser Verrechnung ein Unterschiedsbetrag, so ist dieser nach Maßgabe seiner Ursachen zu behandeln. Insgesamt sind drei Varianten denkbar:

(1) Die Anschaffungskosten der Beteiligung entsprechen betragsmäßig genau dem Eigenkapital der Konzerntochter: es entsteht kein Unterschiedsbetrag. Mit der Buchung: per Eigenkapital an Beteiligung ist die Kapitalkonsolidierung erledigt.

(2) Die Anschaffungskosten der Beteiligung übersteigen das Eigenkapital der Konzerntochter: Es entsteht ein aktiver Unterschiedsbetrag. In diesem Fall ist zu prüfen, warum mehr bezahlt wurde, als dem buchmäßigen Eigenkapital entspricht. Ursächlich könnten sein:

- Stille Reserven in den Jahresabschluss-Posten der Konzerntochter: diese sind deshalb aufzulösen um die VG, Schulden etc. mit ihren Anschaffungskosten aus Konzernsicht anzusetzen. Es handelt sich allerdings um fiktive Anschaffungskosten, da real ein share deal vorliegt, der buchmäßig wie ein asset deal dargestellt wird.

- Stille Reserven in nicht bilanzierten Jahresabschluss-Posten, z. B. selbstgestellte immaterielle Anlagenwerte der Konzerntochter, die gem. § 248 Abs. 2 HGB nicht aktiviert werden durften. Aus Konzernsicht liegt ein fiktiver Erwerb vor, so dass ein Bilanzansatz geboten ist (Dusemond/Zündorf, HdK § 301 Rz 76).

- Ein nach der Aufdeckung stiller Reserven verbleibender aktiver Unterschiedsbetrag ist als Geschäfts- oder Firmenwert im Konzernabschluss ausgewiesen (§ 301 Abs. 3 HGB)

Bei der *Neubewertungsmethode* erfolgt die Konsolidierung in einer anderen Reihenfolge. Zunächst werden stille Reserven/stille Lasten aufgedeckt, es entsteht eine sog. HB III. Die Verrechnung von Anteilsbuchwert und Eigenkapital der Tochter erfolgt unter Zugrundelegung dieser HB III. Ergibt sich dabei ein:

- aktivischer Unterschiedsbetrag, so ist dieser als Geschäfts- oder Firmenwert auszuweisen.

- passivischer Unterschiedsbetrag, so handelt es sich um einen Lucky buy oder bad will, der als Unterschiedsbetrag aus der Kapitalkonsolidierung auszuweisen ist (§ 301 Abs. 3 HGB).

Kühnberger

6. Die Vollkonsolidierung

Handelt es sich um eine 100%ige Konzerntochter, so gibt es zwischen beiden Methoden keinen Unterschied, da lediglich die Arbeitsschritte in einer anderen Abfolge vorgenommen wurden. Gibt es dagegen Minderheitsgesellschafter, so führen die Methoden zu verschiedenen Ergebnissen, da bei der Buchwertmethode stille Reserven/stille Lasten nur aufgedeckt werden, soweit sie auf die Mehrheitsgesellschafter entfallen, während bei der Neubewertungsmethode in der HB III die stillen Reserven/stillen Lasten zu 100 %, also auch für die Minderheitsgesellschafter aufzudecken sind.

C 153

(3) Das Eigenkapital der Konzerntochter übersteigt den Beteiligungsbuchwert: es entsteht ein passiver Unterschiedsbetrag, der ebenfalls bezüglich seines Inhaltes zu analysieren ist:

C 154

- Zunächst ist zu prüfen, ob stille Lasten vorliegen. Bei inländischen Konzerntöchtern dürfte dies aufgrund des Vorsichtsprinzips eher selten sein. In Frage kommen vor allem unterdotierte Rückstellungen oder unterlassene Abschreibungen. Es ist durchaus möglich, dass z. B. eine Anlage in der HB II nicht abgewertet wurde und dies aus Sicht der Konzernleitung aber erforderlich ist, da eine Weiternutzung aus strategischer Sicht nicht mehr geplant ist.

- Verbleibt darüber hinaus ein passivischer Unterschiedsbetrag, ist dieser als „Unterschiedsbetrag aus der Kapitalkonsolidierung" auszuweisen (§ 301 Abs. 3 HGB). Ein solcher Minderkaufpreis kann in seltenen Fällen auf einen *Lucky buy (Glückskauf)* zurückgehen: der Erwerber musste für die Anteile weniger zahlen als sie an (Substanz-)Wert hatten. In diesem Fall empfiehlt sich ein Ausweis innerhalb des Eigenkapital, z. B. nach dem Jahresüberschuss oder Bilanzgewinn.

- Liegt kein Glückskauf vor, ist der Unterschiedsbetrag als *negativer Firmenwert (bad will)* zu interpretieren: es wird mit Verlusten gerechnet, die aber noch nicht hinreichend konkretisiert sind, um Abschreibungen auf Vermögensgegenstände oder Rückstellungen zu rechtfertigen. Auch dieser Fall ist eher selten, da es regelmäßig ökonomisch zweckmäßiger wäre, das erworbene Unternehmen zu liquidieren und den höheren Substanzwert zu erlösen. Liegt ein bad will vor, so bietet sich ein Ausweis außerhalb des Eigenkapitals an, z. B. zwischen Eigenkapital und Rückstellungen oder innerhalb der Rückstellungen.

Kühnberger

C 155 Die Verfahren sollen an einem stark vereinfachten Beispiel dargestellt werden, wobei die HB II von der Konzernmutter und der Konzerntochter den ersten Spalten der Tabelle zu entnehmen sind. Außerdem soll die HB II der Konzerntochter folgende stille Reserven/stille Lasten enthalten:
- Immaterielle Anlagewerte 1000 (stille Reserve)
- Sachanlagen 2000 (stille Reserve)
- Vorräte 500 (stille Last)
- Rückstellungen 1000 (stille Reserven)

Buchwertmethode:

	KM (HB II)	KT (HB II)	Summen-Spalte	Konsolidierung: Soll	Konsolidierung: Haben	KA
Immat. AV	-	-	-	[2)]1 000	-	1 000
FW	-	-	-	[3)]2 000	-	2 000
Sachanlagen	10 000	6 000	16 000	[2)]2 000	-	18 000
Beteiligung	10 000	-	10 000	-	[1)]10 000	-
Vorräte	12 000	5 000	17 000	-	[2)] 500	16 500
UB				[1)]5 500	[2)] 3 500 [3)] 2 000	-
Gezeichn. Kap.	5 000	2 000	7 000	[1)]2 000	-	5 000
Rücklagen	5 000	2 000	7 000	[1)]2 000	-	5 000
JÜ	1 000	500	1 500	[1)] 500	-	1 000
Rückstellungen	10 000	3 500	13 500	[2)]1 000	-	12 500
Verbindlichkeiten	11 000	3 000	14 000	-	-	14 000
∑	32 000	11 000	43 000	16 000	16 000	37 500

In der Konsolidierungsspalte sind folgende Buchungen eingetragen:
(1) Zunächst wird das erworbene EK der KT mit dem Beteiligungsbuchwert aufgerechnet, wobei sich ein aktiver UB ergibt:

    per   gezeichnetes Kapital   2 000
              Rücklagen   2 000
               JÜ   500
               UB   5 500   an Beteiligung   10 000

Kühnberger

6. Die Vollkonsolidierung

(2) Im zweiten Schnitt werden die stillen Reserven und Lasten aufgedeckt

per	Immat. AV	1 000			
	Sachanlagen	2 000			
	Rückstellungen	1 000	an	Vorräte	500
				UB	3 500

(3) Der verbleibende aktive UB ist als Firmenwert auszuweisen

per FW an UB 2 000

In der Konzernbilanz (letzte Spalte) zeigt sich:

- Die Vermögensgegenstände/Schulden der Konzerntochter sind mit Zeitwerten erfasst, während die entsprechenden Posten der Konzernmutter mit Buchwerten eingehen.

- Der erworbene Firmenwert wird ausgewiesen.

- Das Eigenkapital entspricht dem der Konzernmutter, da das Eigenkapital der Konzerntochter gegen den Beteiligungsbuchwert konsolidiert wurde (inkl. des erworbenen Jahresüberschusses). Ein vom Eigenkapital der Konzernmutter abweichendes Eigenkapital oder Ergebnis im Konzernabschluss ergibt sich erst in den Folgeperioden, wenn sich das Eigenkapital der Konzerntochter im Vergleich zum Eigenkapital bei Erstkonsolidierung (oder durch Konsolidierungsvorgänge) ändert.

Für die *Neubewertungsmethode* soll auf die tabellarische Darstellung verzichtet und nur die erforderlichen Buchungen erläutert werden.

C 156

(1) Zunächst wäre eine HB III für die KT zu erstellen, indem stille Reserven/Lasten aufgedeckt werden

per Immat. Anlagewerte	1 000			
Sachanlagen	2 000			
Rückstellungen	1 000	an	Vorräte	500
			Rücklagen	3 500

Hierbei spielt es keine Rolle, welche Rücklagenposition in der HB III aufgestockt wird, da das gesamte EK der KT mit Buchung (2) konsolidiert wird.

(2) Verrechnung von EK der KT (aus HB III) mit dem Beteiligungsbuchwert

Kühnberger

```
per Gezeichnetes Kapital   2 000
    Rücklagen              5 500
    JÜ                       500
    UB                     2 000    an Beteiligung      10 000
```

(3) Ausweis des aktiven UB als FW

```
per FW                              an UB                2 000
```

Per Saldo ergeben sich hier keine Unterschiede zur Bilanz nach der Buchwertmethode.

C 157 Eines der schwierigsten praktischen Probleme bei der Erstkonsolidierung wurde im obigen Beispiel unterdrückt: Die Ermittlung stiller Reserven/ stiller Lasten. Real hat die Konzernmutter ja nicht einzelne Vermögensgegenstände/Schulden übernommen für die Anschaffungskosten (Zugangswerte) vorliegen, sondern es werden fiktive Anschaffungskosten ermittelt. Der Gesamtkaufpreis der Konzerntochter muss also aufgeteilt werden, wobei grundsätzlich die Zeitwerte für die einzelnen Bilanzposten zu ermitteln sind. Diese sind ausreichend zu dokumentieren, um im Rahmen der Folgekonsolidierung den Verbrauch/Abgang der stillen Reserven/ Lasten korrekt buchen zu können. Da der Gesamtkaufpreis für ein Unternehmen regelmäßig auf einem Bewertungsgutachten basiert, das nach der Ertragswertmethode oder der Discounted-Cash-Flow-Methode erstellt wurde und letztlich auch vom Verhandlungsgeschick der Vertragsparteien abhängt, ergeben sich die Zeitwerte der einzelnen Jahresabschluss-Posten häufig nicht aus den Unterlagen des Erwerbers oder Verkäufers (vgl. Dusemond/Weber/Zündorf, HdK § 301 Rz 72).

Auf die Ermittlung von Zeitwerten kann nur bei unwesentlichen Beträgen verzichtet werden.

C 158 Soweit Jahresabschluss-Posten in den HB II infolge eines Ansatzwahlrechtes gar nicht bilanziert wurden, sind sie i. d. R. auch nicht im Rahmen der Aufdeckung stiller Reserven/Lasten anzusetzen, da ansonsten das Ansatzwahlrecht gem. § 300 Abs. 2 HGB leer liefe. Bilanzierungshilfen dürfen deshalb übernommen werden. Für andere Posten wird dies relativiert. In der HB II nicht passivierte Alt-Pensionsrückstellungen sind zwingend anzusetzen. Aufwandsrückstellungen gem. § 249 Abs. 2 HGB entfallen hingegen, da sie keine Schulden darstellen (vgl. ADS, § 301 Rz 65). Zu bedenken ist allerdings, dass die Ansatzwahlrechte bereits in der HB II frei ausgeübt werden können (siehe RN C 118 f.), so dass es u. E. wenig

Kühnberger

6. Die Vollkonsolidierung

Sinn macht im Rahmen der Kapitalkonsolidierung hier formal strenge Maßstäbe anzulegen.

Die Zeitwerte der einzelnen Bilanzposten hängen u. a. von der geplanten Verwendung der Vermögensgegenstände im Konzern ab: Neben Markt-/Börsenpreisen kommen demnach auch Wiederbeschaffungskosten (z. B. Sachanlagen) und Einzelveräußerungswerte (z. B. für nicht betriebsnotwendiges Vermögen) in Betracht. Schulden sind mit „Abschaffungskosten" zu bewerten. Deshalb sind z. B. zinstragende Rückstellungen mit dem Barwert anzusetzen (vgl. Förschle/Deubert, BeBiKo, § 301 Rz 80). Regelmäßig wird der Konzernleitung bei der Ermittlung der Zeitwerte ein erheblicher Ermessungsspielraum zustehen, der natürlich auch unter bilanzpolitischen Aspekten interessant sein kann (siehe RN C 160). Dies betrifft vor allem stille Lasten: diese werden im Rahmen der Erstkonsolidierung erfolgsneutral aufgedeckt und führen c. p. zu einem höheren Firmenwert (vermindern passiven Unterschiedsbetrag aus der Kapitalkonsolidierung). Die Realisierung der stillen Lasten ist in späteren Perioden erfolgswirksam; im Vergleich zum Ergebnis aus der HB II ergibt sich ein höherer JÜ. Auf der anderen Seite kann der erhöhte FW erfolgsneutral mit den Rücklagen verrechnet werden (s. RN C 170), so dass per Saldo die sehr vorsichtige Bemessung stiller Lasten erfolgserhöhend wirken kann. Diese Wirkung kann auch durch sog. Restrukturierungsrückstellungen erzielt werden, wenn die KM z. B. (Teil-)Betriebsstilllegungen, Re-Organisationen, Mitarbeiterentlassungen plant. Insofern handelt es sich i. d. R. um Aufwandsrückstellungen, die nur wahlweise ansetzbar sind und erst auf der Konzernebene durch die Absichten der KM entstehen. Sie gelten aber als passivierbar (vgl. Meisel/Pojic, WPg 2000, S. 1055 ff.; Dusemond/Zündorf, HdK § 301 Rz 77; Klar, WPg 1993, S. 278 ff.).

Umgekehrt werden in der Praxis z.T. stille Reserven (insbesondere bei immateriellen VG) nicht immer aufgedeckt, was c. p. ebenfalls zu einem höheren Firmenwert führt. Dadurch wird der erfolgmindernde Verbrauch/Abgang stiller Reserven in den Folgeperioden vermieden, während der erhöhte Firmenwert entweder erfolgsneutral mit den Rücklagen verrechnet oder über eine lange Nutzungsdauer abgeschrieben werden kann.

In § 301 Abs. 1 Satz 4 HGB wurde bis zur Verabschiedung des TransPuG im Rahmen der Neubewertungsmethode die *Aufdeckung der stillen Reserven begrenzt* auf die AK der Beteiligung. Diese Begrenzung gilt auch für die Buchwertmethode. Begründet wird dies damit, dass eine höhere Be-   C 159

Kühnberger

wertung der einzelnen Vermögensgegenstände zu einer Bewertung über die AK hinaus führt, die die pagatorische Basis der Rechnungslegung verlassen würde. Obwohl diese Begründung nicht notwendig überzeugt, da es für die einzelnen Bilanzposten gerade keine AK gibt und somit eine Überbewertung gar nicht definiert werden kann, stellt dies die h. M. dar. Bei einer vollständigen Aufdeckung stiller Reserven ergäbe sich als Ausgleich ein passivischer Unterschiedsbetrag aus der Kapitalkonsolidierung. Da ein solcher Unterschiedsbetrag wie ein negativer Firmenwert im Jahresabschluss nur schwer interpretierbar ist, hat die durch die AK begrenzte Aufdeckung stiller Reserven aber auch einiges für sich. Gibt es sowohl stille Reserven als auch stille Lasten sind stille Reserven nur insoweit aufzudecken, als dadurch ein passivischer Unterschiedsbetrag nicht entsteht oder erhöht wird (vgl. ADS, § 301 Rz 92 f.). Auf Vorschlag des DSR (DRS 4) wurde mit dem TransPuG § 301 Abs. 1 Satz 4 HGB ersatzlos gestrichen. Damit gilt die Anschaffungskostenrestriktion für die Neubewertungsmethode nicht mehr, so dass durch die Aufdeckung stiller Reserven nunmehr ein passiver Unterschiedsbetrag entstehen kann. Unklar ist aber, ob damit auch bei der Buchwertmethode die Anschaffungskostenrestriktion entfällt (der gestrichene Satz 4 betrifft explizit nur die Neubewertungsmethode) oder nicht. Im letztgenannten Fall ergäbe sich ein systematischer Verfahrensunterschied, der inhaltlich kaum gerechtfertigt werden kann. Ursächlich für die entstandene Unsicherheit dürfte letztlich sein, dass der DRS 4 nur unvollständig in das HGB übernommen wurde: dort wurde die Streichung der Buchwertmethode insgesamt und des Satzes 4 vorgesehen. Während der Gesetzgeber Satz 4 tatsächlich gestrichen hat, blieb die Buchwertmethode (bisher?) erhalten.

C 160 Soweit die AK-Restriktion bei der Buchwertmethode noch greift, ergibt sich aber mit dieser Regelung ein Folgeproblem. Das Gesetz regelt nämlich nicht, welche der stillen Reserven aufzudecken sind und welche nicht. Es wird deshalb über eine Vielzahl von Möglichkeiten diskutiert. Eindeutig ist, dass die *Zuordnung der stillen Reserven* nicht willkürlich erfolgen darf. Die Folgen der Aufdeckung sind nicht formaler Art: Einmal ändern sich die Bilanzrelationen (Bilanzkennziffern), zum anderen ergeben sich in den Folgeperioden unterschiedliche Ergebniswirkungen. Werden stille Reserven im nicht abnutzbaren oder langfristig abnutzbaren Anlagevermögen aufgedeckt, beeinflusst der Verbrauch dieser stillen Reserven (z. B. durch Abschreibungen, Verkauf) den Konzernerfolg erst in späteren Jahren. Werden die Reserven dagegen im Umlaufvermögen oder den kurz-

Kühnberger

6. Die Vollkonsolidierung

fristigen Rückstellungen aufgedeckt, so treten die entsprechenden Ergebnisbelastungen bei Verbrauch auch kurzfristig auf. Zu präferieren ist u. E. eindeutig eine nach dem Volumen der stillen Reserven proportionale Aufdeckung, da diese am ehesten dem Vorgehen bei einem asset deal im Einzelabschluss entspricht und keine systematischen Verzerrungen im Konzernabschluss auftreten (vgl. i. E. ebenso Förschle/Deubert, BeBiKo, § 301 Rz 99). Auf jeden Fall gilt für die gewählte Methode das Gebot der Stetigkeit.

Anders als bei den stillen Reserven gibt es bezüglich der *stillen Lasten* *keine Begrenzung* bei der Aufdeckung. Nur wenn eine Beteiligungsquote unter 100 % vorliegt, sind bei der Buchwertmethode die stillen Lasten nur beteiligungsproportional aufzulösen. Durch die vollständige Aufdeckung stiller Lasten erhöht sich c. p. der auszuweisende Firmenwert im Konzernabschluss. C 161

Soweit sich aus der Konsolidierung mehrerer Tochterunternehmen aktive und passive Unterschiedsbeträge ergeben (nach Auflösung der stillen Reserven/Lasten), dürfen diese in der Bilanz zusammengefasst und saldiert werden. Die verrechneten Beträge sind im Anhang gesondert anzugeben (§ 301 Abs. 3 Satz 3 HGB). Die durch die Kapitalkonsolidierung entstehenden Firmenwerte dürfen auch mit solchen aus den Jahresabschlüssen der Konzern-Glieder zusammengefasst werden. Es handelt sich hierbei um eine reine *Ausweisregel*: da jeder Unterschiedsbetrag getrennt zu bewerten und fortzuschreiben ist, müssen in einer Nebenrechnung die Einzelposten erfasst sein. Wesentliche Änderungen gegenüber dem Vorjahr (z. B. außerplanmäßige Abschreibungen, Zu-/Abgänge) sind im Anhang zu erläutern (§ 301 Abs. 3 Satz 2 HGB). C 162

Der *Zeitpunkt der Erstkonsolidierung* kann von der Unternehmensleitung gem. § 301 Abs. 2 HGB festgelegt werden, wobei drei Varianten zulässig sind: C 163

a) Der Zeitpunkt des Erwerbs der Anteile.

b) Der Zeitpunkt, zu dem das Unternehmen die Eigenschaft ein Tochterunternehmen zu sein, erstmals erfüllt.

c) Der Zeitpunkt der erstmaligen Einbeziehung des Tochterunternehmens in den Konzernabschluss.

Der Erwerbsmethodik entspricht nur die Variante a), da nur hier dem Beteiligungsbuchwert (den AK) das erworbene Eigenkapital gegenübergestellt wird und ein Unterschiedsbetrag zutreffend auf Vermögensgegen-

Kühnberger

stände, Schulden, Firmenwert etc. zugeordnet wird. Die Aufwendungen und Erträge (inkl. des Jahresüberschusses/Jahresfehlbetrags) werden hierbei korrekt erfasst. Diese Variante setzt voraus, dass bei einem Erwerbstermin, der vom Konzernabschluss-Stichtag abweicht, ein aussagefähiger Zwischenabschluss auf Basis einer Inventur erstellt wird. Erfolgt der Erwerb zu mehreren Zeitpunkten, z. B. durch mehrfachen Kauf von Anteilen über die Börse, müssen für jede Tranche entsprechende Berechnungen getrennt erfolgen und fortgeführt werden. Wird ein bislang nicht konsolidiertes Tochterunternehmen (§§ 295 ff. HGB) erstmals einbezogen, müsste auf den historischen Erwerbstermin abgestellt werden. Der zwischenzeitliche Verbrauch stiller Reserven ist dann ergebnisneutral mit dem Eigenkapital zu verrechnen (vgl. ADS, § 301 Rz 117 f.).

C 164 Primär aus Vereinfachungsgründen sind die Alternativen b) und c) eingeräumt worden. In diesen Fällen kann sich aber, in Abhängigkeit von der zeitlichen Distanz zwischen Erwerb und Erstkonsolidierung, eine erhebliche Verzerrung im Konzernabschluss ergeben und zwar auch für die Folgeperioden. Ursachen können darin liegen, dass

- Vermögengegenstände, Schulden zum Zeitpunkt der Konsolidierung gar nicht mehr vorhanden sind, ihnen also keine stillen Reserven/Lasten mehr zugeordnet werden können;
- Dass sich das Eigenkapital der Tochterunternehmen seit dem Erwerb geändert hat, z. B. durch einen Jahresüberschuss/Jahresfehlbetrag, so dass den Anschaffungskosten der Beteiligung ein falsches Eigenkapital gegenübergestellt wird;
- Dass sich der Wertansatz der Beteiligung geändert hat, z. B. durch Abschreibungen (vgl. hierzu ADS, § 301 Rz 35, die ein Rückgängigmachen der Abschreibungen ablehnen).

C 165 **Beispiel:**
KM erwirbt TU zum Zeitpunkt t_1. Die AK der Anteile betragen 1 000. TU hat stille Reserven in einem Grundstück i. H. v. 1 000. Im Übrigen entsprechen die Buchwerte den Zeitwerten.

Bilanz TU (t_1)

Sachanlagen	4 000	Gezeichnetes Kapital	2 000	
Vorräte	5 000	Rücklagen	700	
		JÜ	300	3 000
		Verbindlichkeiten		6 000
	9 000			9 000

6. Die Vollkonsolidierung

Konsolidierungsbuchungen:

(1) per	Gezeichnetes Kapital	2 000			
	Rücklagen	700			
	JÜ	300			
	UB	7 000	an	Beteiligung	10 000
(2) per	Sachanlagen	1 000	an	UB	1 000
(3) per	FW	6 000	an	UB	6 000

Zum Zeitpunkt t_2 hat TU das Grundstück veräußert, das Vorratsvermögen enthält stille Reserven von 1000, das EK ist durch den Veräußerungsgewinn verändert. Die folgende Bilanz enthält die Buchwerte von TU zum Zeitpunkt t_2.

Bilanz TU (t_2)

Sachanlagen	3 000	Gezeichnetes Kapital	2 000	
Vorräte	5 000	Rücklagen	700	
		JÜ	1 300	4 000
		Verbindlichkeiten		4 000
	8 000			8 000

Konsolidierungsbuchungen:

(1) per	Gezeichnetes Kapital	2 000			
	Rücklagen	700			
	JÜ	1 300			
	UB	6 000	an	Beteiligung	10 000
(2) per	Vorräte	1 000			
	FW	5 000	an	UB	6 000

Erfolgt die Konsolidierung zum Zeitpunkt t_2 enthält der Konzernabschluss folgende Fehler: C 166

- Der Veräußerungsgewinn wird als erworbener Jahresüberschuss konsolidiert, obwohl er als Konzernerfolg in den Konzernabschluss eingehen müsste.

- Das Vorratsvermögen ist aus Konzernsicht überbewertet, da die stillen Reserven nicht bezahlt, sonder selbst gelegt wurden. Entsprechend wird der Aufwand beim Verbrauch/Abgang der Vorräte überhöht ausgewiesen.

- Der bezahlte Firmenwert wird um den Veräußerungserfolg zu niedrig gezeigt, was auch in den Folgeperioden Auswirkungen hat, z. B. in Höhe der zu verrechnenden Abschreibungen.

Obwohl diese Verzerrungen auch qualitativ bedeutsam sein können, kann das o. a. Wahlrecht für den Konsolidierungszeitpunkt frei ausgeübt werden. Der Termin ist im Anhang anzugeben (§ 301 Abs. 2 Satz 3 HGB). Gegebenenfalls sind zusätzliche Erläuterungen geboten, um dem Einblicksgebot gem. § 297 Abs. 2 Satz 3 HGB Rechnung zu tragen (vgl. ADS, § 301 Rz 119). Dies setzt allerdings voraus, dass die Beträge der eigentlich „richtigen" Erstkonsolidierung zumindest plausibel abzuschätzen oder noch dokumentiert sind.

Problematisch wäre u. E. der Fall, dass die Konzerntochter im Zeitraum zwischen Erwerb und Erstkonsolidierung einen Jahresfehlbetrag erwirtschaftet, da dieser c. p. den „erworbenen" Firmenwert erhöht. In diesem Fall müsste eine außerplanmäßige Abschreibung auf den Firmenwert vorgenommen werden, um den Konzernerfolg in der richtigen Höhe auszuweisen (auch wenn die Erfolgsquellen unzutreffend dargestellt werden). DRS 4 (Rz 9) sieht vor, dass ausschließlich der Erwerbstermin zulässig ist. Dies entspricht den internationalen Regeln. Ein Zwischenabschluss auf den Erwerbstermin braucht nicht aufgestellt zu werden (RN C 10). Obwohl diese Vorgabe inhaltlich zu begrüßen ist, ist ihre Bindungswirkung sehr zweifelhaft, da das HGB ausdrücklich auch andere Konsolidierungszeitpunkte zulässt. Der Gesetzgeber hat mit dem TransPuG das HGB auch nicht an die Vorstellungen des DRSC angepasst, obwohl dies im Vorfeld angedacht war.

6.1.2.2.2 Folgekonsolidierung

C 167 Im Rahmen der Folgekonsolidierung sind die Konzern-Anschaffungskosten der übernommenen Vermögensgegenstände, Schulden und der aufgedeckte Firmenwert/Unterschiedsbetrag aus der Kapitalkonsolidierung fortzuschreiben. Aus diesem Grund müssen in einem ersten Schritt die Buchungen aus der Erstkonsolidierung wiederholt werden, um die Ausgangswerte in den Konzernabschluss einzufügen. Hierbei ist zu berücksichtigen, dass grundsätzlich die Größen Beteiligungsbuchwert und (anteiliges) Eigenkapital des Tochterunternehmens in gleicher Höhe wie bei der erstmaligen Konsolidierung zu verrechnen sind. Ergeben sich zwischenzeitlich Unterschiede in der Struktur der zu konsolidierenden Eigenkapital-Bestandteile (z. B. der Jahresüberschuss aus der Erstkonsolidierung wurde thesauriert, Rücklagen infolge einer Nominalkapitalerhöhung in gezeichnetes Kapital umgewandelt), so ist weiterhin das gesamte erworbene Eigenkapital unter Anpassung der Eigenkapital-Posten zu konsolidieren. Hat sich das erworbene Eigenkapital selbst geändert, z. B. durch Jah-

Kühnberger

6. Die Vollkonsolidierung

resüberschuss/Jahresfehlbetrag oder durch Gewinnausschüttungen führt dies nicht zur Anpassung der Konsolidierung, sondern diese Eigenkapital-Änderung gehen als Änderungen des Konzern-Eigenkapitals in den Konzernabschluss ein.

Schwieriger sind *Änderungen des Beteiligungsbuchwertes seit der Erstkonsolidierung* abzubilden. Diese können sich durch Abschreibungen ergeben, aber auch durch Zuschreibungen, wenn zwischen dem Erwerbstermin und der Erstkonsolidierung vormals eine Abschreibung erfolgte. Da solche Änderungen des Beteiligungsbuchwertes im Konzernabschluss selbst nicht auftauchen können, weil die Beteiligung nicht bilanziert wird, sind die entsprechenden Buchungen im Jahr der Abschreibung/Zuschreibung erfolgswirksam zu stornieren. Zu prüfen ist dann, ob die entsprechenden Wertänderungen der Beteiligung in Abschreibungen/Zuschreibungen auf die erworbenen Vermögensgegenstände, Schulden, Firmenwerte „übersetzt" werden können. Eine Abschreibung auf den Beteiligungsbuchwert ist dann im Konzernabschluss als außerplanmäßige Abschreibung auf den Firmenwert oder aufgelöste stille Reserven (ggf. zusätzliche Rückstellungen) zu verteilen. Soweit eine solche Abschreibung nicht mehr möglich ist, weil z. B. der Firmenwert oder die erworbenen Vermögensgegenstände gar nicht mehr vorhanden sind, ist auf die entsprechenden Abschreibungen zu verzichten oder ein außerordentlicher Aufwand (§ 277 Abs. 4 HGB) in der GuV zu zeigen (Küting/Weber, Der Konzernabschluss, S. 267 halten es im Regelfall deshalb für geboten, die Abschreibung auf die Beteiligung erfolgswirksam zu stornieren ohne sie im Konzernabschluss abzubilden). Auch für den umgekehrten Fall der Zuschreibungen kann es Restriktionen geben: auf einen abgeschriebenen Firmenwert sind Wertaufholungen nach h. M. unzulässig und das Zuschreibungsvolumen bei den Vermögensgegenständen ist auf die (fortgeführten) Konzern-AK der noch vorhandenen Vermögensgegenstände begrenzt (vgl. Wohlgemuth/Ruhnke, HdJ V/$_2$ Rz 163 ff.; Förschle/Deubert, BeBiKo, § 301 Rz 202 ff.).

C 168

Die im Rahmen der Erstkonsolidierung aufgedeckten stillen Reserven und Lasten teilen das Schicksal der zugehörigen Bilanzposten. D. h. z. B.:

C 169

- Werden stille Reserven im nicht abnutzbaren Anlagevermögen aufgelöst, werden sie bei Abgang des Vermögensgegenstandes oder durch außerplanmäßige Abschreibungen gem. § 253 Abs. 2 HGB aufwandswirksam.

Kühnberger

- Stille Reserven im abnutzbaren Anlagevermögen werden durch die im Konzernabschluss höheren planmäßigen Abschreibungen (oder bei Abgang/außerplanmäßigen Abschreibungen) verbraucht.
- Stille Reserven in den Vorräten werden bei Verbrauch/Abgang als Materialaufwand/Bestandsminderung im Konzernabschluss erfolgswirksam.
- Stille Reserven/Lasten in den Rückstellungen sind bei Inanspruchnahme (§ 249 Abs. 3 HGB) ergebniswirksam.

C 170 Für aktivierte Firmenwerte und passivische Unterschiedsbeträge aus den Kapitalkonsolidierungen enthält § 309 HGB gesonderte Regelungen. Für aktivierte Firmenwerte sieht das HGB explizit folgende Varianten vor (§ 309 Abs. 1 HGB):

(1) Abschreibung mit mindestens 25 % p. a., wobei auch das Erwerbsjahr einzubeziehen ist, wenn die Beteiligung in der ersten Jahreshälfte erworben wurde (vgl. Küting/Weber, Der Konzernabschluss, S. 244 f.). Diese pauschale Mindestabschreibung entspricht § 255 Abs. 4 HGB und trägt der Tatsache Rechnung, dass sich eine konkrete Nutzungsdauer für den Firmenwert oftmals nicht bestimmen lässt, da er formal als Unterschiedsbetrag zwischen Kaufpreis und Substanzwerten des Tochterunternehmens ermittelt wird. Regelmäßig handelt es sich um eine heterogene Rest-Größe, die nicht als Vermögensgegenstand i. S. des HGB zu qualifizieren ist, da weder Einzelbewertbarkeit noch Einzelveräußerbarkeit vorliegt.

(2) Alternativ ist eine planmäßige Abschreibung über die voraussichtliche Nutzungsdauer zulässig. In Anlehnung an § 7 Abs. 1 Satz 3 EStG ist eine Nutzungsdauer von 15 Jahren möglich. Aufgrund der angesprochenen praktischen Probleme einer Nutzungsdauer-Schätzung finden sich in deutschen Konzernabschlüssen aber auch Abschreibungsdauern von 3–40 Jahren. Diese z.T. sehr langen Nutzungsdauer sind handelsrechtlich bedenklich, da sie inhaltlich nur in seltenen Fällen vor dem Hintergrund des Vorsichtsprinzips plausibel sind. In der Praxis dürften die absolut betrachtet sehr hohen Firmenwerte, die bei kürzerer Nutzungsdauer den Konzern-Jahresüberschuss wesentlich beeinträchtigen würden, bei der Wahl der langen Nutzungsdauer ursächlich sein.

(3) Eine Ergebnisbelastung kann – anders als im Jahresabschluss – durch eine vollständige Verrechnung des Firmenwerts mit den Rücklagen erreicht werden (offene Absetzung). Diese Rücklagenrechnung ist zwar

Kühnberger

6. Die Vollkonsolidierung

zulässig, verstößt aber auch eindeutig gegen die GoB. Im Kern werden Auszahlungen für Investitionen getätigt, ohne dass diese via Abschreibungen jemals ergebniswirksam werden.

Inhaltlich ist nicht bestimmt mit welchen Rücklagen der Firmenwert zu verrechnen ist. In erster Linie kommen die anderen Gewinnrücklagen in Betracht. Da aber die für den Jahresabschluss relevanten Definitionen für zweckgebundene Rücklagen (statutarische, gesetzliche etc.) oder Kapitalrücklagen für den Konzern als Einheit mangels Rechtspersönlichkeit keinen Sinn haben, können auch sie um den Firmenwert gekürzt werden. Diese Rücklagenverrechnung führt dazu, dass die Eigenkapital-Rendite im Konzernabschluss relativ zu gut dargestellt wird. Der nicht durch Abschreibungen verminderte Jahresüberschuss wird in Relation zu einem um den Firmenwert vermindertes Eigenkapital gesetzt (vgl. Weber/Zürndorf, HdK 1998 § 309 Rz 39).

Neben diesen dem Gesetz direkt zu entnehmenden Varianten sind in der Praxis auch andere Verfahrensweisen aufgetreten (u. a.): C 171

(4) Ratierliche Verrechnung des Firmenwerts mit den Rücklagen über mehrere Perioden, die de facto einer Abschreibung ohne GuV-Wirkung entspricht. Während diese Form vielfach für zulässig, da nicht explizit verboten gilt (vgl. WPH 2000, M Rz 380), halten andere Autoren diese Methode für unzulässig (vgl. Küting/Weber, Der Konzernabschluss, S. 247).

(5) Wechsel von einer GuV-wirksamen Abschreibung zur Rücklagenverrechnung: Dieses Verfahren gilt als zulässig, wenn es deshalb gewählt wird, weil es in den ersten Jahren an verrechenbaren Rücklagen fehlte (vgl. Küting/Weber, a. a. O.). Demgegenüber dürfte ein umgekehrter Wechsel unzulässig sein.

Die Methode (4), (5) und auch weitere Verfahren (z. B. Re-Aktivierung und anschließender Verfahrenswechsel) sind u. E. grundsätzlich abzulehnen. Regelmäßig gelten sie als erlaubt, weil sie nicht explizit verboten sind und sie beeinträchtigen den Einblick in die Vermögens-, Finanz- und Ertragslage des Konzerns. Zu beachten sind jedenfalls die allgemeinen Grundsätze der Methodenstetigkeit gem. § 297 Abs. 3 HGB (inkl. Anhangangaben bei Durchbrechungen) und Einheitlichkeit (Gleichbehandlung gleichartiger Sachverhalte). C 172

Kühnberger

Ohne auf Details weiter einzugehen, wird darauf hingewiesen, dass in der Literatur zunehmend Forderungen laut werden, den Firmenwert im Konzernabschluss nach betriebswirtschaftlich sinnvollen Regeln zu behandeln. Dies beinhaltet z. B.:

- Ausschließlich ergebniswirksame FW-Abschreibungen
- Keine Methodenvielfalt (Wahlrechte)
- Absolute Begrenzungen der Nutzungsdauer aufgrund praktischer Prognoseprobleme (Willkür bei langer Nutzungsdauer vermeiden)
- Aufteilung des FW in einzelne Komponenten mit eigener Nutzungsdauer, die eine planmäßige Abschreibung und laufende Werthaltigkeitstests ermöglichen (vgl. Sellhorn, DB 2000, S. 885 ff.).

C 173 Konzeptionell und praktisch mit Schwierigkeiten verknüpft ist die Frage, wie bei *Wertminderungen* u./o. späteren *Wertsteigerungen des Firmenwerts* zu verfahren ist. Die h. M. geht davon aus, dass die Abschreibungsregeln in § 253 Abs. 2 HGB analog anzuwenden sind. Demnach ist ein Firmenwert außerplanmäßig abzuschreiben, wenn eine dauernde Wertminderung vorliegt. Bei vorübergehender Wertminderung greift ein Abwertungswahlrecht nach dem Wortlaut des HGB nicht, da § 253 Abs. 2 i. V. m. § 279 Abs. 1 Satz 2 HGB ein solches nur für Finanzanlagen vorsieht. Formal gilt ein Abschreibungsverbot. Dies setzt aber voraus, dass die Abschreibungsregeln für Vermögensgegenstände auf den Firmenwert anzuwenden sind, was keinesfalls selbstverständlich ist. Der Firmenwert ist eine reine Saldogröße, die verschiedenste Komponenten, z. B. auch überhöhte Kaufpreise infolge von Bewertungs- und Verhandlungsfehlern etc., beinhalten kann. Da immaterielle Vermögensgegenstände des erworbenen Unternehmens selbständig aktivierungspflichtig sind, stellt der Firmenwert selbst keinen Vermögensgegenstand dar. Aufgrund seiner Charakteristik als Restgröße ist deshalb regelmäßig die Bestimmung einer Nutzungsdauer und eines ggf. gesunkenen beizulegenden Wertes problematisch. Nur in den Fällen, in denen der Firmenwert inhaltlich konkretisierbar ist (wichtige Führungskräfte, bestimmtes Marktpotenzial, konkrete Synergien etc.), kann eine Abschreibung plausibel gemacht werden. Geplante Stilllegungen führen zwingend zu außerplanmäßigen Abschreibungen (vgl. ADS, § 309 Rz 25). Wird im Jahresabschluss der Konzernmutter eine Abschreibung auf die Beteiligung an der Konzerntochter vorgenommen, wird dies als Abwertungsgrund für einen ggf. noch aktivierten Firmenwert im Konzernabschluss interpretiert (vgl. Förschle/Hoffmann,

Kühnberger

BeBiKo, § 309 Rz 17). Praktisch wird der Konzernleitung ein beachtlicher Spielraum verbleiben: sieht man von offenkundigen Fehlinvestitionen ab, ist gegen ihren Willen ein dauernder Verlust der Gewinnerwartungen aus der Investition schwer nachweisbar. Will die Konzernleitung dagegen einen Firmenwert außerplanmäßig abschreiben, obwohl ein niedriger Wert nicht plausibel nachweisbar ist, so dürfte dies jedenfalls zulässig sein, wenn er zuvor pauschal abgeschrieben wurde (keine „Bewertungsmethode" i. S. von § 252 Abs. 1 Nr. 6 HGB). Eine sofortige Vollabschreibung im Erwerbsjahr würde aber mit der grds. Aktivierungspflicht kollidieren (vgl. Weber/Zürndorf, HdK 1998 § 309 Rz 20). Wurde der Firmenwert bislang planmäßig abgeschrieben, ist ein Methodenwechsel ohne begründeten Ausnahmefall i. S. von § 252 unzulässig.

Wurde ein Firmenwert außerplanmäßig abgeschrieben, so soll ein Wegfall der Gründe für die Abschreibungen umgekehrt nicht zu einer Wertaufholung gem. § 280 Abs. 1 HGB führen. Dies kann damit begründet werden, dass

C 174

- § 280 HGB nur für Vermögensgegenstände ausdrücklich gilt,
- eine Kollision mit dem Vorsichtsprinzip droht,
- eine Unterscheidung zwischen dem Wegfall der ursprünglichen Gründe und einem neu geschaffenen originären Firmenwert kaum möglich ist (vgl. Förschle/Hoffmann, BeBiKo, § 309 Rz 19).

Aus pragmatischen Gründen, insbesondere zur Vermeidung von Ertragsbuchungen die letztlich durch sehr subjektive Prognosen ermöglicht würden, ist der h. M. zuzustimmen.

Schildbach (Der Konzernabschluss, S. 195) hat vorgeschlagen, den Firmenwert nicht mehr pauschal oder planmäßig abzuschreiben, da aufgrund der Subjektivität der Aufwendungen der Einblick in die Ertragslage gefährdet ist. Zudem führen Abschreibungen zu einer Doppelbelastung der GuV, wenn zugleich Firmenwert-erhaltende Erhaltungsmaßnahmen getätigt werden, die ex definitione nicht aktivierbar sind. Auf die Totalperiode bezogen wird dies zwar ausgeglichen, da der Firmenwert auch bei Fehlen laufender Abschreibung spätestens beim Abgang der Konzerntochter Erfolgswirkung hat, temporäre Verzerrungen sind aber möglich. Allerdings ist der Vorschlag von Schildbach nicht HGB-konform und eröffnet bilanzpolitisches Potenzial, da nur außerplanmäßige Abschreibungen möglich sind.

Kühnberger

Nach FAS 141/142 und dem ED–IFRS 3 ist nach den relevanten Internationalen Standards eine planmäßige Firmenwertabschreibung (künftig) nicht mehr zulässig. Stattdessen ist ein periodischer Niederstwerttest (Impairment–only–approach) vorgeschrieben (vgl. Busse von Colbe u. a.: Konzernabschlüsse, 247 ff.). Außerdem wird beim IASB erwogen, den Firmenwert für Minderheitenanteile „hochzurechnen" (Full food will method; vgl. eb. S. 237 f.). Nach derzeitigem Recht für HGB-Bilanzierer ist beides (noch) unzulässig.

C 175 Entsteht durch die Verrechnung von Eigenkapital und Beteiligungsbuchwert ausnahmsweise ein *passiver Unterschiedsbetrag*, der auch nicht als stille Last zu interpretieren ist, so sieht § 309 Abs. 2 HGB eine *differenzierte Folgebehandlung* vor, die vom Charakter des Unterschiedsbetrags abhängt, wobei folgende Ursachen möglich sind:

a) Unzureichende Ertragskraft (bad will) oder konkrete Erwartungen von Verlusten, Aufwendungen (Sanierungsausgaben, Restrukturierungen etc.), die in der HB II (noch) nicht rückstellungsfähig oder -pflichtig sind.

b) Die Konzernmutter konnte den Erwerbspreis unter den Wert des EK der Konzerntochter drücken (lucky buy)

c) Zwischen dem Zeitpunkt des Erwerbs der Konzerntochter und der erstmaligen Konsolidierung wurde eine Abschreibung auf die Beteiligung vorgenommen oder das EK der Konzerntochter ist durch einen Jahresüberschuss gestiegen.

C 176 Obwohl es in § 309 Abs. 2 HGB heißt, dass der passivische Unterschiedsbetrag ergebniswirksam aufgelöst werden darf, wenn die dort genannten Voraussetzungen vorliegen, ist nach einhelliger Ansicht von einer *Pflicht* auszugehen (vgl. Förschle/Hoffmann, BeBiKo, § 309 Rz 45). Demnach ist eine gewinnerhöhende Auflösung geboten, wenn

- die erwarteten Verluste oder Aufwendungen eintreten, wobei es sich um die zu dokumentierenden, nämlichen Verluste/Aufwendungen handelt. Der passivische Unterschiedsbetrag hat Ähnlichkeit mit einer Rückstellung und soll analog die künftigen Perioden verlustfrei halten.

- zum Abschlussstichtag feststeht, dass ein realisierter Gewinn vorliegt. Dies ist nach dem Realisationsprinzip anzunehmen, wenn die Konzerntochter wieder veräußert wird.

Kühnberger

6. Die Vollkonsolidierung

Schwierigkeiten bereiten die Fälle, in denen erwartete Verluste oder Aufwendungen nachhaltig nicht mehr zu erwarten sind, die Konzerntochter sich also besser als erwartet entwickelt oder wenn aufgrund der Ertragskraft der Konzerntochter sicher ist, dass ein lucky buy vorliegt. Während Förschle/Hoffmann (vgl. BeBiKo § 309 Rz 46) einen erfolgswirksame Auflösung für zulässig halten, schlagen ADS eine Umbuchung in die Kapitalrücklage vor, da der passivische Unterschiedsbetrag auch ergebnisneutral eingebucht wurde (vgl. ADS, § 309 Rz 77). Dies ist insofern konsequent, als analog zu den normalen GoB aus Anschaffungskosten keine Ergebniserhöhung resultiert (vgl. von Wysocki/Wohlgemuth, Konzernrechnungslegung, S. 115). Im Falle eines lucky buy lässt das WPH 2000 (M Rz 386) vor Veräußerung der Konzerntochter sowohl eine Fortführung des passivischen Unterschiedsbetrags zu als auch eine Umbuchung in Rücklagen.

C 177

Bei den unter c) genannten Sachverhalten spricht u. E. nichts gegen eine erfolgswirksame Auflösung des Unterschiedsbetrags, da auch die Abschreibungen auf die Beteiligung GuV-wirksam war und die erzielten Jahresüberschüsse der Konzerntochter nach dem Erwerbs-, aber vor dem Konsolidierungsstichtag zum Konzern-Erfolg gehören.

Ausgehend vom obigen Beispiel (RN C 155) soll die *Folgekonsolidierung* (*Buchwertmethode*) exemplarisch dargestellt werden, wobei folgende Annahmen berücksichtigt werden:

C 178

- Die immateriellen Vermögensgegenstände des Anlagevermögens und der Firmenwert werden mit 25 % p. a. abgeschrieben.

- Die stillen Reserven in den Sachanlagen betreffen eine Anlage mit einer Restnutzungsdauer von 10 Jahren, die Abschreibung erfolgt linear.

- Die Vorräte, die die stille Last enthielten, sind verbraucht worden.

- Die Rückstellungen werden komplett wegen Inanspruchnahme aufgelöst.

- Konzerntochter hat den Jahresüberschuss aus dem Vorjahr in voller Höhe thesauriert.

Das Konsolidierungs-Tableau enthält in den ersten Spalten die HB II-Werte des Folge-Stichtages. In der Konsolidierungsspalte sind die nachfolgenden Buchungen eingetragen:

C 179

Kühnberger

(1) per Gez. Kap. 2 000
    Rücklagen 2 500
    UB 5 500 an Beteiligung 10 000

Die einzige Änderung gegenüber der Erstkonsolidierung betrifft die unterschiedlichen EK-Posten: statt des erworbenen Jahresüberschusses wird die erhöhte Rücklage konsolidiert. Daran würde sich auch nichts ändern, wenn die Konzerntochter den Jahresüberschuss (teilweise) ausgeschüttet hätte, da aus Konzernsicht kein Jahresüberschuss, sondern Teile des erworbenen Eigenkapitals ausgeschüttet wurden.

(2) per Immat. AV 1 000
    Sachanlangen 2 000
    Rückstellungen 1 000 an Vorräte 500
                              UB 3 500
(3) per FW   an UB 2 000

Mit den Buchungen (2), (3) sind die Ausgangswerte für die eigentliche Folgekonsolidierung in die Summenbilanz eingestellt.

	KM (HB II)	KT (HB II)	Summenspalte	Konsolidierung		KA
Immat. AV	-	-	-	2)1 000	4)250	750
FW	-	-	-	3)2 000	4)500	1 500
Sachanlagen	10 000	7 000	17 000	2)2 000	4)200	18 800
Beteiligung	10 000	-	10 000	-	1)10 000	-
Vorräte	15 000	4 000	19 000	5)500	2)500	19 000
UB				1)5 500	2)3 500	-
					3)2 000	
Gez. Kap.	5 000	2 000	7 000	1)2 000	-	5 000
Rücklagen	5 000	2 500	7 500	1)2 500	-	5 000
JÜ/JF	2 000	-1 000	1 000	4)1 950	5)500	-450
Rückstellungen	10 000	4 500	14 500	2)1 000	4)1 000	14 500
Verbindlichkeiten	13 000	3 000	16 000	-	-	16 000
	35 000	11 000	46 000			40 050

6. Die Vollkonsolidierung

(4) per JÜ 1 950 an Immat. AV 250
                                                   FW 500
                                                   Sachanlagen 200
                                                   Rückstellungen 1 000

Diese Buchung erfasst den Verbrauch stiller Reserven und die Abschreibung auf den Firmenwert zu Lasten des Jahresüberschusses. Entsprechend müssen in der Konzern-GuV die zugehörigen Erfolgswirkungen (höhere Abschreibungen etc.) erfasst werden. Aus Vereinfachungsgründen wird hier nur die Buchung auf Bilanzkonten dargestellt, wobei der Jahresüberschuss/Jahresfehlbetrag sämtliche erfolgswirksamen Sachverhalte widerspiegelt.

Wie oben erläutert, hätte der Firmenwert auch ohne GuV-Wirkung mit den Rücklagen verrechnet werden können (per Rücklagen an Firmenwert 500).

(5) per Vorräte an Jahresüberschuss 500

spiegelbildlich zum Abgang stiller Reserven erhöht der Abgang stiller Lasten den Konzernerfolg (in der GuV z. B. als verminderter Materialaufwand).

In der Konzernbilanz zeigt sich, dass die erfolgswirksamen Konsolidierungsbuchungen und der aktuelle Jahresfehlbetrag der Konzerntochter zu einem Konzern-Jahresfehlbetrag führen. Grundsätzlich gilt, dass Jahresüberschuss/Jahresfehlbetrag der Konzerntochter nach der Erstkonsolidierung den Konzern-Erfolg ändern, da es sich nicht um erworbenes Eigenkapital handelt.   C 180

In den Folgeperioden ist zu berücksichtigen, dass immer nur der Abgang stiller Reserven/Lasten des jeweiligen Jahres den Konzernerfolg berühren. Soweit die Ergebniswirkungen Vorjahre betreffen, sind sie erfolgsneutral mit den Rücklagen zu verrechnen. Die Buchungen (4) und (5) würden demnach wie folgt aussehen:

(4a) per Rücklagen 1 950 an Immat. AV 250
                                                   FW 500
                                                   Sachanlagen 200
                                                   Rückstellungen 1 000

Kühnberger

(4b)	per	Jahresüberschuss	950	an	Immat. AV	250
					FW	500
					Sachanlagen	200
(5a)	per	Vorräte		an	Rücklagen	500

Inhaltlich kann man (4a) und (5a) so deuten, dass auf der Konzernebene im Vorjahr ein anderer Konzern-Jahresüberschuss entstanden ist, der fiktiv in die Rücklagen eingestellt wurde (analog Konzern-Jahresfehlbetrag, der durch eine Rücklagenentnahme gedeckt wurde).

C 181 Erst wenn sämtliche stillen Reserven/Lasten und der Firmenwert aus der Erstkonsolidierung abgeschrieben/verbraucht sind, kann die Kapitalkonsolidierung vereinfacht werden, indem der Beteiligungsbuchwert mit dem erworbenen Eigenkapital konsolidiert und der Unterschiedsbetrag gegen die Rücklagen gebucht wird.

Die Folgekonsolidierung nach der Neubewertungsmethode braucht hier nicht detailliert dargestellt zu werden, da sich im Ergebnis keine Änderungen ergeben und nur wiederum die Arbeitsschritte bei der Auflösung der stillen Reserven/Lasten in einer anderen Reihenfolge vorzunehmen sind (HB III/Neubewertungsbilanz).

6.1.2.3 Vollkonsolidierung bei Vorhandensein von Minderheitsgesellschaftern

6.1.2.3.1 Erstkonsolidierung

C 182 Die beiden Methoden führen zu grundsätzlichen Unterschieden, wenn die Konzernmutter nicht 100 % der Konzerntochter direkt/indirekt hält und es sog. *Minderheitsgesellschafter* gibt. Obwohl sich an der Systematik nichts ändert, sind dann folgende Besonderheiten zunächst zu berücksichtigen:

- Der Beteiligungsbuchwert wird mit dem auf die Konzernmutter entfallenden Anteil des Eigenkapitals der Konzerntochter verrechnet, da nur dieser erworben wurde. Die Beteiligungsquote wird nach dem Kapital- und nicht dem Stimmrechtsanteil ermittelt.

- Der *Anteil der Minderheiten* am Eigenkapital der Konzerntochter ist unter einer entsprechenden Bezeichnung innerhalb des Konzern-EK auszuweisen (§ 307 Abs. 1 Satz 1 HGB). Entsprechend der Einheitstheorie gelten auch die Minderheitsgesellschafter als Konzern-Eigentümer und nicht als Gläubiger. Üblich ist ein Ausweis nach dem Jahresüberschuss/

Kühnberger

6. Die Vollkonsolidierung

Jahresfehlbetrag oder Bilanzgewinn/-verlust. Der Ausweis des Minderheitenanteils als Eigenkapital des Konzerns entspricht zwar der Einheitstheorie, kann aber nicht darüber hinwegtäuschen, dass er kein vollwertiges Eigenkapital ist. Er repräsentiert Beteiligungen und Erfolgsbestandteile an einem bestimmten Konzern-Glied und nicht am Konzern selbst. Auch wenn der Gesamtkonzern hohen Jahresüberschuss ausweist, kann auf die Minderheitsgesellschafter ein anteiliger Jahresfehlbetrag der Konzerntochter entfallen. Umgekehrt kann ein niedriges Konzern-Eigenkapital mit einem hohen Eigenkapital-Anteil der Minderheiten an der einzelnen Konzerntochter einhergehen (vgl. Weber/Zürndorf, HdK § 307 Rz 1). Für Gläubiger stellt das Minderheiten-Eigenkapital zunächst mal nur einen Verlustpuffer dar, wenn sie Ansprüche gegenüber den konkreten Konzerntöchtern haben. Nur wenn die Konzernmutter (u./o. andere Konzernunternehmen) für Schulden der Konzerntochter haften, z. B. im Vertragskonzern, ist die Höhe des gesamten Konzern-EK relevant. Unterschiede zum Eigenkapital der Minderheitsgesellschafter ergeben sich außerdem durch die unterschiedliche Bewertung in der Konzern-Bilanz (s. u.) und die unterschiedliche Behandlung im Rahmen der Schulden- und Zwischenerfolgskonsolidierung. Grundlage für die Ermittlung der Minderheitsanteile ist aber zwingend die HB II und nicht der Jahresabschluss der Konzerntochter (vgl. ADS, § 307 Rz 23).

- Bei der *Neubewertungsmethode* werden *sämtliche stillen Reserven/Lasten* bei der Konzerntochter aufgedeckt, auch soweit sie auf Minderheitsgesellschafter entfallen. Die Einheitstheorie wird also zur Fiktion umgedeutet, als ob auch die Minderheitsgesellschafter zu den gleichen Konditionen wie die Konzernmutter zum Zeitpunkt der Erstkonsolidierung ihre Anteile an der Konzerntochter erworben hätten. Da dies real nicht erfolgt ist, liegt streng genommen ein Verstoß gegen die pagatorische Basis der Rechnungslegung vor.

- Bei der Buchwertmethode werden hingegen *stille Reserven/Lasten nur beteiligungsproportional* aufgedeckt. Dies ist zwar pagatorisch abgesichert, verstößt aber gegen die Einheitstheorie, da die Anteile von der Konzernmutter und den Minderheitsgesellschaftern unterschiedlich bewertet werden.

- Allerdings wird die Einheitstheorie bei beiden Methoden nicht konsequent umgesetzt, da der Firmenwert/passivische Unterschiedsbetrag aus der Kapitalkonsolidierung immer nur für die Konzernmutter ermittelt wird. Eine „Hochrechnung" auf die Minderheitenanteile gilt unter Verweis auf den nicht entgeltlichen Erwerb und den Wortlaut in § 307 Abs. 1 Satz 2 HGB als unzulässig (vgl. Schildbach, Der Konzernabschluss, S. 172).

C 183 Formal lassen sich die Einbeziehungsmöglichkeiten von Vermögensgegenständen, Schulden, Firmenwert etc. des konsolidierten Unternehmens wie folgt darstellen, wobei die schraffierten Flächen, die in den Konzernabschluss übernommenen Anteile widerspiegeln.

FW								
Stille und BW von	Reserven Lasten VG/FK							
Anteile KM	Anteile Mind.	Anteile KM	Anteile Mind.	Anteile KM	Anteile Mind.	Anteile KM	Anteile Mind.	
(1) Quotenkonsolidierung		(2) BWM		(3) NBM		(4) Einheitstheorie		

Während bei (1) die VG, FK etc. des Konzern-Gliedes nur in Höhe der Quote der Konzernmutter in den Konzernabschluss eingehen (Quotenkonsolidierung), werden bei (2)–(4) die Vermögenstände/Schulden etc. die auf die Minderheiten entfallen in den Konzernabschluss übernommen (Vollkonsolidierung). Bei (2) werden sie mit den Buchwerten der HB II angesetzt (Buchwertmethode) und bei (3) mit Zeitwerten (Neubewertungsmethode). (4) zeigt die konsequente Form der Einheitstheorie, bei der auch der auf Minderheiten entfallende Anteil am Firmenwert in den Konzernabschluss übernommen wird, was als unzulässig gilt.

C 184 Der Hauptunterschied zwischen Buchwertmethode und Neubewertungsmethode betrifft bei der Erstkonsolidierung also die Frage, ob stille Reserven/Lasten beteiligungsproportional oder vollständig aufgedeckt werden. Dies soll ausgehend vom obigen Beispiel (RN C 155) dargestellt werden, wobei angenommen wird, dass die Konzernmutter 80 % der Anteile an der Konzerntochter erworben hat. Das folgende Tableau enthält in den ersten Spalten wiederum die HB II-Werte (*Buchwertmethode*):

Kühnberger

6. Die Vollkonsolidierung

	KM (HB II)	KT (HB II)	Summen-spalte	Konsolidierung		KA
Immat. AV	-	-	-	3)800	-	800
FW	-	-	-	4)3 600	-	3 600
Sachanlagen	10 000	6 000	16 000	3)1 600	-	17 600
Beteiligung	10 000	-	10 000	-	1)10 000	-
Vorräte	12 000	5 000	17 000	-	3)400	16 600
UB				1)6 400	3)2 800 4)3 600	
Gezeichn. Kap.	5 000	2 000	7 000	1)1 600 2)400	-	5 000
Rücklagen	5 000	2 000	7 000	1)1 600 2)400	-	5 000
JÜ	1 000	500	1 500	1)400 2)100	-	1 000
Anteile Minderheitsges.	-	-	-	-	2)900	900
Rückstellungen	10 000	3 500	13 500	3)800	-	12 700
Verbindlichkeiten	11 000	3 000	14 000	-	-	14 000
	32 000	11 000	43 000	18 700	18 700	38 600

C 185

In das Tableau sind folgende Buchungen aufgenommen:

(1) per gezeichn. Kap.   1 600
         Rücklagen   1 600
         JÜ   400
         UB   6 400   an Beteiligung   10 000

Da der Beteiligungsbuchwert gegen das anteilige Eigenkapital (80 %) konsolidiert wird, ergibt sich ein vom Ausgangsbeispiel abweichender Unterschiedsbetrag.

(2) per gezeichn. Kap.   400
         Rücklagen   400
         JÜ   100   an Anteile
                                   Minderheitsgesell.   900

Kühnberger

Dies entspricht dem Sonderausweis, der in § 307 Abs. 1 Satz 1 HGB verlangt wird. Als gezeichnetes Kapital, Rücklagen etc. des Konzerns tauchen im Konzernabschluss damit wiederum nur die entsprechenden Positionen von der Konzernmutter auf.

(3) per Immat. AV   800
        Sachanlagen   1 600
        Rückstellungen   800   an Vorräte   400
                                     UB   2 800

Die stillen Reserven werden nur in Höhe des auf die Konzernmutter entfallenden Anteils von 80 % aufgedeckt. Entsprechend ist der auszuweisende Firmenwert

(4) per FW   an UB   3 600

C 186 Für die *Neubewertungsmethode* sollen wiederum nur die Buchungen dargestellt werden und die Unterschiede zu der Buchwertmethode werden anhand der Konzern-Bilanzen direkt gezeigt:

(1) per Immat. AV   1 000
        Sachanlagen   2 000
        Rückstellungen   1 000   an Vorräte   500
                                     Rücklagen   3 500

Diese Werte gehen in die HB III der Konzerntochter ein und sind Grundlage der eigentlichen Konsolidierung.

(2) per Gezeichnetes Kap. 1 600
        Rücklagen   4 400
        JÜ   400
        UB   3 600   an Beteiligung   10 000
(3) per Gezeichnetes Kap.   400
        Rücklagen   1 100
        JÜ   100   an Anteile
                                     Minderheitsgesell. 1 600

Im Vergleich zur Buchwertmethode haben sich die konsolidierten Rücklagen von 2 000 auf 5 500 erhöht.

(4) per FW   an UB   3 600

Kühnberger

6. Die Vollkonsolidierung

Damit ergeben sich in Kontoform folgende Konzern-Bilanzen:

	BWM	NBM		BWM	NBM
Immat. AV	800	1 000	Gez. Kap.	5 000	5 000
FW	3 600	3 600	Rücklagen	5 000	5 000
Sachanlagen	17 600	18 000	JÜ	1 000	1 000
Vorräte	16 600	16 500	Anteile Mind.	900	1 600
			(EK gesamt	11 900	12 600)
			Rückstellungen	12 700	12 500
			Verbindlichkeiten	14 000	14 000
	38 600	39 100		38 600	39 100

Als Unterschiede/Gemeinsamkeiten bei beiden Methoden sind festzuhalten:

- Der Firmenwert, die Jahresabschluss-Posten ohne stille Reserven/Lasten und das auf die Mehrheitsgesellschafter entfallende Eigenkapital sind gleich.

- Die Bilanzsumme und die anderen Konzernabschluss-Positionen differieren hingegen infolge der unterschiedlichen Behandlung stiller Reserven/Lasten.

Damit ergeben sich regelmäßig auch andere Kennzahlen im Rahmen einer Abschlussanalyse. Regelmäßig werden bei der Neubewertungsmethode die Bilanzsumme und das gesamte Eigenkapital höher sein, da stille Reserven auf der Aktivseite üblich sind. Betreffen stille Reserven die Passivseite (insbesondere Rückstellungen) oder liegen stille Lasten bei Vermögenswerten vor, ändert sich das Bild. Die Buchwertmethode führt im Ergebnis dazu, dass das Vermögen und die Schulden der Konzerntochter letztlich mit einem Zwischenwert zwischen Buch- und Zeitwert in den Konzernabschluss eingehen. Dies ist durchaus unbefriedigend, wenn man die Einheit „Konzern" als Leitungs- und Haftungseinheit versteht, da die Konzern-Leitung dann auch über die gesamten stillen Reserven der Konzerntochter verfügen kann. Analog zur Quotenkonsolidierung hängt der Bilanzwert von der Beteiligungsquote ab.

- Der höhere Minderheitenanteil führt zwar im Beispiel zu einem insgesamt höheren Eigenkapital und damit auch einer besseren Eigenkapital-Quote, der mögliche Fremdeinfluss durch die Minderheiten wird aber auch deutlich. Zu berücksichtigen ist allerdings, dass das Verhältnis von Eigenkapital der Mehrheitsgesellschafter zum Eigenkapital der Minderheitengesellschafter nichts über die realen Machtverhältnisse aussagt. Das liegt einmal daran, dass bei beiden Methoden die beiden Eigenkapital-Anteile nicht gleich bewertet werden, sondern bei der Konzernmutter eine Mischung aus Buch- und Zeitwerten und beim Minderheitenanteil entweder nur Buch- oder nur Zeitwerte zugrunde liegen. Außerdem hängen die realen Einflussmöglichkeiten mehr von gesellschaftsrechtlichen und sonstigen Faktoren (z. B. Streubesitz, Aktivitäten der Minderheiten) ab, als von bilanziellen Quoten.

Der unterschiedliche Ausweis von Vermögen und Schulden zeitigt aber vor allen Dingen auch verschiedene Ergebnisfolgen in der Zukunft. Das wird im Rahmen der Folgekonsolidierung deutlich.

6.1.2.3.2 Folgekonsolidierung

C 188 Um die Ergebnisfolgen deutlich zu machen, soll das obige Beispiel analog RN C 178 fortgeführt werden. Abweichend von der Situation einer 100%igen Beteiligung ist jedoch zu berücksichtigen, dass der *Minderheitenanteil* jeweils *auf Basis des aktuellen Eigenkapitals der Konzerntochter* zu ermitteln ist, während für die Mehrheitsgesellschafter immer das historische Eigenkapital aus der Erstkonsolidierung heranzuziehen ist.

C 189 Die *Buchwertmethode* soll nun ausführlich anhand des o. g. Beispiels verdeutlicht werden.

	KM (HB II)	KT (HB II)	Summenspalte	Konsolidierung		KA
Immat. AV	-	-	-	3)800	5) 200	600
FW	-	-	-	4)3 600	5) 900	2 700
Sachanlagen	10 000	7 000	17 000	3)1 600	5) 160	18 440
Beteiligung	10 000	-	10 000	-	1)10 000	-
Vorräte	15 000	4 000	19 000	4) 400	3) 400	19 000
UB				1)6 400	3) 2 800 4) 3 600	-

Kühnberger

6. Die Vollkonsolidierung

	KM (HB II)	KT (HB II)	Summenspalte	Konsolidierung		KA
Gezeichn. Kap.	5 000	2 000	7 000	1) 1 600 2) 400	– –	5 000
Rücklagen	5 000	2 500	7 500	1) 2 000 2) 500	– –	5 000
JÜ/JF	2 000	-1 000	1 000	5) 2 060	2) 200 6) 400	- 460
Anteile Minderheitsges.	–	–	–	–	2) 700	700
Rückstellungen	10 000	4 500	14 500	3) 800	5) 800	14 500
Verbindlichkeiten	13 000	3 000	16 000	–	–	16 000
	35 000	11 000	46 000	20 160	20 160	40 740

(1) per Gezeichnet. Kapital   1 600
      Rücklagen   2 000
      UB   6 400   an Beteiligung   10 000

Hierbei ist wie oben die Umgliederung innerhalb des Eigenkapital (des thesaurierten Jahresüberschusses) erfasst.

(2) per Gezeichnet. Kapital   400
      Rücklagen   500   an Anteile
                                               Minderheitsgesell.   700
                                               JF   200

Da das aktuelle Eigenkapital der Konzerntochter durch den Jahresfehlbetrag gemindert wurde, schlägt sich dies auch im Anteil der Minderheitsgesellschafter nieder.

(3) per Immat. AV   800
      Sachanlagen   1 600
      Rückstellungen   800   an Vorräte   400
                                               UB   2 800
(4) per FW   an UB   3 600

Mit den Buchungen (3), (4) sind die Ausgangsdaten für die eigentliche Folgekonsolidierung geschaffen.

Kühnberger

(5) per JÜ 2 060 an Immat. AV 200
 FW 900
 Sachanlagen 160
 Rückstellungen 800
(6) per Vorräte an JÜ 400

Damit ist der Verbrauch stiller Reserven/Lasten und die Firmenwert-Abschreibung erfasst.

C 190 Für die *Neubewertungsmethode* ergeben sich folgende Buchungen:

(1) per Immaterielles AV 1 000
 Sachanlagen 2 000
 Rückstellungen 1 000 an Vorräte 500
 Rücklagen 3 500

In der HB III sind die stillen Reserven/Lasten zu 100 % aufgedeckt.

(2) per Gezeichnetes Kapital 1 600
 Rücklagen 4 800
 UB 3 600 an Beteiligung 10 000
(3) per Gezeichnetes Kapital 400
 Rücklagen 1 200 an JF 200
 Anteile Mind. 1 400

Berücksichtigt ist die Rücklagenerhöhung durch (1) und der Minderheitenanteil bezieht sich auf das aktuelle Eigenkapital.

(4) per FW an UB 3 600

Der Verbrauch stiller Reserven/Lasten führt zu:

(5) per JÜ 2 350 an Immat. AV 250
 FW 900
 Sachanlagen 200
 Rückstellungen 1 000
(6) per Vorräte an JÜ 500

Da sämtliche stillen Reserven/Lasten aufgedeckt wurden, ist es notwendig, auch die entsprechenden Anteile, die auf die Minderheiten entfallen, diesen zuzurechnen. Bei Buchung (5) ist zu beachten, dass es einen Minderheitenanteil an der Firmenwert-Abschreibung nicht gibt, da der Firmenwert nur in der Höhe, die durch die Konzernmutter bezahlt wurde, aufzudecken ist.

Kühnberger

6. Die Vollkonsolidierung 399

(7) per Anteil
      Minderheitsgesell.   an JÜ   290

Dies entspricht 20 % von 2 350 – 900.

(8) per JÜ   an Anteil
              Minderheitsgesell.   100

Verschiedentlich wird zwar ein Verzicht auf die beiden letzten Buchungen für zulässig gehalten. Dies ist aber inkonsistent: wenn der Minderheitenanteil durch die Aufdeckung stiller Reserven bei der Neubewertungsmethode steigt, muss er beim Verbrauch auch sinken (vgl. zu anderen Varianten Weber/Zündorf, HdK § 307 Rz 29).

Nunmehr sollen wiederum die Konzern-Bilanzen in Kontoform gezeigt werden, um die Unterschiede zu verdeutlichen.   C 191

	BWM	NBM		BWM	NBM
Immat. AV	600	750	Gez. Kap.	5 000	5 000
FW	2 700	2 700	Rücklagen	5 000	5 000
Sachanlagen	18 440	18 800	JÜ/JF	- 460	- 460
Vorräte	19 000	19 000	Anteile Mind.	700	1 210
			(EK gesamt	10 240	10 750)
			Rückstell.	14 500	14 500
			Verbindl.	16 000	16 000
	40 740	41 250		40 740	41 250

Wie man dem Beispiel entnehmen kann, nehmen die Unterschiede zwischen den Methoden ab, wenn die in der Erstkonsolidierung aufgedeckten stillen Reserven/Lasten in unterschiedlicher Höhe im Zeitablauf realisiert wurden. Sind sie vollkommen verbraucht, gibt es auch keine Differenzen mehr.

Allerdings wird in dem Beispiel ein ganz wesentlicher Methodenunterschied nicht deutlich. Der in der Bilanz ausgewiesene Jahresüberschuss/ Jahresfehlbetrag ist in beiden Fällen gleich hoch (- 460). In der Konzern-GuV ergeben sich dagegen verschiedene Erfolge. Der Grund liegt darin, dass die auf die Minderheiten entfallenden Anteile am Konzern-Erfolg gem. § 307 Abs. 2 HGB erst nach dem Konzern-Jahresüberschuss/Konzern-Jahresfehlbetrag umzugliedern sind (analog einer Ergebnisverwendung im Einzelabschluss), während in der Bilanz das Ergebnis nach Abzug der Minderheitenanteile gezeigt wird.   C 192

Kühnberger

In der *Konzern-GuV* ergeben sich im zweiten Jahr folgende Unterschiede:

	BWM	NBM
Summen – JÜ	1 000	1 000
./. Abschreibung Immat. AV	200	250
./. Abschreibung FW	900	900
./. Abschreibung Sachanl.	160	200
./: Auflösung Rückstellung	800	1 000
+ Realisation Stille Reserven	400	500
= Konzern JF (GuV)	-660	-850
+ Minderheitenant. JF von KT	+200	200
+ Minderheitenant. an Abschreib/ realis. stillen Lasten	-	190 (= Buchung 8 und 9 oben)
= Konzern – JF (Bilanz)	-460	-460

C 193   Der *Konzernerfolg* im üblichen Sinne ist natürlich der GuV-Saldo (-660/-850). Streng genommen ist es missverständlich, wenn in der Bilanz die Größe Konzern-Jahresüberschuss/Konzern-Jahresfehlbetrag (-460) benannt wird, da sie nicht mit dem GuV-Saldo übereinstimmt (vgl. Weber/Zündorf, HdK § 307 Rz 6). In der Praxis ist es u. a. deshalb üblich, in der Bilanz einen Konzern-Bilanzgewinn/Konzern-Bilanzverlust auszuweisen, statt der Größe Konzern-Jahresüberschuss/Konzern-Jahresfehlbetrag.

C 194   Der GuV-Ausschnitt zeigt aber auch einen möglichen Grund für die weite Verbreitung der Buchwertmethode in Deutschland: im Regelfall, wenn stille Reserven aufzudecken sind, wird bei der Buchwertmethode das Jahresergebnis in den Folgeperioden nicht so stark durch den Verbrauch der nur anteiligen stillen Reserven belastet. Da i. d. R. auch das Eigenkapital (inkl. der Minderheitenanteile) bei der Buchwertmethode niedriger ist, kann auch eine bessere Eigenkapital-Rendite dargestellt werden (vgl. Dusemond/Zündorf, HdK § 301 Rz 9).

6.1.2.4 Kapitalkonsolidierung im mehrstufigen Konzern

C 195   Gesetzlich nicht geregelt ist die Kapitalkonsolidierung im realiter sehr häufigen (vgl. Wohlgemuth/Ruhnke, HdJ V/$_2$ Rz 290) mehrstufigen Konzern. In der Praxis gibt es oftmals sehr komplexe Konzernstrukturen mit Rückbeteiligungen, wechselseitigen Beteiligungen zwischen Konzerngliedern und vor allen Dingen Minderheitsbeteiligungen auf diversen Konzernstufen.

Kühnberger

6. Die Vollkonsolidierung

Hierbei ist eine ganze Reihe von äußerst komplexen Fragen zu klären:
1) Wie hoch ist die Beteiligungsquote des Konzerns und spiegelbildlich der Minderheitsgesellschafter?
2) Auf Grundlage welcher Eigenkapital-Posten sind die Minderheitenanteile zu bewerten?
3) Wie kann die Kapitalkonsolidierung technisch umgesetzt werden?

zu 1: Das Problem soll an einer sehr einfachen Konzernstruktur aufgezeigt werden: C 196

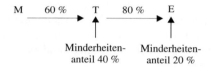

Nach ganz h. M. ist die *effektive Beteiligungsquote* von M an E *multiplikativ* zu ermitteln (0,6*0,8 = 0,48). Damit wird der Tatsache Rechnung getragen, dass wirtschaftlich auch die Minderheitsgesellschafter von T an E beteiligt sind (vgl. Küting/Weber, 2001, S. 285 f. m. w. N.).

Bei komplexen Beteiligungsstrukturen sind die effektiven Beteiligungsquoten oftmals nur noch mittels Gleichungsverfahren oder Matrizenrechnung bestimmbar.

zu 2: Grundlage für die Bewertung der auf Minderheiten entfallenden Anteile ist grundsätzlich die HB II bei der Buchwertmethode und bei der Neubewertungsmethode die HB III. Die Beteiligungsquote richtet sich nach den Kapital- und nicht den Stimmrechtsanteilen und zwar bezogen auf das jeweils aktuelle EK zum Konsolidierungsstichtag. C 197

Fraglich ist, wie bei der BWM zu verfahren ist, wenn Minderheitsgesellschafter indirekt an einem K-Glied beteiligt sind (im o.a. Beispiel die Minderheitsgesellschafter der T an E). Grundsätzlich sind stille Reserven/Lasten und ein Firmenwert bei der Buchwertmethode nur für die Mehrheitsgesellschafter aufzudecken. Andererseits haben die Minderheitsgesellschafter von T durch den Erwerb von E anteilig die stillen Reserven/Lasten und den Firmenwert tatsächlich bezahlt (vgl. Schildbach, Der Konzernabschluss, S. 176). Deshalb ist es notwendig deren Anteile auch entsprechend im Minderheitenanteil zu berücksichtigen (vgl. Küting/Weber, Handbuch der Konzernrechnungslegung, 282 f.; Förschle/Hoffmann, BeBiKo, § 301 Rz 273; a. A. ADS, § 301 Rz 227). Außerdem sind EK-Änderungen, die auf andere Konsolidierungsvorgänge zurückgehen (z. B. Zwischenerfolgs- und Schuldenkonsolidierung) grundsätzlich auch anteilig den Minderheitsanteilen zuzurechnen. Aus Vereinfachungsgründen unterbleibt dies oftmals. Damit wird aber letztlich der Minderheitenanteil am Konzern-Eigenkapital verzerrt abgebildet. Dies tangiert zwar nicht die absolute Höhe des Konzern-EK, da der Minderheitenanteil ebenfalls innerhalb des Konerzn-EK ausgewiesen wird, der Konzern-Gewinn (in der Bilanz) und die sonstigen Eigenkapital-Positionen werden aber unzutreffend erfasst.

C 198 zu 3: Technisch kann die Kapitalkonsolidierung mittels Stufenkonsolidierung oder simultan durchgeführt werden. Die Verfahren führen – von Differenzen aufgrund von Vereinfachungsverfahren abgesehen – zu gleichen Resultaten. Bei der *Stufen- oder Kettenkonsolidierung* wird – ausgehend von der niedrigsten Konzernstufe – jedes T-Unternehmen mit dem über ihm stehenden Mutterunternehmen (das selbst wieder Tochterunternehmen sein kann) konsolidiert. Auf diese Weise entstehen auf jeder Konzern-Stufe Teil- Konzernabschlüsse. Dies erfordert jedoch in Abhängigkeit vom konkreten Verfahren mehr oder weniger umfangreiche Korrekturen auf der jeweils höheren Konzern-Stufe. Ursächlich ist, dass letztlich sichergestellt werden muss, dass die Unterschiedsbeträge auf jeder Stufe zutreffend mit der richtigen Beteiligungsquote aufgedeckt und zugeordnet werden (vgl. ausführlich Wohlgemuth/Ruhnke, HdJ V/$_2$ Rz 294 ff.; ADS, § 301 Rz 224 ff.). Demgegenüber wird durch die *Simultankonsolidierung* der Konzernabschluss in einem Schritt erstellt. Rechentechnisch kann er mit Hilfe von Gleichungsverfahren oder Matrizenrechnung umgesetzt werden (vgl. Wohlgemuth/Ruhnke, HdJ V/$_2$ Rz 299 ff.). Bei der Entwicklung der Gleichungen ist darauf zu achten, dass nicht aktive mit passiven Unterschiedsbeträgen aus verschiedenen Konzern-Stufen verrechnet werden und dass auf jeder Stufe der Unterschiedsbetrag richtig zugeordnet wird (vgl. Schildbach, Der Konzernabschluss, 180; Wohlgemuth/Ruhnke, HdJ V/$_2$ Rz 300 ff. m. Beispielen; ADS, § 301 Rz 221; Förschle/Hoffmann,

Kühnberger

6. Die Vollkonsolidierung

BeBiKo, § 301 Rz 271). Das WPH 2000 (M Rz 426) weist darauf hin, dass das Simultanverfahren in der Praxis nur eingeschränkt Bedeutung erlangt hat, da die angestrebten Vereinfachungen nur bei der Erstkonsolidierung greifen. Angesichts der Komplexität der notwendigen Korrekturen bezweifeln Dusemond/Weber/Zündorf (HdK § 301 Rz 240 ff.) dass die Simultanverfahren überhaupt zulässig sind und ob sie ggf. noch eine Vereinfachung darstellen gegenüber der Stufenkonsolidierung (vgl. zu aktuellen, abweichenden Vorschlägen Ebeling/Baumann, BB 2000, S. 1667 ff.; Mühlberg, WPg 2001, S. 1312 ff.).

Soweit ein Mutter-Unternehmen einen *Teil-Konzern erwirbt*, gelten grundsätzlich zwei Verfahren als zulässig: C 199

- Alle neu erworbenen Tochterunternehmen werden auf den Erwerbstermin erstmals konsolidiert. Die Erwerbsfiktion wird quasi im Durchgriff auf alle neuen Konzernunternehmen erstreckt.

- Die Erstkonsolidierung erfolgt auf Basis des Konzernabschlusses des neu erworbenen Konzern-Gliedes, das als Mutter des Teil-Konzerns erworben wurde. Dessen historisch gewachsener Konzernabschluss stellt die Ausgangsbasis dar (vgl. Förschle/Hoffmann, BeBiKo, § 301 Rz 274; ADS, § 301 Rz 235).

Um sicherstellen zu können, dass die Minderheitenanteile beim letztgenannten Verfahren korrekt ermittelt werden, sind umfangreiche und komplexe Nebenrechnungen erforderlich (vgl. Wohlgemuth/Ruhnke, HdJ V/$_2$ Rz 319; sie empfehlen deshalb, die Konsolidierung auf der Grundlage der Einzelabschlüsse (HB II) aller neuen Konzern-Glieder. Vgl. auch Dusemond/Weber/Zündorf, HdK § 301 Rz 332 ff. zu den andernfalls gebotenen Korrekturen.). Dazu ist es nicht notwendig, die Anschaffungskosten des gesamten Teil-Konzerns auf die einzelnen Konzern-Glieder zu verteilen, sondern ein Unterschiedsbetrag aus der Erstkonsolidierung der erworbenen Teil- Konzernmutter ist auf alle Konzern-Glieder zu verteilen (stille Reserven/Lasten/Firmenwert etc.). Nur so wird der tatsächlich erfolgte Erwerb des Teil-Konzerns abgebildet (vgl. Wohlgemuth/Ruhnke, HdJ V/$_2$ Rz 321).

6.1.2.5 Änderung der zu Konsolidierenden Posten in Folgeperioden

Folgeprobleme können sich immer ergeben, wenn sich in den der Erstkonsolidierung folgenden Perioden die Werte der zu konsolidierenden Posten   C 200

Kühnberger

„Beteiligung" oder „Eigenkapital der Konzerntochter" ändern. Ursächlich können sowohl Wertänderungen beim Beteiligungswert (Abschreibungen/ Zuschreibungen) als auch Änderungen des Mengengerüstes sein (Kapitalerhöhungen/Kapitalherabsetzungen/Änderungen der Beteiligungsquote). Auf die besonderen Fragen, wie bei einem Wechsel von Equity-Methode oder Quotenkonsolidierung zur Vollkonsolidierung oder umgekehrt von der Vollkonsolidierung zur Equity-Methode/Quotenkonsolidierung zu verfahren ist, wird unter RN C 327 ff. eingegangen.

C 201 Soweit auf die Beteiligung an der Konzerntochter in der HB II nach der Erstkonsolidierung eine Ab-/Zuschreibung erfolgte, ist wie oben erläutert zu verfahren (vgl. RN C 168 und ausführlich Wohlgemuth/Ruhnke, HdJ V/$_2$ Rz 164 ff.). Hat sich die Struktur des erworbenen EK der Konzerntochter verändert (z. B. Jahresüberschuss oder Ergebnisvortrag wurde thesauriert) ist dies unproblematisch: die Beteiligung wird gegen die veränderten EK-Posten der Konzerntochter ausgebucht. Ändert sich das Eigenkapital der Konzerntochter in der Folge durch Jahresüberschüsse/Jahresfehlbeträge, Rücklagen-Erhöhungen durch Thesaurierung etc. hat dies keinen Einfluss auf die Kapitalkonsolidierung. Die entsprechenden Änderungen gehen als Änderung des Konzern-Eigenkapital in die Konzern-Bilanz ein.

C 202 Handelt es sich um eine Konzerntochter, die in *Fremdwährung* bilanziert, können sich bei Anwendung der reinen Stichtagsmethode Unterschiede zur Erstkonsolidierung ergeben. Dies soll an einem Beispiel verdeutlicht werden: Die Konzernmutter erwirbt eine Beteiligung von 100 % an der US-amerikanischen Konzerntochter für 100 000 € zum Zeitpunkt der Erstkonsolidierung beträgt das Eigenkapital der Konzerntochter 80 000 $. Es gibt weder Stille Reserven, noch stille Lasten, der Umrechnungskurs beträgt 1$=1 €, d. h. in der umgerechneten HB II der Konzerntochter steht ein Eigenkapital von 80 000 €.

Die Erstkonsolidierung ist denkbar einfach: (in €)

Per	EK	80 000		
	FW	20 000	an Beteiligung	100 000

Der Firmenwert soll über 10 Jahre abgeschrieben werden. Im folgenden Jahr sind das Eigenkapital der Konzerntochter in $ und Beteiligungsbuchwert in € unverändert. Allerdings hat sich der Stichtagskurs für die Währungsumrechnung auf 1$ = 0,9 € verändert, so dass das Eigenkapital der Konzerntochter in der umgerechneten HB II nur noch 72 000 € beträgt.

Kühnberger

6. Die Vollkonsolidierung

Um zu gewährleisten, dass der Unterschiedsbetrag der Erstkonsolidierung Grundlage für die Folgekonsolidierung bleibt, ist zunächst der ursprüngliche Eigenkapital-Wert wieder herzustellen: (in €):

(1) per aktive Währungsdifferenz an EK 8 000

Danach erst erfolgt die eigentliche Kapitalkonsolidierung:

(2) per EK 80 000
     FW 20 000 an Beteiligung 100 000
(3) per JÜ an FW 2 000
(4) per Rücklage an aktive Währungsdifferenz 8 000

Inhaltlich liegt ein unrealisierter Währungsverlust aus der Investition in die Konzerntochter vor, der – wie bei der Stichtagsmethode immanent – mit den Konzern-Rücklagen verrechnet wird. Dabei ist völlig offen, ob dieser Verlust jemals erfolgswirksam wird. Selbst wenn die Beteiligung veräußert wird, kann der Kursverlust ggf. durch einen (inflationsbedingt) höheren Veräußerungsbetrag in $ kompensiert werden.

Im umgekehrten Fall (z. B. 1 $ = 1,1 €) läge ein unrealisierter Währungsgewinn vor, der innerhalb der Rücklagen auszuweisen wäre.

Durch *diverse Kapitalmaßnahmen* können sich die zu konsolidierenden Posten ebenfalls ändern, wobei hier folgende Fälle behandelt werden: C 203

(1) Zukauf von Anteilen (Aufstockung der Beteiligung) von Dritten
(2) Verkauf von Anteilen, wobei die Konzerntochter weiterhin vollkonsolidiert wird
(3) Kapitalerhöhung bei der Konzerntochter aus Gesellschaftsmitteln
(4) Kapitalerhöhung bei der Konzerntochter gegen Einlagen
(5) Kapitalherabsetzung bei der Konzerntochter

zu (1)/(2): Wird die Beteiligungsquote an einem bereits vollkonsolidierten Tochterunternehmen durch Zukauf weiterer Anteile aufgestockt, so ist nach ganz h. M. *für die neuen Anteile eine Erstkonsolidierung* zum Erwerbstermin geboten. Dies kann dazu führen, dass bei einem sukzessiven Anteilserwerb für ein Tochterunternehmen mehrere Tranchen gesondert zu konsolidieren sind. Dabei ergeben sich i. d. R. aufgrund variierender Erwerbspreise für die Anteile, veränderte Unterschiedsbeträge aus der Aufrechnung, unterschiedliche stille Reserven/Lasten je Tranche und verschiedene Firmenwert-Anteile, die jeweils   C 204 gesondert fortzuschreiben sind. Aus Vereinfachungsgründen können verschiedene Zukäufe während eines Jahres erstmals zum nächsten KA-Stichtag konsolidiert werden (Förschle/Deubert, BeBiKo, § 301 Rz 193).

Zurecht hat Ebeling (Die Einheitsfiktion, S. 243 ff.) darauf hingewiesen, dass diese Vorgehensweise der Einheitstheorie/Erwerbsfiktion widerspricht: sollen Mehrheits- und Minderheitsgesellschafter gleichermaßen als Eigentümer des Konzerns behandelt werden, so haben sie bei der Erstkonsolidierung fiktiv 100 % des Vermögens, der Schulden etc. der Konzerntochter erworben. Daraus folgt, dass die entsprechenden Posten später nicht nochmals erworben werden können. Aus Sicht des Konzerns hat ein Wechsel der Gesellschafter stattgefunden, der erfolgsneutral als Kapitalvorgang abzubilden ist (Umgliederung auf der Passivseite).

Zum Teil wird in der Literatur auch davon ausgegangen, dass die Unternehmen ein Wahlrecht zwischen einer Erstkonsolidierung der neuen Anteile und einer Darstellung als Kapitalvorgang haben (vgl. Dusemond/Weber/Zürndorf, HdK, § 301 Rz 193 ff.). Da weder bei der Buchwertmethode noch bei der Neubewertungsmethode die Einheitstheorie konsequent umgesetzt wird (der FW wird immer nur für die Mehrheitsgesellschafter aufgedeckt) ist u. E. auch folgendes Vorgehen zulässig: die Erwerbsfiktion bei der Neubewertungsmethode deckt den Erwerb der Jahresabschluss-Posten der Konzerntochter zu Zeitwerten 100%ig ab, so dass die Aufstockung der Anteile insoweit als erfolgsneutraler Kapitalvorgang erfasst wird. Der anteilige Firmenwert, der neu auf die Mehrheitsgesellschafter entfällt, muss aber nun aktiviert und in der Folge abgeschrieben werden. Mit der Einheitstheorie vereinbar wäre es sogar, den historischen Firmenwert aus der Erstkonsolidierung der alten Anteile aufzustocken, und um fiktive Abschreibungen bis zum Zukauf zu kürzen (gegen die Gewinn-Rücklagen) und den Restbetrag zusammen mit einem noch vorhandenen Alt-Firmenwert fortzuschreiben.

C 205 Werden Anteile der Konzerntochter an Dritte verkauft, die Konzerntochter aber weiterhin vollkonsolidiert, so ergeben sich ana-

Kühnberger

loge Konsequenzen: die h. M. geht wiederum davon aus, dass eine *erfolgswirksame Entkonsolidierung* nach den üblichen Regeln (vgl. RN C 209) geboten ist (vgl. Wohlgemuth/Ruhnke, HdJ V/₂ Rz 174). U. E. kann aber auch dieser Vorgang konsistent mit der Einheitstheorie als erfolgsneutraler Kapitalvorgang interpretiert werden (vgl. Ebeling, Die Einheitsfiktion, S. 274 ff.).

zu (3): Bei einer Kapitalerhöhung aus Gesellschaftsmitteln ändert sich der Beteiligungswert nicht, während bei der Konzerntochter lediglich eine erfolgsneutrale Umschichtung innerhalb des Eigenkapitals vorliegt (per Gewinn-Rücklagen an Gezeichnetes Kapital/Kapital-Rücklagen). Soweit hierfür erworbene EK-Posten umgegliedert werden, ist lediglich der Beteiligungsbuchwert nunmehr gegen das neu gegliederte/erworbene Eigenkapital zu konsolidieren. Werden hingegen Gewinn–Rücklagen verwendet, die nach der Erstkonsolidierung erwirtschaftet wurden, sind diese im Konzernabschluss weiterhin als Gewinn-Rücklagen auszuweisen, obwohl es sich aus Sicht der Konzerntochter um gezeichnetes Kapital/Kapital-Rücklagen handelt. Auswirkungen auf den Unterschiedsbetrag ergeben sich nicht (Förschle/Deubert, BeBiKo, § 301 Rz 218). C 206

zu (4): Die Erfassung einer *Kapitalerhöhung gegen Einlagen* muss differenziert erfolgen, in Abhängigkeit von der Art der Einlage (Bar- und Sacheinlage) und der Frage, ob die Konzernmutter an der Kapitalerhöhung proportional zu ihrer bisherigen Beteiligungsquote teilnimmt oder nicht (vgl. hierzu ausführlich ADS, § 301 Rz 198 ff.). Bei einer beteiligungsproportionalen Erhöhung gegen Bareinlage erhöhen sich Beteiligungsbuchwert und Eigenkapital der Konzerntochter um den gleichen Betrag, so dass kein Unterschiedsbetrag entsteht, wenn die neuen Anteile erstkonsolidiert werden. Die Anschaffungsnebenkosten der Beteiligung, die sich nicht im Eigenkapital der Konzerntochter widerspiegeln, können nicht als stille Reserve oder gar Firmenwert interpretiert werden, so dass sie als Aufwand zu buchen sind (vgl. Förschle/Deubert, BeBiKo, § 301 Rz 212). Erfolgt die Kapitalerhöhung gegen Sacheinlagen, so ergeben sich grundsätzlich keine Abweichungen, wenn der Beteiligungsbuchwert und das EK der Konzerntochter in gleichem Umfang steigen (abgesehen von Anschaffungsneben- C 207 kosten). Allerdings können einige Sachverhalte auch Korrekturen erfordern:

– Die eingelegten Vermögensgegenstände werden bei der Konzerntochter mit einem höheren Wert eingebucht, als sie im Jahresabschluss der Konzernmutter hatten. Der bei der Konzernmutter erfasste Zwischengewinn ist gem. § 304 HGB erfolgswirksam zu stornieren.

– Die neuen Anteile werden bei der Konzernmutter mit dem Buchwert der eingelegten Vermögensgegenstände bewertet, während die Konzerntochter die Sacheinlagen (und damit die Kapitalerhöhung) zu Zeitwerten erfasst. Mit der erstmaligen Aufrechung von Beteiligungsbuchwert und neuem Eigenkapital ergibt sich ein passiver Unterschiedsbetrag, der mit dem Zwischengewinn aus der Abwertung auf die Konzern-Anschaffungskosten/Konzern-Herstellungskosten der eingelegten Vermögensgegenstände zu verrechnen ist.

– Die neuen Anteile an der Konzerntochter werden mit dem Zeitwert der eingelegten Vermögensgegenstände bewertet (d. h. im Jahresabschluss der Konzernmutter entsteht ein Veräußerungsgewinn) und die Vermögensgegenstände selbst werden bei der Konzerntochter mit den niedrigeren Buchwerten eingebucht. Es ergibt sich ein aktiver Unterschiedsbetrag in Höhe des aus Konzernsicht unrealisierten Zwischengewinns, der mit diesem zu verrechnen ist.

C 208 zu (5): Kapitalherabsetzungen können in verschiedenen Varianten und zu verschiedenen Zwecken (buchmäßige Sanierung, Ausschüttung etc.) durchgeführt werden. Entsprechend differenziert sind die zugehörigen Konsolidierungsvorgänge. Ändert sich mit der Kapitalherabsetzung nur die Struktur des erworbenen Eigenkapital der Konzerntochter (z. B. Ausgleich eines erworbenen Verlustvortrages) ergeben sich keine Folgen für den Unterschiedsbetrag aus der Kapitalkonsolidierung. Die Beteiligung ist nur gegen die neu gegliederten Eigenkapital-Posten der Konzerntochter zu konsolidieren. Ebenfalls unproblematisch ist es, wenn der Betrag der Kapitalherabsetzung in gleicher Höhe zu einer Beteiligungsabschreibung bei der Konzernmutter führte, da der Unterschiedsbetrag davon unberührt bleibt. In der Gewinn- und Verlustrech-

Kühnberger

nung sind der aus der Herabsetzung resultierende Betrag und die Beteiligungsabschreibung zu saldieren (vgl. zu weiteren Details Dusemond/Weber/Zündorf, HdK, § 301 Rz 229 ff.).

6.1.2.6 Entkonsolidierung

Eine End- oder *Entkonsolidierung* ist vorzunehmen, wenn die Konzernmutter Anteile an der Konzerntochter an Dritte veräußert und die Konzerntochter anschließend nicht mehr voll zu konsolidieren ist (zur Behandlung von Teil-Verkäufen und anschließender Vollkonsolidierung verbliebener Anteile vgl. RN C 205 und zum Übergang zur Quotenkonsolidierung oder Equity-Methode vgl. RN C 326 ff.). Eine Entkonsolidierung ist auch notwendig, wenn die Konzerntochter aufgrund der §§ 295 f. HGB aus dem Konsolidierungskreis ausscheidet. Während im Jahresabschluss der Konzernmutter der Veräußerungserfolg aus dem Abgang der Anteile einfach bestimmt werden kann, muss im Konzernabschluss – umgekehrt zur Erwerbsfiktion – der Abgang der einzelnen Vermögensgegenstände/ Schulden etc. der Konzerntochter erfasst werden. Nimmt man die *Abgangsfiktion* ernst, müsste der Abgang der Fertigerzeugnisse der Konzerntochter als Umsatzerlös, der Abgang der unfertigen Erzeugnisse als Bestandsminderung etc. in der GuV ausgewiesen werden. Neben der aufwändigen Ermittlung, hat dies den Nachteil, dass der Veräußerungserlös für die Beteiligung mehr oder minder willkürlich auf den Abgang der Vermögensgegenstände/Schulden etc. der Konzerntochter aufzuteilen wäre. Es bietet sich deshalb an, den Veräußerungserfolg in der GuV zusammengefasst als sonstiger betrieblicher Ertrag/sonstiger betrieblicher Aufwand auszuweisen (vgl. Wohlgemuth/Ruhnke, HdJ V/$_2$ Rz 195).

C 209

Regelmäßig ergibt sich aus Konzern-Sicht aber ein anderer Veräußerungserfolg als im Jahresabschluss der Konzernmutter. Das liegt daran, dass ein Teil des Beteiligungsbuchwertes, der auf stille Reserven/Lasten/Firmenwert/passivischen Unterschiedsbetrag entfällt, durch die Folgekonsolidierungen bereits als Ertrag/Aufwand verrechnet wurde. Aus Konzern-Sicht gehen die insoweit veränderten, aktuellen Jahresabschluss-Posten der Konzerntochter ab. Dabei ist als Abgangstermin grundsätzlich der Veräußerungszeitpunkt entscheidend, bei abweichendem Übergangszeitpunkt der Stimmrechte deren Übergangstermin (vgl. Förschle/Deubert, BeBiKo, § 301 Rz 250). Erfolgt die Veräußerung während des Jahres, ist demnach ein Zwischenabschluss notwendig, um den Konzern-Erfolg bis zum

C 210

Kühnberger

Übergangstermin zutreffend abzugrenzen (z. B. Abgänge stiller Reserven, Firmenwert-Abschreibungen für das Rumpfjahr). Nur auf diese Weise kann der laufende Konzern-Erfolg vom Veräußerungserfolg zutreffend abgegrenzt werden. Da im HGB ein solcher Zwischenabschluss nicht explizit verlangt wird, gilt es aus Vereinfachungsgründen auch für zulässig, die Abgangsfiktion auf die letzten HB-II-Werte der Konzerntochter abzustellen, die in den Konzernabschluss noch eingingen.

C 211 Der *Veräußerungserfolg aus Konzern-Sicht* kann grundsätzlich auf zwei Arten ermittelt werden, die zum gleichen Ergebnis führen, wobei eine 100%ige Beteiligung unterstellt wird:

Veräußerungserfolg des Mutterunternehmens	
+ bereits erfolgswirksam verrechnete stille Reserven - bereits ergebniswirksam verrechnete stille Lasten + bereits erfolgswirksam verrechnete FW - bereits erfolgswirksam verrechnete pass. UB - RL-Erhöhungen KT seit Erstkonsolidierung - RL-Minderungen KT seit Erstkonsolidierung - JÜ zum Veräußerungszeitpunkt	- Vermögenswerte KT(HB II) + Schulden KT(HB II) - noch nicht erfolgswirksam verrechnete stille Reserven + noch nicht erfolgswirksam verrechnete stille Lasten - noch nicht erfolgswirksam verrechnete FW + noch nicht erfolgswirksam verrechnete pass. UB.
= Entkonsolidierungserfolg im KA	

Soweit Minderheitsgesellschafter vorhanden sind, ist deren Anteil erfolgsneutral auszubuchen.

C 212 Wurde ein Firmenwert gem. § 309 HGB nicht abgeschrieben, sondern erfolgsneutral mit den Rücklagen verrechnet, gelten zwei Verfahrensweisen als zulässig:

1. Die Rücklagen-Verrechnung wird vorab rückgängig gemacht, damit das Kongruenzprinzip gewahrt bleibt. Dies mindert natürlich den Veräußerungserfolg, der praktisch mit den früher unterlassenden Abschreibungen verrechnet wird.
2. Die Korrektur unterbleibt, wodurch der Erfolg aus der Gesamtinvestition in die Konzerntochter falsch dargestellt wird (über die Totalperi-

6. Die Vollkonsolidierung

ode): für den Firmenwert wurde eine Ausgabe getätigt, die niemals in der GuV zu Aufwand wird, selbst wenn der Firmenwert abgeht. Allerdings wird hierdurch der Veräußerungserfolg nicht mit periodenfalschen Aufwendungen belastet.

Da das HGB keine Vorgaben enthält, kann diesbezüglich von einem Wahlrecht ausgegangen werden. Ergebnisverzerrungen und Verstöße gegen das Kongruenzprinzip lassen sich nur vermeiden, wenn der Firmenwert von Beginn an erfolgswirksam abgeschrieben wird. Aber auch diese Abschreibungen führen wegen der höchst subjektiven Aufwandsverteilung nicht automatisch zu betriebswirtschaftlich plausiblen Periodenerfolgen.

6.1.2.7 Weiterentwicklungen

DRS 4 „Unternehmenserwerbe im Konzernabschluss" (bekannt gemacht Dezember 2000) sieht folgende Änderungen vor:

- Beim Unternehmenserwerb kann die Interessenzusammenfügungsmethode unverändert angewendet werden.
- Gilt für alle HGB-Konzernabschlüsse, für Konzernabschlüsse gem. § 11 PublG empfohlen.
- Stichtag der Konsolidierung ist der Erwerbstermin, das ist der Tag von dem an das erwerbende Unternehmen, das erworbene Unternehmen beherrscht. Ein Zwischenabschluss braucht nicht aufgestellt zu werden.
- Als Anschaffungskosten der Beteiligung gelten im Falle der Hingabe von Vermögenswerten oder Anteilen deren beizulegender Wert, d. h. die Regelungen über die Bilanzierung nach den Tauschgrundsätzen gelten nicht mehr.
- Für bestimmte Sachverhalte ist eine Restrukturierungsrückstellung zu bilden.
- Es ist nur die Neubewertungsmethode zulässig, während die Buchwertmethode entfällt. Die Anschaffungskosten-Restriktion in § 301 Abs. 1 Satz 4 soll nicht gelten. Letzteres wird dadurch hinfällig, das im TransPuG geregelt ist, dass diese Regelung ersatzlos gestrichen wurde.
- Spätere Anteilszukäufe sind nach der Methode der Erstkonsolidierung zu erfassen.
- Der zu aktivierende Firmenwert wird als Unterschiedsbetrag zwischen Anschaffungskosten der Beteiligung und Vermögenswerten abzüglich Schulden zum Zeitwert definiert. Der Begriff Vermögenswert ist inso-

C 213

fern irreführend, als er den IAS entlehnt ist und sich nicht mit dem handelsrechtlichen Begriff des Vermögensgegenstands nicht deckt. Eine Begriffsänderung dürfte nicht HGB-konform sein.

- Eine erfolgsneutrale Verrechung des Firmenwerts mit den Rücklagen ist unzulässig (vollständig oder ratierlich), genauso wie ein Methodenwechsel zwischen Abschreibung und Rücklagen-Verrechung.

- Der Firmenwert ist, falls möglich, einzelnen Geschäftsfeldern zuzuordnen. Er soll linear über die Nutzungsdauer (zur Bestimmung werden Anhaltspunkte geliefert) abgeschrieben werden. Eine nichtlineare Abschreibung oder eine Nutzungsdauer von mehr als 20 Jahren ist nur in begründeten Ausnahmefällen möglich, genauso wie Änderungen des Abschreibungsplanes.

- Zu jedem Stichtag sind die Nutzungsdauer und die Werthaltigkeit zu überprüfen und ggf. außerplanmäßige Abschreibungen vorzunehmen. Bei Wegfall der Gründe sind Wertaufholungen zwingend.

- Repräsentiert ein verbleibender passivischer Unterschiedsbetrag aus der Kapitalkonsolidierung keinen bad will oder erwartete Aufwendungen (sondern einen lucky buy), so ist er nach Maßgabe der Abschreibungen auf erworbene abnutzbare Vermögenswerte, im Übrigen sofort ertragswirksam aufzulösen.

- Es gibt Regeln für Anteilsverkäufe und Anhangangaben, außerdem werden Reformvorschläge an den Gesetzgeber unterbreitet.

Der DRS 4 und das TransPuG sind u. E. nicht unproblematisch. So hat der Gesetzgeber im TransPuG zwar die Streichung der Anschaffungskosten-Restriktion übernommen, aber andere Vorschläge des DRS 4 nicht aufgegriffen. Dies könnte man so deuten, dass

a) er die DRS für anzuwendendes Recht hält und deshalb keinen Normierungsbedarf mehr sieht oder

b) er am geltenden Recht festhaltend dem DRS nicht folgt.

Vor dem Hintergrund, dass der DRS 4 gravierende Änderungen gegenüber dem HGB enthält (wesentliche Wahlrechte entfallen gegen den ausdrücklichen Wortlaut des HGB, die Firmenwert-Fortschreibung wird z.T. völlig neu geregelt) ist diese „Offenheit" irritierend. Hinzu kommt, dass mit der Buchwertmethode die in der Praxis beliebteste Methode, die auch nach IAS dem benchmark treatment entspricht, gestrichen werden soll. Der DRS 4 führt also nicht zu einer Annährung an die IAS.

Kühnberger

6. Die Vollkonsolidierung

Aber auch das TransPuG selbst impliziert mit dem Wegfall von § 301 Abs. 1 Satz 4 (Anschaffungskosten-Restriktion) eine Unsicherheit: die Begrenzung für die Aufdeckung stiller Reserven betraf direkt nur die Neubewertungsmethode, für die Buchwertmethode ergibt sich keine Änderung, so dass die beiden Methoden (so sie denn noch zulässig sind) einen neuen Unterschied aufweisen.

Offen ist u. E. außerdem die Zukunft der Firmenwert-Bilanzierung. Nachdem mit FAS 141, 142 in den USA gerade die planmäßige Abschreibung gestrichen und ein regelmäßiger Impairment-Test vorgeschrieben wurde und die IAS diese Änderungen übernehmen werden (ED–IAS3 mit entsprechenden Änderungen liegt vor), stehen HGB–Änderungen ebenfalls im Raum. ED–IAS3 sieht zudem ebenfalls die Streichung der Buchwertmethode vor.

6.1.3 Die Interessenzusammenführungsmethode

Unter bestimmten Voraussetzungen ist es zulässig, statt der Erwerbsmethode (§ 301 HGB) nach der sog. *Pooling of Interest Method/Interessenzusammenführungsmethode* (IZF) gem. § 302 HGB die Kapitalkonsolidierung durchzuführen. Diese Methode erleichtert die Kapitalkonsolidierung wesentlich, ersetzt aber nicht die Pflicht zur Erstellung einer HB II oder zur Konsolidierung der Schulden, Zwischenerfolge und GuV. Bezüglich des Zeitpunktes der Erstkonsolidierung gelten die Wahlrechte gem. § 301 Abs. 2 HGB analog. Die IZF stellt den Unternehmenszusammenschluss nicht als Erwerb dar, sondern als Art der Fusion: die Gesellschafter beider Unternehmen führen ihre Interessen zusammen, wobei die Buchwerte fortgeführt werden. Im Unterschied zu einer echten Fusion bleiben aber beide Gesellschaften als rechtlich selbstständige Einheiten erhalten.

C 214

Die IZF darf angewendet werden, wenn die Voraussetzungen des § 301 Abs. 1 HGB erfüllt sind:

C 215

Nr. 1: Es werden mindestens 90 % der Anteile des Nennbetrages (oder bei Nicht-KapGes der entsprechende rechnerische Anteile) erworben, wobei es auf den Kapital-, nicht auf den Stimmanteil ankommt.

Nr. 2: Die Gegenleistung besteht in der Hingabe von Anteilen des erwerbenden oder eines anderen Konzern-Gliedes (Anteilstausch), das in den Konzernabschluss einbezogen wird (vgl. Förschle/Deubert, BeBiKo, § 302 Rz 21).

Kühnberger

Nr. 3: Wird daneben ein Barausgleich (Spitzenausgleich) vereinbart, so darf dieser 10 % des Nennbetrages nicht übersteigen.

C 216 Im Idealfall erwirbt die Konzernmutter somit die Anteile an der Konzerntochter durch vollständige Hingabe eigener Anteile, die entweder zuvor erworben wurden oder im Rahmen einer Kapitalerhöhung geschaffen werden. Damit bleiben die ehemaligen Eigner des erworbenen Unternehmens indirekt an diesem Unternehmen beteiligt, sie haben ihre Interessen mit den Eignern des erwerbenden Unternehmens gepoolt.

Liegen die Voraussetzungen vor, so kann die Kapitalkonsolidierung in der Weise durchgeführt werden, dass der Beteiligungsbuchwert gegen das gezeichnete Kapital (Erwerbsmethode: das gesamte Eigenkapital) der Konzerntochter gebucht wird. Ein verbleibender Unterschiedsbetrag ist mit den Rücklagen zu verrechnen (§ 302 Abs. 2 HGB). Eine Aufdeckung stiller Reserven/Lasten oder eines Firmenwerts unterbleibt. Bevor dies an einem Beispiel erläutert wird, ist auf einige Anwendungsprobleme einzugehen (auf die Anhangangaben nach § 302 Abs. 2 HGB wird verwiesen).

C 217 Der zu *verrechnende Beteiligungsbuchwert* deckt sich bei der Hingabe zuvor erworbener eigener Anteile mit deren Buchwert, Zeitwert oder dem Buchwert zuzüglich Ertragsteueraufwand, d. h. die üblichen Wahlrechte für Tauschgeschäfte gelten. Stammen die hingegebenen Anteile aus einer Kapitalerhöhung gegen Sacheinlagen, gelten die für Sacheinlagen üblichen Grundsätze. Es ist demnach keinesfalls sichergestellt, dass zum Erwerbstermin die Beteiligung zum aktuellen Zeitwert eingebucht wird.

C 218 Die Verrechnung mit dem gezeichneten Kapital kann in Extremfällen dazu führen, dass bei einem sehr niedrigen Beteiligungsbuchwert nicht der gesamte Posten verrechnet werden kann. In diesem Fall sollte das verbleibende gezeichnete Kapital der Konzerntochter in die Kapital-Rücklage eingestellt werden (vgl. Pfefferkorn, WPg 2001, S. 194). Soweit es Minderheitsgesellschafter an der Konzerntochter gibt, ist deren Anteil am gesamten Eigenkapital der Konzerntochter gesondert auszuweisen.

Im Regelfall verbleibt jedoch ein aktiver Unterschiedsbetrag, der mit den Rücklagen zu verrechnen ist. Der Unterschiedsbetrag geht zurück auf

- erworbene Eigenkapital-Bestandteile der Konzerntochter über das gezeichnete Kapital hinaus
- erworbene stille Reserven der Konzerntochter
- einen erworbenen Firmenwert der Konzerntochter.

Kühnberger

6. Die Vollkonsolidierung

Da das Gesetz keine Vorgabe macht, bietet es sich an, das erworbene Eigenkapital mit den anteiligen EK-Positionen der Konzern-Bilanz zu verrechnen (vgl. ADS, § 302 Rz 49 ff.). Stille Reserven und der Firmenwert sollten mit den Kapitalrücklagen saldiert werden und nur falls diese nicht ausreichen mit anderen Rücklagen (von der Konzernmutter und der Konzerntochter zusammen). Übersteigt der aktive Unterschiedsbetrag die gesamten Konzernrücklagen, so ist ein verbliebener Unterschiedsbetrag passivisch gesondert auszuweisen und ggf. mit später dotierten Rücklagen in den Folgejahren zu verrechnen.

C 219

Die *Konsolidierungstechnik* soll anhand eines einfachen *Beispiels* vorgestellt werden: Die Konzernmutter erwirbt 90 % von der Konzerntochter für 5 000. Hierzu wird bei der Konzernmutter eine Kapitalerhöhung durchgeführt, ein Spitzenausgleich wird nicht bezahlt. Das nachfolgende Konsolidierungstableau enthält die entsprechenden HB II-Werte. Bei der Konzerntochter gibt es stille Reserven in den Vorräten von 500 und in den Sachanlagen von 500 (Rest-Nutzungsdauer: vier Jahre).

C 220

	KM (HB II)	KT (HB II)	Summenspalte	Konsolidierung		KA
Sachanlagen	10 000	3 000	13 000	-	-	13 000
Beteiligung	5 000	-	5 000	-	2) 5 000	-
Vorräte	5 000	2 000	7 000	-	-	7 000
UB				1) 3 200	3) 3 200	
Gez. Kapital	3 000	2 000	5 000	1) 200 2) 1 800	-	3 000
Rücklagen	4 000	1 000	5 000	1) 100 3) 3 200	-	1 700
JÜ	-	1 000	1 000	1) 100	-	900
Minderheitenanteile	-	-	-	-	1) 400	400
Verbindl.	13 000	1 000	14 000	-	-	14 000
	20 000	5 000	25 000			20 000

Im ersten Schritt wird der Minderheitenanteil umgebucht. Diese Reihenfolge ist sinnvoll, um das mit dem Beteiligungsbuchwert zu verrechnende gezeichnete Kapital (und die Rücklagen der Konzerntochter) zu sehen.

Kühnberger

(1) per gez. Kapital 200
    Rücklagen 100
    JÜ 100 an Minderheitenanteil 400

Danach wird die Beteiligung mit dem erworbenen gezeichneten Kapital konsolidiert.

(2) per gez. Kapital 1 800
    UB 3 200 an Beteiligung 5 000

Der aktivische Unterschiedsbetrag ist mit den Rücklagen zu verrechnen, wobei im Beispiel auf eine Aufgliederung verzichtet wurde. Wie erkennbar ist, reichen die Rücklagen der Konzerntochter nicht zur Verrechnung aus, so dass auch die Rücklagen der Konzernmutter aufgezehrt werden.

(3) per Rücklagen an UB 3 200

C 221 Die sich ergebende Konzern-Bilanz nach der IZF ist in Kontoform der Konzern-Bilanz gegenübergestellt, die sich bei Anwendung der (wahlweise zulässigen) Erwerbsmethode (Neubewertungsmethode) ergeben hätte. Daran lassen sich die typischen Charakteristika der IZF erläutern:

	IZF	NBM	K-Bilanz	IZF	NBM
FW	-	500	Gez. Kap.	3 000	3 000
Sachanlagen	13 000	13 500	Rücklagen	1 700	4 000
Vorräte	7 000	7 500	JÜ	900	-
			Mind. ant.	400	500
			(EK gesamt	6 000	7 500)
			Verbindl.	14 000	14 000
	20 000	21 500		20 000	21 500

C 222 Im Beispiel ergeben sich Unterschiede in der Bilanzsumme und der Struktur der Aktiva/Passiva. Dies liegt vor allem daran, dass bei der IZF weder die stillen Reserven noch der Firmenwert von der Konzerntochter aufgedeckt werden. Damit entfällt ein i. d. R. aufwändiger und subjektiver Arbeitsschritt der Erwerbsmethode bei der Erstkonsolidierung. Dies wirkt sich auf die Folgekonsolidierung aus, da der Verbrauch stiller Reserven/ Abschreibungen des Firmenwerts den Konzern-Erfolg nicht belasten. Unter den gemachten Annahmen ist der Konzernjahresüberschuss nach der IZF in der Folgeperiode um 750 (500 stille Reserven Vorräte + 125 Abschreibung. Sachanlagen + 125 Abschreibung Firmenwert) höher als bei

Kühnberger

6. Die Vollkonsolidierung

der Neubewertungsmethode. Aber auch im Erwerbsjahr führt die IZF zu einem höheren Jahresüberschuss, da der mit der Konzerntochter erworbene Jahresüberschuss als Konzernüberschuss ausgewiesen wird.
Da zugleich das Konzern-Eigenkapital bei der IZF i. d. R. deutlich niedriger ausfällt, ergibt sich eine bessere buchmäßige Eigenkapital-Rendite; aber auch eine schlechtere Eigenkapital-Quote.

Im Beispiel fallen die Unterschiede nicht so stark ins Gewicht, da der Umfang stiller Reserven und des Firmenwerts relativ gering waren. In den USA sind 1998 9 von 10 Groß-Fusionen nach der IZF abgebildet worden (vgl. Pellens/Sellhorn, BB 1999, S. 2130 FN 33). Eine Hauptursache dürfte darin bestehen, dass die ansonsten sehr hohen Ergebnisbelastungen in den Folgejahren bei der Erwerbsmethode wichtige Jahresabschluss-Kennzahlen wie die Eigenkapital-Rendite (Jahresüberschuss : Eigenkapital) oder Earnings per Share (Gewinn je Aktie = Jahresüberschuss je Aktie) drastisch verschlechtert hätten. Bei der IZF wird der Vorgang dagegen so abgebildet, als ob die Konzernunternehmen seit ihrer Gründung eine Einheit gebildet hätten, d. h., die Buchwerte werden schlicht fortgeführt (vgl. Rammert, DBW 1999, S. 623).

C 223

In den USA hat das FASB die IZF für unzulässig erklärt, da die Nicht-Aufdeckung stiller Reserven/Lasten/Firmenwert für die Adressaten wenig informativ ist und die Anwendungsvoraussetzungen durch intelligente Sachverhaltgestaltungen hergestellt wurden (vgl. Pfefferkorn, WPg 2001, S. 195).

C 224

In Deutschland hat die IZF bisher praktisch kaum Bedeutung erlangt. Dies mag z.T. an den engen Voraussetzungen des § 302 Abs. 1 HGB liegen, aber auch daran dass durch die Buchwertmethode und die Möglichkeit, den Firmenwert mit den Rücklagen zu verrechnen, die Ergebnisse zwischen IZF und Erwerbsmethode angenähert werden können. Immerhin wurde die Daimler-Chrysler-Fusion nach der IZF konsolidiert. Die Anwendbarkeit wurde sogar zur Voraussetzung erhoben, dass die Fusion vollzogen wird (vgl. Rammert, DBW 1999, S. 621). Neben möglichen bilanzpolitischen Aspekten sollte durch die IZF auch ein unternehmenspolitisches Ziel verfolgt werden: das Zusammengehen sollte nicht als Erwerb Chryslers durch Daimler dargestellt werden, sondern als „poolen" gleichrangiger Partner.

Dieses Ziel könnte auch mit der (noch) unzulässigen Fresh-Start-Method erreicht werden, bei der stille Reserven/Lasten/Firmenwert beider Unternehmen aufgedeckt und fortgeschrieben werden (vgl. Mujkanowic, WPg 1999, S. 533 ff.; Pellens/Sellhorn, BB 1999, S. 2125 ff.). Da die Fresh-Start-Method weder national noch international erlaubt ist, wird auf eine nähere Darstellung verzichtet.

C 225 Insgesamt wird die IZF in der Literatur überwiegend kritisch beurteilt, da sie wenig informativ sei (vgl. Wohlgemuth/Ruhnke, HdJ V/$_2$ Rz 376 f.) und falsche Managementanreize biete (überhöhte Kaufpreise belasten nicht das Konzern-Ergebnis).

6.2 Die Zwischenerfolgseliminierung

6.2.1 Grundlagen

C 226 Finden Rechtsgeschäfte zwischen zu konsolidierenden Unternehmen statt, schlagen sich diese nach den üblichen Regeln in den Jahresabschlüssen (HB II) der einzelnen Konzernunternehmen nieder. Soweit diese Geschäftsvorfälle zu Gewinn/Verlust führen, sind diese deshalb im Summenabschluss enthalten. Aus Sicht der Einheit Konzern setzt eine *Erfolgsrealisation* aber einen Geschäftsvorfall mit einem Dritten voraus. Deshalb sind im Rahmen der *Zwischenerfolgseliminierung (ZEE)* die Erfolgswirkungen zu stornieren und zwar vollständig, auch wenn es Minderheitsgesellschafter gibt. Dabei kann es sowohl um Zwischengewinne, als auch um Zwischenverluste gehen. Werden in späteren Perioden diese Zwischenerfolge (ZE) realisiert, z. B. durch Verkauf an Dritte, so schlägt sich dies wiederum nicht in der Rechnungslegung der Einzelgesellschaft nieder. Deshalb muss die Zwischenerfolge-Realisierung für den Konzernabschluss nachgebucht werden. Per Saldo stimmen die Erfolge aus den Summenabschlüssen demnach mit dem Konzern-Erfolg überein, die Periodisierung ist abweichend.

C 227 Während in Art. 26 Abs. 1c der 7. EG-Richtlinie geregelt ist, dass „Gewinne und Verluste aus Geschäften zwischen in die Konsolidierung einbezogenen Unternehmen, die in den Buchwert der Aktiva eingehen, weglassen" werden, wurde die Zwischenerfolgseliminierung in § 304 HGB als Bewertungsnorm gefasst. Die entsprechenden Vermögensgegenstände sind mit dem Wert anzusetzen, der sich ergeben würde, wenn die Konzernunternehmen auch rechtlich ein einheitliches Unternehmen wären.

C 228 Eine Zwischenerfolgseliminierung ist an folgende *Voraussetzungen* geknüpft:

Kühnberger

6. Die Vollkonsolidierung

(1) Auf die Befreiungsmöglichkeit gem. § 304 Abs. 2 HGB wurde verzichtet (s. RN C 257).

(2) Es handelt sich um Lieferungen/Leistungen anderer einbezogener Unternehmen (zur ZEE bei quotal konsolidierten oder at equity bewerteten Unternehmen s. RN C 319). Handelt es sich bei einem Vertragspartner um ein nach §§ 295 f. HGB nicht konsolidiertes Tochterunternehmen, so ist keine Zwischenerfolgseliminierung möglich. Soweit dieses Tochterunternehmen nach der Equity-Methode in den Konzernabschluss einbezogen wird, ist § 312 Abs. 5 HGB zu beachten. Liegt ein sog. Dreiecksgeschäft vor, d. h., ein Konzernunternehmen veräußert an ein nicht konsolidiertes Unternehmen, das wiederum an ein Konzernunternehmen weiterveräußert, liegt ein Außenumsatz vor, so dass wiederum Zwischenerfolge nicht zu eliminieren sind. Liegt dem Dreiecksgeschäft offenbar nur die Absicht zugrunde, eine Zwischenerfolgseliminierung zu vermeiden, insbesondere wenn der Dritte ein nicht konsolidiertes Konzernunternehmen ist, sollte über den Wortlaut des § 304 HGB hinaus eine Eliminierung erfolgen (vgl. Hense/Dreissing, BeBiKo, § 304 Rz 10).

(3) Es müssen Vermögensgegenstände betroffen sein, die noch in der HB II eines Konzernunternehmens aktiviert sind. Handelt es sich um einen beim Empfänger nicht zu einem Vermögensgegenstand führenden Leistungsaustausch, ist eine Zwischenerfolgseliminierung nicht möglich. Die entsprechenden Aufwendungen des Empfängers sind mit den zugehörigen Erträgen des Lieferanten in der GuV zu konsolidieren (§ 305 HGB). Sind vom Leistungsaustausch zwar Vermögensgegenstände betroffen, werden diese aber im gleichen Geschäftsjahr an Dritte weiter veräußert, so ist eine Zwischenerfolgseliminierung obsolet. Beispiel: Konzernmutter hat Wertpapiere für 50 eingekauft und für 70 (30) an die Konzerntochter veräußert, die ihrerseits diese Wertpapiere für 80 an einen Dritten verkauft hat. Im Summenabschluss ist der Erfolg von der Konzernmutter in Höhe von + 20 (- 20) enthalten und der Erfolg der Konzerntochter in Höhe von 10 (50). Per Saldo ergibt sich ein Erfolg von 30, der auch aus Konzern-Sicht realisiert ist (fiktiv: KM hat die für 50 eingekauften Wertpapiere direkt für 80 an den Dritten verkauft).

Kühnberger

(4) Der Wert des noch aktivierten Vermögensgegenstands aus der Summenbilanz (HB II-Wert) ist aus Konzern-Sicht unzulässig (zu hoch: Zwischengewinn; zu niedrig: Zwischenverlust).

6.2.2 Definition der Zwischenerfolge

C 229 Der Zwischengewinn ist zu bestimmen als Unterschied zwischen dem in der HB II (Summenbilanz) angesetzten Wert des betreffenden Vermögensgegenstands und dem Wert der anzusetzen wäre, wenn der Konzern auch rechtlich ein einheitliches Unternehmen wäre. Der in der Konzern-Bilanz anzusetzende Wert sind die *K-HK/K-AK* vermindert um die Abschreibungen/erhöht um Zuschreibungen nach den üblichen Regeln (§§ 253 f.; 279 f. HGB). Da der HB II-Wert die Ausgangsgröße für die Ermittlung der Zwischenerfolge bildet, wirken sich Anpassungen an die konzerneinheitliche Bewertung (§ 308 HGB) und Abschreibungen/Zuschreibungen in der HB II direkt auf die Höhe des zu eliminierenden Betrages aus.

C 230 Die nachstehende Tabelle zeigt dies anhand einiger Fallgestaltungen, wobei die Anschaffungskosten des Empfängers dem Veräußerungswert beim Lieferanten entsprechen und die HB II-Zeile bereits die zwingenden/fakultativen Anpassungen der Bewertung beinhalten (Vereinheitlichungen, Abschreibungen). Die Konzern-Anschaffungskosten als Referenzmaß sind durch die Anschaffungskosten des Lieferanten bestimmt.

	Fall (1)	Fall (2)	Fall (3)	Fall (4)	Fall(5)
AK Empfänger	500	500	500	500	500
HB II-Wert	500	500	400	400	400
K-AK	400	600	400	600	300
Zwischenerfolg	+ 100	- 100	0	0	+100

In den Fällen (1) und (2) entsprechen sich Anschaffungskosten des Empfängers und HB II-Wert. Der Zwischenerfolge ergibt sich aus dem direkten Vergleich mit den Konzern-Anschaffungskosten. In den Fällen (3)–(5) ist der ursprüngliche Einstandswert auf 400 abgeschrieben (zwingend oder wahlweise). Wie an (3) zu sehen ist, ersetzt die Abschreibung die ZEE: der ursprüngliche Zwischengewinn von 100 ist durch die Abschreibung bereits neutralisiert, so dass keine weitere Erfolgskorrektur notwendig ist. Im Fall (5) ist die Abschreibung zu gering, um den Zwischengewinn vollständig zu kompensieren, so dass noch ein Zwischengewinn von

Kühnberger

6. Die Vollkonsolidierung

100 in dem Vermögensgegenstand enthalten ist. Im Fall (4) lag ursprünglich ein Zwischenverlust von 100 vor, der eigentlich wie bei (2) zu eliminieren ist. Da der Vermögensgegenstand in HB II auf den beizulegenden Wert von 400 abgeschrieben wurde, ist der Zwischenverlust aber bereits realisiert: im Konzernabschluss ist gem. §§ 253, 254, 279 i. V. m. § 298 Abs. 1 HGB ebenfalls der beizulegende Wert anzusetzen (400).

Den Vergleichsmaßstab für die HB II-Werte bilden die K-AK/K-HK (§ 255 i. V. m. § 298 Abs. 1 HGB). Analog § 255 Abs. 1 HGB bestehen die Anschaffungskosten aus dem Anschaffungspreis, den Anschaffungsnebenkosten und den Anschaffungspreisminderungen, allerdings aus der Sicht des Konzerns. Grundsätzlich sind alle Anschaffungskosten-Komponenten einzubeziehen, soweit sie direkt zurechenbar sind und bis zur erstmaligen Betriebsbereitschaft angefallen sind. Die *K-AK* können durchaus von dem Anschaffungskosten des Konzern-Gliedes abweichen, das erstmals den Vermögensgegenständen von Dritten erworben hat. C 231

Beispiel: C 232
Die Einkaufsfunktion für Rohstoffe ist bei KM zentralisiert. Sie erwirbt Rohstoffe von Dritten für 100, die später an eine KT veräußert werden. Hierbei fallen Verpackungs- und Transportkosten von 10 an, die direkt zurechenbar sind. Aus Sicht der KM sind dies zwar Vertriebskosten, aus der Perspektive der Einheit des Konzerns hingegen innerbetriebliche Transportkosten, die vor der erstmaligen Betriebsbereitschaft (Verarbeitungsreife bei der KT) anfallen. Die K-AK betragen deshalb 110. Wurde die Transportleistung durch ein ebenfalls konsolidiertes K-Glied erbracht und beinhalten die berechneten Kosten von 10 selbst einen ZG, so wäre dieser zu eliminieren.

Während die Bestimmung der Konzern-AK i. d. R. problemlos möglich ist (vgl. Hense/Dreissig, BeBiKo, § 304 Rz 12), ist die Ermittlung von *Konzern-HK* aufwändiger. Dies liegt daran, das gem. § 255 Abs. 2 und Abs. 3 HGB die HK nicht als Fixwert definiert sind, sondern ein Wahlrecht besteht, nur Einzelkosten einzubeziehen oder zusätzlich Gemeinkosten anzusetzen. Analog gilt dieses Wahlrecht auch für die K-HK und kann abweichend von der Bewertung im Jahresabschluss des Lieferanten ausgeübt werden. Die Wahlfreiheit wird aber durch die Grundsätze der Einheitlichkeit und Stetigkeit der Bewertungsmethoden begrenzt (vgl. RN C 114 ff.). Auch und gerade bei den K-HK kann es wiederum zu konzernspezifischen HK-Mehrungen/-Minderungen kommen, die zu berücksichtigen sind, so dass sich das folgende HK-Schema ergibt: C 233

Kühnberger

	Materialeinzelkosten
+	Fertigungseinzelkosten
+	Sondereinzelkosten der Fertigung
+	Einzelkostenmehrungen aus K-Sicht
./.	Einzelkostenminderungen aus K-Sicht
=	**Mindestwert der K-HK**
+	angemessene Teile der Materialgemeinkosten
+	angemessene Teile der Fertigungsgemeinkosten und Abschreibungen
+	Kosten der Allgemeinen Verwaltung
+	Aufwendungen für soziale Einrichtungen des Betriebs, freiwillige soziale Leistungen und Alterversorung
+	Fremdkapitalzinsen
+	Gemeinkostenmehrungen aus K-Sicht
./.	Gemeinkostenminderung aus K-Sicht
=	**Höchstwert der K-HK**

C 234 Wie im Jahresabschluss kann der Konzern-Mindestwert, Konzern-Höchstwert oder auch ein Zwischenwert angesetzt werden. Demnach geht es nicht nur um die Ermittlung von echten Zwischengewinnen, sondern ggf. werden auch aktivierungsfähige Gemeinaufwendungen eliminiert.

Als konzernspezifische HK-Mehrungen/-Minderungen kommen insbesondere innerbetriebliche Transportkosten in Betracht, die aus Sicht des Lieferanten Vertriebkosten sind, aber aus Konzern-Sicht aktivierbare/aktivierungspflichtige HK (vgl. Küting/Weber, Der Konzernabschluss, S. 324). An konsolidierte Konzernunternehmen geleistete Zahlungen für Lizenzen, Mieten, Darlehnzinsen etc. sind ebenfalls daraufhin zu überprüfen, ob sie K-HK sind. Werden immaterielle Anlagegüter von einem Konzern-Glied erstellt und an eine anderes veräußert, sind sie beim Empfänger als erworbene Vermögensgegenstände zu aktivieren. Aus Konzern-Sicht handelt es sich dagegen um Selbsterstellung, so dass sie gem. § 248 Abs. 2 HGB in voller Höhe ergebniswirksam auszubuchen sind.

C 235 Besonders aufwändig kann die Ermittlung der K-HK im Falle *mehrstufiger Lieferungen* im Konzern sein, z. B. bei vertikalen Konzern-Strukturen. Dies soll an einem Beispiel verdeutlicht werden:

6. Die Vollkonsolidierung

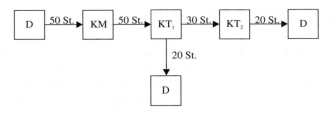

Die KM hat 50 Stück eines Bauteils von einem Dritten für 10,-/St. erworben und diese an die KT_1 für 14,-/St. weiterveräußert. Dabei fielen bei der KM Vertriebskosten von 2,-/St. an, die aus K-Sicht direkt zurechenbar K-HK darstellen.

KT_1 hat die Bauteile weiterverarbeitet und für die HB II folgende HK ermittelt:

Materialeinzelkosten	14,-/St. (= Einstandswert der Bauteile)
+ Fertigungseinzelkosten von	10,-/St.
+ Gemeinkosten von	20,-/St.

Konzernspezifische HK-Änderungen ergeben sich nicht, die KT_1 verkauft 20 St. der weiterverarbeiteten Bauteile an Konzernfremde und 30 St. an KT_2 für 60,-/St.

Die KT2 wiederum verarbeitet diese Produkte weiter, wobei folgende HK ermittelt wurden:

Materialeinzelkosten	60,-/St. (= Einstandwert der Bauteile)
+ Fertigungseinzelkosten von	15,-/St.
+ Gemeinkosten von	20,-/St.

Auch hier gibt es keine K-spezifischen HK-Änderungen. Die KT_2 hat 20 St. an Dritte veräußert, d. h. es befinden sich noch 10 St. der Fertigungserzeugnisse im Lager für die die K-HK zu ermitteln sind (hätte auch die KT_1 noch Bestände aus der Lieferung von die KM, so müssten auch hierfür die K-HK ermittelt werden, egal ob es sich aus der Sicht von KT_1 um Rohstoffe, unfertige oder fertige Erzeugnisse handelt).

Die K-HK setzen sich wie folgt zusammen (je Stück):

- Materialeinzelkosten (KM)	10
- Fertigungseinzelkosten (KT1: 10, KT2:15)	25
- Innerbetrieblicher Transport (KM)	2
K-HK Mindestwert (Einzelkosten)	37

- Gemeinkosten (KT1: 20, KT 2: 20) 40
  K-HK Höchstwert 77

Aus der Sicht von der KT_2 ergibt sich hingegen ein HK-Mindestwert von 75,-/ST. und ein Höchstwert von 95,-/St. Der Mindestwert liegt damit deutlich über den K-HK, die als Untergrenze gelten. Der Grund liegt darin, dass in den Materialeinzelkosten von der KT_2 selbst wiederum Gemeinkosten und ZG aus den vorgelagerten K-Stufen stecken. Die K-HK liegen ebenfalls unter dem Höchstwert aus Sicht von der KT_2, da hier ZG aus den Vorstufen (KM 4,-/St., KT_1: 16,-/St.) erhalten sind und wegen der K-spezifischen HK-Mehrung bei der KM (2,-/St.).

C 236 In Abhängigkeit der HK in der HB II von der KT_2 und den gewählten K-HK ergeben sich folgende Zwischenerfolge (je Stück):

	(1)	(2)	(3)	(4)
HB II-Wert	75	75	95	95
K-HK	37	77	37	77
ZE	+38	-2	+58	+18

C 237 Die Höhe der Zwischengewinne hängt natürlich von der Bewertung zu Voll- oder Teilkosten ab. Im Fall (2) ergibt sich sogar ein Zwischenverlust von 2,-/St., da in der HB II nur Einzelkosten angesetzt und im Konzernabschluss Gemeinkosten aktiviert werden. Man kann durchaus darüber streiten, ob es überhaupt zulässig ist, in der HB II ein anderes HK-Schema vorzusehen als im Konzernabschluss. Zu berücksichtigen ist dabei jedoch, dass es sich bei den zu bewertenden Vermögensgegenständen bei einzelnen Konzerntöchtern um Fertigerzeugnisse handeln kann, die aus Konzern-Sicht unfertige Erzeugnisse darstellen. Der Grundsatz der Einheitlichkeit verlangt jedoch nicht, dass die HK für alle Vermögensgruppen gleich bestimmt werden.

C 238 Zur Ermittlung der Konzern-HK wurde verschiedentlich vorgeschlagen, nicht wie hier unterstellt ausgehend von den HB II ex post die Einzelkomponenten der Konzern-HK zu bestimmen und daraufhin Zwischenerfolge zu eliminieren, sondern die Konzern-HK mit Hilfe einer *originären K-Buchführung* direkt zu ermitteln (vgl. Ruhnke, Konzernbuchführung, Küting/Loson, BBK Fach 21, S. 6067 ff.). Obwohl eine solche Konzern-Buchführung die Zwischenerfolgseliminierung (u. a. Arbeiten bei der

6. Die Vollkonsolidierung

Konzernabschluss-Erstellung) wesentlich erleichtern könnte, ist sie selbst als Parallel-Buchführung aufwändig und wird in der Praxis nicht realisiert. Es ist davon auszugehen, dass der Konzernabschluss nach wie vor derivativ aus den Einzelabschlüssen der Konzernunternehmen entwickelt wird.

Die Zwischenerfolgseliminierung wird sinnvollerweise von einer *zentralen Clearingstelle* realisiert, da hierzu zumindest die Daten von zwei oder mehr Konzern-Gliedern benötigt werden. Das belieferte Konzern-Glied muss die Mengen an noch aktivierten, konzernintern erworbenen Vermögensgegenständen und die zugehörigen HB II-Werte melden. Das oder die liefernden Konzern-Glieder die zugehörigen Konzern-HK. Diese könnte zwar auch dem Empfänger mitgeteilt werden, aber auch innerhalb eines Konzerns ist es nicht selbstverständlich (oder immer sinnvoll) den Kunden die eigene Kalkulation offen zu legen. Bei mehrstufigen Lieferungen wären außerdem mehrere Unternehmen zu beteiligen. Um die erforderlichen Daten möglichst einheitlich und rechtzeitig verfügbar zu haben, bietet es sich an entsprechende Konsolidierungsrichtlinien und Formblätter zu nutzen. Ein Formblatt zur Zwischenerfolgseliminierung könnte z. B. wie folgt aufgebaut sein (vgl. Baetge/Kirsch/Thiele, Konzernbilanzen, S. 336):

C 239

A. Angaben des Lieferanten	
1. Empfänger (anderes TU oder MU)	....
2. Art der Güter	....
3. Menge der Güter	ME.....
4. Kalkulatorische Herstellkosten pro Einheit	€........
4.1. Einzelkosten	€........
4.2. Gemeinkosten	€........
1.1. Vertriebskosten	€........
1.2. Gewinnzuschlag	€........
1.3. Nicht-pagatorische Kostenelemente	€........
2. Rechnungspreis pro Maßeinheit	€........
3. Rechnungssumme [3.- 5.]	€........
3.1 − Rabatt	€........
3.2 − Skonti	€........
3.3 − Zahlungsbetrag	€........
4. Anschaffungs- bzw. Herstellungskosten für die Güter in HB II	€........
5. Herstellungskostenmehrungen bzw. Herstellungskostenminderungen	€........

Kühnberger

B. Angaben des Empfängers	

1. Anschaffungskosten des Vermögensgegenstandes
   Anschaffungspreis
   Anschaffungsnebenkosten
   Nachträgliche Anschaffungskosten
   Anschaffungspreisminderungen
	€........
	€........
	€........
	€........
	€........

2. Verwendung des Vermögensgegenstandes
   Unmittelbare Weiterlieferung des konzernintern empfangenen
   Güter ohne Be- oder Verarbeitung
      An anderes Konzernunternehmen*
      An konzernexternes Unternehmen**
	
	Ja/Nein
	Ja/Nein

Weiterbe- oder -verarbeitung der konzernintern empfangenen
Güter
      Angefallenen HK für Be- oder Verarbeitung
         Einzelkosten
         Gemeinkosten
   Weiterlieferung
      Konzernunternehmen *
      Konzernexternes Unternehmen**
	
	€........
	€........
	
	Ja/Nein
	Ja/Nein

  * Auf einem Formblatt ist zu A. Angaben des Lieferanten zu berichtigen.
** Aus dem Geschäft mit dem konzernexternen Unternehmen ist eine Rechnungsdurchschrift beizulegen.

6.2.3 Zur Technik der Zwischenerfolgseliminierung

C 240   Anders als bei der Kapitalkonsolidierung gibt es bezüglich der Technik der Zwischenerfolge keine Methodenvielfalt. Allerdings sind drei Phasen der Abwicklung zu unterscheiden:

(1) Behandlung der Zwischenerfolge im Jahr der Entstehung

(2) Behandlung der Zwischenerfolge in Folgeperioden vor Realisierung

(3) Behandlung der Zwischenerfolge im Jahr der Realisierung

C 241   Die Vorgehensweise soll an einem einfachen *Beispiel* skizziert werden:

Beispiel:
KM erwirbt in t_1 Wertpapiere für 500, die an die KT für a) 700 oder b) 300 weiterveräußert werden. Der Zeitwert der Wertpapiere liege in allen Jahren höher als der HB II-Wert, so dass keine Abschreibungen vorzunehmen sind. In t_2 bilanziert die KT die Wertpapiere weiterhin zu den AK (700 resp.300). In t_3 veräußert KT die Wertpapiere für 800 an Dritte.

Kühnberger

6. Die Vollkonsolidierung

Ad (1): In t1 hat die Konzernmutter durch den Verkauf einen Zwischenerfolg im Jahresabschluss (HB II) realisiert

a)	per	Bank	700	an	Wertpapiere	500
					Ertrag	200
b)	per	Bank	300	an	Wertpapiere	500
		Aufwand	200			

In der HB II der Konzerntochter stehen die Wertpapiere mit 700 (oder 300) zu Buche, einem Wert der über (unter) den K-AK von 500 liegt. Durch die Konsolidierungsbuchung muss erreicht werden, dass die Wertpapiere mit dem zutreffenden Wert in der Konzern-Bilanz angesetzt und der ZG eliminiert wird.

a)   per   JÜ   an Wertpapiere   200

Damit ist die aus Konzern-Sicht die nicht realisierte Gewinnerhöhung, die im Summenabschluss steht, korrigiert. Für die GuV ist spiegelbildlich der Veräußerungsgewinn zu Lasten des Jahresüberschusses zu korrigieren:

per   s. b. Ertrag   an JÜ   200
b)   per   Wertpapiere   an JÜ   200

Im Falle von Zwischenverlusten ist der Bestandswert auf die Konzern-AK aufzustocken (Jahresüberschuss-erhöhend).

Ad (2): In t_2 stecken die Zwischenerfolge nach wie vor in den bilanzierten Wertpapieren der HB II und sind zu eliminieren. Allerdings hatte dieser Zwischenerfolg keinen Einfluss auf den Jahresüberschuss eines der beteiligten Konzernunternehmen, die Korrektur muss also erfolgsneutral, aber innerhalb des Eigenkapitals, erfolgen. In Frage kommen der Ergebnisvortrag, Rücklagen, oder ein Sonderposten für unrealisierte Zwischengewinne. Werden die Rücklagen korrigiert, so kann dies inhaltlich wie folgt gedeutet werden: da der Konzern-Jahresüberschuss um 200 (a) niedriger als der Jahresüberschuss in den Einzelabschlüssen war, konnte aus Konerzn-Sicht auch weniger thesauriert werden. Im Fall (b) hätte umgekehrt ein höherer Betrag in die Rücklagen eingestellt werden können, da der Konzern-Jahresüberschuss höher als der Summen- Jahresüberschuss der HB II ist:

Kühnberger

(a) per Rücklage an Wertpapiere 200
(b) per Wertpapiere an Rücklage 200

Zu bedenken ist aber, dass der Konzern als Einheit gar keinen Ergebnisverwendungsvorschlag oder gar -beschluss hat (mangels Rechtspersönlichkeit). Insofern handelt es sich um fiktive Verwendungen, die abgebildet werden. Im Kern gilt dies auch für den Ergebnisvortrag. Dies spricht dafür, zumindest bei wesentlichen Beträgen einen eigenen Sonderposten einzufügen. Theoretisch wäre es natürlich möglich diejenigen Eigenkapital-Bestandteile zu korrigieren, die bei dem einzelnen Konzernunternehmen, das den Zwischenerfolg erzielte, betroffen waren. Dies setzt voraus, dass die Ergebnisverwendungsentscheidungen der einzelnen Konzernunternehmen bekannt sind und der Zwischenerfolg einem bestimmten Konzernunternehmen zugeordnet werden kann. Dies kann GuV-orientiert (beim Lieferanten, dessen Jahresüberschuss beeinflusst wurde) oder bilanzorientiert (beim Empfänger, dessen Vermögensgegenstand umbewertet wurde) erfolgen.

C 243 Ad (3): Im dritten Jahr hat die Konzerntochter die Wertpapiere mit einem Veräußerungsgewinn von (a) 100 (b) 500) verkauft. Zwar ist in den Beständen kein zu eliminierender Zwischenerfolg vorhanden, aber aus Konzern-Sicht beträgt der Veräußerungsgewinn 300 (Veräußerungserlös: 800 − K-AK 500): Deshalb ist der Summen-Jahresüberschuss noch um den nunmehr realisierten Zwischenerfolg der Vorperiode zu korrigieren.

a) per Rücklage an JÜ 200

Die Gegenbuchung erfolgt wiederum bei den Rücklagen (oder Ergebnisvortrag, Sonderposten), da auch in t_3 die Rücklagen aus der Summen-Bilanz die (fiktive) Thesaurierung bei der Konzerntochter enthält, also um den vormaligen Zwischengewinn zu hoch ist. Ab t_4 ergeben sich aus dem Geschäft dann keine Konsolidierungsfolgen mehr. Für den Fall eines Zwischenverlustes ergibt sich analog:

b) per JÜ an Rücklagen 200

Damit wird der aus Konzern-Sicht zu hohe Veräußerungsgewinn gekürzt.

C 244 Prinzipiell kann dieses Vorgehen für jeden Veräußerungsvorgang einzeln erfolgen. Bei umfänglichem Leistungsaustausch ist dies sehr aufwändig

Kühnberger

und nicht notwendig. Stattdessen wird bei Entstehung von zu eliminierenden Zwischengewinnen der gesamte Betrag gegen den Jahresüberschuss gebucht. Erhöht sich in der Folge der Zwischengewinn, so ist nur dieser Änderungsbetrag gegen den Jahresüberschuss zu buchen, der Rest gegen die Rücklagen (Ergebnisvortrag, Sonderposten). Vermindert sich der Gesamtbetrag der Zwischengewinne, so sind per Saldo früher eliminierte Erfolge realisiert und demgemäß der Konzern-Jahresüberschuss zu Lasten der Rücklagen zu erhöhen. Bei Zwischenverlusten ist spiegelbildlich zu verfahren. Selbstverständlich sind hierbei Zwischengewinn und Zwischenverlust zusammenzufassen, so dass letztlich nur Änderungen des Gesamtbetrages aller Zwischengewinne ergebniswirksam konsolidiert werden und der Gesamtbetrag vom Ende des Vorjahres mit den Rücklagen (Ergebnisvortrag, Sonderposten) verrechnet wird.

6.2.4 Besonderheiten beim Vorratsvermögen

Die Zwischenerfolgseliminierung setzt immer voraus, dass sowohl die Bestandsmengen zum Stichtag aus konzerninternen Lieferungen als auch die HB II-Werte und die Konzern-AK/Konzern-HK bekannt sind. Dabei spielt es keine Rolle, ob die konzerninternen Lieferungen noch in ursprünglicher Form (z. B. Rohstoffe) vorliegen oder schon weiterverarbeitet wurden (unfertige oder fertige Erzeugnisse). Entscheidend ist alleine, dass sie beim Empfänger noch in den Beständen aktiviert sind.   C 245

Relativ einfach ist die Ermittlung der Zwischenerfolge nur dann, wenn nur konzernintern von einem Lieferanten zu konstanten Werten geliefert wurde. Wird hingegen von verschiedenen Konzern-Gliedern und Dritten zu schwankenden Preisen eingekauft und die Lieferungen werden nicht getrennt gelagert (gemischte Lager), so ist die Zuordnung der am Stichtag noch vorhandenen Mengen zu bestimmten Lieferungen nicht mehr möglich (*Identitätsnachweis*). Deshalb ist es zulässig mit Vereinfachungsverfahren zu arbeiten. Die Vereinfachungen beziehen sich zunächst darauf, dass für art-/funktionsgleiche Vermögensgegenstände Gruppen gebildet werden dürfen, wenn die Vermögensgegenstände annährend gleichwertig sind (§ 240 Abs. 4 HGB). Die Gruppen von Vermögensgegenständen können im zweiten Schritt gem. §§ 256, 240 Abs. 4 HGB vereinfacht bewertet werden. Neben den für den Jahresüberschuss bekannten Verfahren, wie (gleitender) gewogener Durchschnitt, Lifo, Fifo etc., sind nach h. M. auch die konzernspezifischen *Kifo*-(Konzern-in-first-out) und *Kilo*-(Konzern-   C 246 in-last-out) *Verfahren* zulässig. Da die Anforderungen an den Konzernabschluss nicht höher sind als an den Jahresabschluss, dürfen Kilo/Kifo als Fiktionen angewendet werden, auch wenn kein Nachweis möglich ist, dass die realen Abgänge so erfolgen. Da es sich um eine bestimmte Abgangsfolge handelt, die eine willkürliche Beeinflussung des Konzernabschlusses im Zeitablauf nicht zulässt, ist die Anwendung unter Vereinfachungsaspekten zulässig.

C 247 Wird Kilo unterstellt, ist in allen Fällen Zwischenerfolgseliminierung notwendig, wenn es überhaupt konzernintern gelieferte Vorräte gibt. Umgekehrt kann die *Kifo-Fiktion* dazu führen, dass alle Vorräte buchmäßig als Lieferungen von Dritten darstellbar sind, so dass eine Zwischenerfolgseliminierung entfällt.

Die genannten Verfahren müssen (analog zum Jahresabschluss) nicht gleichermaßen für alle Bestände angewendet werden, wenn sich die Bestände unterscheiden. Außerdem ist eine Kombination mit anderen Verfahren zulässig. Wenn z. B. trotz Kifo-Fiktion der Endbestand Mengen aus verschiedenen konzernextern/konzernintern bezogenen Lieferungen enthält, kann innerhalb der Teilbestände zusätzlich Lifo zur Anwendung kommen.

C 248 Sind die Bestandsmengen so bestimmten Lieferungen zugeordnet, ist die Höhe der Zwischenerfolge je Lieferung zu ermitteln. Dies kann individuell erfolgen oder es kann auf durchschnittliche Zwischenerfolgs-Spannen der Lieferanten (je Monat/Jahr) oder des gesamten Konzerns zurückgegriffen werden. Voraussetzung ist jedoch, dass die unterstellten Zwischenerfolge repräsentativ für die tatsächlich erfolgten Lieferungen sind, der Grundsatz der Wesentlichkeit erlaubt Vereinfachungen nur, wenn die resultierende Ungenauigkeit für den Einblick in die Vermögens- , Finanz- und Ertragslage nicht erheblich ist. Zu bedenken ist hierbei, dass eine pauschalierte Zwischenerfolgseliminierung regelmäßig informativer ist, als wenn unter Verweis auf § 304 Abs. 2 HGB auf eine Eliminierung ganz verzichtet wird.

6.2.5 Besonderheiten beim abnutzbaren Anlagevermögen

C 249 Abnutzbares Anlagevermögen wird planmäßig abgeschrieben mit der Folge, dass ein ursprünglich enthaltener Zwischenerfolg nach Maßgabe der Abschreibungen realisiert wird (vgl. Busse von Colbe/Ordelheide, Konzernabschlüsse, S. 375). Dies gilt auch, wenn zusätzlich außerplanmäßige

Kühnberger

6. Die Vollkonsolidierung

Abschreibungen vorgenommen werden. Umgekehrt lassen Zuschreibungen den Zwischenerfolg wieder aufleben.

Ein einfaches *Beispiel* zeigt die Grundstruktur: Die Konzernmutter veräußert am 1.1.01 eine Maschine an die Konzerntochter für 100, die linear über fünf Jahre abgeschrieben wird. Die Konzern-AK betragen 80, der Zwischengewinn also 20.

Daraus ergeben sich die Daten der folgenden Tabelle: C 250

	1.1.01	31.12.01	31.12.02	31.12.03	31.12.04	31.12.05
Restbuchwert – HB II – KA	100 80	80 64	60 48	40 32	20 16	0 0
ZG – Stand – Änderung	0 +20	16 - 4	12 - 4	8 - 4	4 - 4	0 - 4
Abschreibung – HB II – KA		20 16	20 16	20 16	20 16	20 16

Für die HB II wird die Anlage in 01 zunächst mit 100 eingebucht und um   C 251
20 abgeschrieben. Die Zwischenerfolgseliminierung zum 31.12.01 umfasst folgende Buchung:

     per JÜ   an Maschine   16

Diese Buchung enthält 2 Komponenten:

(1) per JÜ   an Maschine   20 (Eliminierung des gesamten ZG)
(2) per Maschine   an JÜ   4 Korrektur der aus K-Sicht zu hohen Abschreibungen.
GuV: JÜ   an Abschreibungen   4).

Am Ende von 02 beträgt der Zwischengewinn noch 12 (60 – 48), wovon aber nur 4 (die unterschiedliche Abschreibung) ergebniswirksam werden dürfen. Der Zwischengewinn des Vorjahres ist wieder ergebnisneutral mit den Rücklagen (Ergebnisvortrag, Sonderposten) zu verrechnen.

Kühnberger

per Maschine an JÜ 4 (GuV: per JÜ an Abschreibung 4)
per Rücklage an Maschine 16

Würde in der HB II in 02 eine zusätzliche außerplanmäßige Abschreibung um 20 vorgenommen (auf einen Buchwert von 40), die auch im Konzernabschluss zu übernehmen ist, gäbe es keinen Unterschied zwischen HB II- und KA-Wert mehr, der Zwischengewinn ist insgesamt realisiert. Allerdings ist der Betrag der außerplanmäßigen Abschreibung im Konzernabschluss niedriger als in der HB II.

C 252 Das Beispiel zeigt, dass die Zwischenerfolgseliminierung zu organisatorischem Aufwand führen kann, da für die HB II und den Konzernabschluss parallele Abschreibungspläne zu erstellen sind. Das Problem wird noch größer, wenn außerdem im Einzelabschluss von der Konzerntochter anders als in der HB II bewertet wird, in der Steuerbilanz andere Werte auftreten (z. B. aufgrund steuerlicher Vorbehalte) und kalkulatorisch anders als bilanziell abgeschrieben wird (abweichende Methode oder Nutzungsdauer). Demnach kann es zu fünf Abschreibungsplänen kommen, die Anlagekartei wird aufgebläht. Z. T. kann dies verhindert werden:

- Es werden grundsätzlich keine Zwischenerfolge beim abnutzbaren Anlagevermögen verrechnet. Dies hat aber den Nachteil, dass das liefernde Konzernunternehmen nicht mehr anhand des ausgewiesenen Erfolges beurteilt werden kann, da die Lieferung dann i. d. R. nicht marktüblich ist. Steuerlich kann es sich um eine verdeckte Gewinnausschüttung/Einlage handeln. Gesellschaftsrechtlich kann ein Nachteil i. S. von § 311 AktG vorliegen, der bei einem faktischen Konzern zu Ausgleichsansprüchen führt.

- Für manche Unternehmen ist es erlaubt, einen Konzernabschluss nach IAS zu erstellen. Da diese eine Abschreibungsverrechnung anstreben, die weniger am Vorsichtsprinzip, sondern eher an betriebswirtschaftlichen Aspekten orientiert ist, können die entsprechenden Daten auch für interne Zwecke genutzt werden, die gesonderte kalkulatorische Abschreibung entfällt.

Kühnberger

6.2.6 Zwischenerfolgseliminierung bei Erstkonsolidierung und Entkonsolidierung

Wird eine Konzerntochter *erstmals konsolidiert*, stellt sich die Frage, ob Zwischenerfolge in Konzern-Beständen, die in der Vergangenheit aus einem Leistungsaustausch mit dem damals noch nicht konsolidierten Unternehmen stammen, auch zu eliminieren sind. Da die entsprechenden Zwischenerfolge vormals den Konzern-Erfolg nicht berührt haben, sind sie auch nicht erfolgswirksam zu konsolidieren, wenn die Konzerntochter erstmals konsolidiert wird (vgl. ADS, § 304 Rz 120 ff.). Demgegenüber wird im WPH 2000 (M Rz 331) die Ansicht vertreten, dass aufgrund des Effektes, dass bei erstmaliger Konsolidierung die Zwischenerfolge in voller Höhe und in den Folgeperioden nur noch in Höhe der jährlichen Änderung den Konzern-Erfolg berühren, eine abweichende Verfahrensweise zulässig ist: die Zwischenerfolge mit dem Stand am Ende des Vorjahres werden neutral mit dem Eigenkapital verrechnet, während die Änderung des Zwischenerfolgs im abgelaufenen Jahr erfolgswirksam verrechnet wird. Dies verbessert möglicherweise die Vergleichbarkeit der Konzernabschlüsse im Zeitablauf, führt aber zu einem Verstoß gegen das Kongruenzprinzip.

C 253

Scheidet eine Konzerntochter aus dem Kreis der konsolidierten Unternehmen aus, so ist bezüglich der früher eliminierten Zwischenerfolge zu prüfen, ob sie damit realisiert sind. Hierbei ist es sinnvoll zwischen Downstream-Geschäften (es wurde an das zu entkonsolidierende Unternehmen verkauft) und Upstream-Geschäften (das zu entkonsolidierende Unternehmen liefert an ein anders Konzernunternehmen) zu unterscheiden. Wurde an die ausscheidende Konzerntochter verkauft, so hat der verrechnete Zwischenerfolg im Leistungsjahr den Jahresüberschuss des liefernden Konzernunternehmens erhöht. Durch die Zwischenerfolgseliminierung wird dies korrigiert und zugleich der erworbene Vermögensgegenstand mit den Konzern-AK/Konzern-HK bewertet. Der Abgang der Konzerntochter wird durch die Entkonsolidierung als Abgang der Vermögensgegenstände/Schulden etc. der Konzerntochter abgebildet (s. o.). Damit scheidet der erworbene Vermögensgegenstand mit seinem Buchwert aus dem letzten Konzernabschluss (Konzern-AK/Konzern-HK abzüglich Abschreibungen) aus. Der Zwischenerfolg ist damit quasi ohne zusätzliche Buchung realisiert.

C 254

Kühnberger

C 255 Bei Upstream-Lieferungen tritt dagegen ein Problem auf, das gesetzlich nicht geregelt ist: der Zwischenerfolg wurde im Leistungsjahr in der GuV des Lieferanten erfolgswirksam. Wird der Zwischenerfolg deshalb (GuV-orientiert) beim Lieferanten angesiedelt, wäre er bei dessen Ausscheiden auch realisiert. Technisch wird die Zwischenerfolgseliminierung jedoch am Vermögensgegenstand angebunden, der mit den Konzern-AK/Konzern-HK bewertet wird (vermögens-/bilanzorientiert). Dies führt zu einer Zurechnung des Zwischenerfolgs zum Empfänger und hat zur Folge, dass der Zwischenerfolg nicht mit der Endkonsolidierung des Lieferanten, sondern erst mit Abgang des erworbenen Vermögensgegenstands aus dem Konsolidierungskreis realisiert wird. Für diese von der h. M. präferierte Sichtweise spricht, dass der Zwischenerfolg im Abgangsjahr beim Empfänger als realisiert angesehen wird und der gleiche Zwischenerfolg auch im Kaufpreis für die abgegangene Konzerntochter implizit enthalten ist. Neben dieser Doppelerfassung besteht die Gefahr, dass durch die Festlegung zu hoher/niedriger Verrechnungspreise im Leistungsjahr später der Konzern-Erfolg/das Konzern-Vermögen zu hoch/niedrig ausgewiesen wird, ohne dass eine Marktbestätigung durch Dritte erfolgte (vgl. Königsmeier, BB 2000, S. 191 ff., bes. S. 195 ff.).

6.2.7 Erfassung von Minderheitsanteilen

C 256 In § 304 HGB wird keine Differenzierung der Zwischenerfolge auf Bestandteile der Mehrheits- und der Minderheitsgesellschafter vorgenommen. Da diese gleichermaßen als Eigentümer des Konzerns gelten, sind nach der Einheitstheorie bei vollkonsolidierten Konzernunternehmen immer 100% der Zwischenerfolge zu eliminieren (vgl. Coenenberg, Jahresabschluss und Jahresabschlussanalyse, S. 665 f.). Damit ist die Frage nicht gelöst, ob Zwischenerfolge anteilig den Minderheitsgesellschaftern (innerhalb des EK) zuzurechnen sind. Nach h. M. ist dies nicht zulässig (vgl. Schildbach, Der Konzernabschluss, S. 309; WPH, Bd. I 200 M Rz 302). Überzeugend ist dies nicht, sondern das kann bestenfalls unter Vereinfachungsaspekten bei nicht wesentlichen Beträgen akzeptiert werden. Wie bei der Neubewertungsmethode im Rahmen der Kapitalkonsolidierung auch, sind ansonsten die Minderheitsanteile am Zwischenerfolg auch diesen zuzurechnen. Es ist aber umstritten, ob der Zwischenerfolg dem Lieferanten oder dem Empfänger der konzernintern gelieferten Vermögensgegenstände zuzurechnen ist und damit auch anteilig den Minderheits-

Kühnberger

gesellschaften des Lieferanten oder Empfängers (vgl. Förschle/Hoffmann, BeBiKo, § 307 Rz 54 ff., die für das Empfängerunternehmen plädieren; Göth, Das Eigenkapital im Konzernabschluss, S. 468 ff.; Ebeling, Konzernrechnungslegung, S. 358 ff.). Angesichts der insgesamt eher uneinheitlichen Literaturmeinung ist von zwei de-facto Wahrheiten auszugehen:

(1) Ob überhaupt ein Minderheitenanteil abgegrenzt wird oder nicht.
(2) Ob dies auf Ebene des Lieferanten oder des Empfängers geschieht.

6.2.8 Die Wahlrechte zum Verzicht auf die Zwischenerfolgseliminierung

In § 304 Abs. 2 HGB ist das Wahlrecht formuliert, dass eine Zwischenerfolgseliminierung entfallen kann, wenn sie für den Einblick in die Vermögens-, Finanz- und Ertragslage von untergeordneter Bedeutung ist. Wann eine solche Unwesentlichkeit vorliegt ist weder normiert, noch umfassend normierbar. Die Reglung ist problemlos bei restriktiver Anwendung, lässt aber Spielraum für subjektives Ermessen. Eine Anhangangabe ist bei der Inanspruchnahme des Wahlrechts nicht vorgeschrieben. C 257

Die relative Bedeutung der Zwischenerfolge kann z. B. im Bezug auf den Konzernerfolg oder mögliche Über-/Unterbewertungen von Vermögensgegenständen gemessen werden. Entscheidend ist hierbei die Summe der unterlassenen Eliminierungen.

Mit dem TransPuG wurde das frühere Wahlrecht, auf eine Zwischenerfolgseliminierung zu verzichten, wenn die Lieferungen/Leistungen zu marktüblichen Bedingungen erfolgte und die Eliminierung mit erheblichem Aufwand verbunden war (§ 304 Abs. 2 HGB a. F.), ersatzlos gestrichen. Dieses Wahlrecht war schon immer sehr umstritten, da es einen Verstoß gegen die Einheitstheorie implizierte und Missbräuche aufgrund der schwammigen Begrifflichkeit nicht ausschließen konnte. Die Streichung entspricht internationalen Grundsätzen und wurde weitgehend begrüßt. C 258

6.3 Die Schuldenkonsolidierung

6.3.1 Grundlagen

Aus der Fiktion der rechtlichen Einheit des Konzerns ergibt sich, dass Forderungen und Schulden, die zwischen Konzernunternehmen bestehen, C 259 nicht in die Konzern-Bilanz zu übernehmen sind. Entsprechend verlangt § 303 Abs. 1 HGB: *„Ausleihungen und andere Forderungen, Rückstellungen und Verbindlichkeiten zwischen den in den Konzernabschluss einbezogenen Unternehmen sowie entsprechende Rechnungsabgrenzungsposten sind wegzulassen".* Der Wortlaut ist in zweierlei Hinsicht ergänzungsbedürftig:

(1) Es geht nach einhelliger Ansicht nicht nur um die in § 303 HGB bezeichneten Sachverhalte, sondern um alle Bilanzposten, die Ansprüche und Verpflichtungen beinhalten. Außerdem sind die Haftungsvermerke unter der Bilanz (§ 251 HGB) und die sonstigen finanziellen Verpflichtungen gem. § 285 Nr. 3 HGB zu konsolidieren (s. RN C 263 f.).

(2) Ein schlichtes „Weglassen" der korrespondierenden Ansprüche und Verpflichtungen ist grundsätzlich nur möglich, wenn diese sich in gleicher Höhe gegenüberstehen. Andernfalls treten Unterschiedsbeträge auf, die Schuldenkonsolidierung ist ergebnis- u./o. eigenkapitalwirksam (s. RN C 265 ff.).

C 260 In § 303 Abs. 2 HGB wird das Wahlrecht aufgeführt, bei unwesentlichen Beträgen auf die Schuko verzichten zu können. Die Wesentlichkeit kann u. a. am Einfluss auf die Bilanzsumme, Eigenkapital, Jahresüberschüsse, wichtigen Bilanz- und Renditekennzahlen (z. B. Liquiditätsgrade, Eigenkapital-Rendite) gemessen werden. Feste Grenzwerte gibt es nicht.

Betroffen von der Schuldenkonsolidierung sind sämtliche Konzernunternehmen, soweit sie in den Konzernabschluss einbezogen werden. Dabei sind – unabhängig von eventuellen Minderheitsgesellschaftern – die entsprechenden Posten voll zu konsolidieren (100%).

6.3.2 Zu konsolidierende Posten

C 261 Wie bereits ausgeführt, sind die Begriffe Forderung/Schulden i. S. von § 303 HGB in einem umfassenden Sinn zu interpretieren: alle Bilanzposten, die konzerninterne Ansprüche oder Verpflichtungen beinhalten, sind zu konsolidieren: Folgende Bilanzposten können betroffen sein: (Schildbach, Der Konzernabschluss, S. 267)

6. Die Vollkonsolidierung

Aktivseite
* (Ausstehende Einlagen auf das gezeichnete Kapital) davon eingefordert

A.   I. 3. geleistete Anzahlungen [auf immaterielle Anlagevermögen]
    II. 4. geleistete Anzahlungen (...) [auf Sachanlagen]
    III. 2. Ausleihungen an verbundenen Unternehmen
        5. Wertpapiere des Anlagevermögens

B.   I. 4. geleistete Anzahlungen [auf Vorrat]
    II. 1. Forderungen aus Lieferungen und Leistungen
    III. 2. Forderungen gegen verbundene Unternehmen
          eingeforderten Einlagen auf das gezeichnete Kapital
    II. 4. sonstige Vermögensgegenstände
    III. 3. sonstige Wertpapiere
    IV. Schecks (...), Guthaben bei Kreditinstituten

C. Rechnungsabgrenzungsposten
    Disagio
    andere Rechnungsabgrenzungsposten

Passivseite
B. 3. sonstige Rückstellungen

C. 1. Anleihen
    2. Verbindlichkeiten gegenüber Kreditinstituten
    3. erhaltene Anzahlungen auf Bestellungen
    4. Verbindlichkeiten aus Lieferungen und Leistungen
    5. Verbindlichkeiten aus der Annahme gezogener Wechsel und Ausstellung eigener Wechsel
    6. Verbindlichkeiten gegenüber verbundenen Unternehmen

D. Rechnungsabgrenzungsposten

Wie die Auflistung zeigt, können auch *ausstehende Einlagen* Gegenstand der Schuldenkonsolidierung sein, wenn sie Forderungs-/Schuldenqualität haben. Nicht eingeforderte Beträge sind dagegen bei der Kapitalkonsolidierung zu berücksichtigen (Kürzung des gezeichneten Kapitals). *Rechnungsabgrenzungsposten* können betroffen sein, wenn Schuldbeziehungen mit einem Agio/Disagio vereinbart wurden.

C 262

Kühnberger

Rückstellungen für Verpflichtungen gegenüber anderen Konzernunternehmen sind grundsätzlich ebenfalls erfasst, da ihnen das Merkmal der Schuld gegenüber einem Dritten fehlt. Allerdings sind durchaus Fallkonstruktionen denkbar, bei denen die Rückstellungen aus der HB II zwar formal Verpflichtungen gegenüber konsolidierten Konzernunternehmen betreffen, diese aber auch aus der Konzern-Perspektive Rückstellungscharakter haben. Z.B. kann eine Garantierückstellung für eine konzerninterne Lieferung aus Konzern-Sicht eine Rückstellung für unterlassende Instandhaltung darstellen. Eine Drohverlustrückstellung aus einem schwebenden Geschäft kann auch für die Einheit Konzern einen drohenden Verlust darstellen, wenn der konzerninterne Vertragspartner bereits mit Dritten entsprechende Verträge geschlossen hat (vgl. Hense/Dreissig, § 303 Rz 21 ff.). Sog. *Drittschuldverhältnisse*, bei denen ein Dritter Ansprüche gegen ein Konzernunternehmen und Verpflichtungen gegenüber einem anderen Konzernunternehmen hat, dürfen freiwillig konsolidiert werden, wenn sie die Aufrechnungsbedingungen i. S. von § 387 BGB erfüllen (vgl. Küting/Weber, Der Konzernabschluss, S. 293 ff.).

C 263 Nicht direkt von § 303 HGB erfasst, aber aus der Einheitstheorie abzuleiten ist, dass auch Eventualverbindlichkeiten gem. § 251 HGB nicht einfach additiv aus der HB II in den Konzernabschluss übernommen werden dürfen. Diese *Haftungsverhältnisse* sind i. d. R. Verpflichtungen, die ein Einstehen für fremde und nicht eigene Schulden betreffen (z. B. Bürgschaften, harte Patronatserklärungen, Bestellung von Sicherheiten). Soweit die zugrunde liegende Schuld (z. B. ein Bankdarlehen bei der Konzerntochter) im Konzernabschluss enthalten ist, kommt ein Haftungsvermerk unter der Bilanz (z. B. Bürgschaft der Konzernmutter für das Darlehen) nicht in Betracht. Auch Mehrfachbesicherungen durch verschiedene Konzernunternehmen sind zu konsolidieren (vgl. ADS, § 303 Rz 25).

C 264 Aus der Einheitsfiktion ergibt sich schließlich, dass auch die sonstigen finanziellen Verpflichtungen gem. § 285 Nr. 3 HGB nur dann in den Konzern-Anhang zu übernehmen sind, wenn sie gegenüber Dritten bestehen, Da solche Verpflichtungen nur angabepflichtig sind, wenn sie für den Einblick in die Finanzlage wesentlich sind, ist zudem zu prüfen, ob die Angaben aus den Einzelabschlüssen auch für die Einheit Konzern noch als wesentlich einzustufen sind.

Kühnberger

6.3.3 Technik der Schuldenkonsolidierung

Die Schuldenkonsolidierung ist sehr einfach, wenn sich die zu konsolidierenden Posten in gleicher Höhe gegenüberstehen (in der HB II). Aus der Summenbilanz sind sie erfolgsneutral auszubuchen (z. B. per Verbindlichkeiten an Forderung, per erhaltene Anzahlung an geleistete Anzahlung, per passiver Rechnungsabgrenzungsposten an aktiver Rechnungsabgrenzungsposten). Es kann aber sein, dass sich die Posten unterscheiden, so dass Aufrechnungsdifferenzen entstehen, wobei zwei Ursachen möglich sind:

C 265

(1) *Unechte Aufrechnungsdifferenzen* entstehen durch Buchungsfehler oder buchungstechnische Probleme, insbesondere bezüglich der zeitlichen Erfassung der zugrunde liegenden Geschäftsvorfälle. Diese Differenzen stellen kein Problem der eigentlichen Schuldenkonsolidierung dar, sondern sind vorab zu beheben (Beispiel: Die Konzernmutter überweist Geld an die Konzerntochter am Jahresende und bucht eine Forderung ein, während die Konzerntochter den Bankzugang und die Verbindlichkeit noch nicht gebucht hat. Oder: Die Konzernmutter bucht eine Forderung aus Lieferung und Leistung, während der Wareneingang bei der Konzerntochter noch nicht gebucht wurde). Strittig ist, wie Differenzen behandelt werden sollen, die durch abweichende Stichtage der konsolidierten Konzernunternehmen gem. § 299 Abs. 2 HGB entstehen. Einerseits legt deren Nähe zu den o. a. unechten Differenzen eine gleichartige Korrektur nahe. Anderseits wird dies z.T. als nicht notwendig erachtet (vgl. Schildbach, Der Konzernabschluss, S. 279). Da § 299 Abs. 3 HGB explizit eigene Korrekturvorschriften (Nachbuchen oder Anhangangaben) für den Fall divergierender Stichtage vorsieht, ist von einem Wahlrecht auszugehen.

C 266

(2) *Echte Aufrechnungsdifferenzen* entstehen dadurch, dass in den korrespondierenden HB II der von der Konsolidierung betroffenen Unternehmen die Posten wahlweise/zwingend unterschiedlich angesetzt/bewertet werden. Nur diese Unterschiedsbeträge sind ein Problem der Schuldenkonsolidierung. Sie können z. B. darauf zurückgehen, dass Forderungen abgeschrieben/Verbindlichkeiten aufgestockt wurden, ohne dass beim anderen Konzern-Glied korrespondierend verfahren wurde. Rückstellungen stellen Schulden dar, die (noch) ungewiss sind. Beim Anspruchsgegner sind ungewisse Forderungen i. d. R. nicht aktivierbar. Agien/Disagien können von den Vertragspartnern unterschiedlich behandelt worden sein etc. Regelmäßig werden die resultierenden Unterschiedsbeträge passivisch sein

C 267

(aufgrund des für die HB II geltenden Vorsichtsprinzips), da der zu eliminierende Passivposten größer als der Aktivposten ist.

C 268 Die Behandlung der Aufrechnungsdifferenzen ist im HGB nicht geregelt, so dass die Einheitsfiktion wiederum als Leitlinie dienen muss. Demnach dürfen sich die konzerninternen Schuldverhältnisse nicht auf die Konzern-Bilanz und Konzern-GuV auswirken. Entsteht eine passivische Differenz, so ist eine einseitige Aufwandsbuchung ursächlich (spiegelbildlich: aktiver Unterschiedsbetrag-Ertragsbuchung), z. B. eine Forderungsabschreibung oder die Einbuchung einer Rückstellung. Dieser aus Konzern-Sicht unrealisierte Aufwand ist deshalb zu eliminieren, d. h. die Schuldenkonsolidierung ist erfolgswirksam.

C 269 **Beispiel:**
per Verbindlichkeiten 100 an Forderungen 80
JÜ 20

In der GuV ist der Abschreibungsaufwand zu korrigieren (per JÜ an sonst. betrieblichen Aufwand). In den Folgeperioden, wenn der ursprüngliche passivische UB verschwindet (z. B. die Forderung aus o. a. Beispiel wurde beglichen), sind die Ergebniswirkungen aus der HB II mit umgekehrten Vorzeichen zu korrigieren.

C 270 Zwischen dem Zeitpunkt der Entstehung und dem Verschwinden eines UB aus der SchuKo können sich die zugrunde liegenden HB II-Posten in unterschiedlicher Höhe gegenüberstehen, ohne dass im abgelaufenen Geschäftsjahr eine Ergebniswirkung eintrat. Selbstverständlich sind die Posten aber weiterhin zu konsolidieren. Der UB ist dann – wie bei der Zwischenerfolgseliminierung – innerhalb des Eigenkapitals, aber ohne Erfolgswirkung zu verrechnen. Auch hier kommen grundsätzlich Rücklagen, Ergebnisvortrag oder ein Sonderposten aus SchuKo in Frage.

C 271 **Beispiel:**
Das o. g. Beispiel wird fortgeführt: im Folgejahr ändert sich nichts und im darauffolgenden Jahr wird die Forderung
a) in voller Höhe beglichen
b) aufgrund eines Vergleichs erlischt sie gegen eine Zahlung von 50

t_2: per Verbindlichkeit 100 an Forderungen 80
Rücklagen 20

Der Unterschiedsbetrag ist hier mit den Rücklagen verrechnet worden, was einer fiktiven Rücklagen-Dotierung der Konzern-Jahresüberschuss-Erhöhung aus dem Vorjahr entspricht.

t_3: Im dritten Jahr sind in der HB II keine zu konsolidierenden Forderungen/Verbindlichkeiten mehr enthalten. Allerdings hat die Ausbuchung der Posten wäh-

Kühnberger

6. Die Vollkonsolidierung

rend des Jahres noch Erfolgswirkungen gehabt, die im Summenabschluss noch enthalten und deshalb zu eliminieren sind. Folgende Buchungen gingen ein:

Schuldner:	a)	per	Verbindlichkeiten	100	an Bank	100
	b)	per	Verbindlichkeiten	100	an Bank	50
					Ertrag	50
Gläubiger:	a)	per	Bank	100	an Forderung	80
					Ertrag	20
	b)	per	Bank	50		
			Aufwand	30	an Forderung	80

Im Fall a) ist die Ertragswirkung durch folgende Konsolidierungsbuchung zu stornieren:

per JÜ an Rücklagen 20

Damit wird der Erfolg neutralisiert und zugleich die Rücklagen-Höhe im KA hergestellt, die sich bei Thesaurierung des Erfolges aus t_1 ergeben hätte.

Im Fall b) ist ebenfalls die gesamte Ergebniswirkung aus der HB II zu eliminieren:

per JÜ 50 an JÜ 30
(Ertrag Schuldner) (Aufwand.
Gläubiger)
Rücklage 20

Wie bei der Zwischenerfolgseliminierung kann die Entstehung und Abwicklung des Unterschiedsbetrags im Prinzip individuell je Geschäftsvorfall verfolgt werden. Es kann aber auch pauschal wie folgt verfahren werden:

C 272

$\sum$ JÜ/JF der HB II
+ im abgelaufenen Geschäftsjahr eingetretene Erhöhung eines pass. UB
− im abgelaufenen Geschäftsjahr eingetretene Verminderung eines pass. UB

Konzern-JÜ/Konzern-JF

Bei aktivischen Unterschiedsbeträgen ergäben sich umgekehrte Vorzeichen.

Obwohl die Schuldenkonsolidierung technisch und konzeptionell einfach ist und Wahlrechte praktisch nur bezüglich des Ausweises eines unveränderten Unterschiedsbetrags aus dem Vorjahr (Rücklagen, Ergebnisvortrag, Sonderposten) und der Eliminierung unwesentlichen Posten bestehen, gibt es zwei ungeklärte Fragen:

C 273

(1) Sollen Jahresüberschüsse/EK-Korrekturen vollständig den Mehrheitsgesellschaften oder auch *anteilig Minderheitsgesellschaftern* zuge-

Kühnberger

rechnet werden. Die h. M. geht davon aus, dass Minderheitsanteile nicht auszusondern sind (vgl. Schildbach, Der Konerznabschluss, S. 281) Dies ist u. E. – wie auch bei der Zwischenerfolgseliminierung auch – nur unter Vereinfachungsaspekten sinnvoll.

(2) Wie sind Unterschiedsbeträge zu behandeln, die sich durch *Währungsumrechnung* ergeben haben? Einerseits wird dafür plädiert, dass Währungserfolge aus konzerninternen Schuldverhältnissen genauso wenig den Konerzn-Erfolg verändern dürfen wie andere Sachverhalte. Andere Autoren halten Ergebniswirkungen in Abhängigkeit von der gewählten Methode der Fremdwährungsumrechnung für zulässig (vgl. Hense/Dreissig, § 303 Rz 16 ff.). Praktisch wird man deshalb von einem (unechten) Unternehmenswahlrecht ausgehen können.

6.3.4 Erstmalige Schuldenkonsolidierung und Entkonsolidierung

C 274 Bei der *erstmaligen Schuldenkonsolidierung* können sich erhebliche Ergebniswirkungen ergeben, wenn bereits zuvor umfangreiche Schuldbeziehungen bestanden, die zu Unterschieden in den korrespondierenden Posten führten. Es ist deshalb zulässig im Jahr der Erstkonsolidierung nur die Veränderung des Unterschiedsbetrags ergebniswirksam zu erfassen und den Unterschiedsbetrag zu Beginn des Geschäftsjahres neutral im Eigenkapital zu verrechnen (vgl. WPH 2000, M Rz 531), Damit soll die Vergleichbarkeit der Konzernabschlüsse im Zeitablauf verbessert werden. Voraussetzung ist natürlich, dass der Unterschiedsbetrag zu Beginn des Geschäftsjahrs in einer statistischen Nebenrechnung plausibel ermittelt werden kann (Als-ob-Konsolidierung für den vorherigen Stichtag).

C 275 *Scheidet ein Konzernunternehmen* aus dem Konsolidierungskreis aus, sind zwei Fälle zu unterscheiden:

(1) das Gläubigerunternehmen wird nicht mehr konsolidiert und

(2) das Schuldnerunternehmen wird nicht mehr konsolidiert.

Im letzten Fall ist die Forderung in der HB II des Gläubigers enthalten und darf nicht mehr konsolidiert werde. Soweit sie bisher erfolgswirksam in den HB II umbewertet wurde (z. B. abgeschrieben), ist diese Erfolgswirkung nun erstmals in den Konzernabschluss zu übernehmen. Im Fall (1) verbleibt die Verbindlichkeit in der HB II und geht unverändert in den Konzernabschluss ein. Die aus der bisherigen Schuldenkonsolidierung resultierenden Unterschiedsbeträge dürfen nicht aufgelöst werden, sondern

Kühnberger

sind weiterhin mit dem Eigenkapital neutral zu verrechnen (vgl. Harms, HdK § 303 Rz 54).

6.4 GuV-Konsolidierung

6.4.1 Grundlagen

In § 305 HGB ist die Konsolidierung der GuV unvollständig geregelt, so dass über die dort angesprochenen Sachverhalte hinaus bestimmte Konsolidierungsmaßnahmen vonnöten sind, wobei die Einheitsfiktion wiederum die Messlatte für ein sachgerechtes Vorgehen abgibt. Soll die Konzern-GuV derjenigen eines fiktiven Einheitsunternehmens entsprechen, so ist wie folgt zu verfahren: C 276

(1) Analog der HB II ist eine GuV II für alle Konzernunternehmen zu erstellen, wobei die Änderungen gegenüber der GuV des Einzelabschlusses primär Ausweisfragen betreffen und/oder Währungsumrechnungen.

(2) Aufsummieren zur $\sum$ – GuV

(3) Konsolidierung derjenigen Aufwendungen und Erträge, die es aus Konzern-Sicht nicht oder in anderer Form gegeben hat.

Die Konsolidierungsvorgänge sind z.T. ergebnisneutral, z.T. ergebniswirksam. Es kann sich um echte Verrechnungen (z. B Mieterträge und Mietaufwendungen werden konsolidiert) oder auch schlichte Umgliederungen handeln (z. B: ein Geschäft, das in der GuV des Lieferanten einen Umsatz darstellt, ist aus Konzern-Sicht als aktivierte Eigenleistung zu erfassen).   C 277

Für die GuV gelten grundsätzlich die *Gliederungsvorschriften* in § 275 HGB, d. h. es kann zwischen einer GuV nach Gesamt- oder dem Umsatzkostenverfahren gewählt werden (für alle Konzernunternehmen aber einheitlich, spätestens in der GuV II). Da § 298 HGB nicht auf § 276 HGB verweist, gelten die dort aufgeführten größenabhängigen Erleichterungen für die Konzern-GuV nicht. Abweichend von § 275 HGB gibt es zwei explizit erfasste Sonderposten: C 278

- Der auf Minderheitsgesellschafter entfallende Anteil am Erfolg ist gem. § 307 Abs. 2 HGB gesondert nach dem Konzern-Jahresüberschuss/Konzern-Jahresfehlbetrag auszuweisen.
- Das Ergebnis aus assoziierten Unternehmen ist gesondert zu zeigen (§ 312 Abs. 4 Satz 2 HGB).

Kühnberger

In § 305 Abs. 2 HGB ist bestimmt, dass auf eine GuV-Konsolidierung verzichtet werden kann, wenn die entsprechenden Beträge für den Einblick in die Vermögens-, Finanz- und Ertragslage von untergeordneter Bedeutung sind.

Grundsätzlich kann es zu folgenden Konsolidierungsvorgängen in der GuV kommen:

(1) Konsolidierung der Innen-Umsatzerlöse,

(2) Konsolidierung anderer Erträge und Aufwendungen,

(3) Konsolidierung von Ergebnisübernahmen innerhalb des Konsolidierungskreises,

(4) Ergebniswirkungen aus der Kapitalkonsolidierung, Schuldenkonsolidierung, Zwischenerfolgseliminierung (Voll- und Quotenkonsolidierung) und aus der Equity-Methode, sowie aus der Abgrenzung von Steuerlatenzen.

Diese Sachverhalte werden im folgenden Abschnitt – exemplarisch – vorgestellt.

6.4.2 Konsolidierungsvorgänge

C 279 Die *Konsolidierung der Innenumsatzerlöse* dürfte häufig der wichtigste Bestandteil der GuV-Konsolidierung sein. Wie die Eliminierung konkret zu erfolgen hat, hängt u. a. davon ab, welches GuV-Format anzuwenden ist, ob die Lieferung in das Anlage-/Umlaufvermögen des Empfängers erfolgt oder direkt als Aufwand gebucht wurde, ob die gelieferten Vermögensgegenstände selbst erstellt oder angeschafft wurden etc. Angesichts der Fülle von Einzelsachverhalten, sind hier nur einige typische Vorgänge zu behandeln:

(1) Konzernunternehmen$_1$ liefert an Konzernunternehmen$_2$ Waren (ohne Gewinnaufschlag), die zuvor für 100 erworben wurden. In der GuV des Lieferanten hat sich das Geschäft auf die Positionen Umsatzerlöse und Materialaufwand ausgewirkt, die GuV des Empfängers wurde nicht tangiert. Bei der Konsolidierung ist deshalb der Umsatzerlös schlicht mit dem Materialaufwand zu verrechnen.

(2) Wie (1) aber das Konzernunternehmen$_2$ hat die Waren seinerseits an einen Dritten für 150 veräußert:

In der GuV von Konzernunternehmen$_2$ steht diesem Umsatzerlös ein Materialaufwand von 100 gegenüber, der gerade dem Umsatzerlös des

Kühnberger

6. Die Vollkonsolidierung

Konzernunternehmen$_1$ entspricht. Zu konsolidieren ist der Innenumsatz mit dem Materialaufwand von Konzernunternehmen$_2$ (der nur zufällig in diesem Beispiel mit dem Materialaufwand von KU$_1$ betragsmäßig übereinstimmt).

(3) Konzernunternehmen$_1$ stellt einen Vermögensgegenstand her, wobei Materialaufwand von 50, Personalaufwand von 30 und Abschreibungen von 20 anfielen, die auch den Konzern-HK entsprechen. Der Vermögensgegenstand wird für 100 an Konzernunternehmen$_2$ verkauft und soll dort weiterverarbeitet werden (Umlaufvermögen). Aus Konzern-Sicht stellt sich das Ganze als Herstellungsvorgang dar. Die Innen-Umsatzerlöse sind auf Bestandserhöhung umzugliedern.

(4) Wie (3), aber der gelieferte Vermögensgegenstand soll bei Konzernunternehmen$_2$ als Anlagegut genutzt werden. Die Innen-Umsatzerlöse sind auf andere aktivierte Eigenleistungen umzubuchen.

Wie die Beispiele bisher zeigen, erfolgt eine GuV-Konsolidierung auch dann, wenn die internen Geschäftsbeziehungen nicht gewinnwirksam waren.

(5) Konzernunternehmen$_1$ erbringt eine als Umsatzerlös erfasste Leistung, die beim Empfänger als sonstiger betrieblicher Aufwand gebucht wurde. In diesem Fall sind die Umsatzerlöse mit diesen Aufwendungen zu verrechnen.

Die Konsolidierung „anderer Erträge" i.S. von § 305 Abs. 1 Nr. 2 HGB umfasst alle Ertrags- (und Aufwands-)posten, die nicht zu den Innen-Umsatzerlösen gehören. Im einfachsten Fall liegt ein Rechtsgeschäft zugrunde, bei dem sich der Ertrag des einen Konzern-Gliedes und der Aufwand des anderen genau entsprechen (z. B. Mietaufwand – Mietertrag, Zinsaufwand – Zinsertrag etc.), so dass die Posten erfolgsneutral zu konsolidieren sind.

C 280

Es kann sich aber auch um konzerninterne Transaktionen mit Erfolgswirkungen handeln, die entsprechende erfolgswirksame Konsolidierungsbuchungen verursachen.

C 281

Beispiel
KU$_1$ verkauft ein gebrauchtes Anlagegut (letzter Buchwert : 50) für a) 75 oder b) 25 an KU$_2$. Bei KU$_1$/KU$_2$ ergaben sich folgende Buchungen, die in den Summenabschluss eingingen:

Kühnberger

KU_1					KU_2			
a) per	Bank	75	an Maschine	50	per Maschine	an Bank	75
			s. b. Erträge	25				
b) per	Bank	25	an Maschine	50	per Maschine	an Bank	25
	s. b. Aufwand	25						

Fall a) stellt aus Konzern-Sicht eine i. d. R. unzulässige Zuschreibung dar. Der Zwischenerfolg von 25 ist deshalb grundsätzlich zu konsolidieren (per sonstiger betrieblicher Ertrag an Maschine 25). Nur wenn keine Zwischenerfolgseliminierung geboten ist, z. B. wegen § 304 Abs. 2 HGB bleibt die GuV unverändert, da Zuschreibungen genau wie Veräußerungserfolge als sonstige betriebliche Erträge auszuweisen sind.

Fall b) stellt aus Konzern-Sicht eine außerplanmäßige Abschreibung dar. Gemäß § 304 HGB ist der Zwischenverlust regelmäßig zu eliminieren (per Maschine an sonstigen betrieblichen Aufwand 25). Kann auf die Zwischenerfolgseliminierung verzichtet werden, so ist der Veräußerungsverlust als Abschreibungsaufwand auszuweisen (per Abschreibungen Anlagevermögen an sonstigen betrieblichen Aufwand 25).

C 282 Werden innerhalb des Konzerns *Gewinne ausgeschüttet* ist darauf zu achten, dass der gleiche Erfolg nicht doppelt erfasst wird: Im Jahr der Entstehung des Jahresüberschusses beim einzelnen Konzernunternehmen (dieser geht in den Konzern-Jahresüberschuss ein) und als Beteiligungsertrag bei der Muttergesellschaft, wenn der Jahresüberschuss des Konzernunternehmens ausgeschüttet wird. Die Korrektur der Gewinnausschüttung kann im Jahr der Jahresüberschuss-Erzielung beim Konzernunternehmen erfolgen (bei zeitkongruenter Dividendenvereinnahmung durch die Obergesellschaft) oder später im Jahr der Ausschüttung bei zeitverschobener Bilanzierung der Dividende (vgl. Schildbach, Der Konzernabschluss, S. 348 ff.).

C 283 Konsolidierungsbuchungen der GuV gehen schließlich auch darauf zurück, dass die *Kapitalkonsolidierung, ZEE* und *Schuldenkonsolidierung* zumindest teilweise erfolgswirksam ist (von latenten Steuern sei abgesehen). So führt die Aufdeckung stiller Reserven/Lasten oder eines Firmenwerts bei der Kapitalkonsolidierung zu GuV-Buchungen in der Folge (z. B. Abschreibungen auf den Firmenwert oder aufgedeckte Reserven im abnutzbaren Anlagevermögen, erhöhter Materialaufwand bei stillen Reserven in den Rohstoffen etc.).

Kühnberger

6. Die Vollkonsolidierung

Die Schuldenkonsolidierung führte z. B. zu Ergebniswirkungen, weil eine Forderung gegenüber einem Konzern-Glied abgeschrieben wurde (im Einzelabschluss) und dies aus Konzern-Sicht zu stornieren ist (per Jahresüberschuss an sonstigen betrieblichen Aufwand). Oder es wurde eine Rückstellung für eine konzerninterne Verpflichtung gebildet (Korrektur: per Rückstellungen an sonstigen betrieblichen Aufwand). Natürlich ist der spätere Abbau der Unterschiedsbeträge aus der Schuldenkonsolidierung ebenfalls wieder in der GuV zu erfassen.

Entsprechend ist die Entstehung von *Zwischenerfolge* und der Realisation nicht nur in den Konzern-Beständen, sondern auch in der Konzern-GuV zu buchen. **C 284**

Beispiel:
KM stellt eine Anlage her, wobei HK von 400 anfallen (die auch den K-HK entsprechen). Die Anlage wird für 500 an die KT verkauft. In der GuV von KM sollen folgende Posten betroffen sein:

GuV (KM)			
Materialaufwand	200	UE	500
Personalaufwand	150		
Abschreibungen	50		
JÜ	100		

Bei der KT wird die Anlage entsprechend mit 500 eingebucht. Die Konsolidierungsbuchungen lauten:

Bilanz:

per   JÜ   an Anlage   100

GuV:

per   UE   500   an   Andere aktivierte Eigenleistungen   400
                                            JÜ   100

Die Equity-Methode kann zu Ergebnissen führen, die ebenfalls nur den Konzernabschluss betreffen, nicht den Jahresabschluss (HB-II) der Konzernmutter. Die entsprechenden Änderungen des Beteiligungswertes sind in der GuV gesondert als Erfolg aus assoziierten Unternehmen zu zeigen. Wird die Kapitalanteilsmethode angewendet und der Firmenwert getrennt vom übrigen Beteiligungswert bilanziert, kann die Abschreibung auf dem Firmenwert in der Konzern-GuV als solche oder als Ergebnis aus assoziierten Unternehmen ausgewiesen werden. **C 285**

Die Beispiele bisher wurden jeweils für eine GuV nach dem Gesamtkostenverfahren angegeben. Wird das Umsatzkostenverfahren verwendet, so **C 286**

Kühnberger

ändert dies nicht die Saldogröße Konzernjahresüberschuss/Konzernjahresfehlbetrag, wohl aber die Struktur der GuV (Gliederung der Aufwendungen nach Funktionsbereichen, statt Aufwandsarten) und das zugrunde liegende Mengengerüst (Bestandsaufbau, aktivierte Eigenleistungen vgl. zu Beispielen ausführlich Wysocki/Wohlgemuth, Konzernrechnungslegung, S. 265 ff.).

7. Quotenkonsolidierung

7.1 Konzeptionelle Grundlagen, Anwendungsvoraussetzungen

C 287 Mutter-Tochter-Unternehmen sind voll zu konsolidieren, d. h. die Vermögensgegenstände, Schulden etc. der Konzern-Glieder werden in voller Höhe in den Konzernabschluss übernommen und konzerninterne Beziehungen vollständig eliminiert. Dies entspricht der Einheitsfiktion (§ 297 Abs. 3 HGB). Durch die Stufenkonzeption im Gesetz wird der Konsolidierungskreis erweitert, wobei zwei Gruppen von Unternehmen zu berücksichtigen sind:

- Gemeinschaftsunternehmen und
- Assoziierte Unternehmen

Während Gemeinschaftsunternehmen anteilig konsolidiert werden dürfen (§ 310 HGB), sind assoziierte Unternehmen nach der sog. Equity-Methode (§ 311 f. HGB) in den Konzernabschluss zu übernehmen. Damit soll den abgestuften Einflussmöglichkeiten der Konzernmutter auf Konzerntochter, Gemeinschaftsunternehmen, und assoziierte Unternehmen Rechnung getragen werden. Die Quotenkonsolidierung ist kraft Gesetzes wahlweise zulässig. Wird ein Gemeinschaftsunternehmen nicht anteilig konsolidiert, so ist i. d. R. nach der Equity-Methode zu bewerten, da Gemeinschaftsunternehmen normalerweise zugleich die Merkmale von assoziierten Unternehmen besitzen. Insofern besteht Konkurrenz zwischen Quotenkonsolidierung und Equity-Bewertung. Während eine Bewertung zu Anschaffungskosten nur bei unwesentlichen Gemeinschaftsunternehmen möglich ist. Dagegen besteht keine Konkurrenz zwischen Voll- und Quotenkonsolidierung, da bei Mutter-Tochter-Verhältnissen immer eine Vollkonsolidierung vorgeschrieben ist und Gemeinschaftsunternehmen ex definitione keine Konzerntöchter sind (vgl. Budde/Suhrbier, BeBiKo, § 310 Rz 5 ff.).

Kühnberger

7. Quotenkonsolidierung

Als Voraussetzung für eine anteilige Konsolidierung sind folgende Merkmale zu nennen (vgl. Baetge/Kirsch/Thiele, Konzernbilanzen, S. 391 ff.):

(1) Das Gemeinschaftsunternehmen muss *Unternehmenseigenschaft* besitzen, wobei die Rechtsform unerheblich ist. Auch BGB-Gesellschaften, insbesondere die in der Baubranche üblichen ARGE können Gemeinschaftsunternehmen sein.

C 288

(2) Die Zusammenarbeit muss auf *Dauer* angelegt sein. Obwohl Gemeinschaftsunternehmen oftmals auch gegründet werden, um ein bestimmtes Projekt abzuwickeln, steht dies einer Quotenkonsolidierung nicht prinzipiell entgegen. Voraussetzung ist nur, dass dieses Projekt eine gewisse Zeit andauert, ohne dass sich aus dem Gesetz eine Mindestdauer ergibt. Entscheidend ist, dass die Vergleichbarkeit (der Aussagegehalt des Konzernabschlusses im Zeitablauf) nicht durch einen häufigen Wechsel des Konsolidierungskreises (inkl. Gemeinschaftsunternehmen) beeinträchtigt wird.

(3) Die *gemeinsame Führung* des Gemeinschaftsunternehmen mit einem Dritten muss *tatsächlich ausgeübt* werden (vgl. Sigle, HdK § 310 Rz 24). Das Merkmal der gemeinsamen Führung schließt eine einheitliche Leitung aus. Das Gesellschafterunternehmen kann die Leitung gerade nicht alleine in seinem Interesse ausüben, sondern muss sich mit dem/den anderen Gesellschafter(n) einigen. Als Dritter, der unabhängiger Gesellschafter sein kann, kommen nicht konsolidierte Konzerntöchter (§§ 295 f. HGB) nicht in Betracht, wohl aber assoziierte Unternehmen (vgl. Hense/Suhrbier, BeBiKo, § 310 Rz 39). Ob eine gemeinsame Führung mit einem anderen Gemeinschaftsunternehmen zusammen zu einem Mutter-Tochter-Verhältnis führt oder eine quotale Konsolidierung ermöglicht, ist umstritten. Der Begriff gemeinsame Führung impliziert, dass grundsätzlich geschäftspolitische Entscheidungen gemeinsam gefällt werden, ein satzungsmäßiges oder vertragliches Alleinentscheidungsrecht im Konfliktfall führt zu einer einheitlichen Leitung. Umgekehrt ist eine gemeinsame Führung nicht anzunehmen, wenn das Gemeinschaftsunternehmen eher den Charakter einer Finanzinvestition hat.

(4) Eine gemeinsame Führung setzt eine *Beteiligung* i. S. von § 271 Abs. 1 HGB voraus, wobei eine Mindestbeteiligungsquote nicht vorgesehen ist, oftmals werden Gemeinschaftsunternehmen als 50:50-Unternehmen auftreten, aber auch andere Quoten und die Beteiligung mehrerer

Kühnberger

Gesellschafter ist möglich (25:25:25:25 oder 30:30:20:20). Da eine gemeinsame Führung aber praktisch nur möglich ist, wenn der Gesellschafterkreis nicht zu groß ist, werden Gemeinschaftsunternehmen i. d. R. einen Stimmenanteil von 20% bis 50% voraussetzen (über 50% = Tochterunternehmen). Wichtig ist, dass sich die Beteiligungsintensität nach den Stimmrechten, die Konsolidierungsmaßnahmen aber nach den Kapitalanteilen richten.

(5) Das Gesellschafterunternehmen muss *selbst Konzerntochter oder Konzernmutter* sein und in einen Konzernabschluss einbezogen werden. Ist eine Unternehmung an beliebig vielen Gemeinschaftsunternehmen beteiligt ohne zusätzlich auch eine Konzerntochter zu haben, die in einen Konzernabschluss einbezogen wird, scheidet eine Quotenkonsolidierung aus.

(6) *Das Konsolidierungsverbot* gem. § 295 HGB steht einer Übernahme des Gemeinschaftsunternehmens in den Konzernabschluss entgegen (vgl. ADS, § 310 Rz 13), wenn der Einblick beeinträchtigt ist.

C 289 Wird ein Gemeinschaftsunternehmen quotal konsolidiert, so ist das *Stetigkeitsgebot* gem. § 297 Abs. 3 HGB zu beachten, das Wahlrecht ist im Zeitablauf gleich auszuüben. U. E. sollte auch das – nicht kodifizierte – Gebot der Einheitlichkeit beachtet werden, d. h. es ist unzulässig einige Gemeinschaftsunternehmen anteilig zu konsolidieren und andere Gemeinschaftsunternehmen at equity in den Konzernabschluss zu übernehmen, wenn diese Differenzierung nicht auf sachlichen Gründen basiert (vgl. Hense/ Suhrbier, BeBiKo, § 310 Rz 8; a. A. ADS, § 310 Rz 7; Sigle, HdK § 310 Rz 8).

7.2 Technik der Quotenkonsolidierung

C 290 In § 310 Abs. 2 HGB wird auf die Regelungen zur Vollkonsolidierung (§§ 297–309 HGB) verwiesen, die entsprechend anzuwenden sind. Ausgeschlossen von diesen Verweisen sind:

- § 302 HGB: die IZF ist, da sie für fusionsähnliche Sachverhalte konzipiert ist, nicht anwendbar.

- § 307 HGB: einen Minderheitenanteil an den Jahresabschluss-Posten des Gemeinschaftsunternehmens, die in den Konzernabschluss zu übernehmen sind, kann es ex definitione nicht geben, da die entsprechenden Posten nur anteilig erfasst werden.

Kühnberger

7. Quotenkonsolidierung

Eine Quotenkonsolidierung setzt demnach *folgende Arbeitsschritte* voraus: C 291

(1) Erstellung einer HB II, in der Währung, Bilanzierung, Bewertung und Ausweis nach Maßgabe des Rechtsrahmens der Konzernmutter, vereinheitlicht sind. Wird ein Gemeinschaftsunternehmen in zwei oder mehrere Konzernabschlüsse einbezogen, kann dies dazu führen, dass mehrere HB II zu erstellen sind. Ist das Gemeinschaftsunternehmen selbst eine Konzernmutter und erstellt einen Konzernabschluss, ist dieser und nicht der Einzelabschluss zugrunde zulegen.

(2) Die Übernahme in den Summenabschluss kann anteilig mit der Quote des Konzerns (Kapitalanteilsquote!) oder vollständig erfolgen. Im zweiten Fall wären im ersten Schritt die Anteile der Dritt-Gesellschafter zu eliminieren (z. B. per alle Passiva an alle Aktiva mit entsprechenden Quoten), bevor die eigentliche Konsolidierung erfolgt (vgl. zur Berechnung der Einbeziehungsquote ADS, § 310 Rz 29 ff.).

(3) Die Kapital-, Zwischenerfolgs-, Schulden- und GuV-Konsolidierung erfolgt dann nach den üblichen Regeln. Anders als bei der Vollkonsolidierung hat die Unterscheidung zwischen Buchwertmethode und Neubewertungsmethode keine materielle Bedeutung: stille Reserven/Lasten werden prinzipiell nur quotal aufgedeckt, einen Minderheitsanteil gibt es nicht. Da § 310 Abs. 2 auf § 301 HGB insgesamt verweist, ist allerdings unklar, ob die Anschaffungskosten-Restriktion (vormals § 301 Abs. 1 Satz 4 HGB) noch gilt (analog der Buchwertmethode) oder nicht (entsprechende der Neubewertungsmethode). Die Zwischenerfolgseliminierung erfolgt ebenfalls nur anteilig. Soweit die Zwischenerfolge auf Fremdgesellschafter entfallen, gelten sie als realisiert. Dies gilt für upstream- und downstream-Lieferungen gleichermaßen. Ebenso sind Erfolgs- und EK-Änderungen durch Maßnahmen der Schuldenkonsolidierung nur anteilig im Konzernabschluss erfasst. Hieran zeigt sich eine Inkonsistenz zur Vollkonsolidierung: bei anteiliger Konsolidierung werden Erfolgswirkungen der Zwischenerfolgseliminierung und Schuldenkonsolidierung den Drittgesellschaftern zugeordnet und nicht in den Konzernabschluss übernommen. Bei einer Vollkonsolidierung werden Erfolgswirkungen vollständig in den Konzernabschluss übernommen, aber den Fremdgesellschaften nicht zugerechnet.

Kühnberger

C 292 An einem einfachen Beispiel soll eine quotale Konsolidierung (nur Kapitalkonsolidierung) dargestellt werden. Es soll sich um ein 50:50 Gemeinschaftsunternehmen handeln, für das die HB II-Werte dem Konsolidierungstableau zu entnehmen sind. Das Gemeinschaftsunternehmen hat stille Reserven im Sachanlagevermögen von 100 und den Vorräten von 100 (aus Vereinfachungsgründen wurde die Konsolidierung auf das Gemeinschaftsunternehmen beschränkt, obwohl es zwingend zusätzlich eine Konzerntochter, die konsolidiert wird, geben muss).

	KM (HB II)	GU (HBII)	½ GU HBII	∑-Abschluss	Konsolidierung		KA
Sachanlagen	2 000	1 000	500	2 500	2) 50	-	2 550
Beteiligung	1 000	-	-	1 000	-	1) 1 000	-
Vorräte	1 000	1 500	750	1 750	2) 50	-	1 800
FW	-	-	-	-	2) 400	-	400
UB	-	-	-	-	1) 500	2) 500	-
Gez. Kap	1 000	400	200	1 200	1) 200		1 000
Rücklagen	500	400	200	700	1) 200		500
JÜ	-	200	100	100	1) 100		-
Verbindl.	2 500	1 500	750	3 250	-		3 250
∑	4 000	2 500	1 250	5 250	1 500	1 500	4 750

Konsolidierungsbuchungen:

(1) per Gez. Kap.   200
        Rücklagen   200
        JÜ   100
        UB   500   an Beteiligung   1 000
(2) per Sachanlagen 50
        Vorräte   50
        FW   400   an UB   500

C 293 Im folgenden Konto wird die Konzern-Bilanz dargestellt und es wird ergänzend die Konzern-Bilanz angegeben, die sich ergeben hätte, wenn das Gemeinschaftsunternehmen eine Konzerntochter und damit voll konsolidiert worden wäre. Ausdrücklich sei nochmals darauf hingewiesen, dass es kein Wahlrecht zwischen einer Voll- und Quotenkonsolidierung gibt. Die Gegenüberstellung dient ausschließlich dazu, die Unterschiede und Gemeinsamkeiten zu verdeutlichen:

Kühnberger

7. Quotenkonsolidierung

				K-Bilanz			
	GU	BWM	NBM		GU	BWM	NBM
FW	400	400	400	Gez. Kap.	1 000	1 000	1 000
Sachanlagen	2 550	3 050	3 100	Rücklagen	500	500	500
Vorräte	1 800	2 550	2 600	Minderheiten	-	500	600
				Verbindl.	3 250	4 000	4 000
$\sum$	4 750	6 000	6 100		4 750	6 000	6 100

Auf den ersten Blick wird deutlich, dass die Bilanzsumme bei der Quotenkonsolidierung niedriger als bei der Vollkonsolidierung ist, da die HB II nur hälftig übernommen wird. Gleich wie bei der Vollkonsolidierung sind dagegen der Firmenwert und das auf die Mehrheitsgesellschafter entfallende EK. Die Gegenüberstellung zeigt aber auch, warum die Quotenkonsolidierung z. T. *vehement* kritisiert wird.

(1) Praktisch wird das Vermögen des Gemeinschaftsunternehmens abgebildet, als gäbe es Bruchteilseigentum des Konzerns hieran, was der Rechtslage nicht entspricht. Die Höhe des ausgewiesenen Vermögens variiert zudem mit der Beteiligungsquote.

C 294

(2) Es wird Vermögen ausgewiesen, über das die Konzern-Leitung nicht disponieren kann. Von einer Dispositions- und (für die Schulden) Haftungseinheit kann gerade nicht ausgegangen werden. Im Kern zielt dieses Argument darauf ab, dass die Quotenkonsolidierung der Einheitstheorie widerspricht.

(3) Nach der Stufenkonzeption sollen die unterschiedlichen Einflussmöglichkeiten im Konzernabschluss differenziert abgebildet werden. Gerade bei der Quotenkonsolidierung wird der Einfluss der Drittgesellschafter aber überhaupt nicht erkennbar, einen Minderheitsanteil gibt es nicht (vgl. Küting/Weber, Der Konzernabschluss, S. 396).

Befürworter der Quotenkonsolidierung reklamieren demgegenüber, dass bei einer Verlagerung der Geschäftstätigkeit auf das Gemeinschaftsunternehmen (aus Risiko-, Kapazitäts- oder sonstigen Gründen) nur eine anteilige Konsolidierung aus dem Konzernabschluss die Geschäftstätigkeit erkennen lässt. Vermögen/Schulden/Erträge und Aufwendungen des Gemeinschaftsunternehmens wären bei einer Equity-Bilanzierung gerade nicht mehr erkennbar (vgl. Schildbach, Der Konzernabschluss, 203 f.). Außerdem wird die Quotenkonsolidierung um zusätzliche Anhangangaben ergänzt, z. B. Aufgliederung der Umsatzerlöse, Anzahl der Mitarbeiter etc. (vgl. Küting/Weber, Der Konzernabschluss, S. 371). Dem ist aber entgegenzuhalten, dass insoweit kein Konzern-Umsatz vorliegt, kein Konzernjahresüberschuss und die Mitarbeiter sind keine Konzern-Mitarbeiter.

C 295 Diese gegensätzlichen Ansichten ließen sich allerdings auf recht einfache Art versöhnen, wenn nämlich die quotal erfassten Konzernabschluss-Posten in einer Vorspalte gesondert aufgeführt würden (zumindest bei wesentlichen Beträgen). Nach h. M. ist dies aber nicht zwingend notwendig.

Als Kritik an der HGB-Regelung verbleibt aber grundsätzlich, dass das Wahlrecht für das Gemeinschaftsunternehmen, quotal zu konsolidieren oder at equity zu bilanzieren, die Vergleichbarkeit von Konzernabschlüssen wesentlich beeinträchtigen kann (a. A. Sigle, HdK § 310 Rz 11, allerdings ohne jegliche Begründung). Welche Folgen dieses Wahlrecht für den gesamten Konzernabschluss hat, wird nach der Darstellung der Equity-Methode aufgegriffen (s. RN C 324).

C 296 Seit dem 11. 12. 2001 liegt der DRS 9 „Bilanzierung von Anteilen an Gemeinschaftsunternehmen im Konzernabschluss" vor, der im BAnz veröffentlicht wurde. Die zentralen Inhalte betreffen folgende Punkte:

- Wie nach HGB setzt die Quotenkonsolidierung die tatsächliche gemeinsame Führung voraus. Das DRSC strebt aber eine Gesetzesänderung an, dass die Möglichkeit zur gemeinsamen Führung ausreicht. Das Institut für Wirtschaftsprüfer hat vorgeschlagen, dass dies nur gelten soll, wenn eine vertragliche Grundlage zur gemeinsamen Führung vorliegt (vgl. FN-IDW 2001, S. 233). Dies entspricht der Sichtweise des Control-Konzeptes für Tochterunternehmen.

- Das Wahlrecht zwischen Quotenkonsolidierung und Equity-Methode soll trotz der eingeschränkten Vergleichbarkeit beibehalten werden. Dies entspricht HGB und IAS gleichermaßen. Das Stetigkeitsgebot bei der Wahlrechtsausübung soll in zeitlicher und nach Ansicht des IDW (vgl. FN – IDW 2001, S. 236) auch in sachlicher Hinsicht gelten.

- DRS 9 stellt klar, dass Zwischenerfolge nur quotal zu eliminieren sind. Bei Cross-stream-Lieferungen (zwischen Gemeinschaftsunternehmen) soll die Quote multiplikativ ermittelt werden. In der Literatur werden nach HGB z. T. abweichende Quoten vorgeschlagen Krawitz (BB 2001, S. 670 f.).

- Das Wahlrecht gem. § 304 Abs. 2 a. F. HGB soll für anteilig konsolidierte Gemeinschaftsunternehmen entfallen. Dies entspricht der internatio-

Kühnberger

nal üblichen Praxis. Das IDW hat angemerkt, dass diese Änderung zwar inhaltlich begrüßt wird, aber de lege lata nicht zu Testtatfolgen bei abweichender Praxis führen kann, da das HGB das Wahlrecht explizit vorsieht (vgl. FN-IDW 2001, S. 235). Da mit dem TransPuG § 304 Abs. 2 a. F. gestrichen wurde, ist diese Differenz erledigt.

- Der DRS 9 enthält ausdrückliche Vorgaben zur Behandlung von Statusänderungen (vgl. hierzu RN C 326).

- Ein Sonderausweis der auf das Gemeinschaftsunternehmen entfallenden, nur anteilig im Konzernabschluss enthaltenen Jahresabschlussposten wird wegen der möglichen Beeinträchtigung der Klarheit und Übersichtlichkeit abgelehnt. Zu Recht hat das IDW darauf hingewiesen, dass dies die Aussagefähigkeit des Konzernabschlusses gefährden kann und die IAS einen Sonderausweis vorsehen (vgl. FN–IDW 2001, S. 236). Dies sollte auch für den HGB-Konzernabschluss gelten.

- Über das geltende Recht hinaus sieht der DRS 9 eine Fülle von Anhangangaben vor, insbesondere auch die Angabe von mitleitenden Gesellschaftern. Obwohl die inhaltliche Ausweitung durchaus sachgerecht wäre, setzt sie – um durchsetzbar zu sein – eine entsprechende HGB-Änderung voraus (kritisch zur undifferenzierten Ausweitung der Informationspflichten für alle, auch nicht kapitalmarktorientierte Konzerne vgl. Krawitz, BB 2002, S. 672).

8. Equity-Methode

8.1 Grundlagen und Anwendungsbereich

Im Einzelabschluss werden Beteiligungen aller Art nach dem Anschaffungskosten-Prinzip bewertet. Erzielt das Beteiligungsunternehmen nach dem Erwerb einen Jahresüberschuss oder steigt der Zeitwert der Beteiligung, führt dies grundsätzlich nicht zu einer Änderung des Beteiligungsbuchwertes, so dass erhebliche stille (Zwangs-)Rücklagen entstehen. Umgekehrt führen Jahresfehlbeträge der Beteiligungsgesellschaft keinesfalls automatisch zu einem verminderten Beteiligungsbuchwert, da eine Abschreibung auf den niedrigeren beizulegenden Wert (§ 253 Abs. 2 HGB) einen gesunkenen Zeitwert voraussetzt, der als Zukunftserfolgswert zu ermitteln ist. Mit der sog. Equity-Methode soll eine realistischere Bewertung von Beteiligungen angestrebt werden. Die Bewertung at equity

C 297

Kühnberger

(= mit dem Eigenkapital der Beteiligungsgesellschaft) impliziert, dass der Beteiligungsbuchwert (= AK) um den anteiligen Jahresüberschuss (Jahresfehlbetrag) der Beteiligungsgesellschaft erhöht (vermindert) wird. Gewinnausschüttungen mindern den Equity-Wert, da der entsprechende Jahresüberschuss bereits im Vorjahr den Beteiligungswert erhöht hat und zeitgleich als Forderung beim Gesellschafter schon aktiviert ist.

C 298 Die Equity-Methode beinhaltet aber noch eine zweite Gruppe von Wertänderungen, die nicht direkt aus dieser Grundidee abzuleiten ist, aber sowohl nach HGB, als auch nach den IAS/US – GAPP vorgeschrieben ist: In einer statistischen Nebenrechnung werden genauso wie bei einer Kapitalkonsolidierung nach der Erwerbsmethode stille Reserven/Lasten und ein Firmenwert (ggf. passivischer Unterschiedsbetrag) ermittelt und in der Folgeperiode fortgeschrieben. Diese Fortschreibungen sind erfolgswirksam zugunsten/zulasten des Equity-Wertes vorzunehmen. Außerdem sind noch andere Bewertungsänderungen möglich (Verweis auf RN C 311 ff.). Deshalb kann man trefflich diskutieren, ob die Equity-Methode lediglich eine besondere Bewertungsmethode für bestimmte Beteiligungen oder eine vereinfachte Konsolidierungsmethode darstellt. Anders als bei der Voll- oder Quotenkonsolidierung wird aber nur der Beteiligungsbuchwert (eventuell ein Firmenwert) in den Konzernabschluss übernommen, nicht die einzelnen Vermögensgegenstände, Schulden, Erträge, Aufwendungen etc. des Beteiligungsunternehmens.

C 299 Obwohl die Equity-Methode aufgrund eines Wahlrechts in der 4. EG-Richtlinie auch im Einzelabschluss zulässig ist, hat Deutschland dies nicht übernommen, so dass sie ausschließlich im Konzernabschluss anwendbar ist. Während Beteiligungen und sonstige Anteile an anderen Unternehmen im Konzernabschluss wie im Einzelabschluss mit den Anschaffungskosten zu bewerten sind, sind Anteile an assoziierten Unternehmen at equity zu bewerten. Dies setzt im Einzelnen voraus:

C 300 (1) Ein in den Konzernabschluss einbezogenes Unternehmen besitzt eine *Beteiligung i. S. von § 271 Abs. 1* HGB an einem nicht konsolidierten Unternehmen. Dies beinhaltet bereits die beabsichtigte Dauerhaftigkeit der Investition und die Unternehmenseigenschaft des assoziierten Unternehmens.

(2) Das einbezogene beteiligte Unternehmen übt *tatsächlich* einen *maßgeblichen Einfluss* auf die *Geschäfts- und Finanzpolitik* des assoziierten Unternehmens aus (vgl. WPH, 2000, Bd. 1, M Rz 448).

Kühnberger

8. Equity-Methode 457

Das Merkmal des maßgeblichen Einflusses unterscheidet also schlichte   C 301
Beteiligungen, die zu Anschaffungskosten angesetzt werden, von den at
equity-bewerteten assoziierten Unternehmen. Ebenso wie der Begriff „beherrschender Einfluss" ist der „maßgebliche Einfluss" im Gesetz nicht definiert und auch nicht exakt und umfassend definierbar. Aus der Stufenkonzeption des Gesetzes ergibt sich aber, dass es sich um eine schwächere Intensität der Einflussnahme handelt, als bei der Beherrschung oder gemeinsamen Führung. In der Literatur werden eine Fülle von Kriterien genannt, die *einen maßgeblichen Einfluss indizieren*:

- Stimmrechtsausübungen in der Haupt-/Gesellschafterversammlung unterhalb der Mehrheitsgrenze (vgl. WPH, Bd.1, 2000 M Rz 449). Hierbei ist jedoch zu bedenken, dass die Einflussmöglichkeit sowohl von der Rechtsform (bei der AG hat die HV wenig direkte Einflussmöglichkeiten), als auch der Verteilung der übrigen Anteile (z. B. Streubesitz oder dominanter Hauptgesellschafter) abhängt. Zudem werden Entscheidungen zur Finanz- oder Geschäftpolitik oftmals in anderen Gremien getroffen (vgl. Niehus, HdJ V/$_3$ Rz 40 f.).

- Vertretung in Aufsichts-/Leitungsorganen.

- Erhebliche Liefer- und Leistungsverflechtungen, erhebliche finanzielle oder technologische Beziehungen.

- Einflussmöglichkeiten auf den Gewinnverwendungsbeschluss. Dieses Kriterium ist zwar umstritten, es macht aber alleine schon deshalb Sinn, weil ein erzielter Jahresüberschuss eines assoziierten Unternehmens anteilig auch in den Konzernabschluss eingeht (vgl. Baetge/Kirsch/Thiele, Konzernbilanzen, S. 427; differenzierend Küting/Köthner/Zündorf, HdK § 311 Rz 51 ff.).

- Informationsbereitstellung durch das assoziierte Unternehmen. Da eine Equity-Bewertung eine Fülle von Informationen erfordert (HB II, Kapitalkonsolidierung, Zwischenerfolgseliminierung etc.), kann sie auch nur realisiert werden, wenn das Gesellschafterunternehmen diese auch erhält. Scheitert das Informationsbegehren, kann dies ein Indiz für einen fehlenden maßgeblichen Einfluss sein. Da § 312 HGB die HB II und die ZEE gerade nicht zwingend vorsieht und die Gefahr von Missbräuchen besteht (der maßgebliche Einfluss wird dazu genutzt, dass das assoziierte Unternehmen die Information -offiziell- verweigert), sind an dieses Merkmal strenge Anforderungen zu stellen. Zurecht weist Niehus (HdJ V/$_3$ Rz 88) darauf hin, dass ein Investor bei einer entsprechend

Kühnberger

hohen Beteiligungsquote im Allgemeinen auch dafür sorgt, dass er bestimmte Informationen erhält (zu den rechtformbezogenen Auskunftsrechten kraft Gesellschafterstellung § 51 GmbHG, § 131 AktG etc. und der Notwendigkeit vertragliche Regelungen vgl. Küting/Köthner/Zündorf, HdK § 311 Rz 93 f.).

C 302 Angesichts dieser Operationalisierungsprobleme ist die *gesetzliche Vermutung* in § 311 (1) Satz 2 HGB zu begrüßen: ab einer Beteiligungsquote von 20 % (Stimmrecht) wird ein maßgeblicher Einfluss widerlegbar vermutet. Eine Widerlegung muss auf den fehlenden tatsächlichen Einfluss abstellen. Umgekehrt impliziert die gesetzliche Vermutung, dass auch bei einer niedrigeren Anteilsquote ein Assoziierungsverhältnis möglich ist. In diesem Fall ist der tatsächliche maßgebliche Einfluss nachzuweisen. Zu beachten ist, dass der Einflussbereich keinesfalls sämtliche unternehmerischen Funktionen umfassen muss, sondern eine Beschränkung auf einen oder mehrere wichtige Bereiche bzw. Grundlagenentscheidungen ausreicht (vgl. Niehus HdJ V/$_3$ Rz 38 ff.). Der Kreis der at equity in den Konzernabschluss einzubeziehenden Unternehmen umfasst:

- Beteiligungen von 20–50 % der Stimmrechte, wenn die Assoziierungsvermutung nicht widerlegt wird.

- Beteiligungen unter 20%, wenn der maßgebliche Einfluss nachgewiesen wird.

- Beteiligungen an Gemeinschaftsunternehmen, die nicht anteilig konsolidiert werden (§ 310 HGB), da die Gemeinschaftsunternehmen i. d. R. zugleich assoziierte Unternehmen sind.

- Beteiligungen an Konzernunternehmen, die wegen §§ 295 f. HGB nicht vollkonsolidiert wurden, wenn sie assoziierte Unternehmen sind. Es sind durchaus Fälle denkbar, in denen auf eine Konzerntochter kein maßgeblicher Einfluss ausgeübt werden kann, z. B. bei den wahlweise nicht konsolidierten Konzerntöchtern gem. § 296 Abs. 1 Nr. 3 HGB (Weiterveräußerungsabsicht) und § 296 Abs. 1 Nr. 1 HGB (beschränkte Befugnisse).

Wie die letzten beiden Gruppen von Unternehmen zeigen, stelle die Equity-Methode eine Konkurrenz zur Quoten- und manchmal auch zur Vollkonsolidierung dar (s. u. RN C 323 ff. zu den Unterschieden).

C 303 In § 311 Abs. 2 HGB wird bestimmt, dass auf die Anwendung der Equity-Methode verzichtet werden kann (Folge: Anschaffungskosten-Bewer-

Kühnberger

8. Equity-Methode

tung), wenn die Beteiligung für den Einblick in die Vermögens-, Finanz- und Ertragslage unwesentlich ist. Dabei kommt es
- auf die Summe aller nicht at equity-bewerteten assoziierten Unternehmen an und
- auf deren relative Bedeutung für alle assoziierten Beteiligungen (nicht den gesamten Konzernabschluss) (vgl. Niehus, HdJ V/3 Rz 68, der darauf hinweist, dass das zweite Kriterium umstritten ist).

8.2 Verfahren der Equity-Bilanzierung

8.2.1 Grundlagen

Das HGB sieht in § 312 Abs. 1 HGB ein Wahlrecht zwischen der *Buchwertmethode* und der *Kapitalanteilsmethode* vor, die der Buchwertmethode und Neubewertungsmethode der Vollkonsolidierung nachgebildet sind. Anders als bei der Kapitalkonsolidierung führt die Methodenwahl aber nur zu formalen Unterschieden im Ausweis, während Erfolg, EK, Bilanzsumme etc. unverändert bleiben. Für die Wahlrechtsausübung gilt das Gebot der zeitlichen, z.T. wird auch gefordert, der sachlichen Stetigkeit (vgl. ADS, § 312 Rz 17). Basis für die Equity-Bewertung ist der jeweils letzte Jahresabschluss des assoziierten Unternehmens (§ 312 Abs. 6 Satz 1 HGB), ein Zwischenabschluss ist nicht geboten bei abweichenden Stichtagen. Stimmen die Stichtage überein, so sollte der aktuelle Jahresabschluss Eingang finden, selbst wenn er noch nicht festgestellt wurde, dies aber wahrscheinlich ist (vgl. WPH, Bd. 1, 2000, M Rz 492).

C 304

Ist das *assoziierte Unternehmen selbst Konzernmutter und erstellt einen Konzernabschluss*, so ist dieser zugrunde zu legen (§ 312 Abs. 6 Satz 2 HGB), da sich der maßgebliche Einfluss auf diesen Konzern und nicht nur das assoziierte Unternehmen bezieht. In diesem Fall ist ein Unterschiedsbetrag aus der erstmaligen Anwendung der Equity-Methode auf die Glieder des Konzerns zu verteilen, was oftmals mit erheblichen Informationsproblemen verbunden sein wird. Sind die erforderlichen Daten hierfür von den Konzerntöchtern des assoziierten Unternehmens nicht, oder nur mit erheblichen Verzögerung zu erhalten, so bietet es sich an, aus Vereinfachungsgründen die Teile des Unterschiedsbetrags, die auf die Konzerntochter entfallen pauschal als Firmenwert zu qualifizieren. Zum mit dem Beteiligungsbuchwert zu verrechnenden EK zählen die Minderheitenanteile nicht, obwohl sie im EK des assoziierten Unternehmens ausgewie-

C 305

Kühnberger

sen werden. Inwieweit ein passivischer Unterschiedsbetrag aus der Kapitalkonsolidierung einzubeziehen ist, hängt vom Charakter des Postens im konkreten Fall ab (eher Rücklage oder Rückstellung, vgl. auch Küting/Zürndorf, HdK § 312 Rz 20 f.).

C 306 In § 312 Abs. 5 Satz 1 HGB wird geregelt, dass für die Equity-Methode auch eine Anpassung des Jahresabschlusses/Konzernabschlusses an die Bewertungsmethoden des Konzerns möglich ist. Nach einhelliger Auffassung zielt diese Regelung aber auf alle für eine *HB II* relevanten Anpassungen ab, also auch die Bilanzierung und ggf. Fremdwährungsumrechnung. Eine solche HB II ist sicherlich erstrebenswert, um die Aussagefähigkeit des Konzernabschlusses zu gewährleisten. Das gesetzliche Wahlrecht ist der Tatsache geschuldet, dass ein maßgeblicher Einfluss z. T. nicht ausreichen wird, um notwendige Informationen zu beschaffen (vgl. ADS, § 312 Rz 129), bei nicht vollkonsolidierten Konzerntöchtern ist dieses Wahlrecht deshalb im Allgemeinen unverständlich. Wird auf eine HB II verzichtet, ist dies im Anhang anzugeben (§ 312 Abs. 5 Satz 2 HGB). Zum Teil wird gefordert, dass der Abschluss des assoziierten Unternehmens zumindest den GoB entspricht (Niehus, HdJ V/$_3$ Rz 108). Anderenfalls wären z. B. anteilige Jahresüberschüsse des assoziierten Unternehmens in den Konzernabschluss zu übernehmen, die es nach deutschem Recht gar nicht geben kann, z. B. durch Aktivierung selbsterstellter immaterieller Anlagegüter. Zumindest bei wesentlichen Beträgen ist eine Korrektur geboten.

C 307 Auch bei der Equity-Methode sind Beteiligungswert und EK des assoziierten Unternehmens gegenüberzustellen. Wie bei der Kapitalkonsolidierung auch, lässt § 312 Abs. 3 HGB hierzu verschiedene Aufrechnungstermine zu:

- den Zeitpunkt des Anteilserwerbs
- den Zeitpunkt der erstmaligen Einbeziehung des assoziierten Unternehmens in den Konzernabschluss
- bei sukzessivem Erwerb, den Zeitpunkt zu dem das Assoziierungsverhältnis erstmals entstanden ist.

Insbesondere im letztgenannten Fall wäre die Ermittlung der historischen Wertverhältnisse problematisch und würde rückwirkende Anpassungsbuchungen (für den Zeitraum des Erwerbs bis zum aktuellen Stichtag) erfordern (vgl. Küting/Weber, Handbuch der Konzernrechnungslegung, 407).

Kühnberger

8.2.2 Die Buchwertmethode/Kapitalanteilsmethode

In § 312 Abs. 1 Nr. 1 Satz 1 HGB wird geregelt, dass die Beteiligung an einem assoziierten Unternehmen in der Konzern-Bilanz mit dem *Buchwert* anzusetzen ist, der i. d. R. den Anschaffungskosten der Beteiligung entspricht. Bei erstmaliger Anwendung ist der Unterschiedsbetrag zwischen dem Buchwert und dem anteiligen Eigenkapital des assoziierten Unternehmens in der Bilanz oder im Anhang gesondert anzugeben (Satz 2). Für Folgeperioden entfällt diese Zusatzinformation.   C 308

Das Verfahren soll an dem Beispiel kurz vorgestellt werden, das auch bei der Quotenkonsolidierung genutzt wurde. Die Bilanz des assoziierten Unternehmens sieht demnach so aus (Stille Reserven in Klammer gesetzt):

Beispiel:

Bilanz AU				
Sachanlagen	1 000 (100)	Gez. Kapital	400	
Vorräte	1 500 (100)	Rücklagen	400	
		JÜ	200	1 000
		Verbindlichkeiten		1 500
	2 500			2 500

Die AK für die 50%-Beteiligung betrugen 1 000.

Ermittlung des UB:	
AK der Beteiligung:	1 000
./. anteiliges EK (50% von 1 000)	500
UB (Vermerkpflichtig)	500

C 309

- davon stille Reserven AV	50
- davon stille Reserven Vorräte	50
- Firmenwert	400

Da im Konzernabschluss im ersten Jahr nur ein Bilanzposten (Beteiligung an assoziierte Unternehmen 1 000, davon Unterschiedsbetrag: 500) auftaucht, ist zunächst nicht einleuchtend, warum der Unterschiedsbetrag auf stille Reserven/Lasten/Firmenwert aufzuteilen ist. Der Grund liegt darin, dass diese Komponenten in den Folgejahren wie bei der Kapitalkonsolidierung erfolgswirksam fortgeschrieben werden. Der § 309 HGB wird im § 312 Abs. 2 HGB ausdrücklich für anwendbar erklärt, so dass auch eine neutrale Rücklagen-Verrechnung des Firmenwerts möglich ist.   C 310

Kühnberger

C 311　Insgesamt ergibt sich folgende *Fortschreibungsstaffel* nach der Equity-Methode (vgl. Küting/Weber, Der Konzernabschluss, 410).

Ausgangsbewertung	Anschaffungskosten
Regelmäßige Fortschreibungen	+ anteilige Jahresüberschüsse assoziierter Unternehmen – anteilige Jahresfehlbeträge des assoziierten Unternehmens – vereinnahmte Gewinnausschüttungen vom assoziierten Unternehmen – Abschreibung zuordnungsfähiger Unterschiedsbeträge – Abschreibung eines aktivischen nicht zuordnungsfähigen Unterschiedsbetrags (Geschäft- oder Firmenwert) + Auflösung eines passivischen nicht zuordnungsfähigen Unterschiedsbetrages +/– Ergebniswirkung der – möglichen – Neubewertung gem. § 312 Abs. 5 HGB einschl. Zwischenerfolgseliminierung
Außerplanmäßige Fortschreibungen	– außerplanmäßige Abschreibungen + ggf. Zuschreibungen + Kapitaleinzahlungen – Kapitalrückzahlungen

C 312　Das obige Beispiel soll aufgrund folgender Daten fortgeführt werden:
Beispiel:
Das assoziierte Unternehmen erzielt einen Jahresüberschuss von 100, der Jahresüberschuss aus dem Vorjahr wird zur Hälfte ausgeschüttet, die Nutzungsdauer der Sachanlage mit der stillen Reserve beträgt vier Jahr, die Vorräte sind verbraucht. Der Firmenwert wird über vier Jahre abgeschrieben.

Beteiligung an AU zum 01.01.	1 000
+ anteiliger JÜ	50
./. Dividende	100
./. Abschreibung AV	12,5
./. Verbrauch stille Reserve Vorräte	50
./. Abschreibung Firmenwert	100
Beteiligung an AU 31.12.	787,5

(Die Angabe eines UB ist nicht mehr vorgeschrieben)

Kühnberger

8. Equity-Methode 463

Mit dem Verbrauch stiller Reserven/Lasten/Firmenwert etc. nähert sich der Equity-Wert im Zeitablauf dem Wert des anteiligen Eigenkapitals des assoziierten Unternehmens an. Dabei schlägt sich die in der aufwändigen Nebenrechnung ermittelte Wertänderung nur im Bilanzposten „Beteiligung an assoziierten Unternehmen" und dem GuV-Posten „Ergebnis aus assoziierten Unternehmen" nieder (daher der Begriff Einzeilenkonsolidierung, one line-consolidation). Es muss aber sichergestellt werden, dass – wie bei der Kapitalkonsolidierungen – nur die jährliche Änderung in die Konzern-GuV eingeht. Da der Beteiligungsbuchwert aus dem Jahresabschluss (HB II) in späteren Perioden nicht mehr mit dem Equity-Wert übereinstimmt, sind die Anpassungen für die Vorjahre erfolgsneutral (gegen die Rücklagen oder den Ergebnisvortrag) einzubuchen. C 313

Die *Kapitalanteilsmethode* (§ 312 Abs. 1 Nr. 2 HGB) unterscheidet sich von der Buchwertmethode dadurch, dass der Equity-Wert mit dem anteiligen Eigenkapital des assoziierten Unternehmens anzusetzen ist und der Firmenwert gesondert auszuweisen ist. Das anteilige Eigenkapital wird auf der Basis einer umbewerteten Bilanz (ohne stille Reserven/Lasten) ermittelt. Der Firmenwert aus dem assoziierten Unternehmen darf aber auch mit anderen Firmenwerten (aus der HB II oder der Konsolidierung) zusammengefasst werden. Im obigen Beispiel hätte sich beim erstmaligen Ansatz at equity ergeben: C 314

Beispiel: C 315

Anteilsmethode:		BWM	
FW aus AU	400	Beteiligung an AU	1 000
Beteiligung an AU	600	(davon UB 500)	

Und im Folgejahr:			
Anteilsmethode:		BWM	
FW aus AU	300,0	Beteiligung an AU	787,5
Beteiligung an AU	487,5		

Die Unterschiede zwischen beiden Methoden sind also rein formeller Art, wobei der Informationsgehalt der Anteilsmethode aufgrund des differenzierten Ausweises höher einzuschätzen ist (vgl. Baetge/Kirsch/Thiele, Konzernbilanzen, 441 ff.).

Nicht im Gesetz geregelt ist der Fall eines passivischen Unterschiedsbetrags, der – wie bei der Vollkonsolidierung – einen bad will oder lucky buy repräsentieren kann. Da der Beteiligungsbuchwert bei der erstmaligen Anwendung der Equity-Methode auf die Anschaffungskosten begrenzt ist, C 316

Kühnberger

kann der Passivposten jedenfalls nicht bilanziert werden (zu Details der Behandlung vgl. ausführlich Hense/Böcker, BeBiKo, § 312 Rz 30 ff.). Die Auflösungsregel des § 309 Abs. 2 HGB ist anzuwenden; die Gegenbuchung erfolgt beim Beteiligungswert (vgl. ADS, § 312 Rz 52).

8.2.3 Sonderprobleme

C 317 Die Equity-Methode hat aufgrund ihrer Komplexität und der z. T. lückenhaften Gesetzesvorgaben eine Fülle von Sonderfragen aufgeworfen, von denen die wichtigsten knapp aufzugreifen sind.

(1) Die Fortschreibung des Equity-Wertes kann bei hohen Jahresfehlbeträgen im Zeitablauf dazu führen, dass negative Beträge entstehen. Fraglich ist dann, ob

a) der negative Wert in den Konzernabschluss zu übernehmen ist oder
b) die Wertfortschreibung bei Null endet.

Auch bei b) müsste der negative Wert in einer Nebenrechnung statistisch fortgeschrieben werden, da er durch künftige anteilige Jahresüberschüsse erst wieder zu kompensieren ist, bevor wiederum positive Equity-Werte entstehen. Zu prüfen ist bei Variante b) zudem, ob im Jahresabschluss (HB-II) des Gesellschaftsunternehmens nicht eine Rückstellung für die Verpflichtung zum Ausgleich der Fehlbeträge zu bilden ist (vgl. WPH 2000, Bd., 1 M Rz 487). Dies hängt von der Rechtsform und ggf. vertraglichen Ausgleichsverpflichten ab. Dabei muss sich u. E. ein Rückstellungsbetrag auf der HB-II-Ebene nicht unbedingt mit dem negativen Equity-Wert decken. Sieht man in der Equity-Methode eine Form der Kapitalkonsolidierung, so wäre Variante a) angemessener, da es hierbei keinen Verlust-Deckel gibt (i. E. ebenso vgl. Küting/Zürndorf, HdK § 312 Rz 135 f.).

C 318 (2) Während eine *Schuldenkonsolidierung* (zu Recht wird in der Literatur darauf hingewiesen, dass eine erfolgswirksame Schuldenkonsolidierung eigentlich geboten ist) wie eine *Zwischenerfolgseliminierung* (vgl. Küting/Zürndorf, HdK § 312 Rz 234, U. E. sollte sie zumindest freiwillig zulässig sein) und GuV-Konsolidierung bei der Equity-Methode grds. ausscheidet, ist eine Zwischenerfolgseliminierung vorgesehen (§ 312 Abs. 5 HGB). Vom Wortlaut des § 304 HGB her, ist eine solche auf Upstream-Lieferungen begrenzt, da nur dann die entsprechenden Vermögensgegenstände in der Konzern-Bilanz stehen.

Kühnberger

8. Equity-Methode

Nach ganz h. M. sind Zwischenerfolge aber auch bei Downstream-Lieferungen und Crossstream-Lieferungen (vgl. Hense/Böcker, BeBiKo, § 312 Rz 90 ff.) zu eliminieren. Auf eine Zwischenerfolgseliminierung kann aber verzichtet werden, wenn die Voraussetzungen gem. § 304 Abs. 2 HGB greifen oder wenn die erforderlichen Informationen nicht bekannt oder zugänglich sind (§ 312 Abs. 5 Satz 4 HGB). Diese Befreiungsregel basiert auf der Tatsache, dass ein maßgeblicher Einfluss nicht immer ausreichen wird, um die notwendigen Daten zu beschaffen. Für at-equity bewertete Konzerntöchter ist diese Erleichterung eigentlich nicht sinnvoll, aber kraft Gesetzes zulässig.

In Satz 5 von § 312 Abs. 5 HGB wird das Wahlrecht eingeräumt *Zwischenerfolge anteilig oder vollständig zu eliminieren*. Sachgerecht ist bei echten assoziierten Unternehmen und Gemeinschaftsunternehmen ausschließlich eine anteilige Eliminierung, da nur in dieser Höhe der Beteiligungswert verändert wurde. Für nicht konsolidierte Konzerntöchter ist eine vollständige Eliminierung dagegen zulässig, z.t. wird auch die Ansicht vertreten: geboten. Auch bei einer Voll-Konsolidierung werden nach h. M. Zwischenerfolge vollständig zugunsten/zulasten der Mehrheitsgesellschafter eliminiert (vgl. WPH 2000, Bd. I, M Rz 485; ADS, § 312 Rz 174 f.). Die erfolgswirksame Zwischenerfolgseliminierung verändert den Wertansatz der Beteiligung, bei Upstream-Lieferungen können auch die entsprechenden Vermögensgegenstände in der Konzern-Bilanz abgewertet werden (vgl. ADS, § 312 Rz 176 ff.). U. E. sollte immer nur der Beteiligungswert verändert werden, da es Konzernanschaffungskosten/Konzernherstellungskosten bei echten assoziierten Unternehmen nicht geben kann. Zumindest theoretisch verstößt die Zwischenerfolgseliminierung bei assoziierten Unternehmen gegen Einheitstheorie und Realisationsprinzip (vgl. ADS, § 312 Rz 151).

C 319

(3) Gemäß § 298 Abs. 1 HGB gilt das gemilderte Niederstwertprinzip aus § 253 Abs. 2 HGB natürlich auch für den Konzernabschluss. Das WPH, 2000 Bd. 1 Rz 440 formuliert lapidar „*Die Vornahme außerplanmäßiger Abschreibungen steht der Anwendung der Equity-Methode nicht entgegen*". Es muss aber gewährleistet sein, dass nicht die gleichen Verluste den Beteiligungswert doppelt mindern: als anteiliger Jahresfehlbetrag des assoziierten Unternehmens und als zusätzliche Abschreibung auf den gesunkenen beizulegenden Wert (vgl. Küting/Zürndorf, HdK § 312 Rz 82 ff.; Niehus, HdJ V/3 Rz 205 ff.). Im Regel-

C 320

Kühnberger

fall wird das Abschreibungsvolumen aus dem Einzelabschluss nicht in den Konzernabschluss übernommen werden können. Das Gleiche gilt für eine später ggf. vorzunehmende Wertaufholung nach § 280 Abs. 1 HGB, die Niehus auf den letzten Equity-Wert begrenzen möchte (HdJ V/$_3$ Rz 210). Dies ist u. E. nicht zwingend, da man das Zuschreibungsvolumen auch analog zum Einzelabschluss auf die vorhergehende Wertminderung beziehen kann. Sonst würden zwischenzeitliche Wertsteigerungen infolge der Fortschreibung des Equity-Wertes die Möglichkeit/Pflicht zur Zuschreibung aushöhlen.

C 321 (4) Das *Anlagegitter* gem. § 268 Abs. 2 HGB enthält für Wertänderungen die Spalten Abschreibungen und Zuschreibungen und bei einer mengenmäßigen Änderung die Spalten Abgänge und Zugänge. Für die Änderungen des Equity-Betrages im Zeitablauf passen diese Spalten nicht ohne weiteres. In der Praxis wird wohl überwiegend auf die Spalten Zu-/Abgang zurückgegriffen (vgl. Littkemann/Nienerski, BB 1999, S. 1809), während in der Literatur daran bemängelt wird, dass gerade keine Anteile ge-/verkauft wurden (vgl. Küting/Weber, Der Konzernabschluss, S. 424). Deshalb werden die Spalten präferiert, die nur wertmäßige Änderungen betreffen (Ab-/Zuschreibungen; vgl. Hense/Böcker, BeBiKo, § 312 Rz 73). Bei wesentlichen Beträgen bietet sich die Einfügung neuer Spalten oder eine zusätzliche Erläuterung an.

C 322 (5) Eine *Entkonsolidierung* kann notwendig werden, wenn das assoziierte Unternehmen insgesamt oder teilweise verkauft wird oder wenn die Voraussetzungen für die Equity-Methode entfallen (z. B. maßgeblicher Einfluss). Verbleibende Anteile sind dann mit den AK zu bewerten, wobei überwiegend davon ausgegangen wird, dass diese den AK des assoziierten Unternehmens im Jahresabschluss entsprechen. Busse von Colbe/Ordelheide (Konzernabschlüsse, S. 507) halten es auch für zulässig, den letzten Equity-Wert als fiktive Anschaffungskosten anzusetzen (vgl. WPH 2000, Bd. I, M Rz 504 f.). Auf jeden Fall liegt hierbei eine erläuterungspflichtige Änderung des Konsolidierungskreises vor. Der Veräußerungserfolg der Anteile im Konzernabschluss ergibt sich als Saldo von Veräußerungserlös und letztem Equity-Wert (ggf. abzüglich Firmenwert, falls Kapitalanteilsmethode).

Kühnberger

8.3 Kritische Würdigung der Equity-Methode, Vergleich mit der Voll-/Quotenkonsolidierung, Weiterentwicklungen

Die Equity-Methode soll zu einer „realistischeren" Bewertung von bestimmten Beteiligungen führen als eine Anschaffungskosten-Bewertung. Dabei ist jedoch hervorzuheben, dass die Methode *keinesfalls zu aktuellen Zeitwerten* führt, da die EK-Entwicklung des assoziierten Unternehmens mit solchen Zeitwerten wenig zu tun hat. Auch die Ausdehnung der Erwerbsfiktion auf das assoziierte Unternehmen (in Form einer Nebenrechnung) passt schlecht zum tatsächlich getätigten Beteiligungserwerb. Die Abschreibung eines Firmenwerts oder aufgedeckter stiller Reserven führt nur dann zu einer „realistischen" Bewertung, wenn nicht zugleich neue stille Reserven gelegt und der Firmenwert durch Investitionen erhalten wird. Als besonders gravierenden Mangel führt Schildbach (Der Konzernabschluss, S. 217) an, dass auch von dem assoziierten Unternehmen thesaurierte Jahresüberschüsse in den Konzernjahresüberschuss eingehen, wenn wegen des nur maßgeblichen Einflusses gar keine Zugriffsmöglichkeit besteht. Trotz dieser Bedenken ist die Equity-Methode natürlich kraft Gesetzes anwendbar.

C 323

Da sie z. T. in direkter Konkurrenz zur Voll- oder Quotenkonsolidierung steht, sollen kurz die wichtigsten Unterschiede skizziert werden, die für eine *Methodenwahl* bedeutsam sein können:

C 324

(1) Zunächst einmal ist festzustellen, dass die Equity-Methode zwar aufwändig ist, aber gegenüber einer Konsolidierung doch gewisse *Vereinfachungen* bieten kann: so entfallen die Schulden-, GuV-Konsolidierung, die Zwischenerfolgseliminierung ist de facto nur wahlweise vorzunehmen, eine HB II muss nicht erstellt werden und es kann auf den letzten Jahresabschluss/Konzernabschluss des assoziierten Unternehmens zurückgegriffen werden, ein Zwischenabschluss ist keinesfalls notwendig.

(2) Während bei der Voll- oder Quotenkonsolidierung die einzelnen Jahresabschluss-Posten des assoziierten Unternehmens ganz oder anteilig in den Konzernabschluss eingehen, führt die Equity-Methode nur zu einer Anpassung des Beteiligungswertes in der Konzern-Bilanz. Damit ergibt sich natürlich eine andere Bilanzsumme und -struktur. Das auf die Mehrheitsgesellschafter entfallende EK und deren Erfolgs-

Kühnberger

anteil ist im Grundsatz aber bei allen Verfahren gleich (Unterschiede betreffen vor allem die o. a. Vereinfachungen). Einen Minderheitenanteil kann es bei der Equity-Methode genauso wenig geben, wie bei der Quotenkonsolidierung.

(3) Wirft man einen Blick auf typische Kennziffern, die im Rahmen von Abschlussanalysen relevant sind, zeigt sich:

a) Da bei einer Konsolidierung die Bilanzsumme größer als bei der Equity-Methode ist und das EK der Mehrheitsgesellschafter in etwa gleich ist (s. o.) ist die EK-Quote bei der Equity-Methode höher.

b) Voll-/Quotenkonsolidierung führen grundsätzlich zu einer höheren Bilanzsumme und höheren Umsatzerlösen. Bei gleichem Jahresüberschuss führt dies z. B. zu einer verminderten Umsatzrendite.

c) Anderseits führt eine Konsolidierung zu einem höheren Cash-Flow, da auch die Abschreibungen, Rückstellungsänderungen etc. ganz oder anteilig in die Konzern-GuV eingehen (Annahme: indirekte Chash-Flow-Ermittlung).

d) Die Anlagenintensität (Anlagevermögen: Bilanzsumme) und die Anlagendeckung (Anlagevermögen: EK) sind bei der Equity-Methode i. d. R. etwas ungünstiger, da die Beteiligung an den assoziierten Unternehmen vollständig zum Anlagevermögen gehört und bei einer Konsolidierung das dahinterstehende Anlage-/Umlaufvermögen des assoziierten Unternehmens gezeigt würde.

Die Liste möglicherweise relevanter Kennzahlen ließe sich verlängern. Eine rationale Verfahrenswahl muss die konkrete Situation des rechnungslegenden Konzerns berücksichtigen, um zu entscheiden, welche Kennzahlen die „wichtigen" sind.

C 325 Das DRSC hat einen Standard zur Equity-Methode verabschiedet, der am 29. 5. 2001 vom BMJ im BAnz veröffentlich wurde. Damit haben die Regeln des DRS 8 den Status, dass ihre Einhaltung als den GoB entsprechend gilt (§ 342 Abs. 2 HGB). Inhaltlich regelt der DRS 8 folgende Aspekte (für alle Konzernabschlüsse):

- Es wird eine HB II in Übereinstimmung mit HGB/DRS verlangt. Falls das assoziierte Unternehmen einen Konzernabschluss erstellt ist dieser Grundlage.

Kühnberger

- Grundsätzlich muss der Abschlussstichtag des assoziierten Unternehmens sich mit dem Konzernabschluss-Stichtag decken. Andernfalls ist ein Zwischenabschluss geboten (mit Ausnahmeregel).
- Es ist eine Aufrechung zum Erwerbstermin *notwendig*, wobei die Buchwertmethode zwingend vorgeschrieben ist.
- Die Fortschreibung des Firmenwerts oder eines verbleibenden passiven Unterschiedsbetrages aus der erstmaligen Aufrechnung hat analog zur Kapitalkonsolidierung gem. DRS 4 (vgl. RN 213) zu erfolgen.
- Ein negativer Equity-Wert ist unzulässig.
- Zwischenerfolge sind bei Upstream- und Downstream-Lieferungen anteilig zu eliminieren (Änderungen des Equity-Wertes).
- Der Erwerb weiterer Anteile und Statusänderungen wird normiert, sowie Ausweisfragen und Anhangangaben.
- De lege ferenda wird vorgeschlagen, künftig einen maßgeblichen Einfluss anzunehmen, wenn die Möglichkeit hierzu besteht (tatsächliche Ausübung des Einflusses wäre dann irrelevant).

9. Statusänderungen

Sehr komplex ist die Behandlung sog. Statusänderungen, da das Gesetz hierzu keine expliziten Regelungen enthält; deshalb sind zweckmäßige Lösungen anhand von Ersatzkriterien wie Einheitstheorie oder Kongruenzprinzip abzuleiten.

Der Begriff der Statusänderung zielt darauf ab, dass Anteile nach einer anderen Konsolidierungs- oder Bewertungsmethode in den Konzernabschluss zu übernehmen sind, als zuvor. Ursächlich können Zu-/Verkäufe von Anteilen sein, Entstehen oder Wegfall von einheitlicher Leitung oder einem maßgeblichen Einfluss und andere Sachverhalte. Das folgende Schema gibt einen Überblick:

Bisher \ Künftig	AK-Bewertung	Equity-Methode	Quoten-Konsolidierung	Voll-Konsolidierung
AK-Bewertung	*	1	2	3
Equity-Methode	7	*	4	5
Quoten-Konsolidierung	8	9	*	6
Voll-Konsolidierung	10	11	12	*

Kühnberger

Während die Felder 1–6 die Übergänge zu härteren Konsolidierungsmethoden umfassen, stellen die Fälle 7–12 den Abstieg zu weicheren Methoden dar. Nicht berücksichtigt sind im Schema die Pooling-Methode und Zu-/Abgänge von Anteilen ohne Statusänderungen.

C 327 Erfolgt ein Übergang von der Vollkonsolidierung zu einer anderen Methode, sind unstrittig ggf. veräußerte Anteile zu entkonsolidieren, wobei der Veräußerungserfolg durch die *Abgangsfiktion* für den anteiligen Firmenwert, Vermögensgegenstände und Schulden aus dem Konzernabschluss im Verhältnis zum Veräußerungserlös bestimmt wird (Füllbier, Entwurf eines DRS 4, S. 1345).

C 328 Einfach ist der Übergang zur Quotenkonsolidierung: der Minderheitenanteil an den Vermögensgegenständen Schulden etc. wird erfolgsneutral gegen ihren Anteil am Eigenkapital ausgebucht. Der verbliebene Anteil des vormaligen Mutterunternehmens an den Bilanzposten wird schlicht weitergeführt (DRS 4 Rz 50; ebenso Baetge/Kirsch/Thiele, Konzernbilanzen, S. 465 ff.).

C 329 Der Übergang von der Vollkonsolidierung zur Equity-Methode soll nach DRS 4 Rz 49 ebenfalls erfolgsneutral erfolgen, indem das Reinvermögen der Konzerntochter in der Konzern-Bilanz als Anschaffungskosten der Beteiligung am assoziierten Unternehmen angesetzt wird. Noch vorhandene stille Reserven/Lasten oder ein Firmenwert sind dann in der statistischen Nebenrechung für die Equity-Methode künftig fortzuschreiben (Hayn, Aktuelle Probleme der Kapitalkonsolidierung, S. 57). Erfolgswirkungen sind aber insofern nicht auszuschließen als für die Equity-Methode ggf. keine HB II, keine Schuldenkonsolidierung und keine Zwischenerfolgseliminierung geboten oder möglich ist.

C 330 Strittig ist der Übergang von der Vollkonsolidierung zur Anschaffungskosten-Bewertung. Während nach DRS 4 Rz 49 genauso zu verfahren ist, also eine ergebnisneutrale Behandlung erfolgt, indem die Vermögensgegenstände, Firmenwert und Schulden etc. als Abschreibung und die Beteiligung als Zuschreibung in gleicher Höhe erfasst wird, vertritt Ulrich (Endkonsolidierung, S. 145 ff.) eine andere Ansicht: Die Abgangsfiktion für die einzelnen Bilanzposten der Konzerntochter ist unstrittig, da insoweit die Einheit Konzern beendet wird. Als Anschaffungskosten der Beteiligung will er aber den Wert aus der HB II ansetzen, also die fortgeführten (tatsächlichen) Anschaffungskosten der Anteile. Eine Höherbewertung sieht er u. E. zu Recht als Verstoß gegen das Anschaffungskosten-Prinzip.

Kühnberger

9. Statusänderungen

Für die Übergänge von der Quotenkonsolidierung zur Equity-Methode oder zur Anschaffungskosten-Bewertung ergeben sich keine Besonderheiten gegenüber den vorstehenden Überlegungen. C 331

Beim Wechsel von der Equity-Methode zur Anschaffungskosten-Bewertung ist nach dem WPH (Bd.1, 2000 M Rz 504) die Beteiligung mit dem HB II-Wert anzusetzen, bisherige Wertänderungen infolge der Equity-Fortschreibung sind mit den Rücklagen zu verrechnen. Das müsste dann konsequenterweise auch gelten, wenn die Beteiligung zuvor voll/anteilig konsolidiert wurde (also anders als DRS 4 Rz 49 dies vorsieht). C 332

Der Wechsel von der Quoten- zur Vollkonsolidierung ohne Erwerb zusätzlicher Anteile ist ergebnisneutral, da die Aufstockung der Vermögensgegenstände und Schulden durch den erstmals auszuweisenden Minderheitenanteil am EK kompensiert wird. C 333

Auch der Übergang von der Equity-Methode zur Konsolidierung ist erfolgsneutral. Es werden aber zwei Varianten diskutiert: C 334

a) Der letzte Equity-Wert wird als Anschaffungswert der Beteiligung übernommen und ggf. mit neu erworbenen Anteilen erstkonsolidiert.

b) Der Equity-Wert wird durch anteilige Vermögensgegenstände, Schulden, Firmenwert etc. zum Zeitpunkt der tatsächlichen Anschaffung ersetzt (retroaktive Umstellung). Die Werte können aus der statistischen Nebenrechnung zur Equity-Bewertung entnommen werden und sind für die Vergangenheit fortzuschreiben.

Die beiden Varianten können zu beachtlichen Unterschieden führen, da historische und aktuelle stille Reserven/Lasten und der Firmenwert nicht gleich sind (Hayn, Aktuelle Probleme der Kapitalkonsolidierung, S. 47 ff.).

Wird eine bisher mit Anschaffungskosten bewertete Beteiligung nach der Equity-Methode bewertet, so sind ebenfalls zwei Varianten zulässig (Annahme: neue Anteile wurden zugekauft). C 335

a) Die tatsächlichen Anschaffungskosten beider Tranchen werden als Anschaffungskosten des assoziierten Unternehmens zusammengefasst, die Equity-Fortschreibung beginnt erst jetzt.

b) Für die neuen Anteile beginnt die Equity-Fortschreibung erst. Für die Altanteile wird ein fiktiver Equity-Wert seit dem tatsächlichen Anschaffungsvorgang entwickelt (retroaktive Anpassung). Änderungen werden neutral mit den Rücklagen verrechnet (WPH 2000, Bd.1, M

Kühnberger

C 336 Rz 500 ff.). Auch hier werden regelmäßig Unterschiede bezüglich stiller Reserven/Lasten/Firmenwert auftreten.
Ohne auf Details einzugehen sei darauf verwiesen, dass die diversen Statusänderungen im Anlagespiegel z. T. nicht problemlos einzufügen sind. Soweit keine Anteile ge- oder verkauft werden passen z. B. die Spalten Abgänge/Zugänge nur bedingt. Man kann zwar eine erstmalige Vollkonsolidierung einheitstheoretisch als Zugang zum Konsolidierungskreis interpretieren. Real lag aber kein Erwerb zu diesem Termin vor, so dass zumindest bei wesentlichen Posten Erläuterungen oder Zusatzspalten sinnvoll sind.

10. Latente Steuern

10.1 Grundkonzeption, Rechtsgrundlagen

C 337 Aufgrund der 4. und 7. EG-Richtlinie wurde die Abgrenzung latenter Steuern für den Jahresabschluss (§ 274) und den Konzernabschluss (§ 306) ausdrücklich im HGB kodifiziert, wobei die gleiche Grundkonzeption gilt. Im Konzernabschluss gibt es allerdings die Pflicht, auch aktive latente Steuern immer anzusetzen, während im Jahresabschluss aktive latente Steuern als Bilanzierungshilfe wahlweise aktiviert werden dürfen (§ 274 Abs. 2 HGB). Das Problem latenter Steuern tritt grundsätzlich auf, wenn der handels- und steuerrechtliche Erfolg auseinander fallen, was in Deutschland traditionell aufgrund von Maßgeblichkeit (Umkehrmaßgeblichkeit) nicht so bedeutsam war. Der in der handelsrechtlichen Gewinnermittlung erfasste Steueraufwand (die effektiven Steuern) passt dann nicht zum handelsrechtlichen Jahresüberschuss/Jahresfehlbetrag. Durch Abgrenzung latenter Steuern kann eine Synchronisation von handelsrechtlichem Erfolg und Ertragsteuerlast vorgenommen werden, so dass der Jahresüberschuss/Jahresfehlbetrag in einem mehr oder weniger plausiblen Zusammenhang mit dem ausgewiesenen Steueraufwand (effektive und latente Steuern) steht. Dabei kann die latente Steuern nach zwei Konzepten bestimmt werden:

C 338 (1) Das GuV-orientierte *Timing-Konzept* zielt darauf ab, dass latente Steuern auf Sachverhalte abzugrenzen sind, die sich in der GuV unterschiedlich niederschlagen und in der Folge automatisch zu einer gegenläufigen Ergebnisumkehr in künftigen GuV führen.

Kühnberger

10. Latente Steuern

Beispiel:
In der HB wird eine steuerlich nicht passivierungsfähige Rückstellung für drohende Verluste gebildet, was den JÜ mindert, nicht aber den Steuerbilanzgewinn. Wird die Rückstellung in einer späteren Periode aufgelöst, ist der Handelsbilanzerfolg entsprechend höher als der steuerliche, da für die Ausgabe keine Rückstellung gebildet wurde oder eine ertragswirksame Rückstellungsauflösung in der Steuerbilanz nicht möglich ist.

Jahr 1	HB	StB
Gewinn vor Rst. und Ertragssteuern	500	500
% Rückstellungsaufwand	-200	-
Gewinn nach Rst./steuerlicher Gewinn	300	500
% Ertragssteuern (40 %)	200	200
JÜ/Gewinn n. Steuern	100	300

In der Handelsbilanz sieht es so aus, als ob der Steuersatz 66 2/3 % beträgt, obwohl er tatsächlich 40 % ist. Durch eine aktive latente Steuerabgrenzung i. H. v. 80 (40 % von 200) kann dies korrigiert werden (per aktive latente Steuern an Steueraufwand). Insgesamt ergibt sich damit ein Steueraufwand in der handelsrechtlichen GuV von 120 (200 effektive Steuern – 80 latente Steuern), der gerade 40 % von 300 entspricht.
Im Folgejahr soll der Umkehreffekt gezeigt werden:

Jahr 2	HB	StB
Gewinn vor Rst.-Auflösung	500	500
+ Ertrag aus Rst.-Auflösung	200	-
Gewinn vor Steuern	700	500
% Ertragssteuern (40%)	200	200
JÜ/Gewinn n. Steuern	500	300

Auch in diesem Jahr spiegelt der Steueraufwand von 200 in der Handelsbilanz nicht den tatsächlichen Ertragssteuersatz von 40 % wider. Wurde dagegen eine aktive latente Steuer abgegrenzt, wäre der Posten nunmehr aufzulösen (per Steueraufwand an aktive latente Steuern 80). Der ausgewiesene Steueraufwand von 280 entspricht genau wieder 40 % des Jahresüberschusses vor Steuern von 700.

Kühnberger

Voraussetzung für die Steuerabgrenzung ist aber die *Ergebnisumkehr* in der GuV, die voraussichtlich sein muss. Demnach führen zwei Arten von Ergebnisdifferenzen nicht zu latenter Steuerabgrenzung:

- *Permanente Differenzen*: Erträge oder Aufwendungen werden nur in der Handelsbilanz oder der Steuerbilanz erfasst (z. B. steuerfreie Erträge, nicht abziehbare Betriebsausgaben).

- *Quasipermanente Differenzen:* Es gibt zwar eine Ergebnisumkehr, aber es ist offen, wann diese eintrifft (erst bei Liquidation des Unternehmens oder wenn bestimmte Dispositionen getroffen werden). Hierunter fällt z. B. eine handelsrechtliche Abschreibung auf eine Finanzanlage oder Grund und Boden. Der Ausgleich erfolgt hier erst, wenn der abgeschriebene Vermögensgegenstand später versilbert wird oder auch steuerlich abzuschreiben ist. Beim abnutzbaren Anlagevermögen erfolgt die Ergebnisumkehr dagegen durch die unterschiedlichen Abschreibungen in der Folgezeit.

C 339 (2) Das bilanzorientierte *Temporary-Konzept* sieht dagegen eine Steuerabgrenzung vor, wenn Bilanzposten in Handelsbilanz und Steuerbilanz verschieden sind, wobei es keinen Unterschied macht, ob diese Differenzen auf GuV-wirksame Art entstanden sind oder nicht. Das Temporary-Konzept ist deshalb umfassender als das Timing-Konzept. Im Jahresabschluss nach HGB gibt es allerdings praktisch keine Anwendungsfälle, die nicht durch das Timing-Konzept alleine abgedeckt werden, da erfolgsneutrale Umbewertungen von Vermögensgegenständen oder Schulden nicht möglich sind. Für den Konzernabschluss kann es dagegen solche Fälle geben.

Beispiel:
In der HB II werden die HK einer Maschine mit 500 angesetzt, während im JA die Maschine mit 300 bewertet ist. Da die Höherbewertung nicht erfolgswirksam ist, sondern neutral gegen die Rücklagen gebucht wird, ergeben sich nach dem Timing-Konzept keine Steuerlatenzen, sondern nur nach dem Temporary-Konzept. Um zu vermeiden, dass Steueraufwand GuV-wirksam gebucht wird, muss die passive latente Steuer ebenfalls neutral eingebucht werden. Bei einem Steuersatz von 40 % ergibt sich:

Per Maschine   200   an   Rücklage   120
                                   Rückstellungen für latente Steuern   80

In den Folgejahren löst die Maschine in der HB II höhere Abschreibungen aus als im Jahresabschluss. Abschreibungssynchron wird die latente Steuerrückstellung aufgelöst, so dass der Steueraufwand in der HB II insoweit zum verminderten Erfolg passt.

Kühnberger

10. Latente Steuern

Die Höhe der latenten Steuern hängt u. a. vom zugrunde liegenden Ertragsteuersatz ab, wobei nur die Steuern auf der Ebene der Kapitalgesellschaft relevant sind. Während die sog. net-of-tax-Methode wenig Verbreitung gefunden hat und nach HGB auch unzulässig ist (vgl. Coenenberg, Jahresabschluss und Jahresabschlussanalyse, S. 390 ff.), sind die Liability- und die Deferred-Methode verbreiteter. Bei der *Deferred-Methode* steht die GuV im Vordergrund. Deshalb wird die latente Steuer mit dem Steuersatz des abgelaufenen Jahres bewertet, spätere Steuersatzänderungen haben keinen Einfluss mehr. Nach der bilanzorientierten *Liability-Methode* werden latente Steuern als Forderungen/Schulden gegenüber dem Finanzamt gedeutet. Theoretisch ist deshalb der Steuersatz der künftigen Periode relevant, in der der Abgrenzungsposten aufgelöst wird. Angesichts der damit verbundenen Prognoseprobleme wird vereinfachend auf den aktuellen Steuersatz abgestellt. Spätere Steuersatzänderungen führen aber zu einer Anpassung des Postens. Dies führt dazu, dass sie im Anpassungsjahr als Steueraufwand/Steuerertrag zu erfassen sind, die angestrebte Ergebnissynchronisation wird nicht erreicht (Gruber/Kühnberger, DB 2001, S. 1739 f.).

C 340

Nach dem HGB sind latente Steuern nach folgenden grundsätzlichen Vorgaben abzugrenzen (§§ 274, 306 HGB).

C 341

(1) Grundlage ist das Timing-Konzept (GuV-Orientierung).

(2) Aktive latente Steuern gelten als Bilanzierungshilfe, nicht als Steuerforderung. Passivische latente Steuern sind als Steuerrückstellungen auszuweisen.

(3) Die Bewertung erfolgt nach der Liability-Methode, was u. E. kaum zum GuV-orientierten Timing-Konzept passt.

(4) Es ist nach dem Wortlaut des HGB nur der Saldo aus aktiven und passiven Steuern auszuweisen. Aus Gründen der Klarheit und Übersichtlichkeit spricht aber nichts gegen einen unsaldierten Bruttoausweis (vgl. Berger/Fischer, BeBiKo, § 274 Rz 11).

(5) In der GuV werden i. d. R. effektive und latente Steuern zusammengefasst. Passive latente Steuern sind aber in der Bilanz oder im Anhang zu vermerken (vgl. ADS, § 274 Rz 56). Der Steueraufwand ist außerdem ggf. nach § 285 Nr. 6 HGB auf das ordentliche und das außerordentliche Ergebnis aufzuteilen.

(6) Die latenten Steuern aus Einzel- und Konzernabschluss dürfen zusammengefasst werden.

Kühnberger

(7) Während im Konzernabschluss (§ 306 HGB) latente Steuern immer abzugrenzen sind, gilt für aktive latente Steuern nach § 274 Abs. 2 HGB ein Ansatzwahlrecht. Dieses Wahlrecht betrifft aber nur den die passiven latenten Steuern übersteigenden Saldo.

(8) Die Auflösung latenter Steuern erfolgt im Jahr, in dem die Steuerbelastung/-entlastung eintritt oder mit ihr nicht mehr zu rechnen ist.

10.2 Latente Steuern im Konzernabschluss

10.2.1 Vorüberlegungen

C 342 Nach der Einheitsfiktion ist im Konzernabschluss die Vermögens-, Finanz- und Ertragslage so darzustellen, als ob die einbezogenen Unternehmen insgesamt ein einziges Unternehmen wären (§ 297 Abs. 3 HGB). Deshalb sind außer den eigentlichen Konsolidierungsmaßnahmen auch Handelsbilanzen II zu erstellen, wobei diese Maßnahmen erfolgswirksam sein können. Andererseits folgt das Steuerrecht dieser handelsrechtlichen Fiktion nicht, sondern die einzelnen Konzern-Glieder stellen die Steuersubjekte dar. Die Abgrenzung latenter Steuern im Konzernabschluss zielt deshalb darauf ab, den Konzernerfolg (der von der Summe der Erfolge der Konzern-Glieder i. d. R. abweicht) mit dem fiktiven Konzern-Steueraufkommen zu belasten. Betroffen sind aber grundsätzlich nur die Ergebnisunterschiede die GuV-wirksam zustande kamen und deren Umkehr voraussichtlich ist (Timing-Konzept). Da in § 306 HGB nur Bezug genommen wird auf Maßnahmen gem. § 300–§ 305 HGB ist für bestimmte Ergebnisunterschiede, die bei der Konzernabschluss-Erstellung auftreten können, außerdem § 274 HGB einschlägig. Systematisch können Ergebnisdifferenzen auf folgenden Stufen auftreten, wobei jeweils zu prüfen ist, ob Steuerlatenzen auftreten.

Kühnberger

10. Latente Steuern

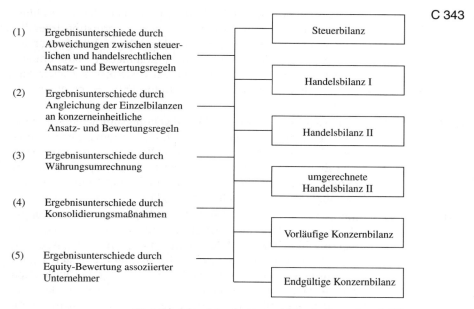

C 343

(1) Ergebnisunterschiede durch Abweichungen zwischen steuerlichen und handelsrechtlichen Ansatz- und Bewertungsregeln

(2) Ergebnisunterschiede durch Angleichung der Einzelbilanzen an konzerneinheitliche Ansatz- und Bewertungsregeln

(3) Ergebnisunterschiede durch Währungsumrechnung

(4) Ergebnisunterschiede durch Konsolidierungsmaßnahmen

(5) Ergebnisunterschiede durch Equity-Bewertung assoziierter Unternehmer

(Nach Coenenberg, Jahresabschluss und Jahresabschlussanalyse, S. 685)

10.2.2 Latente Steuern gemäß § 306 HGB

Ad (1): Steuerlatenzen, die auf Ergebnisunterschiede zwischen dem Jahresabschluss und der Steuerbilanz zurückgehen, fallen unter den § 274 HGB. Demnach sind aktive Abgrenzungsposten nur wahlweise als Bilanzierungshilfen anzusetzen. Eine Ausschüttungssperre wie im Jahresabschluss spielt im Konzernabschluss aber keine Rolle. Nach § 300 Abs. 2 HGB kann das Aktivierungswahlrecht für die Handelsbilanz II neu ausgeübt werden.

C 344

Ad (2): Unter den § 274 HGB fallen nach ganz h. M. auch die Ergebnisunterschiede infolge veränderter Bilanzansätze (§ 300 HGB) oder Bewertungen (§ 308 HGB) in der Handelsbilanz II. Dies ist unbefriedigend, da die Ursachen für diese Unterschiede konzernspezifisch sind. Anders als im Jahresabschluss sind hier aber eher passivische latente Steuern relevant, da das im Hinblick auf die Divi-

C 345

Kühnberger

dendenpolitik dominierende Vorsichtsprinzip des Jahresabschlusses zumindest teilweise zugunsten einer informationsfreundlichen Konzernabschluss-Politik zurückgedrängt wird oder zumindest werden kann. Soweit dies zutrifft, kommt dem Aktivierungswahlrecht geringere Bedeutung zu. Zu Bedenken ist außerdem, dass nach HGB grundsätzlich nur Timing-Differenzen abzugrenzen sind.

C 346 *Ad (3):* Ergebniswirkungen aus der Fremdwährungsumrechung können insbesondere bei der Zeitbezugsmethode auftreten. Die resultierenden Währungsgewinne/-verluste gelten als quasi-permanent, da die Ergebnisumkehr zwingend nur in der Totalperiode eintritt also nicht voraussichtlich ist. Nach dem Timing-Konzept ist eine Steuerabgrenzung demnach nicht möglich.

C 347 *Ad (4):* Timing-Differenzen aus den Voll- und Quotenkonsolidierungsmaßnahmen (§ 310 Abs. 2 HGB verweist auf die entsprechende Regel in § 306 HGB) sind der unumstrittene Anwendungsbereich des § 306 HGB. Erfolgt die *Kapitalkonsolidierung* nach der Interessenzusammenführungs-Methode, treten Ergebniswirkungen nicht auf. Die Erwerbsmethode führt zwar zu Erfolgswirkungen, da aufgedeckte stille Reserven/Lasten oder ein Firmenwert im Rahmen der Folgekonsolidierungen oftmals zu Ergebniswirkungen führen. Allerdings liegt gerade keine Timing-Difference i. S. von § 306 HGB vor, da die Aufdeckung bei der Erstkonsolidierung ergebnisneutral erfolgt (vgl. Coenenberg, Jahresabschluss und Jahresabschlussanalyse, S. 686 f.). Gleichwohl wird eine Steuerabgrenzung bei der Aufdeckung stiller Reserven/Lasten bei der Erstkonsolidierung für zulässig oder sogar geboten gehalten, wenn die Auflösung der stillen Reserven/Lasten voraussehbar ist (vgl. ADS, § 306 Rz 26 f.; Berger/Fischer, BeBiKo, § 306 Rz 11). So würde die Aufstockung der Wertes einer Anlage oder von Vorräten zu einer (ergebnisneutral) einzubuchenden passiven latenten Steuer führen. Die ergebniswirksame Auflösung *(Steuerertrag!)* erfolgt nach Maßgabe der Anlagenabschreibung (höher als in der Handelsbilanz II) oder des Verbrauchs/Abgangs der Vorräte (erhöhter Materialaufwand etc.). Ohne eine solche Abgrenzung scheitert eine Synchronisation von Konzernerfolg und Ertragsteueraufwand. Eine solche wird aber schon nicht erreicht, wenn ein Firmenwert auszuweisen ist und dieser abgeschrieben

Kühnberger

wird. Nach einhelliger Ansicht ist auf den Firmenwert als Residualgröße keine Steuerabgrenzung möglich. Eine solche würde zu einem höheren Firmenwert und einem passiven Abgrenzungsposten führen, also einer Bilanzaufblähung (vgl. Berger/Fischer, BeBiKo, § 306 Rz 12). Konsequent ist dies nicht, da auch bezüglich der stillen Reserven/Lasten eigentlich das Temporary-Konzept Anwendung findet und eine Ergebnis-Ertragssteuerangleichung auch die Einbeziehung des Firmenwertes erfordert (vgl. Heuerung/Kurtz, BB 2000, S. 1775 ff. m. w. Beispielen zu Inkonsistenzen konzeptioneller Art, bezogen auf IAS).

Die ergebniswirksame *Schuldenkonsolidierung* führt regelmäßig zu Steuerlatenzen gem. § 306 HGB, da eine Ergebnisumkehr voraussichtlich ist. Eine solche hat allerdings zu unterbleiben, wenn die entsprechende Ergebniswirkung zwar in der Handelsbilanz II, nicht aber in der Steuerbilanz auftrat, weil z. B. eine Forderungsabschreibung oder Rückstellungsbildung nur in der Handels- nicht aber in der Steuerbilanz vorgenommen wurde. Der Steueraufwand aus der Handelbilanz II passt dann schon zum durch die Schuldenkonsolidierung veränderten Konzernerfolg (vgl. Berger/ Fischer, BeBiKo, § 306 Rz 20).   C 348

Auch die Ergebniswirkungen aus der *Zwischenerfolgseliminierung (ZEE)* führen grundsätzlich zu latenten Steuern. Vorauszusetzen ist aber auch hier eine voraussichtliche Ergebnisumkehr, weshalb Zwischenerfolge im nicht abnutzbaren Anlagevermögen nicht abzugrenzen sind. Aus Vereinfachungsgründen kann bei kontinuierlichem Leistungsaustausch (Aufbau und Realisation eliminierter Zwischenerfolge ist nahezu konstant) eine quasi-permanente Differenz angenommen werden, die nicht zu latenten Steuern führt (vgl. ADS, § 306 Rz 34).   C 349

Die *GuV-Konsolidierung* nach § 305 HGB führt im Regelfall zu keinen zusätzlichen (zur Zwischenerfolgseliminierung) relevanten Ergebnisfolgen, so dass eine Steuerabgrenzung entfällt. Für zeitversetzte Gewinnausschüttungen im Konzern waren, solange das Körperschaftsteuer-Anrechnungsverfahren galt, latente Steuern abzugrenzen (Ausschüttungs- und Thesaurierungssteuersatz waren ungleich; vgl. ADS, § 306 Rz 35). Mit der Abschaffung des gespaltenen Körperschaftsteuer-Satzes und des Anrechnungs-   C 350 verfahrens entsteht durch die zeitversetzte Gewinnausschüttung weder beim ausschüttenden noch beim empfangenden Unternehmen zusätzlicher Körperschaftsteuer-Aufwand, so dass eine latente Steuerabgrenzung obsolet ist (vgl. Schildbach, Der Konzernabschluss, S. 387).

C 351 *Ad (5):* Nach dem Wortlaut des Gesetzes fällt die latente Steuerabgrenzung auf Ergebnisunterschiede im Rahmen der Equity-Methode nicht unter § 306 HGB, sondern § 274 HGB (Aktivierungswahlrecht; vgl. ADS, § 306 Rz 7). Dies gilt auch für die Ergebnisänderungen infolge der grundsätzlich vorzunehmenden Zwischenerfolgskonsolidierung und der (verdeckten) Kapitalkonsolidierung.

10.2.3 Sonderfragen, neuere Entwicklungen

10.2.3.1 Latente Steuern bei Verlusten

C 352 Latente Steuerabgrenzungsposten setzen voraus, dass es künftig zu steuerlichen Be- oder Entlastungen kommt. In einer nachhaltigen Verlustsituation ist damit gerade nicht zu rechnen, da eine KSt-Entlastung z. B. künftige Gewinne voraussetzt (vgl. ADS, § 306 Rz 42). Auch soweit ein Verlust zurückgetragen werden kann, scheidet eine Steuerabgrenzung aus, da der Entlastungsanspruch sofort aktiviert wird. Eine aktive Steuer auf einen *Verlustvortrag* ist hingegen nach HGB grundsätzlich ausgeschlossen, nicht aber eine Verminderung einer passiven latenten Steuer (vgl. ADS, § 274 Rz 28). Begründet werden kann die fehlende Aktivierbarkeit latenter Steuern damit, dass der Verlustvortrag gerade nicht auf Ergebnisunterschiede zwischen Handels- und Steuerbilanz zurückgeht. Die Tatsache, dass keine Steuerforderung besteht (kein Vermögensgegenstand) wäre hingegen unbeachtlich, da aktive latente Steuern nach HGB eine Bilanzierungshilfe darstellen. Es fehlen aber Anschaffungskosten für den Aktivposten (abweichend von der Vorauflage halten Berger/Fischer, BeBiko, § 274, Rz 18 f. eine Aktivierung nunmehr für zulässig, da die Aktivierung dem Einblicksgebot besser entspricht; mit Verweis auf DRS 10).

C 353 Problematisch ist die Situation, wenn einzelne Konzern-Glieder Verluste und andere Gewinne ausweisen, da der Ertragsteueraufwand in der Summenbilanz dann nicht zum Erfolg der Summenbilanz passt. Zwar könnte man die Einheitsfiktion auch auf die Steuerbelastung des Konzerns aus-

Kühnberger

10. Latente Steuern

dehnen. Da das Steuerrecht dem nicht folgt, sondern den Steuerausgleich nur auf der Ebene der Einzelgesellschaft (oder eines Organkreises) erlaubt, käme dies per Saldo einer aktiven Steuerabgrenzung auf einen Verlustvortrag gleich. Eine solche ist nach HGB unzulässig. Für die Einheit Konzern kann es aus dem gleichen Grund keinen fiktiven Verlustrücktrag geben.

10.2.3.2 Zur Wahl des Steuersatzes

Soweit latente Steuern auf der Ebene der Einzelgesellschaften abzugrenzen sind, ist der jeweilige Steuersatz des Konzern-Gliedes anzuwenden. Für Abgrenzungen auf Konzernebene werden fiktive Konzernsteuersätze herangezogen. Hierzu gibt es diverse Vorschläge: C 354

- Es wird der Steuersatz desjenigen Konzern-Gliedes gewählt, das die erfolgswirksame Konsolidierungsbuchung auslöst. Bei einer erfolgswirksamen Schuldenkonsolidierung also der Steuersatz des Konzern-Gliedes, das z. B. eine konzerninterne Forderung abgeschrieben hat. Im Rahmen, der ZEE ist strittig, ob der Steuersatz des Empfängers oder des Lieferanten relevant ist (vgl. W. Schruff, Bilanzierung latenter Steuern, S. 110).

- Der Steuersatz der Konzernmutter, da letztlich alle Konsolidierungsmaßnahmen sich auf das Eigenkapital der Obergesellschaft auswirken.

- Der durchschnittliche Konzernsteuersatz wird häufig aus Vereinfachungsgründen als zulässig angesehen, zumal er für die Gesamtheit repräsentativ ist. Angesichts der sowieso erforderlichen Pauschalierungen dürfte dies regelmäßig unter Wesentlichkeitsaspekten zulässig sein. Dies gilt vor allen Dingen, wenn die Steuersätze in den diversen Sitzstaaten der Konzern-Glieder nicht wesentlich divergieren.

10.2.3.3 Latente Steuern gemäß DRS 10

Am 18.1.2002 wurde der DRS 10 „Latente Steuern im Konzernabschluss" verabschiedet und am 9.4.2002 durch das BMJ bekannt gemacht, so dass die dort veröffentlichten Grundsätze die Vermutung der Ordnungsmäßigkeit haben (§ 342 Abs. 2 HGB). Abweichend von (z.T. präzisierend zu) den bisher üblichen Auslegungen des § 306 HGB (und § 274 HGB) werden folgende Grundsätze formuliert: C 355

Kühnberger

- Abgrenzungen sind auch auf quasi-permanente Differenzen vorzunehmen (Tz. 5).
- Aktive latente Steuern sind auch dann auszusetzen, wenn sie auf der Ebene Jahresabschluss oder Handelsbilanz II auftreten (Tz. 10).
- Auf steuerliche Verlustvorträge sind latente Steuern aktiv abzugrenzen (Tz. 11 ff.).
- Die Aufdeckung stiller Reserven/Lasten im Rahmen der Kapitalkonsolidierung führt bei zeitlich begrenzten Differenzen zu Steuerlatenzen. Dies gilt nicht für den Firmenwert (Tz. 16 ff.).
- Es ist mit unternehmensspezifischen Steuersätzen zu arbeiten, ein konzerneinheitlichen Steuersatz ist unzulässig (Tz. 21 ff.).
- Eine Abzinsung latenter Steuern ist unzulässig (Tz. 27). Zur kritischen Würdigung vgl. Loitz/Rössel (DB 2002, S. 645 ff.). Nach dem HGB ist das Diskontierungsverbot allerdings konsequent, da weder Bilanzierungshilfen noch Steuerrückstellungen einen (verdeckten) Zinsanteil enthalten.
- Für aktive latente Steuern ist zu jedem Stichtag ein Werthaltigkeitstest und ggf. eine Abschreibung (und später: Wertaufholung) geboten (Tz. 28).
- Die Bildung/Auflösung ist erfolgswirksam (GuV), wenn der zugrunde liegende Sachverhalt erfolgswirksam war, ansonsten erfolgsneutral (z. B. Aufdeckung stiller Reserven/Lasten im Rahmen der Erstkonsolidierung, Tz. 29 ff.). Dies gilt auch für Anpassungen infolge geänderter Steuersätze (Tz. 32).
- Grundsätzlich ist ein unsaldierter Bruttoausweis geboten (Tz. 36).
- Aktive latente Steuern sind als Vermögenswerte gesondert auszuweisen (Tz. 37). Das HGB enthält zwar keine explizite Ausweisungsregelung, definiert den Aktivposten aber als Bilanzierungshilfe. Der Terminus Vermögenswert ist irreführend, da er nicht Vermögensgegenständen gleichzusetzen ist.
- Latente Steuern auf das außerordentliche Ergebnis sind in der GuV mit dem Ergebnis zu saldieren (Nettoausweis, Tz. 38).
- Eine Fülle von Anhangangaben wird verlangt, wobei für nicht kapitalmarktorientierte Mutterunternehmen Erleichterungen vorgesehen sind (Tz. 39 ff.).

Kühnberger

Diese Regelungen hält das DRSC für HGB-konform, obwohl das IDW u. E. völlig zurecht darauf hingewiesen hat, dass dies z.T. zumindest nicht gilt (vgl. FN-IDW 2001, S. 489 ff.). Insoweit tritt hier wiederum das Problem auf, dass das DRSC einen Standard erlassen hat, der einerseits gegen geltendes Recht verstößt und anderseits über die HGB-Regeln hinausgeht. De lege ferenda schlägt das DRSC (Tz. A3) vor, dass im HGB künftig das umfassende Tempory-Konzept verankert werden soll, um eine Angleichung an IAS/US-GAAP zu erreichen.

11. Sonstige Berichtsinstrumente

11.1 Konzeranhang

11.1.1 Allgemeine Grundsätze

Wie beim Jahresabschluss ist der Konzernanhang Pflichtbestandteil des Konzernabschlusses (§ 297 Abs. 1 HGB). Er ist als Konzernanhang i. S. der Einheitsfiktion auf alle konsolidierten Unternehmen auszudehnen und darf sich nicht nur auf die Konzernmutter oder wesentliche Konzernglieder beziehen. Nach § 298 Abs. 3 HGB darf der Konzernanhang mit dem Anhang der Konzernmutter zusammengefasst werden, um unnötige Wiederholungen zu vermeiden. Voraussetzung ist die gemeinsame Offenlegung und die Darstellung muss klar und übersichtlich bleiben. — C 356

Der Konzernabschluss soll insgesamt unter Beachtung der GoB ein den tatsächlichen Verhältnissen entsprechendes Bild der Vermögens-, Finanz- und Ertragslage vermitteln (§ 297 Abs. 2 HGB). Hierzu reicht das Zahlenwerk in der Bilanz/GuV regelmäßig nicht aus. Insbesondere die Fülle an Wahlrechten erfordert, dass im Anhang dargestellt wird, wie konkret bilanziert und bewertet wird (*Erläuterungsfunktion*, z. B. § 313 Abs. 1 Nr. 1 HGB Angaben zu Bilanzierungs- und Bewertungsmethoden). Wichtige Informationen sind dem Zahlenwerk selbst gar nicht zu entnehmen und deshalb im Anhang offen zu legen (*Ergänzungsfunktion*, z. B. § 313 Abs. 2 Nr. 1–3 HGB; Angaben zu Konzern-, Gemeinschafts- und assoziierten Unternehmen; § 314 Abs. 1 Nr. 2 HGB Angaben zu sonstigen finanziellen Verpflichtungen). Einige Angaben erfüllen eine *Korrekturfunktion*, da Bilanz/GuV insoweit verzerrte Informationen liefern können. Schließlich erlaubt das Gesetz oftmals Angaben in der Bilanz/GuV oder im Anhang zu machen. Um die Lesbarkeit des Zahlenwerkes zu gewährleisten, ist es üb- — C 357 lich und i. d. R. auch zweckmäßig, solche Angaben in den Anhang zu verlagern (*Entlastungsfunktion*, z. B. § 268 Abs. 2 HGB: Anlagegitter; detaillierte Aufgliederungen von Jahresabschluss-Posten etc.).

C 358 Das Gebot der *Klarheit und Übersichtlichkeit* ist, anders als für Bilanz/ GuV mit ihren festen Gliederungsformaten, für den Anhang schwer zu präzisieren. Eine sachlogischer Aufbau und eine zweckgerichtete Präsentation (Hervorhebungen, Überschriften, Graphiken, Tabellen etc.) erleichtern die Lesbarkeit. Als Grobstruktur bietet sich folgender Aufbau an:

1. Allgemeine Angaben zum Konzernabschluss
2. Angaben zum Konsolidierungskreis
3. Angaben zu den Konsolidierungsmethoden
4. Angaben zu Bilanzierungs- und Bewertungsmethoden einschließlich Fremdwährungsumrechung
5. Angaben zur Konzern-Bilanz/Konzern-GuV
6. Sonstige Angaben, ggf. auch gem. § 297 Abs. 2 Satz 2 HGB

C 359 Obwohl für den Anhang kein ausdrückliches *Stetigkeitsgebot* kodifiziert ist, ist ein solches sinnvoll und dient der Klarheit und Übersichtlichkeit (vgl. ADS, § 313 Rz 31). Darüber hinaus müssen die Angaben wahr und vollständig sein, wobei das *Vollständigkeitsgebot* durch den Grundsatz der *Wesentlichkeit* begrenzt wird (vgl. ADS, § 313 Rz 28 f.; Ellrott, BeBiKo, § 313 Rz 13).

C 360 Größenabhängige Erleichterungen wie in den §§ 274a, 276, 288 HGB zum Jahresabschluss gibt es für den Konzernanhang nicht. Eine Schutzklausel wie in § 286 HGB („Die Berichterstattung hat insoweit zu unterbleiben, als es für das Wohl der Bundesrepublik Deutschland oder eines ihrer Länder erforderlich ist") wurde für den Konzern-Anhang nicht in das Gesetz aufgenommen. Nach h. M. ist sie aber über den Wortlaut des Gesetzes hinaus anzuwenden (vgl. Ellrott, BeBiKo, § 313 Rz 5, § 314 Rz 5). Unternehmens-/konzernbezogene *Schutzklauseln* sind dagegen in den §§ 313 Abs. 3, 314 Abs. 2 HGB geregelt.

C 361 Da eine einigermaßen umfassende Erläuterung zu den einzelnen Angabepflichten den Rahmen dieser Darstellung sprengen würde, muss insoweit auf die einschlägige Kommentarliteratur verwiesen werden. Im Weiteren werden ausgewählte Berichtsinstrumente vorgestellt, die relativ neu sind und Konzernbesonderheiten aufweisen. Anschließen wird eine Check-Liste zur Sicherung der Vollständigkeit der Anhangangaben abgedruckt. Das

Kühnberger

Vollständigkeitsgebot verlangt aber *keine Fehlanzeige*, wenn ein ansonsten berichtspflichtiger Sachverhalt gar nicht vorliegt.

11.1.2 Ausgewählte Probleme

11.1.2.1 Konzernkapitalflussrechnung

Während die Vermögens- und Ertragslage durch Bilanz und GuV abgebildet werden soll, ist über die *Finanzanlage* dem Konzernabschluss ohne Kapitalflussrechnung nur wenig zu entnehmen (vgl. Dellmann/Amen, HdJ IV/6; Coenenberg, Jahresabschluss und Jahresabschlussanalyse, 704 ff.). Zwar können aus der Bilanz sog. statische Liquiditätsgerade abgeleitet werden und aus der GuV kann durch Bereinigung ein Cash-Flow ermittelt werden, aber die externe Ableitung bleibt immer mehr oder weniger unvollständig, selbst wenn sie um Änderungen von Bilanzposten ergänzt wird. Eine mittels interner Daten erstellte Kapitalflussrechnung kann diesen Mangel beheben und alle Zahlungsströme einer Periode abbilden. Der Rückgriff auf Zahlungen hat den Vorteil, dass Abbildungs- und Bewertungsspielräume fehlen (also Bilanzpolitik nicht möglich ist) und die Daten direkt auf finanzielle Zielgrößen ausgerichtet sind. Eine Kapitalflussrechnung soll Schlussfolgerungen ermöglichen über

C 362

- die Fähigkeit, in Zukunft positive Netto-Cash-Flows zu erwirtschaften;
- die Fähigkeit, finanzielle Verpflichtungen zu erfüllen, Dividenden zu zahlen, sowie ggf. den Bedarf an externer Finanzierung;
- die Ursachen für Differenzen zwischen Gewinn und den Zahlungen der Periode;
- die Effekte von zahlungswirksamen/zahlungsunwirksamen Investitions- und Finanzierungsmaßnahmen auf die Finanzlage (in Anlehnung an FAS 95.4).

Einschränkend ist jedoch festzuhalten, dass die Kapitalflussrechnung ausschließlich Zahlungen der abgelaufenen Periode enthält und deshalb bestenfalls Indikatoren für künftige Cash-Flows liefert.

C 363

Während nach IAS (IAS 7) und US-GAAP (FAS 15) Kapitalflussrechnungen schon seit längerem zwingend zu veröffentlichen sind, ist im HGB erst 1998 mit dem KonTraG für börsennotierte Mutterunternehmen eine Konzern-Kapitalflussrechnung als Bestandteil des Anhangs vorgeschrieben worden (§ 297 Abs. 1 HGB). Mit dem DRS 2 (aus dem Jahr 1999) hat das DSR die inhaltliche Anforderungen präzisiert, die sich im Wesentlichen an den Internationalen Standards orientieren. Mit dem TransPuG wurde die Kapitalflussrechnung für diese Konzerne zu einem selbständigen Berichtsteil; die Herauslösung aus dem Anhang soll die große Bedeutung der Kapitalflussrechnung deutlich machen.

Über diesen nach Gesetz verpflichteten Anwenderkreis hinaus haben seit vielen Jahren auch andere Unternehmen/Konzerne Kapitalflussrechnung auf freiwilliger Basis erstellt. Ohne dass hierzu eine Verpflichtung besteht, empfiehlt DRS 2.3 eine Anwendung des DRS 2. Nach eigenem Muster erstellte Kapitalflussrechnung (oder Bewegungsbilanzen) sind für externe Adressaten wegen der fehlenden Vergleichbarkeit weniger brauchbar (zur Bedeutung der Kapitalflussrechnung vgl. Scheffler, BB 2002, S. 295 ff.). Der DRS 2 sieht im Anhang folgendes Gliederungsformat vor:

Direkte Ermittlung			Indirekte Ermittlung		
1.		Einzahlungen von Kunden für den Verkauf von Erzeugnissen	1.		Periodenergebnis (einschließlich von Minderheitsgesellschaftern) vor außerordentlichen Posten
2.	-	Auszahlungen an Lieferanten und Beschäftigte	2.	+/-	Abschreibungen/Zuschreibungen auf Gegenstände des Anlagevermögens
3.	+	Sonstige Einzahlungen, die nicht der Investitions- oder Finanzierungstätigkeit zuzuordnen sind	3.	+/-	Zunahme/Abnahme der Rückstellungen
4.	-	Sonstige Auszahlungen, die nicht der Investitions- oder Finanzierungstätigkeit zuzuordnen sind	4.	+/-	Sonstige zahlungswirksame Aufwendungen/Erträge (bspw. Abschreibung auf ein aktiviertes Disagio)
5.	+/-	Ein- und Auszahlungen aus außerordentlichen Posten	5.	-/+	Gewinn/Verlust aus dem Abgang von Gegenständen des Anlagevermögens
6.	=	**Cash-Flow aus laufender Geschäftstätigkeit (Summe aus 1 bis 5)**	6.	-/+	Zunahme/Abnahme von Vorräten, der Forderungen aus Lieferungen und Leistungen sowie andere Aktiva, die nicht der Investitions- oder

11. Sonstige Berichtsinstrumente

	Direkte Ermittlung			Indirekte Ermittlung
				Finanzierungstätigkeit zuzuordnen sind
7.		Einzahlungen aus Abgängen von Gegenständen des Sachanlagevermögens	7. +/-	Zunahme/Abnahme der Verbindlichkeiten aus Lieferungen und Leistungen sowie anderer Aktiva, die nicht der Investitions- und Finanzierungstätigkeit zuzuordnen sind
8.	-	Auszahlungen für Investitionen in das Sachanlagevermögen	8. +/-	Ein- und Auszahlungen aus außerordentlichen Posten
9.	+	Einzahlungen aus Abgängen von Gegenständen des immateriellen Anlagevermögens	9. =	**Cash-Flow aus laufender Geschäftstätigkeit (Summe 1 bis 8)**
10.	-	Auszahlungen für Investitionen in das immaterielle Anlagevermögen	10.	Einzahlungen aus Abgängen von Gegenständen des Sachanlagevermögens
11.	+	Einzahlungen aus Abgängen von Gegenständen des Finanzanlagevermögens	11. -	Auszahlungen für Investitionen in das Sachanlagevermögen
12.	-	Auszahlungen für Investitionen in das Finanzanlagevermögen	12. +	Einzahlungen aus Abgängen von Gegenständen des immateriellen Anlagevermögens
13.	+	Einzahlungen aus dem Verkauf von konsolidierten Unternehmen und sonstigen Geschäftseinheiten	13. -	Auszahlungen für Investitionen in das immaterielle Anlagevermögen
14.	-	Auszahlungen aus dem Erwerb von konsolidierten Unternehmen und sonstigen Geschäftseinheiten	14. +	Einzahlungen aus Abgängen von Gegenständen des Finanzanlagevermögens

Kühnberger

Direkte Ermittlung			Indirekte Ermittlung		
15.	+	Einzahlungen aufgrund von Finanzmittelanlagen im Rahmen der kurzfristigen Finanzdisposition	15.	-	Auszahlungen für Investitionen in das Finanzanlagevermögen
16.	-	Auszahlungen aufgrund von Finanzmittelanlagen im Rahmen der kurzfristigen Finanzdisposition	16.	+	Einzahlungen aus dem Verkauf von konsolidierten Unternehmen und sonstigen Geschäftseinheiten
17.	=	**Cash-Flow aus Investitionstätigkeit (Summe 7 bis 16)**	17.	-	Auszahlungen aus dem Erwerb von konsolidierten Unternehmen und sonstigen Geschäftseinheiten
18.		Einzahlungen aus Eigenkapitalzuführungen (Kapitalerhöhungen, Verkauf eigener Anteile etc.)	18.	+	Einzahlungen aufgrund von Finanzmittelanlagen im Rahmen der kurzfristigen Finanzdisposition
19.	-	Auszahlungen an Unternehmenseigner und Minderheitsgesellschafter (Dividenden, Erwerb eigener Anteile, Eigenkapitalrückzahlungen, andere Ausschüttungen)	19.	-	Auszahlungen aufgrund von Finanzmittelanlagen im Rahmen der kurzfristigen Finanzdisposition
20.	+	Einzahlungen aus der Begebung von Anleihen und der Aufnahme von (Finanz-)Krediten	20.	=	**Cash-Flow aus der Investitionstätigkeit + (Summe aus 10 bis 19)**
21.	-	Auszahlungen aus der Tilgung von Anleihen und (Finanz-)Krediten	21.		Einzahlungen aus Eigenkapitalzuführungen (Kapitalerhöhungen, Verkauf eigener Anteile etc.)
22.	=	**Cash-Flow aus der Finanzierungstätigkeit (Summe 18 bis 21)**	22.	-	Auszahlungen an Unternehmenseigner und Minderheitsgesellschafter (Dividenden, Erwerb eigener Anteile, Eigenkapitalrückzahlungen, andere Ausschüttungen)

Kühnberger

11. Sonstige Berichtsinstrumente

Direkte Ermittlung			Indirekte Ermittlung		
23.		Zahlungswirksame Veränderungen des Finanzmittelfonds (Summe 6, 17, 22)	23.	+	Einzahlungen aus der Begebung von Anleihen und der Aufnahme von (Finanz-) Krediten
24.	+/-	Wechselkurs-, konsolidierungskreis- und bewertungsbedingte Änderungen des Finanzmittelfonds	24.	-	Auszahlungen aus der Tilgung von Anleihen und (Finanz-)Krediten
25.	+	Finanzmittelfonds am Anfang der Periode	25.	=	**Cash-Flow aus der Finanzierungstätigkeit + (Summe aus 21 bis 24)**
26.	=	**Finanzmittelfonds am Ende der Periode (Summe aus 23 bis 25)**	26.		Zahlungswirksame Veränderungen des Finanzmittelfonds (Summe aus Zf. 9, 20, 25)
			27.	+/-	Wechselkurs-, konsolidierungskreis- und bewertungsbedingte Änderungen des Finanzmittelfonds
			28.	+	Finanzmittelfonds am Anfang der Periode
			29.	=	**Finanzmittelfonds am Ende der Periode (Summe aus 26 bis 28)**
Cash-Flow aus der laufenden Geschäftstätigkeit			Cash-Flow aus der laufenden Geschäftstätigkeit		

Der Saldo der Zahlungen aus Investitionen und Desinvestitionen ergibt den (i. d. R. negativen) *Investions-Cash-Flow*. Es soll gezeigt werden, ob und wie vorhandene Finanzmittel investiert wurden und in welchem Umfang Desinvestitionen getätigt wurden, um Rückschlüsse auf das künftige Leistungspotenzial zu ermöglichen. Als (Des-)Investitionen gelten Zahlungen im Zusammenhang mit Ressourcen, mit denen langfristig (länger als 1 Jahr, DRS 2.30) gewirtschaftet wird. Neben dem Mangel, dass dieser

C 365

Investionsbegriff recht unpräzise ist, kann der ausgewiesene Investitions-Cash-Flow aus zwei weiteren Gründen Fehlschlüsse nahe legen:

(1) Aufgrund der Anknüpfung des Investionsbegriffs an die Bilanz werden Investitionen als nicht aktivierbare Potenziale (immaterielles Anlagevermögen, originärer Firmenwert) im operativen Cash-Flow erfasst.

(2) Es werden nur geleistete Anzahlungen, Sofortzahlungen oder Zahlungen kurz vor oder nach dem Erwerb erfasst, während ein Zielkauf mit Ratenzahlung z. B. in den Finanzierungs-Cash-Flow eingeht. Wirtschaftlich sehr ähnliche Sachverhalte können sich in der Kapitalflussrechnung völlig verschieden niederschlagen, da eben auf Zahlungen abgestellt wird.

C 366 Der *Finanzierungsbereich* umfasst alle Zahlungsströme aus der Aufnahme/Rückführung von Fremd- oder Eigenkapital, also die Außenfinanzierung. Allerdings ist es u. E. inkonsequent, dass Zahlungen für das Eigenkapital (Dividenden) im Finanzierungs-Cash-Flow zu erfassen sind, während gezahlte/erhaltene Zinsen in den operativen Cash-Flow eingehen.

C 367 Der *Cash-Flow aus laufender Geschäftstätigkeit (operativer Cash-Flow)* umfasst alle Zahlungen, die nicht den anderen Bereichen zuzuordnen sind. Er darf sowohl direkt als auch indirekt dargestellt werden. Außerordentliche Zahlungen sind gesondert zu zeigen (in allen Bereichen), um die Qualität/Nachhaltigkeit des Cash-Flow abschätzen zu können.

C 368 Von zentraler Bedeutung für den Aussagewert der Kapitalflussrechnung ist die Abgrenzung des *Fonds liquider Mittel* (Zahlungsmittel, Zahlungsmitteläquivalente), da nur solche Geschäftsvorfälle als zahlungswirksam identifiziert werden, die einerseits ein Fonds-Konto und zugleich ein Nicht-Fonds-Konto betreffen. DRS 2.16 ff. präferiert zwar einen engen Fonds, damit Wertänderungs- und Einlöserisiken keinen Einfluss gewinnen (und damit auch bilanzpolitische Bewertungsentscheidungen). Andererseits dürfen aber auch geldnahe Vermögensgegenstände und jederzeit fällige Bankverbindlichkeiten einbezogen werden. Bei einer weiten Fondsabgrenzung werden weniger Geschäftsvorfälle als zahlungswirksam definiert und subjektive Bewertungsentscheidungen können Einfluss gewinnen. Bei einem *aktiven Cash-Management*, bei dem neben Kassen- und Bankguthaben auch Wertpapiere und kurzfristige Bankverbindlichkeiten einbezogen sind, kann dies gleichwohl zweckmäßig sein. Dies gilt vor allen Dingen, weil eine sehr enge Fondsabgrenzung zu starken Zu-

Kühnberger

11. Sonstige Berichtsinstrumente

fallsschwankungen des Cash-Flows führen kann. Es ist aber zu berücksichtigen, dass die *Kapitalflussrechnung* gerade auf Zahlungen abstellt und nicht auf periodisierte (geglättete) Größen wie die GuV.

Die Erstellung einer Konzern-Kapitalflussrechnung ist – je nach Genauigkeit – mit erheblichem Arbeitsaufwand verbunden. Das folgende Schema gibt einen Überblick:

C 369

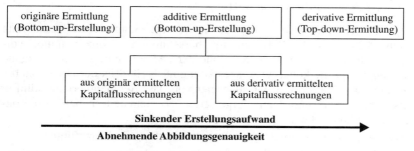

(1) Eine originäre Erstellung einer Kapitalflussrechnung ist häufig nicht ohne weiteres möglich, da die Geschäftsvorfälle in der laufenden Buchhaltung traditionell nicht nach den erforderlichen Kriterien wie Zahlungswirksamkeit kontiert werden. Allerdings darf nur der operative Cash-Flow indirekt ermittelt und dargestellt werden.

(2) Eine originäre Kapitalflussrechnung für den Konzern würde sogar voraussetzen, dass alle Zahlungen zwischen einem Konzernglied und einem Dritten direkt erfasst werden (Bottom-up-Erstellung), während konzerninterne Geschäftsvorfälle gleichwohl nicht erfasst werden.

(3) Bei der derivativen Top-down-Erstellung aus der Konzern-Bilanz und der Konzern-GuV entsteht naturgemäß der geringste Aufwand. Bei additiver Ermittlung werden dagegen auf jeder Konzern-Stufe entsprechende Eliminierungen vorgenommen. Dies hat den Vorteil, dass auf jeder Stufe der eigene Beitrag zum Konzern-Cash-Flow ersichtlich wird.

Insgesamt ist festzustellen, dass eine Konzern-Kapitalflussrechnung zwar nur in relativ wenigen Fällen derzeit zwingend vorgeschrieben ist. Auf der anderen Seite werden sie freiwillig oder auf Druck wichtiger Geschäftspartner immer häufiger erstellt, die Bedeutung hat in den letzten Jahren

Kühnberger

deutlich zugenommen. Die nach außen gewährte Transparenz kann natürlich auch unter Wettbewerbsaspekten problematisch sein. Es ist aber nicht zu verkennen, dass die Kapitalflussrechnungen auf jeder Konzern-Stufe und für den Gesamtkonzern wichtige Daten für ein effizientes Konzern-Controlling liefern können.

11.1.2.2 Segmentberichterstattung

C 370 Wie die Kapitalflussrechnung auch, ist eine Segmentberichterstattung gem. § 297 Abs. 1 HGB nur für börsennotierte Konzernmütter vorgeschrieben, während der IAS 14 und der FAS 131 eine solche zwingend vorsehen. Für die konkrete Ausgestaltung nach HGB ist der DRS 3 zu beachten. Das TransPuG sieht auch hier vor, dass Segmentberichte künftig als selbständige (und damit aufgewertete) Berichtsteile neben dem Konzernabschluss stehen.

C 371 Als Zwecke einer segmentierten Berichterstattung sind anzuführen:

- Bei diversifizierten Wirtschaftseinheiten erlauben nur disaggregierte Daten-/Rückschlüsse auf die Qualität (Nachhaltigkeit) von Ergebnissen und Cash-Flows.
- Nur segmentierte Informationen erlauben es, Stärken und Schwächen von heterogenen Einheiten und damit z. B. Quersubventionen und Unwirtschaftlichkeiten zu erkennen.
- Diversifizierte Unternehmen sollen ein Informationsniveau bieten, wie es auch einfach strukturierte Unternehmen offen legen (Wettbewerbsargument).
- Weitergehende Betonung der Informationsaufgabe von Konzernabschlüssen, während die Zahlungsbemessungsfunktion weiterhin auf den vorsichtgeprägten GoB zu Bilanz/GuV basiert.
- Weitergehende Annäherung von internem und externem Rechnungswesen.

In Deutschland fristete die Segmentberichterstattung bis vor kurzem ein Schattendasein. Dies lag einmal daran, dass den §§ 285 Nr. 4, 314 Abs. 1 Nr. 3 HGB nur die Aufgliederung (Segmentierung) der Umsatzerlöse vorgeschrieben war. Andererseits müssen nach HGB i. d. R. neben dem Konzernabschluss auch die einzelnen Konzern-Glieder selbständige Jahresabschlüsse erstellen und publizieren, sodass für die Einheit Konzern eine Segmentierung nach rechtlichen Kriterien vorgeschrieben ist, die in den

Kühnberger

USA z. B. nicht besteht. Segmentberichte gem. § 297 Abs. 1 HGB werden aber nach anderen Kriterien aufgegliedert (produktbezogen, geographisch) als nach der rechtlichen Selbständigkeit.

Unter einem *Segment* wird ein Geschäftsbereich verstanden, der potenziell oder tatsächlich Umsätze/Erlöse erzielt (auch Inter-Segment-Umsätze) und regelmäßig von der Konzernleitung überwacht wird, um Ergebnisse und die Ressourcenallokation zu steuern. Für die konkrete Definition von berichtspflichtigen Segmenten lassen sich nur recht allgemeine Anforderungen formulieren: ein Segment sollte intern möglichst homogene Bereiche umfassen, die sich von anderen Segmenten deutlich unterscheiden. Außerdem ist der Grundsatz der Wesentlichkeit zu beachten, um eine Informationsflut zu verhindern. Selbst heterogene Großkonzerne sollen nur über eine überschaubare Anzahl von Segmenten (maximal 10) berichten. Praktisch wurde diese Gefahr bisher aber wohl nicht. So wurden in den USA z. B. bei 700 Unternehmen im Zeitraum von 1985–1991 im Durchschnitt nur drei Segmente abgegrenzt, wobei die Abgrenzung im Zeitablauf noch häufig verändert wurde, so dass ein Zeitvergleich kaum möglich war.

C 372

Für die konkrete Erstellung eines Segmentberichtes sind zwei *konzeptionelle Grundsatzfragen* zu klären (die allerdings nicht unabhängig voneinander sind):

1.) Sollen die Segmente als unabhängige Einheiten gesehen werden, die auch eigene Bilanzpolitik bei der Segmentberichterstattung machen dürfen (autonomous entity-approach) oder sollen die Konzerabschluss-Daten aus der Bilanz/GuV disaggregiert werden (*disaggregation approach*). In diesem Fall werden die Konzern-Zahlen in einer Art Umkehrung der Konsolidierung auf die Segmente verteilt. DRS 3 stellt auf die Konzern-Daten ab und verlangt eine Überleitung der Segmentdaten.

2.) Soll die Segmentbildung selbst nach dem Rendite-Risiko-Profil von Geschäftsfeldern erfolgen (Risk- and reward-approach: IAS) oder nach dem *Management-approach* nach Maßgabe der tatsächlichen internen Geschäftsfeldabgrenzung des Konzerns, auch wenn die Segmente dann selbst heterogen oder aus anderen Gründen unzweckmäßig definiert sind (US-GAAP).

Pragmatisch betrachtet sind die Unterschiede zwischen Management-approach und der Bildung von Rendite-Risiko-Klassen nicht gravierend. Das

C 373

Kühnberger

liegt einmal daran, dass die Bildung solcher Risiko-Klassen schwer objektivierbar ist, regelmäßig nur wenige Segmente gesondert dargestellt werden und bei beiden Varianten oftmals auf güterbezogene oder geographische Merkmale abgestellt wird. (Bei einer geographischen Segmentierung ist zudem offen, ob hierfür die Produktionsstandorte oder die Absatzmärkte relevant sind.)

Unstrittig hat der Management-approach Vorteile: Kostenersparnisse beim Aufstellen, direkte Prüfbarkeit, Konvergenz von internem und externem Berichtswesen, schnell verfügbare und qualitativ hochwertige Daten (Annahme: die interne Steuerung ist rational). Anderseits ist nicht zu verkennen, dass die realisierte Organisations- und Steuerungsstruktur oftmals historisch gewachsen, personenabhängig ist und auch interne Geschäftsbereiche heterogene Portfolios beinhalten können. Interne Re-Organisationen oder veränderte Berichts-/Steuerungsgrößen stören die Vergleichbarkeit im Zeitablauf. Eine externe Vergleichbarkeit (benchmarking) mit Segmenten anderer Konzerne oder Jahresabschlüssen von Wettbewerbern ist sowieso kaum gegeben.

C 374 Neben der Abgrenzung der berichtspflichtigen Segmente muss noch fixiert werden, *welche Daten* je Segment anzugeben sind. Die folgende Tabelle gibt einen Überblick:

Angabepflichten	SFAS 131	IAS 14 revised	DRS 3
Bestimmungsfaktoren der Segmentabgrenzung	x	-	x
Offenlegung der Produkte und Dienstleistungen je Segment	x	x	x
Externe Umsätze	x	x	x
Intersegmentäre Umsätze	x	x	x
Segmentergebnis	x	x	x
Summe aller assets/des Vermögens	x	x	x
Investitionen in das langfristige Segmentvermögen	x	x	x
Abschreibungen und Wertberichtigungen	x	x	x
Liabilities/Verbindlichkeiten	-	x	x
Zinserlöse und Zinsaufwendungen	x	-	x
Außergewöhnliche Ergebniseinflüsse	x	-	-
Ergebnisbeiträge von und Gesamtbetrag der Beteiligung, die nach Equity-Methode bilanziert werden	x	x	x
Steuern von Einkommen und Ertrag	x	-	x

Kühnberger

11. Sonstige Berichtsinstrumente

Angabepflichten	SFAS 131	IAS 14 revised	DRS 3
Außerordentliche Posten	x	-	x
Bedeutende nicht zahlungswirksame Aufwendungen (außer Abschreibungen)	x	x	x
Verrechnungspreise für intersegmentäre Transfers und deren Grundlagen	x	x	x
Durchschnittliche Zahl der Mitarbeiter	-	-	x

* Die Offenlegung wird gem. IAS 14.59 revised empfohlen

Zu dieser Tabelle ist anzumerken:

1.) Es sind nicht alle Jahresabschluss-Größen zu segmentieren, sondern nur ausgewählte Daten

2.) Schwierigkeiten treten immer auf, wenn zwei oder mehrere Segmente Ressourcen gemeinsam nutzen. Diese und die damit verbundenen Aufwendungen/Erträge müssen dann geschlüsselt werden, wobei i. d. R. die gleichen praktischen Probleme auftreten wie bei der Gemeinkostenschlüsselung in der Kostenrechnung (Betriebsabrechnungsbogen).

3.) Folgt man dem Management-approach konsequent, so sind nur Daten berichtspflichtig, die tatsächlich für die interne Steuerung genutzt werden. So hat Daimler-Chrysler 1997 noch ein wohldefiniertes Segmentergebnis zugrunde gelegt. In 1998 heißt es im Geschäftsbericht (S. 59), dass die Ergebnisgrößen „auf der Ebene der industriell tätigen Geschäftsbereiche... den Verantwortungsbereich des Managements zutreffend abbilden". Folgende Daten werden deshalb nicht einbezogen: Zinserträge/-aufwendungen, außerplanmäßige Abschreibungen, außerordentliche Erfolge, Ergebnisse aus assoziierten Unternehmen etc. Zulässig wäre es auch, wenn Segment 1 das Betriebsergebnis offen legt, Segment 2 das Ergebnis aus der gewöhnlichen Geschäftstätigkeit und Segment 3 ein (wie auch immer) bereinigtes Ergebnis.

4.) Als besonders problematisch stellt sich regelmäßig die Segmentierung des Kapitals und der Kapitalkosten dar. Dies liegt einmal daran, dass die Kapitalstruktur oftmals auf der Konzernebene festgelegt wird und damit gar nicht von den Segmentleitern zu verantworten ist. Außerdem wären die Kapitalkosten je Segment von der Risikoklasse abhängig zu bestimmen.

Kühnberger

5.) Die Erläuterung zu den Verrechnungspreisen für Inter-Segmentleistungen sollen zeigen, ob es Subventionierungen gibt, ob ein profit-center-Konzept umgesetzt wurde etc. (z. B. Marktpreise, Cost-plus-Preise, etc.)

C 376 Obwohl eine nicht politisch verzerrte Segmentberichterstattung sehr informativ sein kann, muss doch festgehalten werden, dass dann die Konkurrenz eben auch mitliest und eine steigende Transparenz auch zu volatileren Ergebnissen führen kann, mit steigenden Kapitalkosten in der Folge verbunden. Umgekehrt sind die publizierten Segmentberichte überwiegend noch zu aggregiert und die Daten nicht ohne weiteres glaubwürdig (da subjektive Entscheidungen unvermeidbar sind und damit Bilanzpolitik). Letztlich ist zu berücksichtigen, dass Verbundeffekte keinem Segment plausibel zurechenbar sind und deshalb gar nicht segmentiert werden können.

11.1.2.3 Eigenkapitalausweis und Ergebnisdarstellung im Konzern

11.1.2.3.1 Grundlagen

C 377 Im Jahresabschluss einer Kapitalgesellschaft wird die Position Eigenkapital stark untergliedert, wobei die Einzelkomponenten Rückschlüsse zulassen auf

- die Herkunft der Bestandteile (Innen- oder Außenfinanzierung);
- die Kapitalbindung, da rechtsformabhängig Ausschüttungs-/Verwendungsrestriktionen bestehen.

In § 268 Abs. 1 HGB ist das Wahlrecht verankert, dass das Eigenkapital in der Bilanz mit vollständiger, teilweiser oder ohne unterstellte Erfolgsverwendung darzustellen ist. § 298 Abs. 1 HGB verweist auf diese Regelung, lässt aber ein Abweichen zu, soweit die Eigenart des Konzernabschlusses dies bedingt. Zu berücksichtigen ist hierbei, dass diverse Konsolidierungsmaßnahmen und die Equity-Methode zu Änderungen des Konzern-Jahresüberschusses/Konzern-Jahresfehlbetrags und anderen Eigenkapitalposten führen und der Minderheitenanteil am Konzern-Eigenkapital und Konzern-Jahresüberschuss/Konzern-Jahresfehlbetrag gesondert zu zeigen sind (§ 307 HGB). Hierbei ist gem. § 297 Abs. 3 HGB die Einheitsfiktion zugrunde zu legen.

C 378 Die Einheitsfiktion stößt hierbei aber an Grenzen, die in der Praxis zu sehr unterschiedlichen Eigenkapital-Darstellungen führen. Ursächlich ist, dass

Kühnberger

11. Sonstige Berichtsinstrumente

der Konzern als rechtliche Einheit nicht existiert und er weder (juristisch) definierte Eigenkapital-Bestandteile hat wie ein Einzelunternehmen, noch dass es eine Erfolgsverwendung (oder ein Erfolgsverwendungsorgan) im Konzern gibt.

Im Weiteren werden deshalb folgende Probleme aufgegriffen:
(1) Wie soll die Ergebnisverwendung im Konzernabschluss dargestellt werden?
(2) Stellt das auf Minderheitsgesellschafter entfallende Eigenkapital vollwertiges Konzern-Eigenkapital dar, wie es die Einheitsfiktion nahe legt?
(3) Wie ist der Eigenkapital-Spiegel aufzubauen, den DRS 7 (vom April 2001) für alle Konzernabschlüsse vorsieht?

11.1.2.3.2 Ermittlung des Konzernerfolgs und der Verwendungsrechnung

Ausgehend vom Summen-Erfolg (der also bereits Ergebniswirkungen aus den HB II-Anpassungen enthalten kann) und dem Summen-Eigenkapital, führen diverse Maßnahmen zu Änderungen für den Konzernabschluss:

- Die Fremdwährungsumrechnung ist bereits erfasst, wobei sich in Abhängigkeit von der gewählten Methode ergebniswirksame oder ergebnisneutrale Umrechnungsdifferenzen ergeben können. Letzte werden üblicherweise mit den Gewinnrücklagen verrechnet.

- Die Kapitalkonsolidierung führt zu Ergebniswirkungen durch den Verbrauch stiller Reserven/Lasten, die Abschreibung auf den Firmenwert oder die Auflösung eines verbleibenden passivischen Unterschiedsbetrages aus der Erstkonsolidierung. In den Folgejahren sind diese Ergebniswirkungen dagegen neutral mit dem Eigenkapital zu verrechnen. Außerdem kann der Firmenwert gem. § 309 Abs. 1 HGB direkt gegen die Rücklagen gebucht werden und bei der Interessenzusammenführungsmethode nach § 302 HGB wird der gesamte Unterschiedsbetrag zwischen Beteiligungswert und dem gezeichneten Kapital der Konzerntochter mit den Rücklagen verrechnet. Hier zeigt sich, dass die für den Jahresabschluss zweckmäßige Untergliederung der diversen Rücklagen für den Konzernabschluss gar keinen Sinn macht, da diese Verrechnungen nicht auf die Gewinn- (oder sonstigen) Rücklagen der Konzerntochter begrenzt sind.

C 379

Kühnberger

- Die Schuldenkonsolidierung ist in Höhe der jährlichen Änderungen der Aufrechnungsdifferenzen ergebniswirksam, im Übrigen sind diese Differenzen ergebnisneutral mit dem EK zu verrechnen.
- Analog sind die Änderungen der Zwischenerfolge im Vergleich zum Vorjahr ergebniswirksam, ansonsten sind Zwischenerfolge innerhalb des Eigenkapitals neutral zu erfassen.
- Ergebnisausschüttungen innerhalb des Konzerns führen ggf. zu Anpassungsbuchungen, um Doppel- oder Mehrfacherfassungen der gleichen Erfolge zu verhindern (z. B. die im Jahre 2 vereinnahmte Dividende bei der Konzernmutter war im Jahr 1 als Jahresüberschuss der Konzerntochter erfasst).
- Die Equity-Methode führt regelmäßig zu Änderungen des Konzern-Jahresüberschusses/Konzern-Jahresfehlbetrags. Da der Firmenwert auch hierbei mit den Rücklagen verrechnet werden darf, kann es aber auch ergebnisneutrale Eigenkapital-Änderungen geben.
- Schließlich führen viele Konsolidierungsmaßnahmen zu Steuerlatenzen. Da der Konzern-Jahresüberschuss/Konzern-Jahresfehlbetrag ein Nachsteuerergebnis ist, sind diese als Aufwand(-sminderung) vorher zu erfassen.
- Da nach § 307 Abs. 2 HGB der Minderheitenanteil am Jahresüberschuss/Jahresfehlbetrag in der GuV nach dem Konzern-Jahresüberschuss/Konzern-Jahresfehlbetrag gesondert darzustellen ist (wie eine Art Ergebnisverwendung), ergeben sich zusätzliche Umgliederungen in der Bilanz (der Minderheitenanteil enthält diesen Erfolgsanteil bereits).

C 380 In Folge dieser Maßnahmen deckt sich der Konzern-Erfolg i. d. R. nicht mit dem Summen-Erfolg oder dem Erfolg der Konzernmutter und auch andere Eigenkapital-Bestandteile werden differieren (Ausnahme sind z. B. das gezeichnete Kapital der Konzernmutter und vielleicht die Rücklage für eigene Anteile der Konzernmutter).

In der Literatur und Praxis sind drei Modelle (die z.T. noch modifiziert werden) anzutreffen, um das bilanzielle Eigenkapital darzustellen.

Modell 1: Basierend auf einem alten Vorschlag des IDW werden die oben angeführten ergebnisneutralen EK-Änderungen pauschal mit dem Ergebnisvortrag verrechnet (vgl. Küting/Weber, Der Konzernabschluss, S. 435 ff.). Dies ist aus verschiedenen Gründen unbefriedigend, da die teilweise sehr hohen Gewinn-/Verlustvorträge im Konzernabschluss inhalt-

Kühnberger

lich nicht den gleichnamigen Größen im Jahresabschluss entsprechen. Es handelt sich um eine heterogene, schwer interpretierbare Sammelgröße, die anders als im Jahresabschluss gerade kein Ausschüttungspotenzial des Konzerns darstellt. Außerdem können unplausible Konstellationen auftreten, wie hohe Rücklagenzuführungen (durch Thesaurierungen bei den einzelnen Konzernunternehmen) bei zugleich hohen Verlustvorträgen. Oder es wird ein hoher Gewinnvortrag ausgewiesen, obwohl über Jahre Konzern-Jahresfehlbeträge aufgetreten sind.

Modell 2: Baetge/Kirsch/Thiele (Konzernbilanzen, S. 558 f.) fordern dagegen eine Ergebnisverwendungsrechnung zumindest dann, wenn eine AG/KGaA zum Konsolidierungskreis gehört. Der an konzernfremde Eigentümer ausschüttbare Betrag (an Gesellschafter der Konzernmutter und alle Minderheitseigentümer) soll gezeigt werden. In der Praxis wird dies vielfach so umgesetzt, dass der Bilanzgewinn im Jahresabschluss der Konzernmutter und der Konzern-Bilanzgewinn identisch sind. Alle Eigenkapital-Änderungen, die nicht in den Bilanzgewinn (Bilanzverlust) eingehen, sind dann mit den Konzern-Rücklagen oder einem/mehreren Sonderposten innerhalb des Eigenkapitals zu verrechnen. Eine Rücklagenverrechnung ist aber genauso irreführend (im Vergleich zu Rücklagen-Bewegungen im Jahresabschluss) und schwer interpretierbar wie eine Einbeziehung in den Ergebnisvortrag. Hinzu kommt, dass in diese Verrechnung auch Erfolgsbestandteile des abgelaufenen Jahres einbezogen werden müssen, so dass letztlich mehr oder weniger willkürliche Umbuchungen notwendig sind.

Die wohl überwiegend in der Literatur vertretende Ansicht hält eine Überleitung zum Konzern-Bilanzgewinn dagegen für weder geboten noch sinnvoll, da es sich um eine rein fiktive Verwendungsrechnung handelt, die auf ein fiktives Verwendungsorgan im Konzern abstellt (Kühnberger/Schmidt, Erfolgsausweis deutscher Aktienkonzerne, S. 43 ff. m. w. N.). Vor dem Hintergrund der Einheitstheorie und dem Zweck des Konzernabschlusses, bestimmte Defizite der Jahresabschlüsse der Konzernunternehmen zu kompensieren (z. B. durch Eliminierung von Zwischengewinnen), wird deutlich, dass ein identischer Gewinnausweis eher irreführend als informativ ist (Kühnberger/Schmidt, Erfolgsausweis deutscher Aktienkonzerne, S. 57 ff. m. w. N.).

Modell 3: Unter Verzicht auf jegliche Erfolgsverwendung wird der Konzern-Jahresüberschuss aus der GuV in die Konzern-Bilanz übernommen,

Kühnberger

wobei Minderheitenanteile umgegliedert werden. Aufgrund der fehlenden Rechtspersönlichkeit halten es z. B. Küting/Weber (Der Konzernabschluss, S. 451 f.) für zulässig und zweckmäßig, das Konzern-EK abweichend von § 266 HGB zu gliedern (gerechtfertigt als „Eigenart" des Konzerns i. S. von § 298 Abs. 1 HGB). Sie schlagen vor, das EK im Konzernabschluss wie folgt zu gliedern:

1. Gezeichnetes Kapital,
2. Kapitalrücklage,
3. Erwirtschaftes Kapital (*Rücklagen, Ergebnisvortrag, Jahresüberschuss/Jahresfehlbetrag*).

Allerdings sind zusätzlich Untergliederungen (z. B. Ausgleichposten für Zwischenerfolge aus Vorjahren, Währungsdifferenzen etc.) oftmals sinnvoll. Außerdem bieten sich (freiwillige) Erläuterungen an, um das Verhältnis des Bilanzgewinns der Konzernmutter (der ausschüttbar ist) zum Konzern-Jahresüberschuss/Jahresfehlbetrag zu verdeutlichen (vgl. Schildbach, Der Konzernabschluss, S. 404 f.).

11.1.2.3.3 Der Minderheitenanteil am Konzerneigenkapital

C 381 Entsprechend der Einheitstheorie ist der Minderheitenanteil innerhalb des Konzern-Eigenkapitals gesondert zu zeigen (§ 307 HGB), da es keinen Unterschied machen darf, ob das Eigenkapital von den Gesellschaftern der Konzernmutter oder den Minderheitsgesellschaftern einer Konzerntochter zur Verfügung gestellt wird. Eine Untergliederung des Postens ist nicht geboten (vgl. Förschle/Hoffmann, BeBiKo, § 307 Rz 76). Dies gilt auch bei einem negativen Eigenkapital der Minderheitsgesellschafter, das dadurch nicht auf die Aktivseite der Bilanz wandert (vgl. Göth, Das Eigenkapital im Konzernabschluss, S. 492 f.). Der Ausweis innerhalb des Eigenkapitals darf aber nicht darüber hinwegtäuschen, dass die Minderheitenanteile nicht ohne weiteres vollwertiges Eigenkapital darstellen. Dies resultiert schon daraus, dass die Bewertung des Eigenkapitals häufig von der des Eigenkapitals des Mehrheitsgesellschafters abweicht:

- Im Rahmen der Kapitalkonsolidierung werden stille Reserven/Lasten bei der Buchwertmethode nur anteilig aufgedeckt, ein Firmenwert gar nicht.

Kühnberger

- Minderheitenanteile an zu eliminierenden Zwischenerfolgen oder an Unterschiedsbeträgen aus der Schuldenkonsolidierung werden nach h. M. nicht umgegliedert.

Deshalb kann aus der Höhe des Minderheitenanteils kein Schluss auf deren relatives Gewicht gezogen werden.

Aus Sicht der Minderheitsgesellschafter ist zu beachten, dass sie Ansprüche auf Gewinn oder anteilige Liquidationserlöse ausschließlich gegenüber der Konzerntochter haben, an der sie beteiligt sind. So kann es sein, dass ihnen ein hoher Gewinnanspruch zusteht, obgleich der Konzern als Einheit einen hohen Konzern-Jahresfehlbetrag ausweist. Umgekehrt kann ein hoher Konzern-Jahresüberschuss mit einem Jahresfehlbetrag der konkreten Konzerntochter einhergehen, so dass sie nicht mit Ausschüttungen rechnen können.

Ein hohes Konzern-Eigenkapital hat auch nicht ohne weiteres etwas mit der Frage zu tun, ob die einzelnen Konzerntöchter „gesund" finanziert sind und einen ausreichenden Verlustpuffer haben. Bedeutung hat dies bestenfalls im Vertragskonzern oder wenn die Konzernmutter de facto „moralisch" für den Bestand der Konzerntochter haftet. Demgegenüber können eine schlechte Eigenkapital-Ausstattung im Konzern oder nachhaltige Konzern-Jahresfehlbeträge durchaus zu negativen Entwicklungen bei eigentlich gesunden Konzerntöchtern führen (Verbundeffekte, Quersubventionierungen zulasten der Konzerntochter).

11.1.2.3.4 Der Eigenkapitalspiegel nach DRS 7

Für alle nach dem 30. 6. 2001 aufzustellenden Konzernabschlüsse nach HGB oder PublG verlangt der DRS 7 einen sog. *EK-Spiegel* als Anhangbestandteil. In diesem sind die einzelnen EK-Komponenten und deren Entwicklung detailliert aufzufächern. Nach dem TransPuG ist in § 297 Abs. 1 HGB künftig ein solcher Eigenkapital-Spiegel für alle Konzerne (als gesonderter Bestandteil außerhalb des Anhangs) vorgesehen, die einen organisierten Markt i. S. von § 2 Abs. 5 WpHG in Anspruch nehmen.

C 382

In der Begründung wird ausdrücklich darauf hingewiesen, dass die inhaltlichen Vorgaben dem DRS 7 zu entnehmen seien. Ein Eigenkapital-Spiegel wie ihn der DRS 7 vorsieht, entspricht internationalen Gepflogenheiten. Nach IAS/US-GAAP ist ein solcher inhaltlich jedenfalls wesentlich wichtiger als nach HGB, da es eine Fülle von möglichen Eigenkapital-Änderungen gibt, die weder auf Ein-/Auszahlungen von/an die Eigentümer

Kühnberger

resultieren, noch über die GuV gebucht werden. Dies betrifft z. B. Neubewertungsrücklagen u. a. nach HGB unrealisierte (z.T. aber auch realisierte) Bestandteile (vgl. Kirsch, BuW 2002, S. 309 ff.)

C 383 Irritierend ist an der jetzigen Situation, dass DRS 7 und TransPuG in zwei Punkten differieren:

a) Ist der Eigenkapital-Spiegel Bestandteil des Anhangs oder nicht?

b) Ist er nur von kapitalmarktorientierten Konzernen zu erstellen oder ist der Anwendungsbereich umfassend?

Aufgrund der Prärogative des Gesetzgebers, muss das HGB jedenfalls als geltendes Recht akzeptiert werden. Es dürfte u. E. dann kein Raum mehr sein, andere als im Gesetz bezeichnete Konzerne durch den DRS zu einem EK-Spiegel zu zwingen, da der Gesetzgeber den Willen des DRS offenbar nicht akzeptiert hat.

C 384 Inhaltlich soll der Eigenkapital-Spiegel die Veränderung folgender Posten darstellen (DRS 7, Rz 7):

Im Konzerneigenkapitalspiegel ist die Veränderung der folgenden Posten des Konzerneigenkapitals darzustellen:

	Gezeichnetes Kapital des Mutterunternehmens
-	Nicht eingeforderte ausstehende Einlagen des Mutterunternehmens
+	Kapitalrücklage
+	Erwirtschaftetes Konzerneigenkapital
-	Eigene Anteile die zur Einbeziehung bestimmt sind
+	Kumuliertes übriges Konzernergebnis, soweit es auf die Gesellschafter des Mutterunternehmens entfällt

=	Eigenkapital des Mutterunternehmens gemäß Konzernbilanz
-	Eigene Anteile, die nicht zur Einziehung bestimmt sind

=	Eigenkapital des Mutterunternehmens
+	Eigenkapital der Minderheitsgesellschafter - davon: Minderheitenkapital - davon: kumuliertes übriges Konzernergebnis, soweit es auf Minderheitsgesellschafter entfällt

=	Konzerneigenkapital

Kühnberger

11. Sonstige Berichtsinstrumente

Zu beachten ist, dass die eigenen Anteile, die nicht zur Einziehung bestimmt sind, im Jahresabschluss aktivisch auszuweisen sind (§ 272 Abs. 1 Satz 4 und 5, Abs. 4 HGB), während sie im Konzernabschluss auf der Passivseite offen vom Konzern-Eigenkapital abzusetzen sind.

Daneben sieht DRS 7 diverse ergänzende Angaben vor, insbesondere, um den ausschüttbaren Betrag innerhalb des erwirtschaften Eigenkapitals kenntlich zu machen.

Im Anhang wird von DRS 7 ein (unverbindliches) Muster eines Spiegels abgedruckt:

Eigenkapital gemäß Konzernbilanz	Eigene Anteile die nicht zur Einziehung bestimmt sind	Eigenkapital	Minderheitenkapital	Kumuliertes übriges Konzernergebnis		Eigenkapital	Konzerneigenkapital
				Ausgleichsposten aus der Fremdwährungs-Umrechnung	Andere neutrale Transaktionen		
-	-	-	-	-	-		

Kühnberger

11.1.2.4 Anlagespiegel

C 385 Gemäß § 268 Abs. 2 HGB i. V. m. § 298 Abs. 1 HGB ist die Entwicklung des Anlagevermögens (inkl. der Bilanzierungshilfe § 269 HGB) brutto darzustellen. Der Ausweis kann in Bilanz oder Anhang erfolgen. Angesichts der Datenfülle ist im Hinblick auf das Gebot der Klarheit und Übersichtlichkeit eine gesonderte Tabelle im Anhang zweckmäßig und üblich. Da es keine konzernspezifischen Vorgaben gibt, ist der Aufbau grundsätzlich der gleiche wie im Jahresabschluss. Demnach sind folgende Daten zusammenzustellen: historische Zugangswerte, Zu und Abgänge, Umbuchungen, Zuschreibungen, kumulierte Abschreibungen seit dem erstmaligen Zugang (saldiert mit Zuschreibungen). Die Geschäftsjahres-Abschreibungen, die Buchwerte zu Beginn des Jahres (= Ende des Vorjahres) und am Ende des Geschäftsjahres müssen in das Anlagegitter nicht aufgenommen werden, aber dies ist üblich. In der Praxis hat folgendes Format Verbreitung gefunden, ohne dass dieses zwingend ist:

Kühnberger

11. Sonstige Berichtsinstrumente

	Anschaf-fungs-/Herstel-lungskos-ten	Zugänge	Abgänge	Umbu-chungen	Zuschrei-bungen	Abschrei-bungen	Restbuch-wert 1.1.2001	Restbuch-wert 31.12.2001	Abschrei-bungen des Ge-schäfts-jahres
	T€	T€	T€	T€	T€	T€	T€	T€	T€

I. Immaterielle Vermögensgegenstände

II. Sachanlagen
1. Grundstücke und grundstücksgleiche Rechte mit Wohnbauten
2. Grundstücke und grundstücksgleiche Rechte mit Geschäfts- und anderen Bauten
3. Grundstücke und grundstücksgleiche Rechte ohne Bauten
4. Grundstücke mit Erbbaurechten Drit-ter
5. Bauten auf fremden Grundstücken
6. Technische Anlagen und Maschinen
7. Anlagen im Bau
8. Bauvorbereitungen
9. geleistete Anzahlungen

II. Finanzanlagen
1. Anteile an verbundenen Unternehmen
2. Ausleihungen an verbundene Unter-nehmen
3. Beteiligungen
3. Ausleihungen an Unternehmen, mit denen ein Beteiligungsverhältnis be-steht
4. Wertpapiere des Anlagevermögens
5. Sonstige Ausleihungen

Kühnberger

C 386 Obwohl für den Konzernabschluss keine Sondervorschriften bestehen, gibt es einige Besonderheiten zu berücksichtigen, die im Folgenden kurz erläutert werden. Die Einheitsfiktion verbietet es, das Konzern-Anlagegitter schlicht als Summe der Anlagegitter der Einzelgesellschaften zu übernehmen:

(1) Aus Sicht des Konzerns sind z. T. Umbuchungen erforderlich. Z. B. sind unfertige und fertige Erzeugnisse eines Unternehmens dann vom Umlaufvermögen in das Anlagevermögen umzugliedern, wenn der künftige Empfänger ebenfalls ein konsolidiertes Konzern-Glied ist und den Vermögensgegenstand als Anlagevermögen nutzen will. Aus Konzern-Sicht liegt selbsterstelltes Anlagevermögen vor (vgl. Küting/Weber, Der Konzernabschluss, S. 456 f.).

Außerdem sind Veräußerungen von Anlagevermögen innerhalb des Konzerns nicht als Zu-/Abgänge zu erfassen wie in den Einzelabschlüssen.

(2) Sind die HB-II-Werte der Konzern-Glieder zunächst in Konzernwährung umzurechnen, so ergeben sich keine Probleme, wenn das Anlagevermögen und die Abschreibungen mit historischem Kurs umgerechnet werden (Zeitbezugsmethode). Bei der Stichtagsmethode kommt es dagegen bei im Zeitablauf schwankenden Kursen zu Verwerfungen: Der Endbestandswert des Vorjahres abzüglich der Jahresabschreibung ergibt nicht den Endbestandswert des Geschäftsjahres. Außerdem sind die historischen Zugangswerte nicht mit den kumulierten Abschreibungen und dem Bilanzwert kompatibel. Zumindest bei wesentlichen Beträgen ist die Einfügung einer zusätzlichen Spalte „Währungsdifferenzen" zweckmäßig oder gesonderte Erläuterungen nötig (vgl. Zürndorf, Der Anlagespiegel im Konzernabschluss, S. 32 ff. mit ausführlicher Darstellung verschiedener Varianten).

(3) Veränderungen des Konsolidierungskreises schlagen sich natürlich auch im Anlagespiegel nieder. Entsprechend der Erwerbsfiktion der einzelnen Vermögensgegenstände ist bei einem Zugang statt der Beteiligung in der Zugangsspalte, der Ausweis der einzelnen Anlagewerte geboten. Als Zugangswerte sind die fiktiven Konzern-Anschaffungskosten, also die Buchwerte aus der HB II korrigiert um stille Reserven/Lasten, aufzuführen. Die historischen Zugangswerte beim einzelnen Konzern-Glied sind unbeachtlich. Bei Endkonsolidierung sind analog die Konzern-Zugangswerte als Abgang anzusetzen und die ku-

Kühnberger

mulierten Abschreibungen aus der Zeit der Konzern-Zugehörigkeit zu eliminieren.

(4) Weichen die Konzern-Anschaffungskosten in Folge der Erstkonsolidierung von den HB-II-Werten ab, sind in der Folge konsequenterweise auch die Abschreibungen/Zuschreibungen nach Maßgabe dieser Werte in den Spiegel aufzunehmen.

(5) Wird ein Firmenwert gem. § 309 Abs. 1 Satz 3 mit den Rücklagen verrechnet, gibt es zwei Ausweisvarianten: entweder er wird gleich gar nicht als Zugang erfasst oder er wird als Zugang und Abgang im gleichen Jahr dargestellt. Ebenso sollte bei einer ratierlichen Rücklagenverrechnung der Ausweis in der Abgangsspalte erfolgen. Eine Abschreibung liegt wegen der fehlenden GuV-Wirksamkeit nicht vor. Bei wesentlichen Beträgen sollte jedenfalls eine Erläuterung erfolgen (vgl. Küting/Weber, Der Konzernabschluss, S. 462).

(6) Werden Posten des Anlagevermögens im Rahmen der Schuldenkonsolidierung eliminiert (z. B. Ausleihungen an verbundene Unternehmen), so sind sie auch nicht in das Anlagegitter aufzunehmen.

(7) Aufgrund der Zwischenerfolgseliminierung werden Vermögensgegenstände, die Gegenstand konzerninterner Lieferungsgeschäfte waren mit Konzern-Anschaffungskosten/Konzern-Herstellungskosten in der Konzern-Bilanz angesetzt. Aus Sicht des Konzerns als Einheit liegt aber weder (beim Empfänger) ein Zugang noch (beim Lieferanten) ein Abgang vor, sodass die entsprechenden Spalten aus den Einzel-Spiegeln zu korrigieren sind. Die (kumulierten) Abschreibungen sind auf Basis des Konzern-Bilanzwertes zu ermitteln.

(8) Während bei quotal konsolidierten Gemeinschaftsunternehmen keine Besonderheiten im Vergleich zur Vollkonsolidierung auftreten, ergeben sich bei der Equity-Methode Darstellungsprobleme. Ergeben sich durch Zu- und Verkauf mengenmäßige Änderungen des Bilanzpostens sind diese als Zu- und Abgang zu zeigen. Ändert sich der Equity-Wert im Zeitablauf (z. B. durch anteilige Jahresüberschüsse/Jahresfehlbeträge, den Verbrauch stiller Reserven, eliminierte Zwischenerfolge), so liegen streng genommen weder Zu-/Abgänge noch Zu-/Abschreibungen im üblichen Sinne vor. Steigt der Equity-Wert über mehrere Perioden, müsste es eine Spalte „kumulierte Zuschreibungen" geben, um vom historischen Ausgangswert zum Bilanzwert zu kommen. Zumindest bei nicht unwesentlichen Beträgen bietet es sich an, zusätzliche

Kühnberger

Spalten für die Equity-Werte einzufügen oder Änderungen gesondert zu erläutern (vgl. WPH, 2000, Bd. 1, M Rz 207 ff.).

Die Ausführungen zeigen deutlich, dass für die Erstellung eines Konzern-Anlagespiegels eine Fülle von Informationen notwendig sind. Bei umfangreichem Anlagevermögen bietet es sich an, eine Konzern-Anlagekartei einzurichten, um die Daten einfacher pflegen zu können. Besonderheiten des Konzernabschlusses führen dazu, dass oftmals zusätzlich Spalten oder zumindest ergänzende Erläuterungen notwendig sind. Diese Zusatzinformationen dürfen aber nicht die Übersichtlichkeit des Anhangs beeinträchtigen.

11.1.3 Checkliste zum Anhang

C 387 In den §§ 313 f. HGB sind detailliert die gebotenen Anhangangaben aufgelistet, wobei diese Liste nicht abschließend ist. Dies liegt an der Gesetzestechnik, wonach auch in diversen anderen Regeln Anhangangaben erfasst sind. Systematisch lassen sich trennen:

- Angaben gem. §§ 313 f. HGB,
- Angaben gem. §§ 290–312 HGB,
- Angaben gem. den Vorschriften zum Jahresabschluss, die durch die Verweisung in § 298 Abs. 1 HGB auch für den Konzern-Anhang gelten.

C 388 Aufgrund dieser unübersichtlichen Grundlagen ist im Folgenden eine Checkliste abgedruckt, die die Vollständigkeit des Anhangs gewährleisten soll. Zu berücksichtigen ist hierbei jedoch, dass diese Liste branchen- und rechtsformspezifische Besonderheiten (KWG, VAG, AktG etc.) nicht umfasst. Außerdem sind freiwillige Mehrangaben möglich, wenn diese die Klarheit und Übersichtlichkeit des Anhangs nicht beeinträchtigen (insbesondere eher werbliche Darstellungen sind deshalb unzulässig). Andererseits sind Fehlanzeigen, wenn ein bestimmter Sachverhalt nicht vorliegt, nicht geboten.

Vorschrift	Gegenstand der Angabe
HGB	
§ 292a Abs. 2 Nr. 4	Bezeichnung der angewandten internationalen Rechnungslegungsgrundsätze sowie Erläuterung der Abweichungen zum deutschen Recht
§ 294 Abs. 2 Satz 1	Änderung des Konsolidierungskreises
§ 295 Abs. 3 Satz 1	Einbeziehungsverbot

11. Sonstige Berichtsinstrumente

Vorschrift	Gegenstand der Angabe
§ 296 Abs. 3	Einbeziehungswahlrechte
§ 297 Abs. 1 Satz 2	Segmentberichterstattung und Kapitalflussrechnung (nur börsennotierte Mutterunternehmen)
§ 297 Abs. 2 Satz 3	Zusätzliche Angaben zur Vermittlung eines den tatsächlichen Verhältnissen entsprechenden Bildes
§ 297 Abs. 3 Satz 4 und 5	Abweichungen von auf den vorhergehenden Konzernabschluss angewandten Konsolidierungsmethoden
§ 298 Abs. 1 i. V. m. § 265 Abs. 1 Satz 2	Abweichungen beim Aufbau und der Gliederung der Konzernbilanz und der Konzern-GuV
i. V. m. § 264 Abs. 3 Nr. 4	Erleichterungen bei der Rechnungslegung für Tochterunternehmen
i. V. m. § 264b Nr. 4	Erleichterungen bei der Rechnungslegung für § 264a Abs. 1 HGB fallende Personenhandelgesellschaften
i. V. m. § 265 Abs. 2 Satz 2 und 3	Nicht vergleichbare und angepasste Vorjahresbeträge
i. V. m. § 265 Abs. 3 Satz 2	Vermerk der Mitzugehörigkeit zu anderen Posten der Konzernbilanz
i. V. m. § 265 Abs. 4 Satz 2	Gliederung nach verschiedenen Gliederungsvorschriften
i. V. m. § 265 Abs. 7 Nr. 2	Zusammenfassung von Posten zwecks größerer Klarheit der Darstellung
i. V. m. § 268 Abs. 1 Satz 2, 2. HS	Angabe des Ergebnisvortrags aus dem Vorjahr
i. V. m. § 268 Abs. 2 Satz 1	Anlagespiegel
i. V. m. § 268 Abs. 2 Satz 3	Abschreibungen des Geschäftsjahrs auf Anlagevermögen und Ingangsetzungs-/Erweiterungsaufwendungen
i. V. m. § 268 Abs. 4 Satz 3	Antizipative Abgrenzungsposten unter den sonstigen Vermögensgegenständen
i. V. m. § 268 Abs. 5 Satz 3	Antizipative Abgrenzungsposten unter den Verbindlichkeiten
i. V. m. § 268 Abs. 6	Disagio/Rückzahlungsagio
i. V. m. § 268 Abs. 7	Haftungsverhältnisse

Kühnberger

Vorschrift	Gegenstand der Angabe
i. V. m. § 269 Satz 1 2. HS	Ingangsetzungs- und Erweiterungsaufwendungen
i. V. m. § 273 Satz 2 2. HS	Vorschriften nach denen der Sonderposten mit Rücklagenanteil gebildet worden ist
i. V. m. § 274 Abs. 1 Satz 2	Passive Steuerabgrenzungsposten
i. V. m. § 274 Abs. 2 Satz 2	Aktive Steuerabgrenzungsposten
i. V. m. § 277 Abs. 3 Satz 1	Außerplanmäßige Abschreibung nach § 253 Abs. 2 Satz 3 und Abs. 3 Satz 3 HGB
i. V. m. § 277 Abs. 4 Satz 2	Außerordentliche Erträge und Aufwendungen
i. V. m. § 277 Abs. 4 Satz 3	Periodenfremde Erträge und Aufwendungen
i. V. m. § 298 Abs. 1 i. V. m. § 280 Abs. 3	Aus steuerrechtlichen Gründen unterlassene Zuschreibung
i. V. m. § 281 Abs. 1 Satz 2	Angabe der steuerrechtlichen Vorschriften, wenn steuerrechtliche Abschreibungen in den Sonderposten mit Rücklageanteil einbezogen sind
i. V. m. § 281 Abs. 2 Satz 1	Steuerrechtliche Abschreibung des Geschäftsjahres
i. V. m. § 281 Abs. 2 Satz 2	Erträge aus der Auflösung von und Einstellung in Sonderposten mit Rücklageanteil
§ 299 Abs. 1 2. HS	Abweichung des Konzernabschlussstichtages vom Bilanzstichtag des Mutterunternehmens
§ 299 Abs. 3	Vorgänge von besonderer Bedeutung bei fehlendem Zwischenabschluss
§ 300 Abs. 2 Satz 3 2. HS	Beibehaltung von Bilanzansätzen für Kreditinstitute und Versicherungsunternehmen
§ 301 Abs. 1 Satz 5	Methode der Kapitalkonsolidierung
§ 301 Abs. 2 Satz 2	Wahl des Zeitpunktes für die Kapitalkonsolidierung
§ 301 Abs. 3 Satz 2 u. 3	Unterschiedsbetrag aus der Kapitalkonsolidierung
§ 302 Abs. 3	Kapitalkonsolidierung bei Interessenzusammenführungsmethode
§ 304 Abs. 2 Satz 2	Unterlassung der Eliminierung von Zwischenergebnissen
§ 306 Satz 2	Latente Steuern aus der Konsolidierung
§ 308 Abs. 1 Satz 3	Vom Abschluss des Mutterunternehmens abweichende Bewertungen im Konzernabschluss

Kühnberger

11. Sonstige Berichtsinstrumente

Vorschrift	Gegenstand der Angabe
§ 308 Abs. 2 Satz 2 2. HS	Beibehaltung von Wertansätzen für Kreditinstitute und Versicherungsunternehmen
§ 308 Abs. 2 Satz 4 2. HS	Abweichung von einheitlicher Bewertung
§ 308 Abs. 3 Satz 2	Betrag der im Geschäftsjahr steuerrechtlich bedingten Abschreibungen, Wertberichtigungen, Einstellungen in Sonderposten sowie unterlassenen Zuschreibungen
§ 310 Abs. 2 i. V. m. den dort angegebenen Vorschriften	Der Bruttokonsolidierung entsprechende Angabepflichten bei Anwendung der anteilsmäßigen Konsolidierung
§ 312 Abs. 1 Satz 2 u.3	Unterschiedsbetrag bei der Equity-Methode
§ 312 Abs. 1 Satz 4	Angewandte Form der Equity-Methode
§ 312 Abs. 3 Satz 2	Wahl des Zeitpunktes zur Ermittlung des Unterschiedsbetrages bei der Equity-Methode
§ 312 Abs. 5 Satz 2	Verzicht auf die Anpassung an einheitliche Bewertung bei einem assoziierten Unternehmen
§ 312 Abs. 5 Satz 3 i. V. m. § 304 Abs. 2 Satz 2	Verzicht auf die Zwischenergebniseliminierung bei einem assoziierten Unternehmen
§ 313 Abs. 1 Nr. 1	Bilanzierungs- und Bewertungsmethoden
§ 313 Abs. 1 Nr. 2	Währungsumrechnung
§ 313 Abs. 1 Nr. 3	Abweichungen von Bilanzierungs-, Bewertungs- und Konsolidierungsmethoden
§ 313 Abs. 2 Nr. 1 Satz 1	Konsolidierte Tochterunternehmen
§ 313 Abs. 2 Nr. 1 Satz 2	Nichtkonsolidierte Tochterunternehmen
§ 313 Abs. 2 Nr. 2 Satz 1	Assoziierte Unternehmen
§ 313 Abs. 2 Nr. 2 Satz 2	Assoziierte Unternehmen werden wegen untergeordneter Bedeutung nicht nach Equity-Methode bilanziert
§ 313 Abs. 2 Nr. 3	Gemeinschaftsunternehmen
§ 313 Abs. 2 Nr. 4	Angaben zu Unternehmen, an denen ein Anteilsbesitz von 20 % oder mehr besteht; Angabe aller Beteiligungen an großen Kapitalgesellschaften, wenn diese 5 % der Stimmrechte überschreiten
§ 313 Abs. 3 Satz 2	Schutzklausel
§ 313 Abs. 4 Satz 3	Beteiligungsliste

Kühnberger

Vorschrift	Gegenstand der Angabe
§ 314 Abs. 1 Nr. 1 1. HS	Gesamtbetrag der Verbindlichkeiten mit einer Restlaufzeit von mehr als fünf Jahren
§ 314 Abs. 1 Nr. 1 2. HS	Gesamtbetrag der Verbindlichkeiten, die durch Pfandrechte und ähnliche Rechte von einbezogenen Unternehmen gesichert sind, einschließlich Art und Form der Sicherheiten
§ 314 Abs. 1 Nr. 2 1. HS	Gesamtbetrag der sonstigen finanziellen Verpflichtungen
§ 314 Abs. 1 Nr. 2 2. HS	Haftungsverhältnisse gegenüber nichtkonsolidierten Unternehmen
§ 314 Abs. 1 Nr. 3	Aufgliederung der Umsatzerlöse
§ 314 Abs. 1 Nr. 4 1. HS	Zahl der beschäftigten Arbeitnehmer/Personalaufwand
§ 314 Abs. 1 Nr. 4 2. HS	Zahl der Arbeitnehmer von nur anteilmäßig einbezogenen Unternehmen
§ 314 Abs. 1 Nr. 5	Beeinflussung des Konzernjahresergebnisses durch steuerrechtliche Bewertungsmaßnahmen
§ 314 Abs. 1 Nr. 6a	Bezüge der Organmitglieder
§ 314 Abs. 1 Nr. 6b	Bezüge früherer Organmitglieder und Pensionsverpflichtungen für diesen Personenkreis
§ 314 Abs. 1 Nr. 6c	Vorschüsse, Kredite, Haftungsverhältnisse zugunsten von Organmitgliedern
§ 314 Abs. 1 Nr. 7	eigene Anteile am Mutterunternehmen
§ 314 Abs. 2 Satz 2	Schutzklausel bei fehlenden Segmentangaben
EGHGB Art. 28 Abs. 2	Nicht passivierte Pensionsverpflichtungen und ähnliche Verpflichtungen (Fehlbetrag)

(Quelle: WPH 2000, Bd.1, Rz M 666 (Tabellarische Übersicht))

11.2 Konzernlagebericht

11.2.1 Grundlagen

C 389 Nach § 290 Abs. 1 HGB haben Mutterunternehmen neben dem Konzernabschluss einen Konzern-Lagebericht innerhalb von fünf Monaten zu erstellen (§ 13 Abs. 1 und Abs. 2 Satz 3 PublG für die Konzernmutter ande-

Kühnberger

rer Rechtsform). In § 315 HGB werden die Berichtsanforderungen konkretisiert. Die Norm ist § 289 HGB für den Lagebericht von Einzelgesellschaften nachgebildet, ein Niederlassungsbericht ist jedoch nicht vorgesehen. Der Konzern-Lagebericht kann zur Vermeidung von Doppelungen mit dem Lagebericht der Konzernmutter zusammengefasst werden (§ 315 Abs. 3 HGB). Er ist zu prüfen (§ 316 Abs. 2 HGB) und offen zu legen (§ 325 Abs. 3 HGB).

Anders als der Lagebericht einer Einzelgesellschaft bezieht sich der Konzern-Lagebericht auf die Einheit Konzern. Deshalb ist im ersten Schritt zu klären, welche Unternehmen zum *Berichtskreis* gehören. Unstrittig gehören alle vollkonsolidierten Konzernunternehmen hierzu, aber auch die aufgrund §§ 295 f. HGB nicht konsolidierten Konzernunternehmen (vgl. Schildbach, Der Konzernabschluss, S. 427). Gerade bei Unternehmen die nicht konsolidiert wurden, können Sachverhalte und Entwicklungen auftreten, die für den Einblick in die tatsächlichen Verhältnisse des Konzerns von Bedeutung sein können, zumal die entsprechenden Unternehmen nicht im Konzernabschluss erfasst sind. Soweit für den Konzern als Einheit relevante Sachverhalte bei Gemeinschaftsunternehmen oder Equity-konsolidierten assoziierten Unternehmen vorliegen, sind auch diese berichtspflichtig (vgl. Selchert u. a., Prüfung des Lageberichts, 362 ff.). C 390

Da über die Einheit Konzern zu berichten ist, ist der Konzern-Lagebericht auch aus der *Konzernperspektive* heraus aufzustellen. Demnach spielt es z. B. keine Rolle, bei welchen konkreten Unternehmen ein berichtspflichtiger Sachverhalt aufgetreten ist. Dessen relative Bedeutung ist im Hinblick auf den Gesamtkonzern zu würdigen. Das kann dazu führen, dass eine Berichtspflicht auf der Ebene der Einzelgesellschaft aus Konzern-Sicht wegen untergeordneter Bedeutung nicht zu einer Darstellung im Konzern-Lagebericht führt. Problematisch ist, wie Bestandsgefährdungen oder gravierende Entwicklungsbeeinträchtigungen bei einzelnen Unternehmen sich in der Konzern-Perspektive darstellen. Da der Konzern keine eigene Rechtspersönlichkeit hat, kann er z. B. auch nicht insolvent werden (vgl. RN D 1). Selbst wenn bei einem Konzernglied eine Insolvenz vorliegt, hat das nicht ohne weiteres die Konsequenz, dass auch andere Glieder oder gar die gesamte Einheit betroffen sind. Der Bestand des Konzerns ist allerdings betroffen, wenn die Konzernmutter selbst in einer ernsthaften Krise steckt oder auf vertraglicher/gesetzlicher Basis für ein Krisen-Unternehmen haftet und dieses ein entsprechendes Gewicht/Risiko für den Gesamt-Konzern darstellt. Im Übrigen stellen Risiken einzelner Kon- C 391 zern-Glieder für die Einheit Konzern das Gleiche dar, wie Risiken von Zweigwerken in einem Einheitsunternehmen.

Auch die *voraussichtliche Entwicklung des Konzerns* (§ 315 Abs. 2 Nr. 2 HGB) muss präzisiert werden: Es geht nicht um die Entwicklung einzelner Unternehmen, sondern um die der Einheit. Geplante Verkäufe oder Stilllegungen von Konzern-Gliedern oder Akquisitionen sind demnach dann berichtspflichtig, wenn sie für die Entwicklung der Einheit bedeutsam sind. Die Analogie zum Lagebericht einer Einzelgesellschaft muss auf eine Teilbetriebsstilllegung z. B. abstellen.

C 392 Der Lagebericht ist nur dann ein sinnvolles Informationsinstrument, wenn er auf die Interessen der Adressaten abstellt. Um den Konzernabschluss sinnvoll zu ergänzen, sind besonders solche Sachverhalte darzustellen, die dem Konzernabschluss selbst nicht zu entnehmen sind. Obwohl der Konzernabschluss und der Konzern-Lagebericht keine direkten Rechtsfolgen auslösen, stellen sie wichtige Grundlagen für Entscheidungen über die Entlastung der Gesellschaftsorgane der Konzernmutter und die Erfolgsverwendung bei der Konzernmutter dar. Ein Einfluss auf Dividendenerwartungen oder die Akzeptanz von Thesaurierungsvorschlägen ist durchaus zu berücksichtigen. Soll die Eigentümerversammlung über Kapitalmaßnahmen (z. B. Kapitalerhöhung bei der Konzernmutter) oder andere wichtige Strukturänderungen (z. B. Optionspläne, Satzungsänderungen bezüglich der Geschäftsfelder u. Ä.) entscheiden, ist dies zwar in gesonderten Anträgen zur Tagesordnung zu begründen. Diese Begründungen dürfen aber nicht im Widerspruch zum Lagebericht stehen.

C 393 Die Bedeutung des Konzern-Lageberichtes sollte nicht unterschätzt werden. Anders als der Konzernabschluss ist er nicht durch komplizierte Rechungslegungsnormen geprägt, sondern kann auch und gerade von Nicht-Fachleuten im Bilanzrecht richtig verstanden werden. Die überwiegend verbalen und z.T. zukunftgerichteten Informationen legen oftmals wichtige Werttreiber offen („soft data"), die für die wirtschaftliche Entwicklung wichtiger sind als Details im Konzernabschluss. Die nachhaltigen Diskussionen über eine Erläuterung des „intellectual capital" (human resources, Lieferanten- und Kundennetz, Standortvorteile etc.) belegen dies nachdrücklich. Von einer diesbezüglichen Berichtspflicht ist zwar noch nicht auszugehen, Standardsetter wie IAS und DRS drängen aber in diese Richtung.

Kühnberger

11. Sonstige Berichtsinstrumente

Schließlich ist zu bedenken, dass die Konzern-Leitung mit dem Konzern-Lagebericht ihre Visitenkarte abgibt: Sie zeigt, ob und inwieweit sie das geschäftliche Umfeld im Blick hat, das für die Entwicklung des Konzerns relevant ist. Zumindest einige Großunternehmen sehen den Lagebericht inzwischen weniger als lästige, gesetzliche Informationspflicht, sondern als Mittel, die Leistung und Leistungsfähigkeit des Konzern darzustellen.

11.2.2 Berichtsgrundsätze

Auch ohne explizit gesetzliche Regelung haben sich im Zeitablauf allgemeine Berichtsgrundsätze herauskristallisiert, die die Informationsanforderungen präzisieren (vgl. IDW, RS HF1 WPg 1998, S. 653 ff.; Baetge/Fischer/Paskert, Der Lagebericht). C 394

Der Grundsatz der *Klarheit und Übersichtlichkeit* setzt eine eindeutige Abgrenzung von anderen Berichtsteilen (Jahresabschluss, freiwillige sonstige Angaben) voraus. Überschriften, Unterteilungen, Graphiken u. a. Hilfsmittel sollen die Lesbarkeit erleichtern. Freiwillige Zusatzinformationen sind zulässig, dürfen aber nicht primär werblichen Charakter haben, sondern sind auf Informationsinteressen der Adressaten auszurichten.

Besondere Bedeutung kommt dem Grundsatz der *Wesentlichkeit* für den Konzern-Lagebericht zu, da die Gefahr besteht, dass wichtige Informationen in einer Fülle unwesentlicher Darstellungen untergehen. Der Lagebericht ist dann vielleicht „wahr", aber nicht fair.

Da die Berichtsinhalte in § 315 HGB nur sehr allgemein umschrieben werden und potenziell viele Faktoren für die wirtschaftliche Lage und Entwicklung relevant sein können, die im Zeitablauf auch nicht konstant bleiben, ist der Konzern-Lagebericht ein subjektiver Bericht. Auswahl und Gewichtung der Berichtsinhalte sind nach pflichtgemäßem Ermessen vorzunehmen. Die Grundsätze der *Vollständigkeit* und *Richtigkeit* sind deshalb schwer zu operationalisieren. Richtigkeit bedeutet, dass der Lagebericht keine falschen Tatsachenbehauptungen enthält, dem subjektiven Wissensstand der Konzern-Leitung entspricht und Prognosen plausibel und konsistent abgeleitet werden. Das Gebot der Vollständigkeit verlangt, dass über die Risiken auch dann berichtet wird, wenn ihnen Chancen gegenüberstehen (keine Saldierungen, vgl. Ellrot, BeBiKo, § 289 Rz 27). Ein Verweis auf frühere Lageberichte oder sonstige Unternehmenspublikationen ist unzulässig.

Kühnberger

C 395 Der Grundsatz der *Stetigkeit* (Vergleichbarkeit) betrifft nicht nur den formalen Aufbau des Konzern-Lageberichtes, sondern auch inhaltliche Aspekte wie Prognoseverfahren, Beurteilungskriterien (vgl. ADS, § 289 Rz 32; a. A. IDW, RS HFA 1 Rz 17: Erläuterungspflicht bei Stetigkeitsunterbrechungen). Bezüglich der Berichtsinhalte und -tiefe ist zu bedenken, dass ein einmal erreichtes Informationsniveau nicht ohne weiteres wieder abgesenkt werden kann. Selbst wenn dies zulässig sein sollte, werden aufmerksame Lagebericht-Leser solche „Lücken" aufdecken und i. d. R. negativ interpretieren. Entscheidungen über Inhalt und Tiefe des Konzern-Lageberichtes sind insofern nicht kurzfristiger Natur.

C 396 Umstritten ist, ob der Grundsatz der *Vorsicht* für den Konzern-Lagebericht relevant ist. Zwar ist selbstverständlich auf Gefahren und Risiken einzugehen. Das impliziert aber nicht, dass nicht auch über Gewinnchancen zu berichten ist. Es ist nicht zweckmäßig, wenn der Lagebericht durch zu pessimistische Erwartungen/Prognosen verzerrt wird. Er soll u. a. Informationsdefizite des vorsichtsgeprägten Konzernabschlusses kompensieren.

11.2.3 Berichtsinhalte und -grenzen

C 397 Nach § 315 HGB ist über folgende Inhalte zu berichten:

(1) Geschäftsverlauf und Lage,

(2) Risikobericht,

(3) Nachtragsbericht,

(4) Prognosebericht,

(5) Forschungs- und Entwicklungsbericht.

Obwohl für (3)–(5) das Gesetz die Formulierung „soll" beinhaltet, ist nach ganz h. M. von einer Berichtspflicht auszugehen („muss"), wenn ein wesentlicher Sachverhalt vorliegt.

Die Berichtsinhalte müssen nicht jeweils gesondert dargestellt werden, eine Strukturierung anhand inhaltlicher Kriterien kann sinnvoll sein. Nach DRS 5 Rz 30, der für alle Konzernunternehmen gilt und auch auf den Lagebericht gem. § 289 HGB angewendet werden soll, ist aber der Risikobericht als gesonderter Teil darzustellen. Sieht man vom Risikobericht ab, so kann z. B. folgende Struktur zweckmäßig sein:

Kühnberger

11. Sonstige Berichtsinstrumente

		Wirtschaftsbericht für das abgelaufene Jahr	Nachtragsbericht	Prognosebericht
1.	Gesamtwirtschaftliche und Branchenentwicklung			
2.	Rechtliche Grundlagen (Unternehmensverträge)			
3.	Absatz			
4.	Finanzierung			
5.	Investition			
6.	Forschung- und Entwicklung			
7.	usw.			
	.			
	.			

Mit IDW RS HFA 1 (WPg 1998, S. 653 ff.) hat das IDW erstmals eine Liste von Berichtsgegenständen aufgefächert über die zu berichten ist, wenn sie nicht im Einzelfall unwesentlich sind.

Der *Nachtragsbericht* soll stichtagsbedingt Defizite des Konzernabschlusses ausgleichen. Soweit Sachverhalte (wesentliche Prozesse, Gesetzesänderungen, Schadensfälle, wichtige Verträge etc.) für die Entlastung der Organe der Konzernmutter oder den Gewinnverwendungsbeschluss bei der Konzernmutter relevant sind, sind sie darzustellen.

C 398

Der *Prognosebericht* soll eine Vorschau für die Zukunft geben, wobei der Zeithorizont nicht einheitlich definiert wird (vgl. IDW RS HFA 1, WPg 1998, S. 653: mindestens zwei Jahre; ADS, § 289 Rz 111: hängt von Branche, Größe, Planungsvorhaben etc. ab). Aus der Zukunft wird einmal Vergangenheit, so dass Prognosen ex post beurteilt und deshalb auch als falsch eingestuft werden können. Dies darf nicht dazu führen, dass sie so allgemein (inhaltsleer) gehalten werden, dass sie keinen Informationswert haben.

C 399

Kühnberger

C 400 Der *Forschungs- und Entwicklungs-Bericht* kann inputorientiert (Investitionen, Mitarbeiter etc.) oder outputorientiert (Forschungsergebnisse, Patente etc.) sein. Details sind weder notwendig noch üblich, da die Konkurrenz natürlich mitlesen kann.

C 401 Der *Risikobericht* ist durch DRS 5 inzwischen konkretisiert worden. Obwohl für den Adressaten nicht nur negative Risiken, sondern auch positive (Chancen) wichtig sind, wird der Begriff Risiko primär i. S. von Verlustgefahren verstanden. Zu berichten ist vor allen Dingen über unternehmensindividuelle und nicht über allgemeine, externe Risiken (vgl. Kajüter, WPg 2001, S. 206). Der Standard enthält allgemein gehaltene Vorgaben zu berichtspflichtigen Risiken, deren Quantifizierung und Darstellung und zur Bildung von Risikoklassen. Außerdem ist auf das Risikomanagementsystem einzugehen (vgl. DRS 5 Rz 28 f.). Ein solches ist zwar explizit nur für Aktiengesellschaften vorgesehen (§ 91 Abs. 2 AktG), die Norm soll aber „Ausstrahlungswirkung" (Begründung zum KonTraG, BR-Drucks. 872/97, S. 37) auf andere Rechtsformen haben. Dabei bleibt aber unklar, ob und welche Rechtsformbesonderheiten es gibt, ob ein solches System nicht sowieso aus den Sorgfaltspflichten der Konzern-Leitung zu folgern ist und wie es konkret auszugestalten ist (vgl. die Vorschläge von Brebeck/Hermann, WPg 1997, S. 384 f.; Dörner/Bischof, WPg 1999, S. 445 ff.; Pollanz, DB 1999, S. 383 ff.; Lück, DB 1999, S. 1925 ff., zum Stand der Umsetzung in die Praxis vgl. Wolz, WPg 2001, S. 789 ff. und zur Prüfung vgl. Kajüter, BB 2002, S. 243 ff.).

C 402 Lange Zeit umstritten war, ob die *Berichtsgrenzen* für den Anhang (§ 286 HGB) für den Lagebericht analog anzuwenden sind, obwohl eine gesetzliche Regelung fehlt. Inzwischen gilt als h. M., dass

- Angaben zu unterlassen sind, wenn das Wohl der Bundesrepublik Deutschland oder eines ihrer Länder dies erfordern (§ 286 HGB ist anzuwenden).

- eine unternehmensbezogene Schutzklausel nicht greift. Gerade in kritischen Phasen muss die Berichterstattung deutlich ausfallen, selbst wenn Bonitätsnachteile drohen oder Sanierungsbemühungen erschwert werden (vgl ADS, § 289 Rz 54; Lange, BB 1999, S. 2450 ff.) Der Lagebericht kann seine Schutzfunktion für Dritte nur erfüllen, wenn er nicht geschönt ist. Einer negativen Außenwirkung kann deshalb nur in der Form begegnet werden, dass auch über (Sanierungs-)Chancen berichtet wird.

Kühnberger

11. Sonstige Berichtsinstrumente

De facto ergeben sich aber auch Berichtsgrenzen dadurch, dass im Lagebericht nicht so detailliert berichtet werden muss, dass Konkurrenznachteile drohen (z. B. im Bereich Forschung und Entwicklung oder bezüglich geplanter Investitionen). Insofern kann durchaus in vergröberter Form berichtet werden.

11.3 Prüfung und Offenlegung, Sonstiges

In § 316 Abs. 2 HGB wird bestimmt, dass der Konzernabschluss und der Konzern-Lagebericht (künftig auch selbständige Berichtsteile wie Kapitalflussrechnung, Segmentbericht, EK-Spiegel) von einem Abschlussprüfer zu prüfen sind. Ziel ist es, die Vertrauenswürdigkeit der Rechnungslegung zu gewährleisten. Auf Konzernebene ist diese Prüfung nach Ansicht von Schildbach (Der Konzernabschluss, S. 433) noch wichtiger als beim Jahresabschluss, da die Informationsrechte gem. § 51a GmbHG für Gesellschafter oder § 111 Abs. 2 AktG für Aufsichtsräte konzernweit nicht ohne weiteres durchsetzbar sind, sondern primär auf der Ebene von Einzelgesellschaften. Hinzu kommt die Komplexität der Konzernabschluss-Erstellung und -Analyse sowie der beachtliche Spielraum für Bilanzpolitik, der durch Wahlrechte, Regelungslücken, Ermessensspielräume und fehlende Rechtsprechung deutlich über die Möglichkeiten im Jahresabschluss hinausgeht.

C 403

Soweit nicht ein anderer Prüfer bestellt wird, wird der Konzernabschluss vom Abschlussprüfer der Konzernmutter geprüft (§ 318 Abs. 2 HGB). Für diesen gelten die Regelungen über die Unabhängigkeit u. a. Berufsgrundsätze auch in der Funktion als Konzernabschlussprüfer.

C 404

Da der Konzernabschlussprüfer letztlich die Verantwortung für die Ordnungsmäßigkeit des Konzernabschlusses hat, muss er auch die Richtigkeit/Zuverlässigkeit der zugrunde liegenden Daten der HB I und HB II würdigen. Soweit ein Jahresabschluss eines Konzernunternehmens bereits von einem Prüfer, der die Anforderungen des EG-Rechts erfüllt, geprüft wurde, können dessen Ergebnisse übernommen werden (§ 317 Abs. 3 HGB). Für quotenkonsolidierte Gemeinschaftsunternehmen gilt dies analog. Für assoziierte Unternehmen enthält das Gesetz keine ausdrückliche Regelung und Konzernleitung/Konzernabschlussprüfer haben keine gesetzlichen Informationsrechte (vgl. Förschle/Küster, BeBiKo, § 317 Rz 40). Im WPH (2000, Bd. 1 M Rz 866) wird dies damit begründet, dass die Equity-Methode eine Bewertungs- und keine Konsolidierungsmethode ist.

Kühnberger

Zu den Informationsrechten des Konzernabschlussprüfers (§ 320 HGB), die ausdrücklich nur gegenüber den Konzernunternehmen und deren Abschlussprüfer gelten vgl. WPH 2000, Bd.1 M Rz 875.

C 405 Der Konzernabschluss (samt Lagebericht u. a. Berichtsbestandteilen in Zukunft) ist unverzüglich nach der Vorlage an die Gesellschafter, spätestens vor Ablauf von neun Monaten nach dem Konzernabschluss-Stichtag mit dem Bestätigungsvermerk im Bundesanzeiger bekannt zu machen und zum Handelsregister einzureichen (§ 325 Abs. 3 HGB).

C 406 Der Vollständigkeit halber wird an dieser Stelle auf weitere Publizitätspflichten hingewiesen, ohne dass diese inhaltlich näher erläutert werden:

- Gem. § 44b BörsG i. V. m. §§ 52–62 BörsZulV und diversen Börsenordnungen sind Unternehmen, deren Aktien zum amtlichen Handel zugelassen sind, zur Erstellung von Zwischenberichten verpflichtet (vgl. Coenenberg, Jahresabschluss, 888 ff. zur Entwicklung und den inhaltlichen Anforderungen). Zu Beginn des Jahres 2001 wurde hierzu DRS 6 bekannt gemacht, der eine Zwischenberichterstattung auf konsolidierter Grundlage verlangt (Rz 8).

- Nur Unternehmen, die Wertpapiere emittiert haben, die an einer inländischen Börse zugelassen sind, sind zur Ad-Hoc-Publizität gem. § 15 WpHG verpflichtet (sog. Gewinnwarnungen). Börsenkursrelevante Tatsachen sind demnach allgemein zugänglich zu machen.

- DRS 11 verpflichtet kapitalmarktorientierte Mutterunternehmen über Beziehungen zu nahe stehenden Personen zu berichten (im Anhang). Allerdings ist über Geschäftsvorfälle mit nahe stehenden Unternehmen, die im Wege der Voll- oder Quotenkonsolidierung oder im Rahmen der Equity-Methode in den Konzernabschluss einbezogen wurden und die durch Konsolidierung eliminiert wurden, nicht zu berichten (Rz 13).

C 407 Auf die Änderungen durch das TransPuG wurde mehrfach hingewiesen (kritisch hierzu Theile, GmbH R 2002, S. 231 ff.; IDW in FN-IDW 2002, 68 f). Im allgemeinen Teil der Begründung des RegE wird angekündigt, dass in nächster Zukunft weitere Gesetzesänderungen anstehen (andere Vorschläge der Regierungskommission und geplante Änderungen des EU-Rechts sollen erfasst werden). Insofern müssen sich Unternehmen, Prüfer und Nutzer von Konzernabschlüssen damit abfinden, dass die Entwicklung der Rechnungslegung, mit z.T. gravierenden Änderungen, weitergeht. Es besteht durchaus die Gefahr, dass die für kapitalmarktorientierte Unternehmen möglicherweise zweckmäßige Ausweitung der Rechnungs-

Kühnberger

11. Sonstige Berichtsinstrumente

legungspflichten (Effizienz des Kapitalmarktes als Leitgedanke) vorschnell auch auf andere Unternehmen/Konzerne ausgedehnt wird.

Um die aktuellen Entwicklungen einigermaßen zeitnah und umfassend verfolgen zu können, ist es notwendig, die entsprechenden Internet-Veröffentlichungen von Standardsetzern, Organen der EU und des Berufstandes der Wirtschaftsprüfer zu nutzen. Dabei sind auch Publikationen des IASB und des amerikanischen FASB zumindest mittelbar relevant, da sie die deutsche Rechnungslegung prägen und in Zukunft möglicherweise sogar ersetzen werden. **C 408**

Die wichtigsten Internetadressen für die Recherchen sind **C 409**

Bundesministerium für Justiz (BMJ)	http://www.bmj.bund.de/
Deutsches Rechnungslegungs Standardisierungs Committee (DRSC)	http://www.drsc.de
Institut der Wirtschaftsprüfer (IDW)	http://www.idw.de
Verband der Hochschullehrer für Betriebswirtschaft	http://www.v-h-b.de/rech/
Schmalenbach Gesellschaft für Betriebswirtschaft e.V.	http://www.sg-dgfb.de/
Europäische Union (EU):	http://www.europa.eu.int/ comm/internalmarket/de/ company/index.htm
International Accounting Standard committee (IASC)	http://www.iasc.org.uk
International Forum on Accountancy Development	http://www.ifad.net/
Securities and Exchange Commission (SEC)	http://www.sec.gov
Federal Accounting Standard Board (FASB)	http://www.fasb.org

Kühnberger

Teil D:
Konzerninsolvenzrecht

Literatur: *Smid, Stefan:* Vier Entscheidungen englischer und deutscher Gerichte zur europäischen internationalen Zuständigkeit zur Eröffnung von Hauptinsolvenzverfahren, in: DZWiR 2003, S. 397, 404; *Braun, Eberhardt:* Der neue Sport in Europa: Forumshopping in Insolvenzverfahren oder: die moderne Form von „Britannia rules the waves", in: NZI aktuell, Heft 1/2004, Editorial, S. V, VII.

1. Problem

Das Thema *„Konzerninsolvenz"* hat in jüngerer Zeit durch medienwirksame Großinsolvenzen wie die von *Holzmann, Herlitz* oder *KirchMedia* Aktualität und Bedeutung erlangt. Umso mehr erstaunt es, dass das deutsche Recht – anders als andere Rechtsordnungen – *keine* Regelungen über die Insolvenz verbundener Unternehmen kennt. Ein besonderes Konzerninsolvenzrecht existiert nicht. Das Gesetz geht vom *Prinzip der Einzelgesellschaft* aus. Danach wird jedes Rechtssubjekt unabhängig von einer Unternehmensverbindung in einem einzelnen Insolvenzverfahren abgewickelt. Es gelten die Grundsätze: *„Eine Person, ein Vermögen, eine Insolvenz"* und *„Jedes Unternehmen stirbt seinen eigenen Tod"*. **D 1**

Unternehmenszusammenschlüsse können dazu führen, dass sich wirtschaftliche Schwierigkeiten in einem konzernverbundenen Unternehmen auch auf die übrigen Konzerngesellschaften auswirken. Wird die Konzernobergesellschaft insolvent, liegt der Insolvenzgrund häufig auch bei der Mehrzahl der Konzerntochterunternehmen vor. Vor diesem Hintergrund fordert ein Teil der insolvenzrechtlichen Literatur ein *gemeinsames Insolvenzverfahren konzernverbundener Unternehmen* mit der Begründung, die wirtschaftliche Einheit eines Konzerns verlange eine gemeinsame Insolvenzverwaltung unter Aufsicht eines zuständigen Insolvenzgerichts. Nur auf diese Weise entspreche ein wirtschaftlich orientiertes Insolvenzrecht der Realität am Markt. **D 2**

Insbesondere die neuen Sanierungsinstrumente Insolvenzplan und Eigenverwaltung rücken in den Mittelpunkt der insolvenzrechtlichen Diskussion. Großinsolvenzen werden schon jetzt vereinzelt im Wege dieser Verfahrensarten saniert. Ebenso wie im Regelinsolvenzverfahren kennt auch das Insolvenzplanverfahren keine konzerneinheitliche Sanierungsstrategie: Gerät ein Konzern in die Insolvenz, sind die Voraussetzungen für die **D 3**

Verfahrenseröffnung für *jedes* Konzernunternehmen zu prüfen. In jedem eröffneten Verfahren kann dann ein Insolvenzplan vorgelegt werden. Einer Vielzahl von Fällen wird diese Aufteilung auch gerecht: Wird etwa nur eine Tochtergesellschaft, nicht aber ihre Konzernmutter insolvent, scheidet eine konzerneinheitliche Sanierung aus. Anders in den Fällen, in denen die Insolvenz der Muttergesellschaft zur Insolvenz der Tochtergesellschaften führt oder aber sowohl Konzernmutter als auch -tochter insolvent sind. Eine konzerneinheitliche Sanierung, z. B. mittels eines gemeinsamen Insolvenzplans für alle Konzernunternehmen, böte in diesen Fällen den Vorteil, dass die wirtschaftliche Einheit innerhalb des Konzerns gewahrt werden könnte.

2. Die Insolvenz der Tochtergesellschaft

2.1 Die Unternehmensverträge

D 4   Gerät eine abhängige Konzerntochter (§ 17 AktG) in die Insolvenz, stellt sich die Frage nach dem Schicksal der mit der Muttergesellschaft geschlossenen Unternehmensverträge. Unternehmensverträge sind gem. § 291 Abs. 1 AktG *Beherrschungs- oder Gewinnabführungsverträge*. Ein Beherrschungsvertrag liegt vor, wenn ein Tochterunternehmen der Konzernmutter die Leitung ihrer Gesellschaft unterstellt, ein Gewinnabführungsvertrag dann, wenn sich die Tochtergesellschaft verpflichtet, der Obergesellschaft ihren gesamten Gewinn zur Verfügung zu stellen. Da der Gewinnabführungsvertrag nach § 302 AktG eine gesetzliche Verlustübernahmepflicht auslöst, wird üblicherweise zugleich die Verlustübernahme festgelegt. Danach ist der Jahresfehlbetrag zu ersetzen, d. h. der Fehlbetrag, der sich bei der beherrschten Gesellschaft einstellen würde, wenn es die Verlustübernahmepflicht nach § 302 AktG nicht gäbe. Bei der vertraglichen Koppelung von Gewinn- und Verlustübernahme spricht man von einem *Ergebnisabführungsvertrag*. Solche Verträge haben erhebliche steuerliche Auswirkungen (etwa die körperschaftsteuerliche Organschaft).

D 5   Welche Auswirkungen die Insolvenzeröffnung über das Vermögen des Tochterunternehmens auf den Beherrschungsvertrag mit der Muttergesellschaft hat, war schon unter Geltung der Konkursordnung umstritten. Der BGH (v. 14.12.1997, NJW 1988, S. 1326, 1327) und der überwiegende Teil des konkursrechtlichen Schrifttums (vgl. etwa Kuhn/Uhlenbruck, KO, Vorbem. K vor § 207 KO) waren der Ansicht, dass Unternehmensverträge

Rattunde

2. Die Insolvenz der Tochtergesellschaft

mit *Eröffnung des Konkursverfahrens* über das Vermögen der Tochtergesellschaft *automatisch* beendet sind. Die Beendigung des Unternehmensvertrages erfolge parallel zu der durch die Konkurseröffnung bedingten Auflösung der Gesellschaft (§ 262 Abs. 1 Nr. 3 AktG a. F.). Dies ergebe sich aus der ergänzenden Vertragsauslegung des Beherrschungs- und Gewinnabführungsvertrages (§ 157 BGB); denn der Gesellschaftszweck sei nicht mehr auf Gewinnerzielung durch den Betrieb eines werbenden Unternehmens gerichtet, sondern auf die Verwertung des Gesellschaftsvermögens. Ein Fortbestand des Beherrschungsvertrages sei mit dem Insolvenzrecht unvereinbar, da der Insolvenzverwalter der Tochtergesellschaft nicht verpflichtet sein könne, den Weisungen der herrschenden Gesellschaft Folge zu leisten.

Die *Eröffnung des Vergleichsverfahrens* stellte demgegenüber nach Ansicht des BGH (a. a. O.) keinen Grund für eine Beendigung der Unternehmensverträge dar. Zur Begründung führte er aus, dass die Eröffnung des Vergleichsverfahrens nicht zur Auflösung der Gesellschaft führe. Zudem sei die Situation mit der des Konkurses nicht vergleichbar, weil dem Vergleichsverwalter im Unterschied zum Konkursverwalter nur eingeschränkte (Mitwirkungs- und Überwachungs-)Rechte zukommen. Es bleibe der herrschenden Gesellschaft daher genügend Raum, ihre Leitungsmacht gegenüber dem beherrschten Unternehmen auszuüben.

D 6

Nach anderer, vor allem von *Karsten Schmidt* schon zur Konkursordnung vertretener Auffassung (vgl. K. Schmidt, Wege zum Insolvenzrecht der Unternehmen, S. 288) besteht der Beherrschungsvertrag auch nach Eröffnung des Insolvenzverfahrens fort und kann lediglich aus wichtigem Grund gem. § 297 AktG gekündigt werden. Ein automatischer Wegfall des Beherrschungsvertrages widerspreche der Tatsache, dass die konzernrechtlichen Organisationsstrukturen auch in der Insolvenz des Unternehmens erhalten blieben. Deshalb entfalle nur die vertragliche Konzernleitungsmacht, während der Vertrag selbst weiterbestehe.

Ob sich die Argumentation des BGH unter Geltung der Insolvenzordnung – seit dem 1. 1. 1999 – halten lässt, ist zweifelhaft. Neue Rechtsprechung existiert bislang nicht. Teile der aktienrechtlichen Literatur (vgl. Altmeppen in: MüKo/AktG, § 297 Rn. 103 ff.; Hüffer, AktG, § 297 Rn. 22) befürworten eine *unterschiedslose Übernahme der bisherigen Rechtsgrundsätze* auch für Verfahren nach der Insolvenzordnung.

D 7

Rattunde

Diese Auffassung überzeugt nicht. Im Unterschied zur überkommenen Konkursordnung sieht das neue Insolvenzrecht ein *verändertes Verfahrensziel* vor. Insolvenzverfahren dienen gem. § 1 Satz 1 Alt. 1 InsO weiterhin der Befriedigung der Gläubiger durch Verwertung des Schuldnervermögens. Neben der Abwicklung von Unternehmen – diese war Verfahrensziel der Konkursordnung – hat das Insolvenzrecht mit dem *Sanierungsauftrag* (§ 1 Satz 1 Alt. 2 InsO) zusätzlich auch das Ziel der Vergleichsordnung übernommen: Seit 1. 1. 1999 existiert ein *einheitliches Insolvenzverfahren*. Die automatische Beendigung von Unternehmensverträgen widerspricht dem Sanierungszweck. Sie würde dazu führen, dass in Sanierungsfällen Unternehmensverträge unmittelbar nach ihrer automatischen Beendigung neu abgeschlossen werden müssten, obwohl sie ohnehin bestehen bleiben sollten. Ein derartiges Sanierungshindernis entspricht gerade im Hinblick auf die Sanierung von Großkonzernen durch Insolvenzpläne *nicht* dem Willen der Vertragsparteien. Soll saniert werden, muss im Gegenteil angenommen werden, dass die Parteien den Fortbestand der Unternehmensverträge wünschen. Aus diesem Grund müssen Unternehmensverträge bei Eröffnung des Insolvenzverfahrens über das beherrschte Unternehmen nach richtiger Ansicht bestehen bleiben. Es ist lediglich eine *beiderseitige Kündigungsmöglichkeit* aus wichtigem Grund nach § 297 Abs. 1 AktG anzunehmen. Dies ergibt sich auch aus den Materialien zur Insolvenzordnung. Der erste Bericht der Kommission für Insolvenzrecht (vgl. BMJ, Erster Bericht der Kommission für Insolvenzrecht 1985, S. 292) sieht ausdrücklich vor, dass durch die Insolvenzeröffnung ein Unternehmensvertrag nicht automatisch beendet sei. Der vorgenannten Auffassung entsprechen auch die Vorschriften der §§ 103 ff. InsO, wonach dem Insolvenzverwalter ein Erfüllungswahlrecht bei gegenseitigen Verträgen zukommt. Wird über das Vermögen eines beherrschten Unternehmens das Insolvenzverfahren eröffnet, kann der Verwalter daher neben § 297 AktG auch auf § 103 InsO zurückgreifen und eine Erfüllung der Unternehmensverträge ablehnen.

2.2 Die Verlustausgleichspflicht nach § 302 AktG

D 8 Besteht ein Beherrschungs- oder Gewinnabführungsvertrag, hat die Tochtergesellschaft gegen ihre Konzernmutter nach § 302 AktG einen Anspruch auf Übernahme ihrer Verluste, der mit Abschluss des Geschäftsjahres entsteht, in dem der Jahresfehlbetrag eintritt. Als Konsequenz dazu,

Rattunde

2. Die Insolvenz der Tochtergesellschaft

dass Unternehmensverträge mit Eröffnung des Konkursverfahrens endeten, nahm die überwiegende Auffassung unter Geltung der Konkursordnung (vgl. BGH, a. a. O.; Kuhn/Uhlenbruck, KO, Vorbem. K zu § 207 KO, Rn. 2 a, b) auch ein *Erlöschen der Verlustausgleichspflicht* zu diesem Stichtag an. Dies führte dazu, dass der Insolvenzverwalter des Tochterunternehmens lediglich für das vollständige abgelaufene Geschäftsjahr den Verlustausgleichsanspruch geltend machen konnte. Eine Ausgleichsverpflichtung für das ganze, bei Eröffnung des Insolvenzverfahrens laufende Geschäftsjahr bestand jedoch nicht. Der Insolvenzverwalter musste daher das Rumpfgeschäftsjahr abschließen und eine der Gewinnermittlung dienende Zwischenbilanz erstellen, nach der entstandene Verluste auszugleichen waren.

Bestehen nach neuer Rechtslage Unternehmensverträge nunmehr auch nach Insolvenzeröffnung fort, führt dies folgerichtig auch zu einem *Fortbestand der Verlustübernahmepflicht* nach § 302 AktG. Eine andere Lösung lässt schon der eindeutige Wortlaut des § 302 Abs. 1 AktG nicht zu, der die Pflicht zur Verlustübernahme vom Bestehen eines Beherrschungs- oder Gewinnabführungsvertrages abhängig macht. Dies verkennen Teile des Schrifttums, die zwar vom Fortbestehen der Unternehmensverträge ausgehen, sich gleichwohl aber – ohne Begründung – für ein Erlöschen von Gewinnabführungs- und Verlustausgleichspflicht aussprechen (so Hirte in: Uhlenbruck, InsO, § 11 Rn. 398 ff.). D 9

Erforderlich ist der Fortbestand von Gewinnabführungs- und Verlustausgleichspflicht vor allem für das *Insolvenzsteuerrecht*. In Fortführungsfällen bedeutsam ist die Frage nach der Verrechnung von Sanierungsgewinnen mit Verlustvorträgen aus der Zeit vor Insolvenzeröffnung. Das geltende Recht sieht nach Streichung des § 3 Nr. 66 EStG a. F. die Besteuerung von Sanierungsgewinnen vor. Wird ein Unternehmen – z. B. durch einen Insolvenzplan – saniert, bedeutet die Erhebung der Steuer auf einen Sanierungsgewinn für den Steuerpflichtigen eine erhebliche Härte. Aus diesem Grund sieht das BMF in seinem Erlass v. 27. 3. 2003 (vgl. BMF v. 27. 3. 2003, Rn. 8, veröffentlicht unter www.bundesfinanzministerium.de) über die ertragsteuerliche Behandlung von Sanierungsgewinnen die *Stundung* der Steuer mit dem Ziel des *späteren Erlasses* vor. Gleichzeitig bestimmt der Erlass, dass zwecks Festsetzung der Besteuerungsgrundlage die *Verrechnung von Verlusten und Sanierungsgewinnen* stattfinden soll. Eine Verrechnung von Verlustvorträgen mit dem Sanierungsgewinn setzt im Konzern voraus, dass weder die Unternehmensverträge noch die Ge- D 10 winnabführungs- und Verlustausgleichspflicht zwischen Mutter- und Tochtergesellschaft mit Eröffnung des Insolvenzverfahrens enden. Für das Fortbestehen von Gewinnabführungs- und Verlustausgleichspflichten im eröffneten Insolvenzverfahren spricht auch das beiderseitige Kündigungsrecht von Unternehmensverträgen gem. § 297 AktG. Wird gekündigt, fehlt es an einer Voraussetzung des § 302 AktG, so dass auch die Pflicht zur Verlustübernahme erlischt.

3. Die Insolvenz der Muttergesellschaft

3.1 Die Unternehmensverträge

D 11 Wird über das Vermögen der herrschenden Gesellschaft das Insolvenzverfahren eröffnet, so endete nach überkommener Auffassung des BGH (a. a. O.) zur Konkursordnung sowohl der Beherrschungsvertrag als auch der Ergebnisabführungsvertrag automatisch. Dies überzeugt auch für die Insolvenz des herrschenden Unternehmens nicht. Aus den bereits genannten Gründen bestehen Unternehmensverträge nach neuer Rechtslage mit Insolvenzeröffnung fort, können aber beiderseitig gem. § 297 AktG (bzw. durch den Insolvenzverwalter gem. § 103 InsO) gekündigt werden.

3.2 Die Verlustausgleichspflicht nach § 302 AktG

D 12 Hinsichtlich der Verlustausgleichspflicht des herrschenden Unternehmens wird auf RN D 8, 9 verwiesen. Auch in der Insolvenz der Muttergesellschaft bleibt die Verpflichtung zur Verlustübernahme über den Stichtag der Insolvenzeröffnung hinausgehend bestehen und unterliegt nur den beiderseitigen Kündigungsmöglichkeiten der § 297 AktG bzw. § 103 InsO.

4. Die Insolvenz des (faktischen) GmbH-Konzerns

4.1 GmbH-Konzernrecht

D 13 Das Konzernrecht ist im Aktiengesetz (§§ 15-19, 291-338 AktG) geregelt. Obwohl im GmbH-Gesetz nicht normiert, ist das GmbH-Konzernrecht in Rechtsprechung und Literatur seit Jahren anerkannt (vgl. z. B. BGHZ 105, S. 324, 330 ff.). Hierzu ausführlich RN A 77–A 181. In der Praxis spielt das Konzernrecht der GmbH eine große Rolle. Die Zulässigkeit von Unternehmensverträgen steht – auch wenn eine gesetzliche Regelung fehlt –

Rattunde

4. Die Insolvenz des (faktischen) GmbH-Konzerns

außer Frage. Die GmbH kann analog §§ 291 ff. AktG als herrschende oder abhängige Gesellschaft Unternehmensverträge schließen. Da die aktienrechtlichen Konzernvorschriften entsprechende Anwendung finden (siehe BGHZ 105, S. 330 ff.), kann im Hinblick auf das Schicksal der Unternehmensverträge in der Insolvenz der Mutter- bzw. Tochtergesellschaft auf die obigen Ausführungen verwiesen werden.

4.2 Faktische Konzernierung

4.2.1 Einfacher und qualifizierter faktischer Konzern

Von der Rechtsfigur des vertraglichen Vertragskonzerns ist die des *faktischen Konzerns* zu unterscheiden. Vgl. hierzu RN A 186–A 224. Eine *einfache faktische Konzernierung* liegt vor, wenn mehrere Unternehmen unter der Leitung eines herrschenden Unternehmens zusammengefasst sind, ohne dass ein Beherrschungsvertrag existiert. Die Tochtergesellschaft steuert in diesem Fall ihre Vermögensverhältnisse eigenverantwortlich und ist lediglich an Einzelweisungen des Mutterunternehmens gebunden. Von einem *qualifiziert faktischen Konzern* spricht man, wenn die abhängige Gesellschaft unter totaler externer Leitungsmacht und Abhängigkeit zur herrschenden Gesellschaft steht und in einem nicht mehr beherrschbaren Ausmaß nachhaltig durch diese beeinträchtigt wird (vgl. zur Begrifflichkeit Hüffer, AktG, § 18 Rn. 3 ff.).

D 14

4.2.2 Insolvenz des faktischen Konzerns

Nach überkommener Auffassung führte auch die Insolvenz einer Gesellschaft innerhalb eines faktischen Konzerns zur Beendigung des faktischen Konzernverhältnisses (Nachweise bei Kuhn/Uhlenbruck, KO, Vorbem. K vor § 207 Rn. 5). Begründet wurde dies damit, dass die Überlegungen zur Beendigung von Unternehmensverträgen bei Vertragskonzernen insoweit übertragbar seien. Für die Anwendung der neuen Grundsätze auf den faktischen Konzern gibt es keinen Anlass: Im Unterschied zum Vertragskonzern existiert gerade *kein* Unternehmensvertrag. Steuerliche Probleme der Verrechnung von Sanierungsgewinnen mit Verlustvorträgen bestehen aus diesem Grund nicht. Es spricht daher vieles dafür, das faktische Konzernverhältnis – wie schon nach altem Recht – mit Verfahrenseröffnung zu beenden.

D 15

Rattunde

4.2.3 Haftung im faktischen Konzern

D 16 Mit der Haftung im (qualifiziert) faktischen GmbH-Konzern haben sich Rechtsprechung (vgl. BGHZ 95, S. 330 „Autokran", BGHZ 115, S. 187 „Video", BGHZ 122, S. 123 „TBB") und gesellschaftsrechtliche Literatur intensiv beschäftigt. Hierzu ausführlich RN A 212–A 247. Die *insolvenzrechtlichen Konsequenzen* sind:

Schon beim einfachen faktischen Konzern ist ein Ersatzanspruch der abhängigen Gesellschaft wegen eines Schadens aufgrund einer nachteiligen Einzelweisung anerkannt. Im Fall des qualifiziert faktischen GmbH-Konzerns nahm man darüber hinaus lange – wie beim Vertragskonzern – eine Verlustübernahmepflicht des herrschenden Unternehmens analog § 302 AktG an. Darüber hinaus kam es zu einer speziellen Insolvenzaußenhaftung des herrschenden Unternehmens im qualifiziert faktischen Konzern. Der BGH hatte in verschiedenen Urteilen (s. o.) einen derartigen Gläubigerschutz in Anlehnung an die §§ 303, 302 AktG entwickelt. Dieser Rechtsprechung lag der Gedanke zugrunde, dass die von einem qualifiziert faktischen Konzern ausgehenden Risiken mit denen eines Vertragskonzerns vergleichbar sind. Zum Schutz der Gläubiger musste daher die in § 303 AktG normierte Pflicht, bei Beendigung eines Beherrschungsvertrages Sicherheit zu leisten, für den Fall, dass eine qualifiziert faktische Konzernierung durch Insolvenz der Tochtergesellschaft endet, zu einer sofortigen Ausfallhaftung der Muttergesellschaft gegenüber den Insolvenzgläubigern umgewandelt werden. Voraussetzung für eine derartige Haftung war, dass das herrschende Unternehmen seine Leitungsmacht zu Lasten der abhängigen Gesellschaft in der Weise missbraucht, dass diese ihren Verbindlichkeiten nicht mehr nachkommen und ihre Ansprüche nicht anderweitig durch Einzelmaßnahmen kompensieren kann. In diesem Fall könnten die Gläubiger unmittelbar die Erfüllung ihrer Ansprüche vom herrschenden Unternehmen verlangen.

Seit der Entscheidung *„Bremer Vulkan"* (BGH, v. 17. 9. 2001, NJW 2001, 3622, 3627; hierzu Keßler, GmbHR 2001, S. 1095) hat der BGH seine zur faktischen Konzernhaftung entwickelten Grundsätze ausdrücklich zurückgenommen. Nunmehr kann es statt der dargestellten Haftung der herrschenden Gesellschaft zu einer *Durchgriffshaftung* der Gläubiger gegen *einzelne Gesellschafter* der abhängigen Gesellschaft kommen. Eine solche Haftung ist anzunehmen, wenn ein Gesellschafter in die Rechte einer abhängigen GmbH derartig eingreift, dass deren Existenz vernichtet wird.

Rattunde

5. Reformbemühungen und ihre rechtlichen Grenzen

Beispiele für einen *bestandsgefährdenden Eingriff* sind das Auslaufenlassen einer GmbH durch Verringerung bzw. Einstellung ihrer Aktivitäten und der schrittweise Abzug der Ressourcen außerhalb einer geordneten Liquidation oder die Belassung nur des defizitären Geschäfts bei der GmbH. In diesen Fällen ist der handelnde Gesellschafter verpflichtet, für sämtliche Verbindlichkeiten der abhängigen Gesellschaft einzustehen (so jetzt auch BGH, v. 24. 6. 2002, ZIP 2002, S. 1578, 1580; hierzu Keßler, GmbHR 2002, S. 945, 951).

5. Reformbemühungen und ihre rechtlichen Grenzen

5.1 Die Vorschläge der Kommission für Insolvenzrecht im Reformgesetz von 1985

Schon die vom Bundesjustizminister im Jahre 1978 eingesetzte Reformkommission (vgl. Erster Bericht der Kommission für Insolvenzrecht 1985, S. 290) beschäftigte sich mit der Frage, ob für den Fall der Reorganisation oder Liquidation eines Konzerns das strikte Trennungsprinzip aufgegeben werden sollte. Bei ihren Überlegungen hatte die Kommission zu berücksichtigen, dass das Konzernrecht zu diesem Zeitpunkt höchstrichterrechtlich nur unzureichend bewältigt war und nur fragmentarisch bestand. Eine Reform erschien aus diesem Grund problematisch. Unter anderem aus diesem Grund hat die Kommission in ihrem ersten Bericht aus dem Jahre 1985 eine verfahrens- und verwaltungsmäßige Konzentration verschiedener Konzernunternehmen abgelehnt. Der Grundsatz der Haftungstrennung mache es notwendig, die Vermögen sämtlicher von einer Insolvenz betroffener Konzernunternehmen allein im Interesse der Verfahrensbeteiligten getrennt zu verwalten. Ein einheitlicher Konzerngerichtsstand sei mit dem Zweck des Konzernrechts, den Schutz abhängiger Gesellschaften, ihrer Gesellschafter und Gläubiger zu gewährleisten, nicht vereinbar. Für den Fall der Reorganisation einer Tochtergesellschaft räumt die Kommission der Muttergesellschaft allerdings die Möglichkeit ein, bei der Aufstellung des Reorganisationsplans beratend mitzuwirken. Diese Anregung hat der Gesetzgeber nicht aufgegriffen. Bemerkenswerter Weise ist die Rechtslage auch mehr als 15 Jahre nach dem ersten Kommissionsbericht unverändert: Ein kodifiziertes Konzerninsolvenzrecht existiert nicht.

D 17

5.2 Reformvorschläge aus jüngerer Zeit

5.2.1 Bildung einer Gesamtvermögensmasse innerhalb eines Konzerns

D 18 Fällt die Konzernmutter in die Insolvenz, besteht die Gefahr eines sog. *„Domino-Effektes"*. Die wirtschaftlichen Verflechtungen innerhalb des Gesamtkonzerns führen häufig dazu, dass die Ursachen eines Zusammenbruchs des Tochterunternehmens nicht bei diesem, sondern an anderer Stelle im Konzern, meist bei der Muttergesellschaft, liegen. Nur in den Fällen, in denen eine wirtschaftlich gesunde Tochtergesellschaft eigenständige Kreditfähigkeit bei Dritten besitzt, dürfte es ihr gelingen, in der Insolvenz der Konzernspitze ein eigenes Insolvenzverfahren zu vermeiden. Wird in der Insolvenz der Muttergesellschaft zugleich die Mehrzahl der Konzerntöchter insolvent, liegt es nahe, die Haftungsmassen der Konzernunternehmen zu einer *Gesamtmasse* zusammen zu legen (ausführlich Ehricke, DZWiR 1999, S. 353, 358). Für die Bildung einer Gesamthaftungsmasse spricht, dass die Gläubiger eines Tochterunternehmens vielfach durch Bürgschaften, Patronatserklärungen usw. der Muttergesellschaft gesichert sind oder dass ihre der Konzerntochter gegenüber erklärte Darlehenszusage von der Kreditfähigkeit der Konzernspitze abhängig gemacht wurde. Die Zusammenlegung der Haftungsmassen innerhalb eines Konzerns begegnet allerdings rechtlichen Bedenken. Die Bildung einer Gesamtmasse führt zu erheblichen Eingriffen in die Vermögensposition von Gläubigern und zugleich zu einer Verletzung des insolvenzspezifischen Grundsatzes der Gläubigergleichbehandlung. Jeder Gläubiger muss es bei der Befriedigung aus der Gesamtmasse hinnehmen, dass auch die Gläubiger anderer Konzernteile am Vermögen „ihres" Konzernteils partizipieren. Durch die Zusammenlegung von Insolvenzmassen würde jeder Gläubiger faktisch mit einem Schuldner konfrontiert, den er sich nicht in einem privatautonomen Entscheidungsprozess aussuchen konnte. Dies stellt einen unhaltbaren Eingriff in die Privatrechtsordnung dar.

Obwohl praktische Erwägungen für eine Zusammenlegung der Vermögensmassen innerhalb eines Konzerns sprechen, ist die Bildung einer Gesamtvermögensmasse daher nicht umsetzbar.

Rattunde

5.2.2 Bündelung konzerninterner Verfahren an einem Insolvenzgericht

Die Zusammenfassung von Insolvenzverfahren eines Konzerns bei einem Insolvenzgericht kann zu einer vereinfachten Abwicklung der Verfahren führen. Im Hinblick auf die Verfahrenskonzentration, ihre Koordinierung und Vereinfachung spricht vieles für die *Bündelung konzerninterner Verfahren an einem Insolvenzgericht*. Weil häufig dieselben Personen innerhalb eines Konzerns Ansprechpartner sind, könnten Informationen aus einem Verfahren im Verfahren eines anderen Konzernteils verwendet werden. Ferner ist eine schnellere Verfahrensabwicklung zu erwarten, weil sich nur noch *ein* Richter in die Grundstrukturen des Konzerns einarbeiten muss. Diesen Vorteilen steht § 3 Abs. 1 Satz 1 InsO gegenüber, der die örtliche Zuständigkeit des Insolvenzgerichts nach dem allgemeinen Gerichtsstand des Schuldners bestimmt. Dieser ist am Wohnsitz bzw. Unternehmenssitz des Schuldners im Zeitpunkt seines Antrages. Ausnahmsweise liegt der Gerichtsstand gem. § 3 Abs. 1 Satz 2 InsO an dem Ort, an dem der Mittelpunkt einer selbständigen wirtschaftlichen Tätigkeit liegt, also der wesentliche Teil der Geschäfte getätigt und die wesentlichen Entscheidungen über die Geschäfte getroffen werden.

D 19

Die Mitgliedschaft in einem Unternehmensverbund könnte eine Gerichtszuständigkeit am Sitz der Muttergesellschaft auch in den Fällen begründen, in denen der Mittelpunkt der wirtschaftlichen Tätigkeit am Sitz des Tochterunternehmens liegt. Der BGH (z. B. v. 22. 1. 1998, ZIP 1998, S. 477, 480) lehnt eine sich aus der Mitgliedschaft in einem Unternehmensverbund ergebende Zuständigkeit des Gerichts am Sitz der Konzernspitze ab, wenn keine besonderen Umstände hinzutreten, die eine Zuständigkeit dieses Gerichts begründen könnten. Entscheidend sei auf das operative Geschäft und die damit verbundenen Entscheidungen abzustellen, die im Verkehr nach außen im Vordergrund stünden. Ergebe sich danach, dass sich der wirtschaftliche Schwerpunkt der Betätigung des Tochterunternehmens an ihrem Sitz befinde, bestehe kein Anlass für eine Zuständigkeit des Gerichts am Sitz der Muttergesellschaft. Schließlich normiere § 3 InsO ausdrücklich *keine „Gesamtgerichtszuständigkeit"* nach US-amerikanischem Vorbild. Das Modell der Zusammenfassung konzerninterner Verfahren an einem Insolvenzgericht lässt sich gegenwärtig aufgrund der eindeutigen Regelung in § 3 InsO nicht umsetzen. Es bleibt abzuwarten, in welchen Fällen der BGH eine Zuständigkeit des Insolvenz-

D 20

gerichts am Sitz der Muttergesellschaft für die Konzerntochter annehmen wird. Entschieden ist bislang nur, dass die bloße Mitgliedschaft in einem Unternehmensverbund ohne Hinzutreten besonderer Umstände für eine Gesamtgerichtszuständigkeit nicht ausreicht. Welcher Art die genannten Umstände sein müssen, hat der BGH offen gelassen. Zu berücksichtigen ist allerdings, dass eine einheitliche Konzerngerichtsbarkeit zu einer erheblichen Rechtsunsicherheit führen kann, weil einzelne Gläubiger im Vorfeld der Insolvenz nicht absehen können, welches Insolvenzgericht für „ihren" Konzernteil zuständig ist.

5.2.3 Bestellung eines Insolvenzverwalters für alle Konzerngesellschaften

D 21 In jüngerer Zeit gibt es Überlegungen, *nur einen Insolvenzverwalter für alle Konzerngesellschaften* einzusetzen. Hierfür spricht, dass eine Verfahrensvereinfachung sowie eine Steigerung der Masse zu erwarten ist, wenn sich nur ein Verwalter in die häufig komplizierte Konzernstruktur einarbeiten muss. Zudem könnten Konkurrenzen zwischen mehreren Insolvenzverwaltern innerhalb eines Konzerns vermieden werden.

Diese Vorschläge haben praktische Grenzen: § 56 InsO bestimmt, dass zum Insolvenzverwalter eine für den jeweiligen Einzelfall geeignete, insbesondere geschäftskundige und von den Gläubigern und dem Schuldner unabhängige natürliche Person zu bestellen ist. Nach dieser Regelung wäre es möglich und sinnvoll, dass das Gericht im Rahmen der Ausübung seines Ermessens nur einen Verwalter für alle Konzerngesellschaften bestellen würde. In diesem Fall bestünde zwar die Gefahr von Interessenkollisionen, wenn ein Verwalter hinsichtlich mehrerer Massen von insolventen Konzerngesellschaften die Vermögensbeziehungen untereinander ordnen oder auflösen muss. Diese ließe sich durch Sonder-Insolvenzverwalter vermeiden. Eine Verpflichtung zu einem derartigen Vorgehen i. S. von einer „Ermessensreduzierung auf Null" lässt sich allerdings aus § 56 InsO nicht ableiten. Solange der Gesetzgeber keine Regelung in die Insolvenzordnung aufnimmt, welche die Zentralisierung der Bestellung des Insolvenzverwalters anordnet, würde die Bestellung eines Verwalters für mehrere Konzerngesellschaften keine Rechtssicherheit schaffen: Es kommt immer auf die faktischen Entscheidungen des zuständigen Insolvenzgerichts an.

Rattunde

6. Konzernübergreifende Sanierung durch Insolvenzpläne in Verbindung mit der Eigenverwaltung

Im Mittelpunkt der gegenwärtigen Diskussion um ein einheitliches Konzerninsolvenzrecht stehen Vorschläge zur Konzernsanierung mit Hilfe des durch die Insolvenzordnung neu eingeführten Insolvenzplanverfahrens sowie der *Eigenverwaltung*. Zur Durchführung einer konzerneinheitlichen Sanierung wird das *Insolvenzplanverfahren* vorgeschlagen (vgl. Ganter in: MüKo/InsO, vor §§ 217 bis 269, Rn. 34 ff.). Dabei soll in der Insolvenz des herrschenden Unternehmens ein sog. *Master-Insolvenzplan* ausgearbeitet werden, der die Sanierung des gesamten Konzerns festgelegt und auf den die Insolvenzpläne der Tochtergesellschaften Bezug nehmen sollen. Diesem Vorschlag steht entgegen, dass sich das Planverfahren nur auf das Vermögen eines Schuldners bezieht und Regelungen, die das Vermögen eines anderen Schuldners betreffen, eine unzulässige Vereinbarung zu Lasten Dritter – hier der Konzerntöchter – darstellen würden. Im Übrigen zählt § 217 InsO die Vorschriften auf, von denen durch einen Insolvenzplan abgewichen werden kann; die §§ 11, 12 InsO zählen nicht dazu.

D 22

Ein gesondertes Konzerninsolvenzrecht ist nicht erforderlich, weil sein Effekt auch durch sinnvolle Koordination einzelner Verfahren innerhalb eines Konzerns erzielt werden kann. Eine erfolgreiche Unternehmenssanierung setzt vor allem ein *positives Insolvenzklima* voraus. Es entsteht, wenn die Sanierungsbeteiligten ihr Verhalten früh auf den Eintritt der Insolvenz einstellen und ihr aufgeschlossen gegenüberstehen. Erforderlich ist eine *frühzeitige Kommunikation* zwischen den Beteiligten. Sanierung beruht auf Konsens: Zwischen Gläubigern, Schuldner, Insolvenzgericht und Verwalter müssen frühzeitige Gespräche – möglichst noch vor Antragstellung – über ein gemeinsames Sanierungskonzept stattfinden. Auf diese Weise kann ein Konzern-Sanierungskonzept gemeinschaftlich und unter Berücksichtigung aller Interessen erarbeitet werden.

D 23

Die Kombination verschiedener Sanierungsinstrumente innerhalb eines Konzerns steht dem Sanierungserfolg nicht entgegen. Beim Berliner *Herlitz-Konzern* (näher Rattunde, ZIP 2003, S. 596, 600) wurde beispielsweise für beide Muttergesellschaften jeweils ein unabhängiger Insolvenzplan erstellt. Die Tochtergesellschaften wurden teilweise im Wege der übertragenden Sanierung abgewickelt, teilweise aber auch mittels eines

D 24

Rattunde

"Zwangsvergleichs" aus der Insolvenzmasse freigegeben. Einige Konzerntöchter fielen nicht in die Insolvenz. Das *Amtsgericht Charlottenburg* setzte für Mutter- und Tochtergesellschaften verschiedene Insolvenzverwalter ein, welche die Sanierung des Konzerns aufgrund ihres persönlichen und räumlichen Kontaktes zueinander erfolgreich durchführen konnten. Eine Koordination der Verfahren i. S. einer *"faktischen Parallelität"* wurde auf diese Weise erreicht.

D 25 Der dargestellte Effekt einer Konzernsanierung ist auch in Fällen der *Eigenverwaltung* möglich. In der Rechtspraxis zwar Ausnahme, liegt ihr Vorteil bei einer Konzernsanierung in dem psychologischen Reiz für den Gemeinschuldner und seinen Geschäftsführer. Die Eigenverwaltung (§§ 270 ff. InsO) sieht nämlich vor, dass der Schuldner selbst – wenn auch unter Aufsicht eines Sachwalters – zur Verwaltung und Verfügung über die Insolvenzmasse in der Lage ist. Kommt es auf seine speziellen Sach- und Branchenkenntnisse an, spricht vieles für die Anordnung der Eigenverwaltung.

D 26 Kürzlich hat das *AG Duisburg* im Eröffnungsbeschluss des Insolvenzverfahrens über das Vermögen der *"Babcock Borsig AG"* (v. 1. 9. 2002, ZIP 2002, S. 1636, 1641) entschieden, dass im Fall der Eigenverwaltung mit der Eröffnung des Insolvenzverfahrens alle konzernrechtlichen Weisungsbefugnisse des herrschenden gegenüber dem beherrschten Unternehmen zum Ruhen kommen. Ein einheitliches Konzerninteresse trete im Insolvenzfall hinter dem Liquidationszweck der einzelnen Gesellschaften zurück. Während der Dauer des Insolvenzverfahrens bleibe für eine Konzernleitungsmacht rechtlich kein Raum. Das ist, sofern eine Konzernsanierung angestrebt wird, sehr zweifelhaft. Eine Koordination der Verfahren ist, innerhalb der Vermögensgrenzen jedes Schuldners, durchaus sinnvoll. Auch Eigenverwaltungsfälle sind nicht über ein Konzerninsolvenzrecht zu lösen. Wie bei der Fremdverwaltung bezieht sich die Insolvenz auf das einem bestimmten Träger zugeordnete Vermögen.

7. Gerichtszuständigkeiten nach Europäischem Recht

D 27 Derzeit entwickelt sich ein *europäisches Konzerninsolvenzrecht*. Grund hierfür ist Art. 3 der Europäischen Insolvenzordnung (EUInsVO), wonach jedes Land der EU ein Hauptinsolvenzverfahren über das Vermögen des Schuldners eröffnen kann, wenn der Schwerpunkt der geschäftlichen Tätigkeit ("the center of main interest") im Eröffnungsstaat liegt (vgl. hierzu

Rattunde

näher Smid, DZWiR 2003, S. 397, 404). Leiten Konzerne ihre Geschäfte zentriert im Staat der Konzernmutter, führt dies dazu, dass das „center of main interest" aller Konzerngesellschaften im Staat der Konzernobergesellschaft liegt, auch wenn Tochtergesellschaften ihren Sitz in anderen Mitgliedstaaten haben. Konsequenz: Dieser Mitgliedstaat wird sowohl für die Eröffnung des Hauptinsolvenzverfahrens über das Vermögen der Konzernmutter als auch für die in anderen Vertragsstaaten liegenden Tochterunternehmen zuständig. Insbesondere englische Gerichte haben in jüngerer Zeit im Sinne eines derartigen Konzerninsolvenzrechts entschieden: In der Entscheidung „Enron Directo Sociedad Limitada" (Global Turnaround 2002, Heft 8/2002, S. 3) wurde das Insolvenzverfahren in England – Sitz der Muttergesellschaft – auch über das Vermögen der in Spanien ansässigen Tochtergesellschaft eröffnet, weil einige strategische Entscheidungen durch die Mutter in England getroffen wurden. Ob das Gericht des Mitgliedstaates, in dem der Antrag auf Eröffnung des Insolvenzverfahrens gestellt worden ist, für die Entscheidung über die Eröffnung des Insolvenzverfahrens zuständig bleibt, wenn der Schuldner nach Antragstellung, aber vor der Eröffnung den Mittelpunkt seiner hauptsächlichen Interessen in das Gebiet eines anderen Mitgliedstaates verlegt, oder ob das Gericht des anderen Mitgliedstaates verlegt, ist noch nicht entschieden. Der BGH (Beschluss vom 27. 11. 2003 – IX ZB 418/02 –, ZVI 2003, S. 655, 657) hat dem EuGH diese Frage zur internaionalen Zuständigkeit bei einem Ortswechsel zwischen Insolvenzantrag und Eröffnung („Spanien-Umzug") zur Vorabentscheidung vorgelegt.

Den bereits dargestellten Vorzügen eines konzerneinheitlichen Insolvenzverfahrens stehen erhebliche Bedenken entgegen: Das Instrument ist stark missbrauchsgefährdet. Deutsche Gerichte erhalten bei derartigen Fällen, in denen das Insolvenzverfahren über eine Gesellschaft mit Sitz in Deutschland in einem anderen Mitgliedstaat eröffnet wird, keine Gelegenheit, den Sachverhalt zu prüfen (so auch Braun, Editorial, NZI 2004, S. V, VII). Insolvenzgläubigern bleibt nur die Möglichkeit, ein sog. Sekundärinsolvenzverfahren über den deutschen Konzernteil anhängig zu machen, wenn sie ihre Interessen nicht gewahrt sehen. Im Übrigen sind sie gehalten, ihre Forderungen im Ausland geltend zu machen – ein aufwändiges und kompliziertes Verfahren. Es bleibt abzuwarten, ob auch deutsche Insolvenzgerichte bei Fällen mit Auslandsbezug, bei denen der Schwerpunkt der Geschäftstätigkeit in Deutschland liegt, das Verfahren auch über das Vermögen (EU-)ausländischer Tochtergesellschaften eröffnen werden. Da

D 28

die Europäische Insolvenzordnung erst im Jahr 2002 in Kraft getreten ist, existiert bislang nur wenig Rechtsprechung und Literatur.

8. Ergebnis

D 29 Unternehmensverträge enden in der Insolvenz von Mutter- bzw. Tochtergesellschaft nicht automatisch, sondern unterliegen einem beiderseitigen Kündigungsrecht gem. § 297 AktG bzw. § 103 InsO. Gewinnabführungs- bzw. Verlustausgleichspflichten bleiben ebenfalls auch nach Insolvenzeröffnung bestehen. Dies hat zur Folge, dass in Sanierungsfällen eine Verrechnung mit dem Sanierungsgewinn stattfinden kann.

Die verschiedenen Ansätze des Konzerninsolvenzrechts haben rechtliche Grenzen. Dies gilt insbesondere für den Fall, dass die Verfahren auf eine Liquidierung ausgerichtet sind. Hier wird jedes Rechtssubjekt nach wie vor unabhängig von einer Unternehmensverbindung in einem gesonderten Insolvenzverfahren abgewickelt. Die Vorschriften der Insolvenzordnung lassen keinen Raum für ein besonderes Konzerninsolvenzrecht. In Sanierungsfällen lässt sich – wie dargestellt – ein solcher Effekt aber durch Herstellung eines positiven Insolvenzklimas zwischen den Beteiligten herstellen.

Rattunde

Stichwortverzeichnis

Die Zahlen verweisen auf die Randnummern.

Abhängigkeit A 45 ff.
Abhängigkeitsvermutung A 46
Actio pro socio A 208 f.
Anhang C 356 ff.
– Allgemeine Grundsätze C 356 ff.
– Eigenkapitalausweis C 377
– Erläuterungsfunktion C 357
– Ermittlung des Konzernerfolgs und der Verwendungsrechnung C 379
– Größenabhängige Erleichterungen C 360
– Klarheit und Übersichtlichkeit C 358
– Korrekturfunktion C 357
– Minderheitenanteil am Konzernkapital C 381
– Stetigkeitsgebot C 359
– Vollständigkeitsgebot C 359
– Wesentlichkeit C 359
Anhangsangaben
– Pflichtangaben C 387 f.
– Wahlrechte C 387 f.
Anlagegitter/Anlagespiegel C 385 ff.
Aschenputtel-GmbH A 223, A 244 a
Assoziierte Unternehmen C 93 f., C 302 ff.
Aufgaben des Konzernabschlusses
– Dokumentationsfunktion C 23
– Kompensationsfunktion C 2 f.
– Informationsfunktion C 32 ff.
– Rechenschaft C 35 ff.
– Selbstinformation C 32 ff.
– Zahlungsbemessungsfunktion C 24 ff.
Aufsichtsrat
– Kompetenz bei Beherrschungsvertrag A 116 ff.
Ausfallhaftung A 129

Ausgleichsposten
– Bildung B 196
– Auflösung B 198 ff.
Ausgleichszahlungen
– als (übrige) Gewinnausschüttung B 162
– Begriff B 155
– bei GmbH B 156 f.
– beim Empfänger B 163
– Betriebsausgabenabzugsverbot B 159
Ausgliederung A 18, A 73 ff.
Ausschüttungen (s. auch Dividenden)
– aus Altrücklagen B 23 ff.
Autokran-Rechtsprechung A 227 ff.
Beherrschender Einfluss C 45
Beherrschungsvertrag
– Abschluss A 94 ff.
– als Voraussetzung einer Organschaft A 85
– Änderung A 146 ff.
– Beendigung A 148 ff.
– fehlerhafter A 172 ff.
– Gläubigerschutz A 118 ff:, A 125 ff.
– grenzüberschreitender A 87 ff.
– Haftung der Organwalter des herrschenden Unternehmens A 136 ff.
– Insolvenz A 159 ff.
– Minderheitenschutz A 132 ff.
– Parteien A 86 ff.
– Rückwirkung A 92 ff.
– Tatbestand A 77
– Weisungsrecht A 110 ff.
– Wirtschaftliche Bedeutung A 79 ff.
Beschlusskontrolle A 66 ff.
Beteiligung C 41
– Addition unmittelbare und mittelbare B 103 ff.

Beteiligungsaufwendungen
– Abzugsbeschränkung bis VZ 2003
  B 16 ff.
– Abzugsbeschränkung ab VZ 2004
  B 21
Beteiligungserträge s. Dividenden
Beteiligungsveräußerung
– Veräußerung
  Kapitalgesellschaftsanteile B 29,
  B 52 f., B 188
– Veräußerung Organbeteiligung
  B 192
Beteiligungsverluste B 31, B 193
Betriebsaufspaltung A 15, B 90,
B 252, B 261
Betriebsausgabenabzugsverbot s.
Beteiligungsaufwendungen
Betriebsführungsvertrag A 181
Betriebspachtvertrag A 180
Betriebsüberlassungsvertrag A 180
Bremer Vulkan-Rechtsprechung
A 231 ff.
Bruttomethode B 165, B 215 f., C 64

Cash-Management A 201, A 244 b
Checkliste-Anhang C 387
Control-Konzept C 11 f., C 42 ff.

Dauerschulden zwischen OT und OG
B 219, B 240
Dividenden
– aus mittelbaren Beteiligungen B 10
– aus Streubesitz B 49
– -einkünfte bei der Organgesellschaft
  B 166 ff.
– -einkünfte beim Organträger
  B 188 ff.
– Halbeinkünfteverfahren B 11
– phasengleiche Bilanzierung B 13
– Steuerfreistellung B 9 ff.
– Zeitpunkt der Vereinnahmung
  B 12 ff.

Durchgriffshaftung s. Haftungs-
durchgriff
DRS(C) C 38, C 58 f.
– Kapitalkonsolidierung C 213
– Quotenkonsolidierung C 298
– Equity-Methode C 329

Eigenkapitalspiegel C 384 ff.
Eigenkapitalverwendungsrechnung
C 192 ff., C 379 ff.
Einblicksgebot/Generalnorm
C 35 ff.
Eingliederung KSt, GewSt
– finanzielle B 101 f.
– unmittelbare und mittelbare
  Beteiligung B 103 ff.
– zeitliche Bedingungen B 110 ff.
Eingliederung USt
– finanzielle B 259 ff.
– organisatorische B 263
– wirtschaftliche B 262 ff.
Einheitliche Leitung C 10 ff.
Einheitsgedanke C 9
Einheitsgrundsätze
– Ausweis im Konzernabschluss
  C 108 ff.
– Bewertung C 113 ff.
– Bilanzansatz C 112 ff.
– Stichtage C 123 ff.
Einheitstheorie C 5 ff., C 182, C 204
Einlagenkonto (steuerliches) B 33 ff.,
B 173 ff.
Ergebnisabführungsvertrag
– Aufhebung aus wichtigem Grund
  B 124
– Durchführung B 126
– Einlagenrückgewähr B 135
– Mindestdauer B 122
– Nichtdurchführung B 136 ff.
– Rücklagen aus vertraglicher Zeit
  B 132 ff.
– Stille Rücklagen B 131
– Umfang Gewinnabführung B 127 ff.

Stichwortverzeichnis 541

- vorvertragliche Rücklagen B 130
- zeitliche Voraussetzungen B 119 ff.
- zivilrechtliche Wirksamkeitsvoraussetzungen B 112 ff.

Equity-Methode C 76, C 93 ff., C 299 ff.

Existenzvernichtender Eingriff
- allgemein A 32, A 40, A 229 ff.
- Darlegungs- und Beweislast A 245 ff.
- Haftungskonstellationen A 244
- Insolvenz A 241 ff.
- Rechtsfolgen A 247 ff.
- Vermögenstransfers A 244 b

Faktischer Konzern C 13
- einfacher A 13 f., D 14
- Gläubigerschutz A 212 ff.
- Haftung D 16 ff.
- Insolvenz D 15
- Minderheitenschutz A 191 ff.
- Tatbestand A 23, A 29
- praktische Bedeutung A 186 ff.
- qualifizierter A 225, D 14
- Schädigungsverbot A 190 ff.

Fehlerhafte Organisationsverträge A 172 ff.

Feststellung C 21

Finanzielle Eingliederung s. Eingliederung

Firmenwert
- positiv C 59, C 170 ff.
- negativ C 154, C 175 ff., C 317

Gebietskörperschaften A 44

Gemeinnützige Kapitalgesellschaften B 80

Gemeinschaftsunternehmen A 49, C 51 f., C 76, C 91 f., C 289 f.

Gewerbebetrieb
- Abfärberegelung B 40
- Formen B 39 ff.
- Gewinn aus B 45

Gewerbeertrag
- ausländische Dividenden B 51
- Begriff C 45
- Bruttomethode B 216 f.
- Erträge aus Schachtelbeteiligungen B 49, B 220 f.
- Erträge aus Streubesitz B 50, B 220 f.
- Erträge aus Veräußerung von Beteiligungen B 222 ff.
- Hinzurechnungen B 46, B 219
- Kürzungen B 47, B 219
- Teilwertabschreibungen auf Organbeteiligung B 224 f.

Gewerbesteuer
- -anrechnung/-entlastung B 54, B 235
- Hebesatz B 58
- niedrige Belastung B 54
- Steuermessbetrag B 57
- Steuermesszahl B 57
- -umlagen B 231 ff.

Gewerbeverlust B 55 f., B 226 ff.

Gewinnabführungsvertrag, (s. auch Ergebnisabführungsvertrag)
- fehlerhafter A 172 ff.
- Rechtsfolgen A 163 ff.
- Tatbestand A 77

Gewinnermittlungs- und Informationsmodell C 17

Gewinngemeinschaft A 178

Gläubigerschutz
- bei Beherrschungsvertrag A 118 ff.
- bei Beendigung des Beherrschungsvertrags A 125 ff.
- im faktischen Konzern A 212 f.

Gleichordnungskonzern C 50

GmbH-Konzern
- Erscheinungsformen A 13 ff., D 13
- faktischer Konzern A 186 ff.
- wirtschaftliche Bedeutung A 11 ff.
- Motive der Konzernbildung A 13 ff.
- Holding A 43
- Vertragskonzern A 86 ff.

Größenklassen C 61 ff.
Grundsätze ordnungsgemäßer Buchführung C 36
Grundsätze ordnungsgemäßer Konsolidierung C 36, C 95 ff.
Guv-Konsolidierung C 9
– Konsolidierungspflichtige Sachverhalte C 280 ff.
– Innenumsatzerlöse C 279
– Gewinnausschüttungen im Konzern C 282
– Zwischenerfolge C 284 f.
Haftung der Organgesellschaft B 180 ff., B 233, B 268
Haftungsdurchgriff
– allgemein A 236
– existenzvernichtender Eingriff A 239 ff., A 247 ff.
– Unterkapitalisierung A 238
– Vermögensvermischung A 237
Halbeinkünfteverfahren B 11
Handelsbilanz II C 9, C 15 f., C 18, C 33, C 73, C 96 f.
Hebesatz B 58, B 241
Holdinggesellschaften B 89, B 252 ff.
Holzmüller-Rechtsprechung A 75 f.

Innenumsätze B 267
Insolvenz
– Beherrschungsvertrag A 159 ff.
– existenzvernichtender Eingriff A 241 ff., A 247 ff.
Interessentheorie C 6 ff.
Interessenzusammenführungsmethode C 214 ff.
Internationaler Konzernabschluss C 16, C 34, C 38, C 56 ff.
ITT-Rechtsprechung A 190 ff., A 194 ff.

Juristisches Konzept s. Control-Konzept

Kapitalerhaltung A 217 ff.
Kapitalertragsteuer B 22, B 191
Kapitalkonsolidierung C 9
– aktiver Unterschiedsbetrag C 152, C 170 ff.,
– Buchwertmethode C 105, C 152 ff., C 182 ff.
– konsolidierungspflichtige Posten C 145 ff., C 200 ff.
– Entkonsolidierung C 205, C 209 ff.
– Erwerbsmethode C 139 ff., C 145 ff.
– Folgekonsolidierung C 167 ff., C 188 ff.
– Handelsbilanz III C 149, C 152
– mehrstufige Kapitalkonsolidierung C 195 ff.
– Interessenzusammenführungsmethode C 142, C 214 ff.
– mit Minderheitenanteilen C 182, C 196 ff.
– passiver Unterschiedsbetrag C 154, C 175 ff.
– Zeitpunkte der Erstkonsolidierung C 163 ff.
Kapitalzuflussrechnung C 364 ff., C 370
– Cash-flow aus laufender Geschäftstätigkeit C 369
– Gliederungsformat C 181
Körperschaftsteuer-Guthaben B 23 ff.
Kompensationsfunktionen des Konzernabschluss C 2
Konkurrenzverbot s. Wettbewerbsverbot
Konsolidierungskreis C 74 ff.
– Vollständigkeitstest C 77
– Veränderungen C 79
– Konsolidierungsverbot C 81 ff.
– Konsolidierungswahlrecht C 84 ff.
Konzern
– Unternehmensverträge D 4

Stichwortverzeichnis 543

Konzernabschluss
– und Organschaft B 70 ff.
– nach internationalen Standards C 3
– nach PublG C 48

Konzern-Bilanzgewinne C 28

Konzerneingangskontrolle
– abhängige Gesellschaft A 51 ff.
– Muttergesellschaft A 70 ff.

Konzernierungsklausel A 73

Konzernierungsverbot A 68 f.

Konzerninsolvenzrecht
– Begriff D 1 ff.
– Insolvenz der Tochtergesellschaft D 4 ff.
– Insolvenz der Muttergesellschaft D 11 ff.
– Unternehmensverträge D 4 ff., D 11

Konzernleitungspflicht A 244 ff.

Konzernrechnungslegungspflicht C 40 ff.
– Befreiung von der C 53 ff.

Konzernsanierung
– Insolvenzplan D 22 ff.
– Sanierungseffekt D 23 ff.
– Eigenverwaltung D 25 f.

Konzernsteuerumlagen s. Steuerumlagen

Konzerntatbestand
– Abhängigkeit A 45 ff.
– allgemein A 1 ff.
– im Aktienrecht A 5 ff.
– einheitliche Leitung A 50
– faktischer Konzern A 23, A 29, A 186 ff.
– Schutzfunktion A 7 ff.
– Unternehmensbegriff A 38 ff.
– verbundene Unternehmen A 33 ff.
– Vertragskonzern A 22 f., A 77 ff.

Konzernrecht
– Grundbegriffe A 32 ff.
– Regelungsstruktur A 31
– Schutzrichtung A 7 ff.

Konzernvermutung A 50

Konzernverrechnungsklausel A 244c

Kündigung A 152 ff.

Lagebericht C 60, C 308 ff.
– voraussichtliche Entwicklung C 391
– Berichtsfelder C 397 ff.
– Berichtsgrundsätze C 394 ff.
– F&E-Bericht C 400,
– Nachtragshaushalt C 398
– Prognosebericht C 399
– Risikobericht C 401
– Schutzklausel C 402

Latente Steuern C 337 ff.
– Timing-Konzept C 338
– Tempory-Konzept C 339

Liquiditätszusage A 185 ff.

Managementvertrag A 181

Maßgeblicher Einfluss C 93, C 302 f.

Mehrfachabhängigkeit A 48

Mehrmütterorganschaft B 92 ff.

Mehr- oder Minderabführungen
– Begriff B 169 ff.
– und steuerliches Einlagenkonto B 172 ff.
– vororganschaftlich verursachte B 176

Minderheitenschutz
– abhängige Gesellschaft A 132 ff.
– im faktischen Konzern A 191 ff.

Mittelbare Beteiligungen B 103 ff.

Nachsteuer B 25, B 191

Nettomethode C 65

Ökonomisches Konzept C 10

Offenlegung C 403

Organgesellschaft KSt, GewSt
– doppelter Inlandsbezug B 98
– finanzielle Eingliederung s. Eingliederung
– Rechtsform B 97

- steuerliches Einlagenkonto B 33 ff., B 172 ff.
- Tätigkeit/Unternehmensgegenstand B 99
- Veräußerung von Anteilen an OG B 192
- zuzurechnendes Einkommen
  - Ausgleichszahlungen B 155 ff.
  - Einkommensermittlung B 143 ff.
  - Bruttozurechnung B 165 ff.
  - Dividendeneinkünfte B 165
  - Mehr- oder Minderabführungen B 169 ff.
  - nichtabziehbare Aufwendungen B 145
  - steuerfreie Vermögensmehrungen B 146
  - verdeckte Gewinnausschüttungen B 147 ff.
  - verdeckte Einlagen B 152 ff.
  - vororganschaftliche Rücklagen B 130 f.
  - vororganschaftliche Verluste B 164

Organgesellschaft (USt)
- Eingliederung s. Eingliederung USt
- Rechtsform B 256
- Unternehmereigenschaft B 267

Organschaft
- Beginn B 119 ff.
- Begriff B 63 ff.
- Mehrmütter- B 92 ff.
- Rechtsfolgen im Körperschaftsteuerrecht B 138 ff.
- Rechtsfolgen im Gewerbesteuerrecht B 213 ff.
- Rechtsfolgen im Umsatzsteuerrecht B 264 ff.
- Vorteile der körperschaftsteuerlichen B 206 ff.
- Vorteile der gewerbesteuerlichen B 235 ff.
- Vorteile der umsatzsteuerlichen B 276 ff.

Organträger KStG, GewStG
- ausländischer Organträger B 84, B 91
- Betriebsaufspaltung B 90
- Einkommensermittlung
  - Ausgleichsposten B 194 ff.
  - Betriebsausgabenabzugsverbot i. Z. m. Beteiligungserträgen B 189
  - Kapitalerträge/Beteiligungsveräußerung B 188 ff.
  - Schema B 182
  - Teilwertabschreibung auf Organbeteiligung B 193
  - verdeckte Gewinnausschüttung/verdeckte Einlage B 184 f.
  - Verlustabzug nach § 10d EStG B 204
  - Zinsen und Finanzierungskosten i. Z. m. Organbeteiligung B 187
- Gewerblichkeit B 76 f., B 88 f.
- Holdinggesellschaften B 89
- Körperschaften B 80 ff.
- Nachsteuer B 191
- natürliche Personen B 78 f.
- Personengesellschaften B 86 ff.
- Rechtsform B 74

Organträger USt
- Betriebsaufspaltung B 252
- Holding B 249 ff.
- Organträger im Ausland B 271
- Organträger im Inland B 270
- Rechtsform B 246
- Unternehmerfähigkeit, Unternehmereigenschaft B 247 f.

Patronatserklärung A 182 ff.

Phasengleiche Bilanzierung s. Dividenden

Pooling of interest method/ Interessenzusammenführungsmethode C 214 ff.

Prüfung des Konzernabschlusses C 403 ff.

Stichwortverzeichnis 545

Pyramideneffekt A 14

Qualifizierter faktischer Konzern
A 225

Quotenkonsolidierung C 90 f.,
C 287 ff.

Rechtsformverfehlung A 232 ff.,
A 243 f.

Reformbemühungen
– Kommission für Insolvenzrecht
1985, D 17
– Bildung einer
Gesamtvermögensmasse D 18
– Konzerninsolvenzgericht D 19 f.
– Konzernverwalter D 21

Risikostruktur des Konzerns C 13

Rücklagen
– Ausschüttung vorvertraglicher
Gewinnrücklagen B 130 f.
– Rücklagen aus vertraglicher Zeit u.
Ergebnisabführung B 132 ff.
– vorvertragliche Rücklagen u.
Ergebnisabführung B 131

Schachtelbeteiligungen B 49, B 220 f.

Schädigungsverbot A 190 ff.

Schuldenkonsolidierung C 9
– Aufrechnungsdifferenzen C 266 ff.
– Entkonsolidierung C 277
– erfolgswirksame C 270 ff.
– erfolgsneutrale C 272 ff.
– konsolidierungspflichtige Posten
C 261, C 263 ff.
– Minderheitsanteile C 275 ff.
– Währungsumrechnung C 275 ff.

Segmentbericht C 371 f.
– Segmentsberichterstattung

Sicherheitsleistung A 126

Statusänderungen C 327 f.

Stetigkeit C 102 ff., C 112, C 150

**Steuerermäßigung f. gewerbl.
Einkünfte** B 49 f.

Steuerliches Einlagenkonto s. Einlagenkonto

Steuerumlagen B 179, A 200, B 231

Streubesitzdividenden B 49

Stufenkonzeption C 74 ff., C 287

Teilgewinnabführungsvertrag A 179

Teil-Konzernabschluss C 53

**Teilwertabschreibung auf
Organbeteiligung** B 193, B 225 f.

Treuepflichten A 28, A 60, A 67,
A 191 ff., A 213 f.

Unternehmen
– Gemeinschaftsunternehmen A 49
– konzernrechtlicher
Unternehmensbegriff A 38 ff.
– öffentliche Unternehmen A 44
– verbundene Unternehmen A 33 ff.

Umsatzsteuerliche Organschaft
– Beginn und Ende B 272 ff.
– Beschränkung auf das Inland B 266
– Eingliederung s. Eingliederung USt
– Insolvenzverfahren OG B 274
– Insolvenzverfahren OT B 275
– Organgesellschaft s. Organgesellschaft USt
– Organträger s. Organträger USt
– Rechtsfolgen B 264 f.

Veräußerung s. Beteiligungsveräußerung

Verdeckte Einlagen B 152 f.

Verdeckte Gewinnausschüttung
– bei Einkommensermittlung der OG
B 147 ff.
– bei Einkommensermittlung des OT
B 184
– bei Nichtdurchführung des EAV
B 137

**Verlustabzug nach § 10d EStG beim
OT** B 204

**Verlustabzugsverbot nach § 10d bei
OG** B 164

Verlustausgleichspflicht A 118 ff.,
D 4, D 8 ff., D 12
Verluste
– aus vorvertraglicher Zeit B 129
– bei Dividendenfreistellung B 27 ff.
– bei doppelt ansässigen KapGes
 B 202
Verlustnutzung (KSt, GewSt)
– doppelte B 202
– durch Organträger B 206 ff.,
 B 235 ff.
Vertragskonzern A 22 f., A 77 ff.,
 C 13
Vollständigkeitsgebot C 78 ff.
Währungsumrechnung C 128 ff.
– Konzept der funktionalen Währung
 C 129 ff., C 139
– Stichtagsmethode C 137 ff.
– Zeitbezugsmethode C 138 ff.
Weisungsrecht
– bei Beherrschungsvertrag A 110 ff.,
 A 116 ff.

Weiterveräußerungsabsicht C 88
Wesentlichkeit C 89, C 101, C 120,
 C 257, C 262, C 280, C 304
Wettbewerbsverbot A 57 f., A 59 ff.
Wirtschaftliche Eingliederung s.
 Eingliederung USt
Zerlegung GewSt B 60, B 239 ff.
Zwischenabschluss C 125 ff., C 163
Zwischenerfolgseliminierung C 9
– Besonderheiten Vorräte C 245 ff.
– Besonderheiten abnutzbares
 Anlagevermögen C 249 ff.
– Entkonsolidierung C 254 ff.
– erfolgswirksame C 241 ff.
– erfolgsneutrale C 242
– Equity-Methode C 319 f.
– Konzern-Anschaffungskosten/
 Konzernherstellungskosten C 229 ff.
– Mehrstufige Lieferungen C 235 ff.
– Minderheitsanteile C 256
– Voraussetzungen C 228, C 257